矢田俊文著作集❖第三巻

国土政策論

《上》産業基盤整備編

まえがき

本書は、一言で表現すれば、戦後日本の国土政策の検証作業の成果である。

わが国の国土政策は、一九五〇年の国土総合開発法の下で展開された六つの全国計画を軸に展開された。特定地域総合開発計画と第一次から五次にわたる全国総合開発計画である。二〇〇八年に国土形成計画法が成立し、ひとまず戦後半世紀の国総法体制は終了した。この半世紀の国土政策を一気通貫で考察した著作は余りない。

とは言っても、「検証」である以上、単純な計画の紹介ではなく、独自の方法が問われる。本書の採用した手法は、「串焼き」方式と表現するのが適当である。「串」は、言うまでもなく六つの全国計画のマクロ的な分析であり、肉、魚野菜などの「具」は、個々の全国計画の現場で生じた実態の考察である。マクロ的な分析と、多くの個々の実態分析を体系的に統一した著作も珍しい。ここに本書の特徴がある。序章を除きすべて書下ろしである。序章も二〇一四年の論文であるから、すべて二〇一一年の大学教員退職後の作品である。

全国計画のマクロ的な分析は、全国計画自体の紹介、全国計画の経過を点検した政府報告書と専門研究者の分析書からの考察、そして筆者が工業統計表や地域統計などによって整理した資料の分析、以上の三つが構成要素となっている。個々の実態分析は、対象事例の全国的な意味づけ、研究者や新聞記者などによって現地に深く入り込んだ「力作」の紹介と考察、約半世紀後の展開の分析などが構成要素となっている。

六つの全国計画は時系列的・羅列的に考察されておらず、時代背景、計画内容、国土構造形成への効果などから大きく三期に分けられている。第一期は一九五二年の特定地域総合開発計画と六二年の全国総合開発計画である。前者は農業とエネルギー基盤、後者は工業基盤の整備によって日本のマクロ経済の復興と成長基盤の整備に重点を置いた。これを産業基盤整備期とする。一九五〇年代と六〇年代である。

第二期の政策では、成長軌道に乗ったマクロ経済を空間的に一体化し、多様な地域経済を結合した。六九年の新全国総合開発計画、七七年の第三次全国総合開発計画、八七年の第四次全国総合開発計画の三つの計画を軸に展開された。一九七〇、八〇年代である。これを空間一体化の時期、または産業基盤整備とのシナジー効果による国土構造構築期と呼ぶことができる。産業基盤整備とコンビナート型重化学工業の立地による太平洋ベルトの形成＝一軸構造、高速道路・新幹線・航空網・通信網等高速交通通信体系によるモノ・ヒト・情報に関わる「空間の克服」、これを活用した機械工業の立地展開、中枢管理機能やサービス機能の空間的な編成である。これによって首都圏の巨大化と集中＝一極構造が確立し、一軸一極という国土構造が構築されたのである。

そして九〇年代以降が第三期である。一軸一極体制の本格的作動とともに、東京圏と関西圏を焦点とした「楕円型」の国土構造が崩壊し、太平洋ベルト内部での関西経済圏の地盤沈下が本格化した。地方圏では、「札仙広福」と呼ばれる地方中枢都市圏が地方の「極」として存在感を強め、地方都市や農山漁村を含む多自然居住地域との格差が強まり、「消滅」の危機に直面する多数の「限界集落」が出現しつつある。少子高齢化がこれに拍車をかけた。耕作放棄地や生態系の破壊、大気や水環境の汚染が引き返せないほど深刻化していった。加えて、神戸、東日本、熊本と大震災が続き、地球温暖化とともに、異常気象も頻発しつつある。国際的には、米ソ冷戦体制が崩壊し、中国が代って急成長するとともに、イスラム社会との緊張関係が増幅し、テロが頻発する時代を迎えている。こうした不透明な二一世紀を見据えて、世紀末の一九九八年「二一世紀の国土のグランドデザイン」と称する第五次の全国総合開発計画が策定された。それは、国際競争の激化に対応して、国土の一体化を強化する国土軸の形成、地域連携軸の展開、広域国際交流圏の形成、そして都市と農山漁村を再構築する、大都市圏のリノベーションと多自然居住地域の創造を柱とするもので、戦後国土政策の第三期として整理される。ここでの流れは、二〇〇八年の全総体制の終焉と国土形成計画体制への転換につながっていく。こうして、二一世紀の国土計画は、全総体制の「国家主導」・「開発基調」から、「中央・地方協働」・「国土の整備・保全・次世代への継承基調」となる。

本書は、こうした戦後の国土政策の時期区分の第一期、戦後復興と高度成長のための「産業基盤整備」をテーマにしたものである。本書は序章と六つの章よりなる。

序章は、ほとんどの全国総合開発計画に深くかかわった、下河辺淳氏の著作『戦後国土計画の証言』を読み解くことを通して、各全総策定の構図を解明しつつ、戦後の国土計画を一気通貫的に把握し、三つの時期区分を明示する。

第一期を第一編としてまとめ、第一章は、一九五〇年代の国土総合開発法の制定と特定地域総合開発計画について考察した。ここでは、『特定地域の栞』にもとづいて個々の特定地域の内容と性格について紹介し、経済企画庁総合開発局の資料等に基づき開発計画の事業規模・内容と一九六一（昭和三六）年度まで一〇年間の地域別・分野別の事業進捗状況を分析し、「特定地域総合開発計画」のマクロ的評価を行った。ここでは、「国土保全＝衣、電源開発＝鎧」という通説的理解に疑問を呈し、「国土復興＝治山治水と食糧増産」つまり農業基盤整備が大きな効果を上げたことを強調する。本章では、河川総合開発と国土保全に関わる貴重な知見を、小出博、高橋裕、石井素介、森滝健一郎諸氏の著作から多くを教わった。

第二章は、特定地域総合開発計画の実態分析で、二二地域のうち北上、木曽、天竜東三河、北九州の四地域を取り上げた。一〇年後の事業費実績のうち、五〇〇〇億円以上の八地域の占める比率が総事業費の八二％を占め、八位の北上と九位の仙塩との間に大きな断層がある。このうち、開発目標が電源開発をトップにおいているのが只見、天竜東三河、飛越、吉野熊野の四地域、治山治水、農産を首位においているのが北上、利根、木曽の三地域、工業立地が北九州である。電源開発系四地域の事業実績のシェアは三八％、治山治水・利水系三地域は三五％で互角であり、北九州は九％である。そこで、治山治水・利水など河川のコントロール重視の例として北上と木曽、電源開発の典型として天竜東三河、毛色の異なる工業立地指向として北九州に絞った。特定地域開発の研究者による詳細な分析が入手できたことも、四地域に絞った理由である。日本人文科学会の『北上川』と『佐久間ダム』という分厚い共同研究、島崎稔氏と町村敬志氏の二人の社会学者の業績、経済地理学者伊藤達也氏の木曽川の研究がベースとなっている。

第三章、第四章、第五章、第六章は、全国総合開発計画の検証である。第三章は、所得倍増計画で提起された太平洋ベルト地帯構想と全国総合開発計画の紹介、両者の地域区分の比較、新産業都市建設促進法と工業整備特別地域促進法の紹介と地域指定の経緯、そして新産工特地域のマクロ的な検証について考察した。地域指定をめぐる中央と地方、中央における関係官庁のせめぎあい、さらに地元政治家の暗躍などについて佐藤竺氏の著作が参考になった。また、筆者も参加して行われた国土庁の『地方産業振興に関する研究会報告書』は、一九六五年から九五年までの新産業都市や工業整備特別地域（以下、新産工特地域）に関する様々な実績の報告書であり、大変有効な資料となった。

ところで、高度成長を牽引した産業が鉄鋼・アルミ・石油・石油化学・火力発電などの素材・エネルギー型の重化学工業で、それらの工場が地域的に近接して、いわゆる「コンビナート」を形成した。これらのコンビナートの立地が新産工特地域形成の要因ともなった。こうしたことから、第三章の新産工特地域政策の考察と第五章の個別の新しい工業地域の分析の間に、第四章「企業の立地合理性とコンビナートの形成」という特別の章を設けた。素材・エネルギー産業の立地とコンビナートの集積が太平洋ベルトの形成に欠くことができないからである。ここでは、富樫幸一、杉浦勝章、山口不二雄、柳井雅人氏ら経済地理学者による鉄鋼・石油・石油化学・アルミなどの立地動向分析を紹介する。あわせて、水口和寿、下谷政弘氏ら産業論研究者のコンビナートに関わる業績に多くを学んだ。

第五章では、全国総合開発計画の指定地域の実態を考察する。新産都市一五、工特地域六地域のうち、岡山県南、大分、富山高岡の三地域を対象とした。新産工特地域について、筆者の設定した「政策効果」、つまり三〇年間の設備投資額に対する製造業出荷額増加分の比が二・〇以上と高いのは、六つの工特地域と、岡山県南、東予、大分、富山高岡、松本諏訪の五つの新産都市である。ここから研究者等による実態分析書や論文を入手できる岡山県南、大分、富山高岡の三地域を選択した。岡山県南は、岡山大学教授の水之江季彦・竹下昌彦氏の共著、富山高岡は、北日本新聞社の渾身のレポート書がある。水島（岡山県南）と大分は瀬戸内海、富山高岡は日本海岸で、太平洋ベルトとそこから遠隔地で対照的な立地であることも選択の理由である。

最後の第六章で、太平洋ベルトの形成に大きな役割を果たした京葉工業地帯について分析する。工特地域の高いパフォーマンスは、企業の立地合理性という市場メカニズムに政府の支援が背中を押したからである。この支援がなくとも東京湾東部の京葉、伊勢湾岸の知多と四日市、大阪湾岸の堺泉北という新しい工業地帯が三大都市圏の中に形成された。これらの大都市圏の臨海工業地帯の形成の典型として、京葉臨海工業地帯を取り上げる。この地域については、東京大学社会科学研究所の調査報告、明治学院大学の舘逸雄教授らを中心とする社会学研究者の著作、この二つの分析がある。京葉臨海工業地帯の分析がなければ、ベルト地帯形成研究にとって「画龍点睛を欠く」ことになる。

筆者が一九七〇年代に提起した地域構造論では、経済社会の主体である企業などの組織と人々の立地と空間行動、そのマクロ的な成果としての空間構造（産業配置論）、空間構造を構成する個々の地域経済（地域経済論）、それらが自然的・歴史的存在としての国土との接合面で生じる国土基盤の整備・変更・破壊（国土利用論）、空間構造の形成や地域経済の再編、国土利用への介入など中央・地方政府の国土政策（国土政策論）の四分野より構成されている。第三、四、五章は、この方法論を高度成長期に具体的に適用した。第四章で立地分析、第五章で地域経済と国土利用分析、第三章が国土政策分析である。

冒頭にふれたように、本書はときどきの政府関係資料の分析を「串」に、多くの研究者の著書や論文を「具」にしてできあがった「串焼き」状の書物であり、それ自体新しい研究手法の成果でもある。しかし、その手法を取るにあたって幾つかの点で配慮した。

一つは、「具」となる素材の選択である。選択の基準は、実態分析のスタンスではなく、分析の深さである。わかりやすく言えば、権力・反権力、右・左と言った「二項対立」的視点で選択するのではなく、現場にどれだけ時間をかけて入り込み、実態把握につとめたか、簡単に入手できない資料を提示しているかである。現地把握の「顕微鏡」の精度である。国土政策や地域開発については、多くの出版物があるが、販売部数の期待できる新書版などは、底の浅いものが少なくなく、一読者として「隔靴掻痒」の感にいつも襲われてきた。そのこともあって、深みを感じさせる地域開発関係の実態分析の一見地味な書を買い溜めてきた。いずれ多忙から抜け出したらじっくり読むつもりであった。それらの書物が本書で紹介する「具」材である。当然、分析する問題意識が異なっており、串刺しにしても「串団子」のようにきれいにそろっていない。肉あり、魚あり、野菜ありである。同じ肉でもタン、ハツ、皮など多様である。しかし、味は抜群である。そうした具材を国土政策論で串刺しにし、筆者の提示した「地域構造論」という「器」に盛りつけたのが本書である。

もう一つ配慮した点は、具材の味を生かしながら現代人に向けて多少「調理」することである。そのため、著作からの「肝」となる文章の引用を多くし、これを一行開けるなどして、本文と区別した。著作者の大局的な意図を生かしながら引用する、第二、五、六章はさしずめ「引用集」となったが、ストーリー性を重視しつつ引用文を抽出する。つまり「書くために読む」作業も結構大変である。他方、それぞれの著者の「創作」的な図表については、ポイントとなるものに限定して転載し、データは本書のストーリーに沿うよう加工し、地図についても現在との比較を重視して、国土地理院の最新の地形図を加工して掲載した。料理人の焼き具合や調味料のきかせ方も求められる。

本書で引用の対象になった多くの著作の執筆者に改めて深く感謝したい。「温故知新」の言葉に導かれて今から四〇から五〇年前の事象を考察するには、本書で参考にした多くの著作の成果に頼るしかない。そこから戦後日本の国土政策を検証し二一世紀につなげることができると信じている。

昨年の夏はことのほか猛暑が続いた。それもあってか、本書でたびたび引用したお二人の方が逝去された。経済地理学の研究者としての道を歩むことを決心させた森滝健一郎氏は七月一五日、第五次全総の策定や箱根などの私的な勉強会で何度かご一緒させていただいた下河辺淳氏は八月一三日に亡くなられた。全総を策定した下河辺氏、これを激しく批判し続けた森滝氏、ともに個人的に親しくさせていただいた。誠実で優秀な方々であった。

さらに、大分県知事として、地域に根を下ろして「一村一品運動」を提唱した平松守彦氏は八月二一日、元経済企画庁事務次官で、また、元国土庁計画・調整局長でもあった糠谷眞平氏は一一月二七日に世を去った。平松氏は、ともに九州の地域づくりに汗をかき、糠谷氏は東大地文研究会と教養学科人文地理分科で私の一年先輩であり、四全総の見直し作業で一緒に仕事をすることができた。生前の出会いに感謝するとともに、全総体制の終焉を肌で感じとった年でもあった。

柳井雅人氏をはじめとする著作集編纂委員会、とくに解題執筆の労をとっていただいた山本健児九州大学教授、著作集三冊目である第二巻下の発刊から一年半、信頼して待っていただいた原書房成瀬雅人社長、相変わらず正確・無比な編集作業を続けてくださった編集部の皆様に深く感謝申し上げます。

二〇一七年二月六日

矢田俊文

目次

第一編　産業基盤の整備——一九五〇—六〇年代

序章　国土計画策定の構図——下河辺証言から読み解く——

一　下河辺証言と国土総合開発計画策定の構図

二〇〇五年七月の国土形成計画法の成立をもって、一九五〇年の国土総合開発法制定以来日本の国土計画を牽引してきた五次にわたる「全国総合開発計画」（以下全総）が終了した。本稿では、この間全総策定の中枢に携わった下河辺淳氏の『戦後国土計画への証言』[1]を読み込むことによって、各全総計画策定の構図を考えてみたい。

本書は、下河辺氏による体系的な叙述ではない。インタビュアーの問いに答える形をとっているため、議論が飛んでいる。にもかかわらずインタビュアーの一人である本間義人氏は、「下河辺さんが携わった戦後国土計画のほぼ半世紀を本人の言葉でありのままに語っていただいたのが本書である。したがって研究者としての私たちの仕事はこの本を土台に新たにはじまる[2]」と指摘している。約二〇年にわたって、国土審議会や専門委員会、氏の主宰する私的な研究会で同席し、氏の言動に触れる機会の多かった筆者からみて十分に納得できる。

まず、氏は、「国土政策の意図を国土計画にするけれども、結果は意図どおりにならない[3]」と述べ、国土政策と国土計画を峻別している。この点について筆者は、国土に関わる政府の大局的な方針が国土政策であり、これを法律や予算などを通じて具体化する、いわば実行計画が国土計画である、と理解する。

そのうえで、インタビュアーが「国土計画策定の観点ですが、下河辺さんは常々、それは三つあるのではないかということを言っています。一つは、国土構造論的な観点から。一つは国土構成論的な観点である。もう一つは、地球環境時代というような状況の中で、二十一世紀の自然との関わりをどうするのか(4)」と指摘したのに対し、氏は肯定的に応えている。

すなわち、「国土の構造という骨組み」と、「一つ一つの細胞」としての地域の活性化、「人工系と自然系との再調和」にみられる国土の管理、以上の三つの観点を基本として、国土計画が構成されている、と明示する(5)（「」は氏の表現）。この三つの観点は、まさに経済地理学者が鋭意分析してきた、マクロな国土構造分析、ミクロな地域経済分析、そして資源・環境・災害などの国土利用分析、以上の三分野に対応する。

ところで、筆者が国土計画の策定に参画した経験から、計画の基本方向については、①世界と日本の経済・社会情勢、これに対応する政府のマクロの経済・社会政策（動因1）、②策定時点での首相等のいわゆる「権力中枢」の関与が（動因2）大きな影響を与える。後者について、氏は、「時の総理のアイデアを、行政上の国土計画は全部、ある意味では大きな影響を受けてきたと言ってよいと思うのです。しかし、時の内閣は寿命が短いですから、国土計画という息の長いものとどう関係があるかというと、意図する時には関係あるけれども、結果になるとあまり関係がなくなってくる(6)」と述懐している。ここには、策定時点での「権力中枢」の関与の強弱、影響力の持続性などに違いのあることが示唆されている。このほか、審議会での有識者の起用や議論内容には、国土のあり方を巡る著作や社会的風潮、つまり③「国土政策思潮」が強い影響を与えてきた（動因3）。

しかし、決定的に重要なのは、計画策定者の主体的かかわりである。具体的には、特定地域総合開発計画（一九五二年）での経済安定本部、一から三全総での経済企画庁総合計画局、四全総での国土庁計画・調整局、五全総での国土交通省国土計画局等の策定責任官庁である。また、計画内容を審議する国土開発審議会または国土審議会、とくに中枢メ

序－1図　下河辺証言から推定した国土計画策定の構図

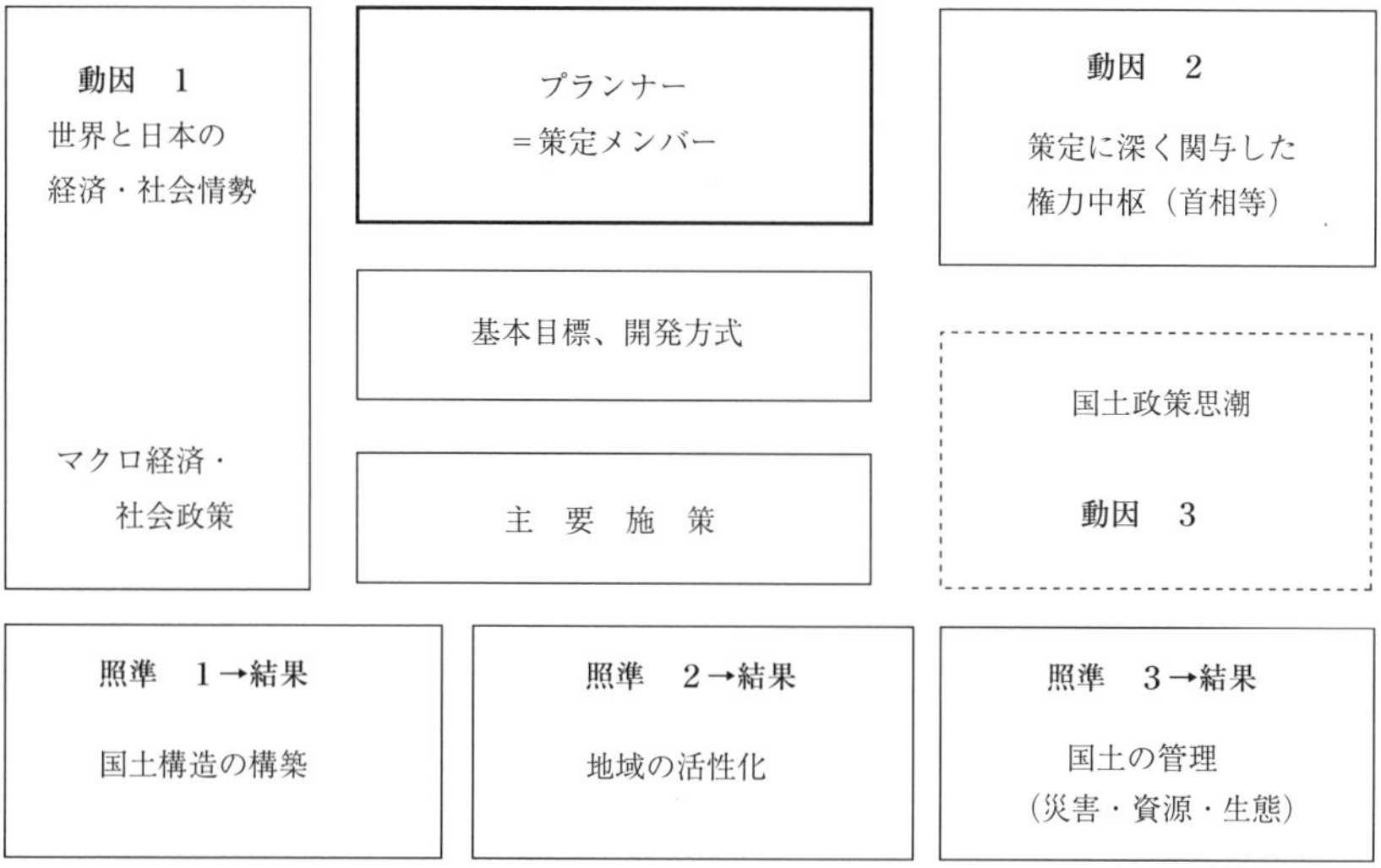

ンバーの役割は大きい。以上の状況から国土計画策定の構図を筆者なりに序―1図のように描いてみた。

まず、策定者と施策内容を中心軸に置き、これに強い影響を与えた三つの動因を左右に配置する。さらにそれぞれの計画が、①国土構造の構築（照準1）、②地域の活性化（照準2）、③国土の管理（災害・資源・生態、照準3）のどこに照準を置いているかに着目して、下方に配置する。照準の枠には、政策自体の狙いだけでなく、政策のもたらした主な結果、とくに地域格差や公害など負の結果をも視野に入れて大局的に評価する（結果1、2、3）。

そのうえで、筆者の提起した地域構造論の中心的構成要素である「産業立地」の動向について、主として経済地理学分野の成果を随時取り入れつつ各全総期の国土構造の立体的把握を試みる。最後に、こうした分析をもとに、プレから五全総までの6つの全総計画の約半世紀にわたる流れを総括する。

以下、各全総の策定の構図を検討しよう。

（1）下河辺淳『国土計画の証言』日本経済評論社　一九九四年。
（2）本間義人「付記」（下河辺前掲書所収）三八六頁。

（3）下河辺前掲書　一七頁。
（4）同右書　一七頁。
（5）同右書　一七―一九頁。
（6）同右書　二二〇頁。

二　産業基盤整備期

1　特定地域総合開発計画（プレ全総）

一九五〇年に国土総合開発法が制定されてから一二年間全国総合開発計画が策定されなかった。しかし、その前に緊急の政策として特定地域総合開発計画が策定された。その間の事情について、氏は、「ニューディール政策やＴＶＡの問題を勉強しているグループが、河川総合開発計画を実施しようとしたんです。河川を中心にして、風水害対策と水田開発と、水力発電の開発とをもった総合計画とし（中略）これを一九五〇年に制定された国土総合開発法とは別にやりたいということで動き始めたわけです[1]」と述べ、当時の政策思潮を伺わせている。

さらに「五二年に、国土総合開発法の改正をして、それで河川総合開発計画を、国土総合開発法の体系の中で実施することを決めたわけです。（中略）特定地域の方が国土総合開発法のメインの仕事になっていくわけで、五一年に特定地域をスタートさせるわけです[2]」と、国土総合開発法に基づく全国計画ではなく、特定地域総合開発計画となった当時の経済・社会情勢（動因1）にふれるとともにＧＨＱ（占領軍）の指導（動因2）の下に、ニューディール政策やＴＶＡの成功が本計画に色濃く反映していた（動因3）とする。

氏は言う。「テーマとして出てきたのは洪水治水対策。当時毎年のように洪水がひどかったですから[3]。もう一つは食糧不足で、食糧増産対策。それからもう一つは、工業化を始めるためには電力ということで、水力発電。これら三つを河川総合開発という形の公共事業にまとめていった、（中略）二十一地区ぐらいの特定総合開発地域をつくっ

序－２図　特定地域総合開発計画（1952.12.4）策定の構図

動因　1
世界と日本の
経済・社会情勢
冷戦体制の形成
（中国建国，朝鮮戦争）
戦後復興
マクロ経済・
社会政策
経済民主化
傾斜生産方式

プランナー ＝ 策定メンバー
経済安定本部
（都留重人・大来佐武郎等）

ナショナル・プロジェクト
河川総合開発
北上・只見・利根・筑後等21地域

主　要　施　策
主要河川の発電・治水・用水ダム

動因　2
策定に深く関与した
権力中枢（首相等）
GHQ（占領軍）

動因　3
国土政策思潮
D. E. リリエンソール『TVA』
高橋裕『国土の変貌と水害』

照準　1→結果
国土構造の構築
産業復興
（石炭・鉄鋼・繊維）
４大工業地帯の復活

照準　2→結果
地域の活性化
都市・農村の再生

照準　3→結果
国土の管理
（災害・資源・生態）
大河川の治水、大規模植林
発電ダム建設（→ダム災害）

て、経済復興の基礎にしようということをやった、（中略）北上川でも何でも、河川単位にそのことを議論した。只見川、利根川、筑後川等やったわけです。ある程度成功して、それからはあまり大きな洪水がこなくなった、（中略）食糧増産のほうは非常にうまく進んで、灌漑用水が整って、耕地整理ができることにもなったし、水力発電ができて、戦後の工業電力を供給できた点では成功した面が大きいと思うのです[4]」と。

このうち河川総合開発について、森滝健一郎氏は、一九五〇年代から一九六〇年代の発電ダムの立地展開について詳細に分析し、越後・三国山脈の日本海側斜面、富山湾に流出する諸水系、東海地方の太平洋側斜面の三地域に代表される水力発電にとって有利な自然条件をもつ地点は、電力資本が発電専用ダムとして直接これを掌握する一方、東北地方や南海地方等自然条件が水力にとって不利か奥地で開発が大がかりだったりするような地点には、公共投資による多目的ダムが作られ、これを電力資本が利用するという形のダム建設であった、と跛行的投資を批判している[5]。

いずれにしても、本計画の施策は、水力発電の推進による産業復興や既存工業地帯の復活（照準1）、都市や農村の再生（照準2）、治水・利水、植林など国土管理（照準3）の三分野すべてに照準を合わせたものである。

さらに計画の主体について、氏は「建設院に国土総合開発法を持っていかないで、安本（経済安定本部）へ持っていく、（中略）安本には、海外から引き揚げて来た優秀な人たちがいっぱい入って来て、その人たちが国土総合開発法を動かしていく時代がきた」(6)と指摘し代表的な人物として都留重人氏や大来佐武郎氏などを挙げている。

こうした事情を先の構図にあてはめると、プレ全総とも言われる「特定地域総合開発計画」は序―2図のように集約される。

2　全国総合開発計画（一全総）

下河辺氏は、国土総合開発法ができてから一全総が策定されるまで十二年間かかったのは、一九五〇年以降の動きが激しいので、「十年後、二十年後を言うことの難しさ」(7)があったからと弁明している。そのうえで、「六〇年になって、所得倍増計画ができた時に、国土計画と所得倍増計画をドッキングさせることで、何とか国総法の全国計画を閣議決定しようというふうになっていった」(8)という。この証言から、マクロの経済政策＝所得倍増計画が一全総策定の強い動因であることは明らかであり、この政策の主唱者であった池田勇人首相の役割も大きい（序―3図、動因1、2）。

また、中核的な主要施策である新産業都市の建設についても、氏は「新産法を立法した時の行政の考え方は、太平洋ベルト地帯の工業地帯を整然とつくっていきたい。そして、生産とインフラとのバランスを調和させることが新産法の狙いなんです」と言い、さらに「開発地域に工業拠点をつくる、（中略）急速な大規模化というものが、太平洋ベルト地帯にもっと重荷をかけたので、六か所の工業整備特別地域をやっても、なおかつ間に合わないような実態が一方で出た」[9]と語っている（序―3図、照準1）。

この点では、この政策の目標である「拠点開発方式」による地域開発について、川島哲郎氏が、「太平洋ベルト地域内部での分散であり、したがってまた事実上既成工業地域の外延的拡大にすぎない」[10]との評価は正鵠を得ている。

ところで下河辺氏は、経済地理学的に興味ある指摘をしている。いわく、「臨海工業地帯における重化学工業の展開をどう見るかというのが、所得倍増計画の産業構造上の大テーマだったと思うのです。（中略）戦前まで日本は、国内の乏しい資源を、石炭でも鉄鉱石でも石油でも、細々と国内資源を開発して加工するというのが産業立地論のテーマだったのですけれども、この所得倍増計画の時代になると、国内資源を全部切り捨てるということを明快にした時期なのです。だから、石炭も石油も、鉄鉱石も銅山も斜陽化するということと裏腹に、輸入資源を臨海部で加工・処理する時代に変わるのです。そうすると、工業基地の立地論がそれまでと全然違ってくるのです。資源と結びついた立地論から、むしろ輸入資源の加工・処理に便利な立地論、となりますから、工業基地が完全に変化するのです。そのときに選択されたのは、東京湾、伊勢湾、瀬戸内海の三つなのです。つまり、内海の方が、輸入することも処理することも容易だという見方をしたから、それで、太平洋ベルト地帯構想になっていったわけです。そういう地点は大都市の消費市場も近いから、市場とのつながりもいいし、輸入資源の入り方もいいし、そこへ埋立地ができて処理もできるということで、素晴らしい構想ということで考えられて、太平洋ベルト地帯構想を進めようとすることになっているわけです」[11]。これは、A・ウェーバー[12]の資源・市場・生産を巡る「立地三角形」において国内資源産地を輸入資源供給地＝港湾に置き換えた説明である。

しかし、事態はより複雑である。同一製品を多数の消費地に供給する寡占企業間の地域別シェアー競争的立地をイメージしたH・ホテリング[13]の立地理論の適用がより有効である。筆者は早くから、次のように分析した。

高度成長時代の日本の鉄鋼、石油精製、石油化学産業では、東日本に拠点を置いた大企業は、大阪湾、瀬戸内海

序－3図　全国総合開発計画（1962.10.5）策定の構図

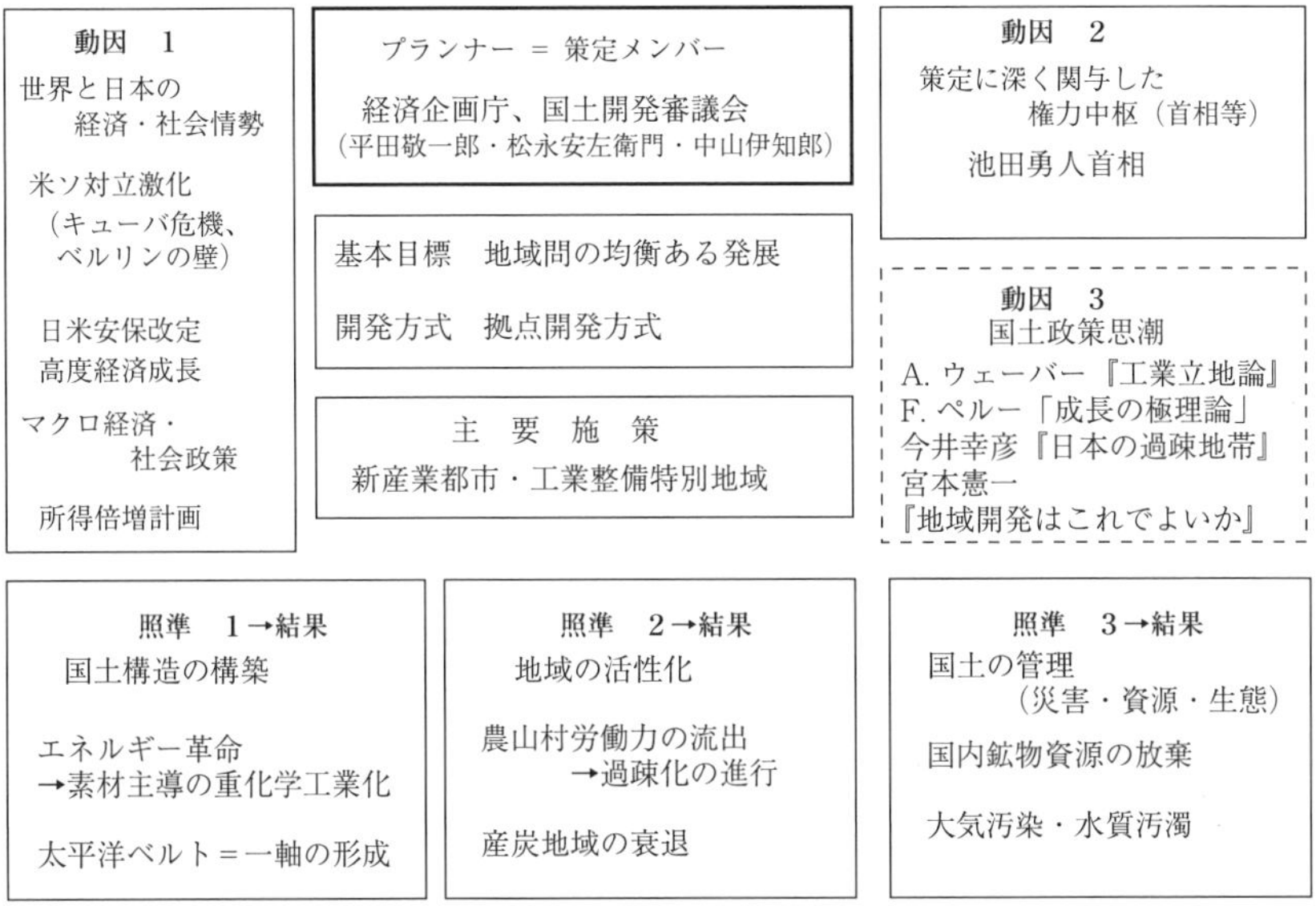

の臨海部に、西日本に拠点を置いていた企業は、東京湾や伊勢湾沿岸に拠点を置く立地行動をとった。こうして、いずれの企業も「東（中）西立地型の市場戦略立地」を実現した。鉄鋼では八幡製鉄が八幡から堺、君津へ、住友金属が小倉、和歌山から鹿島へ、富士製鉄が広畑、釜石から名古屋へ進出し、日本鋼管が京浜から福山へ進出した。石油精製では、出光が徳山から千葉に、丸善が松山、和歌山から千葉に、三菱が川崎から水島に新拠点を持ち、日石系と東燃系に続いて東西体制を確立した。[14]

　つまり、臨海立地を選択した素材エネルギー部門では、寡占企業同士の厳しい市場競争の過程で、相手方の大都市圏市場の中心に攻め込む形での戦略的な新規立地を実施したのである。個別企業からみれば、決して分散立地ではなく、相手市場の中心に向けた求心立地である。

　工場立地による地域開発という戦略は、フランスの社会経済学者F・ペルー他の「成長の極理論」[15]の適用でもある。[16]しかし、宮本憲一氏は、拠点開発の理論と現実を批判し、工場が立地した地域は、公害や災害の増大、地場産業の崩壊・流民の増大、財政のゆがみ、地方自治の危機、工場誘致に失敗した地域は財政危機と地方自治の危機に見舞われたと批判している。[17]下河辺氏も、「労働の生産性を見誤った。（中略）地方の雇用のためと言っていたのに人の要らない工場がいっぱい立地してしまった感じなんです。これは誤算だった[18]」と認めている。

このように新産都市をめぐっては、A・ウェーバーの「工業立地論」やF・ペルーの「成長の極理論」が政策を支える思潮となるとともに（動因3）、公害批判ブームをもたらした（結果3）。

また、太平洋ベルトでの重化学工業の集積は、大都市圏集積と一体化し、国土の軸心が構築されるとともに農山村からの団塊世代を中心とする大量の労働力を吸引し、中四国、南九州の過疎化、東北の出稼ぎが進行した。[19]（結果1、2）[20]

他方、新産業都市の建設は、国際石油資本の進出と不可分であり、必然的に産炭地域の崩壊をもたらした。筑豊、常磐、山口、唐津、佐世保など劣等炭田は、一九七〇年代前半までに崩壊した。これに比し、三池・釧路・石狩・高島などの優良四炭田は存続し、一九八〇年代後半から一九九〇年代の円高による輸入炭攻勢で壊滅した。「鉱山地代」の原理にもとづく「撤退の地理学」であった。[21]また、東北や中国地方の薪炭生産を壊滅させ、山村の過疎化に拍車をかけた。[22]こうした全総計画がもたらした国土への負の結果を考慮にいれれば、全総計画は、日本の国土の軸をつくり戦後の一軸中心型の国土構造の基礎固めをする一方（照準1）、農山漁村や産炭地域の疲弊（結果2）と森林や鉱物など国産資源の放置と放棄（結果3）をもたらした。全総の構図は序―3図として集約される。

（1）下河辺淳『国土計画の証言』日本経済評論社　一九九四年　四二頁。
ニューディール政策については、Lilienthal, D. E.（1943）: *TVA, Democracy on the March.*（リリエンソール、D・E著、和田小六訳『TVA』岩波書店　一九四九年参照。

（2）下河辺同右書　四二頁。
（3）戦前から戦争直後の治水政策、森林政策による国土の荒廃については、髙橋裕『国土の変貌と水害』岩波新書、一九七一年、四手井綱英『日本の森林』中公新書、一九七四年が参考になる。
（4）下河辺前掲書　二九〇頁。
（5）森滝健一郎『現代日本の水資源問題』汐文社　一九八二年。
（6）下河辺前掲書　二八頁。
（7）同右書　五四頁。
（8）同右書　六九頁。
（9）同右書　七八頁。
（10）川島哲郎「高度成長期の地域開発政策」（川合・木下・神野・高橋・狭間編『講座日本資本主義発達史論Ⅳ』日本評論社一九六九年所収）三四一頁。
（11）下河辺前掲書　七二―七三頁。
（12）Weber, A.（1922）: *Ueber den Standort der Industrien, Erster Teil, Reine Theorie des Standorts.* Tübingen: Verlag von J.C.B. Mohr.（ウェーバー著、篠原泰三訳『工業立地論』大明堂　一九八〇年）。
（13）Hoteling, H.（1929）: Stability in Competition, *Economic Journal* 39: 41-57.（ハロルド・ホテリング「競争の安定性」下総薫『都市解析論文選集』古今書院所収　一九八七年）。
（14）矢田俊文：高度成長期における製油所立地の展開と最近の特徴『産業年報　七六』、一九七六年。
（15）Perroux. E（1955）: *Note on the Concept of "Growth Poles." In Regional Economics.* ed. Mckee, D.L. New York: The Free Press.
（16）川上征雄『国土計画の変遷』鹿島出版会、二〇〇八年。
（17）宮本憲一『地域開発はこれでよいか』岩波新書　一九七三年　三六―三七頁。
（18）下河辺前掲書　七九―八〇頁。
（19）「農・山村人口の都市部への流出は、昭和30年代後半期にはまず、中国・四国・近畿・九州などの、いわゆる西日本一帯と関東臨海地方を含むいわば太平洋ベルト地帯に地理的に近い部分が、東北・北海道などよりも、一足先に過疎化が進行していた」。「昭和四十年代に入ってからの過疎化の展開は、あたかも日本列島を北上」してきた（斉藤書、五四二頁）。

(20) 今井幸彦『日本の過疎地帯』岩波新書　一九六八年。大川健嗣『出稼ぎの経済学』紀伊国屋書店　一九七八年。斉藤晴造編著『過疎の実証分析』法政大学出版局　一九七六年。

(21) 矢田俊文『戦後日本の石炭産業』新評論　一九七五年。
同「日本の石炭産業の最終放棄について考える」『地理』四八巻七号　二〇〇三年。

(22) 岡橋秀典『周辺地域の存立構造』大明堂　一九九七年。

三　国土構造構築期

1　新全国総合開発計画（二全総）

新全総（二全総）に関しては、下河辺氏は大変興味ある証言をしている。いわく、「一全総では、産業基地づくりというのはサブのテーマだった。一番のメインは、中枢管理機能システムを国土の構造にあわせてどうつくるかというのが、国土計画のインフラを専門にした計画の中心だというふうに見ていたのです。もっと簡単に言えば、交通・通信計画をつくることであったわけです。（中略）その頃、新幹線や高速道路はありませんから、鉄道の電化・複線化や、一級国道の整備、電話をダイヤル即時で積滞率を下げるなど、その次元で交通・通信論をやるのです。その施設のインフラ整備の優先順位を論ずるのです。その時に、東京を起点にして北は仙台、札幌、西は名古屋、大阪、広島、福岡を軸にしよう、日本海としては新潟、金沢を中心にしようということで、日本列島の骨格をつくることが一全総の非常に大きなテーマなのです。（中略）だから、計画論的に言えば、ツリーシステムを国土につくったという感じがあるのです。（中略）ところが、産業側の方から陳情が激しくなっだので新産業都市で受けるようになって、一全総というのは拠点が産業都市のように言われてしまったけれども、拠点開発方式といった時の拠点は、中枢管理機能都市のことを言ったはずなのです(1)」。

この指摘から考えれば、一九六九年策定の二全総の内容は、一九六二年の一全総策定の時すでに構想されていたことになる。重化学工業化を核とする「所得倍増計画」という池田内閣の経済政策が、国土構造の構築よりも「産業構造の改編」に軸足を置き、国土計画は、そのための基盤整備の役割を演ぜざるを得なかった。

高炭成長が軌道にのり、ベルト地帯という国土の軸が形成され、地域格差が顕在化する一方、広域的なモノ、ヒト、情報の移動を活発化するインフラを整備し、経済・社会活動を国土レベルで一体化することが強く求められていた。こうした状況に応える形で新全国総合開発計画が登場した（序―4図、動因1）。

下河辺氏は、新全総については、ほぼ理想的な国土計画であったように言及している。「経済計画とお別れをして、独自の道を二十年計画という形で歩み出した[2]」。「新全総は、基本的に百年のインフラストラクチュアの改造を、二十一世紀のためにしようという考え方で、しかも、関係省庁が直轄でやっている基本的な事業に国土計画が発言権を持つというところに重点を置いた。（中略）新全総は一全総と違った性格を持っているわけで、新幹線や高速道路、また大規模工業基地に対しても、国土計画が発言力を持つナショナルプロジェクトとして議論しました[3]」と証言している。この証言は、本稿のむすびで述べるように二全総をもって戦後全総計画の転換点となったことを明示したものである。

他方、この時期、自民党の都市政策調査会が田中角栄通産大臣を核として『都市政策大綱』を出版し、国土レベルの交通・通信ネットワーク構想を提起した。当時下河辺氏は経済企画庁にいて、『都市政策大綱』の執筆に関わった早坂茂三氏や麓邦明氏らの秘書グループと共同行動をとったわけではない。二全総は、田中首相就任（一九七二年）前に策定された。しかし、『都市政策大綱』および二全総をベースに新たに出版された『日本列島改造論』では、列島に大規模工業基地を配置し、高速道路、新幹線、通信網などの交通・通信ネットワークを構築するという構想を前面に押し出した点では軌を一にしている。明らかに、二全総の政策は、下河辺氏が「百年の計」と豪語するように国土構造の本格的構築に照準を絞っていた（照準1[4]）。

構想は、田中氏の首相就任によって加速する（動因2）。国土開発幹線自動車道四、一〇〇km（一九六六）、新幹線基

序－４図　新全国総合開発計画（1969.5.30）策定の構図

動因　1
世界と日本の
経済・社会情勢
世界システムの動揺
（ベトナム戦争、
ドル危機、石油危機）
後期高度成長
マクロ経済・
社会政策
機械工業主導の成長

プランナー ＝ 策定メンバー
経済企画庁・国土審議会
下河辺淳課長

基本目標　豊かな環境の創造
開発方式　大規模プロジェクト構想

主　要　施　策
高速道路4,000km計画、成田国際空港
新幹線整備、四国架橋、むつ・小川原
苫小牧東部大規模工業基地

動因　2
策定に深く関与した
権力中枢（首相等）
田中角栄通産大臣
→1972 首相

動因　3
国土政策思潮
自民党『都市政策大綱』
田中角栄『日本列島改造論』

照準　1→結果
国土構造の構築
一軸一極型国土構造
ツリー型都市システム
日本列島改造

照準　2→結果
地域の活性化
大都市圏の過密対策
→核心自治体行政の展開
（横浜・飛鳥田、神奈川・長洲,
東京・美濃部、大阪・黒田等）

照準　3→結果
国土の管理
（災害・資源・生態）
大気汚染・海洋汚染
地価高騰・土地利用の混乱
輸入材依存→森林の荒廃

本計画路線七、〇〇〇km（一九六七）、新東京国際空港成田の決定と新国際空港公団設立（一九六六）、青函トンネル工事着手（一九七一）、本州・四国連絡橋着手（一九七五）などである。以後粛々と実行され、供用開始されていく。これによって、モノ、ヒト、情報の流れは、ネットワークの結節点となる札幌、仙台、名古屋、大阪、広島、福岡などの大都市や地方中枢都市に集中し、最終的に首都東京に収斂する「ツリー型都市システム」と東京一極集中型の国土構造の形成に向けてひた走る。そして、この国土構造構築路線は、二〇年後の四全総、三〇年後の五全総で補強されながら引き継がれてゆく。下河辺哲学の本格的始動である。

他方、これらのプロジェクトの実施は、「列島改造ブーム」をもたらし、一九七三年の石油危機との相乗作用で、激しい地価上昇を伴う「ハイパーインフレーション」を引き起こし、そのあおりを受けて、むつ小川原、苫小牧東部などの大規模工業基地の構想は頓挫し、その後石油備蓄基地や原子力燃料処理基地に変容していった。負の遺産である（結果3）。こうした公共工事ラッシュとこ

れをてこにした中央集権的な行政は、地方から強い反発をもたらし東京、横浜、京都、大阪での自立的地方行政を遂行する革新自治体の登場をもたらした（結果2）。

かくして、新全総策定の構図は、序―4図に集約される。

2　第三次全国総合開発計画（三全総）

その後、地価バブルによって各地で合理的土地利用に障害が起き、渦中の田中首相自身が国土開発行政の一元化に乗り出し、一九七四年に国土利用計画法と国土庁設置法を成立させた(5)。下河辺氏自身、六月発足の国土庁の初代計画・調整局長に就任し全総策定体制の名実ともに中枢的地位に就く。

ここで、政策内容でみれば、「大きな転換」が生じたような現象が生まれる。「一全総と新全総までは、まず経済合理性を追及しているわけです。（中略）ところが、三全総では地域の人と国土との関わり合いの特性から議論してくださいということに切り替えようとしたわけです。だから、（中略）ミニマム概論を卒業して、地域の特性論に移りたいということを、一方で考えていたのです。それは、政策論であると同時に、生態系を重要視するなら当然そうなると考えたわけです。（中略）そこで、ふるさと創生論につながっていくような、何かミニマム概念と地域の特性論との分かれ道が三全総の中に内在しているわけです(6)(7)」。

「国土庁ができてからやったのは、新全総の時とメンバーを全然ガラットと替えまして、いわゆる文化人という人ばかり集めたわけです。梅棹忠夫先生とか山崎正和さん、梅原猛さん、吉良竜夫さんとか、そして新全総の激しさというものを離れてということを考えたのです。むしろ、土木、建築、都市工学の専門家を外して文化、芸術畑の人を入れることで国土に何か一つの文化性をつくろう、それを定住圏の内容にしようということをやった時期があります」。この結果、国土審議会では、「新全総には経済主義的な技術的なものが支配していて、文化性が欠如していることに欠陥があるのではないか、（中略）日本の国土計画がもっと歴史に学ぶことがあるのではないか[8]」。「江戸時代までは、何といっても水系が地域をつくり上げていて、水系に依存する形で、山から畑から水田から村から都市・城下町まで、ある一つの生態系の中で地域社会ができていたということに戻って水系主義を取ろうとしたわけで、水系というものの中で定住性をどう求めるかという議論になったのは、三全総の一番大きな特色と言ってもいいかもしれない。（中略）この水系主義が定住の条件としては大きなテーマだということを言ったのです[9]」。

そこで登場するのが定住圏構想である。インタビューアーいわく、「定住圏を二百から三百設定しまして、その中でモデル定住圏は特に力を入れたわけですが、そのモデル定住圏と、建設省の地方生活圏、自治省の広域市町村圏の二つがダブるであろうことは、先刻ご承知の上でモデル定住圏が設定されたわけです」と指摘したのに対し、氏は「縦割り官庁がそれぞれに活躍する場が欲しいというのは、定住構想の行政的な側面なのです[10]」と応えている。これらのことから、三全総の照準は、地域の再生（照準2）、水系の重視（照準3）に政策の幅を広げたことは確かである。

ここでテーマとなったのは、高度経済成長、ベルト地帯の形成、農山漁村からの大量の労働力の移住のなかで、日本人の「定住性」の喪失であり（序―5図、動因1）、時の大平正芳首相も「田園都市国家構想」をうちだし（動因2）、三全総とベクトルを同じくした。

一九七〇年代半ばは、産油国の攻勢による二度の石油危機に伴う高度成長の小休止であり、戦後生まれの団塊世代が大量に大都市圏に移住した「大波」が一段落した時期である。その結果、地方圏の社会的人口移動が止まり、一時的に人口増加に転じた。また、これまでの全総が国土復興、産業基盤整備、骨格構造構築などハード路線に追われて、災害や環境への配慮が著しく欠いたうえに宮本憲一氏らの論陣もあって、地域開発政策批判、反公害運動も大きな盛り上がりを示していた。他方、石油危機は、ローマクラブなどにみられる資源の枯渇と成長の限界に関する思潮も一

序－5図　第三次全国総合開発計画（1977.11.4）策定の構図

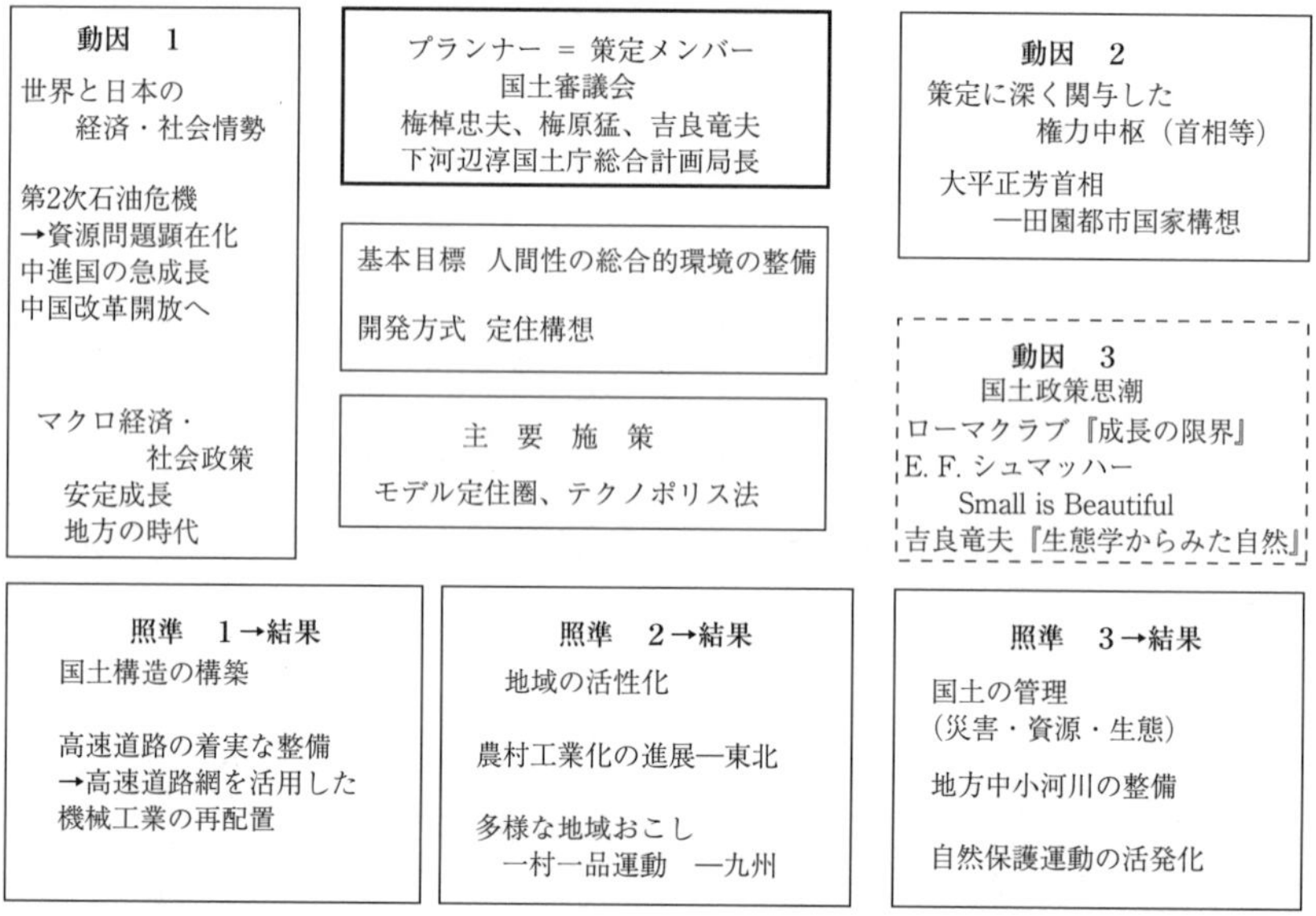

世を風靡していた。この流れを受けて下河辺氏は、「三全総では地域の人と国土の関わり合いの特性」を重視したのである（動因3）。

しかし、素材型産業から省エネ型の機械組立産業への転換が新たな経済成長を牽引し、団塊ジュニアの登場もあって、人口の大都市圏集中も復活した。そのため、水系をベースとする定住政策が国土全域で顕著な効果をあげたとはみられない。ただ、群馬県の川場村、長野県の小布施、大分県の由布院温泉、大山、熊本県の黒川温泉、宮崎県の綾などで地方中小河川の流域圏を基礎に自然環境や文化を活かした住民主導のまちづくりが本格化し[11]、平松守彦大分県知事が「一村一品」運動として「地方の時代」を牽引したのは[12]、三全総と価値観を共有するものである。これらの地域は、世代を継承しながら今なお優れた地域づくりを実践している（照準、結果2、3）。

ここで忘れてはならないのは、高速道路の建設と供用の距離を示す序―6図からも明らかなように新全総が提起した「二十一世紀のために百年のインフラストラクチュアの改造路線」がこの時期に軌道にのったことである。

序－6図　高速道路整備推移（1957-2005年）

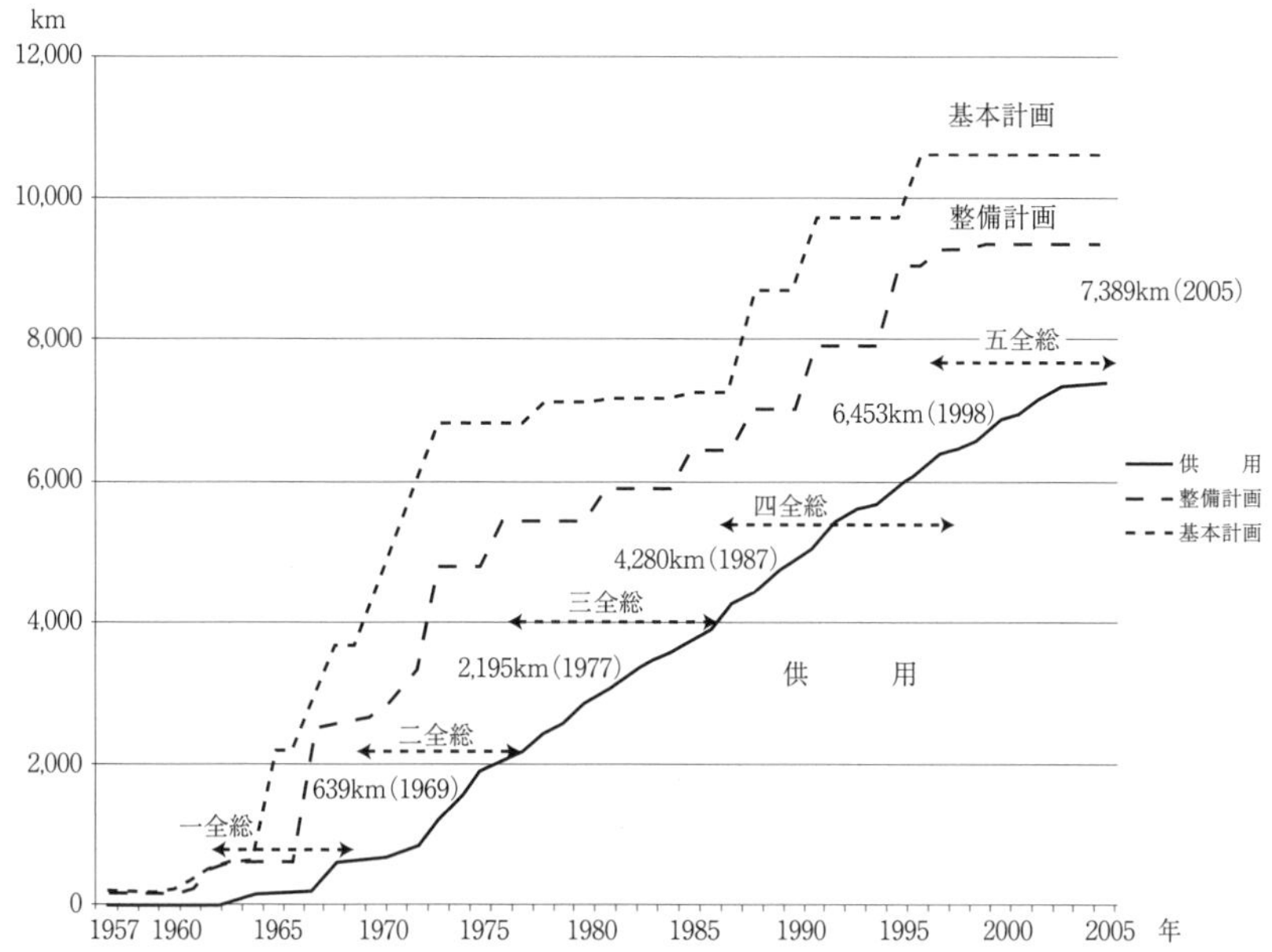

（資料）全国高速道路建設協議会『高速道路便覧』2005,『高速道路』ver.9, 2013より筆者作成。

ほぼ三全総の政策期間に対応する一九七六年から一九八七年の十一年間に、高速道路の供用は二、〇〇〇kmから四、〇〇〇kmに倍増し、東北縦貫、東名・名神、中国縦貫、九州縦貫の国土の背骨部分がほぼ完成した。これに新幹線の整備も含めてこの期間の国土政策の実体は、新全総の着実な実行としての国土の骨格の形成にあった（結果1）。視点を変えれば、三全総のソフト路線は、新全総のハード路線の「隠れ蓑」でもあったとも評価できる。あるいは、下河辺氏の生態系重視の夢を一時的に表面化できるほど「ゆとり」があった、とも言える。

高速道路の整備は、東北、中国だけでなく、関越、中央、北陸にまで延伸した。一九八〇年代に急成長した機械工業は、この高速道路網の整備を活用して新たな立地展開を本格化させた。大都市圏の中心に立地していた自動車・家電などの完成品や主力部品を製造する大規模工場は、狭隘な土地や高地価を避けて、大都市圏郊外の大規模用地を求めて拡散立地する一方、中小の部品下請け工場は高速道路を活用して低賃金労働力を求めて農村部へ分散立地していった。大都市圏の親工場への大量かつ高頻度の部品授受は、高速道路と宅配網の整備によって、また注文や設計図の授受はＦＡＸによって可能となった。その中で、北上、燕、諏訪など一部に高度技術を有する機械工業の集積地域が形成されていった（結果1、2）。工業再配置法（一九七二年）テクノポリス法（一九八三年）などの政策がこうした機械工業の立地展開を促進した（結果2）。これらは、竹内淳彦[13]、渡辺幸男[14]、末吉健治[15]、小田宏信[16]、青野寿彦[17]氏らによって精力的に解明されている。

三全総は、定住圏という「人間性の総合的環境の整備」を前面に出しながら、その「コインの裏」として、二全総の着実な実行による交通・通信ネットワークの整備、これを活用した牽引産業たる機械工業の再配置という結果をもたらした。かくして、三全総策定の構図は、序―7図に集約される。

3　第四次全国総合開発計画（四全総）

東京圏への人口集中は、一九八〇年代に入って再び活発化した。プラザ合意以降の円高基調のなかで、経済成長が再加速しバブルの破綻に向かう時期である。団塊ジュニアの戦後第二波の東京移住に加え、「東京生まれ、東京育ち」の若者が急増したことも作用した。

下河辺氏は言う。一極集中要因のうち「われわれが直接やったのは、工場の集中とか大学の集中の要因であって、それに対しては手を打って、確実に成功してきているとさえ思っているのです。そして、一九七九年ぐらいからまた再び集中が増えたのは、金融なりサービなりの上で国際化が進み、情報化が進むという新たな条件なわけですね[18]」。

新全総のネットワーク構想が実行されて二〇年が経過し、交通ネットワークの最大の結節点としての東京の役割は決定的となった。「東京発という形で高速道路、鉄道、通信が始まってしまうのです。このことは、東京一極集中の道具立てにもなっている面が大きいのです。（中略）ネットワークができないのですよ。だからツリーシステムというか、東京を起点とした枝葉がついてくるという形で高速化と情報化が始まってしまう[19]」。

「企業内地域分業」をテーマに、生産機能から分離している本社・支社などの中枢管理機能の立地について、歴史的かつ構造的に解明している阿部和俊氏は、高度成長期以降の本社の東京集中と地方中枢都市での支社の集積を具体的に分析し、交通通信システムの整備に対応する日本の都市のツリーシステム体系を解明した。阿部氏は、「東京は早くから本社の多集積都市であった。（中略）一九八〇年代半ば以降大阪を筆頭に地方企業が東京支所を東京本社に昇格させ、旧来の本社との二本社制を採用したり、ついには東京へ本社を完全に移転させる傾向が強まった[20]」、と指摘している。

また、大企業の支所数は、高度成長によって、札幌、仙台、広島、福岡の広域中心都市が台頭し、東京・大阪・名古屋の三大都市—広域中心都市—大規模県庁所在都市（北九州を含む）—その他の都市の階層性が確立したことを実証している。広域中心都市は、高速交通体系の結節点に位置し、北海道、東北、中国・四国、九州地方圏の核都市となったと述べている。

こうした高速交通体系の整備によるツリーシステムの是正が四全総策定の動因となった（序—7図、動因1）。四全総策定チームでは、首都・東京を世界都市の一角として機能整備する方向と、東京一極集中を抑制する考えが論争のテーマとなった。本書のインタビューアーが、「慶応大学の高橋潤一郎氏は、『その策定は天の声、地の声で揺り動かされた』と言っています。天の声とは時の総理の中曽根康弘さんであって、地の声というのは地方の声を指しています。（中略）総理は国際都市東京の地位と機能の明確化をもっとした方がいいのではないかということを言った」（動因2）。地の声として、「特に当時の熊本県知事の細川護煕さんは、厳しい言葉で批判した。（中略）結局、四全総はこ

序－7図　第四次全国総合開発計画（1987.6.30）策定の構図

動因　1
世界と日本の経済・社会情勢
世界システムの転換
プラザ合意
EU成立
東欧社会主義の崩壊
マクロ経済・社会政策
円高と産業構造調整

プランナー ＝ 策定メンバー
国土庁・国土審議会
高山英華、八十嶋義之助、下河辺淳（次官）

基本目標　多極分散型国土の構築
開発方式　交流ネットワーク構想

主　要　施　策
高速道路　17,000km延長
多極分散型国土法、国の機関の移転
地方拠点法、頭脳立地法、リゾート法

動因　2
策定に深く関与した権力中枢（首相等）
中曽根康弘首相

動因　3
国土政策思潮
Peter Hall “The World City”
平松守彦『地方からの発想』
佐藤誠『リゾート列島』

照準　1→結果
国土構造の構築
ネットワークの拡大
多核型大都市圏
地方の極の形成
―中枢・中核都市

照準　2→結果
地域の活性化
ネットワーク結節都市を核とする広域経済圏の形成
地方圏内地域格差の拡大

照準　3→結果
国土の管理
（災害・資源・生態）
リゾート開発による大規模自然破壊

の地の声を反映させて、一極集中を追認するだけではなくて、多極分散型国土形成というものを補強したわけです」と紹介している(21)（動因3）。

こうした論争を経て、四全総は、「多極分散型国土の形成」と「交流ネットワーク構想」の二つを基本目標、開発方式とし、階層的都市システムと広域地方圏の形成を政策的に追認するとともに東京一極集中を抑制する戦略を提起した。

そのため、高速道路整備目標を七、〇〇〇から一四、〇〇〇kmに延長して、地方都市を連結するネットワークの形成戦略を強化した。また、多極分散型国土形成促進法（一九八八）や地方拠点都市法（一九九二）によって、地方拠点地域や業務核都市の整備を進め、都市機能の地方圏や大都市周辺域への分散を図った。札幌・仙台・広島・福岡の地方中枢都市で地下鉄やモノレールなど軌道系が整備されて都市圏が拡大し、新潟・金沢・静岡・浜松・岡山・北九州・熊本など上位の地方中核都市、さいたま（旧浦和・大宮）、千葉、八王子、相模原等首都圏周縁中核都市も、都市機能の充実が進んだ。その後、これら都市の多くが一九九九年以降の平成の大合併をへて政令指定都市となり、「多極分散型国土」の一角を占める。

こうした一連の政策によって、一極集中・ツリー型の国土構造を国際化の時代、地方の時代に合わせて、大都市圏周辺域の整備と上位の地方都市の強化に焦点をあてた（照準1、照準2）。高速道路の整備は、山陰などを除きほとんどの地方中核都市がネットワークに組み込まれ、大都市や中枢都市を核として中核都市間を結んだ広域経済圏が形成されていった。また、大都市圏では、中心大都市と業務核都市間の機能分担が進んだ。これによって、ツリー構造の修正がはじまった（照準1、2）。

他方、大規模なリゾート開発にともなう新たな自然破壊が問題となった（結果3）。また、竹下登首相によって、全市町村に一億円を配布して、村や町の活性化戦略を自ら発案・実行する「ふるさと創生」事業（一九八八、一九八九年）が実施されるなどバブル景気を反映した地域振興策が採用された。かくして、四全総策定の構図は序―7図となる。

（1）下河辺淳『国土計画の証言』日本経済評論社　一九九四年　九七―九八頁。
（2）同右書　一〇八頁。
（3）同右書　一五四頁。
（4）柳沢 勝氏は、新全総を「明治以来の国土構造について見直し、新たな飛躍のための構想という観点から」策定されたものと評し、「全国を七ブロックに分け、各ブロックを主軸によって結びながら、それぞれのブロックの地理的位置、中枢管理機能の大集積とのつながりなどの特性を生かしながら、それぞれの開発整備を進め、（中略）南北二、〇〇〇kmにわたる日本列島が一体となって機能することを期待される」と述べ、新全総を国土計画の歴史的画期と評価している（柳沢勝『国土政策のパースペクティブ』住宅新報社　一九九一年　一四九頁）。
田中角栄『日本列島改造論』日刊工業新聞社　一九七二年。
自由民主党都市政策調査会『都市政策大綱』一九六八年。
（5）下河辺前掲書　一二七―一二九頁。

（6）同右書　一七二―一七三頁。
（7）松下圭一氏らの主張する「シビルミニマム」論を意識した発言（松下圭一『都市政策を考える』岩波新書　一九七一年）。
吉良竜夫『生態学からみた自然』河出書房新社　一九七一年。
Schumacher, E. F.（1973）: *Small is Beautiful, A Study of Economics as if People Mattered.*（E・H・シュマッハー、斉藤志郎訳：『人間復興の経済』佑学社　一九七六年）。
Medows, D. H., Medows, D., Randers, J., Behrens W.W.（1972）: *The Limits to Growth*（ドネラ・H・メドウスほか著　大来佐武郎訳『成長の限界―ローマクラブ「人類の危機」レポート―』ダイヤモンド社　一九七二年）。
（8）下河辺前掲書　一八〇頁。
（9）同右書　一五七頁。
（10）同右書　一七一頁。
（11）由布院については、中谷健太郎『湯布院幻燈譜』海鳥社　一九九五年。同『たすきがけの湯布院』ふきのとう書房　二〇〇六年。木谷文弘『由布院の小さな奇跡』新潮新書　二〇〇四年。野口智弘：『由布院物語―玉の湯　溝口薫平に聞く』中公文庫、二〇一三年。黒川温泉については後藤哲也『黒川温泉のドン　後藤哲也の「再生」の法則』朝日新聞社　二〇〇五年。大山については岡橋秀典『周辺地域の存立構造』大明堂　一九九七年。小布施については川向正人『小布施　街づくりの軌跡』新潮新書　二〇一〇年などが、地域づくりの実態を生き生きと伝えている。
（12）平松守彦『地方からの発想』岩波新書　一九九〇年。
（13）竹内淳彦『技術革新と工業地域』大明堂　一九八八年。
（14）渡辺幸男『日本機械工業の社会的分業構造』有斐閣　一九九七年。
（15）末吉健治『企業内地域間分業と農村工業化』大明堂　一九九九年。
（16）小田宏信『現代日本の機械工業集積』古今書院　二〇〇五年。
（17）青野寿彦『下請け機械工業の集積』古今書院　二〇一一年。
（18）下河辺前掲書　一九三頁。
（19）同右書　二九八頁。
（20）阿部和俊『日本の都市体系研究』地人書房、一九九一年　一〇八頁。
（21）下河辺前掲書　一八八―一八九頁。

四　二〇世紀後半の国土政策の総括

1　二一世紀の国土のグランドデザイン（五全総）

『戦後国土計画への証言』が出版されたのが一九九四年三月で、五全総（以下「グランドデザイン」）策定が国土審議会のもとで開始されたのが同年の十一月である。したがって、ここでの氏の証言から、五全総の姿は見えない。しかし、構想の一端を垣間見ることができる。筆者は、この審議会で下河辺国土審議会長、伊藤滋計画部会長、中村英夫専門委員長とともに専門委員長代理として計画案策定に参画した。その後、ほぼ二年間の作業ののち、一九九五年十二月に『二十一世紀の国土のグランドデザイン―基本的考え方』が審議会で了承された。翌一九九六年一月橋本龍太郎首相が誕生し、そのもとで政府は、大胆な行財政改革を断行した。そのなかで大規模公共投資が予想される多軸型国土構想との整合性が問題視され、全総の正式決定は見送られた。その後も作業が継続され、ようやく一九九八年三月に閣議決定に至った。行政改革のなかで国土庁の再編も渦中に巻き込まれたこと、また、二年間五全総の決定が「棚ざらし」となったことなど、時の首相の政策が計画策定にマイナスに作用した（動因2）。

それはさておき、「グランドデザイン」の基本路線は、本書のなかの下河辺氏の証言で、重要な論点として提起されている。

いわく、「国土総合開発法は、いずれにしても、近いうちに全面改正すべきだし、それをやると、一九七四年にできた国土庁の設置法もきちんと見直すべき時がくるので、五全総は、その問題と絡んでくると思うのです[1]」。ここでは、五全総が最後で、全面改正すべきという。だから、五全総とは言わず、もっと長期展望を持った「二十一世紀のグランドデザイン」よぶことになる。

また、「私の経験から思うことは、(国土計画は)、長期に耐えるハードウェアの方が基本的に重要だということです[2]。「少し先行的に当面需要がなくても国土として体系的な交通通信体系ができて、ネットワークの準備ができるということを優先したらどうかというのが、国土計画の発想なんですね[3]」。ここで、全総政策を「土木国家論」として批判する風潮を牽制しつつ、二一世紀を見据えた長期的な視野での国土構造構築の必要性を強調する。

他方、「いま私が一番関心を持っているのは、(中略) 小都市論です。日本の国土計画の中で (中略)、どうも小都市のところが空白地帯のようになっている。(中略) 小都市が活性化する自信がつけば、過疎地域に対しても、過密都市に対しても、よいインパクトを与えるのではないかと思うのです (中略) (過疎地域が)、最寄りの小都市との関係で、もうちょっと豊かさを得るという必要があるでしょうし、大都市も、道路の渋滞に任せっぱなしで拠点都市化するというのではなくて、小都市の素晴らしさを生かすということで、過密・過疎ともに小都市に興味を持つべきだと思っているんです。しかも、(中略) 小都市において生態系を生かしていく道が初めて見つかる、(中略) これは、二十一世紀は小都市時代だと言われる世界的風潮にも合致するわけで、世界中が小都市の研究を始めています[4]」と指摘する[54]。

ここからみると、下河辺氏は、太平洋ベルトのような既成の国土軸イメージを捨てて、日本海岸や北東日本、南西日本において、小都市を周辺の農山漁村や自然と結びつけて「地域連携軸」を形成し、これらを高速交通体系で結合する「新しい国土軸」を構想していたと思われる。

ところで、こうした構想を突き動かした動因は、一九九〇年代の中国経済の急成長とこの市場への日本企業の生産拠点立地に象徴される東アジアの時代への対応にあった。このことは、五全総策定作業の真っ只中に、当時の国土庁の審議会が筆者を含む中枢メンバーを中国、韓国、東南アジアに派遣し、国土政策について情報交換したことからも

序－8図　21世紀の国土のグランドデザイン（1998.3.31）策定の構図

動因　1
世界と日本の
経済・社会情勢

多極化の進展
BRICsの成長
中国の台頭
テロの激化

マクロ経済・
社会政策
アジア投資の増加
バブルの崩壊と
長期構造不況

プランナー ＝ 策定メンバー
下河辺淳、伊藤滋、中村英夫
矢田俊文、大西隆、森地茂

基本目標―
多軸型国土構造の基礎づくり
開発方式　参加と連携
多様な主体の参加と地域連携
による国土づくり

主　要　施　策
①多自然居住地域の創造
②大都市のリノベーション
③地域連携軸の展開
④広域国際交流圏の形成

動因　2
策定に深く関与した
権力中枢（首相等）

橋本龍太郎首相

動因　3
国土政策思潮

地方財界からの国土軸提案
第二国土軸、日本海国土軸
矢田俊文編
『地域軸の理論と政策』

照準　1→結果
国土構造の構築

多軸型国土へ

ICT革命の進展
知識産業の成長

照準　2→結果
地域の活性化

大都市都心部の再開発

アジア立地の展開と
地方工業の衰退

照準　3→結果
国土の管理
（災害・資源・生態）

阪神・淡路大震災

限界集落の増加

推察される（動因1）。

他方、国内的には、それまでの国土計画によって形成された太平洋ベルトという国土軸と北東部、日本海岸、西南部との格差、および都市システムの上位都市と下位都市との格差の拡大への地方財界や首長等からの不満が噴出して、また、筆者も含めた経済地理学者から地域軸概念が提起されたことも見逃せない[5]（動因3）。

こうして、「グランドデザイン」は、「多軸型国土構造の基礎づくり」を基本目標、「参加と連携」を開発方式とし、①多自然居住地域の創造、②大都市圏のリノベーション、③地域連携軸の展開、④広域国際交流圏の形成の四本柱の施策を提起する。

このうち③については、二全総、四全総計画を延長して、地方圏重視の高速交通体系の整備に移行していった。この結果、二十世紀末での高速道路の整備は、太平洋国土軸では、第二東名や新名神、山陽道など「複数化」する一方、東北横断秋田・釜石線、仙台・酒田線、いわき・新潟線、関越道上越、東海北陸道、中国横断道姫路・鳥取線、岡山・境港線、尾道・松江線、広島・浜田線、九州横断道大分・長崎線など国土を横断する地域連携軸、さらには北海道縦貫、同横断、四国縦貫、同横断、沖縄など本州や九州以外の地域への整備が進んでいる。二〇一四年三月時点で九、八四〇kmが供用され、開通率七〇・三％に達している。この結果、人口十万人以上の地方都市（釧路を除く）に概ねアクセスするまでになった。新幹線も東北（二〇一〇）、九州（二〇一一）が全通して青森から鹿児島まで背骨軸が完成した。さらに上越（一九八二）、長野（一九九七）、秋田（一九九七）、山形（一九九九）と列島横断軸を順次整備し、二〇一五年には北陸も開通した（照準1）。これらの整備途上で二〇一一年に東日本大震災が発生し、緊急援助や復興支援に東北縦貫と横断道が「縦横」に活用される一方、ネットワークのミッシングリンクとして残っていた三陸縦貫の整備が課題となっている。

また、②については、大都市圏での規制緩和などによって、首都圏の品川・浜松町、六本木、お台場、大阪圏の梅田北や阿倍野、名古屋圏の名古屋駅前など旧国鉄用地や埋め立て地を中心に高層ビルが林立し、高度な都市利用によるリノベーションが急ピッチで進んでいる（照準2）。さらに、④について、九州や沖縄での国際航空路や海上航路などの充実で中国、台湾、韓国との交流が一段と強化された（照準2）。しかし、①については、戦後の国土復興政策による大規模造林がいまスギ林など伐期に達し、収穫期に入っているにもかかわらず、低価格の外材の進出や若者の流出によって林業の崩壊が進み、「限界集落」が国土全体にわたって分布し、二一世紀にもち越されている（結果2、3）。

五全総策定の構図は、序―8図となる。

2　二〇世紀後半の国土政策の総括

一九五〇年公布の国土総合開発法は、第一条で「この法律は、国土の自然的条件を考慮して、経済、社会、文化等に関する施策の総合的見地から、国土を総合的に利用し、開発し、及び保全し、並びに産業立地の適正化を図り、あわせて社会福祉の向上に資することを目的とする」とその目的を明示している。そして、第二条で、国土総合開発計画について、以下の五項目についての「国又は地方公共団体の施策の総合的且つ基本的な計画」と規定している。すなわち、①土地、水その他の天然資源の利用、②水害、風害その他の災害の防除、③都市及び農村の規模及び配置の調整、④産業の適正な立地、⑤電力、運輸、通信その他の重要な公共施設の規模及び配置並びに文化、厚生及び観光に関する資源の保護、施設の規模及び配置である。

ここで、国の施策とは、道路・港湾・空港等の交通基盤、治水・海岸・急傾斜地等の防災基盤、都市公園・交通安全等の生活基盤など、社会資本整備計画が対象となっている。その結果、全総計画策定には、国土交通（旧建設、運輸）、農水、経済産業（旧通産）、総務（旧自治、郵政）、そして財務（旧大蔵）などの省庁からの出向者が自らの所管業務との調整を含めて策定に参画し、経済企画庁ないし国土庁や国土交通省（国土計画局）が取りまとめてきた。ちなみに教育・文化・科学技術を所管する文部科学、医療・福祉・労働にかかわる厚生労働省の出向者はあまりいない。

策定の構図で指摘した「主体」にはこうした省庁の官僚が密接に関わってくる。その意味で、全総計画は、各省庁の社会資本整備計画の長期指針の役割をしており、各省庁の計画を全体として包摂する。

このことは、下河辺氏や策定官庁、国土審議会などの策定主体のバックには社会資本整備を支える各省庁の強い力が作用していたことを意味する。当然、官僚機構が整備されるにつれ、計画内容に対する動因1―3の影響の度合いは、間接的なものになっていった、とみることができる。こうした視点を考慮しながら、一九五二年策定の特定地域総合開発（以下プレ全総）から一九九八年策定の「二十一世紀の国土のグランドデザイン」（以下五全総）まで、約半世紀間、合わせて六つの全総の策定の構図を整理してみたい。

結論を先取りすれば、プレと一全総の二つと二、三、四、五の四つの全総は、策定主体と動因の関係、策定の照準において大きく異なり、明らかな断層を見いだすことができる。

先の二つは、当時の社会・経済情勢や占領軍を含む「権力中枢」の動因の影響力が強力であった。プレ全総は産業の復興、都市・農村の再生、国土の整備など緊急性を要するものに照準を置き、全国規模の交通・通信インフラなど時間を要するものは対象とはしていない。また、一全総も、高度経済成長、重化学工業化といった経済政策を優先させ、その手段として産業基盤の造成、太平洋ベルトの形成に国土計画を活用した。産業振興という産業政策と国土構造の構築という国土政策の関係で言えば、照準は国土構造の構築より産業構造の転換にあった。川島哲郎氏が、格差是正という福祉的性格を有する西欧の地域開発政策と異なり、高度成長期の日本のそれは「徹底的な産業政策」であった、と断じているのは、首肯できる。(6) しかし、川島氏による国土計画のこうした性格づけは、二全総までである。

二全総以降は、国土政策の最重要課題である国土構造の構築（照準1）に重点が移行した。それは、社会資本を担当する運輸・建設・農林など各省の官僚機構が整備され、これを取りまとめる経済企画庁（のちの国土庁）、さらにその中心にいた下河辺淳氏の主導性が確立していったことの結果でもある。

『戦後国土計画への証言』によれば、下河辺氏は、プレ全総当時は、東大工学部の建築を卒業（一九四七）して戦後復興院とか建設院に関係する」にとどまった。その後、「全総は（経済企画庁の）調査官で、新全総は課長・参事官時代で、三全総は、（国土庁）の局長(7)」、さらに四全総策定体制初期は国土庁事務次官、退官後総合開発研究機構理事長として審議会委員となり、五全総策定時は審議会会長など、長期間キーパーソンとして、その地位を確実に強めていった。このような経歴から判断して、プレと一全総では、主役とはなりえなかったが、経済企画庁が国土計画の主管庁となる二全総以降、下河辺氏の「国土計画哲学」が前面にて、国土計画＝国土構造の構築（照準1）に軸足を移していった。

二全総の高速道路・新幹線・空港・港湾などの交通通信基盤のネットワーク構想によって、国土構造構築の長期プランが確定した。まさに「百年のインフラストラクチュアの改造」を、二十一世紀のためにしたのである。その後の三、四、五全総は、このプランの着実な実行のなかで、補強・修正的な性格の計画として位置づけられる。三全総は、ネットワーク構想の弱点であった地域の活性化や国土の管理などの分野に照準（2、3）を当てて補強し、四全総はネットワークの整備のなかで生じた東京一極集中の是正に重点を置いた。そして、五全総は、太平洋ベルト一軸集中の是正として非ベルト地域に新たな国土軸と多様な地域連携軸構想を提起するとともに二全総の「百年の計」の完成としての計画を志向し、あえて「二十一世紀のグランドデザイン」と銘打ち、二全総から半世紀後の日本の国土の姿を描いてみせた。しかし、当時の公共投資への批判的思潮とこれを意識した橋本首相の意向で、その実行に抑制的な力がかかったことは否定できない。

また、川島氏によって指摘された国土計画と産業政策の関連で言えば、プレ全総は、農業や水力発電、一全総は装置型の重化学工業振興のための基盤整備で、国土計画が産業政策の手段であった。これも二全総以降、両者の関係が逆転し、交通・通信基盤整備が自立的に行われ、結果として機械工業の地方分散、都市での中枢管理機能・サービス産業の振興が促進されたとみるのが至当である。

他方、二全総以降の国土構造の構築は、ベルト地帯と非ベルト地帯の地域格差、首都圏等大都市圏の過密と「限界集落」に象徴される過疎、鉱物や森林・土地資源の放棄・放置、環境汚染や大規模自然災害など、地域の活性化や国土の管理に多くの負の結果をもたらした。これに加え、東北震災地域、原発被害地域、米軍基地を擁する沖縄など特に深刻な課題を抱えている地域が存在し、国土政策が避けて通れない事態が生じている。

次世代の斬新な発想での国土哲学の登場が待たれる。三全総以降本格化した全国各地の住民主体の多様な地域づくり、藻谷浩介氏らの里山資本主義の考え方(8)を積極的に取り込み、国家レベルの国土政策と住民・自治体主導の地域政策の本格的なアウフヘーベン（止揚）が不可避となっている。

（1）下河辺淳『国土計画の証言』日本経済評論社　一九九四年　三四四頁。
（2）同右書　二一四頁。
（3）同右書　二九九頁。
（4）同右書　三五六―三五七頁。
（5）矢田俊文編『地域軸の理論と政策』大明堂　一九九六年。
（6）川島哲郎『高度成長期の地域開発政策』（川合・木下・神町・高橋・狭間編『講座　日本資本主義発達史論　Ⅳ』日本評論社　一九六九年所収）。
（7）下河辺前掲書　一六一頁。
（8）藻谷浩介・ＮＨＫ広島取材班『里山資本主義』角川書店　二〇一三年。

本章は、「戦後国土計画策定の構図―下河辺証言から読み解く―」経済地理学年報　六〇巻二号　二〇一四年をもとに、一部修正して転載したものである。

第一章　国土総合開発法と特定地域総合開発計画

一　国土総合開発法

以下の文章は、二〇〇〇―二〇〇五年の国土審議会で配布された「国土総合開発法制定の経緯」の事務局資料である。

「終戦後、我が国にとって、狭隘な国土と乏しい資源を活用して増加する人口の生活の維持向上を図ることが最も重要な課題であった。このような観点から、戦後の荒廃した国土の保全を図り、また、国土及び資源の積極的合理的かつ効率的な開発利用を期することが、人口収容力の増大、産業発展の育成及び地域振興を図ることと併せて、緊急の要請であった。それらの事業の実施には、広範な角度から詳細に検討を加えた総合的な国土開発計画を樹立することが必要であり、そのため、全国、地方（複数都府県）、都府県、特定地域に関する四層の国土総合開発計画体系を有する国土総合開発法が昭和二五（一九五〇）年に制定された(1)」。

「戦後の我が国の経済社会における、都市の戦災復興、食糧、電力、石炭等をはじめ各種の生活必需物資の計画的増産、財政政策、災害への対処、産業立地のための基盤整備と就労人口の吸収といった時代的要請から、昭和二十五（一九五〇）年五月に国土総合開発法が制定された(2)」。

いずれも簡にして要を得た説明であるが、ともに、人口問題、産業発展などマクロ経済に言及しているが、前者は、国土の荒廃、資源の開発、地域振興など「地方」に重点を置き、後者は、都市の戦災復興、石炭・電力、産業立地など「大都市や工業地帯」に焦点当てており、評価の視点に微妙な違いがあって興味深い。ちなみに、官庁エコノミストとして深く関わっていたと思われる宍戸寿雄氏は、「昭和二十四年経済安定本部に総合国土開発審議会が設置され、この審議会の活躍により、わが国の地域開発計画の新しい発展段階を画する事件ともいうべき国土総合開発法の施行が二十五年六月実現した。ときあたかも朝鮮動乱をむかえて、日本経済は自立期にはいりつつあり、国内資源開発か貿易優先かで、経済政策の基本方針をめぐって論争が繰り返された(3)」と記述している。

「荒廃した国土の復興」優先と「貿易立国を指向した工業基盤整備」優先の思想が共存していたことが半世紀後の政府の「公式解釈」にまで反映している。事実、本法は、日本の復興と高度経済成長、先進国経済への仲間入りという二〇世紀後半の日本の進路を支える国土基盤整備を先導する役割を果たした。他方で、環境問題の深刻化、地域格差の拡大と縁辺地域の疲弊など多くの負の課題を生じさせたことも否定できない。

こうした点に着目しながら、以下、国土総合開発法の内容を概観しておこう。と言っても制定から半世紀、国土構造改編に大きな力となった全国総合開発計画がその使命を終え、新たに国土形成計画に主役の座を譲った二一世紀初頭での国土総合開発法（以下国総法とよぶ）の解説には、単純な法文の紹介は適当ではない。本法の実施経過と国土形成計画法との比較を視野に入れつつ進めていこう。国総法は、第一条（目的）で、「この法律は、国土の自然的条件を考慮して、経済、社会、文化等に関する施策の総合的見地から、国土を総合的に利用し、開発し、及び保全し、並びに産業立地の適正化を図り、合わせて社会福祉の向上に資することを目的とする。」と明記している。

ポイントは、「国土の総合的利用、開発、保全」と「産業立地の適正化」のための法律ということにある。ちなみに、五五年後の二〇〇五年に改正された国土形成計画法（以下形成法と呼ぶ）では、第一条（目的）「この法律は、国土の自然的条件を考慮して、経済、社会、文化等に関する施策の総合的見地から、国土の利用、整備及び保全を推進することにより、国土利用計画法による措置と相まって、現在及び将来の国民が安心して豊かな生活を営むことのできる経済社会の実現に寄与することを目的とする。」と記されている。

「国土の利用、開発、保全」が「国土の利用、整備、保全」に変わり、「社会福祉の向上」が「国民の安心・豊かな生活」と表現が具体的になり、そして「産業立地の適正化」が削除された。国総法の「国土開発・産業立地」色を脱し、形成法では「国土整備・豊かな国民生活」色への転換を志向したことがわかる。換言すれば、二〇世紀後半の国総体制では経済発展のための国土開発重視から、二一世紀前半の形成法体制では成熟社会での国土の整備・保全に舵を切り替えた。少なくとも法律上は、そうである。

国総法は、第二条（国土総合開発計画）1項で、「この法律において『国土総合開発計画』とは、国または地方公共団体の施策の総合的且つ基本的な計画で、左に掲げる事項に関するものをいう。

一　土地、水、その他の天然資源の利用に関する事項

二　水害、風害その他の災害の防除に関する事項

三　都市及び農村の規模及び配置の調整に関する事項

四　産業の適正な立地に関する事項

五　電力、運輸、通信その他の規模及び配置並びに文化、厚生及び観光に関する資源の保護、施設の規模及び配置に関する事項」、となっている。

これらの計画事項は、形成法第二条（国土形成計画）に基本的に受け継がれ、五項目が八項目に増加している。

具体的には、「海域の利用及び保全に関する事項（排他的経済水域及び大陸棚を含む）が第二項目として、また、「国土における良好な環境の創出その他の環境の保全及び良好な景観の形成に関する事項」が第八項目として追加された。さらに、国総法の第五項目が形成法では「六　交通施設、情報通信施設、科学技術に係る研究施設その他の重要な公共的施設の利用、整備及び保全に関する事項」と「七　文化、厚生及び観光に関する資源の保護並びに施設の利用及び整備に関する事項」に分割され、合計八項目となった。

半世紀の間に領海と海洋資源の重要性が認識されたこと、環境と景観を国土概念に含む必要性が高まったことの反映であり、同じインフラも、交通・通信などの「空間克服基盤」と「生活基盤」とを区別するとともに、公共施設から電力を除き、新たに科学技術を加えている。さらに細かく言えば、国総法と異なった表記が形成法でされたのは、天然資源→国土資源、利用→利用及び保全（計画事項の第一項目）、震災の追加、災害の防除→災害の防除及び軽減（第三項目）、都市及び農村の規模及び配置→都市及び農山漁村（第四項目）である。ついでにいえば、国総法の第四項目「産業の適正な立地」は、形成法の第五項目として国土政策の対象として存続した。

国総法第二条の2項では、「国土総合開発計画は、全国総合開発計画、都府県総合開発計画、地方総合開発計画及び特定地域総合開発計画をいう」としている。ここで、「全国総合開発計画とは、国が全国の区域について作成する総合開発計画をいう。」（3項）、「都府県総合開発計画とは、都府県がその区域について作成する総合開発計画をいう。」（4項）、「地方総合開発計画とは二以上の都府県の区域についてその協議によって作成する総合開発計画をいう。」（5項）、「特定地域総合開発計画とは、都府県が内閣総理大臣の指定する区域（以下「特定地域」という）について作成する総合開発計画をいう。」（6項）と規定し、四つの国土総合開発計画の考え方を示す。

このほか、国総法には基本理念についての規定がなかったが、形成法の第三条では（国土形成計画の基本理念）についての明記している。

国総法の第二章は、それぞれの審議会について記述し、第三章で、それぞれの総合開発計画の作成における国と都府県の関わり方について規定している。このうち、全国総合開発計画は、内閣総理大臣が国土総合開発審議会（現在の国土審議会）の調査審議を経て作成し、都府県総合開発計画と地方総合開発計画は、関係都府県が作成することができることになっているが、内閣総理大臣への報告義務、内閣総理大臣による国土総合開発審議会への諮問、関係行政機関の長への送付義務がある。また、地方総合開発計画は、区域設定のための協議には関係議会の議決義務が付されている。いずれも計画主体が都府県にあるものの、全国総合開発計画を基本とすること、このため、内閣総理大臣、関係行政機関の長、国土総合開発審議会への報告、意見聴取などのかかわりが義務づけられている（第七条、第八条）。こうした縛りは、都府県の自由度を制約するものであり、国総法制定以来殆んど活用されていない。また、特定地域総合開発計画は、第十条で規定されている。

まず、「資源の開発が充分に行われていない地域、特に災害の防除を必要とする地域又は都市及びこれに隣接する地域で特別の建設若しくは整備を必要とするもの等について」と資源開発・災害防除をキーワードに地域を限定する。次いで、経済企画庁長官及び建設大臣の協議によって特に必要があると認めて要請した場合においては、内閣総理大臣は、国土開発審議会に諮問し、その報告に基いて」と、関係する四つのプレイヤーを登場させ、しかる後に「当該地域を特定地域としてその資源の開発、災害の防除又は建設若しくは整備等に関し目標となるべき事項（開発目標）を指示して、指定することができる」と行政手続きを明示する。この手続きの過程で、「経済企画庁長官は、関係行政機関の長と協議し、建設大臣は、関係都府県の同意を得なければならない」、「都府県の同意について、は当該都府県の議会の議決を経なければならない」として、政府の他機関、都府県、および同議会などの新たなプレイヤーの協力を不可欠とする。しかも、「特定地域の指定があった場合においては、関係都府県は、都府県総合開発審議会又は地方開発審議会の調査審議を経て、特定地域総合開発計画を作成しなければならない」（以上第十条）とする。その上で、

第十条の二で、「内閣総理大臣は、当該特定地域の開発目標に照らして根幹となるべき事業又は緊急を要する事業及びこれらと密接な関係を有する当該特定地域外の事業の計画からなる特定地域総合開発計画を決定し、閣議の決定を求めなければならない」。さらに、「政府は、特定地域総合開発計画を実施に要する経費については、必要な資金の確保を図り、且つ、毎年度財政の許す範囲内に置いて、これを予算に計上することに努めなければならない」、「国は地方公共団体が行う特定地域総合開発計画の事業について、国が負担すべき経費の割合に関し、特例を設け、又は当該地方公共団体に対し、補助金を交付し、その他必要と認める措置を講ずることができる」と規定している。

要するに、地域の指定は内閣総理大臣、計画の作成は関係都府県、正式決定は内閣総理大臣が行い、財政負担は政府が予算措置や地方公共団体への補助金の交付などによって支援するもので、この間、実に多数のプレーヤーが登場し、複雑な行政過程を経て推進される。一般的には、社会的に緊急事態との認識がなされ、強力な内閣の主導のもとに実施されない限り、実施不可能なものである。

国総法体制のその後の五五年間、五つの国土総合開発計画の中で全国総合開発計画のみが五次にわたって策定され、都府県総合開発計画と地方総合開発計画は一度も策定されず、特定地域総合開発計画のみは一九五一年一二月に一九地域、その後三地域が追加されたが、以降指定はなく、一九六七年までにすべての計画の計画期間が満了し、「国土総合開発審議会においては各地域とも計画期間の延長は行われないが、地域指定の解除の手続きも行わないこととされ、現在に至っている」(国土審議会資料)。これを踏まえ、形成法では、全国総合開発計画が国土形成計画に改められる一方で、都府県総合開発計画、地方総合開発計画、特定地域総合開発計画が削除された。代わって第六条に全国計画、第九条に広域地方計画の規定が設けられた。形成法については、第三巻『国土政策論　下』で詳述する。

(1)　国土審議会資料「我が国の国土計画体系の見直し」

（2）同右資料。
（3）宍戸寿雄「地域開発政策の歴史的変遷」（総合政策研究会著・土屋清　大来佐武郎監修『日本の地域開発』ダイヤモンド社　一九六三年所収）四四頁。

二　特定地域総合開発計画の策定

1　指定の経緯

「世界注目の中に、狭く貧しい国土に溢れるばかりの人口をいだいて生き抜かねばならぬ日本である。『国土の徹底的な完全利用による国民経済の再建及び生活領域の拡大』と云う自立方式だけが運命を打開する唯一の途である。既に国土総合開発法は制定せられ、中央、地方相呼応して、国土各地域の総合開発計画を推進している。中でも、未開発資源地域や災害防除地域や合理的再編成を必要とする都市地域等は、国土の完全利用の見地からその総合開発を、最も重視せねばならない。いわゆる『特定地域』が是であって、今回政府は全国都府県の協力を得て、総合開発を必要とする重点地域の調査をなし、第一次特定地域を指定したのである（1）」。

現時点で読むと、切迫感のなかで力の入った、かつ時代がかった文章である。それもそのはず、これは、今から約半世紀以上前の一九六一年に、当時の建設省管理局企画課が出版した『国土総合開発　特定地域の栞』という本の「はしがき」である。

一九五〇年五月の国土総合開発法の制定に基づいて、「建設省は国土総合開発審議会の議に基き、（翌五一年）二月に各都府県に対して特定地域として相応しい内容を持つ地域の調査を依頼した結果、五月迄に（四二都府県より）五十一地区の開発に関する調書の提出を受け、指定に関し各省の意見を取りまとめる立場にある経済安定本部（以下、安本とする）と協議の上、十九地域を選定し十月二日建設大臣及び経済安定本部長官よりこれが指定方を内閣総理大臣に要請するに至った」[2]。

一九地域とは、1―1表、1―1図の通りである。地域指定の経緯については、政治学者佐藤竺氏の名著『日本の地域開発』[3]に詳しい。この書に依拠して以下、幾つかの引用文章も交えて、要約的に紹介する。

内閣総理大臣（吉田茂）の諮問を受けた国土総合開発審議会は、第一二回会議において、特定地域の「主導目標」を、（1）資源開発地域―エネルギー（水力、石炭）、食糧（米、雑穀、畜産物、水産物）、原材料（鉱産物、木材）、（2）国土保全災害地域―風水害、土壌浸蝕、地盤沈下、高潮その他恒常的な被害の多い地域、（3）都市及び周辺整備地域―生産の増強、輸送条件の改善が期待できる地域、（4）その他地域―未開発の後進地域、観光地域等、以上の四種類とすること、緊要度、総合発展力、実現性、開発効果等から総合判断する「選定要領」等指定基準を明確にした。

この地域選定の経過について佐藤竺氏は、以下のように述べている。

「特定地域指定をめぐる現実の動きは、その立案者の意思をいとも簡単にふみにじってしまう。（中略）政治的無原則性が、行政的合理性に優先し、その結果、総花主義が重点主義を排除することになるのである。総花化のひとつの原動力は、各県選出の代議士を中心とする政治的圧力であった。その激しいせりあいの前に、財政上極力しぼることを主張していた大蔵省もついにさじを投げ、数の増加を認めざるをえなくなる。他方、各省間の思想の統一ができなかったことも、いまひとつの原因とみることができる。（中略）そこで、次善の策として、指定地域をA、B、C、三階級にわけ、A級には奥只見と北上のみをいれて実際にはこれだけを対象とし、B、Cは手をつけないということで、指定地域の増加をしぶしぶみとめたのである。（中略）だが、とにかく、当初の原則がくずれた以上、あとはもはやとどまるところをしらなかった。各省間の話しあいでは、つぎからつぎへと数がふやされていった。まず、北上の場合は、地元の熱意とアイオン台風（一九五八年秋）の後始末ということで世論も同情的であったため、第一号にきめられた。（中略）なお規模が大きすぎるということでかなりけずられてこじんまりしたものになってしまった。そこで、このけず

総合開発計画

地域名	指定月日	開発目標	提出月日	諮問月日	審議会	特別地域部会（特別委員会）	審議会決議	閣議決定
北上地域	昭和二六、一二、四 追加三三、二、一四	一、国土保全（治山、治水） 二、資源開発（農産、電源、林産、地下） 三、鉱業立地条件整備	昭和二七、七、二八	昭和二七、九、二	昭和二七、九、九 二七、一二、二五	昭和二七、一二、二三 二七、一二、二四 二八、九、二九 二九、一二、二四	昭和二七、一二、二五	昭和二八、二、六
阿仁田沢地域	二六、一二、四	一、資源開発（林産、電源、農産） 二、国土保全（治山、治水）	二七、八、一九	二七、九、九	二七、一〇、二三 二八、六、二九	二八、七、一〇 二八、八、一〇	二八、九、一六	二八、一〇、一六
最上地域	二六、一二、四	一、国土保全（治山、治水） 二、資源開発（農産、電源、林産）	二七、九、二六	二七、一〇、一〇	二七、一〇、二三 二八、六、二九	二八、七、一〇 二八、八、一一	二八、九、一六	二八、一〇、一六
天竜東三河地域	二六、一二、四	一、資源開発（電源、林産、農産） 二、国土保全（治山、治水）	二七、一二、五	二七、一二、一三	二九、一二、二五	二九、三、一	二九、三、一八	二九、六、一一
大山出雲地域	二六、一二、四	一、国土保全（治山、治水） 二、資源開発（農産、林産、水産）	二八、二、二三	二八、三、二七	二八、六、二九	二九、三、一	二九、四、一九	二九、六、一一
阿蘇地域	二六、一二、四	一、資源開発（農産） 二、国土保全（治山、治水）	二八、七、一三	二八、七、二三	二八、七、二九	二八、七、二九 二九、三、二九 二九、四、一四	二九、四、一九	二九、六、一一
南九州地域	二六、一二、四	一、資源開発 二、国土保全（林産、農産、水産、電源）	二八、三、三〇 二七、一二、一	二八、六、一〇	二八、七、二九 二九、三、一八	二八、七、二九 二九、三、一	二九、四、四	二九、六、一一
北九州地域	二六、一二、四	一、工業立地条件整備 二、資源開発（地下） 三、国土保全（鉱害の復旧及び防除）	二八、三、六	二八、七、二三	二八、七、二九	二八、七、二九 二九、五、一九 二九、四、一四 二六、六、一五	二九、六、一六	二九、八、三
能登地域	二六、一二、四	資源開発（水産、農産）	二八、七、二五	二九、一、一二	二九、三、一八	二九、三、一九 三〇、六、二四	三〇、七、二八	三〇、八、二三
四国西南地域	二六、一二、四	一、国土保全（治山、治水、土壌浸蝕防止） 二、資源開発（電源、水産、林産）	愛媛二八、一二、一四 高知二八、一二、二六	二八、一二、二七 追加二九、三、二九	二九、三、一八	二九、三、一九 三〇、六、二四	三〇、七、二八	三〇、八、二三

1－1表　特定地域

芸北地域	二六、一二、四	資源開発（林産、電源）	二八、一〇、一六	二八、一一、二七	二九、三、一八	三〇、一〇、二八	三〇、一〇、三一	三〇、一一、一八
錦川地域	二六、一二、四	一、国土保全（治山、治水） 二、工業立地条件整備 三、資源開発（地下、電源）	二八、三、一三	二八、三、二七	二九、六、二九	三〇、一〇、二八	三〇、一〇、三一	三〇、一一、一八
只見地域	二六、一二、四	資源開発（電源、林産、地下、農産）	三〇、三、一五	三〇、四、一二	三〇、五、二七	三〇、一二、一九 三一、二、一	三一、二、一〇	三一、三、六
飛越地域	二六、一二、四	一、資源開発（電源、農産、林産、地下） 二、国土保全（治山、治水） 三、工業立地条件整備	二八、七、二五	二八、九、一四	二八、九、一六	三二、三、二六 三〇、一二、一九 三一、二、一	三一、二、一〇	三一、三、六
木曽地域	昭和二六、一二、四	一、資源開発（農産、電源、林産） 二、国土保全（治山、治水） 三、工業立地条件整備	愛知二八、八、一三 三重二八、八、一四 岐阜二八、八、一〇 長野二八、八、一五	昭和二八、九、一五 追加二九、一二、二五 〃三〇、一二、二	昭和二七、九、一六 二九、一二、二五	昭和二九、五、一九 二九、一二、二四 三〇、九、二六 三〇、一二、一九 三一、二、三 三一、二、二四	昭和三一、三、二	昭和三一、三、一三
那賀川地域	二六、一二、四	一、資源開発（電源、林産） 二、工業立地条件整備	三〇、六、一四	三〇、六、二四	三〇、七、二八	三〇、一二、一九 三〇、二、二三	三一、三、二	三一、三、一三
吉野熊野地域	二六、一二、四	資源開発（電源、林産、農産）	三〇、一二、一	三〇、一二、二一	三一、二、一〇	三一、八、三	三一、八、三〇	三一、一〇、五
利根地域	二六、一二、四	一、国土保全（治山、治水） 二、資源開発（農産、電源、林産）	二七、一二、一八	二八、一、二八	二七、一二、二六	二八、三、一五 二八、一二、二五 二九、一、八 二九、一、四	三一、四、九	三一、五、一〇
十和田岩木地域	三二、一〇、一五	一、国土保全（治山、治水） 二、資源開発（農産、林産）	三二、一一、三〇	三二、一二、一九	三二、一二、二〇	三二、一二、二一 三三、八、二二	三三、九、二六	三三、一〇、二四
北奥羽地域	三二、一〇、一五	一、冷害防除 二、資源開発（農産、水産、地下） 三、工業立地条件整備	三二、一一、三〇	三二、一二、一九	三二、一二、二〇	三二、一二、二一 三三、八、二二	三三、九、二六	三三、一〇、二四
仙塩地域	三〇、一〇、一五	工業立地条件整備	三二、四、二七	三二、一二、一九	三二、一二、二〇	三二、一二、二一 三三、一八、二二	三三、九、二六	三三、一〇、二四
対馬地域	二六、一二、四	二、資源開発（水産、地下）	二七、一二、一	二七、一二、二三	二七、一二、二三	—	—	—

総合政策研究会著、土屋清、大来佐武郎監修『日本の地域開発』ダイヤモンド社　1963　pp.179-181

１－１図　特定地域開発一覧図

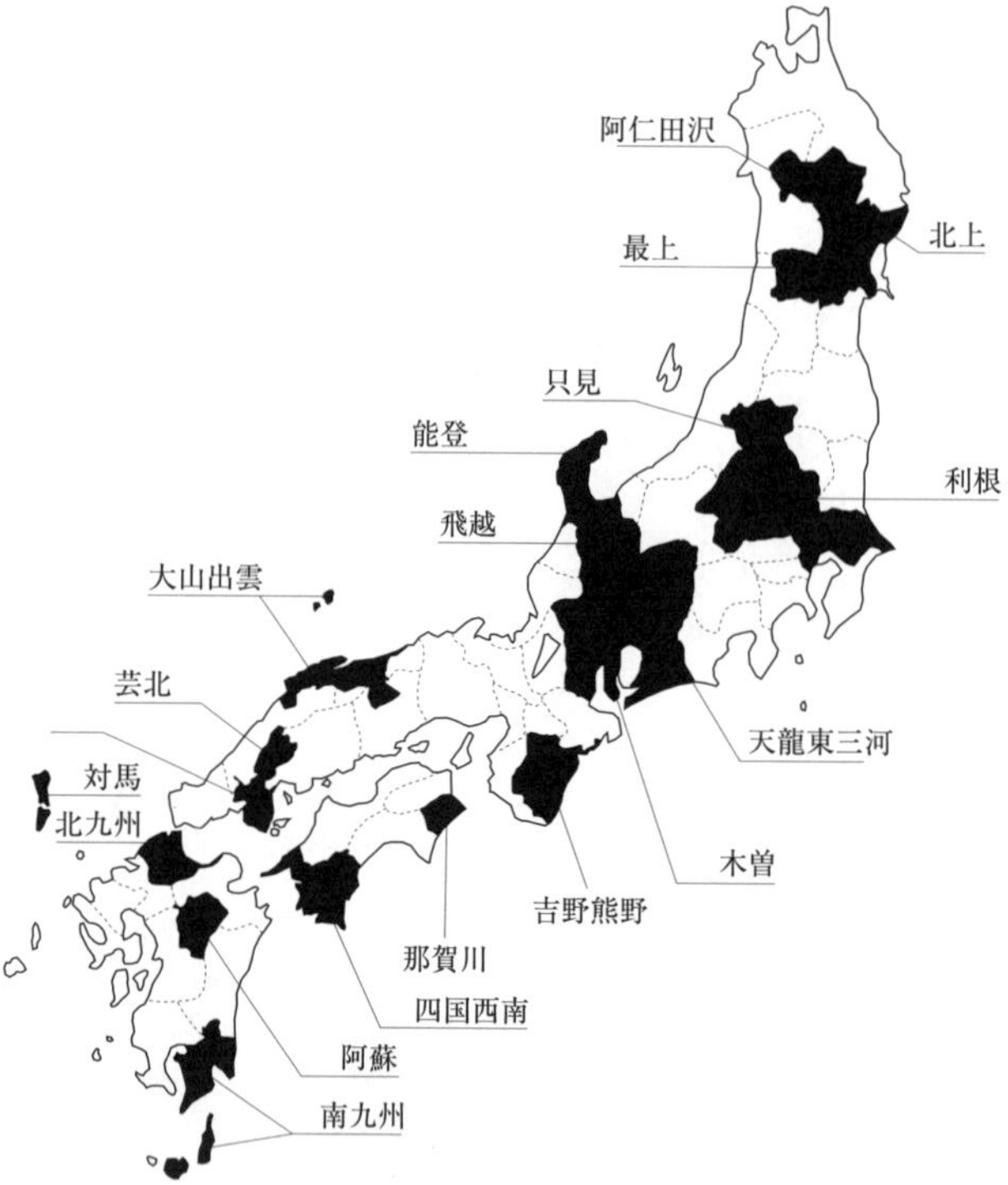

建設省管理局企画課監修『特定地域の栞』1951 p.11

った分を天竜・東三河地域にいれようということで、ここが第二号にうかびあがってくる。（中略）他方、北上とならんで、むしろ特定地域開発方式をうむ契機となった奥只見地域は、皮肉にも順位は一番あとまわしにされてしまった。（中略）なかには特定地域として異質なものもはいりこんできている。そのひとつは対馬地域である。ここは、とうとう最後まで、ただひとつの開発計画さえつくられず、開発する意図はまったくなかったが、竹島同様に外務省にまかせていては韓国に不法占領されるおそれがあるからいれておこうというのにすぎなかった。もうひとつは北九州地域もそうである。ここは、戦災でやられた工業地域の復興を主張する通産省の意向によってはいってきた唯一のもの（のちに仙塩地域が追加指定を受ける）である[4]」。

佐藤氏の文章は実に生々しい政治的葛藤を描いている。この「政策意図の合理性」と「政治的な圧力」の葛藤による指定地域の数の膨張という図式は、その後の新産業都市、テクノポリス、リゾート地域の指定など、国総法体制下の地域開発に連綿として受け継がれ、多くの指定地域の「夢の崩壊」と膨大な無駄な公共投資を結果させていくことになる。

2　指定地域の性格

二二の指定地域について、1―1表は、閣議決定年月日、開発目標、1―2表は、面積、人口、人口密度、未開発包蔵水力、要改良耕地・開拓可能耕地面積、森林総蓄積量、水産水揚高、主要地下資源など開発可能資源及び災害額などそれぞれの地域の「国土情報」を示したものである。(5) さらに1―3表は、閣議決定時のそれぞれの地域の特定開発事業費と昭和三六（一九六一）年度までの一〇年間に実際に投入された累積公共事業費、したがってまた事業費支出からみた一〇年間の進捗率、さらには地域別・分野別の進捗率の内訳を、多様な資料から可能な限り取り出してまとめたものである。このうち、1―3表のA欄は、総合政策研究会『日本の地域開発』(6)から、B欄は、経済企画庁総合開発局の『国土総合開発計画の経過及概要』(7)、そしてC欄は、佐藤竺著『日本の地域開発』(8)から得たデータをもとに地域別の進捗率など一部加工した、いわば合成表である。また、1―2、3図は、1―3表B欄に基づき昭和三六（一九六一）年度までの一〇年間の公共事業費の実績を大きい順に並べて図化したものであり、特定地域総合開発計画の狙いがどこにあったか端的に理解できる。

すなわち、二二地域のなかで上位八地域とその他の一四地域の間に明確な断層を見て取ることができる。木曽、利根、天竜東三河、飛越、北九州、吉野熊野、只見、と北上の八地域は、一〇年間の公共事業費が五〇〇億円を超えており、その他の一四地域は、それより大幅に少ない。これらの八地域の累積公共事業費は、全地域の実に八二％と圧倒的シ

1－2表　特定地域指定地域の概要

地名	関係都県名	面積（万粁）	人口（人）	人口密度（人/万粁）	未開発包蔵水力（キロワット）	要改良耕地面積（町歩）	開拓可能地面積（町歩）	森林総蓄積量（千石）	水産水揚高（千貫）	主要地下資源（万屯）	災害額（千円）
阿仁田沢	秋田	1,842	58,778	31	116,062	5,363	5,979	76,680	—	石炭3,330　硫化鉱200　亜炭350　硫黄鉱180　金鉱130　銅78	125,000
最上	山形	2,339	185,056	79	57,100	18,046	5,551	42,257	—	石炭3,704　亜炭47,818　銅131　カオリン15	562,000
○北上	岩手、宮城	12,196	1,588,284	130	259,278	187,790	55,024	198,014	13,270	銅670　亜炭63,630　硫化鉄　鉄226　鉛亜鉛662　石灰石	6,305,538
只見	福島、新潟	3,774	132,096	35	1,328,300	9,697	4,727	92,717	—	硫化鉱841　亜炭80	612,000
○利根	茨城、栃木、群馬、埼玉、千葉、東京	16,841	6,401,152	370	1,000,000	262,000	55,000	205,000	7,000	銅、亜炭、硫化鉱、硫黄、石灰石、マンガン	5,850,000
○飛越	富山、岐阜	5,298	865,308	163	948,660	62,000	3,100	13,000	4,900	鉛亜鉛2,300　黒鉛240　石灰石	2,700,000
○能登	石川	2,182	413,995	190	—	33,190	5,570	26,000	12,895	亜炭920　珪藻土10,300　金	685,000
○天龍東三河	長野、静岡、愛知	7,829	1,749,958	224	1,141,800	94,100	10,700	135,000	10,964	褐鉄鉱100　銅210　金105　銀105　硫化鉱210　マンガン、石灰石	2,300,000
○木曾	長野、岐阜、愛知、三重	12,191	3,993,976	332	385,101	123,930	6,337	100,793	11,833	亜炭25,525　石灰78,470　マンガン54	3,042,000
○吉野熊野	奈良、和歌山、三重	4,909	296,520	60	1,000,000	9,000	2,000	150,000	5,000	銅57　硫化鉄57　硫化鉱45	1,000,000
○大山出雲	鳥取、岡山、島根	3,758	742,660	198	65,000	38,123	8,452	39,017	9,188	石炭1,300　亜炭3,500　硫化鉱160　石膏588	1,967,410
芸北	広島	1,143	56,513	49	143,500	4,391	2,757	16,057	—	石灰石70	220,000
錦川	山口	1,883	453,963	241	25,380	14,567	3,697	16,048	1,244	硫化鉱2,000　石灰石211　タングステン41　ニッケル20　マンガン15	3,315,000
那賀川	徳島	1,724	211,665	123	167,726	11,065	1,468	75,000	2,595	石炭13,090　石灰石　水銀46	1,399,956
○四国西南	愛媛、高知	4,560	629,239	138	336,360	14,500	4,800	52,000	15,000	石灰石30,000　硫化鉱27　陶土、マンガン4	3,200,000
○北九州	福岡	2,256	1,956,056	869	2,000	24,319	3,634	12,222	48,361	石炭230,733　石灰石、金、硫化鉄、鉄	1,632,000
○阿蘇	熊本、大分	2,585	261,838	101	72,980	13,300	12,800	14,200	—	硫化鉱35　褐鉄鉱27　亜炭	487,000
○南九州	宮崎、鹿児島	4,803	787,617	164	280,000	42,000	14,000	113,000	4,200	鉄300	2,900,000
対馬	長崎	703	60,376	86	—	754	428	8,533	8,461	鉛亜鉛255	40,000
合計		**92,816**	**20,844,980**	**222**	**7,329,247**	**967,381**	**206,024**	**1,390,038**	**154,842**	—	—
全国	（北海道を除く）	289,984	76,195,846	262	12,605,000	2,650,000	797,781	4,275,218	473,456		
対全国比		32.1%	27.3%		58.1%	36.5%	26.8%	32.6%	32.8%		

建設省管理局企画課監修『国土総合開発特定地域の栞』1951　pp.12-13　本表の数字はおおむね1949年（災害を除く）　○印の地域は未確定の数字

1－3表　特定地域開発事業　全体および事業別進捗状況

	地　域	開発目標	A 閣議決定	B 実績	同比率	進捗率	C 事業別進捗率 河川総合	発電	河川改修	道路	港湾	土地改良	備考
			億円	億円	%	%	%	%	%	%	%	%	累計年度
1	木曽	農産、電源	1,404	1,391	16	99							
2	利根	治山　治水	1,590	995	12	63	38	78	22	40		30	1956－60
3	天竜東三河	電源　林産	846	987	11	117	100	100	25	21	60	30	1953－61
4	飛越	電源　農産	859	848	10	99							
5	北九州	工業立地	750	810	9	108		100	66	406	25		1953－61
6	吉野熊野	電源　林産	590	743	9	126							
7	只見	電源　林産	472	656	8	139		97		19		34	1953－60
8	北上	治山　治水	664	611	7	92	64	82	15	28	39	56	(岩手)1953－61
							144	61	25	39	194	49	(宮城)1953－60
9	仙塩	工業立地	494	277	3	56	100	69	22	22	15	3	
10	北奥羽	冷害	874	202	2	23			33	23	21	18	1958－61
11	南九州	資源開発	242	184	2	76							1958－60
12	大山出雲	治山　治水	185	182	2	98	103	123	71	710	142	42	1953－62
13	阿仁田沢	林産　電源	77	99	1	129	100	100		25		100	1953－60
14	錦川	治山　治水	127	98	1	78							
15	阿蘇	資源開発	172	94	1	55							
16	芸北	林産　電源	76	88	1	116							
17	那賀川	電源　林産	86	85	1	75		119	34	253	82	32	1956－61
18	四国西南	治山　治水	88	82	1	93	100	100	22	29	48		1955－61
19	能登	水産　農産	86	72	1	92							
20	十和田・岩木川	治山　治水	201	68	1	34	100	100	18	27	43	13	1958－61
21	最上	治山　治水	71	50	1	71			25	21	60	30	1953－60
22	対馬	水産　地下	0	0	0	0							

注）A欄は、総合政策研究会著　土屋清　大来左武郎監修『日本の地域開発』ダイヤモンド社　1963　pp.179-181
B欄は、経済企画庁総合開発局『国土総合開発計画の経過及概要』1961.7　実績は1961年度まで
C欄は、佐藤竺『日本の地域開発』未来社　第10表　pp.82-83より作成　下線は閣議決定比との比率、他は変更事業費との比率

エアーを有している。一位の木曽地域約一、四〇〇億円から八位の北上約六六〇億円まで、平均約八八〇億円であるのに対し、その他の一四地域の平均はわずか約一一〇億円にすぎない。地域的にみれば、東北・関東・中部の東日本の河川に集中し、関西、四国に一～二地域あるだけである。肝腎の開発目標からみると、北上、利根の二地域は、国土保全（治山・治水）が前面に掲げられ、只見、天竜東三河、飛越、木曽、吉野熊野の五地域の重点が資源開発（電源、農産、林産、地下）で、北九州のみが鉱工業立地条件整備、国土保全（鉱害）となっており、明らかに異質である。大半は、特定地域総合開発計画の趣旨の国土保全（治山・治水）と資源開発（電源、農産、林産）の二つにシフトしている。

他方、1―3表のC欄は、佐藤竺氏によるもので、一九六一年度までの公共事業費実績の閣議決定時予算との比較で、分野別の進捗率を割りだし、計画実施段階での重点の置きどころをチェックしている。ここに掲載されている地域のなかで、資源開発指向の天竜東三河と只見は、電源開発が一〇〇％と九七％で他の分

1－2図　特定地域公共事業費実績　1951-61年度

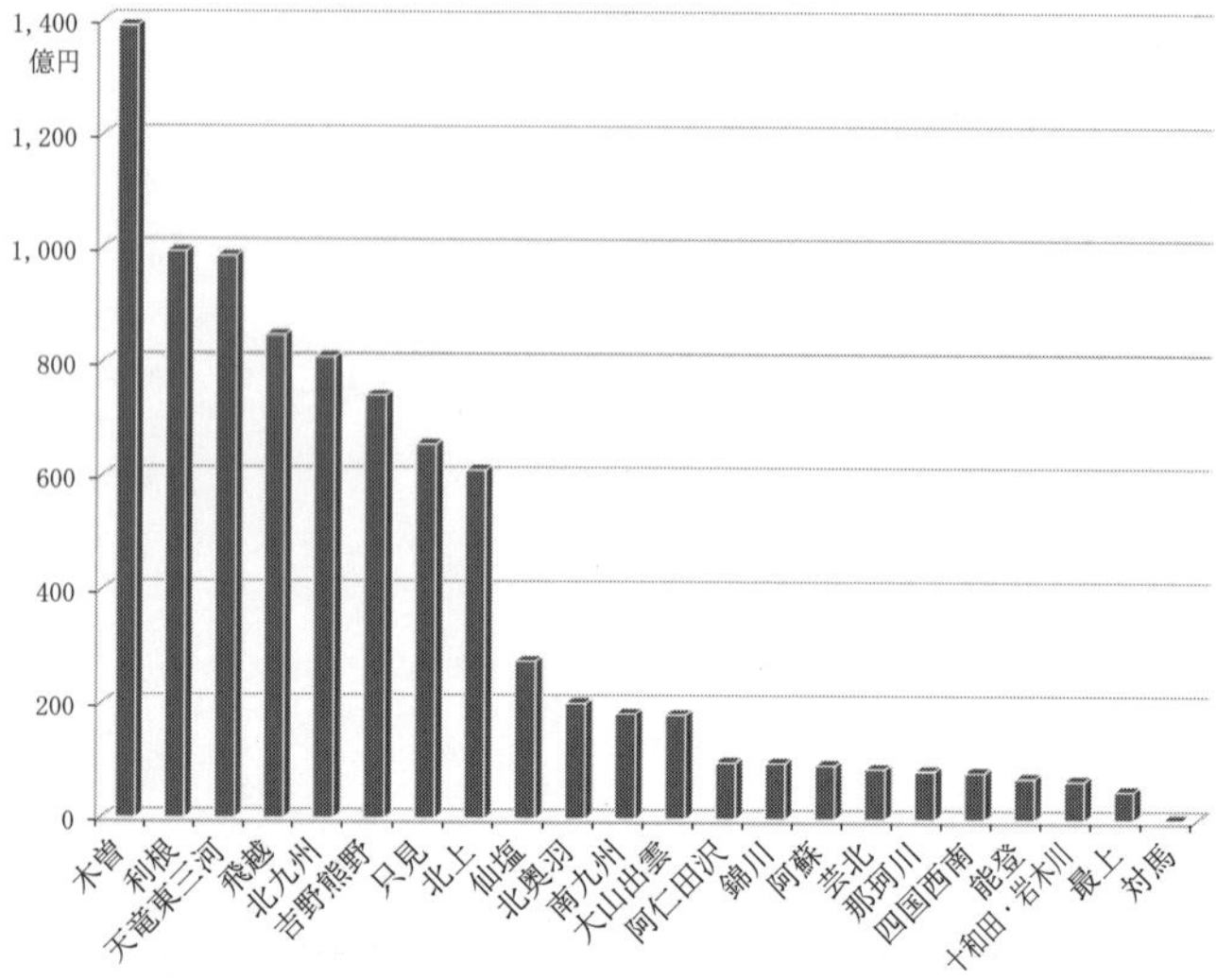

原資料　経済企画庁総合開発計画局『国土総合開発計画の経過及概要』1961

1－3図　特定地域別公共事業費実績比率　1951-61年度

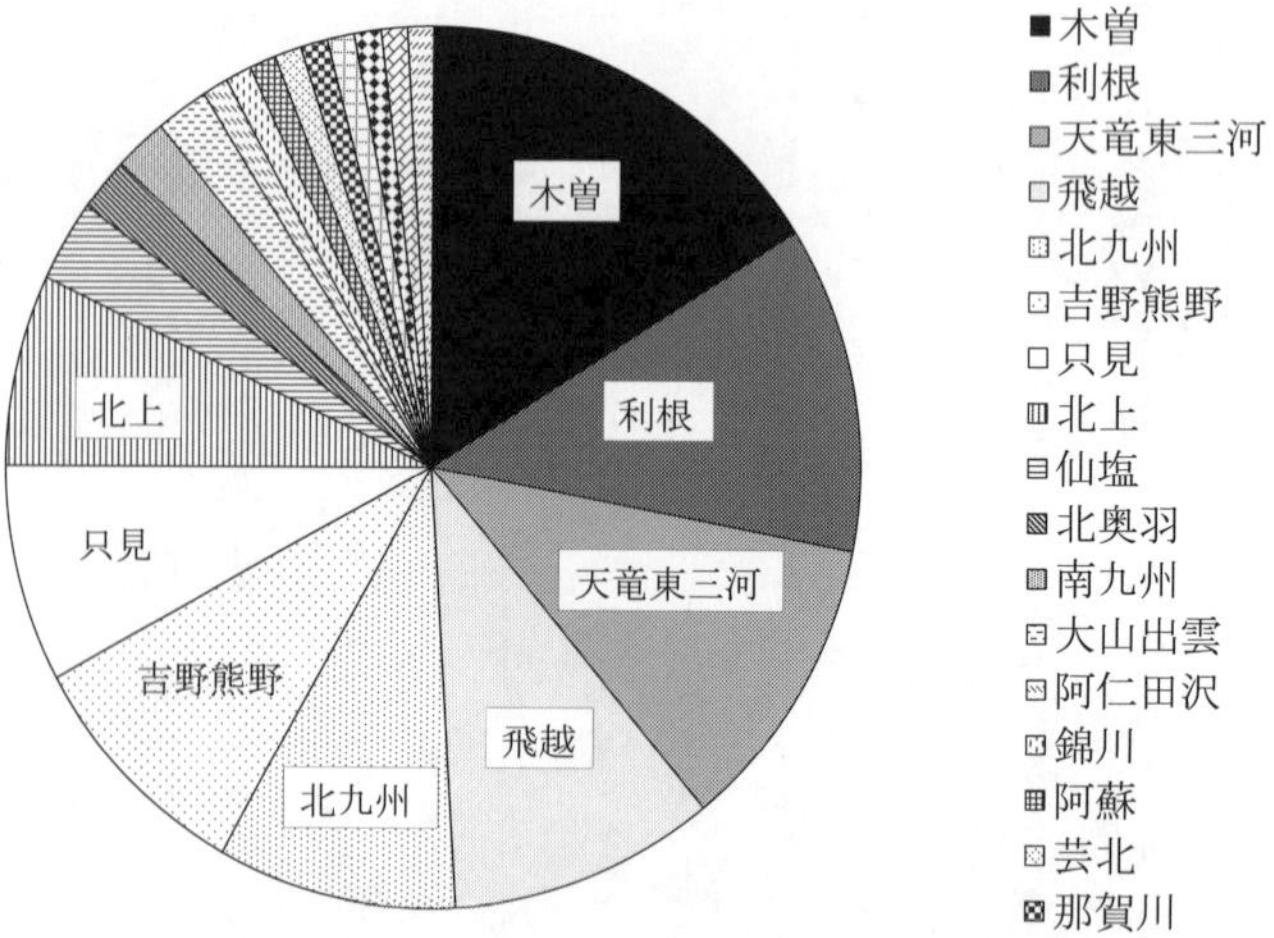

原資料　経済企画庁総合開発計画局『国土総合開発計画の経過及概要』1961

野の低進捗率を圧倒している。また、国土保全指向にあっても利根では、発電七八％が断トツで他の分野は低率にとどまっている。北上のみは、岩手県の発電八二％、河川総合六四％、宮城県の発電六一％、河川総合一四四％と、治山・治水事業を表す河川総合も発電並みに高い進捗を示している。北九州については、発電、河川改修以上に道路四〇六％が特に目立っている。

1―3表のB欄全体の進捗率においても、只見一三九％、吉野熊野一二六％、天竜東三河一一七％、飛越、木曽各九九％と高く、北九州一〇八％も予算を上回り、北上九二％、利根六三％の国土保全より高い実績を上げている。ちなみに、八地域以外にあって、離島振興法の対象となって特定地域総合開発計画から脱落した対馬、昭和三二（一九五七）年度に遅れて指定された仙塩、北奥羽、十和田岩木川の三地域を除く小規模の一一地域については、阿仁田沢一二九％、芸北一一六％をトップに、大山出雲、四国西南、能登の九〇％台、南九州、錦川、那賀川、最上の七〇％台、阿蘇五五％と分散しているものの、それなりの実績を上げている。

3　定着した「国土保全＝衣、電源開発＝鎧」論的評価

こうした指定の経過、指定地域の主要目標、そしてアンバランスな進捗率のなかから、佐藤竺氏は、特定地域総合開発計画について次のように厳しく評価している。

「端的にいえば、緊急度の高い電源開発のみが異常に進展したのである、このことはとりもなおさず、電源開発こそが特定地域開発方式のうみの親であり、当時の経済事情のもとでの至上命令であったことをしめす[9]」。

これに加えて、昭和二七年七月に電源開発促進法が制定され、電源開発株式会社が発足して電源開発が促進されることになったのを踏まえ、「これらの電源開発は、当時においてはなお水力が主体であり、投資効率の点から大河川

の上流部において大部分が推進されつつあった。したがって、当然に、特定地域と重複するわけであり、これが特定地域における電源開発の異常な進展となってあらわれたわけである。そして、問題なのは、これらの電源開発事業が河川総合開発の形をとり、それぞれの特定地域の計画に顔をみせながらも、その進捗は特定地域のゆえにではなくて、むしろ電源開発そのものの緊急度によるものであり、国土保全ということで資金的に一般公共投資に大きく依存しながら推進されたことにある。[10]」と指摘する。

まさに、国土保全という「衣」の下に電源開発という「鎧」が隠されていたかのような評価である。

この評価は、その後パターン化する形で識者に受け継がれていく。川島哲郎氏は、代表的な論文「高度成長期の地域開発政策」で、「特定地域計画全体のなかで異常に高い事業進渉率と目標の早期達成を果したものは、（中略）電源開発だけであり、（中略）そしてこの事実は少なくともこの時期の総合開発諸計画にいう資源の開発とは電源の開発と同義であり、総合開発が電源開発を軸に推進された、というよりもっと正確には、電源開発が国土総合開発の形態をかりて遂行されたことを物語っている。そしてじっさい電源の開発はこの時期、日本資本主義がもっとも緊急に解決を迫られた問題の一つであった。[11]」という見解は、佐藤氏の指摘と見事に符合している。

そしてもう一人の経済地理学者森滝健一郎氏は、この時期の発電ダム分布の詳細な分析で、ほぼ同様に次のような結論を提示した。

「わが国のダム建設は、（中略）一九六〇年代半ばまでは発電専用ダムに最重点をおいて進められ、多目的ダムの建設・利用においても、やはり水力発電が重視された[12]」。「一九六五年末の時点における（中略）発電ダムの地域的偏在は著しく、とくに次の六地域に集中的に立地している。

（i）越後・三国の両山脈、とくに日本海がわ斜面（阿賀野川・信濃川水系の中流部）

（ⅱ）富山湾に流出する諸河川（黒部川・庄川・常願寺川などの諸水系）
（ⅲ）中部山岳地帯の太平洋がわ斜面（東海―大井川・天竜川・木曽川の各水系）
（ⅳ）紀伊半島（宮川・熊野川などの諸水系）
（ⅴ）南四国（四国山地の紀伊水道がわ、および土佐湾がわ斜面―吉野川・奈半利川・仁淀川などの諸水系）
（ⅵ）南九州の東部（九州山地の日向灘がわ斜面―耳川・大淀川などの諸水系）

右のうち、（ⅰ）、（ⅱ）は、わが国で最も降雪量の多い所である。また、（ⅲ）―（ⅵ）は一部を除いて西南日本の外帯にあたり、夏季の降水量がきわめて多い地域である。これらの六地域の諸水系に共通していえるのは、年間降水量が少なくとも二〇〇〇ミリ以上、大部分は三〇〇〇ミリ以上の多雨地域に水源をもっていることである[13]」。

ここで、（ⅰ）、（ⅱ）、（ⅲ）の三地域には、電発奥只見、同田子倉（只見川）、東電高瀬、同奈川渡（信濃川）、関電黒四（黒部川）、北陸電有峰（常願寺川）、関電下小鳥（神通川）、電発御母衣（庄川）、電発佐久間（天竜川）、中部井川（大井川）、中電高根（飛騨川）などの発電専用の大型ダムが集中している。こうした発電ダムの立地から、森滝氏は、次のように指摘している。

「以上にみたことをあわせ考えるなら、水力発電にとって有利な自然的条件をもつ地点は、電力資本が直接これを把握し、一方、自然条件が水力発電にとって比較的不利であったり、奥地で開発上の困難が大きかったりするような地点には、公共投資による多目的ダムがつくられ、これを電力資本が利用する、というかたちになっているのではないかと推測される[14]」。

さらに、「本州中央部の高峻な大山岳地帯に源流をもつ水系群からなる水力発電の中核地帯。日本海がわは阿賀野川から小矢部川（富山県西部）まで、太平洋がわは富士川（静岡県東部）から木曽川までを含む[15]」地域を「中核的発電地帯」と命名している。ここで、（ⅰ）は只見、（ⅱ）は飛越、（ⅲ）は天竜東三河、木曽の大規模な特定地域とほぼ対応しており、（ⅳ）は吉野熊野、（ⅴ）は那賀川、四国西南、（ⅵ）は南九州地域に対応している。「つまり、わが国のダム発電の圧倒的部分が集中している諸水系は、多目的ダムに関しては取るに足らぬ比重しか占めておらず、他方、多目的ダムによる発電はダム発電出力の規模が小さい諸水系に分散しているわけである」[16]。

このようにみると、1―2図の北九州を除く上位七地域と仙塩、対馬を除く一二地域との累積公共事業費の著しい落差は、発電専用ダム適地と多目的ダム適地の相異を反映していることになる。

結局、「右にみてきたところから、発電専用ダムと多目的ダムとの立地上の分化が、水力発電にかかわる自然的条件の優劣によって生じたことは、ほとんど疑いの余地なく明らかであるといえよう。

ほとんどの発電専用ダムは、電力資本（ほとんどの場合、九電力会社、若干の大ダムについては電源開発株式会社）がみずから所有し管理するところとなっている。これに対して多目的ダムは国や地方自治体によって建設され、竣工後もその管理下におかれるが、電力資本はその建設にさいして、共用施設（多目的ダムそのもの）については他の受益者とならんでその建設費を分担する一方、専用施設（発電所）については、もっぱらみずからの負担で建設し、これを所有・管理してみずから発電事業をおこなうか、あるいは発電所をも公営施設として自治体に建設・運営させ、ここから原価（費用価格）そこそこのきわめて安い価格で買電して、これをみずからの送配電施設によって消費者に売りつけるか、のいずれかを選ぶ。つまり電力資本は、水力発電にとって有利な自然条件をもつ河川を―個々の地点にとどまらず、水系ぐるみ―直接みずからの支配下におく一方で、この条件が劣っている河川には、公共投資に寄生することによってその条件の劣弱さをカバーしながら進出してきたものとみることができよう。発電ダムの立地態様からみた前述のような地域分化は、河川の自然的条件への電力資本の対応の結果を示すものにほかならない」[17]というのである。

水利経済研究者で多くの優れた業績を残した佐藤武夫氏も、第一に、「水資源の豊富な河川は発電専用ダムが階段状に建設され、多目的ダムが建設されていない。第二に、水資源は豊富でも地すべり地帯で地質条件の劣悪な河川、または地点には発電専用ダムは稀で、多目的ダムがつぎつぎに建設されていること、そして第三に、従来ダムなど問題外とされた小河川の沿岸に工業開発が進んだ場合、その小河川に多目的ダムが建設されている。[18]」と森滝氏と同様な指摘をしている。

4 「国土復興＝治山治水と食料の増産」も大きな開発効果

河川工学の専門家である高橋裕氏が昭和二二（一九四七）年のカスリン台風襲来時の利根川の氾濫について考察した以下のような文章がある

「昭和二二年九月一六日未明、利根川本流は栗橋のやや上流の右岸で大破堤した。その破堤の長さは四〇〇メートルにも及び、破堤地点の東村新川通は、利根川にとって最悪の場所であった。この破堤による泥濫流は、（中略）ちょうど江戸時代以前の大利根の流れを再現するかのように、関東平野の中央低地を南下して東京へと向かった。その濁流の経路は、江戸川右岸を古利根川および中川沿いに幸手、杉戸、春日部（当時は粕壁）などを経て、一八日早朝、大場川を越え葛飾区に浸入、桜堤に達した[19]」。

「利根川流域は、明治以來わが国で最も急速かつ高密度に開発が行なわれてきた地域である。流域のすみずみまで土地利用度を高め、そのため少しの氾濫も許さないという方向で、改修工事が精力的に上流へ支流へと伸ばされてきた。それだけに、中下流部での洪水流量増加も一段と甚だしかった考えられる。中小洪水で氾濫する区域は急速に減り、全流域の住民の洪水に対する安全度、土地生産性は高まっていたものの、洪水流量の増大の可能性が育ちつつあり、実はそれが、流域住民には新たな潜在的脅威となってその危険性が迫っていたのである。その第一波が昭和一〇年洪水に襲来し、二二年洪水に至って破滅的試練となって現われたのである[20]」。

今から七〇年前のことで、その後この地域は広大な水田地帯として整備され、さらに、首都圏の拡大にともなって、東武日光線沿いに市街地が整備されていった地域でもある。

さらに、この「カスリン台風は、北上川水系をも激しく襲った。特に支川の磐井川（岩手県）に沿う一関の市街地が完全に水没した。しかも一関は翌二三年のアイオン台風でも全く同様に水没した。（中略）この両台風の被害が、北上川水系総合開発事業を推進させる契機となった[21]」。

江戸及び明治時代に、利根川は東京湾の河口を銚子に、北上川は石巻湾の河口を追波湾に付け替えるなど水系全体を大きく変更しただけに、古来からの流路を復活する力学が働きやすく、その分大規模災害の危険性が潜在している。

このように、高橋氏の警鐘する利根川水系や北上川水系の流域住民の「潜在的脅威」は、二〇一五年九月一〇、一一日の「線状降水帯」なる一定地域への連日の豪雨によって利根川の支流鬼怒川の常総市域と北上川支流渋井川の大崎市域での堤防が決壊し、「顕在」化した。

また、水害をテーマとした経済地理学者である石井素介氏は、江戸時代に利根川の「瀬替え（流路変更）」によって新しく利根川の下流部となった「新利根地域」の農業水利事業について分析している。この「新利根地域」については、特定地域総合開発計画大綱で、以下のように記述されている。

「利根川下流の工事区域は、茨城県取手町より下流銚子河口に至る延長九四キロメートルの間、この区間は極めて緩流部で而も地盤が軟弱なため、高水による破堤の脅威甚だしいばかりか、本川の水位が上昇すると容易に減水しないので堤内の小河川、湖沼の湛水排除の途を失い、氾濫被害が最も甚大である区域である」[22]。

石井氏によれば、新利根地域では、「農林省直轄の国営新利根川農業水利事業として引き継がれ、一九四六（昭和二一）年度より一四カ年計画として施行されることになり、既に八箇所の揚水機が運転を開始し、また新利根川沿岸・霞ヶ浦湖岸の堤防嵩上げや幹線用排水路の工事はほぼ完了している。また、一九五四（昭和二九）年度より開始された国営付帯の県営灌漑排水事業による幹・支線導水路および付設の揚水場の工事はなお進行中である。なおこれらの基幹水利に伴う事業の末端部の事業となる耕地整理事業については（中略）多数の地区で実施準備中である」[23]。こうして、「従来のように、宿命的と思われるような水の脅威にさらされた利根川下流水郷地帯においてやり方によっては立派にあり方を変えることができる事を実証して見せてくれた」[24]と一九五〇年代後半に具体的に現地調査報告した記録を残している。

こうした大河川流域における水害の防除と水害常習地域の治水事業及び用水事業、それがもたらす食糧増産、農民の生活向上などの「国土保全」事業は、北上川、利根川、木曽川にでは特に大きな役割を果たした。これは、只見川、天竜川、飛越における電源開発重点事業とともに河川総合開発の二つの柱と位置付けるべきであろう。その点で、電源開発に傾斜した特定地域総合開発計画評価の一面性は見直しを迫られている。次章では、大規模八地域のうち治水・用水重点の北上、木曽、電源開発傾斜の天竜東三河、そして工業基盤整備の北九州の「開発」の実態を、関連する優れた著作を紹介しつつ、具体的に明らかにしよう。

5　特定地域総合開発計画のマクロ的評価

その前に本章の最後に、電源開発と治山・治水を柱とする特定地域総合開発計画についてのマクロ的な成果を簡単

1－4図　水力・火力発電量推移

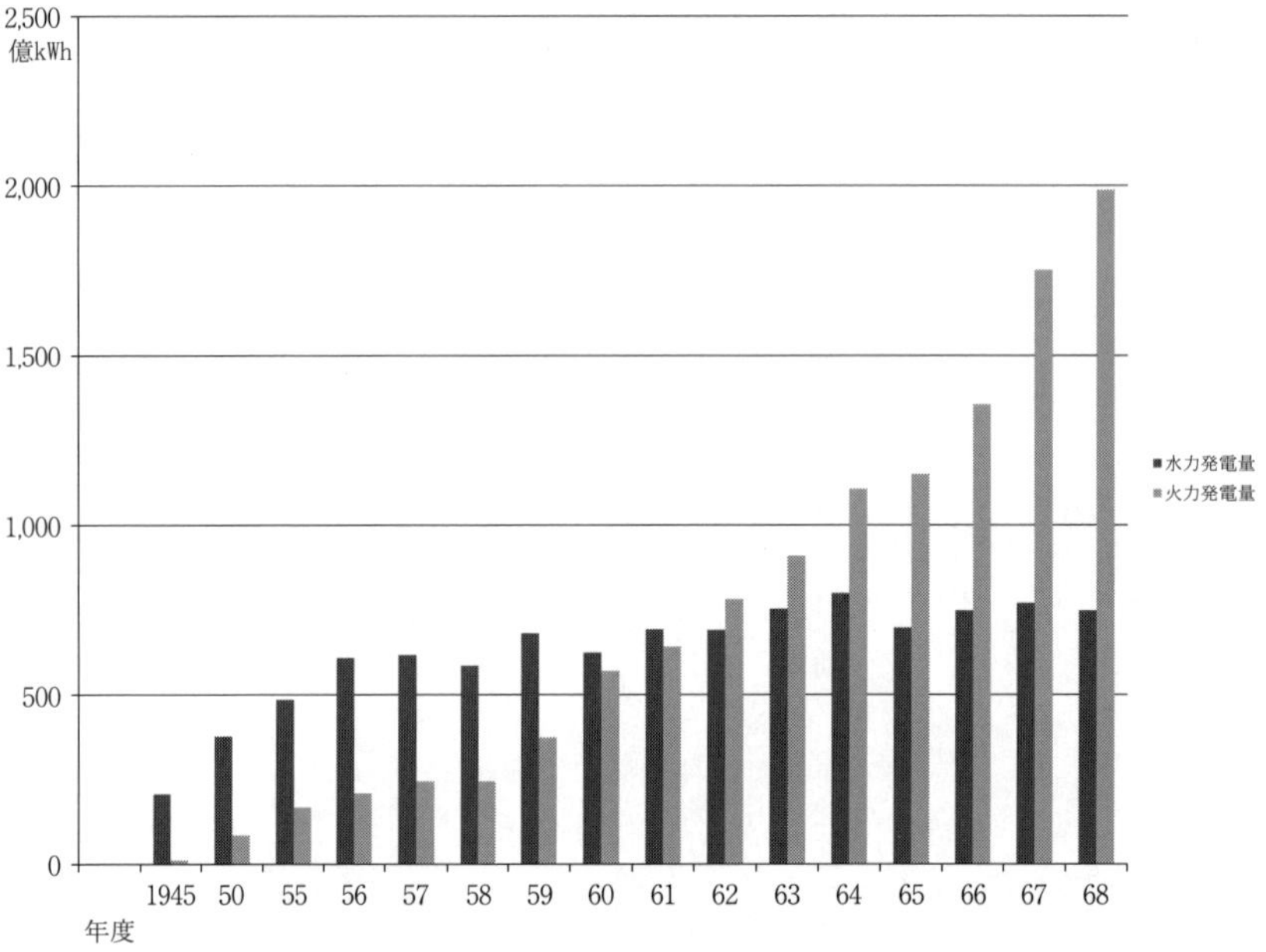

日本国勢図会『日本の100年』第6版（2013）

な図表によって把握してみたい。

一つは、電源開発である。1―4図は、一九五〇年代から六〇年代までの水力発電量を火力発電との対比でみたものである。水力発電量は、特定地域総合開発計画が開始される一九五〇年の三七八億キロワット時から、その後急増し、計画が終了する六二年には六二四億、一九七〇年には八〇〇億と二〇年間にほぼ倍増した。発電専用ダムの建設期間を考慮すれば、七―八〇〇億台でほぼ安定したとみてよい。代わって、一九六〇年代から火力発電が急増し、六二年には電源は「水主火従」から「火主水従」に逆転した。この間、大規模な水力発電所が建設された。一九五〇年代から六〇年代半ばまでの電力復興に大きな役割を果たした。

第二に、特定地域総合開発計画による成果は、高橋氏の次の一文に明瞭にあらわされている。

「昭和二〇年代は、大河川の氾濫が広大な水田を荒らし、われわれの食糧を蝕んだ。（中略）そこには敗戦によって打ちひしがれた日本の陰影がつきまとっていた。つまり、戦争による河川や国土の荒廃とともに、明治以来の拡大型治水方針への警鐘があったのである。戦後型水害とでも称すべきであろう。昭和三〇年代にはいって、都市水害が目立ち、狩野川台風から伊勢湾台風へと進んで、高度成長時代特有の水害の性格を濃くしてゆく。大河川の氾濫は影を潜め、中小河川水害が目立ってきた。中小河川はそれまで治水事業が遅れていたことがそのおもな理由とされた。山村農村における中小河川流域の局地豪雨は、山崩れ、崖崩れ、土石流、小規模氾濫をもたらし、都市においては内水氾濫、宅地造成地の崖崩れの頻発となった。高度成長期における大量の人口の都市集中が都市水害に拍車をかけたことはいうまでもない。昭和三〇年代の水害は、もはや戦後型ではなく、高度成長水害、象徴的にいえば都市水害時代ともいえる」[25]。

二〇一五年九月の常総市における鬼怒川の氾濫は、大河川の支流で発生したもので戦後型治水の結果でもあり、宅地開発による都市型水害でもある。

それはともかくとして、高橋氏は、昭和二〇年代の大河川の治水は成功したことを認めている。特定地域総合開発計画の成果と認定することができよう。これは、1―5図の水害による「耕地の被害面積」が一九五〇年代後半以降、台風襲来の規模や頻度の違いもあって年による振れ幅は大きいものの、傾向的には着実かつ大幅に減少していることからも言えるであろう。

第三に、1―6図のように、終戦直後一九四〇年代後半から六〇年代前半までの約二〇年間に主食のコメは着実に増産していった。それには、ほぼ同時に進行した農地改革とともに、農地整備や農業水利に不可欠な大河川の流域整備が決定的に大きな役割を果たした。とくに、特定地域総合開発計画のなかで最も広範囲で実施された利根、北上、木曽地域での東日本の大河川流域整備による広大な穀倉地帯の形成は、大きな意味を持った。1―4表の一九五〇

1－5図　日本の耕地水害被害面積推移

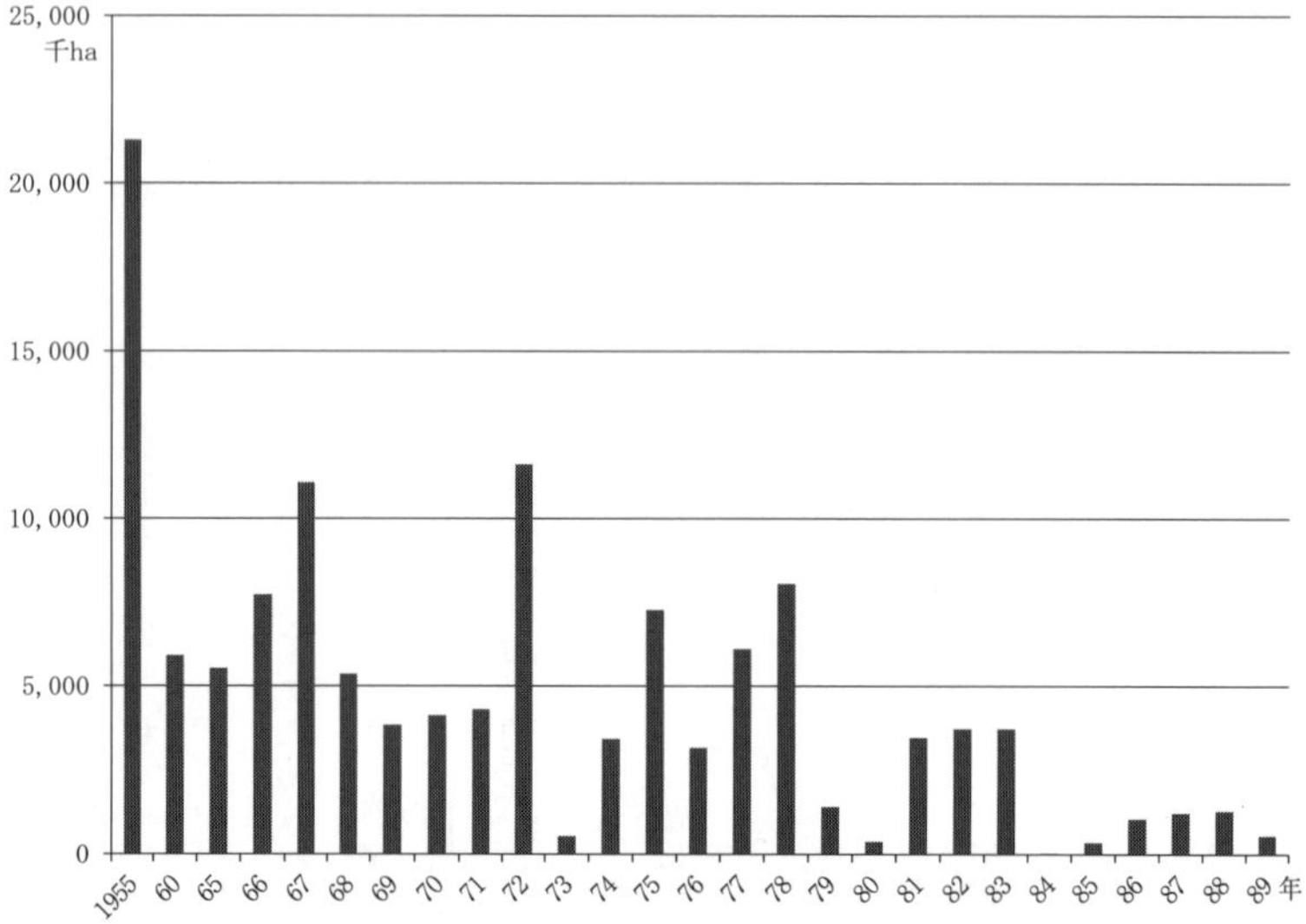

日本国勢図会『日本の100年』第6版（2013）

1－6図　日本の水稲生産高推移

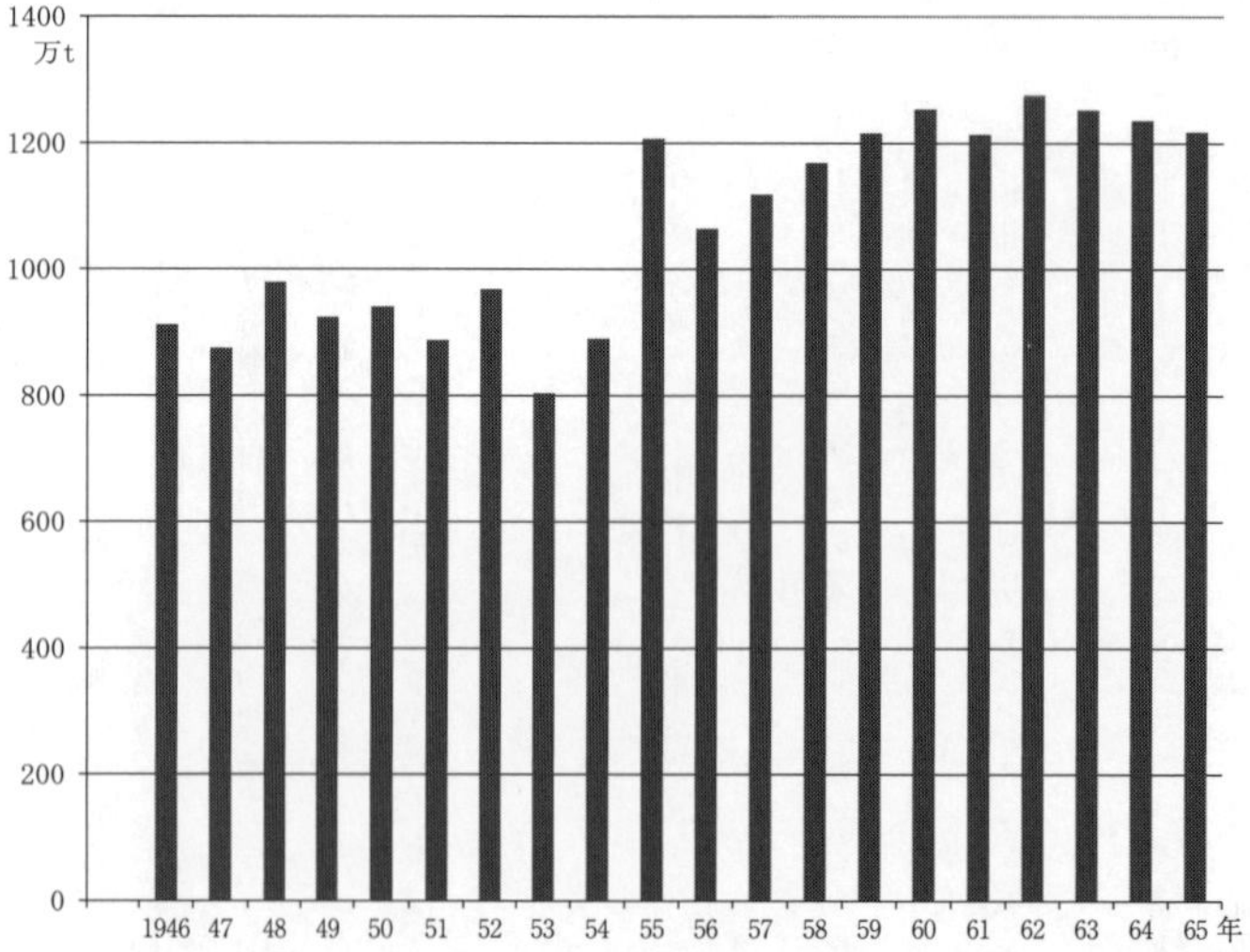

日本国勢図会『日本の100年』第6版（2013）

1－4表　1950s道府県別米の収穫量

（千トン）

	1950		1960	60/50	1970	70/50
全国	9,651	100	12,858	1.33	12,689	0.99
北海道	470	4.9	790	1.68	914	1.16
青森	252	2.6	374	1.48	449	1.20
岩手	204	2.1	340	1.67	463	1.36
宮城	310	3.2	517	1.67	588	1.14
秋田	374	3.9	541	1.45	658	1.22
山形	356	3.7	493	1.38	580	1.18
福島	324	3.4	466	1.44	520	1.12
茨城	306	3.2	452	1.48	496	1.10
栃木	249	2.6	371	1.49	412	1.11
埼玉	249	2.6	336	1.35	258	0.77
千葉	340	3.5	445	1.31	420	0.94
新潟	589	6.1	827	1.40	838	1.01
富山	217	2.2	302	1.39	303	1.00
長野	266	2.8	374	1.41	357	0.95
愛知	301	3.1	321	1.07	253	0.79
岐阜	190	2.0	236	1.24	199	0.84
三重	203	2.1	250	1.23	234	0.94
滋賀	206	2.1	248	1.20	268	1.08
兵庫	304	3.1	372	1.22	296	0.80
岡山	271	2.8	300	1.11	258	0.86
広島	212	2.2	254	1.20	236	0.93
福岡	345	3.5	380	1.10	352	0.93
佐賀	213	2.2	238	1.12	224	0.94
熊本	286	3.0	317	1.11	309	0.97

日本国勢図会『日本の100年』第6版（2013）

年から七〇年までの二〇年間のコメの都道府県別増産状況をみると、北海道総合開発計画のもとにあった北海道とともに、特定地域総合開発計画の対象地域を抱えている岩手、宮城（北上地域）、茨城、栃木、埼玉（利根地域）の増産率が全国平均を大きく上回っていることからも言えよう。特定地域総合開発計画が水稲生産の地域構造、ひいては日本農業の地域構造転換に大きな役割を果したと評価することができる。

そして第四は、徹底した造林である。林学が専門の四手井綱英氏は、「わが国の森林は今次の大戦中、軍需用材の増伐と戦争末期に不急事業として植林を停止したことにより著しく荒廃し、戦後の風水害の多発も刺激となって緑化運動が推進され、国・民有林ともに造林が行われるようになった(26)」と簡潔に表現している。

経済地理学者で林業や山村研究で優れた多くの成果を世に問うた藤田佳久氏は、世界各国と比較して、「わが国の森林面積がきわ立って高いことがわかる。とくに温帯諸国では断然トップの位置にある。（中略）戦後の造林ブームもあって、わが国の森林はほぼ山地の全域をカバーすることになり、今日の森林資源量はまもなく到来するであろう充実期の直前にあるといえる(27)」と、一九八〇年代の著書で指摘している。

これらを具体的な統計で確認すると1―7図のように、一九五〇年代の人工造林面積は五〇万ヘクタールを上回る水準を維持し、前半は森林伐採面積を上回るほどであった。この点について藤田氏は、「昭和二〇年代の中期（一九五〇

1－7図　日本の伐採・造林面積推移

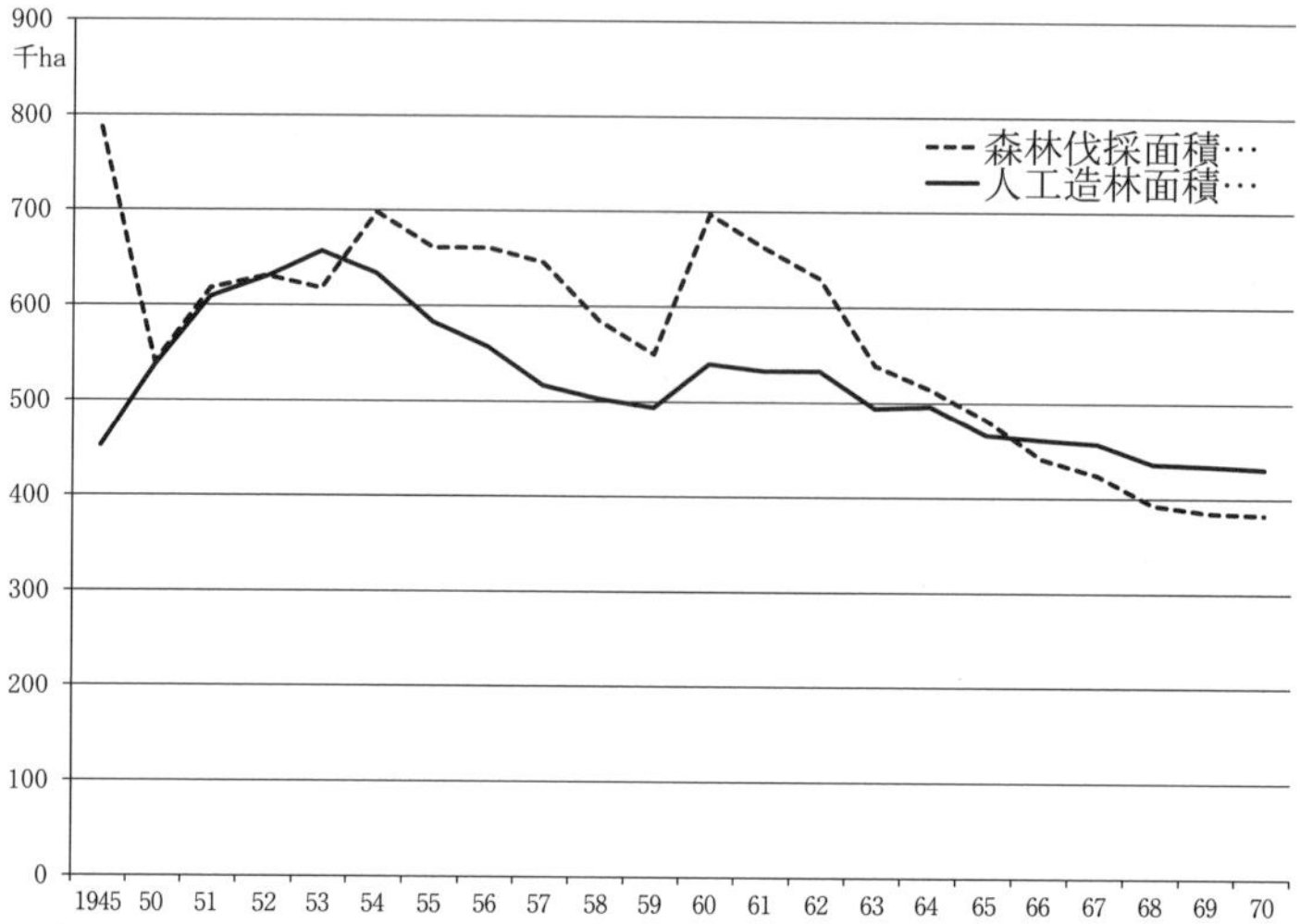

日本国勢図会『日本の100年』第6版（2013）

年代）以降は、次々に造林施策が打ち出され、行政主導型の戦後の森林資源造成政策が一貫して特徴的に展開されることになった。（中略）

これらの結果、造林面積は上向き、昭和二五年（一九五〇）の人工造林面積は三〇万ヘクタールに達し、昭和二九、三〇年（一九五四、一九五五）には四〇万ヘクタールを越え、同二九年に初めて、人工造林面積が天然更新を上回った。これらの八〇―九〇パーセントを民有林が支えた[28]」。続く昭和三〇年代（一九五〇年代後半以降）は、「戦後のわが国で最も造林が活発に行なわれ、しかも、単なる再造林にとどまらず、雑木の林種転換による拡大造林にまで及び、今日の人工林率四〇パーセントの足がかりを築いた時期だといえる」と指摘している[29]（1―8図）。

当然のことながら、特定地域総合開発計画は、政府の造林政策とも共同歩調を取り、阿仁田沢、芸北の二地域は、主導目標の第一位が林業で、十和田岩木川、北上、最上、只見、利根、天竜東三河、木曽、飛越、吉野熊野、大山出雲、那賀川、四国西南、南九州の一三地域は、林

1－8図　日本の森林蓄積量推移（林種別）

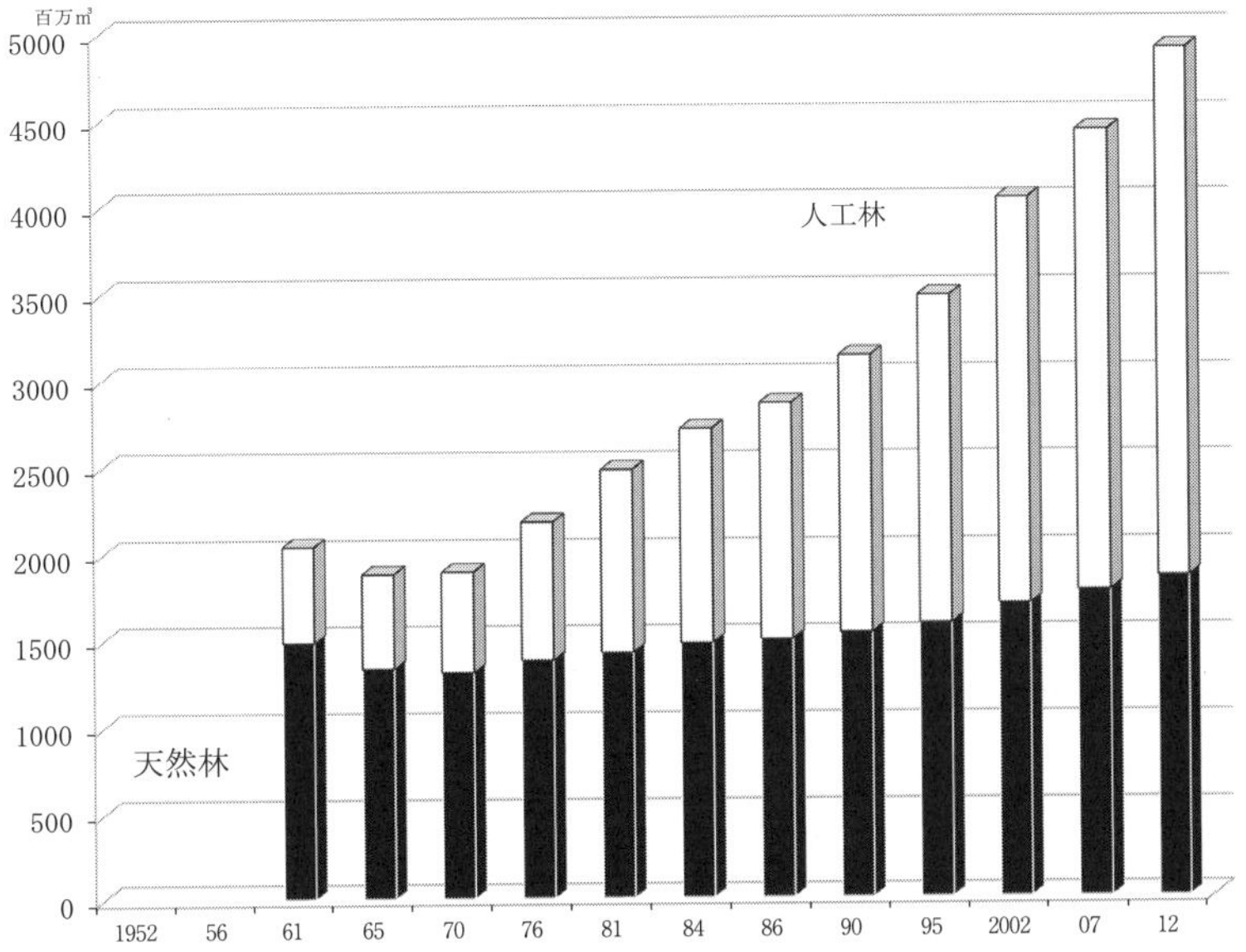

日本国勢図会『日本の100年』第6版（2013）

業が主導目標の一つにあげられている。二二地域中一五地域だから、大半と称してもよいであろう。経済企画庁総合開発局の『国土総合開発計画の経過及び概要』（一九六一年）によれば、「開発効果」一覧表において、用材が高いのは吉野熊野（二五三万石）、利根（一三五万石）、只見（一一〇万石）の三地域で、那賀川、南九州、天竜東三河（六〇—七〇万石台）で続いている。説明がないので正確ではないが、計画当初から一九六一年度までの間の森林蓄積量の増加量の推定とみてよいであろう。

各地域の開発計画大綱をみると、阿仁田沢では「林道」、最上では「林業、鉱業」、只見では「森林開発」、吉野熊野では「林道」、那賀川では「森林資源」、阿蘇では「造林、林道」が項目として特別にあげられている。その内容は東北、本州中央山地、紀伊・南四国・南九州などの奥地林開発のための林道整備となっている。

四手井氏は、こうした戦後の人工造林について、「戦後の人工造林と明治・大正時代の人工造林との違いは、皆伐造林面積の広さにあるといってよい。大面積人工造林を急速に可能にした原因は、土木機械、伐木・集運材機械の発達によるといえよう。しかし、戦後の大面積皆伐人工造林木材の収穫作業を容易にはしたが、育林面では決して好結果をもたらしたとはいえない。これはまた、不成績造林地多発の原因をつくり出すものであり、ひいては災害の原因ともな[30]」った、と批判する。「皆伐人工造林、さらに同齢の単純林の造成は明らかに土壌を害する[31]」、というのである。その原因として、表土の流出、地力の低下、一斉造林地の病虫害などをあげている。

その後、一九六〇年代後半以降様相は一変した。

「折からの貿易自由化政策の中で、外材輸入が本格化し、安価な外材が国内市場価格の主導権を掌握してしまったからである。しかも、進行しつつあった山村地域からの人口流出は、この時期に一段と林業労働力の不足を招き、林業不振が定着するにつれ、さらにそれが人口流出を促す形を生んだ[32]」。

（1）建設省管理局企画課監修『国土総合開発　特定地域の栞』一九六一年　一頁。
（2）同右書　四頁。
（3）佐藤竺『日本の地域開発』未来社　一九六五年。
（4）同右書　六六―六八頁
（5）前掲（1）書　一二―一三頁。
（6）総合政策研究会著『日本の地域開発』ダイヤモンド社　一九六三年。
（7）経済企画庁総合開発局『国土総合開発計画の経過と概要』一九六一年。
（8）佐藤前掲書。
（9）同右書　八二―八三頁。
（10）同右書　八五頁。
（11）川島哲郎「高度成長期の地域開発政策」（講座『日本資本主義発達史論Ⅴ』日本評論社　一九六九年所収）三一六―

三一七頁。
(12) 森滝健一郎『現代日本の水資源問題』汐文社　一九八二年　五六頁。
(13) 同右書　五六―五七頁。
(14) 同右書　五九頁。
(15) 同右書　六三頁。
(16) 同右書　六一頁。
(17) 同右書　六七頁。
(18) 佐藤武夫『水の経済学』岩波新書　一九六五年　八一頁。
(19) 高橋裕『国土の変貌と水害』岩波新書　一九七一年　一三頁。
(20) 同右書　二六頁。
(21) 同右書　二七頁。
(22) 建設省管理局企画課監修『国土総合開発　特定地域の栞』一九六一年　二六―二―二七頁。
(23) 石井素介『国土保全の思想』古今書院　二〇〇七年　七七頁。
(24) 同右書　七八頁。
(25) 高橋前掲書　九五頁。
(26) 四手井綱英『日本の森林』中公新書　一九七四年　二頁。
(27) 藤田佳久『現代日本の森林木材資源問題』汐文社　一九八四年　六三頁。
(28) 同右書　一三六―一三七頁。
(29) 同右書　一三九頁。
(30) 四手井前掲書　一二頁。
(31) 藤田前掲書　四一頁。
(32) 同右書　一九八頁。

第二章　特定地域総合開発計画の実態

この節では、特定地域総合開発計画に指定された二二地域の中から基本目標の異なる三つのタイプの地域を取り上げ、政策内容について詳述するとともに、その後の展開について触れてみたい。一つは、治水や用水など国土保全に重点を置く北上地域と木曽地域、第二は、電源開発に焦点を当てた天竜東三河地域で、第三は、河川総合開発とは異なる工業立地を基本目標とした北九州地域、以上の四地域である、いずれも、先述した公共投資規模の大きい八地域に属するとともに、優れた研究書が残っているか、具体的な資料が入手できるものである。

一　北上地域

1　北上地域開発計画―指定の背景と計画の大綱

石井素介氏は、著作『国土保全の思想』において、一九四八年九月のアイオン台風により北上川流域で発生した大規模水害について次のように記述している。

「北上川本流の一ノ関付近、すなわち北上川本流に磐井川が合流する地点付近（中略）、ここは北上川の上流から約三分の二の中流部であるが、狐禅寺狭窄部より下流宮城県側の平野部に出るまでの間は、両岸の山地が迫り河川容量の著しい縮小を見る。これだけの地形的条件のみから見ても、上流に豪雨が発生した場合この地域が常習的な氾濫地域となる可能性が充分考えられる。その上、この地域が支流の磐井川の合流点に当るという事実が悪条件として加わっている。磐井川は、流域面積こそ余り大きくはないが、河川勾配は比較的大きく、河川としていまだ平衡状態にまで発達しておらず、しかも一ノ関付近で平野部に出て急に緩勾配となるので、過去にしばしば河道変遷も見られ、もともと水害の危険性の大きい河川である。

カスリーン（一九四七年）、アイオン（一九四八年）両台風時におけるこの地域の水害実態を見ると、降雨量が甚大で磐井川の洪水が前例になく大規模なものとなり、上流山間部の山崩れと下流一ノ関市付近の堤防決壊による被害が大きくなった。この地域の水田地帯では、氾濫冠水面積が大きかったわりにこれによる農作物被害はそれほど致命的にはならなかった。これは両台風の来襲した九月中旬という時期がこの地域ではすでに水稲の成熟期に当たっており、単なる冠水のみでは被害を受けにくい状態に達していたことによるものと考えられる。（中略）この地域における水害の歴史をみると、一九四四年（昭和一九）に一回、一九四七（昭和二二）年に三回（七月二二日、八月五日、および九月カスリーン）、一九四八（昭和二三）年二回（八月二三日ユニース、九月一五日アイオン）という具合であって、このうち磐井川の増水による決壊が生じたのは、カスリーンとアイオンの二回のみであり、他はすべてこの地域の特徴である北上川本流の氾濫によるものである。氾濫による冠水期間は最高四昼夜であるが、冠水深が著しく深いことが（中略）一ノ関市付近の人家に与える影響は甚大で、この地域が地方的な政治・経済・社会の中心であることも加わって、これらの水害による影響の深刻性が注目を集めた(1)」。

また石井氏は、岩手県北上川の支流の一つである遠野盆地を通って流れ下る猿ヶ石川流域について次のように記載している。

「この地域は、一九四八（昭和二三）年九月のアイオン台風水害の際、いたるところで沿岸の決壊と浸蝕堆積を起こし、激甚な被害を受けた。洪水流が残した痕跡をたどって見ると、元来の河道の屈曲蛇行を無視して直線的な短絡路を取ったところが多く、堤防を直撃して破堤した部分の直下はまず洗掘されて円形の浸蝕部（落堀《おっぽり》と呼ばれる）を作り、その先に粗い礫を置き、さらにその先には砂、次に泥土というように堆積物の粗密に応じて規則正しい配置を残している。洪水の氾濫流も数時間以内に谷底に流れ落ち、局地を除いては一日以上の長期湛水は見られなかった(2)」。

そのほか農業土木工学の小出博氏は、いまや信濃川水系（魚野川）の「こしひかり」と並ぶブランド米「ささにしき」の産地となっている北上川の宮城県側の仙北平野がかつて水害常襲地帯であったことについて次のように言及している。

「旧北上川の北岸から鳴瀬川、江合川．迫川下流部一帯のように、明治から大正年代に及んで常習的にはげしい水害を被りつづけ、未開発の状態のまま放置せざるをえなかった地域がある(3)」。

こうした流域の荒廃もあって、北上地域は、昭和二八（一九五三）年二月六日第一号の「特定地域」として閣議決定された。ちなみに、第二号は、同じ年の一〇月で同じく東北の阿仁田沢と最上であり、北海道開発法（一九五六年五月一日）が国土総合開発法（同年五月二六日）に先立って公布されたことも考え合わせると、戦後の国土復興は、なによりもまず北海道と東北を「焦眉の急」とされていたのがわかる。これに対し、水害常襲地域であった利根地域は、四年遅れの昭和三二（一九五七）年五月であった。

北上地域の開発計画の概要は大略以下のようである。今ではほとんど入手できない資料なので全文転載したいが、字数の関係もあり、重要な箇所を引用しつつ、全体像を描いてみよう。

地域の特徴及び開発目標「昭和二十二年のカザリン及び二十三年のアィオンと相次ぐ大台風により、北上川の水害はこの地域に致命的な被害を与えた。（中略）宮城県の調査によれば主要な災害のみでも、明治以降今日までに九十回を数えられる程であり、この災害の防止こそ本地域開発の鍵であることは言うまでもない。

又、上流部に比し生産性の比較的高い下流部が、例年の水害により蒙る被害は莫大なものがある。（中略）この水害を防止して各種の資源を開発し、農業を振興し、併せて電力の利用による各種工業の発展を図るのが本地域開発の最も望ましい途であり、本地域総合開発計画の主導目標である。(4)」

開発計画の大綱「北上川改修工事は遠く明治十三年より施工されて来たものであるが、その重点は主として下流部の改修に置かれ抜本的な治水計画に基くものではなく、殆ど原始河川のまま放置されている状態である。（中略）

本地域の産業の開発は北上川の治水を前提としなければならないことは言うまでもないが、同時に農業水利及び水力発電を行うべく多目的堰提の建設による総合的な計画の実施によりこれを解決せんとするものである。又これと同時に、産業開発の基幹となるべき交通網は甚だ貧弱であり、鉄道、道路、港湾共にこの目的に副って重点的に早急に整備されねばならない(5)」。

a　**治水**「北上川下流部は平坦地を流れる緩流であって江合川、迫川の各支川及び隣接の鳴瀬川水系が錯綜して複雑な河川網を形成している。この地帯はかなり早くから改修が行われ、堤防もかなり整備されたが、近年の大洪水に鑑みて従来の計画は根本的な改訂を行わなければならない必要を生じた。上流部については昭和一六年に漸く着工されたが、戦争の影響等によって工事は進捗せず、今日尚原始河川のままである。

岩手県一関附近における計画洪水量は毎秒九、〇〇〇立米であるが、同所狐禪寺狭窄部の通水能力は毎秒六、三〇〇立米である。従って、この地点より上流に於いては毎秒六、三〇〇立米を超える流量の調節を主眼としており、下流部に於ては毎秒六、五〇〇立米の処理を主眼とする。

このため本計画では、上流部に於いて、御所（雫石川）、四十四田（本流）、田瀬（猿ヶ石川）、石淵（胆沢川）、仙人（和賀川）の五堰堤により毎秒二、〇〇〇立米を、舞川遊水地によって毎秒七〇〇立米を調節して毎秒六、三〇〇立米を狭窄部を経て下流に流し、下流部に於いてはこの流量を処理するために、河川自体の改修を行うと同時に、支川である江合川、迫川の流量の中毎秒一、〇〇〇立米を調節する必要がある。このために花山堰堤（迫川）、鳴子堰堤（江合川）を設け、又新江合川より鳴瀬川に毎秒五〇〇立米を分流し、迫川には長沼遊水地を設ける。この中で石淵堰堤は昭和二十一年に着工し二十七年竣工の予定であり、田瀬堰堤は昭和二十四年に再着工、二十八年度完成の予定である。又各河川上流の治山砂防事業を行い、河川の氾濫を防止しダムの埋没を防がねばならない(6)」。

b　**発電**「北上川の包蔵水力は、約二五〇、〇〇〇キロワットであるが、現在までに開発されたものは約五〇、〇〇〇キロワットに過ぎない。（中略）資源開発による工業の振興は、北上川水系二十万キロワットの未開発電力の開発なくしては望み得ない。この本計画に於ては、先に述べた洪水調節用堰堤を利用して一五五、〇〇キロワットの発電を行うものである(7)」。

c　**農業**「本地域に於ける耕地総面積は約一六万町歩を占めるが、例年の水害によって多大の被害を被っている。田地の殆どが単作であり、水害による被害は最も大きかった。下流部に於いては土地の生産性が高く、特に水田の増産可能率は全国的に高い。即ち、この地帯は日本に於ける穀倉地帯の主要な一部を為しており、災害の防除用排水の改良、水田の裏作を行うことによって大きな効果を期待し得る。このため、（中略）ダムを設けて従来の旧式なる用水を整備し、排水事業を河川の改修に関連して合理的に行い、治水事業に併行してその成果を期待する。

上流部に於いては耕地に対する水田の割合が低いが、用水の改良によって相当の新規開田と旧田に対する用水の補給を行い得るものである。又同じく単作地帯で占められている実情にあるので、用水以外の土地改良事業を行い、水田裏作を奨励して生産の画期的増産を図る。このため（各地の）多目的ダムの外（二つの）ダムを設けて用水の整備、補給を図ると共に土地改良事業を行うものである。

この外、本地域には三五、〇〇〇町歩の開墾適地があり、開墾事業による効果も大いに期待される」[8]。

以上のように、計画の大綱は、極めてシンプルでわかりやすい。頻発する北上川の氾濫を制御する。そのため、岩手県の東の北上山地と西の奥羽山地からの支流に多目的ダムをつくって流量を制御し、県境にある狐禅寺の狭窄部の河川流量の限界（毎秒六、三〇〇立米）を超えないようにする。これによって、上流である岩手県側、とくに狭窄部に近い一関周辺の水害を防御する。これらの多目的ダムからの農業用水を扇状地等の新規開田と旧田の用水の補給に供する。他方、狭窄部の下流の仙北平野の北部は、奥羽山地を水源とする支流に多目的ダムを設け、北上川本流との合流点付近の水量を制御し、かつ水害常襲地帯の用排水事業によって水害を防御し、かつ干拓による開田を進める、というものである。加えて、多目的ダムによる発電によって家庭の電化と工業振興を図る。支流の多数の多目的ダム建設と合流点付近の沼地の干拓によって、①治水→水害防御、②開田と旧田への用水補給→食糧増産、③発電→工業振興と一石三鳥の戦略である。

2　総合開発事業の展開

この北上川の総合開発事業の展開については、日本人文科学会に結集した、東北大学を核に福島大学、東北学院大学の研究者による優れた研究報告、日本人文科学会編『北上川』がある。以下、本書をベースに、北上地域の特定地域総合開発のあとを整理してみたい[9]。

本書は、序章と二部構成で、「序章　北上地域開発の意義」、「第Ⅰ部　産業構造の推移」、「第Ⅱ部　開発と社会変動」という、Ｂ５版六六九頁の大著である。一応特定地域総合開発に焦点をあてているが、歴史的にも明治から、大正、昭和の戦前期、分野的には農業、林業、漁業、鉱工業、商業など地域の全産業、北上川の地形、土地利用、治水、ダム建設、灌漑、干拓など多分野にわたる詳細な論文集でもある。北上特定地域総合開発の背景を大きく包み込んだ分析で、「北上地域の総合地誌」と表現するに相応しいものと言えよう。まさに、「農業開発を主目的として、北上川の『水』の統制利用に眼目をおく今日の『北上総合開発計画』なるものも、（中略）すべて前近代以来の開発の歴史をその背後にもち、また、その性格をつよくうけついでいるのである。[10]」との指摘の通りである。

２－１図　北上川水系治水概略図　本支流・ダム等

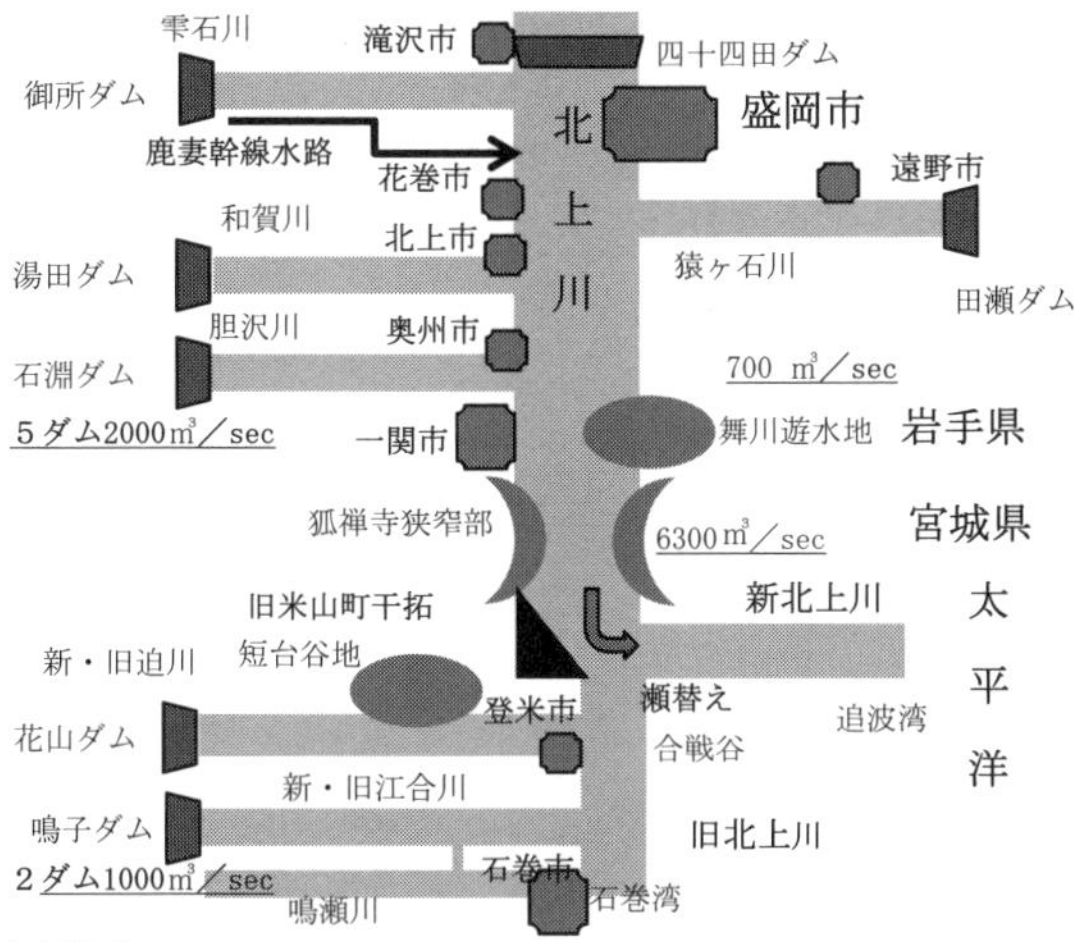

矢田作成

そこで、本書の治水史を要約的に紹介しつつ、実体に迫ってみたい。

北上川は、岩手県北部から中央部を貫通し、宮城県境を経て石巻周辺で太平洋岸に注ぐ、「長さ二四三km、その流域面積一万七二〇km²を数え、長さでは信濃川・石狩川・利根川・天塩川に次いで日本第五位、流域面積では利根川・石狩川・信濃川に次いで第四位を占めている」東北一の大河である。[11]

1　上・中流域における多目的ダム建設と灌漑用水の確保

２―１図は筆者（矢田）が作成した北上川水系の治水概略図である。

このうち、東部の北上山地と西部の奥羽山地に挟まれた上・中流域に北上川盆地があり、北から二〇一四年誕生の滝沢市をはじめ盛岡・花巻・北上（黒沢尻）・奥州（水沢）・一関と岩手県の主要都市が連なって配置しているとともに、豊かな穀倉地帯となっている。奥州市と一関市に挟まれて世界遺産中尊寺を擁する平泉町がある。西の奥羽山地には、北から雫石川、和賀川、胆沢川、磐井川が東流して北上川本流と合流している。合流点までに中小規模の扇状地があり、水田を始めとする農地となっている。東部の北上山地では猿ヶ石川が遠野盆地を経て西流し、花巻付近で本流と合流している。この上・中流地域には、水利用をめぐって早くから大きく二つの問題に悩まされてきた、一つは、西側から流れ込む河川がつくる扇状地における水不足であり、もう一つは、北上川盆地の南端の狐禅狭窄部が豪雨によって流量を処理できずに一ノ関周辺で氾濫し、水害常襲地化することである。

〈鹿妻穴幹線水路〉

まず、扇状地における水不足について先人の闘いの跡を追ってみよう。

著著『北上川』の「第I部　第二章　中流地帯の産業構造、第二節　鹿妻穴堰、第四節　鹿妻穴幹線水路の開鑿」では、盛岡市の西に位置する雫石町大田から南の紫波町日詰に至る南北約二〇キロ、東西約二キロの水田地帯の灌漑施設である鹿妻穴堰水路について、詳細な歴史分析を行っている。2―2、3、4図を参考にしつつ、具体的に考察しよう。

この地域は、雫石川、岩崎川、大白沢川など多くの中小河川がつくり上げた扇状地群であり、西から東に平均勾配一五〇分の一の扇状地の上約五、〇〇〇町歩（約五〇ha）の水田が広がっている。ここは、北上川の右岸と奥羽山地に挟まれた地域で、2―4図からわかるように、二一世紀初頭の今日、東端に東北新幹線、扇状地上に東北自動車道が走り、さながら東北の高速交通体系の通過帯を形成している。

ここには、「鹿妻本堰と鹿妻幹線水路を主要幹線とし大小二〇本に近い支線を分流し（中略）、水路は何れも用排水兼用で、用水路としては幹線水路を除いてはまず支障がないが排水路としての通水能力が著しく書いている[12]」と記載されている。この「網の目のように拡る大小二〇本の主水路を中心とする人工灌漑用水路は、その最も西側にある鹿妻穴堰幹線水路と呼ばれる部分を除いては、すべてすでに藩政期に開鑿を完了しており、明治維新以後に作られたのは右の幹線水路だけである。しかしそのすべてが一挙に作られたわけではなく徐々に開鑿がすすめられたであろうがその最初の着工の時期や、作られた過程についての詳細は、まだ正確に明らかにされていない[13]」と言う。

その後、「鹿妻本堰から西側を対象とした明治初年の水路開鑿計画は失敗に終ったが、明治末年に至って再びその計画がおこり、大正末期に行われた鹿妻穴堰幹線水路に結実した[14]」。失敗の大きな理由は、初期の計画が雫石川から

2－2図　鹿妻穴堰水系図

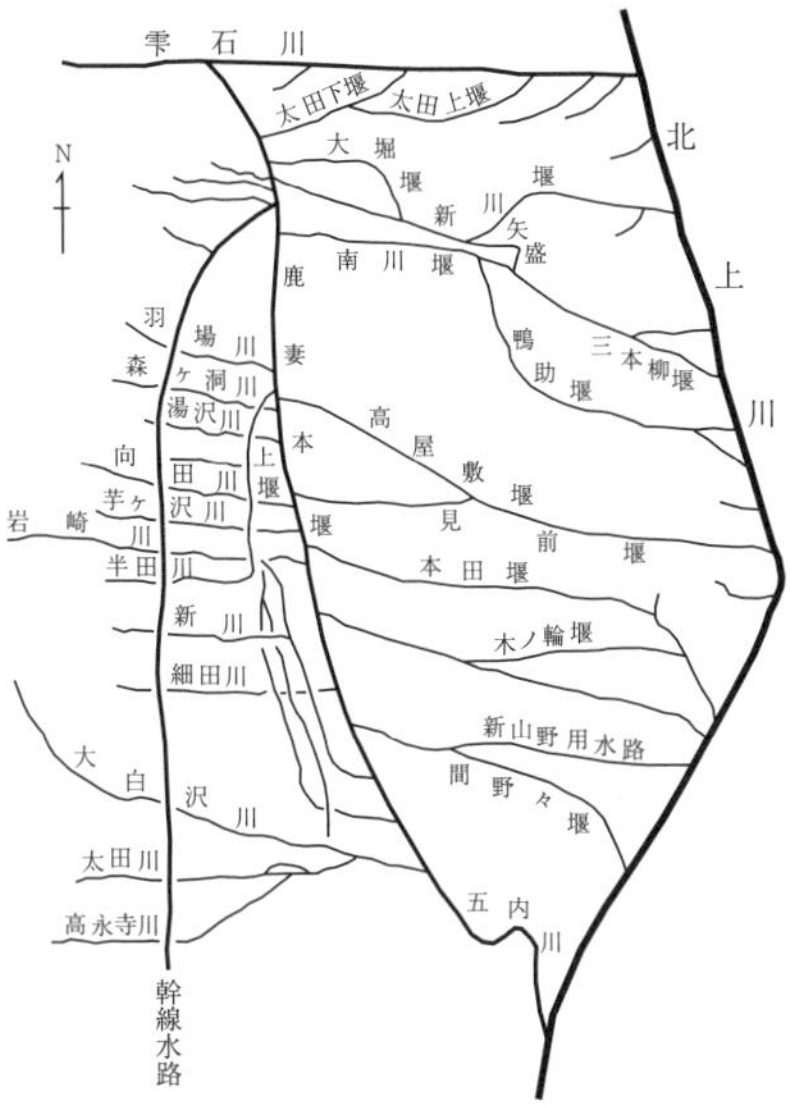

日本人文科学会『北上川』p.195 第２図転載

2－3図　鹿妻穴堰用水系統（数字は灌漑面積町歩）

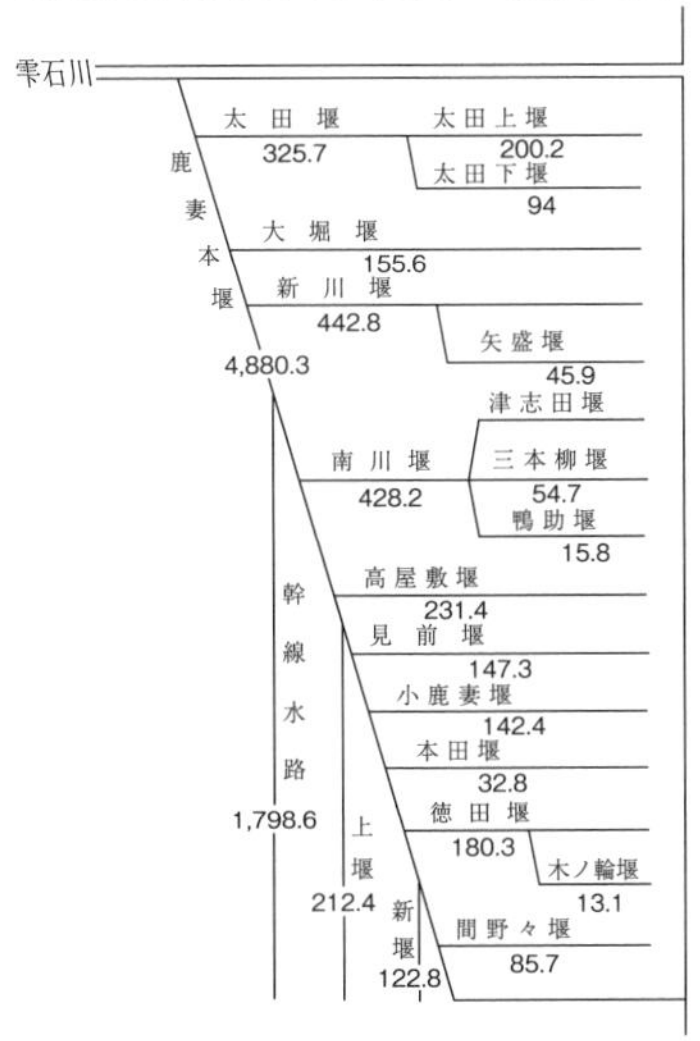

日本人文科学会『北上川』p.196 第３図転載

2－4図　北上盆地　灌漑水路・鹿妻本堰と鹿妻幹線

国土地理院20万分の1地勢図『盛岡』（2013年）をもとに作成

の取入口を既存の鹿妻本堰の取入口の上流につける案であったため、下流の水配分が不利になるという鹿妻本堰灌漑地域の強い抵抗にあった。それが、幹線水路の取入口を雫石川にではなく、既存の鹿妻本堰の途中に付けることにより新灌漑水路の対象地域となる紫波郡一町七村が「鹿妻穴堰の水懸り」へ編入されることになる〈2―2図〉。これによって、既存の鹿妻水路の水懸かり地域との間の対立が解消された。

「鹿妻穴幹線水路の開鑿によって、用水の供給は非常に豊富になり、しかも天候の条件に左右されることも少く、常時一定量の水の供給を保証されること[15]」になった。

この結果、「昭和二（一九二七）年から昭和九（一九三四）年に至る八年間に新田の造成が行われた。（中略）その後も小規模な開田が徐々に行われており、昭和二二（一九四七）年には（中略）開田面積の総計は七三六町（約七三・六ha）に達している[16]」。これに旧田に対する補水分九六〇町（九六ha）を合わせると「一七二九町（約一七二・九ha）の田地が鹿妻穴幹線水路の開鑿によって灌漑されることになった[17]」。しかし。「この著しい水田面積の増大にもかかわらず、耕地面積の総量には大きな変化がない。水田の増加が畑地の縮小に対応しており、開田が畑からの転換によって行われている[18]」のである。

こうした、明治、大正期の「鹿妻穴堰幹線水路の開鑿によって、この地域での大規模な開田、旧田の補水、区画整理などが行われたため、一大水田地帯が形成され、水利組織、農業経営、農村の社会関係に大きな変化が生じ、水による制約を脱し、農業生産の自由な発展と農村の近代化をもたらした[19]」。

このような地域の生産基盤の歴史的蓄積のなかで、北上川地域が「特定地域総合開発計画」に組み込まれ、雫石川上流に御所ダムが建設され、灌漑水路の整備と土地区画整理が一段と加速されていく。御所ダムは、鹿妻穴堰取入口の上流二・七キロ上流に高さ三五メートル、長さ二九〇メートルで、三、四四〇万トンの水を貯水し、第二・第三幹線水路を開鑿し、既存の幹線水路の西側地域を灌漑する、この計画によると両幹線で旧田補水二七七町歩（約二七・七ha）、開田八二五町歩（約八二・五ha）が計画されている[20]。御所ダムは、五大ダムで最も遅れて一九八一年に完成をみた。

そのほか、北上川本流の四十四田ダムは一九六八年、奥羽山地の支流和賀川の湯田ダムは一九六四年、胆沢川の石渕ダムは一九五三年、北上山地を水源とする猿ヶ石川の田瀬ダムは一九五四年に完成し、それぞれ流量の制御、水力発電、水田灌漑など多目的な機能を果たしている。さらに、舞川遊水地も活用して、北上川盆地の南端にある磐井台地を切って流れる狐禅寺峡谷の流量を制限し、一ノ関付近の常習的な氾濫を防いでいる。

2　下流域の大規模改修と治水・土地改良

北上川が狐禅寺峡谷の狭窄部を抜けて宮城県に入り、栗駒山系を水源とする迫《ハザマ》（狭間）川と合流する下流部一帯の広大な沖積地は、いまでは仙北平野の豊かな穀倉地帯であり、ササニシキ米の生産地でもある。この地域の地形について、小出博氏は、「北上下流部の仙北平野には、今日も伊豆沼、長沼をはじめ、内沼、蕪栗沼、名鰭沼など大小の湖沼が存在する。伊豆沼、長沼は迫川のはんらん土砂が、出口を塞いでできた沼であると考えられており、部分的な干拓を行っているが、北上川下流の治水上、迫川の計画的な遊水地にする考えがある[21]」と述べている。続いて、「品井沼干拓を除くと、仙北平野における主要な湖沼干拓は、ほとんど明治年代をすぎ、主として大正時代から昭和初期に行っている。干拓の前提として北上川の改修が必要であり、干拓後の用水取得が困難で、すべてポンプ揚水に依存せねばならぬからである[22]」と述べている。

（北上川改修工事―新北上川放水路）

他方、馬場昭・安孫子麟・渡辺基・市川八一氏らは、著書『北上川』の「第Ⅰ部　第三章　下流地帯の産業構造」で、「大正後期以降の土地改良事業を特徴づけるものは、時期的にも、地域的にも北上川の改修事業である。（中略）改修前は登米郡にはとくに広大は遊水地が残され、また灌漑の面では桃生郡をふくめて溜池灌漑の段階にあった。そのためこの地帯は水害と旱害とをあわせもつ低生産力地帯であった。河川改修によって、遊水地・溜池が開墾され、同時に河川灌漑に移行する過程で、耕地整理も急速に、かつ大規模にすすめられる。（中略）そしてそこで、明治期に比較してかつてみられない大規模な水利事業がおこなわれ、北上川下流地帯における水利秩序の再編成が実施されるのである」[23]と、北上川改修事業と干拓・開墾・灌漑・土地改良事業を一体とした把握がなされている。

本書に基づき当該事業を要約して紹介しよう。

この事業は明治四四（一九一一）年よりはじめられ、昭和六（一九三一）年新北上川に通水し、同一〇（一九三五）年三月に改修計画の竣功をみている。この改修計画の主眼とするところは、いわゆる新北上川とよばれる放水路の開さくであり、川に洪水量の流下をはかることを目的としている。2—5図をみながら、工事をかいつまんで述べてみよう[24]。

・宮城県登米郡豊里村大字鴇波地内において幹川を締切り、本吉郡柳津町地内からその東に位置

2－5図　新旧・北上川付近

国土地理院５万分の１地形図『登米』（1999）をもとに作成

する「合戦谷」の山峡に新川（新北上川）を開鑿して、桃生郡飯野川町地先において追波川に合流せしめる（新川延長一二粁）。合流点以下の追波川に改修をくわえて、これを本流とし、追波湾に注がしめる。

・柳津町以下の旧幹川における舟運の維持と農業用水を確保するため、豊里村大字鴇波の分岐点に洗堰[25]（脇谷洗堰）を設け、平量を送り、また同所対岸に閘門[26]（柳津閘門）を設けて既往の舟運をはかる。

・新北上川筋飯野川町地内に可動堰（飯野川可能堰）を設けて水量を調節し、あわせて農業用水の取水をはかる（堰堤四一〇メートル、一六連は可動堰、五連が固定堰）

・追波川右岸、桃生郡二俣村及び大川村地先には延長五・五キロメートルの側設運河をつくり、その下流末端に福地水門を設けて、追波川と旧川とを連絡する。

・旧川の河口・石巻港には、突堤を設け、浚渫を

２－６図　新旧・追川流域図

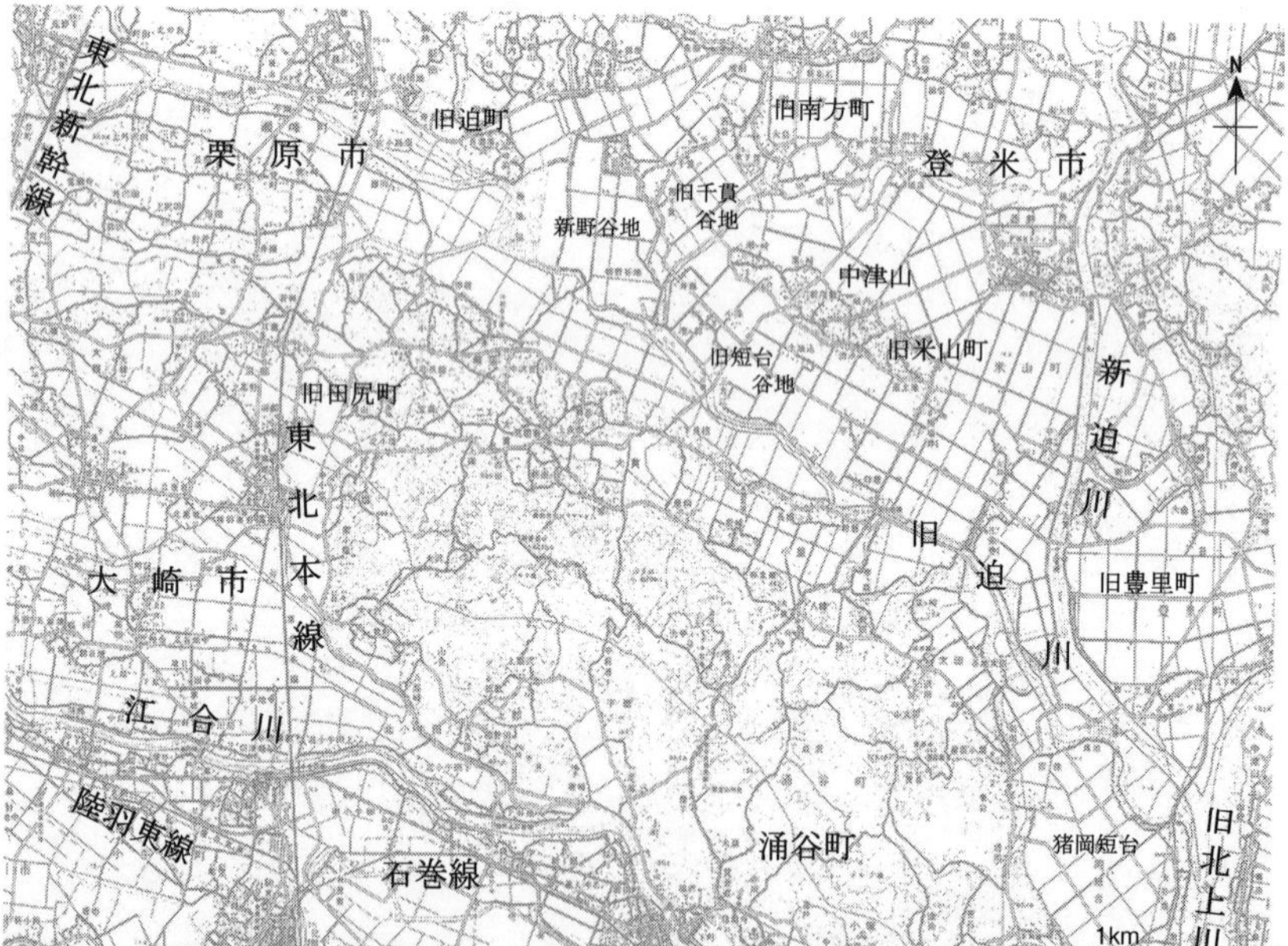

国土地理院５万分の１地形図『涌谷』（2001）をもとに作成

おこない、舟運の便をはかる。以上である。

前出の小出博氏も、「明治四三（一九一〇）年の大水害を契機として、翌四四（一九一一）年から本格的な高水工事が国の直轄で始まる。（中略）高水工事の中心課題は北上川洪水が迫川、江合川へ逆流し、その疏通を害するのを防ぎ、湛水被害を防除することにあったが、なお航路の改良もあわせて行なっている。計画の大要は、北上川の古い河道といわれる合戦谷の山峡を開さくし、新北上川を開いて追波川に落とすというものであって、洪水流量の大部分は新北上川を流下せしめ、平水量一三〇立方メートル毎秒と洪水流量五、五七〇立方メートル毎秒のうち八四〇立方メートル毎秒を旧北上川に分流するというものであった。洪水流量をこのように配分するため、新北上川の下流飯野川に可動堰を設け、旧北上川には柳津に脇谷洗堰を設けて、厳重に規制している。この高水工事は昭和六（一九三一）年に完成し、翌七年から、迫川の捷水路である新迫川の開さくに着工し、昭和一六（一九四一）年に竣工している。これら一連の河川改修によって、江合川、迫川の下流部の水害はなくなり、迫川下流部では、谷地とよぶ遊水地の開発が可能となり、米山村短台谷地、猪岡短台谷地、千貫谷地および蕪栗沼に及ぶ五、〇〇〇町歩の遊水地がつぎつぎに開田した」[27]と先の『北上川』の分析と同様の記述をしている。

（仙北平野・遊水地＝谷地の開発）

小出博氏は、仙北平野開田について他の本で詳しく論じている。

すなわち、「短台谷地は登米郡旧米山村（現在登米市米山町）中津山を中心に、旧迫川下流蛇行部に沿う（中略）低湿地の総称である。昭和初期まで北上川、迫川の遊水地帯で、面積五千町に及んだ。累年春の融雪期には迫川が増水し、北上川の逆流をうけて全地区に浸水がおこり湖沼の状態になった。夏から秋にかけての豪雨期には、湛水月余に及ぶことがあり、わずかにカヤ、ヨシ、スゲなどが生育し、燃料、馬糧、雑魚を産するにすぎなかった。江戸時代には登米伊達氏の鴨猟場で、明治以降そのまま御料地に編入されていた。そしてカヤ、ヨシの類は旧慣によって中津各部落が共同利用していた(28)」。

また、著作『北上川』で竹内利美・塚本哲人・田原音和氏らは、この迫川と北上川の営みによって形成された「短谷台地」の干拓・開田過程について、「第Ⅱ部　第二章　下流の開発と社会変動」で、迫川改修と周辺集落、入植移住を含む開拓集落の動向を含め詳細に分析している。このうち、改修過程を中心に考察しよう。

「北上本流改修の完了をうけて、昭和八（一九三三）年迫川の改修はおこなわれた。その眼目は米山地区をめぐる大湾曲部に直線の放水路をうがつことで、これによって、溢水を直路北上本流に注下し、旧迫川の広大な遊水地帯の開田干拓を可能にする基礎条件をつくり出そうとするのであった。とにかく、この新迫川の開掘によって、迫川下流の水禍はほとんど跡を絶ち、この地区の土地改良は以後急速に進行する(29)」。

「迫川改修が完全に終了したのは、昭和一五（一九四〇）年であり、（中略）改修の効果が他の施策と関連していちじるしくあらわれるのには、戦後をまたねばならなかった。戦後の農地改革の影響は、ここでは決定的であった(30)」。

「それがまず、治水事業の進展と機械力に揚排水施設の出現によって、稲作の安定度は増し、収獲も自然上昇した。しかも、それにつづいて農地改革が進行し、一挙に旧来の小作地が自作地にかえたのである。(31)」こうして、「従来の小作農民の大部分は二町歩以上の経営に当る中農層に上昇し、これと自作農層の大部分を加えたものが、村落成員の中核となった。そして、この層の厚さが戦後の様相を特徴づけているのである(32)」ということになった。

この地域では、迫川改修と農地改革がシナジー効果を発揮し、さらに、特定地域総合開発計画に基づいて迫川の上流部に「花山ダム」が建設されて洪水時の流量の抑制と平常時の農業用水の安定供給が付加されて、かつての五、〇〇〇町歩（五〇〇ha）の広大な湿地は、一挙に豊かな水田地帯に変貌していった。

北上川水系のもう一つの課題は、奥羽山地鬼首温泉郷に発し大崎市の和渕狭窄部で旧北上川と合流する江合川、および鳴子に発し、石巻湾に直接注ぐ鳴瀬川の二つの河川への対応である。この二つの流域は仙台平野の最も開発の進んだ地域であるが、江合川流域は、たびたびの水害に悩まされてきた。そのため、「北上川改修計画とからんで、大正七（一九一八）年より江合川改修も県の事業としておこなわれている。その計画の大様は、江合川そのもののひきおこす水害をなくすために、江合川を旧北上川からきりはなして、鳴瀬川に合流させようとするものである。つまり、現在の古川市（二〇〇六年以降大崎市）のやや下流から鳴瀬川にむけて新江合川を開さくして、洪水の全量を鳴瀬川に落とそうというものである」[33]しかし、この改修計画は終戦時まで進展をみない状態のまま、昭和二二、二三（一九四七、四八）年とつづくカスリン、アイオン両台風によって「堤防は各所において寸断され、その被害もまた未曾有のものがあった。これを契機として旧来の改修計画はほとんど放棄されるに至り、新たな洪水量の算定にもとづいて上流部の洪水調節を主とし、あわせて農業用水確保をかねた多目的ダムが設置されることになった。[34]」他方、「昭和三二（一九五七）年度において新江合川全体の完成をみているが、現在においてはすでに無用の長物化している[35]」。

そのほか、特定地域総合開発計画の対象となった江合川の鳴子ダムは、建設省（現国土交通省）の事業として昭和三三（一九五八）年に、鳴瀬川上流には県営事業として漆沢ダムが一九八〇年に、それぞれ完成している。迫川の上流の花山ダムも昭和三二（一九五七）年完工し、平成一六（二〇〇四）年再開発されている。

結局のところ、北上地域の特定地域総合開発計画は、「前近代以来の開発の歴史を背景」にもち、明治末以降昭和初期の北上川の大規模な「瀬替え」、これを前提とした中・下流の水害常襲地帯（一ノ関周辺及び宮城県仙北地域）の河川改修工事、そして上流地帯の水路網の整備等一連の治水工事による、大規模な干拓・灌漑・開田などの上に、言わば総仕上げ的に戦後になって計画されたものである。それは、岩手県側の本・支流の五つ、宮城県側の支流に二つの国直轄の多目的ダムを建設し、北上川水系全体の洪水時の水量をコントロールするという「トータルデザイン」が出来上がったと表現できる。ここに、戦後の農地改革、耕地整理、用排水路整備、農機具の普及などが加わって、北上川盆地と仙台平野は日本有数の穀倉地帯となったのである。国土総合開発政策の端緒的成果と位置付けてよいであろう。佐藤竺氏の『日本の地域開発』には、昭和三五（一九六〇—宮城県部分）、三六（一九六一—岩手県部分）年度までの特定地域総合開発事業の分野別の進捗状況が掲載されている（本書1—3表）。これによれば、河川総合開発は、岩手県側で六四％、宮城県側で一四四％（ただし一九五七年度まで）となっており、両県の発電、宮城県の港湾とともに、かなり高い値を示している。これに対し、土地改良は両県で半分前後、河川改修、道路は二〇から三〇％台となっている。多目的ダム開発のみが着実に進展したことがわかる。

その後、一九六〇年代以降の高度経済成長による農業地帯からの人口流出、コメ余り現象による休耕田化など、農村を襲った全国的な負の効果を免れることはできなかったとしても、特定地域総合開発計画の地域の農業生産力向上への成果は高く評価できる。また、大規模水害も二〇世紀後半には大幅に減少したが、二〇一一年三月の東北大震災では、津波が追波湾から瀬替えされた北上川をさかのぼり、悲劇の大川小学校をのみ込み、水田地帯を湛水化した。私は、最後の職場であった北九州市立大学の学生ボランティアが活動する南三陸町を大震災の一年後に訪れた。日和山から石巻の街と港の破壊された状況を見、高台に立地していた中学校から津波にのみ込まれた南三陸町の町を一望した。町は、志津川河口に立地し、その川沿いをさかのぼると、新旧の北上川が合流する地点になる。そこからさらに東北新幹線のくりこま高原駅に向かって西進すると、新旧迫川のつくった沖積地の広大な水田地帯が広がっていた。ここが大湿地帯の干拓によってできた穀倉地帯であることを車から確認することができた。さらに、二〇一五年九月の東日本豪雨では、ここから西南に位置する大崎地方を流れる渋井川が決壊した。自然の猛威から完全に自由ではありえない。

本節は、その多くをB5版六九六頁におよぶ著作『北上川』に負うところが大きい。多くの力作の論文の中から特定地域総合開発計画の「大綱」に記載されている「治水」の項に焦点をあて、これに関する歴史を参考にし、かなり強引かつ簡略にまとめた。さらに、関連する地域の現時点での地形図を掲載し、理解し易いようにした。半世紀前の力作を執筆した本書の研究者、それに頻繁に引用した小出博、石井素介氏に感謝したい。お二人は私が東大の大学院生のとき非常勤講師として講義され、研究者の卵として大いに啓発された。また、著作『北上川』では、「信濃川は大河津分水の完成をみて、治水の安定化を来してより、白根郷とか新津郷とよばれる下流地帯は、信濃川の水位の低下に対応してまず郷内の大幹線排水路の改修によって排水問題を解決し、その上で用水事業、さらにのちには耕地整理等の諸改良事業を施行して内部の細かいところにいたるまでの改良事業をおこなっている。そして郷内における過去の基本的な事業そのものには手をつけられないで良好化をみているのである」[36]という記述がある。

私自身、教員の両親の赴任先である信濃川沿岸の亀田郷（両川村）に生まれ、その後転居して新津郷で小・中・高校生活を過ごした。うき舟で稲刈りをした時代から交換分合、耕地整理、用排水路整備がなされ、一挙に美田が出現し、今は喪失した「はさ木」に干されていた稲束で、いなごとりをしていたので、仙台平野北部の治水と美田の出現の記述は、手に取るように理解できた。東大教養人文地理分科の後輩で、優れた経済地理学者の故山口不二雄氏も本節で考察した仙北平野の北上川流域桃生郡で幼少を過ごしたと本人から聞いたことを覚えている。コシヒカリとササニシキの違いはあるものの、ともに大規模干拓によって美田と化した農村地帯に育ったことに奇遇さを感じ、また、特定地域総合開発計画の意義をかみしめている。

北上川、信濃川、利根川、木曽川、吉野川、筑後川などの日本の大河川の下流は、特定地域総合開発計画の時代に大規模な治水工事によって戦後大きく変わっていったのである。

（1）石井素介『国土保全の思想』古今書院　五二―五三頁。
（2）同右書　五一頁。
（3）小出博『利根川と淀川』中公新書　一三九―一四一頁。
（4）建設省管理局企画課監修『国土総合開発　特定地域の栞』建設協会　一九五一年　一八―一九頁。
（5）同右書　一九頁。
（6）同右書　一九―二〇頁。
（7）同右書　二〇頁。
（8）同右書　二〇頁。
（9）日本人文科学会編『北上川』東京大学出版会　一九六〇年。
（10）木下彰・田辺健一・竹内利美「序章　北上地域開発の意義」（前掲『北上川』所収）一七頁。
（11）同右書　三頁。
（12）村長利根朗・島田隆・矢木明夫「第Ⅰ部　第二章　中流地帯の産業構造」（前掲『北上川』所収）一九六頁。
（13）同右論文　一九九頁。
（14）同右論文　二一二頁。
（15）同右論文　二二八―二二九頁。
（16）同右論文　二五〇頁。
（17）同右論文　二五一頁。
（18）同右論文　二五四頁。
（19）同右論文　二六一頁。
（20）同右論文　二六五頁。
（21）小出博『日本の国土　上』東京大学出版会　一九七三年　二五〇頁。
（22）同右書　二五一頁。

(23) 馬場昭・安孫子麟・渡辺基・市川八一「第Ⅰ部　第三章　下流地帯の産業構造」(前掲『北上川』所収)二七三頁、二八二―二八七頁。
(24) 同右論文　二八二―二八七頁。
(25) 洗堰―川幅いっぱいに水流を横切って作る堰・上流の水位を高めると同時に、下流へ水を常に堰を越して流す。(『広辞苑』)
(26) 閘門―船舶を高低差の大きな面で昇降させる装置で二つの水門の間に、船を入れる閘室を持つ。船を閘室内に入れたのち水門を閉じ、閘室内の水位を昇降させて出ていく側の水位と同じにしてから船を進める。(『広辞苑』)
(27) 小出博『日本の河川　自然史と社会史』一九七〇年　東京大学出版会　一三〇頁。
(28) 小出博前掲(22)書　二五二頁。
(29) 竹内利美・塚本哲人・田原音和「第Ⅱ部　第二章　下流地帯の開発と社会変動」前掲『北上川』所収)四八〇頁。
(30) 同右論文　四八一頁。
(31) 同右論文　四八一頁。
(32) 同右書　四八一頁。
(33) 馬場昭・安孫子麟・渡辺基・市川八一「第Ⅰ部　第三章　下流地帯の産業構造」(前掲『北上川』所収)三七一頁。
(34) 同右論文　三七一頁。
(35) 同右論文　三七一頁。
(36) 同右論文　三七〇頁。

二　木曽地域

特定地域総合開発計画の実態分析の第二例として河川総合開発のなかで、用水に重点を置いた木曽地域について考察した優れた研究を紹介しよう。

1　木曽地域総合開発計画の概要

まず、木曽地域に関する計画について、現在資料を入手しがたいことも考慮して、以下に全文転載しておこう。(1)

地域の特徴及び開発目標

本地域は木曾川、長良川、揖斐川の三川にまたがる木曾川水系河域及びこれと関連する地域で岐阜、愛知、三重、長野にまたがる地域である。

木曾川三川は総流出置一三、八四〇〇、〇〇〇立米の豊富な水資源を有し乍ら、その水利は必ずしも効果的に行われず、なお電源、農業用水、上水道用水、工業用水等利用面において幾多開発の余地を残していると見られる。

然るに一方本域は、一応高度に発達した農業地域と云われ乍ら、常に用水不足に悩まされ、今後の開田開畑耕地を合わせると約六四、〇〇〇町歩に亙って灌漑用水が必要とされ久しく愛知用水を初めとし、岐阜用水、三重用水その他宮田、木津、佐屋川等用水合ロ計画等が懸案として投げかけられて来た。

又、名古屋、四日市を中心とする周辺工業地帯の整備拡充のために工業用水の確保も必要なること、及び地域の発達と共に岐阜坂下町外二十カ町村、二十万余人の上水の必要なること等、強い利水問題が生じている。又一面、木曾の災害問題もその広潤な平野を控えて中下流部一帯の生産の最高度に発達した地域だけに又受ける被害も莫大なるものがあり、かかる点からも木曾川を中心として一貫した治水利水計画を樹立し、地域生産の向上、土地利用の高度化を図り、防災による民生の安定を図ろうとするものである。(2)

開発計画の大綱

既述の如く木曾川河域の開発計画は、この豊富な水資源を効率的に多方面に利用すること、即ち農業用水、上水道用水、工業用水、水力発電、舟航の水利用を如何に調整し、水系に一貫した総合的な利用の方途を講じ、水及び土地資源の真価を発揮させるかと云うこと、同時にそれが即災害の防止と云う点に重点がおかれてくる。

特に本地域は、従来名古屋を中心とした工業、発電の開発に集中し、農業生産、或は民生等の後進性はそのまゝに継続されていたと見ることができる。こうした各種資源、産業開発の不均衡が戦後明らかにされ、こうした欠陥を克服することが当面の急務であり、こゝに於て本地域の開発は次の構想を基底として、今後計画樹立、事業遂行を促進すべきである。

a木會川水系（特に本流、支流揖斐川）に多目的ダムを建設し河水統制を行い、流出量の恒常化を図り、農業用水、上水道、工業用水等その利用の各面における用水を確保し、食糧生産の増強、工業立地条件の整備を図る。又貯水池に最大量の貯水を行い最大限の発電を確保する。

b木會川水系の水源地帯を確保するため、造林、砂防等を強力に推進すると同時に前記堰堤と相俟って上下流部を一貫する河川改修を行い、災害防除につとめる。

以上本地域の開発は、特に用水確保によって農業資源の開発を主導目標とし、電源開発、上水道、工業用水の開発、確保と、河川改修、治山による国土保全を副次目標とする。

以下主要な施設の大要を述べる。

農業　愛知用水事業　愛知県の常習干害地である尾張東部及び知多半島への用水補給（受益面積三七、六九六町歩）を主目標とし、工業、上水道用水確保を副目標として長野県二子持に堰堤を設け、木曾川の渇水量を増加することにより既得水利権に支障なく岐阜県兼山町に取水口を設け延長一一〇粁の水路により、完全な用水補給を行うものである。

・木曽四用水合口事業　木曽四用水（岐阜用水、木津用水、宮田用水、佐屋用水）は河床の変動により近年漸次取水に困難を来たし、年々多額の費用を投じて取水口の堆積土砂除去につとめているが、これを合口によって用水系統を整備取水口を新設するもので愛知県側二〇、三九六町歩、岐阜県側五、三六〇町歩の受益となるものである。尚、尾張農業水利事業は宮田、佐尾用水地区内の用水排水の全面的な改良をなすもので一四、〇〇〇町歩の受益に亙り用水排路の改修、排水機の設置による増産を計画するものである。

・三重用水　三重県濃美平野一帯一七、六〇〇町歩は連年の用水不足に悩まされる地域であるので、揖斐川の豊富な水をポンプアップし導水路三五八粁により用水確保せんとするものである。

以上の外に岐阜県においては如茂野用水、中濃用水、粕川牧田川用水、大垣輪中外用排水の各事業、三重県において木曽川下流用水等が主たる事業として計画されている。

治水　本川　岐阜県笠松において毎秒九、七〇〇立米であるが、犬山において一四、〇〇〇立米として、犬山―笠松間の河道において少なくとも一、五〇〇立米の遊水あるものとし、笠松以下鍋田川分岐点迄を一二、五〇〇立米とする計画とする。これがための堤防の強化、洪水調節の堰堤の築造によって一、五〇〇―二、〇〇〇立米の洪水調節を行う。これが為には、本流では一部現在計画中の丸山ダムを利用し、飛弾川では上麻生等にダムを予定している。

・長良川　従来の毎秒四、五〇〇立米の計画は現在変更がないのでそのまま維持し、堤防の強化を図る。
・揖斐川　昭和十三年七月の洪水は従来の計画を突破したが、尚水位において揖斐川、藪川の合流点を毎秒二、一〇〇立米、篠川合流点—牧田川合流点間を三、四〇〇立米、牧田川合流点—長良川合流点間四、〇〇〇立米、長良川合流点以下川口までを九、〇〇〇立米とする。藪川及び牧田川は現計画と同じく夫々一、二五〇立米、八三五立米として堤防の強化を実施する計画である。

発電　木曽川　主なるものとして籔原、坂下、小川二子持、丸山、飛弾川においては朝日、久々野、東上岡、岩瀬岩屋、上原、落合の各電源施設が考えられる。この内既述のごとく籔原、丸山、上麻生は洪水防除施設として、二子持は愛知用水、岩瀬岩屋は岐阜用水の確保を兼ねて建設が予定される。
・長良川、揖斐川　内ケ谷、東杉原、久瀬、黒津、下大須の各地点に主なる施設が考えられている。

尚、これ等根幹となる開発事業に伴って都市、工業立地の整備、港湾、漁港等の整備等をも総合的に促進させることとする。(3)

2　木曽川水系の水利施設整備の概観

以上の様に、木曽地域の開発については、多面的で裾野の広いものであるが、木曽・長良・揖斐の三川を一体としてとらえ、「一貫した治水利水計画」を樹立すること、「本地域の開発は、特に用水確保によって農業資源の開発を主導目標とし、電源開発、上水道、工業用水の開発、確保と、河川改修、治山による国土保全を副次目標とする」と、農業用水の確保を主導目標とその他の用水確保や治山・治水を副次目標と明確に分けている。とくに、農業用水については、愛知用水事業。木曽四用水の合口事業、三重用水の三つを具体的な開発計画として明示している。

既述したように、二一の特定地域開発総合計画のうち、事業費の実績では一、三九一億円とトップであり、利根、天竜東三河、飛越、北九州とともの五大プロプロジェクトと称されるものである。また、同じく河川総合開発の性格を有する「特定地域」のなかにあっては、治山・治水が主目標の利根、北上、電源開発が主目標の只見、天龍東三河、飛越とは一味違って、木曽地域は利水（用水確保）が主目標となっている。

ところで、この木曽地域の利水政策について体系的に分析した経済地理学分野の名著に伊藤達也氏の『木曽川水系の水資源問題　流域の統合管理を目指して』[4]がある。本節では、この著作に依拠しつつ、そのほかの著作や関連施設のホームページ等の情報を加えて、木曽地域の開発の経過について検証してみよう。

2―7図は、伊藤氏の作成した一九八五年時点の木曽川水系の水利施設の一覧図に、その後の経過を関連施設のホームページ等から施設の完成年等のデータを取得し加筆したものである。これによって、第二次大戦後七〇年に整備された水利施設が鳥瞰できる。

「戦後、国土総合開発法（一九五〇年）、電源開発促進法（一九五二年）、特定多目的ダム法（一九五七年）と立て続けに河川関係法が制定され、水行政はますます複雑になり、水資源開発における総合的な施策が強く要望されることになった。（中略）ようやく水資源開発促進法と水資源開発公団法が一九六一年一一月の臨時国会で成立した。水資源開発法は水資源の総合開発及び利用合理化を図るために、主要河川を水資源開発水系に指定して水資源開発基本計画を策定し、事業実施機関として一九六二年、水資源開発公団（現水資源機構）が設立された[5]」。

一九六三年、政府は、利根川、淀川の水系指定と開発基本計画を決定、一九六四年に筑後川の水系指定、六五年に木曽三川を水系指定を行った。その後、六六年に四国吉野川水系、七四年に荒川水系、九〇年に豊川水系が指定され、計七水系がフルプランの対象になっている。国土総合開発法における特定地域総合開発計画の対象で河川総合開発が焦点となったもののうち、利根と木曽地域はこのフルプランで計画が継続されたとみてよい。逆に言えば、この二地

二　木曽地域

2－7図　木曽川水系の水資源開発・管理の概要

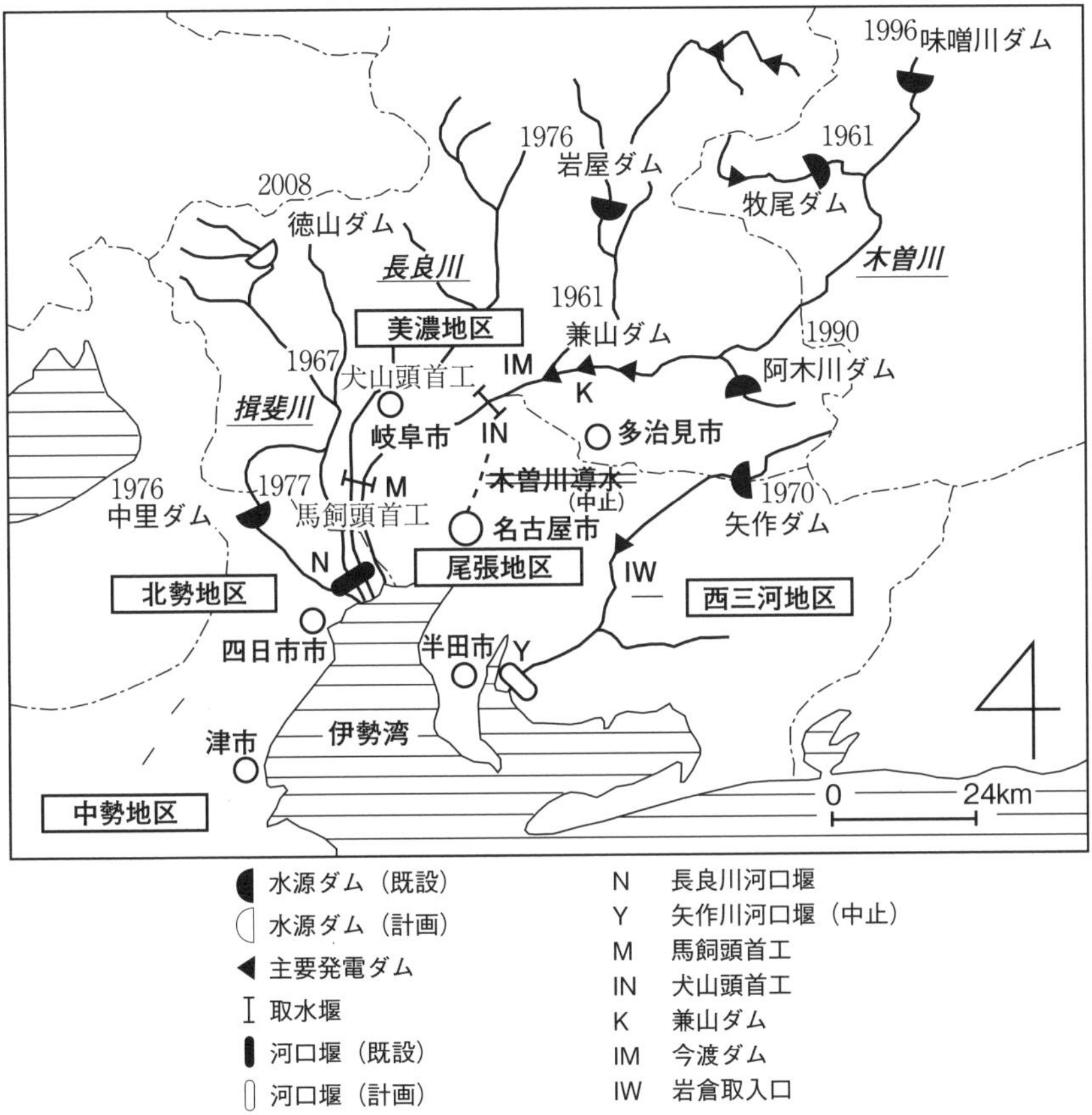

伊藤達也『木曽川水系の水資源問題』成文堂　2006　p.210

域の特定地域総合開発の検証は、「フルプラン」の検証を不可欠とする。

しかしながら、この二地域とも巨大都市圏および工業集積地域への水供給を重大な責務となっており、国及び自治体の責任、各地域農業・工業・上水道需要の変動への対応に関わるダム・導水路など施設整備をめぐって地域住民との対立も厳しい。検証作業は筆者の力量を大幅に越えるものである。その前提で以下、得られる資料に基づく経過を淡々とのべ、かつ一研究者として大局的観点からの見解を付加するにとどめたい。

話を元に戻す。六五年に水系指定を受けた木曽川水系水資源開発基本計画（木曽川水系フルプラン）については岐阜県等の関係自治体との調整に時間を要し、三年後の一九六八年に正式の告示をみた。以後木曽川水系の開発計画は、国土総合開発法に基づく「木曽川河域開発計画」に代わる基本計画となり、七三年、九三年、二〇〇四年の三回にわたって全面改正が行われた。そのたびに、特定地域総合開発計画で掲げられた以外の水利施設が付加されてきた。とりあえず、第一次フルプラン決定までの水利施設の整備状況について検証しよう。

3　愛知用水事業

木曽地域総合開発計画の最大の目玉は愛知用水事業である。森滝健一郎氏は、次のようにのべている。

「愛知用水の『受益』地域、ことにその南半の知多郡一帯は、わが国としては雨が少なく、河川もすべて小規模で、水不足に陥りがちな所であった。ここの住民は、丘陵・台地を刻む谷という谷をせきとめて水田灌漑用の溜池をつくり、所によっては台地上の畑にも井戸を穿って、ひでりとたたかってきたが、その努力にもかかわらず、しばしば激しい干害にいためつけられてきたのである。

わが国が太平洋戦争に敗れて間もなくのころ、知多町の久野庄太郎氏や半田農学校の浜島辰雄教諭は、この積年の苦しみをおわらせるためには、遠く木曾川の水を知多半島まで引いてくることが必要だと考え、みずから実地踏査を重ねてねりあげた用水路の構想を、地元の住民や市町村当局、さらには政府筋にまで熱心に説いてまわった。

久野氏らの構想はやがて関係当局のとりあげるところとなり、昭和二十七年五月には、尾張丘陵の北部から知多半島の南端まで、三万ヘクタール余をカバーする『愛知用水土地改良区』が設立され、三十（一九五五）年には愛知用水公団法が制定されて建設事業の主体もきまり、三十二（五七）年の末から三十六（六一）年の秋までの間に、水源用の牧尾ダム（木曾川支流王滝川）・取水用の兼山樋門・幹線水路（兼山から南知多まで延長一一二キロ）、支川水路群（総延長一、一三五キロ）・東郷調整池などの基幹施設がつぎつぎと建設され、昭和三十七年五月、『夢の大用水』についに全面通水の日を迎えたのである」(7)。

2－8図　愛知用水概略図

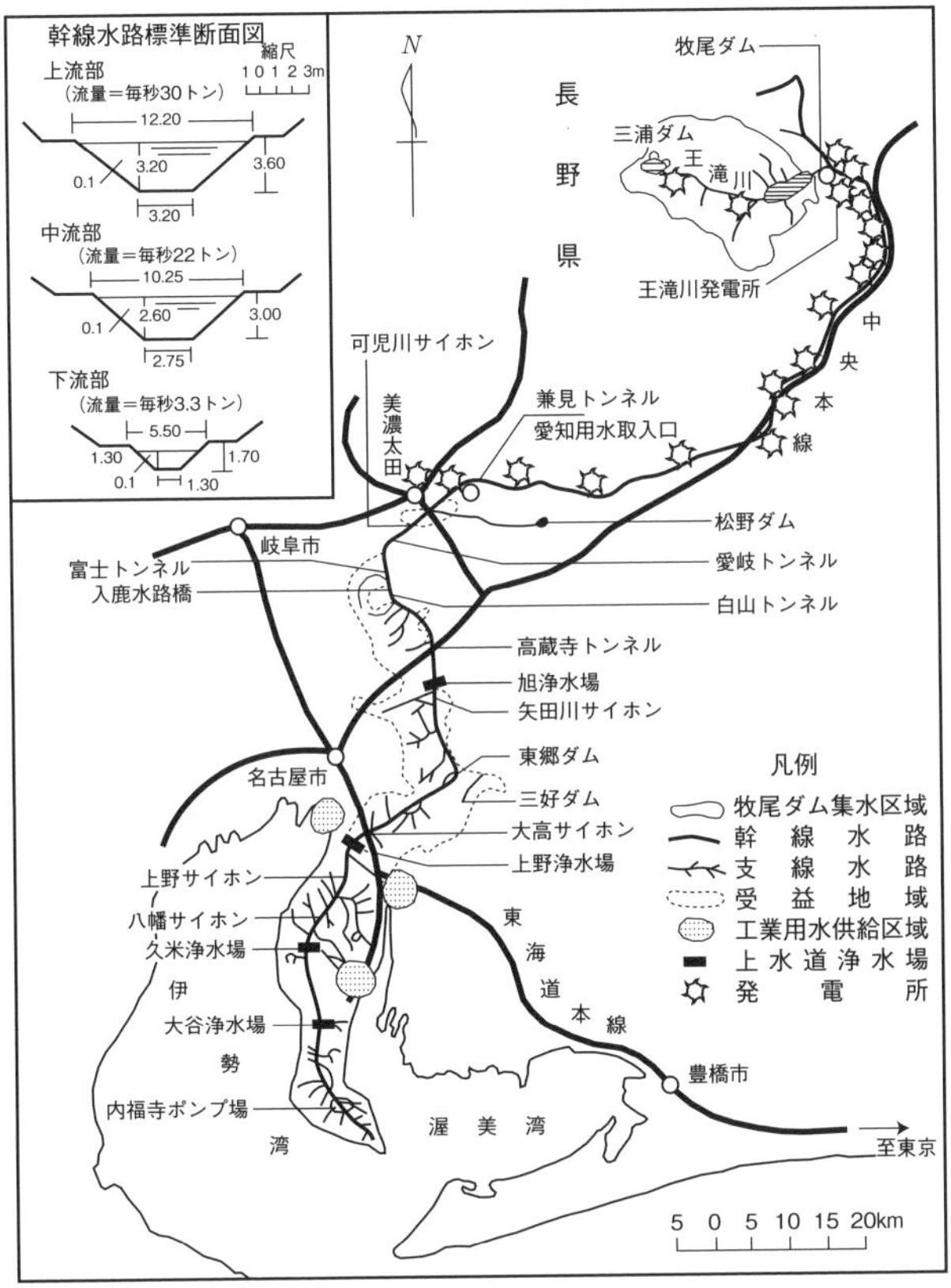

森滝健一郎「中京工業地帯と愛知用水」（『巨大都市』p.65）

先述の木曽地域の開発計画の大綱の文章は、この久野氏らの地元主導の構想をいち早くとりいれたものである。

愛知用水は、2―8図のごとく、岐阜県可児市の兼山取水口から愛知県犬山市、小牧市、春日井市、名古屋市守山区、瀬戸市、日進市など名古屋市西郊の住宅地域をへて東郷町の調整池に入り、さらに緑区、豊明市をへて知多半島に入り、大府市、東海市、知多市、常滑市など工業地域を経由して、

美浜調整池を終点とする。さらに、そこから南知多町の海底導水管を通して最終的に日間賀島や佐久島、篠島に送られる。(8)

篤農家の久野庄太郎氏や浜島辰雄教諭の用水供給による知多半島の農業振興の「夢」も、時代の流れに押されて次第に変貌を余儀なくされていく。

全面通水開始の年は、高度経済成長真っ盛りで、しかも、「『受益』地域の農村は、ほぼその全域にわたって名古屋市などの通勤圏に組みいれられており、兼業農家率は昭和三十五年にすでに七三パーセント、四十年には実に八九パーセントに達し、とくに農業を主業としない第二種兼業農家の比率は、この間に四〇パーセントから五六パーセントへと急増している。また農家数そのものが、この五年間に約五パーセント減り、とくに農業に生活の基盤をおく農家(専業農家と第一種兼業農家)の減少率は、三一パーセントという高率を示す。

また工場の進出や住宅地の拡大による農地の潰廃も著しく、愛知用水土地改良区の資料によれば、『受益』予定の農地でありながらこれらの用途に転用された面積は、用水建設工事のはじまった昭和三十二年から四十年までの九年間に、合計一、二三六ヘクタールに達している。こうして『受益』地域内の耕地は、愛知用水事業に付随する開墾や地目変換にもかかわらず、水田・普通畑・樹園地のいずれをみても減少をよぎなくされ、それぞれの減少率は、昭和三十五―四十年の五年間だけで、四・八パーセント、一四・三パーセント、五・九パーセント、耕地全体としては七・七パーセントとなり、とくに普通畑の減りかたが大きい。

農業労働力、ことに若・壮年層の流出によって、愛知用水『受益』地域は、この用水の活用による農業『近代化』のにない手をつぐつぎと失ってきたわけであり、また工場や住宅の進出は、これで直接つぶれたものよりもはるかに広い面積にわたって農地価格を高騰させ、愛知用水うけいれによる土地改良どころか、土地利用の著しい粗放化をもたらすことになる」[9]。

岐阜県南部から知多半島の南端に向かって南北に開鑿された愛知用水は、名古屋都市圏と伊勢湾岸コンビナートの西風、トヨタの工業集積の東風、二つの強風にあおられ、その性格の大きな変質を迫られた。

具体的には一九六二年度の愛知用水の実施水量一三万二千トンのうち六八・一%が農業用水、二四・七%が工業用水、七・二%が上水道用水であったのが、わずか三年後の一九六五年には全量一六万五千万トンと二五%増え、内訳は農業用水四四・四%、工業用水四五・二%と農工バランスが逆転し、上水道用水も一〇・四%にまで上昇した[10]。視点を変えて、名古屋臨海工業地帯における水源別工業用水需給をみると、需要量は同じ一九六二年度から六五年度の三年間に一日当たり一六万トンから二六万トンに伸びたが、その工業用水依存率も五三・四%から八一・一%に一挙に上昇した[11]。森滝氏は言う。

「愛知用水を水源とする工業用水道は、県営企業によって運営されており、第一期（昭和三十一―三十六年）・第二期（昭和三十六―四十年）工事によってすでに日量三五万トンの給水能力をそなえ、その主要な給水対象は、東海製鉄およびこれを中核として発達した名古南部臨海工業地帯の大工場群である。大工場の進出で急増した工業用水需要は、この工業化に件なう農業破壊のために需要の急減した農業用水の転用によって充足され、県や公団はこの転用をスムーズならしめるために、決定的ともいうべき役割を果たしたわけである」[12]。

愛知用水の変質を的確に表現している。ただし、私は、これを否定的に見てはいない。時代の転換の中で、愛知用水事業を柔軟にとらえ、名古屋都市圏と重化学工業の発展に利水政策として大きく寄与したと積極的にとらえている。

愛知用水に依存する工業用水、上水道用水への需要は、その後も確実に増大し、これに応えるため一九七三年のフルプランの改定では、木曽川上流に阿木川ダムと味噌川ダムの二つが愛知用水の水源用として追加され、前者は一九九〇年、後者は九六年に完成した。木曽川上流長野県の牧尾、味噌川、阿木川の三ダムと中流の兼山ダムの取水口で愛知用水が一体となって、木曽川水系の「愛知用水」水系を形成し、名古屋都市圏と中京工業地帯の水源となっている（2―7図）。愛知用水事業の「変質」であり、都市圏拡大への「貢献」でもある。時代の変化に対応した「リアリズム」である。

4　濃尾用水事業

木曽地域総合開発計画の第二の事業は、「木曽四用水合口事業」である。ここでは、岐阜用水、木津用水、宮田用水、佐屋用水の取水口を「合口によって用水系統を整備取水口を新設する」ことが記載されている。しかし、伊藤論文では、「愛知用水事業との関連で、木曽川下流の木津、宮田、羽島の各農業用水も整備され、濃尾用水事業として犬山地点で合口された（一九五八年着工、一九六七年完成）[13]」と記述されている。これに続いて、

「濃尾用水事業に参加しなかった木曾川最下流の各農業用水の水利施設改善は、木曽川総合用水事業（以下木曽川用水事業という）によって果される。木曽川の河床低下、濃尾用水の超過取水等により、取水困難を来していた各農業用水は、高度成長期における急激な水需要の増加により、その安定供給の実現が迫られていた都市用水とともに、木曽川用水事業を発足させた。一九六九年、事業は認可、着工され、一九七六年、水源施設である岩屋ダムの完成、一九七七年、取水施設である馬飼頭首工の完成により、事業の基幹部分が終了した[14]」と飛騨川上流の岩屋ダム、濃尾

用水事業、木曽川用水事業が一体として開発されたと簡潔に整理されている。

つまり、特定地域総合開発計画の「木曽四用水合口事業」は、実現に当たって、岐阜（羽島）、木津、宮田の用水の合口としての「濃尾用水事業」、ここから分離した佐屋用水とさらに下流のその他農業用水が一体となって「木曽川用水事業」を発足させた。伊藤達也書ではこの二つの用水について各々一章を設けて分析している。要点を紹介しよう。

それによれば、このうち、濃尾用水事業は、「上流発電ダムの建設に伴う取水地点の河床低下による取水不安定性の増大のため、木津、宮田、羽島の三用水を犬山頭首工で合口し、用水の安定確保を目的としていた。一九六三年に頭首工が完成し、宮田用水は一九六四年に取水を開始する。

濃尾用水事業に続いて、一九六九年からは濃尾用水二期事業が開始される。当時、地域内用水路は用排水兼用であり、施設は老朽化していた。加えて、地域の都市排水、工場廃水が用水路に流入し、農業用水の配水機能低下をもたらしていた。濃尾用水二期事業は総延長六一㎞の幹線用水路を改修し、用排水分離、用水路のパイプライン化を行うとともに、幹線用水路内に点在する各種水利施設を中央管理所で集中監視制御し、施設管理の合理化と水配分の適正化を目的とした。事業は一九八七年度に全て終了した。その後、支線用水路のパイプライン化を目的とした県営水質障害及び地盤沈下対策事業が宮田用水全関係地域をカバーする形で、各地区で行われてきた。

以上のような水利施設整備の進展は、単に施設上の変化にとどまらず、水管理構造の変化を促す重要な契機となったと考えられる」(15)。

こうして、特定地域総合開発計画が提起した中流域の用水の木曽川と飛騨川の合流点付近犬山頭首工での合口による濃尾用水の構築、その後の用水灌漑地域での用排水分離事業、用水のパイプライン化、中央管理所での集中管理制御などの水利施設の整備が進展した。特定地域総合開発計画が開始されて三〇年余を経過した。また、犬山頭首工の完成に伴い、その維持管理は建設主体である農林省が行うことになり、同時に「宮田、木津、羽島各用水土地改良区から農林省への水利権の移管、宮田用水、木津用水の慣行水利権の許可水利権への切り替え、最大取水量の縮小、期別水利権の導入をもたらしていく。各土地改良区は法・制度上、水利権保持者としての資格を失[16]」う。

他方、この地域の農業構造は、上流の扇状地・中流の自然堤防、下流の三角州平野ないし干拓地という地形的特徴が大きく影響し、地域的に異なった農業構造を有している。高度成長初期においては、上流では、兼業化がかなり進展し、零細で販売農産物の全くない農家割合が非常に高く、中流では専業農家率が高く、野菜・植木を中心とした集約的農業が展開し、最下流では、経営面積が〇・八―一・二ha、水田率が約九〇％など、用水地域内では大規模な稲作単作地域を形成していた、と記述されている。[17]

「こうした宮田用水地域における農業経営は高度経済成長を経て、基本的に兼業化、脱農家の方向へ展開してきた。特に上流域の上の島、奥村井筋では、一九八五年、農産物販売の全くない農家が全体の六割以上を占めていたが、中・下流井筋でも、名古屋近郊を中心にその割合を大きく上昇させ、農業労働力は大幅に減少し、請負耕作など新たな農業経営方式の展開も、小川、古大江、萱津等、一部下流井筋を除けば、ほとんど見られない。中流井筋では相変わらず、野菜、植木などの集約的農業経営が広範に展開しているが、逆に稲作部門の個別経営における重要度は減少している。[18]」他方、古大江や新大江筋など最下流域では、大規模な水田稲作経営を維持している。

こうした、高度経済成長期以降の宮田用水地域での水利施設の整備と水管理システムの変化のなかで、都市化とともに地域的に多様な変貌を迫られる農家経営の実態を、伊藤達也氏は、主に宮田用水支川用水路の排水調整を担当している治水委員に聞き取り調査（一九八七年七―八月、一一―一二月）を行い、その結果を以下のようにまとめている。

「戦後、高度経済成長期における都市化の進展と水利施設整備は、宮田用水の水管理構造に大きな影響を与え、その変化を余儀なくさせた。幹・支線用水路のパイプライン化及び集中監視制御システムの実施は、土地改良区事務局の水管理領域拡大の契機となり、農家の脱農・兼業化は従来の井筋組織中心の水管理構造を衰退させ、土地改良区事務局中心のそれへ変化させた。現在、幹・支線用水路の維持管理作業のほとんどは土地改良区事務局による業者請負で行われ、分・配水調整も中央管理所の集中監視制御により、その多くが行われている。井筋、支線用水路内部の配水調整も事務局主導の内容に変化している。末端水田圃場で発生する水需要は、ほぼ満たされるようになり、適切な水管理が行われれば、かってのような水不足が発生することはない。（中略）宮田用水の参加する濃尾用水は取水開始以来、取水量増加を続け、超過取水問題を発生させた。（中略）特に上・中流地域の井筋、集落の末端水管理の粗放化と水需給調整機能の混乱[19]」など農業用水維持管理上の大きな課題について警鐘を鳴らしている。

5　木曽川用水事業

伊藤達也氏は、著書のなかで、「木曽川下流地域の用排水秩序をめぐる地域対立」について一章を割いて詳細な考察を行っている。論文の内容が複雑で長いので、下流域の用排水秩序の地理的・歴史的状況についてごく簡単にまとめてみよう。

木曽川、長良川、揖斐川の三川が隣接して伊勢湾岸に注ぐ河口地域は低湿地帯でもあり、輪中も集中し、用排水系統の整備には長い間地域住民の対立と調整など混乱の歴史でもあった。とくに木曽川河口の左岸地域は、佐屋川、鵜戸川、鍋田川、筏川、善太川、日光川など中小河川や開鑿水路などが入り乱れ、複雑な用排水システムが試みられては失敗を繰り返していた。加えて一九四四年から四六年に発生した濃尾地震による地盤沈下、一九五九年の伊勢湾台風による高潮の襲来などの自然災害は、事態を一層複雑にした。こうしたなかで、濃尾用水事業後、改めて佐屋川用

2－9図　木曽川下流農業用水事業・受益地区

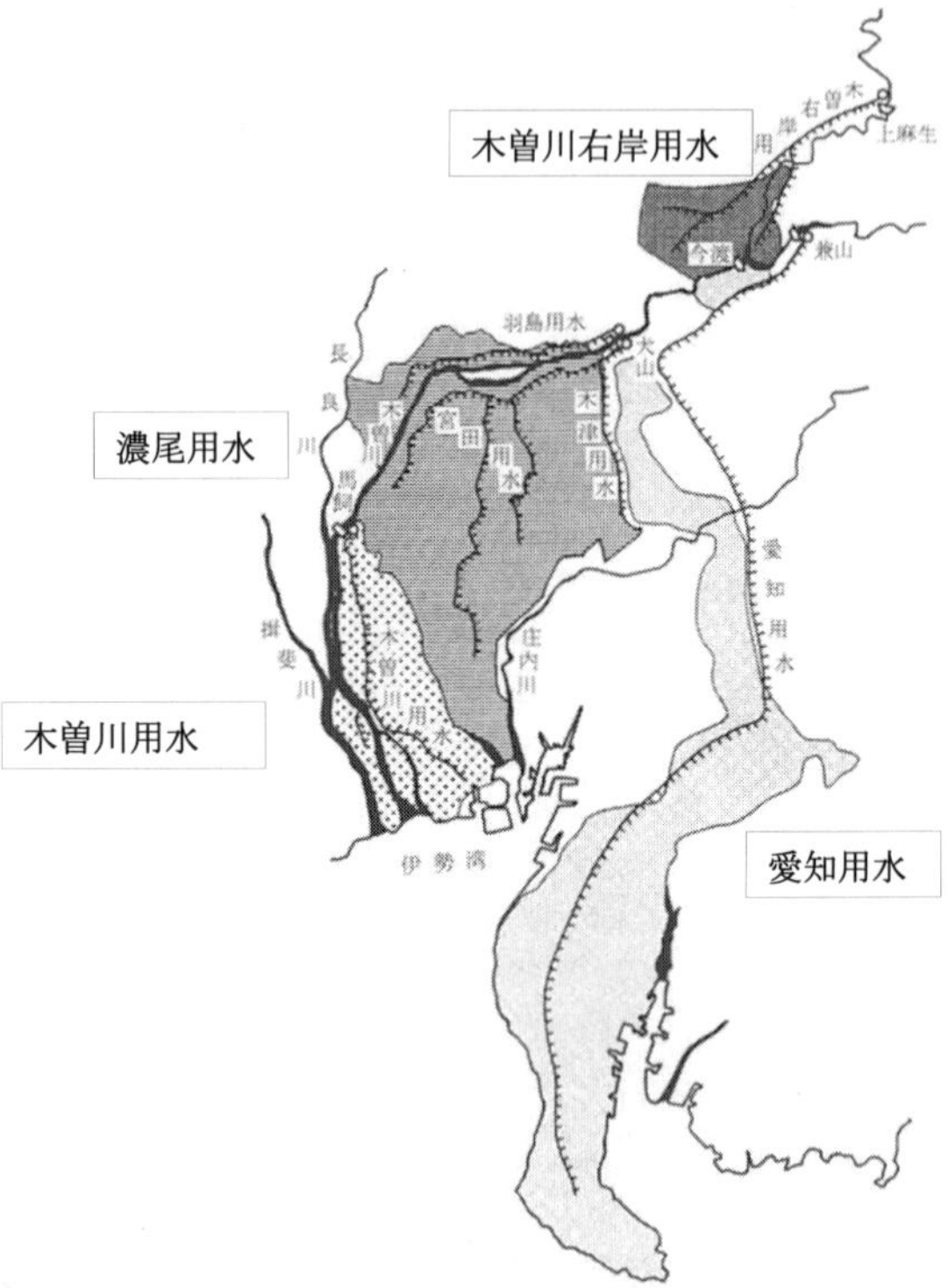

伊藤達也『木曽川水系の水資源問題』図9、p.161

水以南地域の農業水利計画が考えられることになり、木曽川用水事業計画へと進展する。(20)

　こうした経過を経て、「木曽用水事業は、一九六四年、政府によって全体設計地区に採択され、一九六六年一〇月には国営地区として承認される。そして一九六七年一月、国営事業施行の申請が行われ、一九六九年三月、木曽川下流土地改良事業の施行決定が下された。事業は一九七六年に暫定通水し、七七年五月一八日には馬飼頭首工からの全面取水が可能となる。これにより、一九〇〇（明治三三）年以来八〇年近くにわたって続いた筏川問題は、利水面においても根本的な解決をみることになった。

　木曾川用水事業は海部郡一帯の一市一〇町村の農地約九、〇〇〇haに対して、最大毎秒二五・六三立方メートルの用水補給を行うものである。主要施設は馬飼頭首工で、ここから取水した用水を導水及び分水する施設として、幹・支線水路、揚水機場、幹・支線排水路等が建設された。（中略）

　海部土地改良区の設立、さらには木曾川用水事業の完成により、海部地域一帯の用排水組織は抜本的に再編成される。(中略)これまで筏川に依存していた地域の用排水系統はその内容を大きく変え、組織的にも抜本的な変化を経験してきた。その結果、現在では用排水とも大きな問題はなく、ほぼ満足のいく状態となっている[21]」と高く本事業を高く評価している。

6　発電事業を含む利水の全体システム

以上、木曽特定地域総合開発計画大綱において、「特に用水確保によって農業資源の開発を主導目標」とするための具体的プロジェクトとしてあげられた、愛知用水、濃尾用水、木曽川用水の開発の経過を伊藤達也氏や森滝健一郎氏らの研究に基づいて検証してきた。その過程で「副次目標」としてあげられた工業用水、上水道の開発と確保、河川改修、治山による国土保全についても用水開発との関連で考察してきた。ここで、もう一つの「副次目標」である電源開発を含む、木曽三川と三河湾に注ぐ矢作川水系のダム・堰等水利施設の分布について鳥瞰しておこう。

2—1表にみるように、約五〇余のダムのなかで、第二次大戦前までに、木曽川本川上流部及び王滝川などの支流、飛騨川上流及び支流、矢作川・庄内川上流の三か所に発電ダムが集中していた。いずれも急峻な日本アルプスの一角である木曽山脈や飛騨山脈を水源としており、早くから水力発電地帯となっていた。一九二〇から四〇年代に完成した発電ダムは、現在なお稼動しているもので、最も古い大井ダムなど八つが木曽川水系に、上麻生ダムなど五つが飛騨川水系に、百月ダムなど六つが矢作川・庄内川水系に立地している。あわせて一九、現存ダムの約三分の一が国土総合開発法施行以前に完成したダムである。

木曽特定地域指定後最初に完成したと言われる丸山ダム(木曽川水系、一九五五年)以前の五〇年代前半に完成した飛騨川上流の朝日、東上田、秋神の三ダムを加えると、四割の二二ダムとなる。戦後の電力再編のなかで、アルプス

2－1表　木曽川・矢作川水系等ダム一覧

水系	河川	ダム	所在県	発電所	事業者	完成年	高さm	総貯水容量t	目　的	出力万Kw	発電形式・他	備考
木曽川	木曽川	味噌川	長野	奥木曽	水資源機構	1996	140.0	61,000	多目的	0.5	F・N・W・I・P	愛知用水水源
	木曽川	読書	長野	読書	関西電力	1960	32.1	4,358	発　電	11.7	ダム水路	
	木曽川	山口	長野	山口・賤母	関西電力	1957	38.6	3,484	発　電	5.8	ダム水路	
	木曽川	落合	岐阜	落合・新落合	関西電力	1926	33.3	3,872	発　電	3.4	ダム水路	東濃用水取水口
	木曽川	大井	岐阜	大井・新大井	関西電力	1924	53.4	29,400	発　電	8.4	ダム水路・ダム	
	木曽川	笠置	岐阜	笠置	関西電力	1936	40.8	14,121	発　電	4.2	ダム	
	木曽川	兼山	岐阜	兼山	関西電力	1943	36.3	9,392	発　電	3.9	ダム水路	愛知用水取水口
	木曽川	今渡	岐阜	今渡	関西電力	1939	34.3	9,470	発　電	4.3	ダム	水量調整
	木曽川	丸山	岐阜	丸山	関電・国交省	1955	98.2	29,520	多目的	12.5	F・P	
	木曽川	新丸山	岐阜	新丸山	国交省	未定	122.5	146,350	多目的	6.3	F・P	
	木曽川用水	上飯田調整池	岐阜		水資源機構	1975	16.1	70	多目的		上水道	
	木曽川	木曽川大堰	愛知		水資源機構	1974			多目的		A・W・I	馬飼頭首工
	王滝川	三浦	長野	三浦	関西電力	1945	83.2	62,216	発　電	0.8	ダム	
	王滝川	王滝川	長野	御岳	関西電力	1948	6.9	589	発　電	6.9	ダム水路	
	王滝川	牧尾	長野	牧尾	水資源機構	1961	105.0	75,000	多目的	3.5	A・W・I・P	愛知・東濃用水
	王滝川	常盤	長野	三岳・常盤	関西電力	1941	24.1	1,288	発　電	5.1	ダム水路	
	王滝川	木曽	長野	木曽・寝覚	関西電力	1968	35.2	4,367	発　電	15.1	ダム水路	
	伊奈川	伊奈川	長野	伊奈川	関西電力	1977	43.0	803	発　電	4.1	ダム水路	
	阿木川	阿木川	岐阜		水資源機構	1990	101.5	48,000	多目的	0.3	F・N・W・I	愛知用水水源
	岩村川	岩村	岐阜		岐阜県	1997	35.8	180	多目的		F・N・W	
	飛騨川	高根第一	岐阜	高根第一	中部電力	1969	133.0	43,568	発　電	34.0	ダム	揚水上池
	飛騨川	高根第二	岐阜	高根第二	中部電力	1968	69.0	11,927	発　電	59.0	ダム水路	揚水下池
	飛騨川	朝日	岐阜	朝日	中部電力	1953	87.0	25,513	発　電	2.1	ダム	
	飛騨川	久々野	岐阜	久々野	中部電力	1962	26.7	1,462	発　電	1.2	水路	
	飛騨川	東上田	岐阜	東上田	中部電力	1954	18.0	1,065	発　電	3.5	水路	
	飛騨川	下原	岐阜	下原	中部電力	1938	23.9	2,936	発　電	2.2	ダム水路	
	飛騨川	上麻生	岐阜	上麻生	中部電力	1926	13.2	706	発　電	2.7	ダム水路	白川取水口
	飛騨川	川辺	岐阜	川辺	中部電力	1936	27.0	12,815	発　電	3.0	水路	
	秋神川	秋神	岐阜	秋神	中部電力	1953	74.0	17,584	発　電	2.0	ダム	
	馬瀬川	西村	岐阜	瀬戸第二	中部電力	1938	19.5	276	発　電	2.1	水路	
	馬瀬川	岩屋	岐阜	岩屋	水資源機構	1976	127.5	173,500	多目的		F・A・W・I・P	濃尾用水水源
	馬瀬川	馬瀬川第一、二	岐阜	馬瀬川第一・第二	中部電力	1976	44.5	9,736	発　電	35.4	ダム	揚水下池・岩屋
	東谷川	打上調整池	岐阜		水資源機構	1987	29.7	2,250	多目的		A・W・I	
	大ヶ洞川	大ヶ洞	岐阜		岐阜県	1998	42.5	450	多目的		F・N・W	
	中野方川	中野方	岐阜		岐阜県	2005	41.7	411	多目的		F・N・W	
	可児川	松野	岐阜		機構・岐阜県	1961	26.7	3,313	多目的		F・A	
	水無瀬川	水無瀬	岐阜		岐阜県	2017	45.3	1,042	多目的		F・W	
	細尾谷	細尾谷	岐阜	上麻生	中部電力	1926	22.4	71	発　電	2.7	ダム水路	
	西ヶ岡谷川	川浦	岐阜	奥美濃	中部電力	1995	107.5	17,200	発　電	150.0	ダム	揚水上池
	揖斐川	徳山	岐阜	徳山	水資源機構	2008	181.0	660,000	多目的	15.3	F・N・W・I・P	中部電力
	揖斐川	横山	岐阜	横山	国土交通省	1964	80.8	43,000	多目的	7.0	F・P	中部電力
	長良川	長良川河口堰	三重		水資源機構	1994		36,700	多目的		F・W・I	
矢作川	雨山川	雨山	愛知		愛知県	1995	21.5	251	多目的		F・N・W	
	木瀬川	木瀬	愛知		愛知県	1999	33.0	644	多目的		F・N・W	
	矢作川	矢作	愛知	矢作	国土交通省	1994	100.0	80,000	多目的	6.0	F・N・A・W・I・P	
	矢作川	矢作第二	愛知	矢作第二	中部電力	1970	38.0	4,354	発　電	3.2	水路	
	黒田川	黒田	愛知	奥矢作第一	中部電力	1980	45.2	11,056	発　電	31.5	ダム水路	揚水・上池
	富永川	冨永	愛知	奥矢作第二	中部電力	1980	32.5	1,051	発　電	78.0	ダム水路	揚水・下池
	矢作川	笹戸	愛知	笹戸	中部電力	1935	6.5		発　電	0.9	水路	
	矢作川	百月	愛知	百月	中部電力	1926	14.4	972	発　電	0.6	水路	
	矢作川	阿摺	愛知	阿摺	中部電力	1934	13.9	2,213	発　電	0.5	水路	
	矢作川	越戸	愛知	越戸	中部電力	1929	22.8	2,876	発　電	0.9		
庄内川	庄内川	玉野	愛知	玉野	愛知県	1921	8.8	−	発　電	0.05	水路	
	五条川	入鹿	愛知		愛知県	1933	25.7	251	多目的		F・A	1991再開発

多目的ダム　F＝洪水調節、N＝不特定利水、A＝灌漑、 W＝上水道、I＝工業用水道、P＝水力発電

日本ダム協会『日本のダム一覧』　damnet.or.jp/Dambinran/binran/TopIndex.html

日本のダム一覧　https://ja.wikipedia.org./wiki/　2016.8.15閲覧

電気事業便覧　等より作成

を水源とする巨大河川は、東京電力、北陸電力、中部電力、関西電力それに電源開発によって開発拠点が分割されことから、発電専用ダムについては、木曽川本川は関西電力、飛騨川水系および矢作・庄内川水系は中部電力によって開発・管理されている。ついでに言えば、同じくアルプスを水源とするその他の主な河川では、信濃川、利根川、富士川は東京電力、常願寺川、神通川（一部）、手取川、九頭竜川は北陸電力、大井川、天竜川、豊川は中部電力、黒部川、神通川（一部）、庄川は関西電力の開発・管理対象になっている。これとは別に、電源開発ＫＫが信濃川の奥清津、庄川の御母衣、天竜川の佐久間、新豊根などの大規模発電所を開発している。

話をもどすと、五〇余のダム・堰の六割は、木曽特定地域総合開発計画以降の完成したダムであるが、大きく分けて電力会社等によって開発・管理された発電専用ダムと水資源機構や国土交通省、長野・愛知・岐阜県などが管理する多目的ダムの二つのタイプがある。前者には、飛騨川水系の高根第一（出力三四万ＫＷ）、同第二（五九万ＫＷ）、奥美濃（一五〇万ＫＷ）、矢作川水系の奥矢作第一（三二・五万ＫＷ）、同第二（七八万ＫＷ）など中部電力や関西電力によって開発された大規模水力発電所など、あわせて一一あり、約二割に相当する。逆に言えば、後者のダム・堰等は、四割にも達し、発電ダムを遥かに凌駕している。只見、天龍東三河、飛越の電源開発指向に対し、木曽川特定地域開発が利水指向と評価される所以である。

木曽川水系のなかで、支流・王滝川に愛知用水の水量確保ダムとして一九六一年に総貯水量七・五万トンの牧尾ダムが濃尾平野東部や知多半島の農業用水の供給用に建設された。さらに中京工業地帯の工業用水需要や大都市圏の上水道需要の急増に対応して、愛知用水経由で供給するため、一九九〇年に第二の水源として支流に総貯水量四・八万トンの阿木川ダムが、そして一九九六年に第三の水源として木曽川本流上流部に総貯水量六・一万トンの味噌川ダムが建設された。これらの三つのダムから木曽川を経由して、中流の兼山ダムの取水口から愛知用水に供給されている。かくて、牧尾、味噌川、阿木川ダムと兼山ダムの取水口の四つのダムがワンセットとなって愛知用水を支えている。

このうち、牧尾、味噌川、阿木川の三つの多目的ダムおよび愛知用水は水資源機構が管理し、取水口のある兼山ダムは、水力発電を行っており、関西電力が管理者となっている。

また、一九七六年に完成した県営の東濃用水には、木曽川の落合ダム（関西電力）から取水されて中津川、恵那、瑞浪、土岐、多治見などの五市一町への浄水を供給しており、その後需要の増大に対応して牧尾ダムや阿木川ダムをも水源としている。こうして、牧尾ダムを核として三つのダム、落合・兼山の取水口、愛知用水、東濃用水が一体となった水供給システムができあがっている。木曽特定地域総合開発計画開始されて約四〇年である。

また、飛騨川の中流金山付近に流れ込む支流馬瀬川の上流に一九七六年に総貯水量一七・五万トンの多目的ダム岩屋ダムが建設され、飛騨川と木曽川の合流点より少し下流の犬山頭首工より濃尾用水に、またより下流域の木曽川大堰（馬飼頭首工）より木曽川用水に取り入れられ、「洪水調節、名古屋市・愛知県尾張地域・岐阜県中西濃地域・三重県北勢地域への上水道供給、中京工業地帯及び愛知・岐阜内陸部の工業地域に対する工業用水、かんがい、水力発電[22]」に利用されている。これらの岩屋ダム、犬山、馬飼両頭首工、濃尾、木曽の二つの用水は水資源機構、併設されている馬瀬川第一発電所は中部電力が管理している。また、この「岩屋ダムによって貯えられた水は加茂郡白川町に建設された上麻生ダム（中部電力）の貯水池に設けられた白川取水口より取水され、トンネルを通じて美濃加茂市の蜂屋調整池・上飯田調整池で一時貯留された後に関市・美濃市・各務原市などの木曽川右岸地域四〇〇〇ヘクタールへの新規の農業用水を供給[22]」している。こうして岩屋ダムを核とし、二つの頭首工、二つの用水群、さらに取水口や調整池が一体となって、木曽川下流域、名古屋都市圏、中京工業地帯への農業用水、上水道水、工業用水を供給するシステムができあがっている。木曽川特定地域総合開発計画が開始されて約四半世紀である。

伊藤達也氏は、岐阜県の上水道について、「岐阜県は地下水に恵まれ、水道取水量全体の七〇％を地下水に依存している。しかし、水道水源に大きな地域差があり、岐阜市、大垣市は一〇〇％地下水に依存し、中濃地域、西濃地域も九〇%を超える一方、東濃地域、可茂地域では木曽川、飛騨川を水源とした岐阜県営水道用水供給事業の供給割合が七〇%から九〇%に及んでいる。また、飛騨地域は取水量の六〇%近くを河川表流水に依存している」[23]と述べている。県営の東濃用水などは、こうした地域への上水道供給の必要から生じたものであり、2—1表にある岐阜県営の大ヶ洞、中野方、松野、水瀬ダムは可茂、飛騨地域への上水道供給のための多目的ダムであり、愛知県営の雨山、木瀬ダムも矢作川上流地域への上水道供給のために建設されたものである。このように、愛知用水、東濃用水、濃尾用水、木曽川用水関連の用水施設の建設こそが木曽特別地域開発の「主目標」であり、構想から三〇—四〇年経過し、水利施設の体系は、漸く完成の域に達したとみることができよう。

7　ポスト特定地域総合開発計画

一九六二年国土総合開発計画に基づく（第一次）全国総合開発計画が閣議決定された。これによって、特定地域総合開発計画は終了したことになる。全総が実施される前年の一九六一年一一月、水資源開発促進法と水資源開発公団法が制定された。もともと、特定地域総合開発計画の目玉が河川総合開発計画にあったことから、主要河川の開発政策は、全総以降は水資源開発促進法に依拠することになった。

この水資源法は、目的で「この法律は、産業の開発又は発展及び都市人口の増加に伴い用水を必要とする地域に対する水の供給を確保するため、水源の保全涵養と相まって、河川の水系における水資源の総合的な開発及び利用の合理化の促進を図り、もつて国民経済の成長と国民生活の向上に寄与することを目的とする」（第一条）と規定し、第三条で、「内閣総理大臣は、第一条に規定する地域について広域的な用水対策を緊急に実施する必要があると認めるときは、関係行政機関の長に協議し、かつ、関係都道府県知事及び水資源開発審議会の意見をきいて、当該地域に対する用水の供給を確保するため水資源の総合的な開発及び利用の合理化を促進する必要がある河川の水系を水資源開発水系として指定する」とする。

さらに、第四条で、「内閣総理大臣は、水資源開発水系の指定をしたときは、関係行政機関の長に協議し、かつ、関係都道府県知事及び水資源開発審議会の意見をきいて、当該水資源開発水系における水資源の総合的な開発及び利用の合理化の基本となるべき水資源開発基本計画（以下「基本計画」という）を決定しなければならない」としている。

これに基づき、政府は、一九六三年利根川と淀川、翌六四年に筑後川について、水系指定を行い、各々の「水資源開発基本計画」を決定した。木曽川については、岐阜県との調整に時間を要し、第一陣の利根川・淀川に遅れること五年、一九六八年に「木曽川水系フルプラン」の告示を行った[24]。その後、一九六六年に吉野川水系、七四年に荒川水系、九〇年に豊川水系が指定され、現在、全国で七水系で、この「水資源開発水系から用水の供給を受ける地域（フルプラン地域）は、国土の約一七％の面積に過ぎませんが、人口や産業活動の約五割が集中している[25]」。

このうち、木曽川のフルプランの展開について、伊藤書一八四―一八九頁の記述およびそこに掲載されている表3、表4をもとにまとめてみよう。

一九六八年に策定された木曽川水系の水資源基本計画では、一九七五年の水需要予測を七三・〇立方メートル毎秒、とし、これに基づいて供給能力を拡大し、岩屋ダムを含む木曽川総合用水、中里ダムを含む三重用水、長良川河口堰の三大事業が正式に決定された。牧尾ダム・兼山取水口を含む愛知用水、犬山堰堤での三用水の合口による濃尾用水系といった特定地域総合開発計画での二大プロジェクトに、新たに三つのプロジェクトが登場したことになる。このうち、木曽川用水地域は、既述のように木曽川河口の用排水が入り乱れた課題地域への対応である。また、三重用水は鈴鹿山脈から伊勢湾に至る地域で中小河川やため池などを水源とし、水量が乏しく安定した取水の確保に迫られていた北勢地方の農業地域に対し中里貯水池を核に、打上、宮川、菰野、加佐登の四つの調整池を建設し、幹線水路で結ぶなど、積年の地域の要望に応えるものである。この二つは、ともに特定地域総合開発計画以来積み残されたプロジェクトでもあり、それなりの必然性を有している。これに対し、長良川河口堰は、ポスト特定地域総合開発計画の一大プロジェクトとして登場した。

さらに、五年後の一九七三年にフルプラン全面改定が行われ、一九八五年の水需要予測を一二〇・四立方メートル毎秒と一・六倍に設定した。これは、高度経済成長期の工業用水や上水道用水の伸びを単純に外挿したもので、この需要予測をもとに木曽川水系等の供給能力を拡大するために、木曽川上流に味噌川、支流に阿木川ダム、さらに揖斐川の横川ダムの上流に徳山ダム、以上の三つのダムの建設を計画に加えた。

このうち、味噌川と阿木ダムは、いずれも工業用水、上水道用水など都市用水需要が急増している愛知用水向けの水量確保向けである。当然、木曽川本流―兼山取水口―愛知用水―名古屋都市圏水道、知多の鉄鋼コンビナート、豊田の自動車工業集積向けである。水不足に長年悩んできた知多半島の灌漑用水の性格から、急成長する中京工業地帯と名古屋大都市圏向けに一変したとはいえ、時代に対応したものであり、木曽特定地域総合開発計画の「延長」とみることも可能である。

しかし、徳山ダムの登場はいかにも唐突である。徳山ダムの総貯水量六億六〇〇〇万立方メートル、堤高一六一メートルで多目的ダムとしては日本最大で、発電ダムを加えた全ダムでも日本第二という巨大ダムである。揖斐川上流に位置するから、このままでは木曽川水系から取入れる愛知、濃尾、木曽川用水経由の都市用水源とはならない。必然的に、木曽川、長良川中流までの導水路が不可欠であり、二〇〇四年の第四次フルプラン計画では、木曽川の犬山頭首工の上流成戸地点まで全長四四キロメートルに及ぶ「木曽川水系連絡導水路事業」を徳山ダム建設、愛知用水第二期、とともに第三の事業として計画にのせた。

こうして、ポスト木曽特定地域開発計画である木曽川フルプランにおいては一九六八、七三、九三、二〇〇四年と四次にわたる計画が策定され、長良川河口堰、徳山ダム、木曽川水系連絡導水の三つの巨大プロジェクトが登場し、長良川河口堰は一九九四年、徳山ダムは二〇〇八年完工し、最後のプロジェクトが市民の強い抵抗を受ける。

伊藤氏の著書の大半は、長良川河口堰と徳山ダムへの批判に割かれている。全四編（A、B、C、D）、全一四の章（Ⅰ―ⅩⅣ）のうち、後半の二編（C、D）、八つの章（Ⅶ―ⅩⅣ）、全三七〇頁のうち一九〇頁が、「長良川河口堰と徳山ダム」とこれとのかかわりでの「渇水問題と水資源開発」問題である。また、共著『水資源政策の失敗―長良川河口堰』（二〇〇三年　成文堂）、単著『水資源開発の論理―その批判的検討』（二〇〇五年　成文堂）、ネットでも「木曽川水系の水資源問題―科学性を放棄した木曽川水系連絡導水路計画」を掲載し、一貫してこの三つの巨大プロジェクトを追っている。これらの研究では、三プロジェクト建設の反対運動で中心的役割を担い、かつ裁判闘争に深くかかわった経験から批判の舌鋒は鋭くなっている。

しかし、筆者が本書で木曽川の水資源開発について分析するのは、あくまで戦後の国土政策の検証、そのなかでも特定地域開発政策に焦点を絞っている。その意味では、フルプランが本格化する一九六〇年代後半以降の政策に真正面から取り組むものではない。愛知用水、濃尾用水、木曽川用水の三大プロジェクトと、長良川河口堰、徳山ダム、木曽川水系連絡導水路の三大プロジェクトとは一九七〇―八〇年代でクロスしているものの、焦点がずれてくる。その意味では、伊藤氏が批判してやまない後半の三大プロジェクトには、これ以上深入りすることは適当ではない。かといって、深刻化している三大プロジェクトへの評価を避けるわけには行かない。以下、現時点での筆者の見解を大局的に述べてみたい。

第一に、徳山ダムが計画に遡上したタイミングが悪い。ちょうど日本経済の高度成長が第一次石油ショックで上昇から一気に停滞へと転じる一九七三年である。その時点で日本最大の総貯水量を誇る徳山ダムが登場したのである。

2－10図　木曽川水系水利施設一覧・ダム、堰・用水

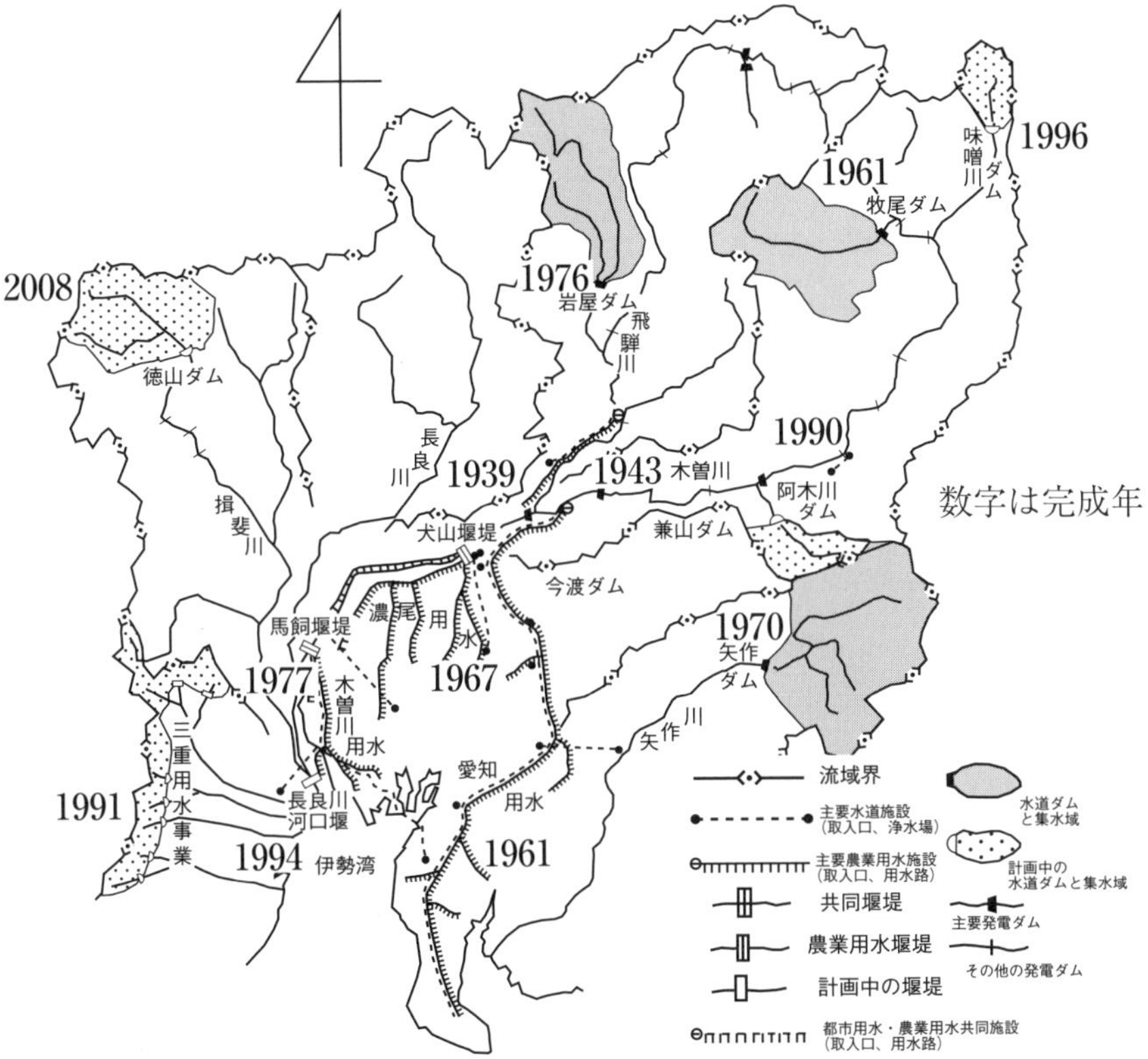

伊藤達也『木曽川水系の水資源問題』 p.63図をもとに各施設のHP資料で加筆

それまでは「一全総」体制のなかで、伊勢湾を含む三湾一内海に鉄鋼、石油・化学コンビナートが林立し、水多消費構造が現出した。知多半島における東海製鉄の立地が典型である。他方、人口の太平洋ベルト集中が本格化し、三大都市圏の人口は急膨張した。名古屋大都市圏も例外ではない。当然、工業用水および上水道などの都市用水の需要は急増した。伊藤氏も、木曽川流域において、「一九六五年から一九七五年の一〇年間は水道用水の水需要は急増した時期であった。総供給水量は約二倍となり、ほとんどが上水道によって供給された。（中略） 地域的には流域全域で水需要が増加し

たが、絶対量、増加率とも、愛知県を中心とする下流域での増加が著しかった。水需要増加は地域人口の大幅増加・水道普及率の上昇による給水人口の急増と用水原単位の増大によってもたらされた[26]」としている。「工業用水需要は高度成長期を通じて飛躍的に増加した[27]」と述べている。

こうした状況を背景に愛知用水が農業用水供給から都市用水供給に役割を大きく転換した。そうした中での一九六八年第一次フルプランの岩屋ダム、七三年フルプランの阿木川ダム、味噌川ダム建設は愛知、濃尾、木曽川三用水の供給力増加を企図したものとして理解できる。しかし、生態系に重要な役割をする汽水域の消滅につながる長良川河口堰については山陰の中海干拓の挫折から学んでいないとともに、余りにも巨大な徳山ダムの建設については、オイルショック以降の当該地域の水需給状況の変化に柔軟に対応できなかった。「官僚主義の弊害」を垣間見ることができる。

木曽川流域における都市用水需要について、伊藤氏は続ける。

「低成長期に入っても水需要は増加を続けた。しかし、増加率は鈍化し、給水量は安定化した。水需要の安定化は給水人口増加の鈍化と用水原単位の絶対減によってもたらされた。地域人口増加の鈍化（一九七五—一九八二年、増加人口三三・一万人）に加え、水道普及率も一九七五年、既に九五・四％を示していたため、一九八二年、九八％に達したものの、増加はわずかであった。この結果、給水人口増加は四六・九万人にとどまった。一方、用水原単位においては、一九七五年の三六二・二リットル／人／日から一九八二年、三五七・〇リットル／人／日へと減少した。これは特に名古屋地域の動向が影響しているが、他地域でも増加量は小さく、減少地域も現れている[28]」。

他方、工業用水使用量も、「第一次オイルショックを境に増加は止り、停滞する。（中略）補給水量も高度成長期、一貫して増加を続けたが、同じく第一次オイルショックを境に絶対減へ向かう。一九八三年時点の補給水量は二五九・五万立方メートル／日と、高度成長初期の水準に低下している。

この間、一貫して増加を続けたのは回収水使用量である。高度成長初期の一九五八年には、四八・九万立方メートル／日、二八％に過ぎなかった回収水使用量は、水源手当の遅れ、水源の絶対的不足等のために、一九七〇年には、五九・〇％まで上昇した。さらにオイルショック以降、水利コストの相対的・絶対的上昇と最大の水源である地下水の揚水規制とによって上昇し、一九八三年、回収水使用量は一、〇二〇・二万立方メートル／日、回収率は七九・七％にまで上昇した。低成長期における補給水量の減少は、こうした回収水使用量の動向が大きく影響している。工業用水の補給水量は絶対量において、水道用水の水需要増加量を上回る減少を示しており、現在、都市用水需要量は安定化していると言うことができる」(29)という状況である。

こうしたオイルショック後の低成長期の水需要の低下を考慮すれば、オイルショック直前に決定した第二次のフルプラン、とくに巨大な徳山ダムの建設は中止するのが妥当であったであろう。なぜそれができなかったのか。官僚主導体制のもとでの「慣性の法則」であろう。中部建設局長など責任者が二—三年単位で交代するシステムでは、「時間の評価」に対応して撤退するという大胆な決断に至る「学習」、さらには関係組織と調整する「時間」もないまま既存の政策を継続していったのであろう。明らかに撤退するタイミングを逃し、反対運動への理論的武装に注力していったのではないだろうか。時代の変化に柔軟に対応できるシステムも人材も欠き、予算獲得に固執してきた戦後的な「官僚主義」の犠牲と言えなくもない。

とは言っても、第二次フルプランで徳山ダムが登場した二〇年後の一九九四年に木曽川流域は厳しい渇水に襲われた。その時、徳山ダムはまだ建設中で機能しておらず、改めてこのダムへの期待が膨らんだとも言える。しかし、伊藤氏は、この時点での水利施設でも十分に水不足は回避できたという。この渇水について伊藤氏は言う。

最大一九時間に及ぶ断水を余儀なくされたのは、「愛知用水地域等が他地域に比べて圧倒的に多くの水源割合をダムに依存していたことであり、他地域はダム水の他に河川自流水や地下水を水道水源に持ち、この違いが水不足の強弱に現れたと考えられる」[30]。最終的には、発電ダムの緊急放流と「自流依存農業水利団体の自流水供給」によって、断水が中止された。「歴史的慣習に根ざした農業水利権を緊急時といえども都市用水への転用するのは簡単ではない。ダムによって渇水に対処する策が提起されがちなのも、この困難さと関係している」[31]。異常事態においては有力政治家の調整を不可避とする。水利団体間、県間、省庁間調整の困難性というソフトな課題を、河口堰、巨大ダム、長大導水路というハードな施設の建設によって解決しようとする。しかし、「ダムには限界があり、いくら造っても、計画を超えた渇水になれば、ダムの水は枯渇する」[32]。これもまた、「司々で粛々」と進めてきた戦後的な官僚主義の行政能力の限界でもある。官僚システムの「縦割り」、都道府県制の「横割り」の弊害が、巨大公共施設の建設による解決を志向する。有明海の汚染と諫早干拓水門の撤去をめぐる農林水産省の無策、佐賀・長崎を始め関係県間同士の対立、さらに地裁等司法間の異なる判決、それによる日々膨大な国税による賠償金の支払い、まさに泥沼の様相を呈していることも、共通している。有明では、幸か不幸か調整に介入する有力政治家さえいない。

伊藤氏は、「異常渇水時における河川自流水の調整ルール」、「今渡、兼山両基準地点に設定された取水制限ルールの見直し」（渇水時にあってもこのルールを厳守するため上流ダムの放流が先ず要請されて短期間にダムが空になり、ここを水源とする愛知用水が断水に迫られる一方、基準地点から下流は河川自流水が確保される）など、「上流ダム群と中・下流取水施設の運用条件を定めた基準地点流量ルールの有機的統合が必要である」[32]、つまり、伊藤氏の著作『木曽川水系の水資源問題』の副題である「流域の統合管理をめざして」という方向こそが巨大三プロジェクトの対案であり、結論である。筆者もこの方向に賛成である。

高度成長制度を牽引したがゆえに、精鋭を集めて確立した日本の官僚制度、これに寄り添い、かつ抵抗しながら形成された「地方分権」制度が、タテ糸・ヨコ糸として強固に編み上げられ、日本の行政を遂行してきた。その過程で、優秀な官僚同士の政策をめぐる相互の対立や競争が生じても、無理な衝突を回避するためハードな施設の建設の方向で解決するやりかたが着実に増えていった。その「付け」こそが膨大な赤字財政の一因である。「無駄な公共投資」という硬直的な批判を許すことになる。

以上、筆者（矢田）は、戦後日本の国土総合開発政策の検証をテーマにした本書において、特定地域総合開発計画のなかでの大きな位置を有する木曽地域の検証の絶好の素材として伊藤氏の著作を取り上げた。問題意識は鮮明であり、かつ、丁寧な資料分析と、課題解析能力について、多くを学ぶことができた。北上、天竜東三河同様、ほとんど取り上げた著作の紹介にとどまったことは否定しがたい。いずれも、筆者が踏み込んだことのない時代・地域であり、研究分野である。その分、筆者の分析軸がぶれやすく、各々の分析軸と単純に共振せざるをえなかった。それが故に、頻繁な引用が続き、読者は読みにくかったのかもしれない。しかし、政府の政策の意図を縦糸に、開発対象となった具体的地域の実証分析を横糸にして一つの織物に仕上げることができた。もちろん、地域により、横糸となる作者の問題意識によりそれぞれ色とりどりの柄に仕上がることになった。木曽地域においても、二一世紀前後の大プロジェクトの評価抜きには、伊藤氏の著作を丁寧に読み、かつ理解し、大きな誤解なくまとめるのは、至難の業であった。それだけ、門外漢には容易に理解しがたい叙述となっている。中部地方整備局（前建設局）への強い「怒り」や「糾弾」に満ち満ちており、学生時代に「運動」らしきものに関わった筆者でさえ近づき難さを実感したことは確かである。社会問題に誠実に取り組んでいる以上、このことをとやかく言うべき事柄でない。学問の自由である。

ただ、最後に一言、以下の文章には、賛同しがたいものがある。

「本来、問題を解決する能力と、問題の発生メカニズムを分析・解明する能力とは似て非なるものであり、筆者はこのような単純な誤解の中で、研究と運動の実践を両立させるべく、問題に関わってきたのかもしれない。もちろん、これは決してこれまでの関わりを否定的に捉えた言葉ではない。上述した、実際の運動は市民が担うべきであり、研究者は問題に客観性を提供するための舞台を整えるべきである、という一般的な研究スタイルを、どのようにしたら、運動の中に持ち込みながらできるかを模索していることの表明である。問題解決志向を持ちながら、絶えず問題の外からでしか、アプローチできないとしたら、研究者は問題の悪化を、手をこまねいて見ているだけの存在でしかなく、運動の敗北する姿を記述することしかできなくなってしまう(33)」。

問題に直面しつつ、問題解決に直接関与せず、問題の発生メカニズムを分析・解明することは重要である。問題に関与するか、関与せず外から分析するかは、研究者の自由であり、運動の中で見えてくる部分と運動から離れ、外から見えてくる部分と両方あることも事実である。どちらかを選択すること、あるいは行きがかり上選択せざるを得ないこともまた肯定しなければならない。同じ研究者でも、時間的経過の中で両方の立場に立つこともあれば、特定の立場を好んで選択する場合もある。どちらも「学問の自由」の範囲にある。運動にかかわっていなければ見えないこともあり、関わるから見えなくなる部分もある。また、関わり方も「反対運動」としての場合と、政策決定過程への参画者としての場合、そして第三者的評価者としての場合もある。筆者は、研究者として、いずれの立場にもたった経験があり、それなりに役割を果たし得たと自負している。エネルギー政策では石炭産業の切り捨てへの反対、産炭地域の振興政策立案への参画である。また、国土政策や地域政策では、全国総合開発計画の策定作業への参画、地方分権的視点からの地方活性化への支援、大学改革では学生時代の「大学管理法反対運動」、長じて学部長・副学長・学長となってからは、環境保全型巨大キャンバスの構築の主導、硬い教授会自治の殻を破るための研究組織と教育組織の分離（学府・研究院制度の導入）、停滞からの脱却のための北九州市立大学の大胆な改革等々である。その場合、経済地理学者の「没運動的」な国土構造分析や地域経済分析、高等教育研究者の大学制度分析が大いに役立ち、政策立案者の立場から多くの見識を参考にすることができた。いずれのスタンスからの分析・研究も深みを有しているものは有効であることを実感してきた。運動の勝利とか敗北という視点からのみ研究、特に社会科学研究を狭く考えることはないであろう。

（1）建設省管理局企画課監修『国土総合開発　特定地域の栞』建設協会　一九五一年。
（2）同右書　三七―三八頁。
（3）同右書　三八―四〇頁。
（4）伊藤達也『木曽川水系の水資源問題　流域の統合管理を目指して』成文堂　二〇〇六年。
（5）同右書　一八四―一八五頁。
（6）同右書　一八五頁。
（7）森滝健一郎「中京工業地帯と愛知用水」（野口雄一郎・奥田義雄・西川大二郎編『日本列島・巨大都市』勁草書房　一九七二年　所収）六四頁。
（8）ja.wikipedia.org/wiki/愛知用水（2016.11.21閲覧）。
（9）森滝前掲論文　六九―七〇頁。
（10）同右論文　表1　七二頁。
（11）同右論文　表3　七七頁。
（12）同右論文　七八頁。
（13）伊藤前掲書　六二頁。
（14）同右書　六二頁。
（15）同右書　一〇二―一〇三頁。
（16）同右書　一〇三頁。
（17）同右書　一〇八頁。
（18）同右書　一一四頁。
（19）同右書　一二二―一二三頁。
（20）同右書　一二八―一五六頁。
（21）同右書　一六二―一六三頁。
（22）ja.wikipedia.org/wiki/岩屋ダム（2016.11.21閲覧）。

(23) 伊藤前掲書　一九四頁。
(24) 同右書　一八五頁。
(25) 国土交通省　ＨＰ。
(26) 伊藤前掲書　六三―六五頁。
(27) 同右書　六六頁。
(28) 同右書　六五―六六頁。
(29) 同右書　六六―六七頁。
(30) 同右書　三二八頁。
(31) 同右書　三三三頁。
(32) 同右書　三三三―三三五頁。
(33) 同右書　三七二頁。

三　天竜東三河地域

特定地域総合開発計画の実態の第三の例として、電源開発に焦点を当てた代表的な天竜東三河地域について二つの優れた文献に依拠しながら考察してみよう。

1　天竜東三河地域の開発計画の概要

天竜東三河地域は、昭和二九（一九五四）年六月一一日に特定地域として閣議決定された。大山出雲、阿蘇、南九州とともに、第三次指定グループである。しかも、事業規模からみると木曽、利根に続いて第三位の大型地域でもある。要するに二三特定地域を先導する地域に位置づけられる。地域の概要および開発計画大綱を資料的価値を考慮して、ここでも以下に全文を掲載しよう。[1]

地域の特徴および開発目標

本地域は長野、静岡両県内の天龍川流域並びに愛知県の豊川流域及び渥美半島を含む地域で、地域内の中央部を天龍川、豊川が夫々縦断して流れている。

諏訪湖に源を発する天龍川は水量豊にして落差が大きく発電の好適地を多数有しており、この電源開発こそ本地域開発の主目標であり、又累年甚大なる被害を被る天龍川の災害防除対策として三峯、小渋の両支川の洪水調節、土砂打上の施設が必要であり、これら天龍川の防災施設は発電、灌漑、産業施設を兼ね又は複合されているのである。

又本域は大半部が山岳帯であって約一四、五〇〇万石の森林蓄積を持つており、之を開発することは資源利用の高度化促進の契機となろう。

豊川下流部及び浜松、磐田両市附近の平野には豊川地区一万町歩、三方原地区六千町歩以上の土地が用水不足の為、農産開発の一大支隙となっており、之が水利事業の完成により旱害防止、生産増加並びに広大なる開拓、干拓地が開拓されるのである。

開発計画の大綱

a　**発電**―発電事業は、本地域の開発の主目標の一つで、上部天竜地区において計画される発電力は八ヶ岳山麓開発によるもの上川六地点二二、〇五〇キロワット、三峯川七地点天竜川二地点七六、二六〇キロワット、②小渋川開発計画によるもの二五、〇〇〇キロワット、遠山川開発計画による二一、三〇〇キロワット、④天竜川佐久間地点には三五〇、〇〇〇キロワットの発電が計画されている。

b　**農業水利**

(1)　豊川農業水利事業八名、渥美、宝飯、南設楽の四郡に亙る東三河中央平野は愛知県に於ける常習旱魃地帯であり、戦後開放された旧軍用地の緊急開拓事業が実施されているが、土質が強酸性の為水田化が要望されておる。田原福江、前芝の干拓適地も用水不足の為未開発の儘である。之等開拓地及び既耕地に必要な用水を確保し、天龍川水系の水の合理的利用を図らんが為に、天龍川支流振草川、神田川より分水しこれを宇連川に落し、宇連川に堤高五四・五米のダムを築造一、九〇〇万立米の貯水をなし、不足水量を補う為、渥美半島に四個所補助溜池を築造し東幹線水路九〇粁、西幹線水路四〇粁を造成、これにより開田二、七四〇町歩、干拓地一、二一〇町歩、用水補給四、一九〇町歩、畑地灌漑二、四一〇町歩、計一〇、四六〇町歩を計画し、米一〇四千石、麦四一千石の増取を期待するものである。

(2)　上部天龍各地区の農業水利事業としては諏訪湖改修計画に関連して護岸、築堤に伴う三〇〇町歩の二毛作田化、三峯川河水統制に関連して高遠ダムを併用する灌漑排水計画及び西天能一貫水路の改修計画二五粁がある。

(3)　三方原開田を実施する為に天龍川よりの導水計画が必要とされ、磐田、浜名湖附近平野の用排水計画としては浜名用排水外六ヶ所、受益面積一七、〇〇〇町歩、増収見込一一万石がある。

c　開墾、開拓　旧軍用地、高師、天白原三、〇〇〇町歩、田原湾五〇〇町歩、他三ヵ所の海面干拓を豊川農業水利事業に関連して行い、浜松市、磐田市を中心とする平野に三方原一、九四一町歩、其の他六〇〇町歩の開墾、村節及び入出の干拓二五八町歩を行うが、いずれも前記天龍川よりの導水による用水の確保及び排水施設に関連の下に行わねばならないのである。

d　災害防除　本地域の災害は前に述べたる如く、天龍川水系は累年甚大なる被害を与えており、上部諏訪湖護岸築堤に始まる四ヵ所の河川改修及び大小三六ヵ川の砂防工事が計画されている。この防災計画により上部天龍地区に五、〇〇〇町歩の農業用水を確保し一八万石の増収を見込んでいる。

以上のように本計画は、多方面に目配りされており、まさに総合開発計画の観を呈しているが、あくまで、「諏訪湖に源を発する天龍川は水量豊にして落差が大きく発電の好適地を多数有しており、この電源開発こそ本地域開発の主目標である」ということにある。しかも発電規模が全体で約五〇万キロワットのうち、天竜川佐久間地点での電力開発が三五万キロワットと七割が一地点に集中している。大局的に見れば大変シンプルな開発計画である。これに、天竜川・豊川水系のダムから用水を敷設し、浜松・磐田両市付近の三方原、豊川下流地域への農業水利事業により灌漑、開墾、開拓、干拓を推進して食糧増産を図り、あわせて諏訪湖周辺および天竜川沿いの災害防除を行うというものである。

2　半世紀後の「開発」結果の概観

北上地域については、名著『北上川』に従って、特定地域総合開発の始まる約半世紀前の二〇世紀初頭、明治末から考察したが、天竜東三河地域ついては、半世紀後の二一世紀初頭の「開発」結果を紹介し、そこから逆照射する形をとってみたい。なぜなら、この計画は、下流の用水供給を含むものの、圧倒的部分を天竜川水系への発電所の建設ラッシュを想定しているから、現況はどうなっているのか、まず興味をもったからである。幸い、二〇世紀末からのＩＣＴ革命で、後期高齢者といえども「スマホ中毒」にはなれないものの、インターネットは有効に活用できるからである。これによって、施設整備の状況は、この地域に係る国土地理院の「地形図」をみながら、ホームページ情報で書斎でもそれなりに把握できる。また、町村敬志氏編著の『開発の時間　開発の空間─佐久間ダムと地域社会の半世紀』(2)によって、その後の佐久間ダムと佐久間地域の経過を多角的に「わがもの」とできるからである。

①開発計画の進捗＝発電ダム群と用水の建設

まず、特定地域総合開発計画の中心となったダムや用水など施設整備の展開をみよう。インターネットの「水力発電ギャラリー　天竜川水系・水力ドットコム」(3)等から得た天竜川の「水力発電位置関係図」は2─11図のようである。これによれば、諏訪湖を水源とし、浜松市・磐田市の太平洋河口に流れる天竜川は、流路延長二一三キロメートル、流域面積五、〇九〇平方キロメートル、大中小の支流三三二、包蔵水力六四億キロワット時／年、発電用水利権使用許可件数五一、発電最大使用水量二、六二三立方メートル／秒、常時使用水量五九四立方メートル／秒である。この図には、ほぼ水利権使用許可件数の発電所が記されている。殆んどは、支流中小河川の水路式（図でRは、水路で落差

2－11図　天竜川水系　ダム一覧

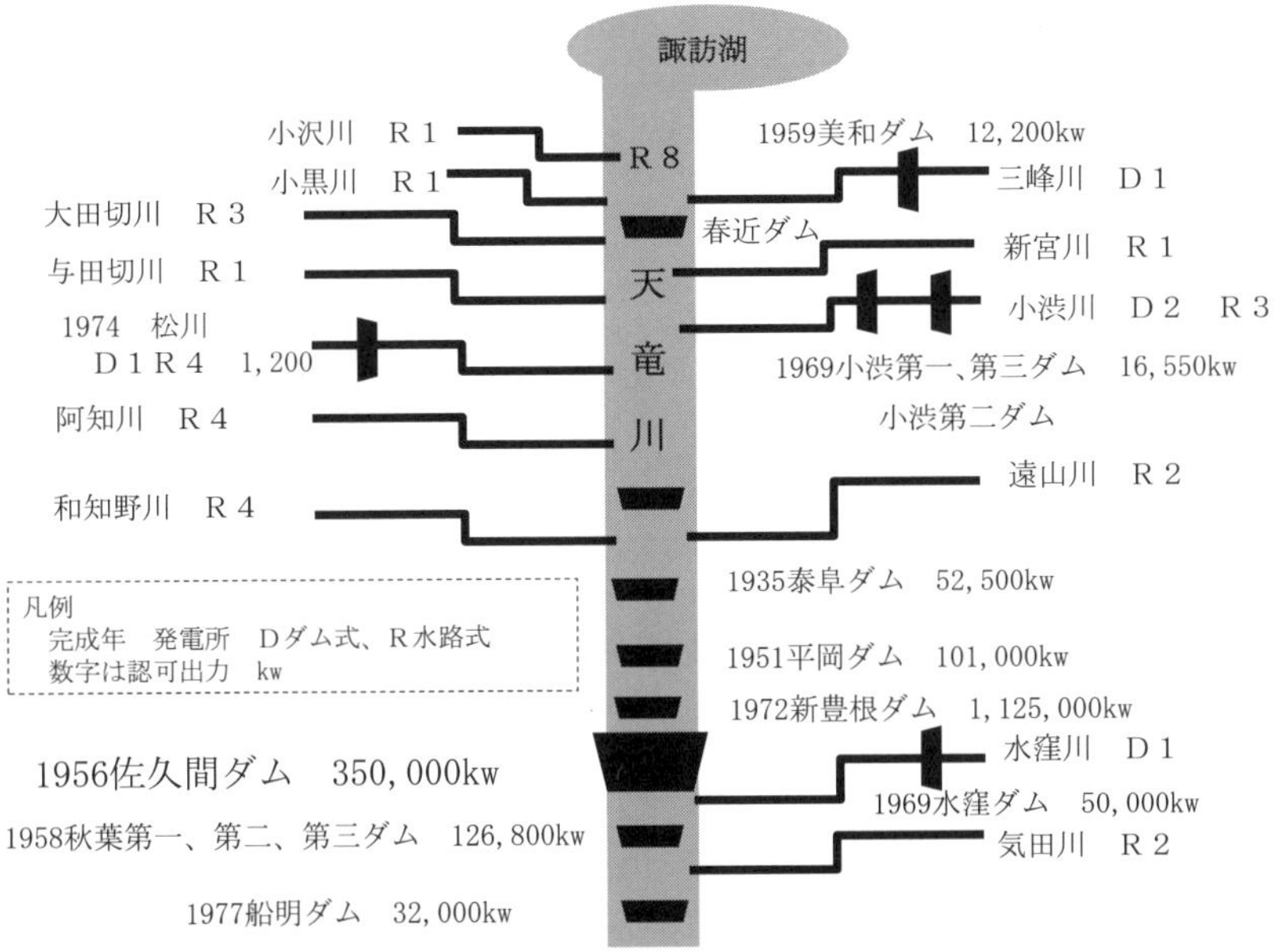

（資料）ＨＰ「水力発電所ギャラリー天竜川水系」（www.suiryoku.com）および『佐久間ダム』より矢田作成

を得て水の位置エネルギーを電気エネルギーに転換する方式）で、ダムを建設してダムを落下するエネルギーを利用するか、これと水路を併用するもの（図でDとR）が2―2表のように一四か所ある（小渋、秋葉の第一、二、三を各々独立として数える）。これによれば、第二次大戦前の一九三五年に完成した泰阜ダム、五一年の平岡ダムに次いで佐久間ダムが五六年に三番目に完成している。それ以降、本流に秋葉、船明ダム、三峯川、小渋川、松川、大入川、水窪川などの支流に相次いで建設された。まさに、2―11図のごとく太平洋岸から中央アルプス、南アルプスに向けて階段状に構築された。

ところで、中央・南両アルプスの山々は、標高三千メートル前後で、降水はここから遠州灘まで大量の土砂を伴って流れ下ることになる。ここをダムによって堰止めるから土砂バランスが大きく乱れ、さまざまな弊害が生じる。この点について、石井素介氏は、天竜川の例を引き

２－２表　天竜川水系　発電ダム一覧　電力会社管理ダム

ダム	水系	発電方式	目的	管理者	完成年	総貯水量 千 m3	認可出力 kw	備考
美和	三峰川	ダム＋水路	多目的	国土交通省	1959	25,100	12,200	再開発
小渋	小渋川	ダム＋水路	多目的	国土交通省	1969	58,000	16,550	１，２，３
松川	松川	ダム＋水路	発電	中部電力	1974	7,400	1,200	再開発中
泰阜	天竜川	ダム＋水路	発電	中部電力	1935	52,500	52,500	再開発 1979
平岡	天竜川	ダム＋水路	発電	中部電力	1951	42,425	101,000	
新豊根	大入川	ダム＋水路	発電	電源開発	1972	53,500	1,125,000	揚水発電
佐久間	天竜川	ダム＋水路	発電	電源開発	1956	326,848	350,000	再開発中
水窪	水窪川	ダム＋水路	発電	電源開発	1969	30,000	50,000	
秋葉	天竜川	ダム＋水路	発電	電源開発	1958	34,703	126,800	第１，２，３
船明	天竜川	ダム	発電	電源開発	1977	10,900	32,000	
宇連	宇連川		多目的	水機構	1958	29,110		農水省施工
大野頭首工	宇連川		利水	水機構	1961	1,096		
大原調整池	豊川用水		利水	農水省	1993	2,020		
万場調整池	豊川用水		利水	農水省	1994	5,300		

資料　2－11図に同じ

ながら、次のように、わかりやすく説明している。

「元来河川は最上流の水源から河口に到るまでひとつながりの有機的な関連をもった存在であることは言うまでもない。その河川の流れの中間の位置にこれを堰き止めるダムが設けられその背後に人工貯水池が出現すると、河川はそこで二つの部分に分断されることになる。そこで当然それまでその河川の自然的勾配が保っていた平衡状態が破られ、河川は新らたな平衡を求めて自律的な変動を開始することになる。それはまずダムの上流側の貯水池終端部の堆砂に始まり、貯水池の内部に向かっての埋没が進行するとともに、堆砂による河床上昇は逆に上流方向へと波及して行く。その最も顕著な例は天竜川中流部の天竜峡付近に設置された泰阜ダム（一九三五年）の場合であろう。このダムは建設後一〇年もたたぬ一九四四年、すでに貯水量の八〇％が埋没し、その後堆砂は次第に上流にさかのぼって、約七km上流の天竜峡では河床が約四mも浅くなった。そこへ一九六一年六月の集中豪雨による洪水が襲来し、未曽有の伊那谷水害をもたらしたのである。火山性の崩壊地や断層破砕帯等、流出土砂量の大きい山地を水源地帯にもつ日本の河川では、土砂礫の生産と移動を抑止し調節する治山・砂防技術への充分な配慮を欠いた水資源開発は、かえって大きなマイナスを生むのである。

一方、ダムの下流側ではどうであろうか。ダムができると、それまで上流から自然に流送されてきていた土砂の供給が、ダム上流での堆砂によって中断されてしまうことになる。そこでダムのすぐ下流では、河床の浸蝕下刻が急に著しくなり、護岸や橋脚の根が洗掘されて、堤防や橋梁が危険となる。このような局部的な浸蝕の復活によって下流に運ばれた砂礫は、それほど遠くない河床内に砂堆をつくり、その砂堆は洪水のたびに順次下流へ移動して行く。天竜川の下流では、一九六一年の大洪水の際、上流から移動してきた大きな砂堆が、平野移行部の二俣付近にある磐田用水の取入口の前面に堆積し、同用水の取水を困難に陥しいれるという事態が発生した。

上流に比較的早くからダム群が建設された本州中央部の諸河川では、下流での河床変化が顕著であることは、多くの調査によって明らかにされている。特に河川が山間峡谷部から平野に入るところに形成されている扇状地部分ではその動きがはげしく、扇頂部では河床低下が、そして扇央部から扇端部にかけては河床上昇が共通して見られる」[3]。

こうした階段状のダム建設は、上流の堆砂、ダムの埋没と発電機能障害、下流の洗掘、漫蝕、砂丘の後退だけでなく、水害も継続的に多発した[4]。寺田篤生氏によれば、「『佐久間ダム』完成後から三年ほど経過した一九五九年九月二六日、台風一五号（『伊勢湾台風』）が猛威をふるい、佐久間町内に多くの被害をもたらした。さらにその二年後、一九六一年六月二八日の梅雨前線の豪雨は、『北遠』地域一帯に水害をもたらした。佐久間町では戸口橋が流出し、ダム湖に家蚊が大量発生してしまう。（中略）一九六五年九月には台風二四号による水害で一八六世帯が床上浸水した。その三年後の一九六八年八月には、台風一〇号が秋雨前線を刺激して連続的な豪雨が発生し、浦川、佐久間、山香地区で三八〇世帯一、五七三人が被災、道路、橋の流失、地すべりなどの数十か所を数える大被害を蒙った。また翌一九六九年八月には台風七号による豪雨で、浦川地区が二年連続の大被害（被害世帯は三二二世帯）を蒙った[5]」と報告している。

こうした浦川地区の一九六八、六九年の相次ぐ水害対策と「揚水発電」を兼ねて、大千瀬川のさらに支流の大入川に、一九七三年に新豊根発電所が建設された。これは、国土交通省と電源開発が共同で管理しており、上池にみどり湖が、下池に佐久間発電所の佐久間湖があり、これを送水管でむすび、主に夜間電力需要が少ないときに、余った電力を発電機に送りポンプを動かし、佐久間湖からトンネル内の導水管でみどり湖にくみあげ発電に備える。そして、昼間の電力需要が多くなるとき同じ導水路を使って佐久間湖に落として発電するものである。電力需給の時間差調節による電力の有効利用に寄与している。事実上の蓄電機能を有するとともに、東西ヘルツの需給差を調節する貴重な発電所でもある。

天竜川中・下流部の利水事業の展開については、佐久間ダム、秋葉ダム、船明ダム等々が次々と建設されるとともに、天竜川下流の東部では、三方原用水が、西部については豊川用水が整備された。

前者については、「三方原台地への引水を目的として昭和二六（一九五一）年から計画されたが、昭和三九（一九五四）年から天竜東三河総合開発事業の一環として本格的に計画が進んだ。一五km にも及ぶトンネルを含む全長二二km の水路で、秋葉ダムから天竜川の水を三方原に引き、台地の水田四四ha と低地の水田一、六四八ha、畑地の灌漑三、八二九haの計五、九一八haに及ぶ灌漑を昭和四〇（一九六五）年に可能にした。浜松市、西遠工業地区の工業用水、浜松市の上水道用水にも利用されている[6]」。

他方、豊川用水は、「豊川水系及び天竜川水系の水資源を利用し、愛知県東三河地方東南部の平野部と、渥美半島地域および静岡県西部地域の農業用水、上水道及び、工業用水を確保することを目的とし、昭和四三（一九六八）年に完成した。天竜川水系では、大入川及び、振草川から導水する一方、佐久間ダムから宇連川に導水して取水の安定化を図っている。豊川の水と合わせて、灌漑面積は愛知県東部と静岡県西部の二〇、二〇〇haに及び、上水道、工業用水にも利用されている[7]」、さらに天竜川下流用水が、「磐田・浜名両用水の取水口新設を機に、国営の天竜川下流用水事業として昭和四二（一九六七）年から着手された。船明ダムの発電に使用した水を磐田・浜名の両用水路に引き入れるとともに、既設水路の改良及び畑地灌漑施設の新設を行った。このため取水量は増大し、農業用水のほか、上水道用水、工業用水も磐田用水及び浜名用水へ供給している」[8]。

以上のように、天竜東三河地域の開発計画大綱の主目標である、発電ダムの建設とそれに付随する下流地域の用水整備は、堆砂によるダム機能の低下と再開発など大きな課題にぶつかりながら大略整備されていった。他方、天竜川水系に階段状に造られた水力発電ダム群は、上流の林業と下流の都市を結びつけてきた「流域経済圏」を寸断されたことは、長く語られ続けられなければならない。山本唯人氏は、語る。

「天竜川流域における木材業者は、山林の仕入れから伐採、造材、運材、製材、販路への輸送に至るまで業態がほとんど一定し、利害関係も共通し[9]」ていた。

「こうした、林業を主産業地域社会において、『河川』とは共生を要すると単なる自然環境にとどまらず、経済活動の根幹を支える天然のインフラストラクチュアであり、流域山間を相互に結び付ける『結節空間』ともいうべきものである[10]」

「佐久間、浦川より上流の平岡、神原、富山方面からの筏は、佐久間、浦川まできたところでいったん引渡し、ここで中継された筏が翌日早朝出発、午後には船明、または鹿島の荷扱い所に到着、ここから筏夫はそれぞれの原発地へ戻る。荷扱所ではこれを再びくみなおして翌日、中ノ町方面まで乗り下げる。つまり、上流の平岡、神原、富山方面の筏は二日目に二俣、三日目に中ノ町に到着し、豊根、佐久間、浦川、およびそれより下流の筏は二俣へは当日、中ノ町方面には翌日到着する。ほか、二俣の少し上流地点から分かれた気田川の材木は二俣を経由せず、直接中ノ町に持ち込まれる。

これによれば、佐久間・浦川は、それより上流の地域から二俣市場へ向かう筏をいったん集約する『中継地点』としての役割を果たしていたことが分かる[11]。

「戦前段階では一番多いときで八〇％あった筏輸送の割合が、（一九四〇年の国鉄二俣線の開通もあって）、愛知・長野・静岡県全体で三六％まで落ち込み、代わって鉄道一九％、トラック四五％となっている。（中略）ただし、それをもってただちに筏輸送の重要性が低下したということにはならない。（中略）たとえ比較的下流の地域で陸送ルートの割合が増えていったとしても、上流の平岡地区から二俣、中ノ町にいたるまで依然、筏流送が木材輸送の重要な部分を支えていることに変わりない。地域によって一〇〇％を筏輸送に依存する地域があることからわかるように、業者たちの筏流送を保障する『水利権』は、林業経営の根幹を支える社会制度であり続けていたのである[12]」。

「一方、電力会社による『ダム』の建設は、ダム建設地点における独占的な『水利権』を獲得し、河川水運を物理的に途絶させてしまう。このことは、それまで林業者自身の手で整備・運営されてきた河川利用システムに、大きな脅威を与えるものであった[13]」。

こうして、筏による木材輸送でつながっていた「流域経済圏」は、天竜川水系に階段状にダムが建設されることにより寸断されてしまった。当然、こうした既存の営業に対して生業補償だけでなく、道路・鉄道など輸送手段の増強が求められた。しかし、後者についてはその後の展開は思わしいものではなかった。

松林秀樹氏の論文「交通開発と地域社会―『ポスト・ダム開発期』の佐久間―[14]」では、国鉄佐久間線（二俣―佐久間間、総延長三二・四キロメートル）の計画決定、着工、建設凍結の経緯が述べられている。簡単に要約すれば、一九五四年に国土総合開発の特定地域総合開発計画の指定に基づいて建設が決定され、六四年に杭打ち式が行われたものの、国鉄赤字問題が浮上するに至って、全国的な見直しが進み、八六年に建設凍結が決定され、国鉄二俣線も同年に第三セクター天竜浜名湖線としてかろうじて存続することになった。いまは、現行国道の拡幅整備としての「三遠南信」自動車道の整備に期待が集中している。

3　佐久間ダムの建設と地域社会

くりかえすまでもなく。天竜東三河地域開発計画の「肝」は、第一の基本目標の電源開発、なかでも三五万キロワットの発電能力を有する「佐久間ダム」の建設である。

以下、ここに焦点を当てて考察してみよう。佐久間ダムについては、時を離れて出版された二つの大著がある。一つは、日本人文科学会『佐久間ダム―近代技術の社会的影響―』であり、いま一つは、町村敬志編『開発の時間　開発の空間』(15)である。前者は、本章一で参考にした日本人文科学会の「近代技術の社会的影響」に関する調査報告シリーズで、『北上川』の姉妹版ともいうべきものである。後者は、町村氏を核とする地域社会論の研究者グループが、ほぼ前者の出版から半世紀後の「佐久間地域」に照準を当て、世代を隔てた研究者が多方向から分析を加え、現代の視点から改めて戦後の地域開発を問い直そうとした意欲作である。

ともに力作なので、要約的な紹介では、筆者自身が著書のペースに飲み込まれてしまいかねない。両著作の問題意識と筆者自身のそれとが重なり合うという意味で、政府の国土政策の一環としての巨大プロジェクトが個別の地域経済社会をどのように「飲み込んで」いったか、という視点で整理してみたい。

こうした問題意識からすれば、B5版六三五頁に及ぶ著書『佐久間ダム』のなかで、「第3部　佐久間ダム建設の地域社会に及ぼした影響」の部分が最も重要となる。なかでも、「I佐久間村」がポイントとなる。（参考までに、Ⅱ富山村、Ⅲ竜山村である）。

念のため、『佐久間ダム』は、3部構成となっており、第1部「電源開発と佐久間ダム」（六〇頁）では、電源開発株式会社の成立とその中での佐久間ダムの位置づけ、第2部「佐久間ダム建設における近代技術の影響」（二〇〇頁）では、当時の近代技術の粋である巨大ダム建設技術と労働市場・労働組織の関係が分析され、第3部「佐久間ダム建設の地域社会に及ぼした影響」（三七〇頁）で佐久間ダム建設と地域社会の関係が精力的な地域調査によって詳細に分析されており、量的にも質的にも本書の「粋」をなすものである。第3部においては、Ⅰ佐久間村（三二〇頁）、Ⅱ富山村（六八頁）、Ⅲ竜山村（八四頁）の三地域があてがわれているが、ここでも量・質とも佐久間村の分析が勝っている。この佐久間村の調査と執筆を担ったのが東京大学文学部社会学教室で学んだ研究者を中心とする七名である。そのなかでも中核を担ったのが中央大学教授の島崎稔氏である。

この点についてメンバーの一人である、当時の東京大学助手の社会学者の高橋明善氏は、島崎稔・美代子著作集・第七巻『ダム建設と地域社会』の冒頭の「編集にあたって」において、次のように述べている。「島崎氏は、『佐久間ダム』報告書の内『佐久間ダム建設の地域社会に及ぼした影響』調査を総括担当し、報告のほぼ全体の執筆編集に関与した。（中略）高橋（明善）、皆川（勇一）、宮川（実）、玉城（哲）ら若手研究者と寝食をともにして調査、資料の収集などを指導されたのは、島崎氏であった。[16]」と述べている。

氏の指摘の通り、『佐久間ダム』の中枢である第3部Ⅰは、島崎氏の貢献度が高い。ここでも序章を含め4章構成となっているが、第1章「ダム建設前の村落構造」（四三頁）を除いた序章「佐久間村調査とその問題点」（一一頁）、第2章「ダム建設と補償問題」（七六頁）、第3章「ダム建設と村落構造の変容」（八八頁）は、島崎氏の単独執筆となっている。本書六三五頁のうち三〇％弱の一七五頁が島崎氏によって書かれている。その意味で、大著『佐久間ダム』は、農業社会学の専門家島崎稔氏に負うところが大きい。

島崎稔氏は、一九八九年六四歳で永眠された。その一五年後の二〇〇四年一二月に高橋明善氏の編集によって島崎稔・美代子著作集第七巻『ダム建設と地域社会』が発刊された。ここに、『佐久間ダム』で担当執筆した論文が、相模ダムの調査報告とともに収められている。『佐久間ダム』と『著作集』での島崎氏の執筆論文は内容は大きく変わっていないが、文調は多少異なっており、本書での引用は、後で出版された後者を基本とすることにしたい。

①佐久間ダムの建設―佐久間ダムと佐久間村

早速、佐久間発電所と佐久間村の概括についての島崎氏の記述から入ろう。

「佐久間発電所は、天龍川の中流部、長野県下伊那郡平岡村（現天龍村平岡）より静岡県磐田郡佐久間村（現浜松市天竜区佐久間）にいたる三三キロメートルの間の落差一三八メートルを利用し、最大出力三万キロワット／時、年間一二億六、〇〇〇万キロワット／時の発生能力を有する。発電形式はダム水路式、そのための堰堤の位置は国鉄飯田線佐久間駅より本流沿い約五キロメートル上流の地点にあり、その基礎岩盤のうえに高さ一五〇メートル、堤頂長二九四メートル、堤体積一〇六万立方メートルの直線重力式越流型堰提が約二、七〇〇万立方メートルの天龍の水を貯え、上流平岡ダムにいたる約三三キロメートルの尾を引く一大人造湖。工事は昭和二九（一九五四）年一一月着手、発電開始は、第一発電場三二（一九五七）年一月、第二発電場三二（一九五七）年一〇月である。工事費総額は三五〇億円を超え、総労務者数延一八〇万人（計画）に達した。その用地には、一一九戸の要移転家屋を出した湛水地域で、宅地九、八〇〇坪、耕地一万八、〇〇〇坪、山林一二万二、四〇〇坪、工事現場として、三六戸の要移転家屋を含む宅地九〇〇坪、耕地一万七、五〇〇坪、山林六万三、〇〇〇坪を要している」(17)というのである。

他方、「ダム建設の地元佐久間村は、西は天龍川を距てて愛知県に接する県境の村で、一帯山地におおわれ、川沿い僅かの台地と山腹に点在する一一の部落からなる。総面積三〇・七九平方キロメートル、その八三％は山林で耕地

2−12図　佐久間ダム周辺図

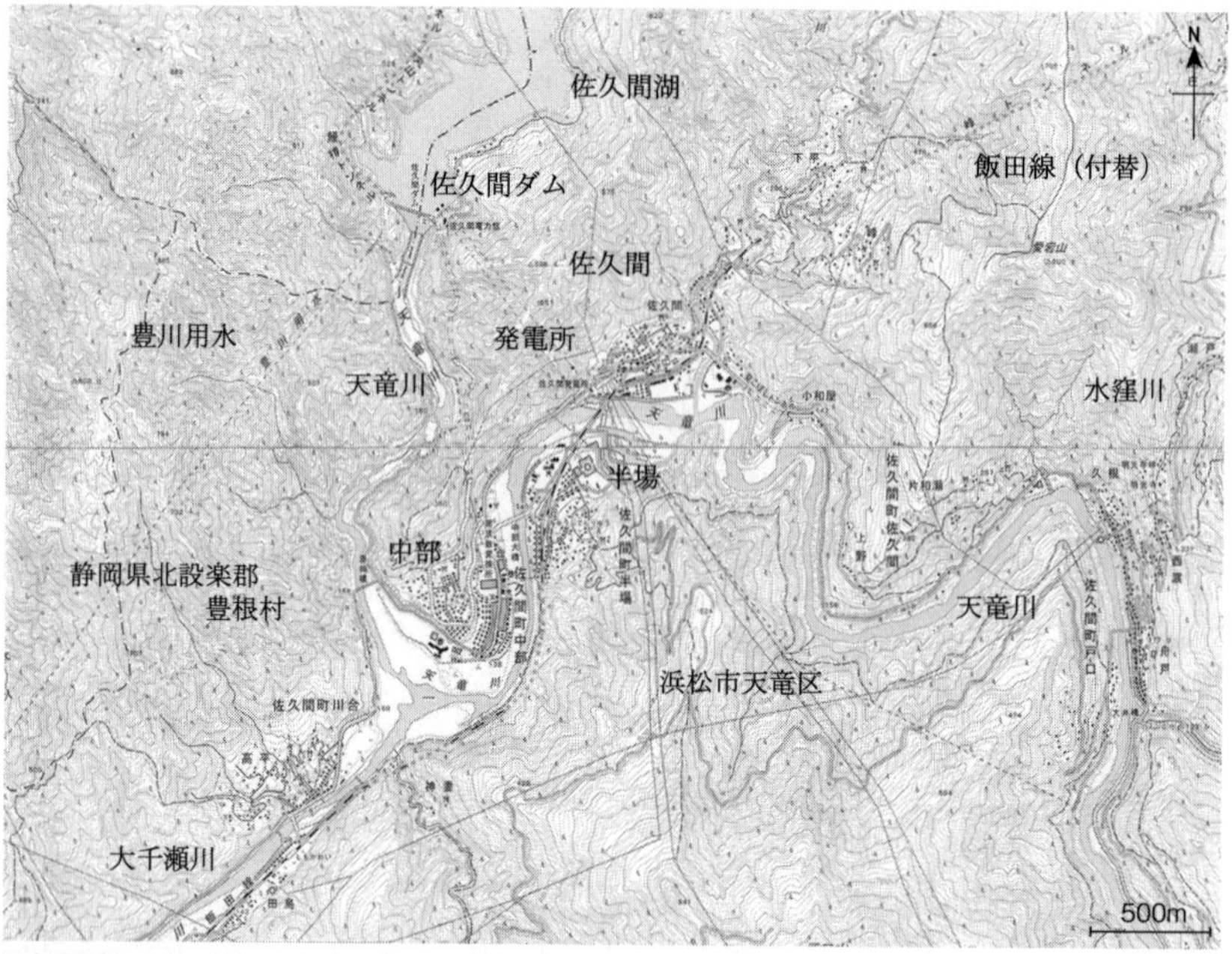

国土地理院２万５千分の１地形図『佐久間』『中部』（2007年）をもとに作成

は僅か三九町歩一一%に過ぎない。農家一戸平均四反以下の零細さ、耕地の殆どが畑である。佐久間村は、貫流する天龍川と沿岸道路が古くから信濃・遠江を結ぶ輸送路・交通路であったことから、宿駅も栄え、商品経済の浸透も早かった。さらに明治年間、木材の商品化による植林の普及、久根鉱山の再開発（明治三三年古河鉱業所有）、とくに王子製紙中部工場の創業（明治三二年）は佐久間村の繁栄を著しいものとした。しかるに、大正一二年中部工場は閉鎖し、久根鉱山の操短もあって、昭和五年の不況期には（中略）沈滞に陥った(18)」。

ところで、国土総合開発法の成立とそのもとでの特定地域総合開発計画の実施を急いだ大きな時代背景の一つは電源開発であったものの、肝腎の戦後の電気事業再編成に多大の時間を要していた。ＧＨＱは電力国家管理の廃止と地域分割、民営、発送配電一貫経営という原則を掲げながらも、具体的プランを日本サイドに任せていたため、五社、九社、一〇社案が入り乱れ、属地主義（給電地域と消費地域を一致させる方式）と「凧揚げ地帯」方式（大消費地を抱える電力会社に給電地域以外にも電源保有を認める方式）の対立、電力融通会社の設置などを巡って、国内の意見が対立し法案が国会で成立しない状態が続いた。業を煮やしたGHQは、一九五〇年一一月のポツダム政令公布による電力再編成を強行した。それは、「凧揚げ方式」による九ブロック化、つまり地域別民営九社による発送配電一貫経営への移行であり、一九五六年五月九つの電力会社が発足した。

加えて、一九五二年七月電源開発促進法を成立させ、朝鮮戦争勃発によって一挙に窮迫化した電力の増産に力を入れた。そのなかで、九電力会社とは別に発電機能を持ち、配電機能を有しない電源開発株式会社が発足した。これは、電力再編論議のなかで出された「凧揚げ地帯」方式と電力融通会社的な機能を担う役割を担ったものである。こうしたエネルギー情勢を背景として、電源開発を第一の基本目標とする天竜東三河が一九五四年六月、只見、飛越、木曽三地域が五六年三月、少し遅れて一九五六年一〇月に吉野熊野地域が特定地域指定の閣議決定をみた。島崎氏によれば、『電発』は、実質的にほとんど国家資金に依存する特殊会社で、民間資本ではかならずしもなしえない大規模開発を可能にし、佐久間地点の建設はいわばその試金石をなすものであった。（中略）

佐久間地点の開発とその主体が正式に決定をみたのは第四回電源開発調整審議会（昭和二七年一〇月）においてであり、昭和二七（一九五二）年から三一（一九五六）年度にいたる「電力五ケ年計画」のなかに追加され電力不足ののっぴきならない事情から、その開発には、『工期三年』という至上命令が課された。未曾有の規模と困難な自然的条件のなかで三年という短期の工事完成は、従来のわが国建設技術では不可能で、開発工事の機械化に新鋭の建設技術が導入されねばならなかった。その解決策は、米国建設資本との技術提携をもとに大型土木機械設備の大量輸入による施行としておこなわれ、わが国における機械化土木工事のモデルゲースをなした。工事請負の契約には、アトキンソン社、間組、熊谷組によるジョイント・ベンチャー、つまり三請負会社が共同で受注し、責任を連帯する方式が採用された[19]」という経過をたどった。

米ソ冷戦体制の強化、朝鮮戦争の泥沼化、これを契機とする「戦後型富国強兵」への再出発、そのための電力資源開発の要請が、電発第一号の巨大水力発電所の建設となって、天竜川中流の小寒村・佐久間村に襲い掛かったのである。

日本国政府のこうした事情は、特定地域総合開発、なかでも八大地域への国の予算の付け方をみれば十分に納得できる（2―13図）。つまり、八大地域の中に電源開発を基本目標の第一位にあげているのは、只見、天竜東三河、飛越、吉野熊野の四地域もある。しかも、これら四地域は、閣議決定時の公共投資全体の中で、電発などのB種公共事業の比率が、国土保全指向の北上、利根の二大地域より高い。加えて、その後の五―八年間の公共投資の実績をみると、只見、天竜東三河、吉野熊野の電源指向三地域がいずれも閣議決定時（計画）の額を上回り、残る電源指向地域である飛越及び用水重視の木曽も実績が計画と同額である。

しかも、これら四地域および木曽地域は、電々公社、国鉄、電源開発など公共企業体が行うB種公共事業の伸びが国や地方公共団体が行う一般公共投資であるA種公共投資の伸びを大きく上回っている。これに対し、国土保全指向の北上、利根の二大地域は、B種公共事業の伸びが低く、その結果公共投資実績の進捗率は閣議決定額の一〇〇％に達していない、とくに、利根地域は六三％にとどまっている。島崎氏が強調するように、政府が特定地域総合開発計画、とくに水力発電の推進にいかに「前のめり」になっていたかは、想像に難くない。強迫的とも言える電源開発の推進には、民主主義社会となった戦後においては、対象地域の自治体と住民への説得が不可欠である。島崎氏は、言う。

「『電発』が開発工事を進めるためには、（静岡、愛知、長野）三県知事の裁定による水利権の許可を必要とし、水利権の許可には補償問題の解決が前提条件をなした。知事裁定に俟つところの多かった佐久間ダムの補償問題は、水利権と公共補償とが、『電発』と三県—市町村とのあいだのいわば交換条件をなす関係として解決された面が多かった。三県は水利権を楯に多額の開発道路建設資金を『電発』に分担せしめ、地元市町村も橋梁、学校、その他の公共施設を獲得した。巨額の飯田線付替工事費（約六〇億円）を含むが、建設費総額三六〇億円に二六％を占める補償費のなかで公共補償の大きさが注目をひいた」[20]。

電源開発という国家の緊急要請をバックとした電発と地方公共団体との圧倒的な力関係の差の中で、水利権をめぐる補償交渉が「天下分け目」の闘いであり、決して後に引けない国および電発は、法に基づく迅速な行政手続きとともに大量の公的資金が投じられた。

ところで、1—3表に示したように、天竜東三河地域の公共投資額は、一九五四年六月の閣議決定時の計画レベルで総額八四六億円、経済企画庁の資料では一九六二年三月の年度末までの実績は九八七億円、経費上の進捗率は一一七％、八大地域で、只見、吉野熊野に次いで三番目の高位につけている。佐久間ダム建設予定の天竜東三河地域は、奥只見、田子倉ダムを抱えている只見、熊野川の池原ダムを有する吉野熊野、庄川の御母衣ダムのある飛越とともに進捗率が高くなっている。上述した島崎氏の分析では、佐久間ダムの建設費総額三六〇億円とあるが、この数字は、一九五三、五四、五五の三年間のＢ種公共事業費実績に匹敵しており、それから六年経過した経済企画庁の資料では、この実績が七六一億円（一九六一年度まで）となっており、発電事業への支出がほぼ倍増している（2—13図）。

②佐久間ダムの建設—補償交渉

島崎氏は、政府の電源開発の強力な推進策と地域社会との接点を、「補償交渉」のプロセスと内容に求め、分析をこの点に焦点を当てている。この過程の分析こそが著作『佐久間ダム』の真髄であり、記述は多岐かつ詳細にわたっている。しかし、ここでは、補償の経過と結果について概括的に紹介するにとどめたい。

『佐久間ダム』によれば、佐久間ダムおよび秋葉ダムの補償問題に関して、「関係三県一一ヵ町村の統一的な交渉団体は、（中略）平岡村村長の主導のもとに、昭和二七年一二月二三日、佐久間村においてその設立打合会が持たれ、越えて二八年一月七日、佐久間村村長を会長とする天龍川総合開発対策三県連合協議会として成立し、爾来、協議会が代表して交渉に当る旨、電発への申入れが行われた。（中略）電発は、七月一六日、関係町村に対して補償基準を提示し、八月には各町村の主任を集めて説明会を行い、三県連合協議会において統一的回答をすることを求めた。しかし、地元各市町村の足並みはそろわず、二八年九月一〇日、富山村の単独交渉承認となり、以後補償交渉はおもに電発と各町村との個別交渉に移され、三県連合協議会は著しく、補償交渉の上にその比重を減じた。（中略）富山村は九月二〇日、第一回の交渉を開始し、その後八回も交渉を重ね一一月二八日、個人買収補償について妥結した。その時成立したのが〝富山基準〟といわれ、電発の佐久間ダム補償基準として、他にも流用されたものである」[21]。

この結果、佐久間ダム建設に伴い水没する物件に対する、一九五三年四月から五六年四月までの三年間での補償総額は、2―3表のように、合計約八億三千万円、うち、水田・畑・山林・宅地などの土地が約二億三千万円、建物が約一億六千万円で、あわせて約四億九千万円、全体の四六％である。

水没物件のうち、土地には水田、普通畑、茶畑、桑畑、宅地・墓地、用材林、薪炭林などがあり、土地の約一四二万坪のうち、約八三％、一一八万坪が森林で、さらにその約四割の五〇万坪が豊根、富山の二村に集中している。桑・茶を含む畑は一万坪、水田は八千坪と少ない。大半は、その他の物件で、主なものは用材・薪炭林、竹林、茶、桑、果樹などの立毛補償一・七億円、生活補償（生業減収補償並びに感謝料）約七千万円、筏夫・炭焼などの営業補償約

2−13図　8特定地域公共事業費—計画と実績（1961年7月まで）

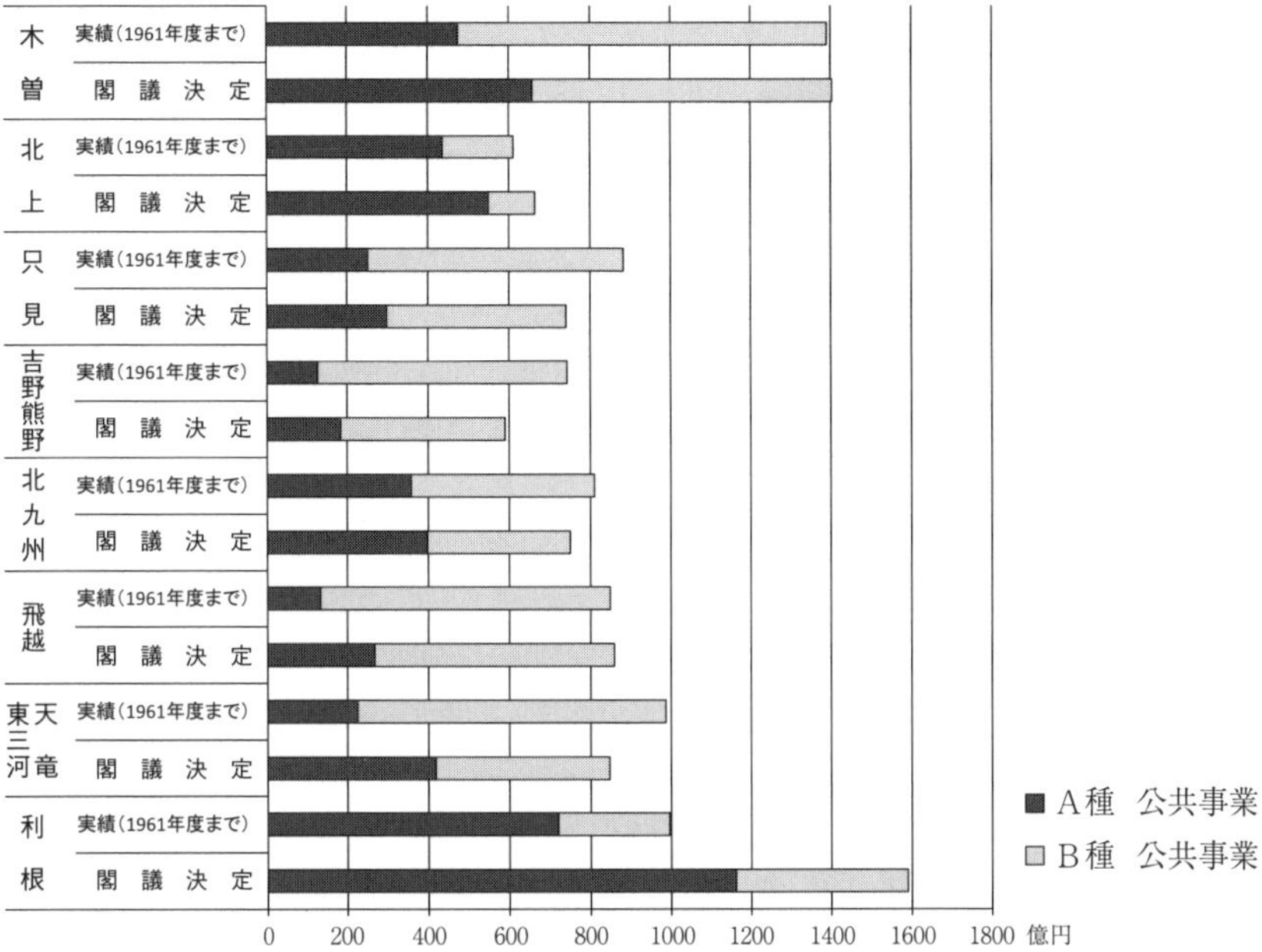

経済企画庁総合開発局資料より作成

2−3表　佐久間ダム水没物件・町村別補償金集計表

	補償総額		土地補償額		建物補償額		その他	
	円	%	円	%	円	%	円	%
佐久間	95,403,676	11.5	31,150,875	13.7	9,614,641	6.1	54,638,160	12.3
城　西	4,669,919	0.6	1,321,380	0.6	418,450	6.3	2,930,089	0.7
水　窪	63,513,012	7.7	19,549,271	8.6	10,103,080	6.4	33,860,661	7.6
豊　根	126,531,567	15.3	36,454,115	16.1	20,116,945	7.2	69,960,507	15.8
富　山	301,102,987	36.4	78,634,606	34.7	67,784,954	432	154,683,428	34.9
神　原	61,029,055	7.4	10,120,908	4.5	14,665,730	9.4	36,242,427	8.2
平　岡	149,203,563	18.1	36,601,275	16.1	34,086,130	21.7	78,516,158	17.7
熊谷皓平	25,126,835	3	13,130,745	5.8			11,996,090	2.7
	826,580,624	100	226,963,175	100	156,789,929	100	442,827,520	
%			27.4		19.0		53.5	

島崎稔・美代子著作集　第７巻『ダム建設と地域社会』第14表、pp.182-183より作成

六〇〇万円、移住費など各種費用一・一億円、石垣など固定設備七千万円となっている。

補償対象土地面積約七・九万haを町村別でみると、2―14図のごとく、水没森林面積の大きい富山村の三六・四%をはじめ、佐久間、豊根、平岡を加えた一町三村が八一・三%と圧倒的比率を有している。また、この地域の大山林地主熊谷皓平氏は約二・五億円で全補償額の三%となっている。

佐久間ダムの建設と地域社会の考察にあたっては、巨大なダムが建設された現場そのものである佐久間村について記述する前に、ダム湖の湖底に水没する地域の大半を占める静岡県北設楽郡富山村との関係について触れてみたい。2―14図にあるように、佐久間ダム建設に伴って補償の対象となった土地のうち最大の市町村は、天竜川の右岸の静岡県側にある富山村で、その南に位置する豊根村を合わせると、約四分三を占める。以下、ポイントとなる文章を引用しながら流れを追ってみよう。

2―14図　市町村別補償対象土地面積
（1953.4.19―56.4.25）

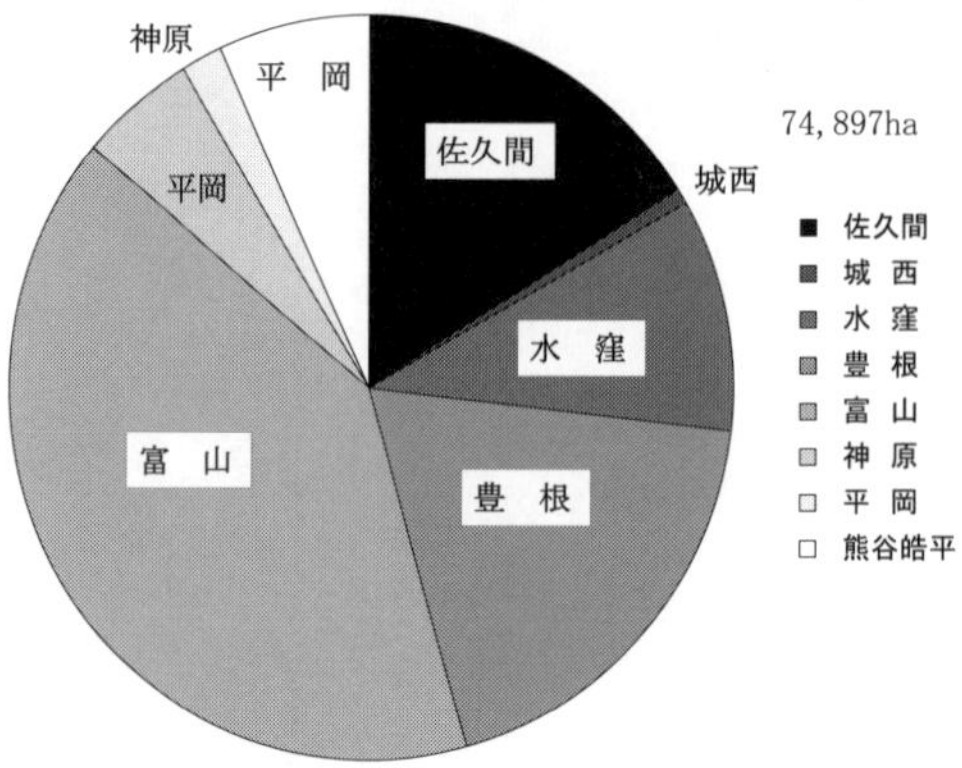

（出典）『佐久間ダム』pp.346～347より作成

「もともとこの村は、おなじ佐久間ダム上流の村の中でも、その全域が狭い峡谷内にあって、集落、耕地、交通路の主要都分が天龍川本流の河床に比較的近い低斜面に集中していたため、村落全体に対する水没被害の比率は、他村にくらべて著しく高いものとなったということができる。すなわち、水没線下に居住する世帯人口は、上流の佐太部落三〇世帯一六六人のうち、二六世帯一五一人、中央部の河内部落では、漆島川の谷に入った横林地区を除き、河内本郷三四世帯一七六人の全部、下流の山中部落は下山中地区八世帯三九人、計六八世帯三六六人であった。その比率を世帯数について示すと、佐太部落八六・七％、河内部落七三・九％、山中部落三八・一％、全村三五・八％となる。[22]」全七部落中三部落が水中に没することになり、潰滅的打撃を被る。にもかかわらず、「村落の動きは、ダム建設そのものに反対する方向をとることなく、当初からダム建設を前提とする補償問題と『村作り』の問題に努力を集中している。（中略）この水没個人補償問題の解決は、村民側にとっても最も切実な問題であったし、電源開発会社側にとってもこの村の個人補償の解決が、佐久間ダム関係全域の水没補償妥結の突破口になると考えられたので、特に重要な画期となったのである。以後水没村民の問題は事後処理的な段階に入り、（一九）五四年度夏以降一年余の間に移住が完了するのである。水没村民の補償問題に重複して、飯田線付替え問題、大嵐—漆島間補償道路およびダムサイト—神原村間の湖畔道路開発問題、流筏阻害に伴う木材業者の損失および筏夫の失業補償の問題等がいずれも相当の困難を伴いながらも、急迫する事態の中で解決が計られている[23]」。

ここで、「村対策委員会は、一一ヵ町村連合協議会の共同交渉の申し合せを、中途で変更させ、単独交渉によって他村に先駆けて個人補償協定を妥結し、（中略）いわゆる『富山基準』とよばれる、佐久間ダム関係全域の補償問題解決の端緒を作りだした。もちろん電源開発会社側は、三ヵ年に工事を完成すべき『至上命令』の下に焦慮しつつ、補償交渉妥結の突破口を富山村に向けていたし、水没村民は、急迫する事態の進行によって生活の転換を迫られつつ交渉を見守ったのであり、協定の妥結は、そのような状況によって促進された一面もあろう[24]」。

そうした事情よりも、著者である後藤和夫氏（当時愛知学芸大学助教授）は、山林所有者と林業労働者の間を媒介する三人の在村「元締」の一人であり、かつ当時村議会議長であった「H氏の職業経験から得られた有力な才能と、電源開発会社側との親近な関係は、交渉を『円滑に』促進して、補償協定の早期妥結に対し、恐らく何ほどか有利に作用したであろう[25]」と指摘している。

「ともあれこのようにして従来の生活を、補償金と交換した人たちは、ほとんどが村外生活の場所を求めて転出していった、住居を移転した一〇三世帯の中、その移転先は部落内七、村内他部落五、村外九一となっており、村外移転者の中、移転先の判明しているもの八三世帯についてみると、二二世帯が豊橋市および愛知県宝飯郡一宮村の開拓地に入り、他の大部分が豊橋市、豊川市、新城町、静岡県側の佐久間町など、飯田線沿線の市町村へ分散移住している」(26)。

これを村からの脱出とみるか、二一世紀の三遠南信広域圏形成への橋頭保とみるか、「歴史の弁証法」に期待したい。いずれにしても、こうしたダム湖に水没する部落をだした富山の「悲劇」も語りつがれなければならない。

次に発電ダムの建設と発電所立地の場となった佐久間村について考察しよう。

ところで、佐久間村に限定した考察では、「水没地区域は発電所用地のように永久的に発電事業に利用される所、骨材採取場のごとく、工事終了後は土地そのものは発電とは何ら関係がなくなって了うが、従前の土地の形態は全く変化し農業上の利用価値が失われてしまうもの、或いは材料置場のように工事中は農業上の利用価値は中断されるが、終了後は僅かの労力と資本の投下によって復元しうるもの、等々の相違がある。それに応じて補償も、所有権の移転・地上権の喪失に対する補償、或いは期間中の収益の補償ないし賃借権に相当する補償と、その内容は異なり、それが補償交渉にも反映してくることになる。このようなところから佐久間村の補償問題の経緯は結局、それぞれの部落に即し、それぞれの対策団体にまたなければならない訳である。」(27)という事情から、部落ごとに分析された。

まず、村内の水没部落および水没山林の補償交渉は、前記「富山基準」をベースに殆んど個別的に行われ妥結した。また、「堰堤地点を所有する三人の大山林地主（愛知県側二人・内一名不在地主、静岡県側一人不在地主）との交渉は二八年三〜四月頃、交渉内容も分からぬままにいち早く妥結した」(28)。

残る工事現場三部落については、おおよそ以下の通りである(29)。

a　半場部落については、関係用地の大部分が熊谷組との賃貸借地であることから部落最大の山林耕地所有者を委員長とし、実質的に部落総会と一致する委員会の決定により、この委員会が責任をもって行った。

b　中部部落については、電発の事務所・寮・資材置場に使用された区域は中電から電発が買収し、堰堤連絡道路・アトキンソン宿舎・社宅等の用地は、電発と中部公益会（所有者）と暫定的契約が結ばれた。残る骨材選別場・一部社宅並びに資材置場・間組事務所用地の平沢地区と骨材採取場用地の上島地区に関して、平沢地主会・上島地主会・中部地区内小作会という三対策団体が結成され、補償交渉が複雑化したが、区長の主導的な役割もあって、村内他部落よりも上回る価格で買収され、さらに小作に若干の離作料も支払われた。

c　殿島部落については、部落に隣接する建設用地、付け替えを必要とする県道、熊谷組事務所・飯場、飯田線付け替え工事など複雑で、しかも、地主会の分裂、小作会との対立など問題を残したまま地主が個々に承諾し、補償金を受け取っている。

以上は個人補償についてであるが、道路、鉄道、通信、河川、学校等の公物に対する補償である公共補償については、「電発・県当局・村当局・村支配層のあいだで行われ、一般村民に余り結びついて行われなかった[30]」とともに、村の立場から見れば「村長（北井氏）の独り舞台」であった、ようである。この点について島崎稔氏は次のように分析している。

「村当局が、個人補償と切り離して公共補償にのみ、積極的な対策を行った理由として、第一に、長期にわたる誘致運動の狙い、第二に、建設工事に占めた村の位置からくる効果、第三に、複雑な村落構造による補償問題の混乱の予想、を挙げることができる。誘致運動も補償対策も、村当局というより、（北井）村長の意図によるところが大きいのであるが、その意図は、山林業以外にみるべき産業のないこの村に、長期間期待される大規模なダムの建設工事は、建設過程における過剰労働力の吸収と小営業の振興、総合開発にかけた公共補償の村造りへの利用、完成後の莫大な固定資産税の獲得、を約束するということであった。佐久間村が工事現場であり、堰堤並びに発電所所在地として建設の中心的位置を占めたことは、甚大な被害を伴いながらも、前記の意図を具体化させるものであった」[31]。

③佐久間ダムの建設工事による地域の激震

「補償問題と水利権をめぐって、電発・県当局・地元町村の複雑な交渉のなかに、二八（一九五三）年二月七日の公共補償に関する知事裁定について、水利権が許可された。（中略）水利権の許可以後、補償問題に多くの未解決事項を残してはいたが、工事は急速に進んだ。佐久間ダムの竣工式が行われた三一（一九五六）年一〇月まで、（中略）この期間を通じて、地元佐久間村はいわゆるダム・ブームとして賑わった」[32]。

もともと、人口四、五〇〇人程度であった村は、翌年一月には八、〇〇〇人と倍増し、さらに八月には一万人を超え、一九五五年二月に一万七〇〇〇人と最盛期を迎えた。しかし、ダムの竣工ののち、一気に減少していった。

「労務者は、地域的偏差はあるが、殆んど全国から集まった。（中略）外来者は労務者ばかりではない。豊橋・浜松方面から進出し、或は、平岡ダムにひきつづいて長野・飯田から流れ込んだ。〝ダム商人〟は一般民家の一部を改造して店舗を張ったといわれる。（卸売・小売業、サービス業の激増）。各地から職を求めて来る人夫・日雇は最盛時には飯田線豊橋駅に列をなしたとさえいわれる」[33]。

また、「大規模な建設工事が、犯罪・風紀問題を増加させ、教育上の悪影響をもたらし、その他わずかながらも残っていた山村としての生活秩序を攪乱したことはいうまでもない。（中略）風紀問題はいうまでもなく、急激な学齢児童の増加に伴う施設の狭隘化・三交代制夜昼となく続けられる突貫工事の喧騒による教育への悪影響は甚だしかったようである」[34]。と島崎稔氏は分析している。

こうした村の変化に関して、神山育美氏は、婦人の生活の視点から生活の変化を生き生きと描いている。

「デパートがあり、美容室があり、ネオン輝く飲食店がある。このほか高給取りの労働者や多額の補償金を得た地域住民を対象に、銀行や証券会社が数軒、軒を連ねていたという。中部の商店街には、みるみるうちに食料・用品店や飲食店が立ち並び、店舗だけでは足らず、路上を利用し、道の両側で商品が売られるようになっていく。店舗や路上で売られていた商品は、生活必需品だけに限らなかった。（中略）時計やカメラ、ラジオといった高級品が、高給取りの労働者や補償金を得た地域住民を対象に売られた。そして、『銀座並み』と称された中部の商店街は、『労働者と派手な女性、商人の売り込み、これらによって村の景観は著しく基地的な景観を呈』するようになっていったのである」(35)。

また、次のようなエピソードも紹介している。

「ダム建設に際し来村、居住することになった電源開発やアトキンソン社の職員家族、特に『奥さん』たちに対し、佐久間村の女性たちは、その『あかぬけた』『文化』的な様子に、驚きと関心を向けた。このような、村外から訪れた女性たちに対する関心が佐久間村の女性たちの間で共有されるなか、佐久間村の婦人会主催で『アトキンソン宿舎訪問』が実施されることとなる。（中略）日ごろ目にしていたアトキンソン宿舎を訪問し、宿舎におけるアメリカ人家族の生活を見学した婦人たちは、その生活様式の違いに驚かされることとなる。（中略）機能的なキッチン、清潔な浴室や洗面台、さまざまな電化製品、アトキンソン宿舎で目にした生活は、目をみはり、驚かされるものとして婦人たちからまなざされた。そして、『ああ、これでは戦争に負けたのも当然と深く深く感じ、種々と教えられ反省する』感情を、一部の婦人たちに抱かせることとなったのである。（中略）

宿舎訪問に選ばれた婦人たちは、日ごろから婦人会に良く出席していた人々であった。そのため、当時婦人会が進めていた生活改善に対し、他の会員より知見が深かったと考えられる。しかし、そのような婦人たちが、改めて自分たちの生活を反省するほど、アトキンソン宿舎で目にした生活様式は、佐久間村の女性に、生活改善をすることで現在の生活を少しでもよくしていこうと思わせる衝動を引き起こすものとなったのである」[36]。

わずか三年間の工期であった佐久間ダム建設は、多方面で「コインの表と裏」を伴いつつ地域社会を「激震」させたと言えよう。

2−15図　佐久間町地区別人口推移（国勢調査人口）

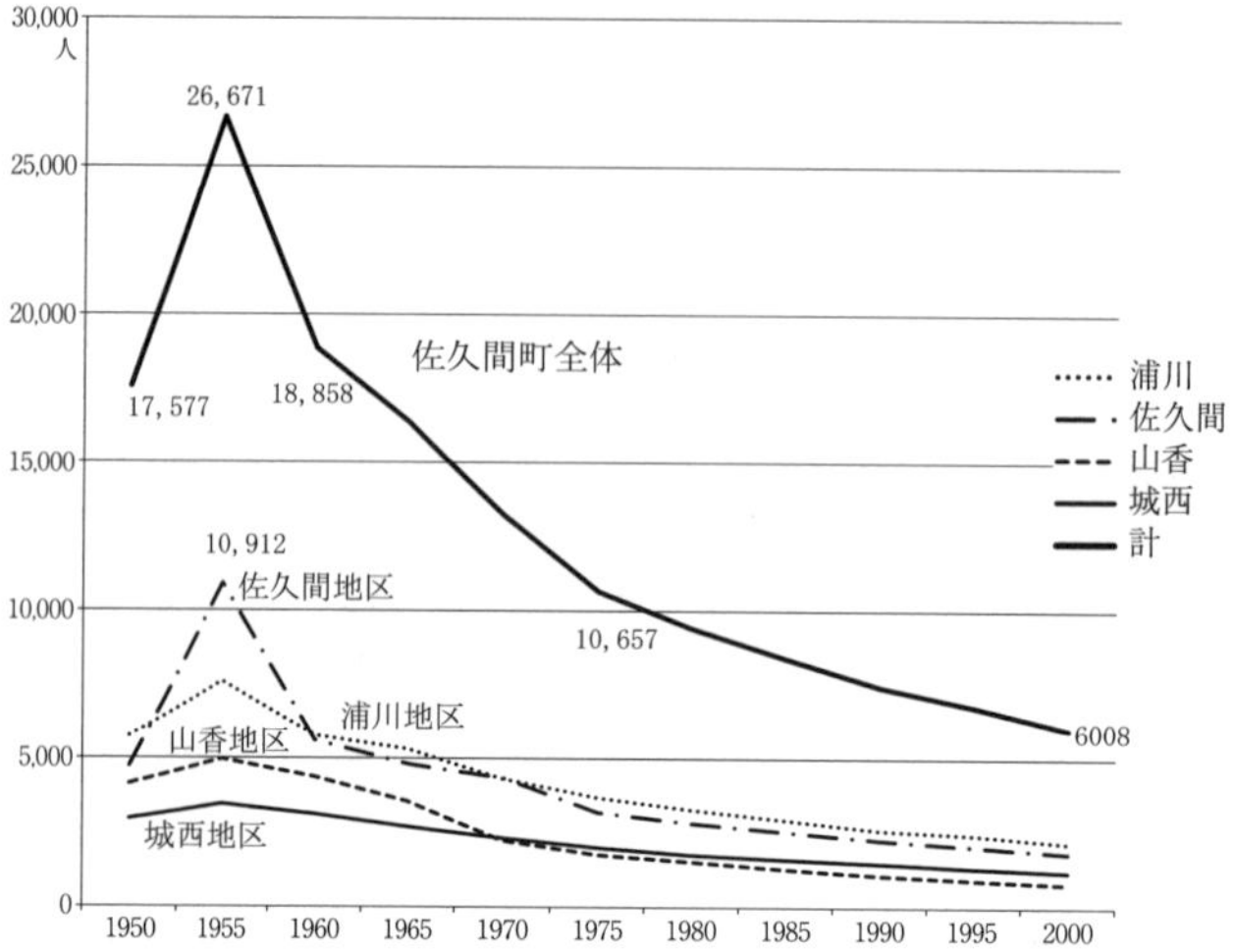

町村敬志編『開発の時間　開発の空間』表7-1　p.176より作図

4　その後の佐久間地域―人口動向と産業構造

このように、特定地域開発は、計画の中心であるダムや用水施設整備に関しては着実な進捗をみせた。しかし、それにもかかわらず、地域の活力の象徴である人口は、2―15図にみるように坂を転げ落ちるように急減していった。天竜川下流地域の人口動向について、町村敬志氏は、「ポスト・ダム開発の半世紀」において考察している。

これによれば、一九五六年に合併することになる浦川町、佐久間町、山香村、城西村の四町村は、戦後の引揚げとベビーブームによって人口が増加し、戦前の定常状態であった一万四―五千人から、戦中の一時的減少を経て、一九五〇年には一万七、五〇〇人にまで膨らんでした。それが、「一九五〇年代

2―16図　佐久間町産業別就業者比率推移

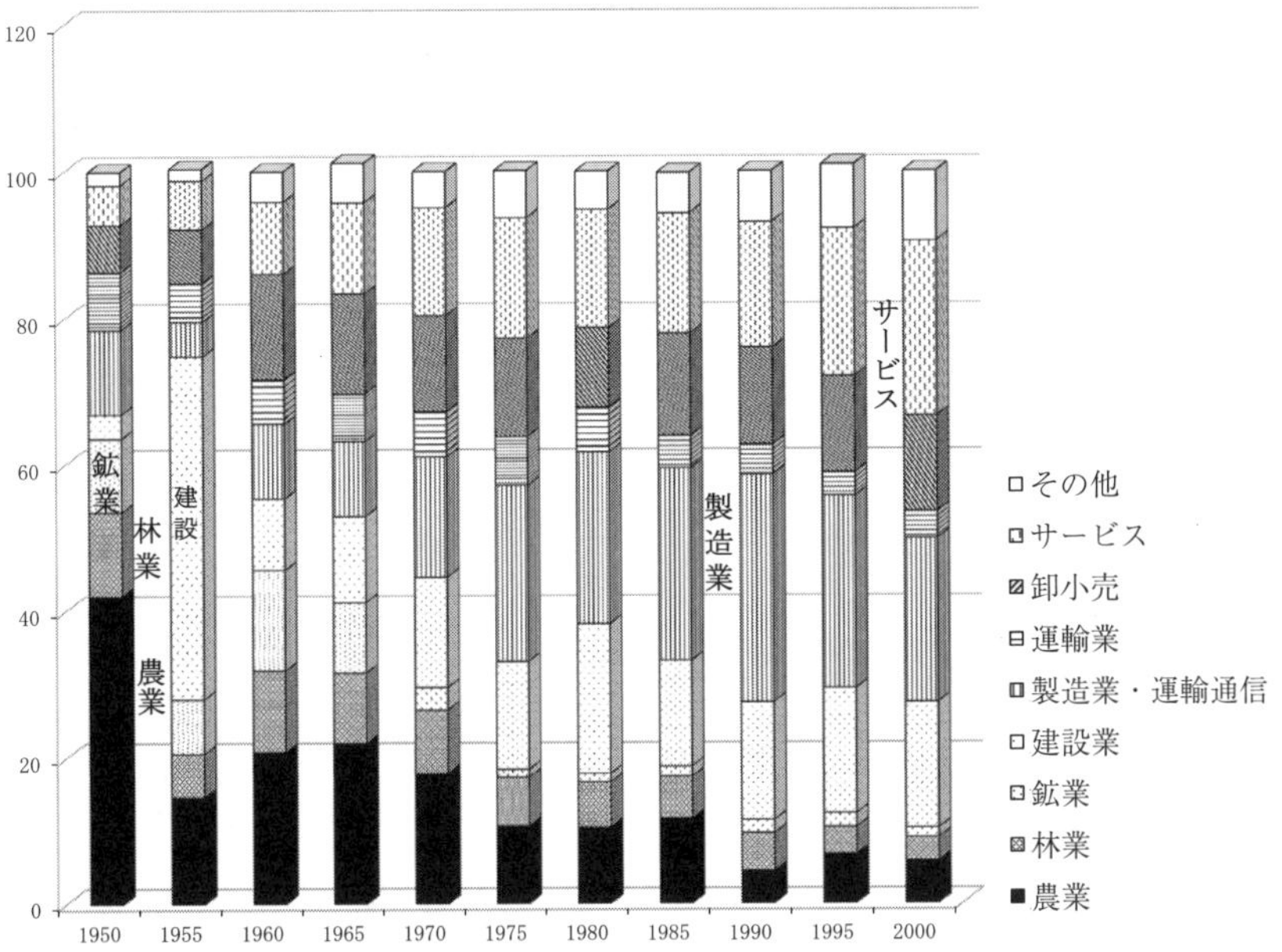

町村敬志編『開発の時間　開発の空間』表7-6　p.185より作図

における ダム建設の大波に飲みこまれて（中略）一九五〇年から一九五五年にかけて、町全体で約九〇〇〇人もの人口が増加した」(37)。ピーク時は、国勢調査レベルで約二万七千人に達した。当然、工事拠点が集中する佐久間地区に集中したものの、影響は町内全体に及んだ。2―16図にみるように、この間建設労働者が一挙に増え、かつて林業、農業、鉱業にシフトしていた産業構造は、一時的に激変した。

一九五六年一〇月一五日の三年余の工事を終えた佐久間ダムの竣工式典ののち。当然のごとく津波が引くごとく建設業をはじめダム関係の人口は一挙に減少する。

一九六〇年には約一万九千人、六五年には一万六千人とほぼ合併前の水準に人口が戻る。さらに、山香地区にあった硫化鉱を採掘していた古河鉱業久根鉱業所も一九七〇年に閉山した。七五年には一気に約一万人にまで落ち込んだ。しかし、ダム建設工事の終了や鉱山の閉山などに劇的動きに隠されて、農山村から大都市を核とするベルト地帯への大量の労働力の流出という全国的な動きが、天竜川流域の町村にも底流に流れていた。

まさに、「建設労働者の流出が覆い隠してはいたものの、すでに一九五〇年代後半から地元の若年層の大量流出が始まり、一九六〇年代に入ると、町全体の人口減少の半数を占めるようになる。しかし若年層自体が急減する一九七〇年代になると、流出はより広範な年齢層へと拡大していく」[38]のである。また、町村氏は、佐久間町には合計三八の集落があるが、それを標高三〇〇メートル以上に山間・高地、標高二〇〇―三〇〇メートルの山間、中高地、二〇メートル未満にある中心集落と周辺集落と四つに類型化して人口減少の程度を比較した。これによれば立地条件の悪い山間・高地と鉱山の閉山の影響を受けた低地・周辺の二類型で最も激しく人口減少し、天竜川沿いの低地・中心集落（佐久間地区の佐久間・中部・半場、浦上地区の町・柏古瀬など）は減少の度合いが小さいと指摘している。そのうえで、山間集落のほとんど、鉱山が閉山した山香地区全体が、六五歳以上の高齢者人口が集落の半数を超え社会的共同生活の維持困難な、いわゆる「限界集落」となっていると述べている。[39]

産業別就業者数比率でみると、農業、林業、鉱業、そして建設業の比率が低下した一九七〇年代後半以降は、製造業とサービス業の比率が増大していく。製造業の「業種の中心は『縫製業』や『精密及び弱電気器具組立』で、従業員の圧倒的多数は女性であった」。同様に、久根鉱山跡地や佐久間第二発電所建設に伴って出た残土を利用して造成された用地にともに自動車部品工場が立地し、やはりどちらも女性が多数を占めていた。[40]また、一九九〇年代以降増大しているサービス業は、特別養護老人ホーム、ヘルストピアセンター、町立病院など医療・福祉系を中心とするものである。高齢化に伴うこの分野の需要増への対応である。

佐久間村から佐久間町、そして浜松市へ

佐久間ダム完成前後から半世紀に生じた、もう一つ、かつ最大の変化は、隣接の市町村と広域合併したことである。それは、二段階で行われた。

第一段階は、昭和三一（一九五六）年九月三〇日、佐久間村と隣接四村の合併による佐久間町の誕生である。島崎稔氏は、『著作集　第七巻』において、佐久間町の成立経過について次のように記述している。

「明治二二年、佐久間村、半場村、中部村の三カ村をもってつくられた佐久間村が（中略）、ふるくから佐久間村と地域的親近性をもっていた、浦川・水窪・城西・山香の各町村、（中略）これら五ヵ町村の合併が問題化する素地があった。

（中略）ダム建設が現実の日程に上るにつれ、直接の関係地域となる、これら五ヵ町村、秋葉ダム関係の龍山、龍川の二ヵ村を加えた七ヵ町村は、ダム建設に伴う公共補償問題で共通の利害関係にたち、その要求運動を通して結合は緊密化し、町村合併の現実的土台は一歩前進してつくられるに至ったのであるが、他方、直接ダム構築が行われる佐久間村と他の四ヵ町村のあいだには、合併問題に対する緊急度に大きな懸隔が生ずるようになった。即ち、佐久間村においては、（中略）昭和二九年度以降固定資産税その他工事に伴う財政収入が大幅に増大するとともに、工事過程で起こる各種補償問題その他の折衝に忙殺され、町村合併に対する関心は後退していったのに対し、他の四ヵ町村では、かえって合併促進に対する関心が強まっていったのである。これらの懸隔は、ダム建設に伴う固定資産税問題に絡まる微妙な空気を反映したものであるといってよかろう」[41]。

「このような状態を急転回させて、合併促進を急速に具体化させる決定的契機となったものは、地方税法の改正に伴う固定資産税問題であった。地方税法の改正は、これまでの地元市町村の発電施設等への課税収入を大幅に制限

し、これを県に移譲すべきことを規定した。その結果、佐久間村が当初予想していた、四、〇〇〇万円程度の収入は、僅かに四〇万円前後に減ってしまうという衝撃的な結果を来たすこととなり、税収入をそれ以上確保するためには、どうしても法に規定してある人口段階をたかめ、財政規模を引き上げなければならなくなったのである。（中略）かくて、昭和三一（一九五六）年九月三〇日より新しく『佐久間町』が誕生、発足することとなったのである」[42]。

第二段階は、当時の自治省による「平成の大合併」の促進に対応したものである。

当時の自治省は、一九九九年七月、市町村合併特例法を改定し合併特例債によって合併に対して財政支援した。丸山真央氏によると、国の政策に対応して、天竜市・春野町・水窪町・龍山村・豊岡村との一市三町二村合併案、水窪町との二町合併案が検討された。そのなかで、二〇〇二年に浜松市による「政令市構想」がだされ、佐久間町もその流れにのり、最終的に二〇〇五年七月一日、浜松市、浜北市、天竜市の三市、佐久間、水窪、春野、引佐、三ヶ日、細江、舞阪、雄踏八町と龍山村、計一二市町村の広域合併による新制・浜松市が誕生した。県都静岡市七一・六万人を上回る、人口七八・二万人の政令指定都市となった。いまや、佐久間は、浜松市天竜区佐久間町である[43]。

5　今後の佐久間地域―三遠南信地域と共に生きる

町村敬志編『開発の時間　開発の空間―佐久間ダムと地域社会の半世紀』は、序章と終章を含め一六章から構成されている。そのうち、序章、四章、七章、九章、終章の五つ章は、編者自身が執筆している。これらの章は、本書の骨格を形成しており、他の一一の章は、多角的視点から「肉付け」されている、と読める。

その中で、とくに最終章が含蓄に富んでいる。１「開発の内側から開発を超える」、２「『脱ダム』へのはるかな、しかし確実な道のり」、3「重層的な領域をローカルな資源にかえるために」と銘打った各節の題名に象徴されるように、深い社会科学的分析のなかに文学的または哲学的な表現を好む「社会学」の成果の真骨頂の章であり、自然科学的論理思考から抜け出せない筆者には、うまく本章をまとめることができない。

しかし、佐久間地域の「今後」について考えるにあたって多くを示唆している。

「過疎化に悩む佐久間町は、ダム完成以降、多くの人口を外部に送り出してきた。しかし、そのうちの大半は現在もなお天竜・東三河を包み込む生活圏の中にとどまっている(44)」。

「遠州地域に新しい広域圏を実質的に形成してきたのは、こうした個々の住民たちによる移動と移住、交流という日常的な空間的実践の蓄積であった。膨大な数の住民たちが北遠を離れて平野部を目指した結果、山村は急激な衰退の道を歩んでいく。しかし、移動した人々の過半がなお遠州の平野部に暮らし、山村との交流の可能性を残しているところに、この地域の特色があった(45)」。ここが「肝」である。

つまり、「忘れてならないことがある。それは、佐久間を含むこの地域には、行政が編成する領域以外に、重層的な領域創造をめざす試みが分厚く存在してきたという事実である。『北遠』、『天竜川流域』、『遠州』、『JR飯田線沿線（「飯田線文化」）』、『三遠南信』といった多様なスケールをもつ広域圏イメージの存在と、それを実質化しようとする歴史的試みについて、本書はその各所で論じてきた。この多重的なスケールをもつ生活・文化の諸圏域を人々はいかに『使いこなして』いるのか。また、それらをより合わせながら、どのような重層的な生活圏を構築してきているのか(46)」ということである。

皮肉なことに、佐久間ダムの建設によって解体され、分散された天竜川の流域圏の人びとは、磐田原、三方原、高師原という太平洋岸の平野部に移住し、ここで佐久間ダムからの用水の恵みを受けて都市的生活を享受している。当然、故郷を捨てたわけではなく、ふるさととの「絆」をますます強めていく。こうした交流が政令指定都市浜松との広域合併を受け入れる土壌ともなった。

ダム建設後の「三遠南信」地域の動向については、二人の経済地理学者の調査・分析がある。それぞれの時代、問題意識が異なっているものの、動向の一端を知るために簡単に紹介してみたい。

天竜林業地帯（東三河）の地域労働市場

まず、岡橋秀典氏は、著書『周辺地域の存立構造』[47]では、愛知県太平洋岸の自動車産業を核とする工業生産の拡大に対応した三河山間地域の「地域労働市場」の変貌について分析している。

ここでは、三河山間地域西部と東部の「労働市場環境に相当の差異が生じていること」に着目している。具体的には、西部地域では、「トヨタ自動車(株)とその下請企業が集積する豊田市からほぼ三〇キロ圏内に位置し、一九六五年頃からの自動車工業の発展に伴い町村内部への関連下請工場の立地、また同時に豊田市・岡崎市の一次関連部品工場への通勤（とりわけマイクロバス通勤）が急激に進展したのである。（中略）三河山間地域東部およびこれに隣接する県境域の山村では（中略）むしろ雇用の拡大を建設業に求めている」[48]と指摘する。この東部地域には、天竜川右岸の富山村、豊根村、東栄町など佐久間ダム群の建設の影響を色濃く残っており、一九六〇年から八〇年の二〇年間に富山六四・五%、豊根五二・一%、東栄四二・五%と際立った人口減少を示している。もちろん、この間の山村振興法（一九六五年施行）、農村地域工業導入法（一九七一年）、工業再配置法（一九七二年）、過疎法（一九八〇年）などによる農山村地域への工業立地の促進や道路整備等公共投資の強化などもあって、東部地域にも七〇年代以降、自動車関連部品や縫製加工など労働集約型の農村工業化や建設労働需要が拡大した。その過程で、岡橋氏の調査した東栄町では、挙家離村による離村農家の増加、残存農家の経営耕地の縮小、第二種兼業農家の比率増大、農家労働力の女性化・高齢化など

「全般的落層化」を強めている。

続いて、第九章では、佐久間ダム完成（一九五六年）一七年後に揚水発電ダム・新豊根ダムが建設された南に隣接する豊根村を含む「愛知県三河山間地域東部四町村と長野・静岡両県の隣接山村一〇村、合せて一四カ町村（以下『県境域山村』とよぶ）」の一九七〇年代後半の地域労働市場について分析している。ここでは、前述した「三河山村地域」のうち豊田市に近接し、事実上トヨタの工業集積地域の通勤地域化した西部を除いた東部三河山間地域に水窪町など北遠地域、泰阜村・阿南町・天竜村など南信地域が含まれている。

このうち「県境域山村」では、一九六〇年代後半以降の高度経済成長期に工場立地が進み、一九六六年の一二三工場から七五年の二七〇工場へと倍増を上回るほどであった。業種としては、地域の原料指向型の木材・木製品と、地元の農畜産物加工または地元市場指向の食料品製造業で工場数では、前者三七％、後者一五％と併せて過半を占めていた。他方、従業員ベースでみると、輸送品機械や電気機械工業、繊維工業など労働指向工業従事者の比率は高く、合せて五七％を占めるほどである。いずれも昭和四〇年代以降に新規立地したものである。

つまり、「調査地域の新規立地工場は労働指向型の工場が多く、しかもその大半は女子雇用型で、地元資本の工場が少ない」(49)という。なかには、「高い技術水準を有し、今後成長が期待される知識集約型産業」もあるが、「例外的な点的存在」で、「基本的には技術水準の高い労働力は必要とせず、もっぱら中高年女子の相対的な低賃金労働力を指向する性格をもつ」(50)と指摘している。ただ、地元原料指向工業にあっても、東栄町のブロイラー加工や竜山村の間伐材利用の「小径木加工工場」などの動きには注目している(51)。

労働力指向工業の新規立地に加えて地域の労働力を増やしているのは建設業就労者であり、政府の一連の農山村振興政策の過程で、道路工事、治山・治水、林道などの公共工事依存の建設業が「堅調」である。豊根町の一九七八年度の建設業の主要受注工事をみると地元元請業者五社は一〇〇％公共工事に依存し、一一業者が下請業者として稼動している。こうして、「豊根村では、林業雇用が一九六〇年頃まで農家の兼業として重要で、素材業者や営林署による雇用が多かったが、木材伐採量が一九六〇年頃をピークに減少し始めるとともに林業雇用者数は急減した。この急減した林業雇用に代わって雇用を拡大したのが建設業である。建設業労働市場の拡大は、現金収入の必要に迫られた農家の、特に移動性の乏しい中高年労働力に対して、不安定ながらも雇用機会を与えた[52]」。

こうして、一九七五年においては、「『県境域山村』の一四ヵ町村の建設業就業者は三、一九二人で製造業就業者四、九二三人を下回り、林業従業者の一、七二四人を大きく上回る[53]」と報告している。

こうした『県境域山村』の全般的な動きの中で、佐久間ダムに隣接した豊根村に限定してみれば、「人口は一九五五年以降減少が甚しく、一九八〇年現在で一、八九四人とこの二五年間で約四割にまで減少している。一九七〇年に新豊根ダム建設に伴う工事関係者の流入により一時的な増加をみたが、その後ダム完成により八一世帯が水没し、一九七〇年から一九七五年のわずか五年間に四二％という大幅な減少を経験した。しかし、一九七五年から一九八〇年の間は約七％の減少に留まり、人口減少は鈍化してきている[54]」。

産業別の就業構成をみると、「まず農業が著しい後退をみせ、この一五年間に就業人口が約三割に減少している。また、林業も一九七五年まで急減し、一九八〇年にいたって増加に転じてはいるものの、一九六五年の水準にいまだ回復していない。これらに代わって重要な就業機会となっているのは、製造業と建設業である[55]」。その地域労働市場の構造は、「建設業・林業からなる日雇労働市場、県レベルの平均賃金に近い賃金水準を実現している（若年層を雇用する相対的に安定した）『第一の型』の労働市場、女子低賃金労働力に依拠する『第二の型』の労働市場の三層構造として把握される[56]」と総括している。

社会階層的に見ると、「山林を一〇ha以上所有する上層の世帯では、所得水準も高く、他の階層に比べ所得形成面での優位性がうかがわれる。家族構成も複合家族が大部分で、将来も定住可能性は高い。中下層では（中心・周辺）

両集落ともに農外雇用への依存度は高いが、雇用の質は集落間でかなり異なる。公務員の多い（中心部）集落では給与所得水準も高く、所得形成面で安定している。それに対して（周辺）集落では山林労務や土木就労などの不安定雇用が中心で、当面は家族員の多就労によって、一定の所得が確保されている」[57]と整理されている。

豊田、豊橋、浜松などの太平洋岸の工業都市圏からも離れた、つまり通勤圏外の南信三遠の天竜林業地帯のダム建設後の地域社会が、高度経済成長の波にどのように飲み込まれていったか、岡橋論文によって垣間見ることができる。

周辺地域・北遠に繰り返し押し寄せる波

「天竜東三河地域」の国土総合開発計画以降の天竜川流域の東部、いわゆる北遠地域の動向については、藤田佳久氏の生き生きとした調査論文「浜松市に併合された北遠州の山村・旧水窪町の変容過程とその存立基盤」が大きな示唆を与えてくれる。要約的に紹介しよう。

まず、旧水窪町の自然地理を次のように実に簡潔に説明する。

「水窪町内を見るとその面積は広い。愛知・長野両県に接し、南アルプス、赤石山系に包まれ、東西二一km、南北二三km、面積二七一・二八km²に及ぶ。そのほとんど九〇％は山地であり、それも山系の尾根筋は標高二、〇〇〇m以上の高山が連なる。この山系の間を（天竜川の支流）水窪川とその支流が刻み、急峻な渓谷を中心にいくつもの流域を形成している。（中略）深い渓谷と高い山々は、古くから山地斜面の上方に山住の集落を生み出した。山地斜面は冬季にその位置の高さが低くなった太陽からの熱を斜面に直角に受け、面積当たりの受熱量は最大になるためであり、また気温の逆転現象によって、谷底部よりも温かく、生活はもちろん、農耕もしやすいからである」[58]。

この地域は、第二次大戦後、二一世紀初頭までの六〇余年間に幾つかのエポックメーキングな事象に遭遇した。

第一には、一九五〇年代後半から六〇年代末までの国土総合開発計画の「天竜東三河特定地域」の対象地域に組込まれ、佐久間ダム（一九五六年完成）、水窪ダム（一九六九年完成）が建設され、加えて「佐久間ダムの建設によって、天竜川の右岸、つまり愛知県側を走っていた飯田線が、付け替え工事でそれまで鉄道のなかった対岸のさらに奥のこの水窪の街へ駅を開設した」[59]ことである（第一波―寄せ波）。

第二は、一九七〇年代の国の山間地域への工業再配置政策と町当局の積極的な工場誘致政策によって、「水窪町は誘致工場を軸とする山村へと変容した」[60]ことである（第二波―寄せ波）。

第三は、一九九〇年代の日本経済のバブルの崩壊によって日本企業が合理化の一環として東南アジアに工場の移転をし、「水窪町内の日産系の最大手であった自動車部品メーカーは平成一三（二〇〇一）年に水窪から撤退することになった。しかも西浦の作業所分工場も閉鎖となり、大規模な撤退となった。（中略）これで自動車関連工場は完全に水窪町から姿を消したこと」[61]である（第三波―引き波）。

第四は、平成一七（二〇〇五）年七月に浜松市に合併し、旧水窪町が政令指定都市「浜松」の「北縁化した位置に置かれることになったこと」[62]（第四波―引き波）である。

まさに、この地域は、敗戦から復興、経済成長とバブル崩壊、厳しい国際競争と国家財政の窮迫という日本の政治経済の激動のなかで、大きな波が押し寄せては引いていく激変に飲み込まれていった。藤田氏が「日本の山村の多くが、日本経済の展開過程で生み出されたさまざまな問題に対処すべく打ち出された国土計画や山村政策によって振り回され、それに苦しみながらも村づくりへの挑戦を試みてきた」事例[63]として旧水窪町を分析したことは、至当と言えるであろう。氏の論文に沿って、この間の動きを整理してみよう。

まず、旧水窪町の人口をみると、「戦時下の疎開による流入などで昭和二〇（一九四五）年には八、五〇〇人、戦後の昭和二五年には九、〇〇〇人を超え、昭和三〇（一九五五）年には一〇、九五〇人の最高値を記録した。その後、昭和四〇年代初期までは周辺町村の減少が見られるようになっても水窪町の人口は微減であった。[64]」それは、特定地域総合開発計画による第一の波によるものである。

しかし、水窪ダムの完成した昭和四四年以降人口減少が本格化し、「昭和四五（一九七〇）年には七、三三九人へ、同五〇（一九七五）年には六、四二二人へと減少した[65]」。ピーク時から見れば約六割の減少である。その後の人口推移を国勢調査でたどると、一九八〇年五、八〇三人、八五年五、二二八人、九〇年四、六〇八人、九五年四、一一二人、二〇〇〇年三、七二三人と着実に減少し、二〇〇五年四月一日の浜松市との合併時には三、二一九

2－17図　合併前の市町村と政令指定都市・浜松市の成立

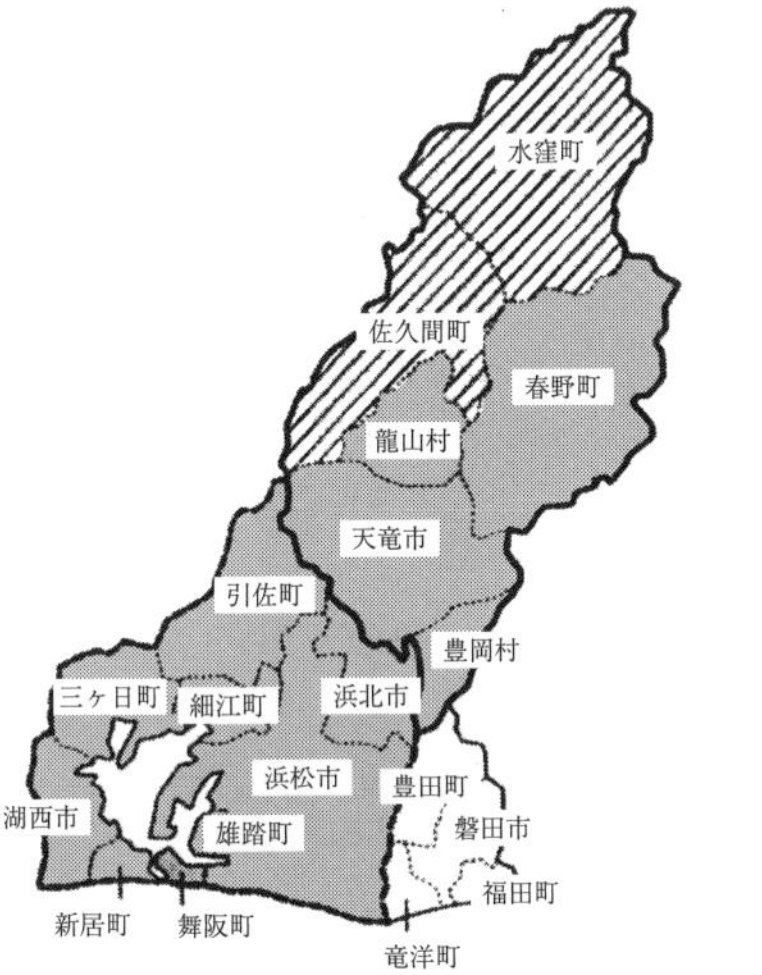

その後広域合併で成立した新・浜松市は、太線に囲まれた部分から湖西市・新居町、豊岡村を除いた浜松・浜北・天竜３市と８町、１村である。

町村敬志編『開発の時間　開発の空間』図14-1　p.360

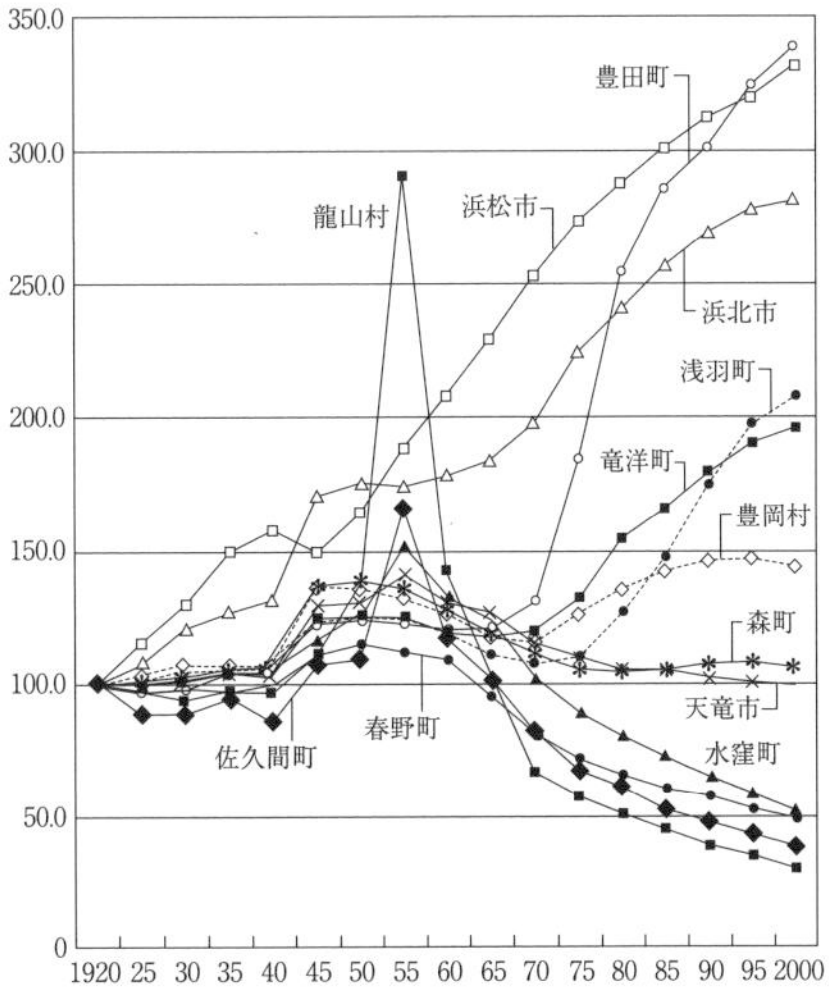

旧浜松市及び周辺市町村の人口増減動向
1920年を100とした国勢調査人口動向

同左書　図7-1　p.174より転載。

人と五〇年前のピーク時の三割に落ち込んだ。根底には若者の大都市圏への安定した転出の流れがあった。こうした一九五五年をピークにした漸減傾向を示す人口動向は、2―17図から見るように、佐久間町、春野町、水窪の周辺三町とほぼ同じである。

その中にあって、七〇年代には町の積極的な工場誘致政策によって、電子部品や日産系の自動車部品メーカーなど工場立地が進み、昭和四八（一九七三）年には誘致工場での雇用が四〇〇人に上ったと論文は伝えている。この工場誘致による「四〇〇人の新規雇用のうち地元からの雇用は三〇〇人、残る一〇〇人は北接する長野県南信濃村、上村、天龍村、また南接する静岡県佐久間町などの隣接町村からの通勤者でまかなうことになった[66]」。第二の波は、人口減少を押しとどめることはできなかったものの、「水窪町はこうして通勤圏を独自にもつことになったのである。そして水窪町の北遠地方での存在感も増すこと[67]」に大きく寄与した。

しかし、一九八〇年代半ばからの急速な円高の進行とその後の日本経済のバブル崩壊は、日本企業の海外への工場立地を加速し、その影響で北遠地方に立地していた部品工場は一斉に撤退し、二一世紀に入って、「自動車関連工場は完全に水窪町から姿を消した[67]」、第三の大きな引き波であり、町は外圧、外部環境の変化に再び翻弄された。これに追い打ちをかけたのが、国家財政の逼迫が故に政府が選択した「平成の大合併」であり、二〇〇五年に水窪町は浜松市に併合された。

「合併によって一〇〇人いた旧水窪町の役場内勤務の職員数は約五〇人へと半減した。残る五〇人は失業したわけではなく、旧浜松市の本庁や浜北方面への人事異動で転勤となった。しかし、この異動は水窪からの通勤はかなり無理であり、転勤により多くの中堅以上の転勤者は、家族と共に旧浜松市方面へ流出移住することになった。（中略）当然そのような動きは水窪の産業や教育、文化、社会活動などの面で人材的にも消費人口にも低迷をもたらすことになった。（中略）また、旧役場職員数の大幅な削減は、これまで水窪町の若年層の重要な職場になっていた状況を一変し、若年層の地元での新たな雇用機会を奪うことになった。水窪町職員に限らないが、一般に山村の自治体職員は役場だけの仕事でなく、それに関する地域の仕事も複合的にやっている。したがって、役場職員の採用がなくなることは今後の水窪町を支える人材が地元から供給されなくなったことを意味し、水窪町の将来にとって大きな問題になるはずである」[68]。

これは、平成の大合併によって、自治体機能を失い、合併都市の「周縁化」した地域に共通した「副作用」である。合併の面積が広いほど、新市役所への通勤が困難になり、家族ぐるみの移住、地域を担う若手人材の流出が深刻化する。その姿を藤田氏は巧みに描いている。第四の引き波は、有能な人材を流出させる点で決定的な影響を与える可能性をもっている。

にもかかわらず、藤田氏は、地域の活性化への二つの新しい芽に着目した指摘をしている。

一つは、役場とともに少なくない組織も「合併」した中で「水窪町森林組合」は独立組合として維持し、「町内の広大な国有林や私有林所有者の比較的大きな所有者の林野を対象とした公団造林とその保育管理」[69]を行う造林事業を推進し、町内で積極的な就業機会を確保し、さらに獣害対策等の作業に拡大している。

もう一つは、撤退した工場跡地を借用して特養施設「みさくぼの里」をオープンし、四七人の正規雇用を含む八七人（二〇一〇年現在）の従業員を確保している。「今では四〇人ほどの入居希望者が待っており、従業員も満ちている。また、在宅養護希望者へも対応し、広い町域を往復二時間かけて往復する赤字を覚悟のサービスも行ない、住民の信用を得た。

従業員の男女比率は男二割に対して女八割であり、女性が主力になっている。女性たちの多くは家庭の奥さんで、三交代制の勤務で二〇万円あまりの月収を得ており、壇那の収入を補完している。（中略）この福祉ビジネスは山村における高齢者の状況への対応を図る」[70]など地元需要に密着しているとともに、年金、介護保険などの「公的資金」

の都市部から山村部への地域的移転に支えられており、公共工事とともに新たな成長産業となることが期待される。これもまた、第五の寄せ波となるのであろうか。

以上のように浜松・豊橋・豊田などの工業都市地域を中心部とし、天竜森林地帯を周縁部とする広大な三遠南信地域の多様な動きに、さらに大きな事象が覆いかぶさろうとしている。

南信の中央自動車道・飯田山本インターチェンジから水窪・佐久間、そして三河の東栄町を経由して、遠州・浜松の新東名道路浜松いなさジャンクションに至る総延長一〇〇キロの「三遠南信自動車道」が開通すると、確実に広域生活圏は一体化する。さらに二〇一四年に着工された東京—名古屋間を四〇分で結ぶいわゆる「リニア中央新幹線」が開通し、飯田市に中間駅ができれば、飯田・浜松・豊橋を結ぶトライアングルは、新たな息吹を取り戻すことになる。当時の在来技術とかけ離れた「佐久間ダム」が天から舞い降りたように、リニア革命が一世紀ぶりにこの地域に舞い降りてくる。優れた地域リーダーの下での新た戦略の構築が求められる。

このエリアには、いわゆる県都はないが大学の集積が顕著になっている。浜松には静岡大学工学部、浜松医科大学、静岡芸術文化大学、豊橋には豊橋科学技術大学、愛知大学など国公私立大学がある。このうち、愛知大学と豊橋科学技術大学が「県境を跨ぐエコ地域づくり戦略プラン」を共同で実施している、社会基盤整備、中山間地域活性化・定住促進、地域防災対策、持続可能な循環型社会の形成、自立的な地域経営、地域連携等々三遠南信地域での地域課題に果敢に取り組んでいる。大学人材育成の強化とともに、着実な歩みを期待したい。

（1）建設省管理局企画課監修『国土総合開発　特定地域の栞』建設協会　一九五一年　三五—三七頁。
（2）町村敬志氏編『開発の時間　開発の時間—佐久間ダムと地域社会の半世紀』東京大学出版会　二〇〇六年。
（3）石井素介『国土保全の思想』古今書院　二〇〇七年　一三六—一三七頁。

（4）www.suiryoku.com. 水力発電所ギャラリー天竜川水系。
（5）寺田篤生「ポスト佐久間ダム開発期における地域文化様式の歴史変容」（町村敬志編前掲書所収）二一六―二一七頁。
（6）国土交通省「天竜川の水利用の現状」。
http-www.mlit.go.jp-river-basic_info-jigyo_keikaku-gaiyou-seibi-pdf-tenryugawa50-5-5.pdf　2016.8.18閲覧
出典：「天竜川　治水と利水」建設省中部地方建設局 浜松工事事務所発行。
（7）同右ＨＰ。
（8）同右ＨＰ。
（9）山本唯人「佐久間ダム建設と流域経済圏の変容」（町村敬志編前掲書所収）三五頁。
（10）同右論文　三〇頁。
（11）同右論文　三九頁。
（12）同右論文　四〇頁。
（13）同右論文　三五頁。
（14）松林秀樹「交通開発と地域社会」（町村敬志編前掲書第一一章）。
（15）日本人文科学会『佐久間ダム―近代技術の社会的影響―』東京大学出版会　一九五八年、町村敬志編『開発の時間　開発の空間』東京大学出版会　二〇〇六年。
（16）『島崎稔・美代子著作集　第七巻ダム建設と地域社会』礼文出版　四頁。以下、『島崎著作集　第七巻』とする。
（17）同右書　三四頁。
（18）同右書　四〇頁。
（19）同右書　七一頁。
（20）同右書　七三頁。
（21）同右書　一七五、一八一頁。
（22）後藤和夫「佐久間ダム建設の地域社会に及ぼした影響　Ⅱ富山村」（前掲『佐久間ダム』所収）五一一頁。
（23）同右論文　五一五頁。
（24）同右論文　五二一頁。
（25）同右論文　五二〇頁。

(26) 同右論文　五二六頁。
(27) 『島崎著作集　第七巻』　一九二頁。
(28) 同右書　一九三頁。
(29) 以下の半場、中部、殿島部落の個人補償経過については、同右書　一九三|二一二頁の要約。
(30) 同右書　二五三頁。
(31) 同右書　二三五|二三六頁。
(32) 同右書　一四五|一四六頁。
(33) 同右書　一四九頁。
(34) 同右書　一五〇―一五二頁。
(35) 神山育美「佐久間ダム開発と地域婦人会活動」(町村敬志編『開発の時間　開発の空間』東京大学出版会　二〇〇六年所収)一三七頁。
(36) 同右論文　一四二―一四四頁。
(37) 町村敬志「ポスト・ダム開発の半世紀―地域社会に刻まれた佐久間ダム建設のインパクト―」(町村敬志編前掲書所収)一七五頁。
(38) 一七九頁。
(39) 一八一頁。
(40) 一八六頁。
(41) 『島崎著作集　第七巻』　三二五―三二六頁。
(42) 同右書　三二六|三二七頁。
(43) 丸山真央「『平成の大合併』と地域社会の論理―佐久間町の浜松市広域編入合併をめぐって―」(町村敬志編『開発の時間　開発の空間』東京大学出版会　二〇〇六年所収)。
(44) 町村敬志「開発の時代を超えて」(町村敬志編『開発の時間　開発の空間』東京大学出版会　二〇〇六年所収)三八七頁。
(45) 同右論文　三八八|三八九頁。
(46) 同右論文　三八七頁。
(47) 岡橋秀典「工業化による地域労働市場の展開と農業の変貌―愛知県三河山間地域の事例―」(岡橋秀典『周辺地域の存立

構造』大明堂　二〇一三年　所収）
(48) 同右論文　二〇二頁。
(49) 岡橋秀典「地域労働市場の展開と住民の所得構造―愛知県豊根村および『県境域山村』の事例―」（岡橋秀典『周辺地域の存立構造』大明堂　二〇一三年　所収）二六九頁。
(50) 同右論文　二七三頁。
(51) 同右論文　二七三頁。
(52) 同右論文　二七七頁。
(53) 同右論文　二七八頁。
(54) 同右論文　二六四頁。
(55) 同右論文　二六五頁。
(56) 同右論文　二八四頁。
(57) 同右論文　二九四頁。
(58) 藤田佳久編著『山村政策の展開と山村の変容』原書房　二〇一一年　二九八―二九九頁。
(59) 同右書　三〇一頁。
(60) 同右書　三〇五頁。
(61) 同右書　三〇六頁。
(62) 同右書　三一一頁。
(63) 同右書　二九七頁。
(64) 同右書　三〇一頁。
(65) 同右書　三〇二頁。
(66) 同右書　三〇六頁。
(67) 同右書　三〇六頁。
(68) 同右書　三一一頁。
(69) 同右書　三一三頁。
(70) 同右書　三一六頁。

四　北九州地域

1　北九州地域の総合開発計画の概要

特定地域総合開発計画のうち、北九州地域に関する計画について、建設省管理局企画課監修『国土総合開発　特定地域の栞』[1]より、以下全文転載しておこう。

地域の特徴及び開発目標

a　地域の特徴　本地区は筑豊炭田を中心として大炭鉱が密集し、また臨海地帯には五大都市が境を接して連なり、八幡製鉄、旭硝子、日本化成、日本セメント、安川電気等の巨大な工場が林立し主として重工業を発展せしめ、日本に於ける鉱工業濫觴の地である。しかしこの半面五大都市発展の原動力たる石炭の採炭により筑豊一帯の土木施設、耕地（一万町歩余）に鉱害を生じて、これによる被害は莫大なものがある。

b　開発目標　目標としては石炭開発が主要であることは言うまでもないが、重要なことは本地域のバックボーンたる筑豊地帯及び心臓部たる北九州五市地区は今日すでに一応の発展段階に到達したのであって、言わば昭和一六、一七年頃の戦時異常生産を頂点として一応の限界に達し、今後この限界を超えるためには、電力不足、工業用水の不足をはじめ、交通、住宅、工業用地、災害防除等の幾多の問題を解決せねばならない。

之を要約すれば本地域は「鉱工業の再開発」を狙いとする地域であるが、そのためには「立地条件の整備」に重点がおかれねばならぬと云うことにならう。

開発計画の大綱

a　**治山、砂防、河川**　本地区を水系流域別に見れば、遠賀川、山国川、流域が地域の大部分を占める。遠賀川流域においては永年に亘り河川改修等の防災工事は行われて来ているが、戦時中の炭坑乱堀、上流部の過度の木材伐採等の影響をうけ河状は荒廃し、洪水時には氾濫面積二四二万粁に及び鉱工業施設及び耕地等の被害は甚大なものがあり、且又筑豊地域の食糧供給源たる山国川流域の農業生産に与える被害は極めて大きい。この災害の根本原因は主として山林濫伐にあり、之が対策としては造林を含めた治山、砂防、河川改修等を総合的に施行して水源を涵養し、洪水を防除してゆくことが必要であり、これが工業立地条件の改善及び農業生産の増強に寄与する面は極めて大きい。

b　**発電、送電**　本地域の工鉱業地帯で消費する電力は、全九州の消費量の四〇％近くを占め、近時益々増加する傾向にある。一方火力発電を中心とする本地域の電力供給力は戦後の復旧に努めた結果、平均四五―五〇万キロワット、最大出力六〇万キロワットを供給するまでになったが、未だ需要を満たし得るまでに至らない。殊に九州の特殊性として水力電源の不安定性と調節能力の不足という面から需給のバランスが大きく破れ勝ちである。昭和二九年の需要想定では平均電力約七〇万キロワットを要する見込であるので、一五―二五万キロワットの増強が必要となる。長期を予想すれば需要置は更に増大するが、本地区に於ける計画は一応既定の火力発電による増強計画に基き、築上発電所にて八五、〇〇〇キロワット、年間電力量三億キロワットアワーの発電をなし又、若松発電所にて五万キロワットを増強するものとする。

c　**農業水利、土地改良、開拓**　農業生産は築上、京都地帯が中心となるが、年々風雨や高潮による被害になやまされている、従って農業水利は防災を兼ねた溜池を利用する。開拓、開墾等を併せて昭和三五年度までに約米三万石、麦八千石の増産を目標とする。筑豊炭田地方の農業は一万町歩余の鉱害復旧に置かれねばならない。

d 工業用水　北九州五市工業地帯の大きな生産隘路の一つに工業用水の問題がある。昭和一二年以来、遠賀川より取水する県営北九州用水事業が施行されて来たが、戦争のためその中止のやむなき状態に立至った。戦後一時停とん状態にあった工業生産力が近年著しく復興するに及んで、用水の問題は飲料水をも含めて早急解決の重要さを持って来た。

現在大口の工業用水は略々自家水源を確保しているが、将来増加する工場の用水に対応するためには本地区の用水源が極めて限定されてをり、今後工業用水に関しては特に総合的な計画を必要としよう。現在の所北九州五市地域に対しては遠賀川を水源とする北九州用水事業、工業開発対象地域としては苅田、行橋地域に対しては今川、祓川を水源とする苅田用水事業の拡充によって充てる方針である。

特に北九州五市上水道総合計画は現在五市の給水状態は一様でなく、一応安定せる八幡、小倉市もあと数年を出ずして現在の水源では不足を告げる事は明らかである。

北九州工業用水は既に一日七九、五〇〇立米の送水能力はもっているが、配水管及び沈澱地としての役目と渇水期における予備の役目を果すべき貯水池施設が未完である。これが対策として渇水時に於ける用水補給をなすため、八木山川河水統制事業の貯水池に依存する必要がある。また、苅田工業用水は一日四三、〇〇〇立米の能力を有しているが、現給水量は一日一〇、〇〇〇立米内外で充分余力をもっている。

e 漁港　北九州工業地帯及び筑豊炭田地帯の二大消費地を控えて漁港の整備は充分考慮されねばならず、このため柏原他漁港の整備を計る。

f 造林　生産資材（主として坑木用）、災害防除、水源涵養の三つの目的を果すために本地区で七、二二四町歩の造林を計画する。

g道路　道路が本地区産業経済の発展上大きな隘路となっていることは、国道及び県道だけをとってみてもその六〇%が未改良区間であることを見れば明らかである。昭和三五年において現交通量の四〇%を増加すると推定されるが、この量に対応するため交通網の整備を急ぐものである（本地区の道路交通の特徴として重量交通が多いことがあげられる）。

本計画において、工鉱業立地条件の整備の重点を考えると、北九州五市工業地帯内の道路幹線たる国道二号線は既に限界に達しているので、新線についてカバーする他なく、自動車専用道路及び国道四〇号線を必要とする訳である。

更に若松市は生産面では他の四市と一体となっており乍ら洞海湾を隔てているため、その機能上著しい障害を示しているため国道四〇号線に含めて若松―戸畑間橋梁を計画する。

又密接不離の関連にある北九州工業地帯と筑豊炭田地帯及び将来の工業開発地としての苅田、行橋地区との相互連絡線も未整備のまま放置されているので之が整備も急がれる。

h鉄道、軌道　北九州工業地帯と筑豊炭田地帯との交通的動脈は鉄道であり、又相互間の発達を誘導する原動力としての役割を果たして来た。然しながら現状においても、その輸送力並びに輸送系統の面において充分とはいい得ないが、その限界に達しているとみられるので、国有鉄道においては、鹿児島本線（門司―海老津）の電化、日豊線、（小倉―行橋）の複線化、日田線（彦山―大行司）新設、田川線の複線化を計画し、民間企業として、福岡―飯塚―直方―八幡を結ぶ筑豊鉄道の計画が着々進められている。

i港湾　本地区に含まれる港湾は、国際的重要航路たる関門海峡に面する一連の港湾と、周防灘に面する衛星港よりなって居る。之等の港湾は将来朝鮮、中国、南方諸国を対象とする貿易を予想するとき、基地としての立地条件において最も勝れている。

現在においてもなお、港湾機能が不完全なため、その能力を発揮し得ず、今後出入船舶の増大及び大型化により港湾の整備を必要とし、同時に工業適地としての造成をはかる。本計画の対象として若松港、門司港、下関港、小倉港、苅田港を採り上げている。

j 都市計画　本地区には門司、小倉、八幡、戸畑、若松の北九州五市及び下関市、田川、直方、飯塚の筑豊三市があり、工業地帯として生産の上に重大な使命を果しつつあり、又、筑豊炭田の中心都市として特異の存在をなしている。

経済自立の為に重要都市の整備が緊急に必要であることは言を俟たないところであり、工業立地条件の整備と民生の安定を目的とし、戦災復興事業、街路事業、土地区劃整理事業、公園等々それぞれの都市に事業を実施するものである。

k 住宅、その他　本地区における昭和二五年一〇月一日の住宅不足戸数は四八、五一八戸で、人口増加の一途にある状態からしてこの住宅問題は生活上、重大なる脅威を与えて居る。之が対策として、昭和三五年における増加世帯数を一〇三、七三八と推定したが、県及び各市の財政、建設能力、過去の実績よりしてこの中四四、八〇〇戸を本計画の対象とした。

その他、厚生、文化施設、衛生施設等も、必要な限り之を考慮した。

長い引用になったが、北九州市編纂の『北九州産業史』(2)は、北九州特定地域総合開発計画の内容を、以下のように要約している。

「北九州地域は、貿易の振興と国土資源の有効利用を目的とした『国土総合開発法』に基づく特定地域総合開発計画の地域指定を受けた。地域指定の基準は資源開発、産業振興、国土保全などについて高度の総合施策によって経済自立目標達成の効果の大きい地域とされた。北九州地域のほか一八地域が指定を受けたが、他の地域が概ね農産地域であったのに対し、北九州が唯一の都市地域であった。その狙いは無秩序な開発による交通・住宅問題、工業用水、工場用地、電力不足などの諸問題によってほぼ限界に達した同地域の再開発にあり、鉱工業の立地上の整備に重点が置かれた。開発計画には用水事業、道路事業（新国道三号、国道一九九号、北九州道路）、港湾整備、鉄道事業（門司〜鳥栖間の複々線化、小倉〜中津間の複線化、門司港〜久留米間の電化）、若戸大橋建設などが含まれていた[(2)]。

また、経済企画庁総合開発局の『国土総合開発計画の経過及概要』では、「北九州工業地帯における工業用水の確保、及び港湾、鉄道、道路等の交通施設の整備による工業立地条件の改善をはかり、又炭鉱地帯における鉱害防除、遠賀川の治水を推進し、鉱工業生産の増進を図る[(3)]」と集約している。

2−18図　北九州工業地帯と筑豊炭田

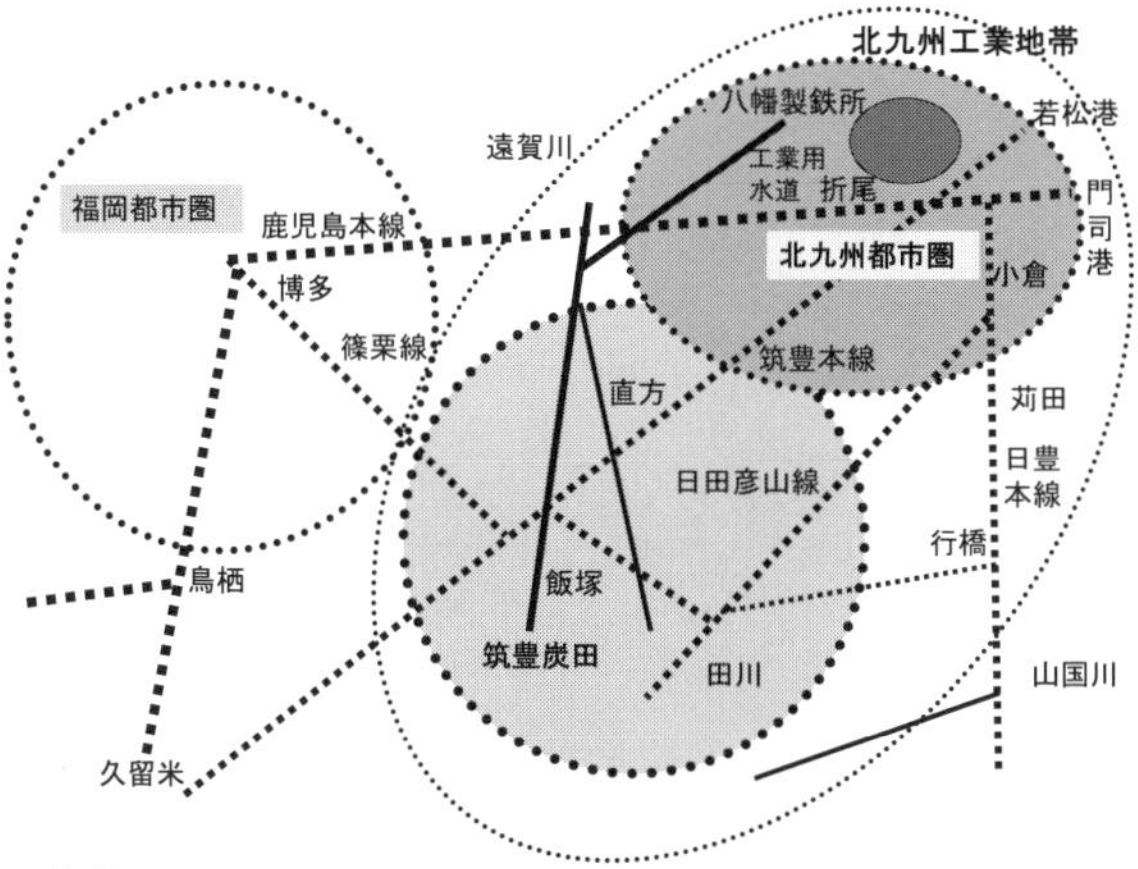

矢田作成

ところで、指定地域となった北九州地域の地域構造は、2―18図から明らかなように、北九州工業地帯＝北九州都市圏（当時、小倉・八幡・門司・戸畑・若松の五市と下関市）、筑豊炭田の二つを核としていた。この地域は、「北九州鉱工業地域」として日本の重化学工業の重要な一端を担っており、戦時体制下では生産能力をフル稼働し、限界に達していた。その意味で、わが国の戦後復興の「要」の一つであり、石炭・鉄鋼・化学を軸とする「傾斜生産方式」を軌道に乗せるに欠かせない地域であった。特定地域の指定は、まさにそのための社会基盤整備であり、食糧増産・農地改革に対応した北上、利根、木曽三地域が戦後復興戦略「国土版」の第一類型、電源開発に対応した奥只見、天龍東三河、飛越、吉野熊野が第二類型、そして傾斜生産方式に対応した北九州地域の工業および都市基盤整備が第三類型に属すると言うことができる。その内容は、道路・鉄道・港など北九州地域内および地域外との交通基盤の整備、水や電力などの資源開発と輸送ルートの整備、住宅・公園・戦災復興など都市基盤整備、そして鉱害復旧・治水・開墾・造林など国土整備など四つに集約される。

2　社会基盤整備の進捗

ここで提起された個々のプロジェクトの実施状況について、その後の展開も含めて、前記の『北九州産業史』と同じく北九州市発行の『五市合併の歴史的評価』(4)の二つの文献から概略整理してみよう（2―19図）。

道路体系の構築

道路体系の整備は、戦前の一九三七年に着手し、戦中と戦後に一時中止されながら、特定地域総合開発計画の一環に組み込まれて五二年に工事が再開され、五八年二月の**「関門国道トンネル」開通**を嚆矢とした。着手後二一年、工事再開後の五年七ヵ月後の完成、総工費五六億円の大難工事であった。

この関門トンネルの開通によって交通量が増加し、国道三号線が門司―小倉間が特に狭隘なうえ、電車軌道併用路線だったこともあって、ほとんど麻痺状態に陥った。このため、**北九州道路**（＝門司市の黒川から八幡市引野までの有料自動車道路）が「当初、国道三号のバイパスとして建設省によって建設される予定であったが、一九五六年四月日本道路公団が発足したことから、公団によってこの計画が引き継がれた。第一期工事として黒川～大里戸上通り間が五七年二月に着工、翌年一〇月に完成、引き続き第二期工事として富野（東鳥越通り）までの工事に着手、六一年三月黒川~富野間が全線開通、四月営業を開始した。その後六〇年に同道路の八幡市引野までの延長と四車線への拡幅が決められ、六五年に着工、七三年一一月全線の開通をみた」(5)。

　北九州地域の道路体系整備の第三のプロジェクトは、**若戸大橋の建設**である。

「若松と戸畑を結ぶ若戸大橋は、門司から若松に至る臨港地帯の工場と港湾を結ぶ産業道路・国道一九九号の一部をなすもので（中略）（日本道路公団設立によって）一九五八年に着工、六二年九月に竣工した。全長二、〇六八m、総工費五一億円であった。（中略）同大橋は長大吊橋の嚆矢として、耐風安定性や基礎工事など高度な技術的課題を克服して建設」されものである(6)。

2－19図　北九州の主要交通基盤

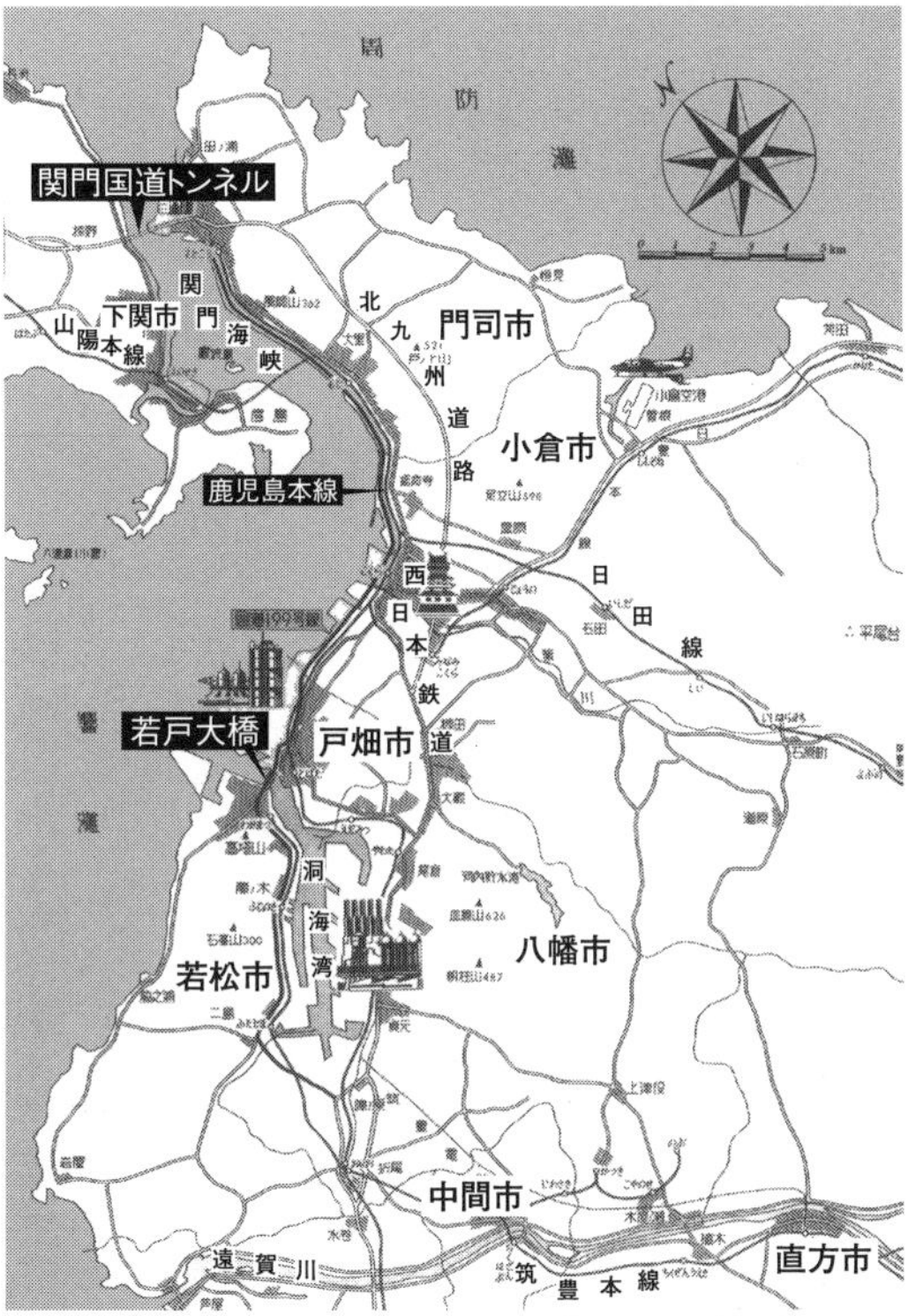

毎日新聞社『毎日グラフ』1960年5月5日　若戸大橋完成記念号

　この結果、洞海湾を挟んで隔絶していた東の小倉・戸畑・八幡地区と西の若松地区とを自動車交通で結び、翌六三年の五市合併による北九州市誕生に伴う五市の一体化に大きく貢献した。

　若戸大橋の建設に意義について、当時の吉田敬太郎若松市長は、『毎日グラフ』の五市町対談で次のように語っている。

「これまで、門司、小倉、八幡を結ぶ縦の道程はあったが、若松・戸畑を結ぶ横の道程はなかったので、洞海湾一帯にのびる臨海工業地帯にとって大きいプラスだ。洞海湾には年間七万隻、三千万トンの貨物が取り扱われているうえに船も大型化してきた。この間をぬうようにして連絡船と貨物船が両市を結んでいるわけで危険で見ていられない。これがなくなれば港の機能が生まれかわる。橋ができて貨物の積みおろしがなくなるだけで年間五億円のプラスだと思う」。

「十二年前の第一次合併論のとき反対の空気が強かった若松が賛成にふみ切るようになったのは、なんといっても橋のできたことが最大の原因といえる。たしかに若松だけは飛び地で、合併しても実際的な効果がなかったが、これで経済的にみても反対する条件がなくなった。大橋完成は五市合併のかけ橋で、将来は若戸両市と小倉などを結ぶ循環バスの計画も出ている(7)」。

その後、北九州地域の道路整備は、特定地域総合開発計画以後の国土政策にも引き継がれ、一九六八年に北九州道路と結合する形で門司区の黒川を起点とした**九州縦貫自動車道**が着工し、翌六九年の新全国総合開発計画に組み込まれ、「九州（縦貫自動車）道は、（中略）北九州市（門司区黒川）を起点とし、（一九）七八年を完成目標にした、鹿児島、宮崎までの全長四三二kmの高速自動車道である。『国土開発幹線自動車道建設法』および『高速自動車国道法』の制定を受けてスタートし、（中略）七三年には福岡～北九州間が完成した(8)」。時を同じくして、建設省が一九六五年に決定した、全長一、〇六八mの関門橋が「総事業費一四〇億円で五年の歳月をかけて七三年一一月一四日に開通した。（中略）同時に大手の輸送業が九州域内への進出を活発化させた。（中略）輸送距離の長距離化、大量高速化という時代の流れがあり、本州と九州を結ぶ物流の結節地点として重要な役割を担ったのである(9)」。

鉄道網の強化

北九州地域の鉄道網の整備については、第二次大戦中に二つのことが生じた。一つは、**関門鉄道トンネルの開通**である。

「山陽本線の下関彦島口から門司小森江までを結ぶわが国最初の海底鉄道トンネルで、単線トンネル二本からなり、下り線三、六一四ｍが（一九）三六年に着工、四二年一一月一五日開通し、上り線三、六〇五ｍは四〇年に着工、四四年八月八日に開通した。（中略）工費は三、九〇〇万円を要した。」[10]その後、二一世紀まで七〇年以上稼動している。第二は、東小倉から筑豊の添田間全長約四〇㎞の小倉鉄道ＫＫが国有化され（**日田彦山線**）、戦中・戦後に筑豊炭田・田川地区の石炭と石灰石の北九州工業地帯への輸送の動脈となったことである。

特定地域総合開発計画の重要な一環として組み込まれた鉄道網の整備・強化については、次の二つがある。一つは、国鉄鹿児島本線の**門司港―久留米間の電化**である。これは、「（一九）五八年九月の国鉄の理事会で同区間の電化を決定した。一一月三〇日に着工、変電所の建設、信号通信施設の改修、城山トンネルの新設、電車と電気機関車の製作など総工費百二十五億円が投入された」。「六一年六月電化が完成し、九州初の電車運行が開始された」。「この電化によって門司港―博多間の所要時間が従来の二時間に対し、わずか一時間余りに短縮され、輸送力は大幅に増強されることになった。」[11]また、日豊線についても一九七〇年一〇月に小倉―中津間で複線電化が完成した。

戦前から構想され、戦中に中断していた筑豊電鉄は、「（一九）五〇年一二月ようやく正式に建設が許可された。建設許可を得た直後に、西鉄が**筑豊電気鉄道（株）**（資本金１億円、社長野中春三）を設立、五四年には北九州総合開発計画の一環とされて建設が推進され、五五年一〇月に工事に着手した。四年後八幡貞元〜直方が完成したが、戦前の構想から実現まで実に四一年かかったことになる。戦後の申請当時は筑豊炭田の重要性が高まり（中略）直方まで完成した。五九年には石炭産業は斜陽化し、筑豊の人口は急速に減少しており、福岡への延長は実現することなく現在に至っている」[12]。

その後、新全国総合開発計画によって全国新幹線網の整備が構想され、その一環として東海道新幹線、**山陽新幹線**

が整備・供用された。北九州においては、新幹線の新関門トンネルが「下関市伊倉三町から入り、火の山の下を通り、関門海峡の下をくぐって北九州市門司区の『めかり』を経て、小倉北区冨野に出る。全長一万八、七一三mに及ぶ。一九七〇年に着工し、四年足らずで貫通した。」七五年に山陽新幹線の岡山―博多間が開通した。「時速二一〇kmの新幹線は、五―六分で（トンネルを）通過してしまう[13]」。

工業用水道、発電施設の整備

八幡製鉄など北九州工業地帯を支える工業用水、北九州都市圏の上水道は、国土総合開発の「特定地域に指定されたのを契機に、昭和二七（一九五二）年四月旧門司市を除く四市と福岡県との協議により、北九州水道組合が設立された。北九州水道組合は、設立後直ちに遠賀川に水源を求め、拡張事業に着手した。すでに県営用水事業として、伊佐座取水場と頓田第一貯水池が造られていたが、この事業で頓田第二貯水池と穴生浄水場を完成させた。また、昭和三五（一九六〇）年には、第一次工業用水道が完成し、八幡製鉄所ほか一〇社に給水を始めた[14]」。

その後、一九六三年の五市合併による北九州市発足に伴い、北九州市水道局が発足し、上水道拡張事業、および工業用水道事業、産炭地域工業用水道事業を進めていった。ここで、力丸貯水池建設、穴生浄水場の拡張（一九六七年）、油木貯水池・ます渕貯水池・井手浦浄水場築造などが相次いで竣工した（一九七六年）。さらに、遠賀川河口堰建設、猪熊取水場、本城浄水場築造などの事業がおこなわれ、一九九七年に竣工した。山国川水系の耶馬溪ダム、中津大堰建設、井手浦浄水場拡張によって、二〇世紀末には約七七万トン／日の給水が可能になっている。北九州工業用水道事業についても、第一次から第三次までの工業用水道敷設事業によって、一九八三年までに、合計で二一・五万トン／日の工業用水を供給できる体制を整えた[15]。

そのほか、計画に記載されていた火力発電所については、九州電力の築上発電所（一四万五千KW）が一九五二年に、苅田発電所（三八万七千ＫＷ）が一九五六年に営業運転を開始した。前者は、見返り資金の割り当てを得て、後者は世銀等からの借款で賄われた。ともに、北九州工業地帯や筑豊炭田への電力供給のためのもので、当時はわが国最新鋭のものであった。

3　筑豊の鉱害と復旧

すでに述べたように、北九州特定地域総合開発計画の内容は、道路・鉄道・港など交通基盤、水・電力などの資源開発、住宅・公園・戦災復興など都市基盤整備、そして鉱害復旧と石炭の増産の四つに集約される。うち交通基盤と資源開発の内容については、前節で社会基盤整備の進捗状況で分析した。ここでは、北九州工業地帯とともに「北九州地域」のもう一つの核である『筑豊』、とくに復興の最大の重荷となってきた鉱害の実態と復旧の動きについて考察しておかなければならない。

鉱害とは、「鉱業の実施によって他人に与える損害」を言う[16]。具体的には、2―4表にみるように、土地の掘削、坑・

2－4表　鉱害の機構

鉱害の原因となる諸要素	被害事象		
土地の掘削	掘削空間上部の沈下	地表沈下	構造物・施設等の傾斜、沈下、破壊、倒壊等
		地表陥没	土地の沈下、亀裂、冠水、浸水
	地下水系の攪乱	地下水枯渇	井・泉水の枯渇
		異常出水・湧水	冠水、浸水
	騒音・振動	水質の変化	赤　水
	掘削空間の放置（露天掘）	土地の湖沼化	
坑・廃水の放流	地表推計の水量の変化	水利権への影響	
	地表水系への汚濁物質の流入	河川の汚濁	生態系への影響
		河川底の澱物の増加	農業等利水系への影響
捨石・廃さいの堆積	ぼた山の形成	ぼたの流出	
		ぼた山の崩壊	
鉱煙の排出	大気系の汚濁	生態系への影響	

九州通産局鉱害部『石炭鉱害の現状』1991, p.7

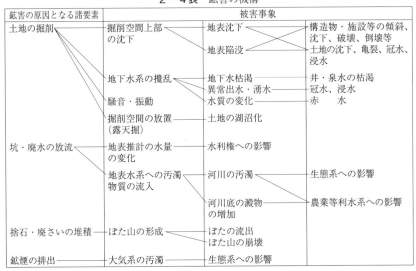

廃水の放流、捨石・廃さいの堆積、鉱煙の排出に伴う損害で実に多様な形態をとっている。しかし、そのなかで最も一般的で規模の大きいのは、地下の炭層を採掘することによって大きな空隙が生じ、地表が沈下または陥没し、水田・畑などの農地の陥没・冠水・排水不能など生産活動を著しく阻害されることである。また、家屋の倒壊、骨組の変形、傾斜、浸水によって居住に困難をきたす現象である。そのほか、道路・鉄道・電柱・ガス管・上下水道などの公共施設の沈下、破裂、倒壊、傾斜などの被害が生じる。

わが国では、鉱業法によって、鉱害賠償責任を負うものを鉱害が発生した時の当該鉱区の鉱業権者と画一的に定めており、金銭をもって賠償することを原則としている。

しかし、「鉱害の規模及び範囲が大きく、国土の有効な利用及び保全並びに民生の安定上からみて問題であるという、鉱害の社会的重大性と石炭鉱業の国家的重要性にかんがみ、昭和二七（一九五二）年八月『臨時石炭鉱害復旧法』が制定されている。同法に基づいて石炭鉱業及び亜炭鉱業による鉱害を計画的に復旧し効用回復を図ることを目的として、賠償義務者（鉱業権者、粗鉱権者等）の負担する金銭賠償相当額の納付金に加え国及び都道府県の補助金を投入して、農地、農業用施設、公共施設及び家屋等の復旧を図っている[17]」。

つまり、戦後復興に向けて傾斜生産方式を採用して石炭の生産の増強に力を入れる一方、第二次大戦前・戦中の著しい石炭の乱掘がもたらした鉱害を放置したままでは、石炭生産の増強と産炭地域の安定は困難とみて、鉱害の復旧と石炭増産を同時並行する戦略を採用した。それが一九四六年一二月の傾斜生産方式の決定による石炭増産政策、一九五〇年五月の国土総合開発法の制定、一九五二年一二月の特定地域総合開発計画の策定、そして筑豊を含む北九州地域の指定、さらに、同じ年の七月の「臨時石炭鉱害復旧法」の制定という一連の流れである。石炭生産増強、鉱害復旧、特定地域開発の三つのプロジェクト間に資金がどのように流れたか、つまびらかでないが、ともかく三つのプロジェクトは同時並行的に遂行された。臨時石炭鉱害復旧法のもとでは、「鉱害を計画的に復旧し効用回復を図ることを目的として、賠償義務者（鉱業権者、租鉱権者等）の負担する金銭賠償相当額の納付金に加え国及び都道府県の補助金を投入して、農地、農業用施設、公共施設及び家屋等の復旧を図る」[17]ことを可能にした。つまり、鉱害賠償負担の一部を国・自治体に依存しながら、石炭経営者は、鉱害の拡大をもたらすこと必定の石炭の増産を継続できる仕組みを作り上げたのである。

ところで、国際石油資本の日本市場への制覇によって石炭産業が崩壊過程に向かうまでの一九五〇―六〇年代の石炭生産を担った主な炭田は以下の通りである。北海道では、石狩、留萌、釧路の三炭田、本州では常磐と山口（宇部・大嶺）の二炭田、九州では筑豊、福岡、三池、唐津、佐世保、高島の六炭田、計一一炭田である。このうち、生産高でみると、一九五七年で石狩一、二五〇万トン、筑豊一、五〇〇万トンと二炭田が頂点を占め、全国五、一〇〇万トンの過半を占めていた。次のクラスが常磐、山口、佐世保の三〇〇―四〇〇万トン台、釧路、三池、唐津、高島の二〇〇万トン台（いずれも年産）で中規模に位置付けられる。主要九炭田のシェアーは九五パーセントを占める[18]。

石炭鉱害は、採掘によって地下に生じる巨大な空間の上に農地・家屋・公共施設が立地している炭田で生じる。九炭田中、釧路・山口・三池・高島の四炭田は主に海底を採掘しており、石狩は夕張山地の地下を対象としている。これらの五炭田では地形上深刻な鉱害は発生しにくい。必然的に、内陸の沖積平野の地下を採掘してきた常磐、筑豊、唐津、佐世保の四炭田で鉱害が主として発生してきた。

なかでも、生産規模最大で、地質及び地形的に最も鉱害の発生しやすいのが筑豊である。この点について土井仙吉氏は、以下のように簡潔にまとめている。

「筑豊炭田地帯で稼行している夾炭層は、（中略）ＮＮＷの走向をもつ夾炭層が無数の断層で切断されながら全体として十五～二十度（東縁部では六十度を超すこともある）傾斜して著しく東偏した軸をもつ向斜構造をなし、その上に軟い沖積層を不整合にのせている。従って（中略）採掘によって起る陥落は最も大きく、かつ広くなる地質的条件を備え、更に多量の坑内排水は地下水で飽和した『ソーラ層』とよばれる一種の泥炭層の介在とも相まってこの傾向を促進する。又比較的最近までかなり広い（東西二〜三km、南北十〜十数km）入海であったと考えられる遠賀川下流の河床傾斜が八千〜一万分の一にすぎぬという地形的条件は、僅かの陥落によっても排水不良、水没を惹起し易い。この沖積平野が水田立地の好条件を備え、遠賀川式土器によって標識されるように古くからこの地域に水田農村を発達させて来た点、森林地帯の山地丘陵（北海道、常磐）、海底（三池、長崎、宇部）などを主に採掘している他の地方と著しく事情を異にする。その上三池等と異なって多数の累層を採掘するため陥落量が多いのみならず、反覆して起るので被害が大きくなる[19]」。

加えて、炭層が一般的に薄く、かつ多数が重層し、大中小の炭鉱経営者が炭層ごとに鉱区を設定するなど、地下の採掘状況が複雑に入り乱れてきたこと、ためにごく短期間操業の租鉱権炭鉱も多く、鉱害発生の責任の所在の不明確なケースも多いことなど特異な生産構造も大きく影響している。この点についても、土井氏は、生産構造、資本の歴史的性格、採掘技術の変化など社会的歴史的条件を指摘している。

さらに土井氏は、石炭産業の復興の中心となった一九五〇年代の筑豊炭田の鉱害の実態について以下のように、その特徴を指摘している。

「最も大規模広範な被害をうけるのは農地であって、その場合、水没や排水不良のみならず亀裂ないしは地下水位の低下によって干魃を起し、甚だしい場合、一枚の水田が傾斜して『水没（或いは冠水）』と『干魃』という被害の両極を同時に現出することさえある。尚かかる陥落（地表の移動）は採掘跡の空洞より遙か広い面積の地表に生起する。（中略）このような耕地被害は、既にみた鉱害復旧費の半ばを占める鉱害の大宗である」[20]。

「以上の如き鉱害田の県下総計は『特鉱法』による大規模な復旧工事開始（一九五〇年）直前の一九四九年に、全水田面積のほぼ一割にあたる約一万町歩で（中略）九市九郡四二町村の広範囲に分布するが、その程度は地域的に一様でない」[21]とする。

2―20、21図から明らかなように、「筑豊炭田地帯には鉱害水田率八〇％前後から一〇〇％（遠賀郡水巻・芦屋・中間と鞍手郡木屋瀬・

2－20図　福岡県の鉱害水田（郡市別）1949年

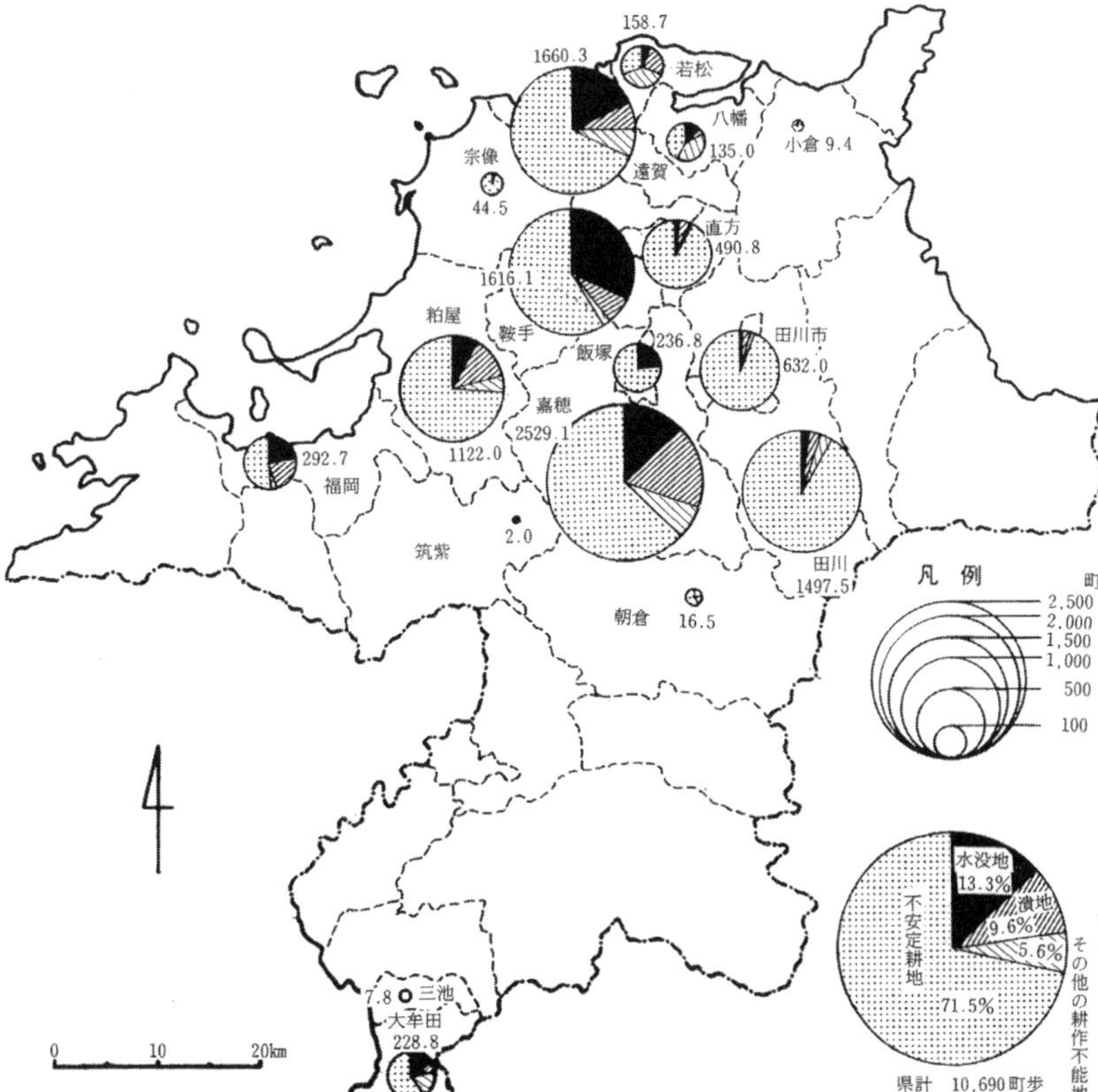

数字は面積（町歩）を示す。
原資料：農業調整委員会調査資料。
土井仙吉論文　図3　p.205より転載

2－21図　鉱害水田率　1949年（福岡県）

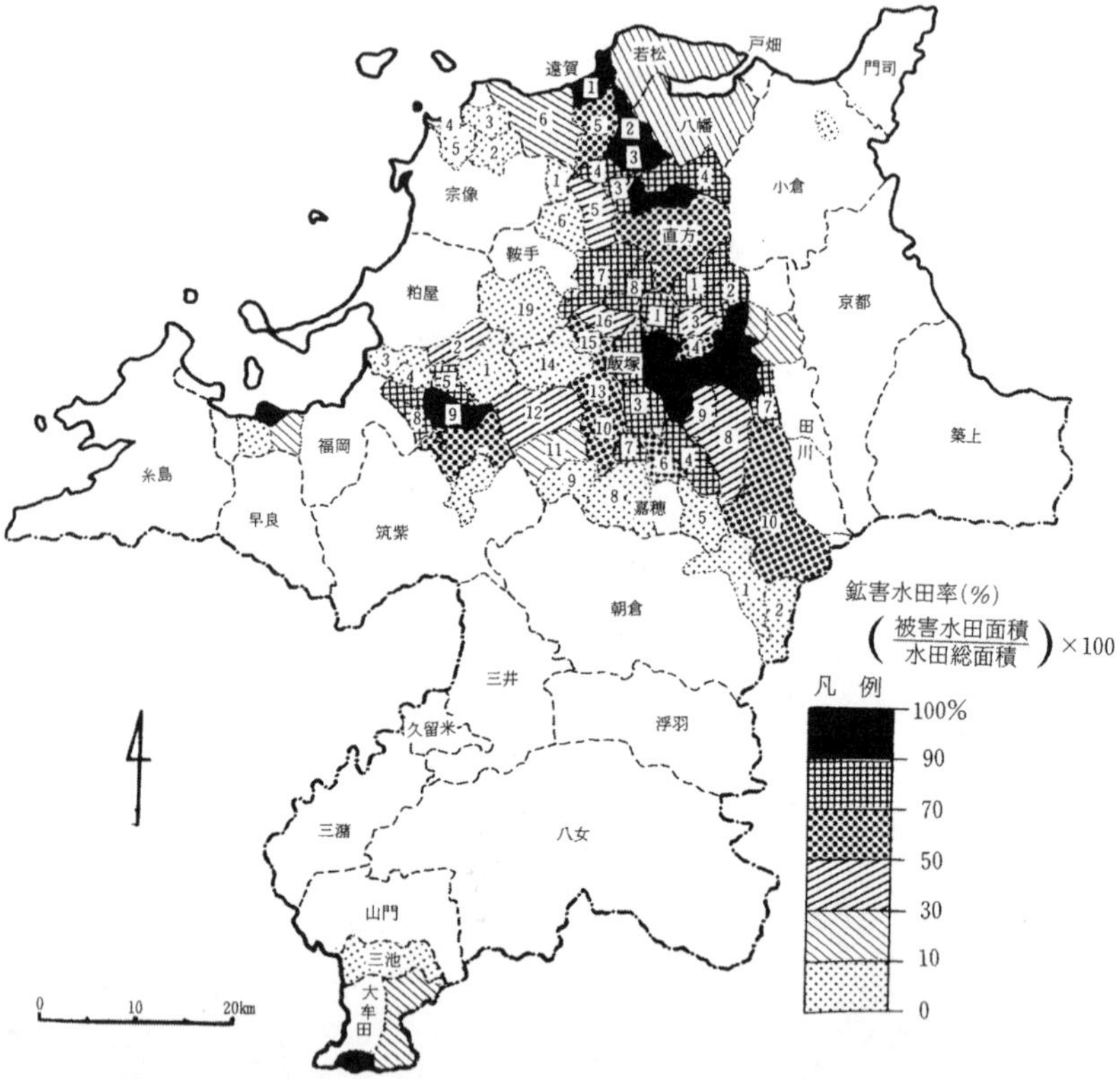

朝倉郡　１小石原村　２宝珠山村　　筑紫郡　太宰府町　　三池郡　高田村
遠賀郡　１芦屋町　２水巻町　３中間町　４香月町（現在八幡市域）　５遠賀村　６岡垣村
鞍手郡　１木屋瀬町（現在八幡市域）　２植木町（現在直方市域）　３剣町（現在鞍手町）
４古月村（　〃　）　５西川村（　〃　）　６笠松村（現在宮田町域）　７宮田町
８小竹町　　９若宮町
嘉穂郡　１頴田村　２庄内村　３稲築町　４山田町（現在山田市）　５宮野村（現在嘉穂町）
６大隈町（　〃　）　７碓井町　８千年村（現在嘉穂町）　９内野村　10 桂川町　11 上穂波村
12 大分村　13 穂波村　14 鎮西村　15 二瀬町　16 幸袋町
田川郡　１赤池町　２方城村　３金田町　４糸田町　５香春町　６勾金村（現在香春町）　７大任村
８川崎町　９猪位金村（現在田川市域）　10 添田町
粕屋郡　１篠栗町　２久原村（現在久山町）　３多々良町（現在福岡市域）　４大川村
５勢門村（現在篠栗町）　６須恵町　７仲原村　８志免町　９宇美町
宗像郡　１吉武村（現在宗像町域）　２河東村（　〃　）　３池野村（現在玄海町）神湊町（　〃　）
５田島村（　〃　）

土井仙吉論文　図４（p.206）より転載。
原資料：1954 年農業調整委員会調査。

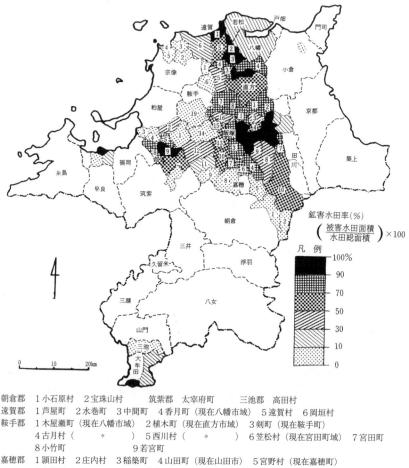

植木の計五町）という極めて高い市町村が多く、全体的に鉱害波及の程度が著しく激しい。しかし鉱害水田率の高い所が必ずしも質的に高度の被害を受けているとは限らぬ。遠賀川上流域の田川・嘉穂地区は鉱害の空間的ひろがりの大きいことを特色とするが、とにかく農地として機能している『不安定耕地』がその大部分を占め、しかもその素因としては『灌漑不良』が多いことから分るように、その程度が比較的軽微なのに対し、下流域の鞍手・遠賀地区（特に鞍手郡）は、ひろがりの大きいのみならず、水没地が大きな割合を占める事実から分るように被害程度の深化を特徴とする」[22]。

ここで、土井仙吉氏が作成した今では大変貴重な二つの鉱害地図をみると、まず2―20図では鉱害水田面積を表しており、県全体で約一万町歩、この数字は、本節冒頭の北九州特定地域総合開発計画の数字と一致している。ともに、一九四九年の福岡県の提出している資料を基にしているから当然である。このうち、大牟田市は三池炭田、粕屋郡と福岡市は福岡炭田、朝倉郡は朝倉炭田であるから、筑豊炭田はそれ以外の市・郡域となる。とはいっても、ほとんど筑豊炭田である。面積を表す円の大きさでは、遠賀川上流の嘉穂郡と飯塚市、支流英彦山川上流の田川市・郡、両川が合流する地点周辺の直方市と鞍手郡の中流域、遠賀川下流域の遠賀郡の面積に大きな差はない。しかし、鉱害の素因に注目すると田川市・郡などの上流域は、灌漑や排水不良など相対的に軽微な不安定耕地の比率が高いのに対し、鞍手・遠賀の中・下流域では、水没・潰地などの重度の鉱害田の比率が高い。また、全水田面積に対する鉱害水田率をみると、2―21図のようにやはり遠賀・鞍手など中下流域での比率が高い。いわゆる重篤鉱害地域として石炭生産が終了してもなお、長期間鉱害復旧事業の対象となった地域である。

一九五二年八月一日に制定された「臨時石炭鉱害復旧法」について、通産省は、以下のように説明している。

「本法は、鉱害復旧について国土復旧を建て前として国家が公共的な見地から介入し、公法的規制を加えているものであるが、半面において、私法関係である鉱害賠償関係を考慮し、また鉱業法による賠償原則を尊重しこの原則による関係当事者の負担程度を勘案しつつ、不足分を国及び地方公共団体の負担で補って復旧を行うこととしている。

本法による鉱害復旧のしくみは、概略次のとおりである。

（石炭鉱害）事業団は、鉱害の『復旧基本計画』を作成し、通産大臣の認可を受ける。認可を受けた基本計画に基づいて、工事施行者は『実施計画』を作成して主務大臣の認可を受け、工事を施行する。復旧に要する費用は、

①事業団が賠償義務者たる炭鉱から徴収する納付金
②国及び県の補助金（事業団負担金）又は地方公共団体の負担金
③事業団が受益者から徴収する受益者負担金
④賠償義務者が無資力の場合の家屋自体の復旧費について、有資力賠償義務者から賦課徴収して事業団が負担する負担金（②と④を事業団負担金という。）でまかなわれる」[23]。

この法律に基づき、一九五三年一月に「九州鉱害復旧事業団」が設立された（中国鉱害復旧事業団は同日、その後東海、常磐地域にも設立）。以後、この法律が延長を繰り返し、約半世紀継続したのち、二〇〇〇年三月末に廃止されるまで、鉱害復旧事業が営々と

2－5表　臨鉱法による鉱害復旧実績推移

	全国 億円	有資力 %	無資力 %	九州 億円	有資力 %	無資力 %	九州比率 %	農地 %	公共 %	家屋等 %
1952-61	95.9	91.7	8.3	86.5	91.0	9.0	90.2	48.8	34.9	16.3
1962-71	711.6	52.3	47.7	658.5	51.5	48.5	92.5	61.2	16.1	11.8
1972-81	3,838.8	15.4	84.6	3,613.1	14.5	85.5	94.1	41.1	11.8	47.1
1982-89	5,173.4	11.0	89.0	5,089.2	11.0	89.0	98.4	39.3	8.5	52.2
累計	9,819.7	16.5	83.5	9,447.3	15.9	84.1	96.2	41.6	10.5	47.9

九州通商産業局鉱害部『石炭鉱害の現状』1991年　より作成

2−22図　筑豊炭田出炭高推移

『石炭・コークス統計年報』

2−23図　九州の鉱害復旧事業費推移

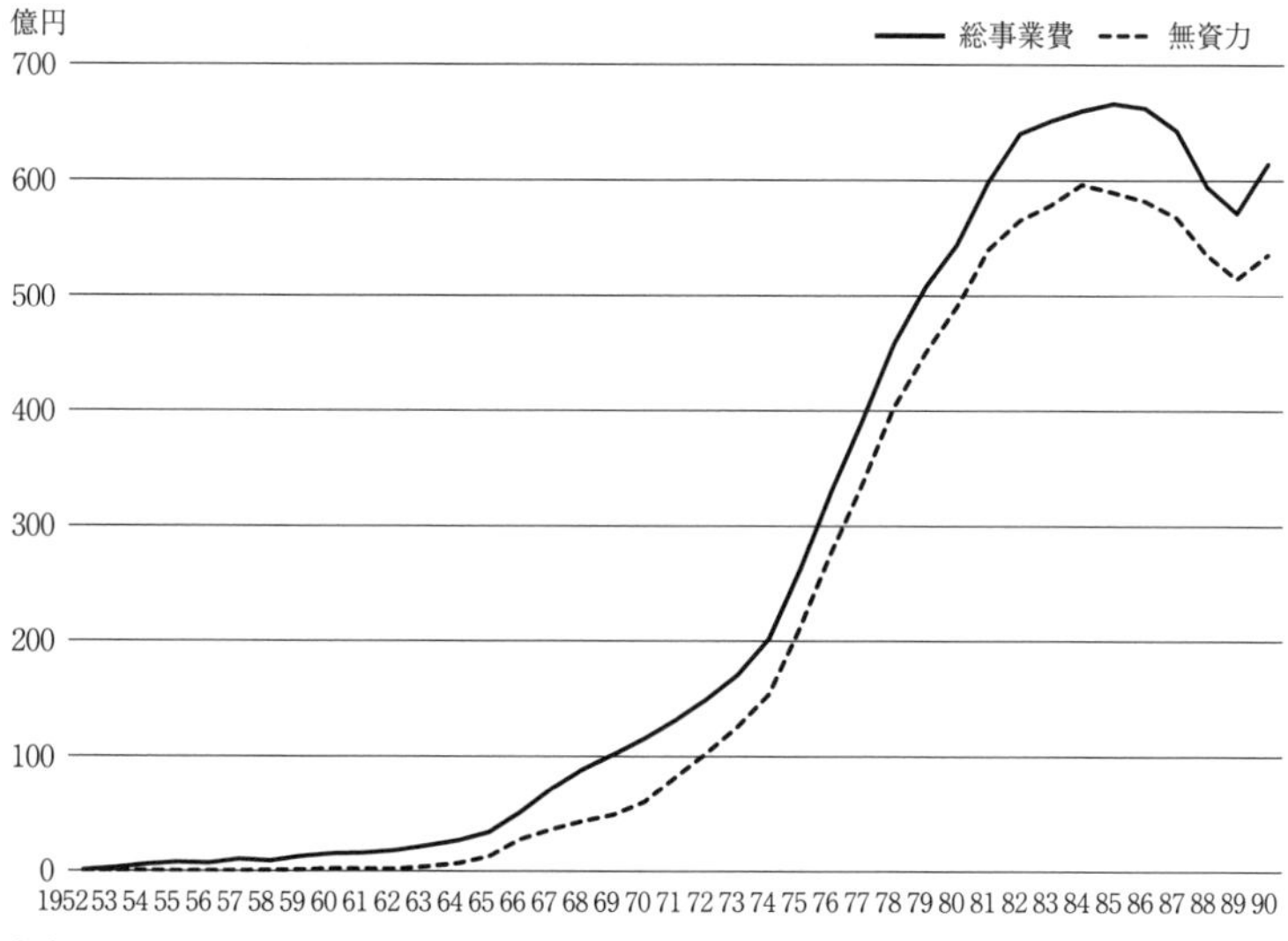

1989年度は見込み　1990年度は計画
石炭鉱害事業団九州支部『業務概要』1990年12月

実施された。2—22図にみるように、筑豊での石炭生産は、一九六〇年代から急速に縮小し、第一次石油危機の発生した一九七三年には生産活動は殆んど終了していた。つまり、鉱害の発生活動も終息段階にあった。しかし、鉱害復旧活動はむしろ生産が停止した一九七〇年代から活発化している。鉱害復旧費で見る限り、2—23図のように一九七二年の一四九億円から、一九八五年の六六六億円まで右肩上がりの増加を示している。これを2—5表で開始からほぼ一〇年ごとに段階を追って考察してみよう。

初期の一〇年間（一九五二—六一年度）は、年平均一〇億円、原因炭鉱が現存していたことから有資力の比率が九割を占め、農地と公共施設が大部分であったが、その後原因企業の閉鎖から無資力の比率が増大し、七〇年代には八五％、八〇年代にはほぼ九〇％が無資力鉱害となった。また、工種別でみても農地・公共施設の比率が漸次低下し、家屋の比重が増大している。一九六〇年代では農地約六割が八〇年代に四割弱に低下し、代わって家屋が六〇年代一〇％台から七〇—八〇年代五割前後を占めるまでになった。有資力賠償の場合は、賠償義務者たる企業は農地一五％、家屋三五％で、無資力の場合は農地、家屋とも負担ゼロで、いずれの場合も残りは国または都道府県が負担することになっている。無資力鉱害復旧比率が増加するということは、それだけ国・県の負担が増えることになる。鉱害復旧額が急増した一九七〇年代以降は、炭鉱経営者が撤退し、鉱害復旧は殆んど国税・県税によって賄われたことになる。年平均三〇〇億円、約三〇年間である。

4「開発」の効果

特定地域開発事業のうち北九州地域は、1—3表（四九頁）にみるように閣議決定時の予算規模は七五〇億円で、二二地域中六番目に大きく、その後八年を経た一九六一年七月時点での事業費実績は八一〇億円でやはり第六位である。予算規模と実績規模を比較した「進捗率」は、一〇八％でこれも第六位となっている。事業費規模が大きく、かつ進捗率が高いのは、天竜東三河、只見、吉野熊野、飛越など電源開発系と木曽の五プロジェクトで、北上、利根などの治山・治水系の大規模プロジェクトは、進捗率は一〇〇％を下回っている。その中にあって、工業立地系のプロジェクトである北九州地域は、規模、進捗率とも両タイプの中間にある。プロジェクト内の分野別進捗率を比較すると、電源開発系では発電部門の進捗率は高い。これに対し、工業立地系の北九州地域は、道路分野の進捗率は四〇六％と極端に高い。工事の進捗度合というよりは、予算を大幅に上回って道路事業への支出がなされたとみることができる。電源開発系は、電源開発会社経由、工業立地系は道路公団や国鉄経由などいわゆるB種公共工事の比率が閣議決定、支出実績レベルとも高くなっている（2—13図、一三七頁）。いずれも土地買収などへの補償費用が予算を大幅に上回ったからであろう。北九州地域では、関門、若戸の二つの架橋と北九州道路と九州縦貫道路という二つの「自動車専用道路」と国鉄電化に重点が置かれた。

ところで、北九州の特定地域総合開発の成果を、三つのマクロ的な指標で確認しておこう。

一つは、筑豊炭田の石炭生産の動向である。筑豊炭田の出炭高は、戦前より日本一を長く誇ってき、大正期には一、〇〇〇万トンを越え、第二次大戦中の一九四一年度には一、九〇〇万トンと最大の出炭高を示した。しかし、戦争直後には七〇〇万トンにまで落ちたが、政府の傾斜生産方式によって生産は着実に回復し、加えて特定地域総合開発計画の後押しによる鉄道・港湾などの輸送ルートの復旧効果もあって、2—22図のように、一九五〇年代には戦前の水準をほぼ回復するほどまでになった。復興が主として「人海戦術」によるものであったことから、大陸からの引揚者、大都市圏からの流入者も加わって、筑豊の人口は八〇万人を上回るまでであった。その後、中東からの大量の石油の流入にともなって、わが国の「エネルギー革命」が進行し、筑豊の出炭高は、一九五七年をピークに坂を転げ落ちるように減少し、「エネルギー危機」を迎える七三年までの一五年間に殆んど壊滅してしまった。

2－24図　八幡製鉄所粗鋼生産高推移

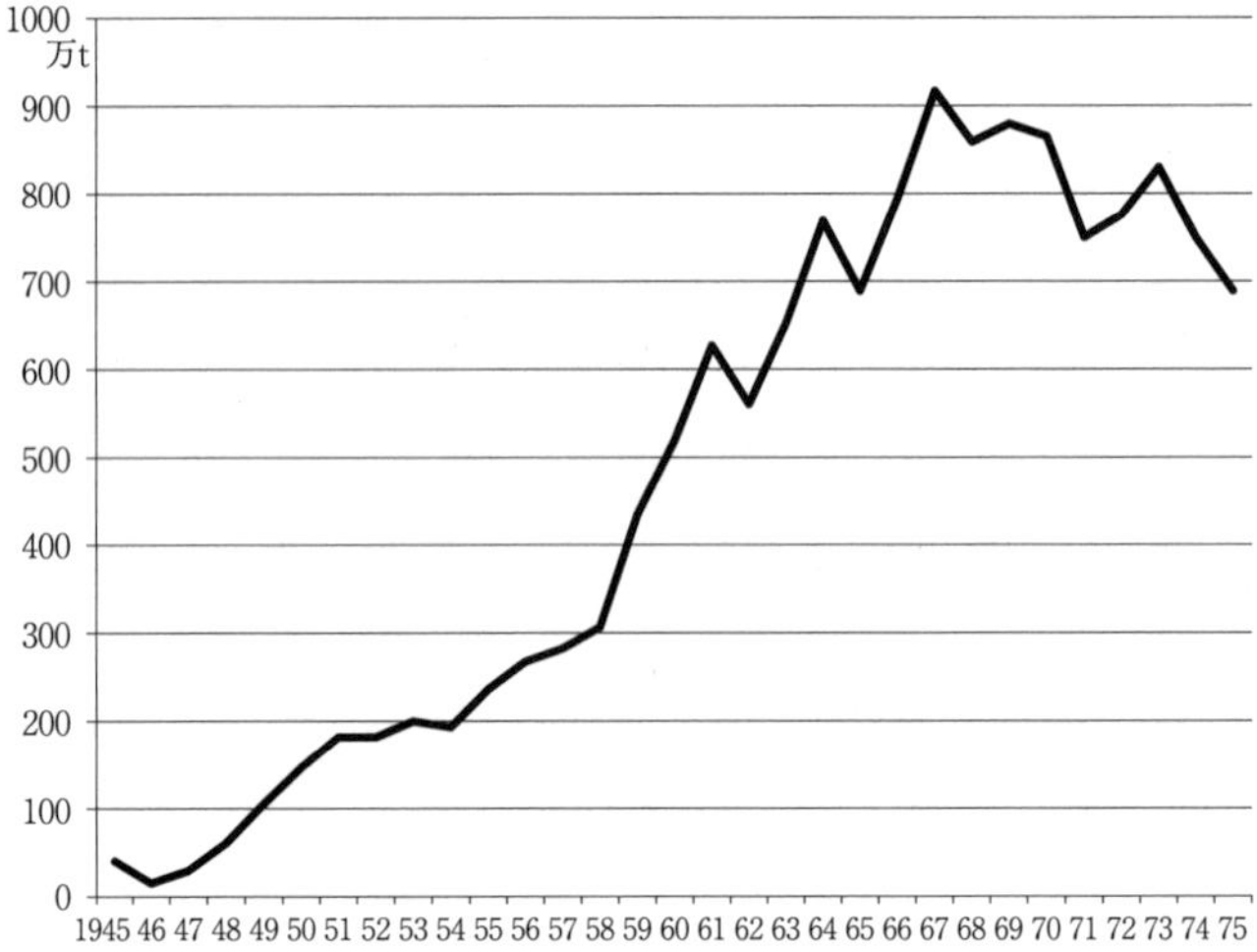

『北九州産業史』p.376資料をもとに作成

他方、傾斜生産方式のもう一つの柱である鉄鋼については、特定地域総合開発計画による鉄道網の復旧による筑豊炭の輸送、港湾の整備・強化による鉄鋼製品の大都市圏への円滑な移出、遠賀川からの工業用水の確保など、一連の社会基盤の整備効果もあって2－24図のように八幡製鉄所の粗鋼生産は急カーブで増加した。それは、一九六〇年代半ばまでの約二〇年間続き、まさに戦後復興をリードしてきた。

鉄鋼生産の回復と新鋭設備の導入を伴う生産力の増強は、北九州工業地帯を活気づかせ、道路や鉄道網の強化とこれと連動した市街地整備と拡充、さらに上下水道や住宅の確保などの都市政策も加わって、小倉・八幡・戸畑・若松・門司の北九州五市の人口も2－25図にみるように終戦直後の約五〇万人から急速に増え続け、一九六一年にはついに百万人を突破するに至った。

「一九五二（昭和二七）年、五市内の電話の自動化が実現し、さらに、一九五八（昭和三三）年の関門国道トンネルの開通、一九六一（昭和三六）年の北九州の国鉄電化、一九六二（昭和三七）年の若戸大橋の開通などにより交通の利便性も大幅に改善され、市街地が連担するとともに、人や貨物の流動性は著しく高まり、市民意識の面でも五市地域の一体感が醸成された。（中略）このように、合併直前の時期においては、交通通信や市街地の一体化が進む中、実質

2−25図　北九州市域の人口

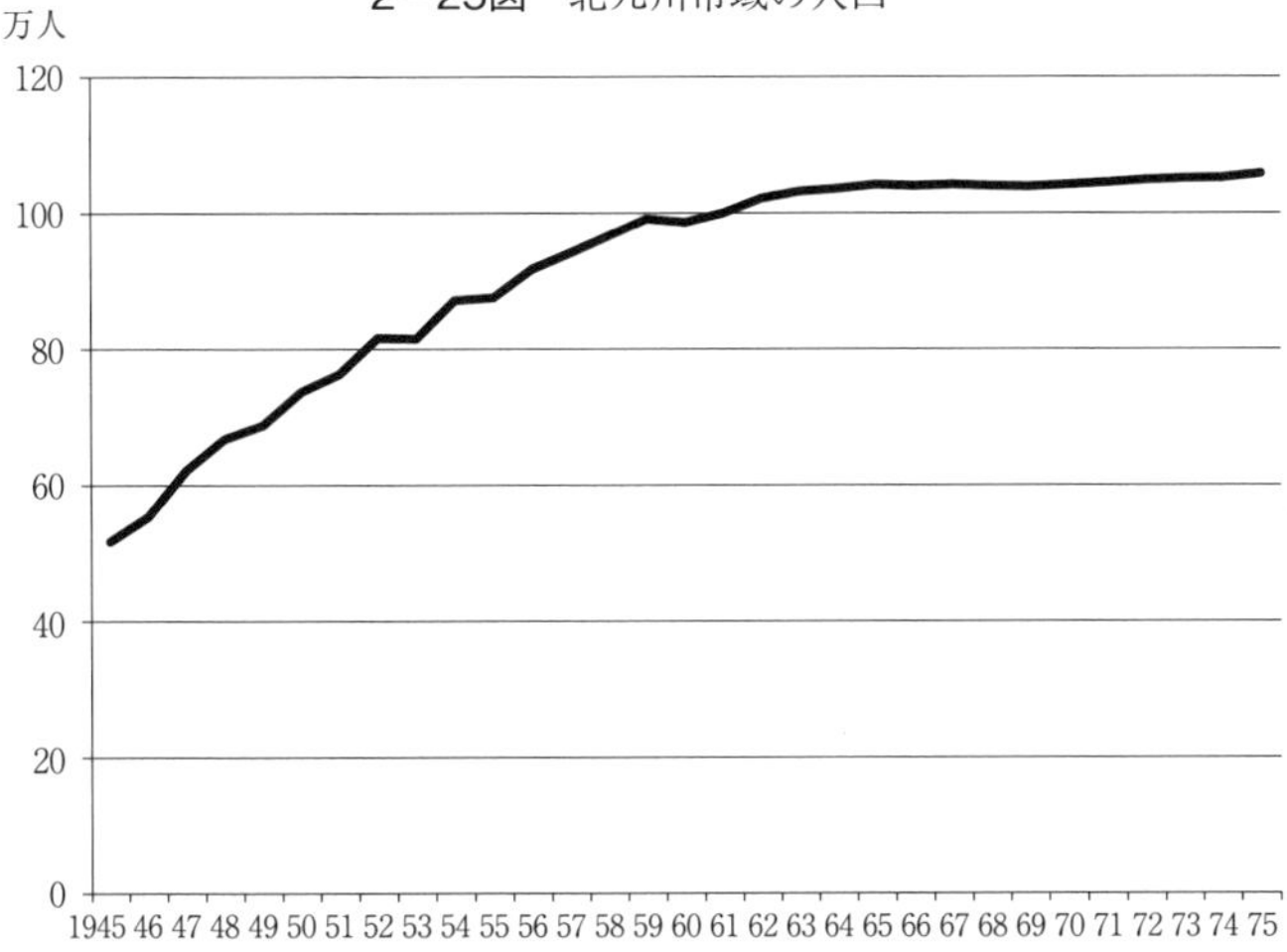

『北九州産業史』p.368資料をもとに作成

的な百万都市が形成されており、百万都市へのあこがれ、期待感の高まりが各方面で高まっていったことが、合併を実現させた背景の一つであった[24]」のである。その意味では、一九六三年二月一〇日の五市合併による北九州市の成立は、北九州地域の特定地域総合開発計画の帰結であり、最大の効果であったと評価することができる。

『北九州市産業史』は、この間の経過を次のように記述している。最後に、その部分を引用しておこう。

「北九州五市合併問題は戦前以来幾度となく持ち上がっては消えていた。戦後に限っても、一九五〇年には福岡県知事が合併推進に乗り出し、五市の市長等に五市合併委員会の設置や啓蒙活動の実施、合併賛否の住民投票の実施等を提案、県自体も北九州五市合併調査促進委員会事務局を設置して五市合併を推進したが、各市の足並みがそろわず不調に終わっている。一九六〇年に従来から五市合併に積極的な小倉、八幡両市長などを中心に五市合併論が再燃、各市議会は合併問題の調査研究のために特別委員会を設置した。政府、自治省も基幹都市構想論や特別立法によって、五市合併を支援した。また、各新聞やテレビも合併キャンペーンをはり、合併機運は盛り上がり、六一年二月には五市長会で北九州五市合併問題連絡協議会（後五市合併促進協議会）の設置が決まり、同協議会で、五市合併基本方針がとりまとめられた。以後、各市の継続事業の取扱い、新市の事務所の位置など巡って協議は難航したが、最終的には合意に達し、六二年一〇月四日各市議会は一斉に合併議案を議決した。マスコミのキャンペーンによって五市合併促進ムードは盛り上がったが、根強い合併反対意見も存在した。その一つが場末論で、合併によって若松や門司がますます寂れる危険性が指摘された。今一つは、合併による住民サービスの低下を危惧する議論で、戸畑製鐵所の建設によって財政豊かな戸畑関係者から出された議論である。こうした批判に対して、東京都立大学の磯村英一教授らの提議した多核的都市論や日本の場末論（このままでは北九州は日本の場末になる）は大きな反響を呼んだ(25)」。

（1）建設省管理局企画課監修『国土総合開発　特定地域の栞』（建設協会　一九五一年）五五―五八頁。
（2）北九州市『北九州産業史』一九九八年　一五五頁。
（3）経済企画庁総合開発局の『国土総合開発計画の経過及概要』一九六一年　二〇頁。
（4）北九州市『五市合併の歴史的評価』二〇〇〇年。
（5）前掲『北九州産業史』一七五頁。
（6）同右書　一七七頁。
（7）毎日新聞社『毎日グラフ』一九六二年五月五日号　若戸大橋完成記念号。
（8）前掲『北九州産業史』一八九頁。
（9）同右書　一九九頁。
（10）同右書　一三七頁。
（11）同右書　一七五頁。
（12）同右書　一七一頁。
（13）同右書　二〇一頁。
（14）前掲『五市合併の歴史的評価』一五七頁。

(15) 同右書　一五七頁。
(16) 九州通商産業局鉱害部『石炭鉱害の現状』一九九一年。
(17) 同右書　三三頁。
(18) 『石炭産業論』矢田俊文著作集第一巻　原書房　二〇一四年。
(19) 土井仙吉「筑豊炭田地帯における郊外の地理学的研究」『福岡学芸大学紀要』七号　一九六二年（土井仙吉著作集　二一三頁）。
(20) 同右論文（土井仙吉著作集　二〇三頁）。
(21) 同右論文（土井仙吉著作集　二〇五頁）。
(22) 同右論文（土井仙吉著作集　二〇七頁）。
(23) 『石炭鉱害の現状』四一頁。
(24) 前掲『五市対等合併の歴史的評価』一八頁。
(25) 前掲『北九州産業史』一七九頁。

第三章　全国総合開発計画とその検証

第二次大戦後の農地改革、傾斜生産方式、電源開発などによる一連の産業復興政策に、朝鮮戦争特需も加わって、一九五〇年代後半に入って日本経済は戦前の水準に回復した。さらに、一九五一年のサンフランシスコ講和条約、六〇年の日米安保体制の強化によって、冷戦体制下の西側陣営の一角として日本の国際的地位が確立した。そのなかで、池田勇人内閣の「所得倍増計画」を契機に、「復興」から「高度成長」へ一気に舵を切った。国土政策もこれに呼応して、荒廃した国土の整備と資源の開発から、成長のための産業基盤の整備へと第一歩を踏み出した。国土総合開発計画のもとでの第一次の「全国総合開発計画」の策定と実施である。第三章では、国土総合開発計画（以下「一全総」とする）の策定の背景と実施、そして本計画が終了する一九七五年、さらには高度成長が頓挫する八〇年代半ばまでの経過と効果について、研究者による著書、調査報告論文、各種審議会に提出された資料などを基に検証する。

一　太平洋ベルト地帯構想

全国総合開発計画は、国土総合開発計画法の下に策定されたものである。この法律に基づいて、産業立地だけでなく、資源利用、災害防除、都市・農村配置、公共施設の配置など「計画事項」が定められている。そのため、多方面に配慮された計画となっており、計画の骨子が明確でないきらいがある。その意味で、計画の背景となった政府の所得倍増計画―「産業立地小委員会」による「太平洋岸ベルト地帯構想」（一九六一年八月）が参考になる。所得倍増計画の「国土計画」版とも言うことができるからである。ここでは、次のような記述がある。

「所得倍増に伴って、今後産業立地の重要性が増大する。倍増計画の中心的役割を担うものは工業であるが、工業生産が一〇年間に三―四倍になるとして、それに必要な土地、用水、道路、港湾等の整備が大きな問題であり、産業を日本のいかなる地帯に立地せしめるのが適当であるかは、慎重に検討されなければならない。

産業立地政策を考えるに当たってはつぎの諸要因が問題となってくる。

（イ）企業における経済的合理性の尊重

（ロ）所得格差、地域格差の是正

（ハ）過大都市発生の防止

立地は企業が決定するものであり、自由経済のたてまえのもとで、国が積極的にこの地点に立地すべしと強制することはできない（しかし立地を禁止または制限することはできる）。企業は交通関係、原料関係、販売市場関係、労働市場関係、エネルギー関係等を考慮して、最も採算に合うところに立地するのであり、この意味の経済的合理性を尊重することは、産業政策上当然であるばかりでなく、所得倍増を与えられた期限内に達成する確実な道であろう。

ただしいかに企業の自由を尊重するとしても、野放しの自由放任政策は、国としてとるべきではない。それは他方において（ロ）と（ハ）の要請が現段階において強く感ぜられるからである。立地を企業の自由に委ねるだけであれば、四大既成工業地帯への集中化傾向がますます強くなり、農工間の格差、地方間の格差が開く一方であろう。それに東京その他の過大都市化がいよいよ激しくなり、その弊害がいっそう露呈されるのみならず、立地そのものも用水の不足、輸送難の増大、住宅の不足、地盤低下などの隘路の発生によって、しだいに非効率的になっていくであろう。そこで（イ）（ロ）（ハ）間の調整をはかることが立地政策上要求されてくる」[1]。

「産業立地には公共投資によって用地、用水、道路、港湾等を整備することが前提である。また企業に対して立地を強制し得ず、それを誘導勧奨する以外に、キメ手がないとすれば、公共投資により立地条件を整備することが、最大の誘導手段となろう。ここに立地政策における公共投資の重要性があるが、（中略）公共投資は財政資金に限界があるので、重点的に集中投下するのでなければ、その効果は確保されない」[2]。

ここには、企業の立地行動と工業地域の形成、そこでの公共投資による立地基盤の関係が見事に整理されている。政府が、工業立地基盤を特定の地域に重点的に整備し、企業を誘導して工場立地を促し、政策意図に従って工業地帯を形成して、国土の均衡を実現しようという「政策手法」が表現されている。続いて、以上の諸点を考慮したうえで、われわれは今後の産業立地のあり方を次のように考えるとして、五点に集約している。

「一　四大既成工業地帯（東京、名古屋、大阪、北九州）を連ねるベルト状の太平洋岸臨海地域が、最近の立地傾向から見て所得倍増計画に伴う工業立地の中核を形成する。（中略）

二　太平洋岸ベルト地帯のうち、東京、大阪、北九州の工業密集地帯はすでに限界に達していると見られるので、この地帯への工場集中は原則として禁止または制限する。名古屋地帯もそれに準ずる。

これら既成地帯については、

（i）工場の新増設は原則として禁止または制限する代わりに、工業用水道、道路交通、住宅、下水道等の諸施設に対して追加投資を行ない、再開発によって生産の能率化と隘路の打開に努める。

（ⅱ）中心部よりできるだけ距離を置いた近接及び周辺地域への工業分散を促進する。この場合大都市に密着した地域への工場立地は過大都市の拡大に過ぎないから、十分の距離をとる必要がある。

（ⅲ）交通網、とくに自動車道路の整備により、機械工業のごときは既成工業地帯より相当離れた内陸部の都市においても立地が可能であり、それだけ外延が拡大しうる。

三　ベルト地帯の中間地点に中規模の新工業地帯を立地せしめる。鉄鋼業、石油精製、石油化学工業、自動車工業および火力発電所等は原料入手と消費立地の必要上太平洋ベルト地帯が有利であり、しかも生産単位の巨大化、企業のコンビナート化につれて、新しい比較的大きな工業地帯を形成する必要がある。

四　北海道、東北、裏日本（中部）の各地方は現在低開発地域であるが、用地、用水、労働力から見て、工業化の将来性に富んでおり、（中略）倍増計画につづくつぎの一〇年間にはこれら地帯が重要な役割を担うに至るものと見られる。

五　内陸交通、とくに自動車道路の整備により表日本と裏日本を直結しうるようになれば、裏日本は太平洋岸ベルト地帯の周辺、近接地域化する途も開かれる。（中略）それぞれ立地条件を生かして中規模ないし小規模の工業地帯化することが可能である」(3)。

この構想では、その後六―十項で、国土を「既成工業地域」、「ベルト地域」、「開発地域」「その他」の四つに区分し、それぞれの地域の人口、工業生産、産業別所得の一九七〇年の見通しを立てている。ここで扱われる地域は、既成工業地域は、3―1図にみるように、京浜、中京、阪神、北九州の四地域、ベルト地帯は、既成工業地域の周辺地域、既成工業地域間にある中間重要地域および中間地域であり、具体的には関東、東海、近畿、山陽・大分とみることができる。また、開発地域については、北海道（札幌）、東北（仙台）、裏日本中部（富山）の三道県であろう。そして、

3－1図　ベルト地帯構想の地域区分

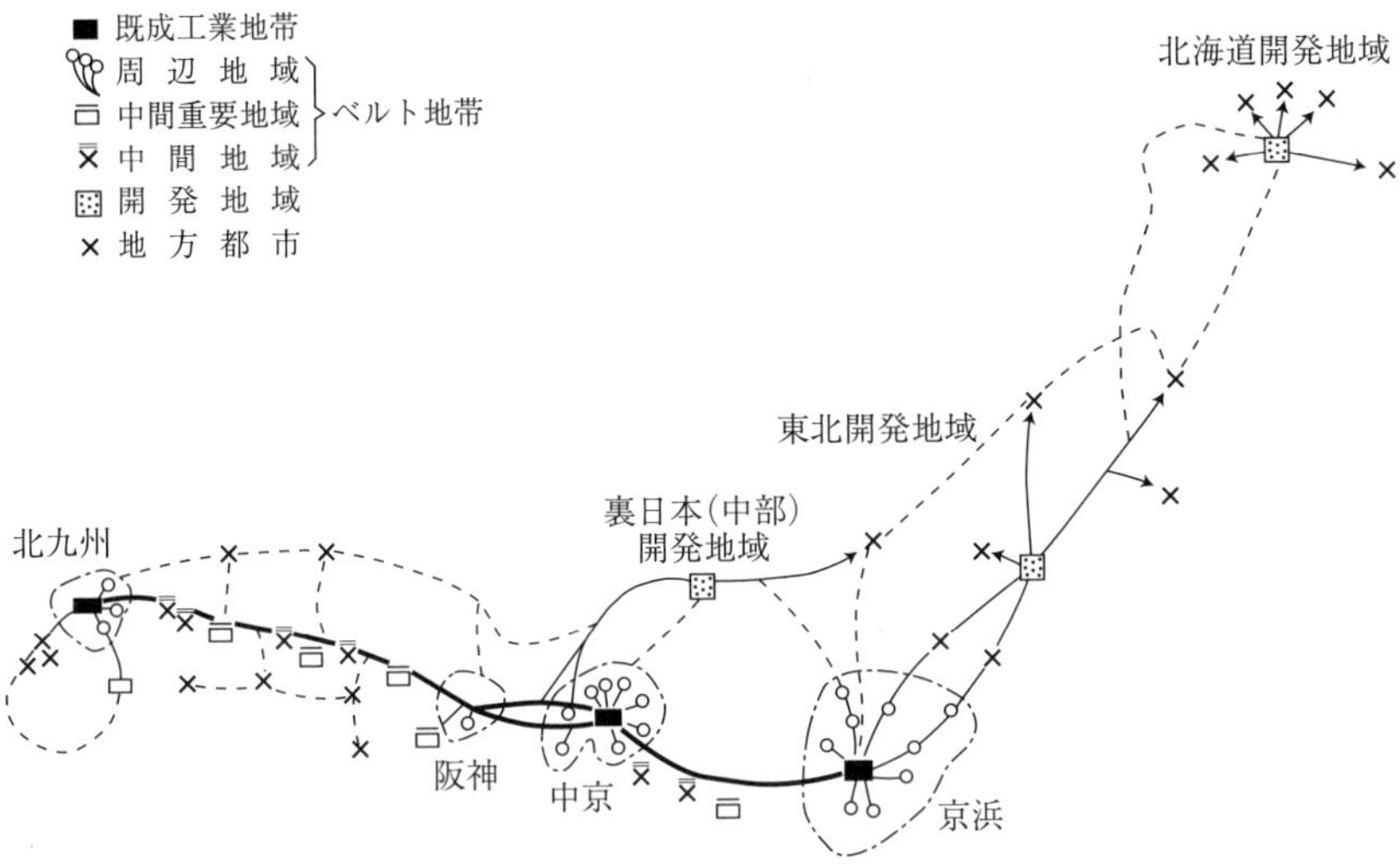

総合政策研究会著　土屋清　大来佐武郎監修『日本の地域開発』ダイヤモンド社　1963　p.191

これらを除く東北、北陸、山陰、西南九州を「その他地域」としている。工業地域育成のための公共投資をベルト地域と開発地域に集中しようという意図が明確である。

この構想の前提となったのが、構想発表二か月前の六月、通商産業省の企業局による「工業適正配置構想」である。これは、よりシンプルな工業立地政策を以下のように明示している。

「今後の工業生産の急速かつ大幅な拡大を円滑に実現するため、適地適産の原則にのっとる適正な工業立地を推進するものとする。このため、工業の過度集中を防止し、工業の適地誘導に努めるとともに、産業基盤の拡大強化をはかるものとする。

（中略）このため既成工業地帯においては産業基盤の隘路を打開し、新規工業適地については先行的に産業基盤の整備を行なうものとする」(4)。

（1）　総合政策研究会著　土屋清　大来佐武郎監修『日本の地域開発』ダイヤモンド社　一九六三年　一八二―一八三頁。
（2）　同右書　一八三頁。

（3）同右書　一八四―一八五頁。

（4）同右書　一九五頁。

二　全国総合開発計画

こうした政府の政策意図は、一方でより体系化・詳細化すること、他方で多面的な政治的配慮、さらには法に規定された「計画事項」の盛り込みの必要もあって、幾重にも「衣」をまとい、より複雑な政策となっていく。その結実が昭和三七（一九六二）年一〇月閣議決定された国土総合開発計画法のもと初の「全国総合開発計画」であり、以下のような構成となっている。

まえがき
第一章　総説（図表を除く本文八頁）
　第一節　全国総合開発計画策定の意義
　第二節　全国総合開発計画の目標
　第三節　全国総合開発計画の性格
　第四節　地域開発の基本構想
　第五節　地域開発政策の基本方向
第二章　産業の配置と発展の方向（七頁）
　第一節　工業開発の方向と地域的配置
　第二節　農林漁業の発展の方向
第三章　都市発展の方向（四頁）
第四章　産業基盤の整備（九頁）

本計画は、目次構成からも十分推察できるように、第一章総説、第二章産業配置、第四章産業基盤に力を割いていることがわかる。総説を別にすれば、二章と四章についてのみ政策が詳細化されている。他の三、五―九章は、頁数が少ないだけでなく、六章を除いて、内部の「節」さえない。政策の中身が十分に検討されていない。国土総合開発法に規定された五つの計画事項の記載を順守したに過ぎない。逆に言えば、本計画の理解は、第一、第二、第四章の紹介で十分である。そこで、これらの章に焦点を当てつつ、政策の概要を紹介しよう。

第一章総説では、「高度の経済成長をたどりつつある今日の国土総合開発は、高度成長の過程で露呈された重要かつ緊迫した地域的課題の解決に重点をおかなければならない。（中略）

その地域的課題の第一は、既成大工業地帯における用地、用水、交通等の隘路が一段と激化し、とくに東京および大阪への資本、労働、技術等の集積がはなはだしく、いわゆる『集積の利益』以上に『密集の弊害』をもたらし、その弊害は生産面だけではなく都市生活者の生活面にまで及び、過大都市問題をひきおこすに至っていることである。

第二は、既成大工業地帯以外の地域は、相対的に生産性の低い産業部門をうけもつ結果となり、高生産性地域の経済活動が活発になればなるほど低生産性地域との間の生産性の開きが大きくなり、いわゆる地域格差の主因を作り出したことである。（中略）

したがって、ここに策定する全国総合開発計画は、上記の地域的課題の解決につとめ、地域間の均衡ある発展をはかるために、長期的かつ国民経済的視点にたった国土総合開発の方向を明らかにすることに意義をもつものである」[1]と論を展開する。

そのうえで、「わが国経済発展の起動力である工業の既往の配置が、過大都市問題と地域格差問題の発生に大きな役割を演じたといえる。したがつて、都市の過大化を防止し、地域格差を縮小するためには、まず工業の分散をはかることが必要である。

工業の分散にあたっては、長期的視野にたって国民経済全体からみて、開発効果を最大にするように考慮されなければならない。（中略）

以上の観点から計画の目標を効果的に達成する方策として拠点開発方式をとった。

拠点開発方式とは、東京、大阪、名古屋およびそれらの周辺部を含む地域以外の地域をそれぞれの特性に応じて区分し、これら既成の大集積と関連させながらそれぞれの地域において果たす役割に応じたいくつかの大規模な開発拠点を設定し、これらの開発拠点との接続関係および周辺の農林漁業との相互関係を考慮して、工業等の生産機能、流通、文化、教育、観光等の機能に特化するか、あるいはこれらの機能を併有する中規模、小規模開発拠点を配置し、すぐれた交通通信施設によって、これらをじゅず状に有機的に連結させ、相互に影響させると同時に、周辺の農林漁業にも好影響を及ぼしながら連鎖反応的に発展させる開発方式である(2)」とする。

ここで引用した文章が、一全総のアルファでありオメガである。「過大都市問題と地域格差問題」という二つ喫緊の地域的課題、これを解決するものとしての「拠点開発方式」の提起、これである。

さらに、「開発政策上の拠点として設定する区域を、それぞれの機能に着目して、工業開発地区または地方開発都市とよぶ。工業開発地区とは主として工業開発を目標として整備を要する都市の区域をいい、地方開発都市とは地方開発の飛躍的発展に必要な都市機能の有効な発現をはかるために整備を要する都市をいう(3)」として、「工業開発地区」と「地方開発都市」の二つのタイプの開発拠点を想定している。しかし、その後の具体的施策では両者は一体となって、「新産業都市」ないし「工業整備特別地域」として展開していく。

次に、日本の国土を三つのタイプに分け、大、中、小の「工業開発地区」ないし「地方開発都市」の配置戦略に言及する。

第一は、「すでに外部経済の集積の拡大に比して、産業や人口が過度に密集し、これにともなって交通まひ、用水不足、産業公害等密集の弊害が発生しているか、あるいは発生が予想される地区およびその周辺部であり、これらの地区の再開発をはかるために産業等に対する規制あるいは調整を行なう地域」（＝過密地域）であり、「京浜地区、阪神地区ならびにこれらの周辺部とし、北九州工業地帯はこれらに準ずるものとする。名古屋地区およびその周辺部は、過密におちいらぬよう十分配慮しながら、必要な調整を行なう(4)」。

第二は、「過密地域以外で東京、大阪、名古屋がもつ外部経済の集積の利益の享受が濃い地域であり、主とし計画的に工業分散を誘導するための基盤整備を行なう地域」（＝整備地域）とし、「関東地方、東海地方、近畿地方および北陸地方とする。なお、北陸地方は、（中略）東京、大阪、名古屋のもつ外部経済の集積の利益を享受する程度が当該地域内の他の地方に比して薄いので、当面次に掲げる開発地域に準ずるものとする。この地域に大規模工業開発地区、中規模地方開発都市等を設定する」[5]。

第三は、「東京、大阪、名古屋から遠距離にあって、それらの外部経済の集積の利益の享受が薄い地域であり、積極的に開発を促進するための基盤整備を行なう地域」（＝開発地域）とする。「これを北海道地方、東北地方、中国地方、四国地方および九州地方とする。なお、四国地方は対岸の本土および九州地方との接続関係の濃密化が予想されるので、この特殊性を十分考慮した開発政策を推進する地域とする。この地域に大規模地方開発都市、大規模工業開発地区、中規模地方開発都市等を設定する」[6]。

そして最後の第五節では、日本の国土における三つのタイプの地域開発政策の基本方向について、次のように明示している。

(1)　過密地域

（イ）　京浜地区および阪神地区においては、産業および人口の過度集中を防止し、過密状態を緩和するための直接的な措置を早急かつ強力に実施するものとする。

このため、工場等の新増設を原則として抑制するほか、地区内の既存工場等の地域外への移転等について、所要の優遇措置を講ずる等積極的誘導をはかる。

また、再開発のための総合的計画にもとづいて、副都心の建設あるいは官庁、学校等の分散を積極的にはかるとともに、土地利用規制の強化を通じて市街地の整備につとめ、交通系統の再編成を行ない、ならびに生活環境施設の整備をはかるなど、都市機能の配置の再編成を行なうことによって中枢主導的都市機能の有効な発現をはかる。

(ロ)　これらの周辺部においては、産業および都市の適正な配置をはかるために、用地、用水、輸送力等の限度を考慮して必要な調整を行ない、産業基盤および生活基盤の整備等を行なう。

(ハ)　名古屋地区およびその周辺部は、過密におちいらぬよう十分配慮しながら、発展の進度に応じ必要な調整を行なうものとする。

(ニ)　北九州工業地帯においては、産業基盤の整備を中心とした再開発をはかり、工場の新増設について必要な調整を行なう。

(2)　整備地域

(イ)　この地域のうち過密地域の外周部には、主として京浜地区、阪神地区、名古屋地区に負荷される生産機能の分散を容易にするため、これらの地区からそれぞれ適当な距離を置いて、立地条件に応じた工業開発地区を配置育成する。

また、主として京浜地区に集中する人口を分散定着させるため、教育、行政等の機能をもつ都市を京浜地区から適当な距離をおいて配置育成する。

これらの工業開発地区および都市については、京浜地区、阪神地区および名古屋地区との間にすぐれた交通通信施設を整備するほか、中小企業団地の造成、市街地の整備、住宅建設の促進等産業及び人口の分散誘導が容易に行なわれるよう必要な措置を講ずる。

(ロ)　この地域のうち過密地域の外周部以外の地域には、主として京浜地区、阪神地区および名古屋地区に負荷される生産機能を肩がわりさせるために、大規模工業開発地区を選定し、積極的に育成する。

なお、これに対応して、中規模、小規模工業開発地区をそれぞれの立地条件等に応じて計画的に配置し、既存工業を育成するほか、新たな工業の誘導をはかるために必要な措置を積極的に講ずる。

(ハ)　流通、観光等工業生産以外の機能の集積に優れた条件を具備し、かつ、その開発効果が地域開発上きわめて有効と認められる地区を選定し、所要の施設の整備拡充をはかる。

(ニ)　北陸地方には、当面中規模地方開発都市を選定し、これを積極的に整備する。

(3)　開発地域

(イ)　この地域に主として大規模地方開発都市の外部経済集積の累積的拡大を助長し周辺の開発を促進するため、大規模工業開発地区を選定し、積極的に育成する。

なお、これに対応して、中規模、小規模工業開発地区をそれぞれの立地条件等に応じて計画的に配置し既存工業を育成する。新たな工業の誘導をはかるために必要な税制、金融その他所要の措置を講ずる。

(ロ)　北海道地方、東北地方、中国地方および九州地方のそれぞれに、産業等の誘導を容易にし、当該地方の飛躍的な発展をはかるため、中枢主導的な役割を果たす大規模地方開発都市を選定し、これを積極的に整備する。

これらの大規模地方開発都市と、京浜地区、阪神地区または名古屋地区ならびに当該地方の工業開発地区、中規模地方開発都市等との接続関係を濃密にするため、大動脈的幹線路をはじめ現在の連結関係を考慮に入れた合理的な交通通信体系の整備をすすめるとともに、当該地方の開発に中枢主導的な役割を果たしうるよう都市施設等の整備を行ない、公的機関の整備拡充を図り、商業、金融等の流通機能の誘導をはかる。

(ハ)　北海道地方、東北地方および九州地方のそれぞれにあって、(ロ)に掲げた大規模地方開発都市の外部経済の集積の利益を享受しにくい地域に中規模地方開発都市を、四国地方に当面中規模地方開発都市をそれぞれ選定し、これを積極的に整備する。

(ニ)　流通、観光等工業生産以外の機能の集積に優れた条件を具備し、かつ、その開発効果が地域開発上きわめて有効と認められる地区を選定し、所要の施設の整備拡充をはかる。[6]

全総計画の第二章では、多様な工業開発地区への支援措置について記述している。具体的には、大規模工業開発地区については将来の総合工業地帯として位置づけ、公共投資の重点的投入をうたい、既成大工業地帯からの分散立地の受入、地域開発の起動力との重要な位置づけを与えている。工業の内容として「臨海性装置工業を基幹とし、関連機械工業、二次加工品工業その他の軽工業が均整のとれた総合的な構造をもって集積することが望ましい、（中略）この地区の選定にあたっては、「大規模な工業が集積しうる用地、用水、労働力等の供給余力があり、投資効果が高く、かつ、当該地区の開発計画が熟している地区」[8]として、本計画の戦略的位置づけを与えている。ここが、計画決定後の新産業都市に発展していくことになる。

他方、既成大工業地帯のうち京浜地区および阪神地区は、「工場の新増設は原則として抑制するとともに、既存工場についても、整備地域あるいは開発地域の可能なかぎり遠隔の地点に分散するよう誘導する」[9]とする一方、名古屋地区や北九州工業地帯については、「分散」という表現は控え、過集積が生じないよう配慮を求めている。既成工業地帯の「周辺部の工業地区」も、外延的立地分散傾向の放置による「過度集積」に陥らないように「適当な立地調整」をはかるとしている。

整備地域のうち過密地域の外周部に、「京浜地区、阪神地区あるいは名古屋地区から適当な距離をおいて衛星的に分散立地し、（中略）これらの地区の関連機械工業、二次加工品工業、下請的な機能をはたす工業などを分担することにより、都市の過大化を防止し、あわせて周辺の開発に寄与する」[9]としている。後述する「新産業都市」戦略は、ここであげられている中規模・小規模の衛星工業地区も包含していくものとみることができる。また、その他の工業開発地区として、「整備地域のうち外周部以外の地域および開発地域内に、中規模、小規模の工業開発拠点として、この地区を設定する」[10]と記載している。これもまた、「新産業都市」戦略の中に包含されていくのである。「大」、「中」、「小」の区別も、ここではかなりあいまいになってくる。レッテル張りは、指定段階で地域間に差をつけることになり、地方の反発を招くという政治的配慮が働いたものとみることができる。

第二章第二節の「農林漁業の発展方向」では、農業については、先述の過密、整備、開発地域ごとのありかたについて、生鮮食料品供給地域、水稲生産地域、果樹・畜産の生産など立地条件に応じた「適地適産」、「主産地形成」論を展開する程度にとどまっている。林業では、奥地林開発、人工林拡大に言及している。漁業については、中高級魚、大衆魚、凍結魚、加工原魚などの分類を示し、適地適産を強調している。

第三章「都市発展の方向」でも、過密、整備、開発地域の都市整備のあり方について言及している。過大都市では、人口集中の抑制、副都心の整備、市街地の高度利用、公園緑地の補充、周辺都市での住宅団地の造成と交通通信施設整備などが記載されている。ここで注目されるのは、本計画の核心である「大規模工業開発地区」と「大規模地方開発都市」について、次のように具体的に述べられていることである。

大規模工業開発地区をもつ都市は既存の都市機能に飛躍的な工業生産機能が付加されるので、これに必要な都市諸施設を新設し、もしくは大規模な拡充をはかる。すなわち、工場の配置に対応する道路、港湾、鉄道、工業用水道、上下水道等を整備するとともに、流通機能、運輸通信機能をはじめ、住民の生活を充足させるための商業、教育、保健、レクリエーション等の諸機能を同時に整備し住宅地の計画的配置を行なう。

大規模地方開発都市については、当該地方の行政、経済、文化の中心都市として中枢主導的役割を果し得るよう総合的機能の育成につとめるものとする。このため、東京、大阪、名古屋の既成大都市と直結しうる大動脈的幹線路および通信系統を整備し、さらにこの都市を中心として当該地方の大規模工業開発地区はもちろん、中規模、小規模各種開発地区等と緊密に連けいして発展しうるよう現在の連結関係を考慮に入れた合理的な交通通信体系の整備をすすめる。(11)

この文章は、新産業都市で富山・高岡、岡山・倉敷、福山、大分などの大規模なもの、後者の文章は、新全総の札幌、仙台、広島、福岡などの地方中枢都市をイメージすると理解し易い。

さらに、第四章「産業基盤の整備」のうち道路では、東京、大阪間の整備に引き続いて、大規模地方開発都市と既成大集積地帯の諸都市を結ぶ高速自動車国道、その他の国土開発縦貫自動車道、本州四国連絡ルートの建設、着工などが掲げられている。鉄道では、大動脈としての新幹線は前期に東京―大阪間を完成させ、さらに大阪以西への延長、地下鉄網・国鉄・私鉄の輸送施設の整備、青函および本州四国の海峡連絡鉄道の着工などのプロジェクトに言及している。また、通信施設については、電話の自動化、通信の即時化の促進が強調されている。一九六四年の東京オリンピック直前だけに、交通・通信施設整備の具体策は明確である。これに対し、用水と土地については、用途の転換・調整が一般的に指摘されるにとどまっている。また、電力については、「今後の電源開発の方向としては、基底負荷（ベース・ロードー：筆者）を受け持つ火力発電所の開発を主力とし、水力発電所の開発は貯水池式、揚水式を主として尖頭負荷（ピーク・ロードー：筆者）を分担することとする」(12)と水主火従から火主水従への転換を明示し、かつ、開発地域については、「火力発電所建設によって地域開発の先導的役割を果させる」(13)として、火力を含むコンビナート型の新産業都市建設を暗示する表現をしている。

第五章「国土保全施策の整備」では、治山、治水、海岸保全事業に簡単に触れるだけで国土保全を基軸とした特定地域総合開発計画との断層は著しい。

第六章「住宅および生活環境の整備」では、過密地域における市街地の高層化、利根川・木曽川・びわ湖・淀川、筑後川の開発・総合的利用、下水道整備、大規模開発地区および都市における住宅の確保、公共上下水道の先行整備などが提示されている。

第七章「観光開発の方向」では、自然資源を中心とする低開発地域の観光開発は、地域住民の所得向上、就業の機会の増大、交通施設の充実、民芸品、特産品等の地場産業、伝統芸術の振興など誘発効果が大きいことなどが強調されている。そのため、観光地への特化が有利な地区については、「観光開発を推進するため、行政上、財政上あるいはとくに国際観光の拡大推進に関しての政府金融機関による長期融資等必要な措置を講ずる(14)」、としている。

最後に、第八章「労働力の確保」、第九章「人間能力の開発」では、都市拠点開発方式の進展にともない、従来既成大都市に向かっていた労働力の大きな流れは、漸次その一部が大規模な開発拠点にむかうとともに、労働力流動の可能性が高まる。他方、工業開発拠点における技術者、技能者の需要が高まり、その確保の必要性が急激に増大する。加えて、既成都市においては、都市機能の充足の必要性はますます高まるので、補充を含めた労働力の需要は引き続き高水準を維持する、と展望している。そのため、計画の推進にあたって、労働力の流動の積極的な円滑化をはかるとともに、とくに大規模な開発拠点においては教育訓練施設の整備により工業等に必要な労働力の涵養につとめる必要がある。また、低開発地域においては、大規模開発拠点との相互依存関係に留意し、中高年齢層に及ぶ労働力の流動化を高めるとともに長期にわたる発展にそなえて、良質な労働力の確保をはかる必要がある、と指摘する。

そのため、全国的視野にたつ広域職業紹介、大規模工業開発地区ならびに大規模地方開発都市での工業高校の新規拡充、職業訓練施設の整備拡充、大学、研究所等の研究体制を整備、とくに地方大学での分野別学生定数の調整および学科新設と教科内容の改善、なかでも、拠点開発方式に即応する高等教育機関の適正な配置をはかるため、過大都市への大学の集中を防止し、さらに地方大学を充実させる、など高等教育施設の地域的配置と学部学科構成、教育内容の改善、などにまで踏み込んでいる。高等学校についても、規模、学科編成、配置等の適正化教育内容、方法の改善に言及している。

(1) 経済企画庁『全国総合開発計画』昭和三七（一九六二）年一〇月五日　三頁。
(2) 同右　五―六頁。
(3) 同右　六頁。
(4) 同右　七頁。
(5) 同右　七頁。
(6) 同右　八頁。
(7) 同右　八―一〇頁。
(8) 同右　一三頁。
(9) 同右　一四頁。
(10) 同右　一四頁。
(11) 同右　二四頁。
(12) 同右　三七頁。
(13) 同右　三七頁。
(14) 同右　四八頁。

三　太平洋ベルト地帯構想と全国総合開発計画の地域区分

ところで、二で詳述した所得倍増計画産業立地小委員会の「太平洋ベルト地帯構想」は、日本の国土を「四大既成工業地帯」、「太平洋岸ベルト地帯」、「開発地域」、「その他の地域」四つに区分し、ベルト地帯の中間地点において鉄鋼、石油精製、石油化学、火力発電などのコンビナートの立地を進めて、比較的大きな新しい工業地帯を形成しようというものである。これに対して、全国総合開発計画は、国土を「過密地域」、「整備地域」、「開発地域」の三つに区分し、過密地域への工業立地を抑制するとともに地方移転を促進する一方、過密地域外周部等を「整備地域」として、過密地域から移転工場の受け皿ともなる「大・中・小の工業開発地区」等を育成し、さらに、それ以外の地域を「開発地域」として、大・中・小の工業開発地区と大・中の地方開発都市を整備して開発拠点とする、としている。この二つは政府によって連続して提起されたものの、拠点戦略地域名や具体的地域区分の相互関係が明確でない。所得倍増計画にそって地域の発展を模索する地方公共団体にとっては、戦略の構築に苦慮することになる。この点を、整理したものが、福武直氏が自身の序章で明示した図（本書3―2図）である。(1)

これによれば、倍増計画の京浜（東京、神奈川）、阪神（大阪、兵庫）、名古屋（愛知）、北九州（福岡）の四つ（六都府県）からなる「既成工業地帯」と全総の「過密地域」はほぼ一致している。ただ、千葉県は全総では立地規制の対象となる過密地域に属するのに対し、倍増計画では開発が期待されるベルト地帯に分類されている。大変微妙な扱いである。

また、倍増計画では、関東（五県）、東海（三県）、近畿（四府県）、瀬戸内（六県）など四つの既成工業地帯を除く地域を「ベルト地帯」（一八府県）として重化学工業化の拠点地域にする戦略なのに対し、全総計画では、関東、東海、北陸（三県）、近畿の四地域を過密地域からの工業移転や過密地域への立地を指向する工業の受け皿とする「整備地域」（一六府県）に位置づけ、大・中・小の工業開発地区の育成を想定している。倍増計画と全総計画には、山陽・北四国・大分を結ぶ瀬戸内地域について大きな違いがある。倍増計画では、この地域は「ベルト地帯」の一角として、既成工業地域とその他地域の中間に位置づけて開発の拠点化を意図しているのに対し、全総計画では、過密地域や整備地域ともに位置づけず、倍増計画では「その他地域」として縁辺地域的に扱われている北東日本、西南日本などと同列に置き、「開発地域」にグループ化されている。

こうして、北海道・東北などの北東日本、北陸・山陰などの裏日本、四国・九州などの西南日本は、倍増計画では、札幌・仙台・富山・福岡・大分など一部を除いて「その他地域」として縁辺部扱いしているのに対し、全総計画では、福岡を除いて全地域を「開発地域」として開発の対象の枠の中に入れ、大・中の工業開発地区、大・中の地方開発都市の育

3－2図　開発計画における地域区分

	国民所得倍増計画における地域区分			
	既成工業地帯	ベルト地帯	開発地域	その他地域
北海道			北海道	
東北			宮城	青森　岩手　秋田　山形　福島
関東・甲信越	東京　神奈川	茨城　栃木　群馬　埼玉　千葉		新潟　山梨　長野
東海	愛知	静岡　岐阜　三重		
北陸			富山	石川　福井
近畿	大阪　兵庫	滋賀　京都　奈良　和歌山		
中国		岡山　広島　山口		鳥取　島根
四国		徳島　香川　愛媛		高知
九州	福岡	大分		佐賀　長崎　熊本　宮崎　鹿児島

全国総合開発計画における地域区分：実線＝過密地域、一点鎖線＝整備地域、破線＝開発地域

福武 直『地域開発の構想と現実 Ⅰ』東京大学出版会　1965　p.16

成などについて記述している。国土の全地域の開発が期待されるような政治的配慮がなされている。こうして、産業基盤に重点投資して政策的に工業地帯を形成しようとする全総計画の「開発地域」には、企業の合理的行動から立地しにくいと思われる北東日本と西南日本の両端の「縁辺地域」と、瀬戸内のように政策的に支援すれば企業が立地する可能性の高い「ベルト地域」の一部が並列している。ここにトリックがある。近畿から山陽・北四国・北東九州にまたがる瀬戸内地域は、所得倍増計画の「ベルト地帯構想」の一角を形成するだけでなく、全総計画の「開発地域」として地域格差是正の目玉として位置づけられ、どちらにせよ新しい工業地帯形成の有力候補となるのである。

(1)　福武直編著『地域開発の構想と現実Ⅰ　百万都市建設の幻想と実態』東京大学出版会　一九六五年　一六頁。

四　新産業都市建設促進法と工業整備特別地域促進法

1　新産業都市建設促進法

全国総合開発計画（一全総）の中心課題は、大規模工業開発地区と大規模地方開発都市とを結びつけた地方開発拠点を「開発地域」に育成し、「過密地域」への集中・集積を緩和し、地域格差是正を図ることであった。その最大の政策となったのは、一九六二年五月施行の新産業都市建設促進法である。その骨子は、以下の通りである。

（第一条）「この法律は、大都市における人口及び産業の過度の集中を防止し、並びに地域格差の是正を図るとともに、雇用の安定を図るため、産業の立地条件及び都市施設を整備することにより、その地方の開発発展の中核となるべき新産業都市の建設を促進し、もって国土の均衡ある開発発展及び国民経済の発達に資することを目的とする」と新産業都市建設の意義を明示する。

次いで、（第二条）「都道府県知事は、新産業都市の区域の指定を受けようとするときは、あらかじめ関係市町村長に協議するとともに、申請書に政令で定める事項を記載した書類を添付し、これを内閣総理大臣に提出しなければならない。

2　前項の申請については当該都道府県の議会の議決を、同項の協議については当該市町村の議会の議決を経なければならない。」と区域指定の過程について規定している。

さらに、（第三条）区域の指定において、申請書の提出があったときは、内閣総理大臣は経済企画庁長官をはじめ関係大臣への申請書の送付と協議をへて、地方産開発協議会の議を経て、区域を指定すると指定手続きを定めている。また、（第五条）区域の指定の要件で、工場用地及び住宅用地の確保、工業用水及び水道用水の確保、道路、鉄道、港湾等輸送施設の整備、洪水、高潮、地盤沈下等災害の防除など区域の指定要件を定めている。

また、（第六条）建設基本方針の指示においては、内閣総理大臣は地方産業開発審議会の議を経て当該新産業都市に係る建設基本方針を決定し、これを関係都道府県知事に指示する、ことが規定され、（第一〇条）建設計画の承認で、関係都道府県知事は、新産業都市建設協議会の意見をきいて、当該新産業都市に係る建設基本計画を作成し、内閣総理大臣に申請すること、内閣総理大臣は適当と認めるときは地方産業開発審議会も意見をきくとともに、関係大臣と協議し、承認することとなっている。この場合、（第一二条）建設基本計画の内容について、開発すべき工業の業種、規模、開発目標、人口の規模と労働力の需給、土地利用、施設整備、必要な経費の概算などが必要事項として掲げられている。

さらに、（第一七条）新産業都市の建設にあたって国及び地方公共団体の工業用地、住宅及び住宅用地、工業用水道、道路、鉄道、港湾等の輸送施設、水道及び下水道、教育施設及び厚生施設並びに職業訓練施設その他の施設の整備の促進義務、（一八条）その際の公有水面埋立法、農地法適用の配慮義務、（第一九条）国による財政上の措置義務、（第二〇条）地方債についての特別配慮義務、（第二一条）新産都市区建設のための区域内の工場・事業所新増設、用地取得・造成に要する資金の確保義務、（第二二条）立地企業への不動産取得税や固定資産税に係る不均一の課税をした場合地方交付税による補てん措置など手厚い財政措置も規定されている。そのほか、（第二三条）新産業都市の区域の合併の促進への配慮までも規定されている。

注目すべきことに、「国は人口及び産業の集中の著しい大都市及びその周辺への人口及び産業の過度の集中を防止するため、必要があるときは、大規模な工場の新設または増設を制限について、特別の配慮をするものとする」という表現をこの法律の最後の第二六条に明記していることである。全国総合開発計画での過密地域への立地抑制政策が新産業都市建設法の末尾にも反映されている。

こうした財政支援をよりシステム化する形で、一九六五年に成立した「新産業都市建設及び工業整備特別地域整備のための財政上の特別措置に関する法律（財特法）」では「地方税の不均一課税に伴う減収補填措置、税制上の特別措置、金融上の措置があるほか、財特法に基づく措置として、新産等債に係る利子の一部補給及び起債充当率の引き上げ、特定事業に係る国庫補助率のかさ上げ措置があり、さらに、地方財政法に基づく措置として市町村に対する重要港湾に係る建設費用の負担免除措置がある」(1)。

この内訳は、第一次―五次（一九六四―九九年度）までの間、新産等債券発行額九、一七一億円、同利子補給額一、二七八億円、補助率かさ上げ額三、一一二億円、地方交付税減収補てん額三六六億円、合せて一兆二、九二七億円の「財政上の特例措置」が講じられた(2)。

2　新産業都市の指定

新産業都市の指定については、一九六二年一二月決定をみた地方産業開発審議会の「新産業都市の区域の指定基準および指定の運用基本方針」に基づいて行われた。その骨子は、以下の通りである(3)。

新産業都市の区域の指定基準

「新産業都市の区域の指定は、新産業都市建設促進法第五条の規定に該当する区域に対して行うこととなるが、その区域の具体的な選定は、つぎの基準による」。

㈡　新産業都市の配置について

(1)　新産業都市は、法第一条（目的）の趣旨にもとづき、各地方間の均衡ある開発発展をはかるため、大都市の過大化の防止、地域格差の是正および雇用の安定を目標とし、人口および面積を勘案して、配置するものとする。

(2)　全国総合開発計画にいう過密地域には、新産業都市を配置しないものとする。

(3)　全国総合開発計画にいう過密地域の外周部における新産業都市の配置については、過密地域の再開発計画および外周部の整備計画と十分調整するものとする。

(4)　新産業都市の配置は、すでに幹線交通施設が整備されており、輸送が便利である地域、または近く整備される計画があり、輸送が便利になる見込みのある地域に重点をおくものとする。

(5)　新産業都市の配置は、洪水、高潮、地盤沈下等による災害の発生のおそれが少なく、かつ、その防除が容易な地域に重点をおくものとする。

(6)　新産業都市の配置に当たっては、農林漁業等への波及効果を大ならしめるよう配慮するものとし、また農林漁業資源よび自然景観、風致等を積極的に保存すべき地域ならびに農林漁業、観光その他の工業生産以外の機能を中心として開発することが、当該地域の開発のため、極めて有効と考えられる地域については、これらについての計画と十分調整する。

㈢　新産業都市の区域の規模について

(1)　工場用地が土地利用上適当と認められる範囲においてまとまって一、〇〇〇ヘクタール以上確保することが容易であり、あわせて、工業用地の規模に見合った工業用水の必要量を確保することが総合的にみて容易であること。

(2)　住宅団地が土地利用上適当と認められる範囲において、三〇〇ヘクタール以上確保することが容易であり、あわせて、これらの住宅団地等に必要な水道用水を確保することが総合的にみて容易であること。

(3)　将来計画の目標年次において、人口が二〇万人程度、工業出荷額が年間三〇〇〇億円以上増加する可能性があること。

㈣　新産業都市の区域の範囲について

新産業都市の建設が、総合的に行なわれる自然的および社会的条件を有している一体性をもった区域とする。

㈤　新産業都市の区域の指定に関する優先順位について

(1)　当該区域の基幹となる工業の誘致計画が、すでに進行しているか、もしくは最近企業の立地が旺盛である区域、またはすでに基幹となる工場の誘致のための立地条件の整備が行なわれつつある区域であって、総合的な産業の立地条件および都市施設の整備が緊急に必要であるものを優先して指定する。

(2)　当該区域を管轄する公共職業安定所において、相当数の求職者があり、かつ、当該区域を中心とする地域の労働力供給に対して当該区域内にこれを吸収すべき重化学工業等の成長産業の集積が乏しく、このため、雇用の安定が緊急に必要な区域を優先して指定するものとする。

㈥　新産業都市における労働力の需給等について

区域の指定は、当該区域を中心とする地域内における新規学卒者の雇用供給および労働力の充足の見通しにもとづき、労働力の需給が均衡して雇用が安定するよう配慮するものとする。

新産業都市の区域の指定に関する当面の基本方針

(1)　工業の開発を中心として総合的な都市的機能をもった産業都市が形成される可能性のある区域を新産業都

市の区域として指定するものとするが、当面臨海性工業の開発を中心とするものに指定の重点をおくものとする。

(2) 新産業都市の指定は、全国総合開発計画にいう開発地域を優先するものとする。

(3) 新産業都市の区域の指定の数は、おおむね一〇ヵ所程度とする。

以上のような指定基準および指定に関する当面の運用方針に基づき、国は、全都道府県関係者に対して説明し、基礎調査を開始し、関係各県から調査書の提出を求めたところ、三九道県から四四地域について調査書が提出された。これを調査地方別にみると、北海道四、東北七（各県一）、関東六（東京、神奈川、山梨を除く各県一）、東海四（各県一）、北陸三（各県一）、近畿四（大阪、京都を除く各県一）、中国七（鳥取、島根、山口各県一、岡山、広島各県二）、四国四（各県一）、九州五（佐賀、鹿児島を除く各県一）である。東京、神奈川、大阪は過密地域であることから提出されなかったが、同じ過密地域的なものでも千葉、愛知、兵庫、福岡は外周部と判断したのか提出されている。また、広大な面積の北海道の四区域はともかく、岡山と広島は指定上有利とみられていたのか二区域と複数提出と強気の対応をしている。そのほか、群馬と埼玉は前橋・高崎と熊谷・深谷、鳥取と島根は中海臨海、岡山と広島は備後と笠岡・井原、福岡と熊本は大牟田・有明と有明・不知火の隣接する二つの区域を提出している。また、四四区域を全総計画の「開発地域」と「整備地域」、臨海部と内陸部に分けると、「開発地域」三〇（うち臨海部二九、内陸部一）、「整備地域」一四（うち臨海部七、内陸部七）となっている。ベルト地帯構想で言及されていた鉄鋼、石油精製、石油化学、火力発電などの臨海性重化学工業コンビナートの立地に有利な開発地域臨海部が二九区域と約三分の二を占めている。開発地域や整備地域では、沖縄県が返還される前であったから、山梨、京都、佐賀、鹿児島の四府県のみが手をあげなかったことになる。残る四一県が「血眼」になる「史上最大の陳情合戦」を展開した。この間の事情を佐藤竺氏は、名著『日本の地域開発』[4]で生き生きと描いている。いくつか紹介してみよう。

「新産業都市建設のアイデアは、通常昭和三五（一九六〇）年二月の読売新聞社提唱の百万都市構想にはじまるものとみられている。（中略）百万都市構想も、大都市の過大化阻止と地方ブロックセンターとなる大都市の建設とを、国土の総合開発と結びつけて提起した」[5]ものであり、提唱者である佐伯宗義、正力松太郎両衆議院議員が、出身地域である富山・高岡地区を多分に意識したものである。読売新聞は、この構想を紙上で「派手なキャンペーンを継続的におこなって、ムードをもりあげてきた。（中略）関係各省は、それぞれの観点から相ついで構想を世にとい、ここに激烈な主導権争いの幕が切って落とされた」[6]。

自治省は、産業だけでなく、政治や文化の中心でもある「地方基幹都市構想」を公表し、そのための市町村合併推進をうちだした。札幌・小樽、駿河湾沿岸、岡山県南、広島・呉、北九州が百万都市を希望したほか、新潟、富山・高岡などが五〇万都市、常磐・郡山、徳島などが三〇万都市構想をうたった。建設省は、北海道、東北、北陸などに地方の経済・文化の中心的役割を果たす百万以上の人口をもつ新広域都市圏（苫小牧・室蘭、富山・高岡、仙台・塩釜など）、過大化した大都市圏で再開発と衛星都市・学園都市の建設に主眼を置いた特別大都市圏、四大工業都市間に中間都市（駿河湾、岡山県南、広島・呉）の三つの広域都市建設計画を提唱した。さらに、通産省は、北海道、東北、北陸、中国、四国、九州の四大工業地帯に準じた大規模な重化学工業地帯を育成する「地方開発中核地帯」（札幌・苫小牧・室蘭、仙台・塩釜、富山・高岡、岡山・玉野・水島・玉島、鳴門・徳島・小松島、大分・鶴崎）、低開発地域の中で比較的立地条件の良いところ二五地区に適地産業を育てようという「地方開発地帯」（八戸、秋田、諏訪湖周辺、東予、日向・延岡等）、四大工業地帯周辺の「衛星開発地帯」（土浦など約二〇地区）の三本立ての構想を発表した。「この本命三省のほかに、（中略）臨海工業地帯に発言権を持つ運輸省や、所得倍増計画にともなう工業立地計画を担当する経済企画庁も、それぞれの構想をかかげて一枚くわわってくる。（中略）こういった情勢のもとで放っておけなくなった政府与党は、自民党内に地方工業特別委員会をもうけ、三六年秋から、前記五省庁に大蔵省をくわえた各省庁間の意見調整にのりだす」[7]。この中で建設事業の実施主体の議論まで発展する。「新都市建設公社」、「臨海工業地帯建設公団」「新産業都市建設公団」（建設省）、「事業庁」、「地方開発公団」（自治省）などである。新産業都市建設法も、河野一郎農林大臣、佐藤栄作通産大臣などの異論で、一時提案を見送られたが、昭和三七（一九六二年）五月に国会の可決・成立をみた。

これに基づき、経済企画庁は、地域指定の準備に入り、紆余曲折をへて、同年一二月の地方開発審議会で、前述の内容の「指定基準」、「指定運用の基本方針」等を決定し、いよいよ「指定獲得合戦」が開始された。

佐藤竺氏は、「指定基準にてらすかぎり、有望地域はぐっとしぼられてくるはずである。東予と徳島がはげしくせりあう四国を除く五地域については、北海道＝道央、東北＝仙台湾臨海、北陸＝富山・高岡、中国＝岡山県南、九州＝大分ということでまず異論はなさそうだった。そのほかには、東北から常磐・郡山か新潟、九州から日向・延岡か有明がはいるものとみられた。しかし、当初有望と目されていた東駿河湾や播磨は過密地域ということでむずかしくなり、また最後まで有望と噂された茨城県鹿島地区も同様にはずされることになる」[8]。もともと全総計画の大規模工業開発地区は、北東日本と西南日本という「開発地域」に置くこと、また、瀬戸内も「開発地域」に分類されているから、道央、仙台湾、岡山県南、大分は計画の原則に適合している。また、常磐・郡山、新潟、日向・延岡、有明も然りである。他方、鹿島、東駿河湾、富山・高岡、播磨は「過密地域」でも「開発地域」でもなく、「整備地域」に分類されているので、自動的に適用外になるわけではない。最後まで微妙な扱いにならざるを得ない。

ところで、佐藤氏は、次のように政治的動きを紹介している。「三七年夏、法律施行を翌日にひかえて、河野建設大臣は、法制定の趣旨を真っ向から否定するかのごとき見解をしめした。すなわち、新産業都市の指定は、国際競争力の強化を第一とし、地域格差是正理由の無理な分散はやるべきでない。したがって裏日本などはやめて瀬戸内中心に考えるべきだと語ったのである、（中略）民間でも、有沢広巳氏ら八人の学識経験者をもって構成する総合政策研究会が、指定も大詰めに近づいた六月半ばすぎに、投資効果を中心に考え、指定を四―五カ所にしぼるべきだと提言した」[9]という。

さらに続けて、「自民党内の大物がそれぞれの地元を推して渦中にとびこむにいたり、混乱は遂にその極に達した。（中略）まず、山口県の周南を推す佐藤栄作氏と岐阜・大垣を主張ずる大野伴睦氏とが圧力をかけた。また、四国のせりあう二地域は、当時の宮沢経済企画庁長官が一カ所にしぼるとゆずらず、三木武夫氏の徳島と河野一郎氏推奨の東予との激戦は一層高まった。しかし、東予の三木派代議士の要請をいれて、三木氏が四国地方に二ヵ所の指定を強く要求し、これがいれられた結果、ついに政府側の指定区域限定の態度ももろくもくずれ去った。四国を二ヵ所に増やしたことが、九州に三ヵ所おかねばならなくさせ、福岡と熊本両県にまたがる有明地区が一本化することを条件に追加され、東北でも突然八戸がうかびあがり、さらに臨海部偏重の緩和剤として松本・諏訪が漁夫の利を占めることになったのである。

この動きはさらに進む。すでに、はげしい政治的圧力にほとほとねをあげた政府は、別に準指定をやろうとか特別地域をもうけようといった妥協策を考慮しつつあった。また、これをみてとった自民党も、それならいっそのこと二〇カ所程度にまで増やせとせまっていた。そこで、（中略）一三地域の指定とならんで、別に工業整備特別地域というのを六ヵ所ほど指定して、党内有力者間の妥協が成立した。また、将来一―二カ所程度の追加もありうるということで、秋田や岐阜・大垣の不満をおさえた。このように、指定をめぐる無原則的妥協の結果、整備地域をふくめて二〇ヵ所に近い地域にふくれあがった」[10]のである。「なにをかいわんや」である。

3　工業整備特別地域整備促進法

こうした政治家の「ドタバタ劇」を経て、新産業都市建設促進法制定の二年後の昭和三九（一九六四）年七月、工業整備特別地域整備促進法が制定された。東京オリンピック開催の三月前で「ドサクサに紛れて」と言った方が適切なほどのあわただしさである。この法律の趣旨と内容は、ほぼ第一条、第二条、第三条につきる。

いわく、「法律は、工業の立地条件がすぐれており、かつ、工業が比較的開発され、投資効果も高いと認められる地域について、工業の基盤となる施設その他の施設を一層整備することにより、その地域における工業の発展を促進し、もつて国土の均衡ある開発発展及び国民経済の発達に資することを目的とする。」（第一条目的）

「この法律で『工業整備特別地域』とは、次に掲げる地区に係る地域で内閣総理大臣が定めるものをいう。

一鹿島地区、二東駿河湾地区、三東三河地区、四播磨地区、五備後地区、六周南地区」（第二条工業整備特別地域）

「内閣総理大臣は、前項の工業整備特別地域を定めようとするときは、関係県知事及び国土審議会の意見を聴かなければならない」（第三条整備計画の承認）。

つまり、新産業都市建設促進法（以下、新産都法）では、第一条（目的）で、「大都市における人口及び産業の過度の集中を防止し並びに地域格差の是正を図るとともに、雇用の安定を図るため、産業の立地条件及び都市施設を整備することにより、その地方の開発発展の中核となるべき新産業都市の建設を促進しもって国土の均衡ある開発発展及び国民経済の発達に資することを目的とする。」と「過度集中の防止」、「地域格差の是正」が目的として明確に記されているのに対し、この法律では、「工業が比較的開発され、投資効果も高いと認められる地域について、工業の基盤となる施設その他の施設を一層整備すること」として、既存工業地域の強化をうたい、「過度集中の防止」

や「地域格差の是正」は、目的から消えている。

また、政策対象地域の指定については、新産都法では、関係都道県知事の申請、内閣総理大臣の承認という手続きとなっているが、本法では、地域を内閣総理大臣が定めるとして、六つの地域名も法律に記載されている。前者が「地方自治」のルールに乗った行政手続きを踏んでいるのに、本法は、中央政府が直接決定し、関係県知事は、計画の作成と内閣総理大臣の承認申請の手続きに限定され、乱暴な「中央集権」的手続きである。手続きに「無駄な」時間をかけず、早く新産都市建設と歩調を合わせたかったという意図が反映されている。

新産都法との違いはこの条項だけで、第四条（計画の内容）、第六条（施設の整備）、第七条公有水面埋立法、農地法の配慮、第八条財政上の措置、第九条（地方債についての配慮）、第一〇条（資金の確保）、第一一条（地方税の不均一課税に伴う措置）、第一二条（関係市町村の規模の適正化）などの手厚い財政援助、広域合併促進に関する条項は殆んど同じである。新産都法に基づく指定地域の追加ではなく、新しい法律の制定で対応したのは、法律の趣旨が大きく異なり、また、「手続き」で時間を要したくなかったことが透けてみえる。「衣の下の鎧」ではなく、始めから「鎧」で固めた法律である。

4　新産・工特地域政策の検証

①新産・工特地域の配置と全国総合開発計画

ところで、厳密に指定基準と指定に関する運用方針を定めながら、基準に合った多数の地域が関係する政治家を巻き込んで指定された新産業都市一五地域、新産業都市決定に不満を持つ地方、財界、政治家が一体となって六地域を追加的に新産業都市並みの優遇を受けるために策定された工業整備特定地域、合わせて二一地域について、所得倍増計画で太平洋ベルト地帯構想における既成工業地帯・ベルト地帯・開発地域・その他地域の四区分、全国総合開発計画での過密地域・整備地域・開発地域の三区分との関係を再整理してみよう（3—1表）。

まず、一五の新産業都市については、既述の「指定基準」、「指定運用の基本方針」に則って、すべて「過密地域」を避け、「開発地域」となっている。そのなかで、所得倍増計画で太平洋ベルト地帯構想に位置付けられている「ベルト地帯」には、岡山県南、徳島、東予、大分の瀬戸内海沿岸四地域が指定されている。瀬戸内沿岸地域は、太平洋ベルト地帯構想で「立地合理性」の高いベルト地帯と高く評価されながら全国総合開発計画では、四大工業地帯の「過密地域」やその周辺の北関東、東海、近畿などの「整備地域」と区別されて積極的な開発対象となる「開発地域」に位置付けられていただけに当然の結果である。経済合理性優先の所得倍増計画と地域格差是正・国土の均衡ある発展を強調する全国総合開発計画をともに満足する地域として忍び込ませた地域であり、いわば「できレース」である。また、道央、仙台湾、富山・高岡は、ベルト地帯から取り残されたその他地域としての北海道、東北、北陸の「開発拠点」として工業開発地区・地方開発都市の両方の期待を込めた「開発拠点」として位置づけられたものである。これらは、経済合理性からみても、支援政策如何によっては、有効な結果をもたらしうるものである。これに対し、全総計画で「開発地域」に位置付けられ、かつ倍増計画で「その他地域」となっている東北、山陰、南四国、中南九州の諸地域は、企業立地の合理性に乏しい中で、地域格差是正のために政策的に指定された観があり、八戸、秋田湾、常磐郡山、新潟、松本諏訪、中海、不知火有明大牟田、日向延岡の八地域は、はじめから苦戦を迫られることになる。

他方、工特法の六つの指定地域を倍増計画や全総計画との関係でみると、播磨、備後、周南の三地域は瀬戸内沿岸で、新産業都市の四地域を加えると瀬戸内沿岸は香川と福岡を除くと残り七県はすべて政策対象となった。新産工特二一地域中、実に三分の一が集中している。これに、鹿島、駿河湾、東三河の三地域を加えると一〇地域、ほぼ半分が所得倍増計画で言う太平洋ベルト地帯に集中している。それ以外の全総計画での開発地域が一一地域で、経済合理

3－1表　全総計画・倍増計画の地域区分と新産・工特地域の配置

	倍増計画	既成工業地帯	ベルト地帯		開発（拠点）地域	その他地域
	全総計画	過密地域	整備地域	開発地域		
	北海道				新・道央	
東北	青森					新・八戸
	秋田					新・秋田湾
	岩手					
	宮城				新・仙台湾	
	山形					
	福島					新・常磐郡山
	新潟					新・新潟
関東	茨城		工・鹿島			
	栃木					
	群馬					
	埼玉					
	千葉					
京浜	東京					
	神奈川					
甲信	山梨					
	長野					新・松本諏訪
北陸	富山				新・富山高岡	
	石川					
	福井					
	愛知	工・東三河				
東海	静岡		工・駿河湾			
	岐阜					
	三重					
近畿	滋賀					
	京都					
	奈良					
	和歌山					
阪神	大阪					
	兵庫	工・播磨				
瀬戸内	岡山			新・岡山県南		
	広島			工・備後		
	山口			工・周南		
	香川					
	徳島			新・徳島		
	愛媛			新・東予		
	大分			新・大分		
	福岡					新・不知火有明大牟田
山陰	鳥取					新・中海
	島根					
西南日本	高知					
	佐賀					
	長崎					
	熊本					新・不知火有明大牟田
	宮崎					新・日向延岡
	鹿児島					
	沖縄					

網掛けは当該地域の全総・倍増計画での位置づけ。新は新産都市、工は工特地域
全総・倍増計画より矢田作成

性中心の開発政策指向と、地域格差是正・低開発地域振興指向と数の上ではほぼ拮抗したことになる。

さらに言えば、東三河は愛知県、播磨は兵庫県で、ともに全総計画での「過密地域」で、鹿島、東駿河湾の二地域は過密地域外周の「整備地域」で、「過密地域には、新産業都市は配置しない」という「指定基準」を明確に逸脱している。全総計画策定、新産都法二年にして、地域格差是正よりも経済合理性・国民経済の発展に向けて大きく舵を切ったのである。

②新産・工特政策成果の地域間比較

国土庁の作成した『地方産業振興に関する研究会報告書』の末尾に、「経済のグローバル化が進展し、企業が国境を越えて最適立地を求める時代を迎え、企業活動のみならず、地方産業振興策も市場原理を踏まえたものに変わっていくことが求められている。（中略）このような基本的考え方にたって新産・工特制度を見つめた時、我が国を巡る各指定地区における経済情勢が大きく変容するなかで、制度の歴史的な役割は終わったものと考えられる。」と明確に表現されている。その上で、参考資料として、「新産業都市及び工業整備特別地域の建設・整備の進捗状況[11]」という表題で多くのデータが添付されている。一九六四年度から九九年度までの五次三五年間の地区別の施設設備投資、工業出荷額や人口の実績値、債券発行額、利子補給額等々である。膨大なもののなかから、二つの表と五つの図を作成し、全総計画の全体的な総括を試みた。

3―2表、3―3図から明らかなように、新産・工特二一地区への施設整備の投資額は、一九六四―九五の三〇余年間に約二五・四兆円にのぼった。この結果、二一地区の製造品出荷額が一九六〇年の約二兆二、〇〇〇億円から九五年の五一兆六、五〇〇億円へと名目ベースで約二四倍、約四九兆円の増加である。設備投資額を地区別にみると、道央が四・四兆円と一七％も占め断トツであり、播磨、仙台湾、岡山県南、不知火有明大牟田と続き、五地区の合計

３－２表　新産・工特地域別・政策効果

B, C, EおよびG～Jの単位は億円

	A 用地造成面積		B 設備投資額	C 補助かさ上げ額	D かさ上げ率 =C/B %	E① 新産等債発行額	② 同利子補給額	E③ 小計	F 借入金依存率	製造品出荷額				政策効果			
														K	L	M	N
	ha	立地率 %	1964―95	1964―95	1964―95	1964―95	1964―95	①+②	E③/B	G 1960	H 1980	I 1995	J = I - G	H/G	I/G	J/B	J/E
道央	6,570	70.8	44,067	858.2	1.9	734.3	18.3	752.6	1.7	1,820	25,452	28,503	26,683	14.0	15.7	0.61	35.5
八戸	779	96.5	5,535	109.8	2.0	398.1	61.0	404.2	7.3	220	5.057	6,822	6,602	23.0	31.0	1.19	16.3
仙台湾	923	84.7	19,981	205.6	1.0	650.7	80.9	731.6	3.7	643	14,780	19,485	23.0	23.0	30.3	0.94	25.8
秋田湾	816	–	5,684	77.5	1.4	260.4	48.6	309.0	5.4	322	3,525	4,521	4,199	10.9	14.0	0.74	13.6
常磐郡山	1,548	93.3	12,862	132.3	1.0	684.7	85.1	769.8	6.0	548	11,511	24,669	24,121	21.0	45.4	1.88	31.3
新潟	1,088	86.9	12,975	103.4	0.8	603.2	81.8	685.0	5.3	883	11,125	13,868	12,985	12.6	15.7	1.00	19.0
富山高岡	718	89.4	12,386	87.6	0.7	902.9	112.0	1,022.9	8.3	1,389	19,620	27,271	25,882	14.1	20.4	2.09	25.3
松本諏訪	439	91.4	11,179	105.1	0.9	340.6	43.6	384.2	3.3	815	12,551	23,427	22,612	27.7	28.7	2.02	58.9
中海	479	75.1	8,409	103.3	1.2	457.4	59.5	516.9	6.1	411	5,685	11,030	10,619	13.8	26.8	1.26	20.5
岡山県南	1,510	97.9	16,573	137.7	0.8	442.9	56.5	501.4	3.0	1,891	49,708	52,283	50,392	26.3	27.6	3.04	100.5
徳島	583	94.1	6,227	72.6	1.2	341.6	45.0	386.6	6.2	470	7,466	11,761	11,291	15.9	25.0	1.81	29.2
東予	835	83.7	6,490	187.2	2.9	167.7	33.4	201.1	3.1	1,166	17,173	20,635	19,469	14.7	17.7	3.00	96.8
大分	1,447	88.6	7,981	104.2	1.3	394.1	65.5	459.6	7.1	420	16,011	17,614	17,194	38.1	41.9	2.15	37.4
日向延岡	268	79.0	3,226	73.4	2.3	231.9	36.5	268.4	8.3	312	3,986	4,029	3,717	12.8	12.9	1.15	13.8
不知火有明	685	75.6	15,264	243.8	1.6	634.6	51.9	686.5	4.5	1,070	13,968	21,713	20,643	13.0	20.3	1.35	30.1
鹿島	2,775	90.6	2,962	11.4	0.4	166.0	35.8	201.8	6.8	36	17,241	18,627	18,591	479.0	517.4	6.28	92.1
東駿河湾	270	100	11,947	52.1	0.4	435.2	59.7	494.9	4.1	2,305	31,600	52,612	50,307	13.7	22.8	4.21	101.7
東三河	1,324	82.3	8,692	44.5	0.5	203.7	18.0	221.7	2.6	940	17,042	35,727	24,787	18.1	22.8	6.71	111.8
播磨	301	50.5	25,319	271.5	0.3	523.0	121.6	644.6	2.5	3,139	47,042	67,621	64,482	15.0	21.5	2.55	100.0
備後	1,487	95.4	10,538	43.1	1.1	265.0	28.0	293.0	2.8	1,270	21,611	29,353	28,083	17.0	23.1	2.66	95.8
周南	716	92.8	5,873	86.2	1.5	332.8	46.4	329.2	5.6	1,788	20,138	24,991	23,203	11.3	14.0	3.95	70.5
新産計	17,524	79.0	188,839	2,601.7	1.4	7,245.0	969.4	8,214.4	3.3	12,379	217,591	287,631	275,252	17.5	23.2	1.46	33.5
工特計	5,385	87.1	65,331	508.7	0.8	1,925.7	309.4	2,234.1	3.4	9,479	154,674	228,929	219,450	16.3	24.2	3.35	98.2
新産・工特計	22,909	80.9	254,170	3,110.5	1.2	9,170.7	1,278.6	10,449.4	4.1	21,857	372,265	516,560	494,703	17.0	23.6	1.95	47.3

国土庁『地域産業振興に関する研究会報告書』1999
経済産業省『工業統計表』各年

一二・一兆円で、全体の半分弱を占めるほどである。他方、鹿島、日向延岡、八戸、秋田湾、周南の五地域は、いずれも六千億円未満で小規模にとどまっている。

他方、新産・工特政策の最大の目的である工業振興の指標として、製造品出荷額の増加を地区別にみると（3―4図）、一九六〇―九五の三五年間の増加額（3―2表J欄）をみると、二一地区で四九・五兆円のなかで、播磨が約六・五兆円と最も多く、東駿河湾五・〇兆円、岡山県南五・〇兆円、東三河二・五兆円と四つの地域がAグループを形成し、合わせて一八・九兆円、全体の約四〇％を占めている、次いで、備後二・八兆円、道央二・七兆円、富山高岡二・六兆円、常磐郡山二・四兆円、周南二・三兆円、松本諏訪二・三兆円と二―三兆円のBグループが続く。ここまでのA、Bグループ一〇地区で、全体の増加分の実に七五％を占めている。さらに増加額が一～二兆円は、新産都市の仙台湾、新潟、中海、東予、徳島、大分、不知火有明大牟田、と工特地域の鹿島でCグループを形成し、残る八戸、秋田湾、日向延岡など北東北、南九州など縁辺地域は軒並み低い増加額にとどまって、Dグループを形成している。伸び率（3―2表L欄）だけでみると、ほとんどゼロからの出発であった鹿島が五〇〇倍以上で、ほかに、常磐・郡山、大分などが四〇倍以上で健闘している。

ところで、もう少し焦点を定めて、新産・工特地区の政策効果を検討してみよう。一つは、政策としての「投資効果」である。3―2表M欄および3―5図は、分子に一九六〇年から九五年の三五年間の地区の製造品出荷額の増加額をおき、分母にこの間の施設整備投額をおいて、各地区の値を求める（M＝J／B）。ハード施設への公的資金の投入が製造品出荷額にダイレクトに反映するほど事態は単純ではないが、財政出動による工業生産アップの効果の一応の目安として考察する。この図から、かなり明確な傾向を読み取ることができる。投資効果三・〇以上の地域は、東三河六・七、鹿島の六・三を筆頭に、東駿河湾四・二、周南の四・〇、備後二・七、播磨二・六と工特地域はいずれも高く、新産都市では、岡山県南と東予がともに三・〇と二地域だけがこのレベルに達するにすぎない。そのほかでは、大分、

３－３図　新産・工特地域別施設整備投資額（1964－1995年度）

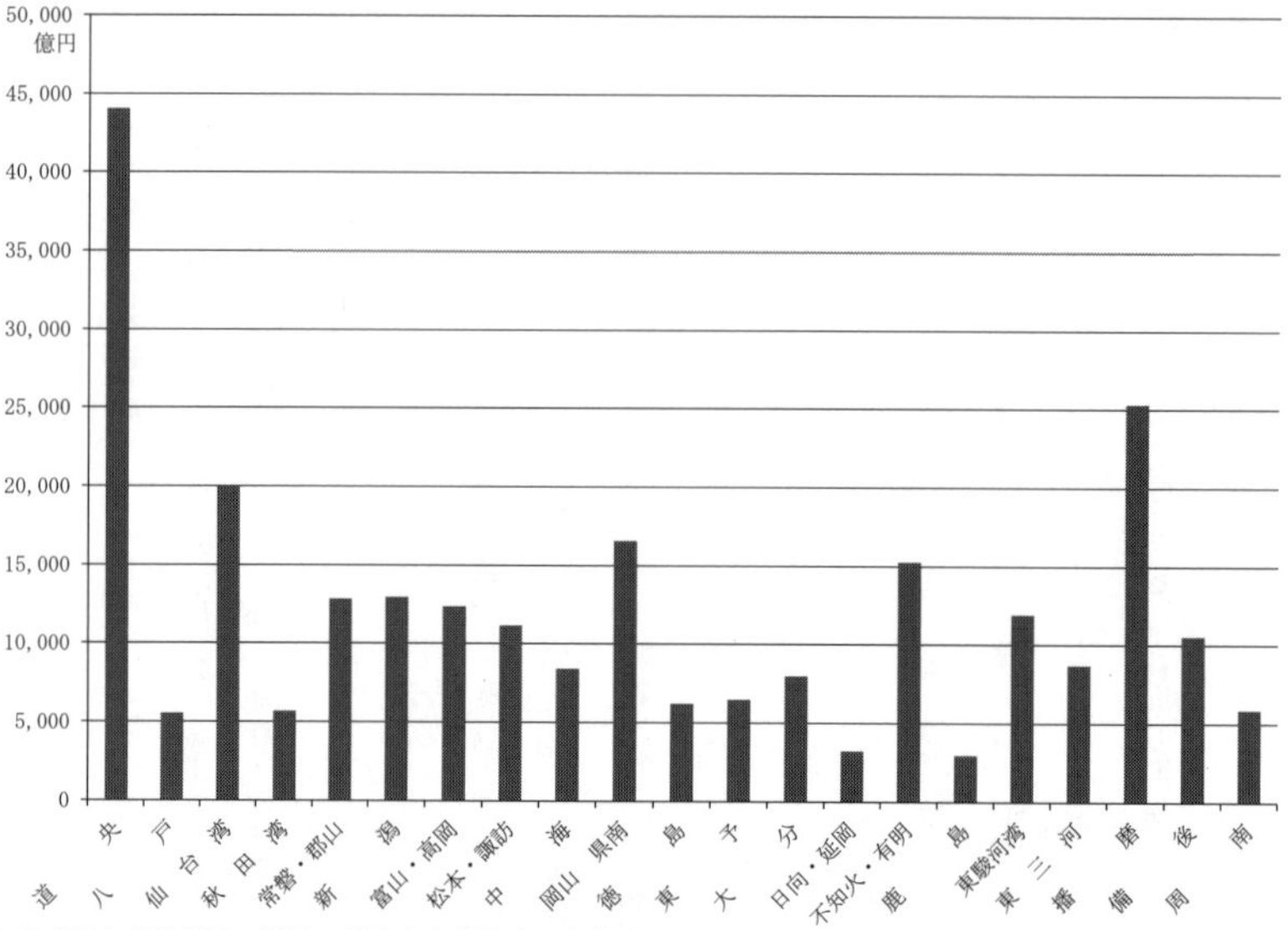

国土庁「地方産業振興に関する研究会」報告書より作成

３－４図　新産・工特地域別製造品出荷額増加額（1960-95年度）

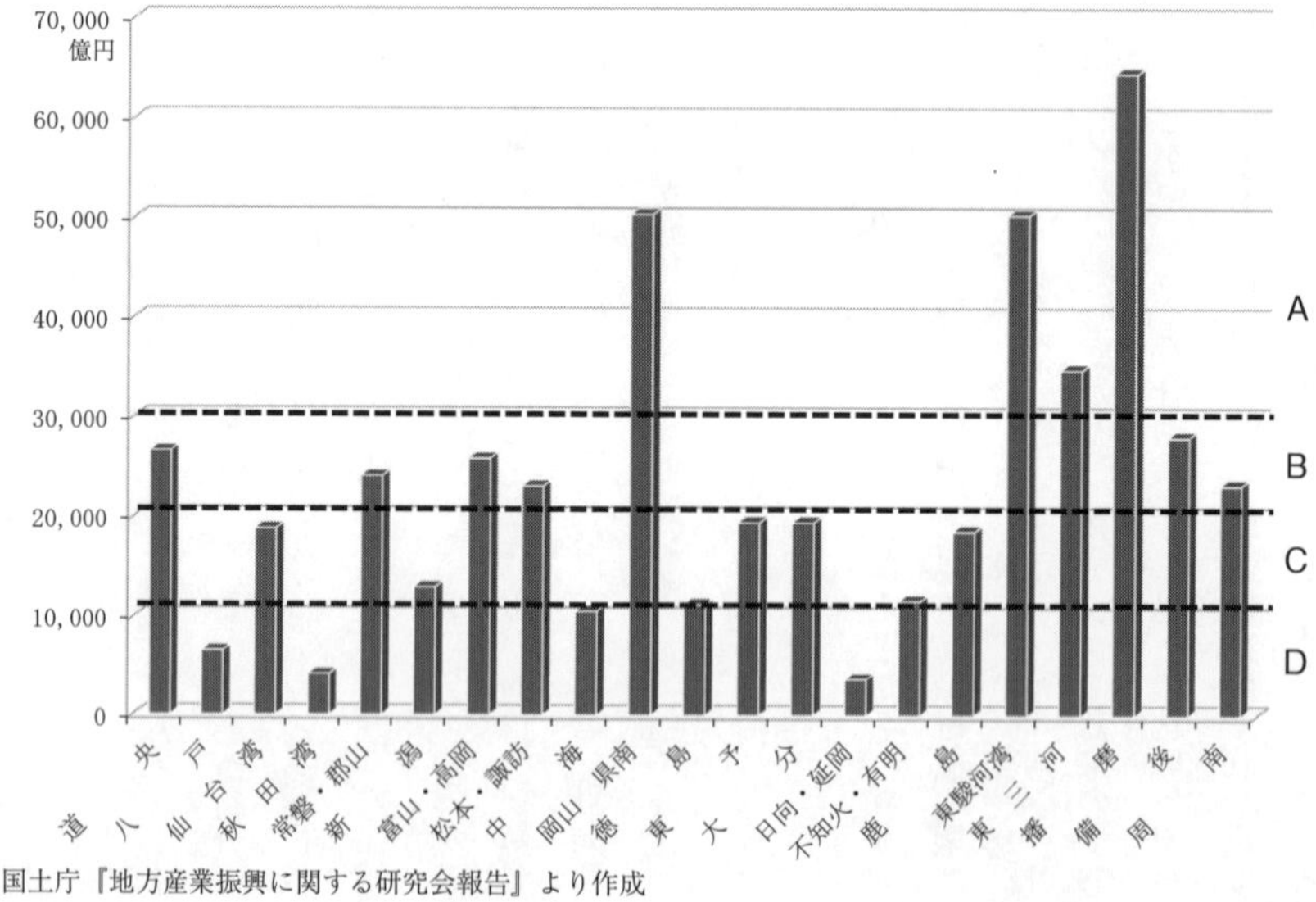

国土庁『地方産業振興に関する研究会報告』より作成

3－5図　新産工特地域別政策効果比較

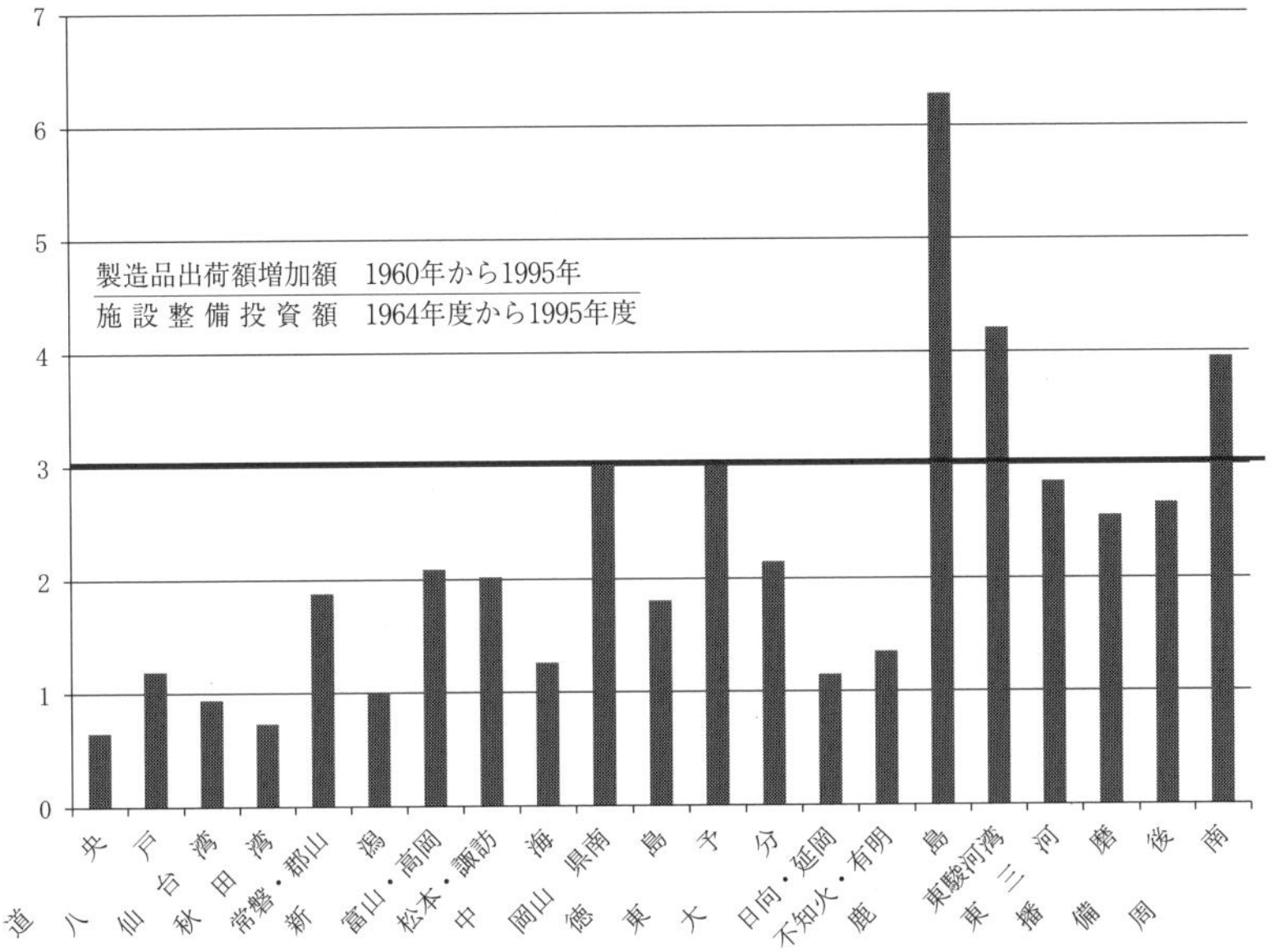

国土庁『地方産業振興に関する研究会』報告書より作成

富山高岡、松本諏訪の三地域が二ポイント台と健闘し、常磐郡山、徳島など七地域が一ポイント台、仙台湾、秋田湾、道央の三地域が一・〇を下回っている。産業基盤投資額の二倍以下の製造品出荷額増に達しない地域は、北海道、東北、日本海岸、西南日本の「開発地域」に集中している。これらは、企業の立地合理性からかけ離れた地域で、公共投資をいくら投下しても意図した成果は挙げられなかったことを物語っている。地域格差是正、地方振興を声高に叫んで、政治的配慮から膨大な財政投資を行っても「成果」は挙げられなかったことを証明している。「過密の防止」、「格差是正」、「地方分散」も、あくまで〈企業の合理的立地〉の許す範囲の「拡散」で、それを超える中央権力や政治家の暗躍による政策は、「はかない夢」、「無駄な投資」となることを明確に物語っている。

もう一つの資料から検証してみよう。国土庁の『地方産業振興に関する研究会報告』では、事務当局より興味ある資料がだされた。新産・工特地区の

3－6図　新産・工特地区における工業集積の変化（1963-1995年）

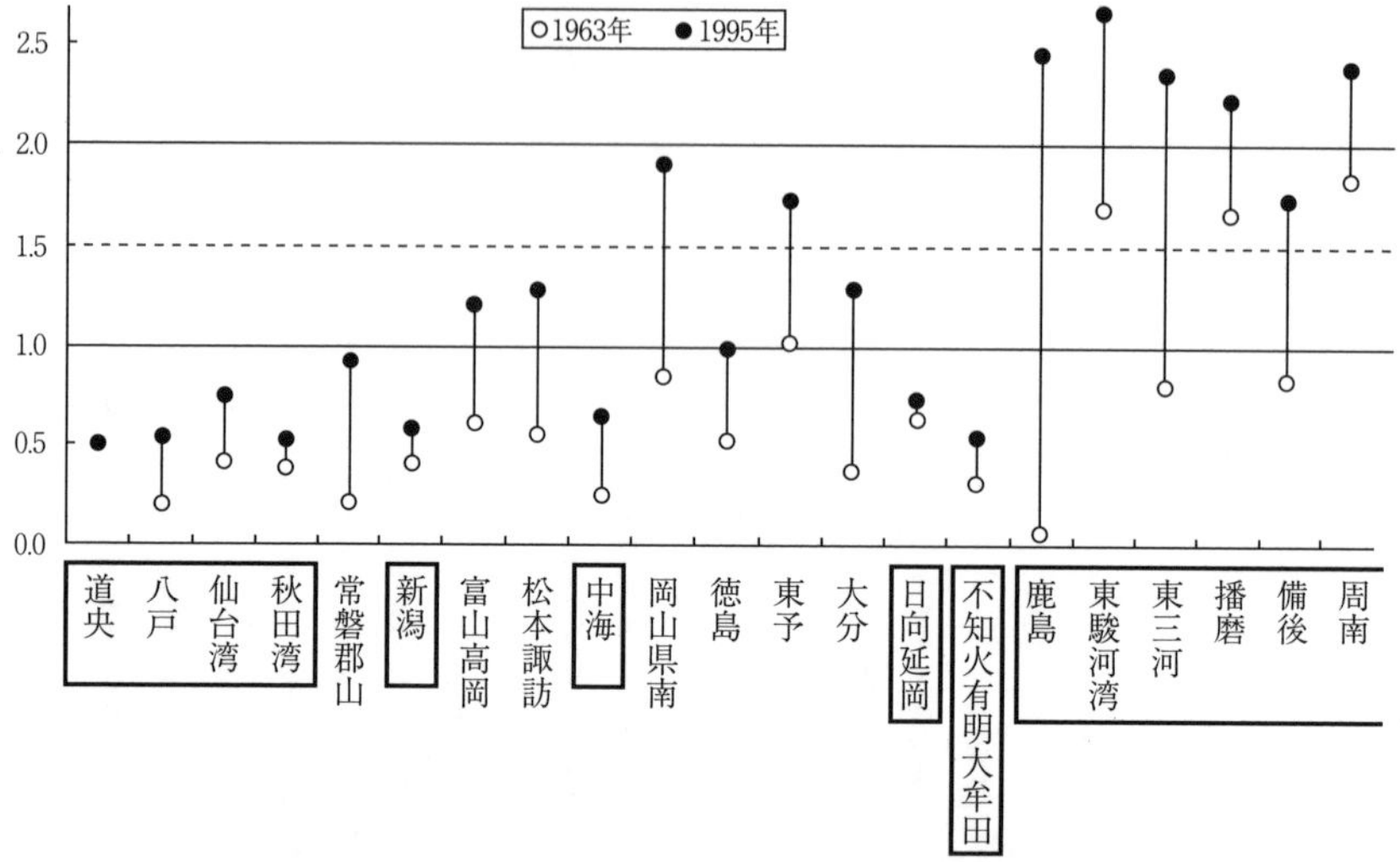

注）

$$\text{工業集積度} = \frac{\dfrac{(\text{地区工業出荷額}/\text{地区可住面積})}{(\text{全国工業出荷額}/\text{全国可住面積})} + \dfrac{(\text{地区工業付加価値額}/\text{地区人口})}{(\text{全国付加価値額}/\text{全国人口})}}{2}$$

（出所）国土庁『地方産業振興に関する研究会』報告書（1999）p.52

工業集積度の変化一覧である。ここでは、3―6図注のように工業集積度を「{(地区工業出荷額/地区可住面積)÷(全国工業出荷額/全国可住面積)}+{(地区工業付加価値額/地区人口)÷(全国工業価値額/全国人口)}」÷2 を当該地区の「工業集積度」として算出する。それぞれの区の可住面積当たりの工業付加価値額を全国のそれと比較した値と、地区の人口当たりの工業付加価値額を全国のそれと比較した値を算出し、二つの値を足して二で割ることで「工業集積度」とする。この値が、一・〇を上回れば、一応「工業集積」がみられ、その値が高ければ高いほど、工業集積が進んでいると「判断」する、というのである。そのうえで、各地区の一九六三―九五年度の約三〇年間の変化をグラフ化したものが3―6図である。

この図から判断すると、一九六三年度時点で、全国平均の一・〇を上回っていたのは、工特六地域のうち、東駿河湾、播磨、周南の三地区と新産都市の東予で、計二一地域のうちわずか二〇％弱が「工業地域」とよべる程度であった。しかし、新産・工特政策の実施により、工業集積度がいずれも上昇し、約三〇年後には、「工業地域」と呼ぶにふさわしい集積度一・〇を上回ったのは、一気に一二地区と過半を数えるに至った、とくに、工特の六地区は、いずれも一・五を上回り、備後を除く五地区は集積度二・〇を越える名実ともに「工業地域」になった。なかでも、鹿島は農漁村から一挙に巨大コンビナート地帯に変身し、集積度はゼロから二・五に大きく飛躍した。東三河は、トヨタの田原工場、備後は日本鋼管福山の立地により、一大工業都市となった。

他方、新産都市は、大きく二極に分かれた。一九六三年には一五地区とも工業集積度一・〇以下であったのが、九五年には、岡山県南、東予、大分、松本諏訪、富山高岡、徳島の六地区が一・〇を上回り「工業地域」化した。これに対し、道央、八戸、仙台湾、秋田湾、新潟の北海道・東北の五、山陰の一、九州の二、計八地域（3—6図、囲み地域）は一・〇を大きく下回っている。また、三二年間の集積度上昇の度合いでは、鹿島がゼロから一挙に二・五に飛躍したほか、東駿河湾、東三河、播磨、備後、周南の工特地区は順調に上昇し、新産都市では岡山県南、徳島、東予、大分の瀬戸内沿岸も着実に上昇している。換言すれば、「ベルト地帯」の工業地区の集積度が上昇し、北海道・北東北、山陰、九州では、上昇度が低い。その中にあって、常磐郡山、富山高岡、松本諏訪の首都圏周辺の地域は着実に上昇している、

このように、工業の成長と集積度の二つの視点から検証する限り、太平洋ベルト地帯に属する六つの工特地域と四つの新産都市は、ベルト地帯のなかにあって臨海性コンビナートを駆動力として顕著な成果を示した。また、常磐郡山、諏訪松本、富山高岡の三地域は、首都圏の内陸機械工業の成長も影響して健闘した。これに対し、北東日本、山陰、西南九州の国土の縁辺部の八地区は、大きな成果を示しえなかった、と評価できる。

ところで、全国総合開発計画は、大規模地方都市の建設も視野に入れてきた。地方に拠点都市を育成するという趣

３－７図　新産・工特地域人口増加数（1960-95年度）

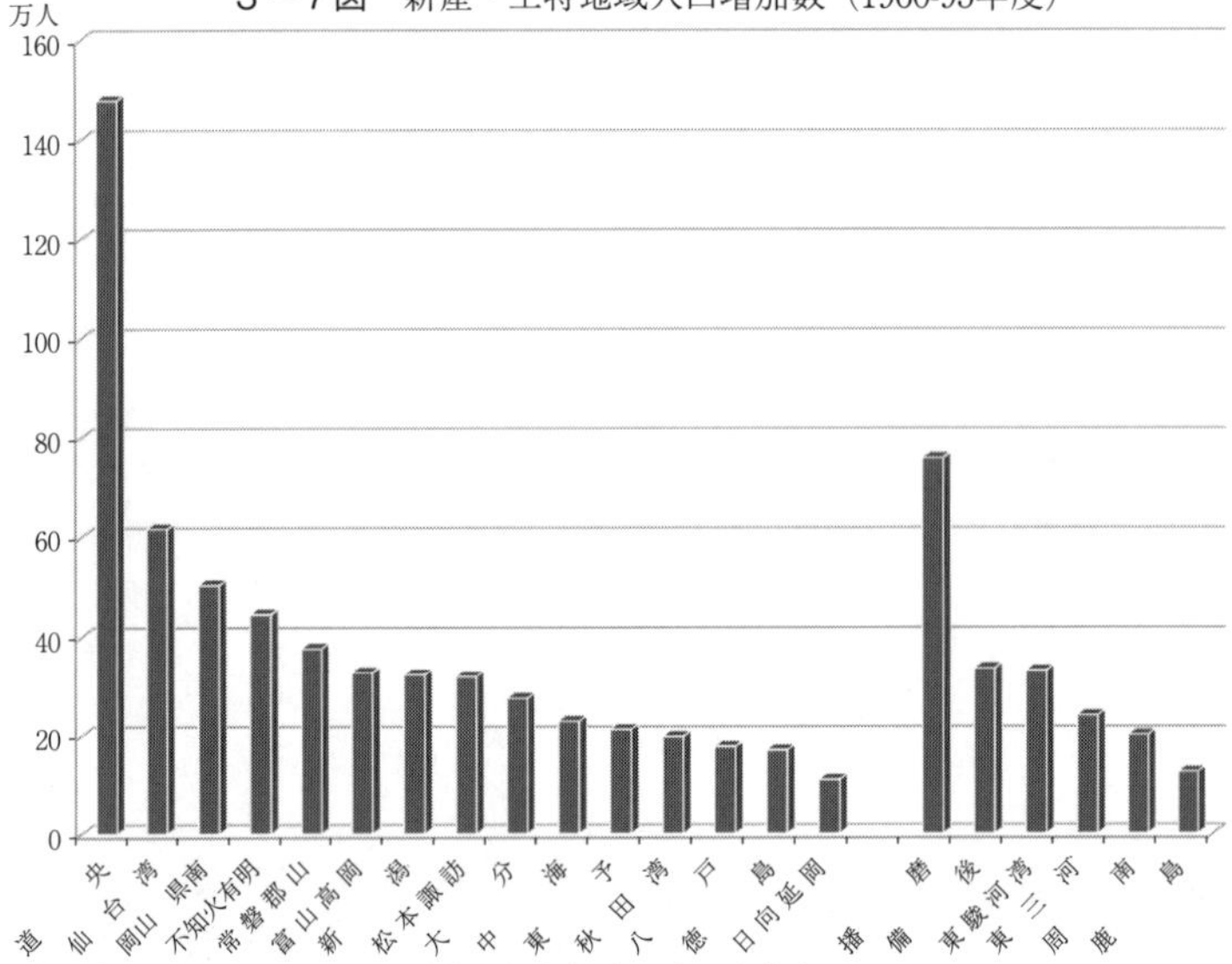

国土庁『地方産業振興に関する研究会』報告書（1999）より作成

３－８図　新産・工特地域人口増加率（1960-94年）

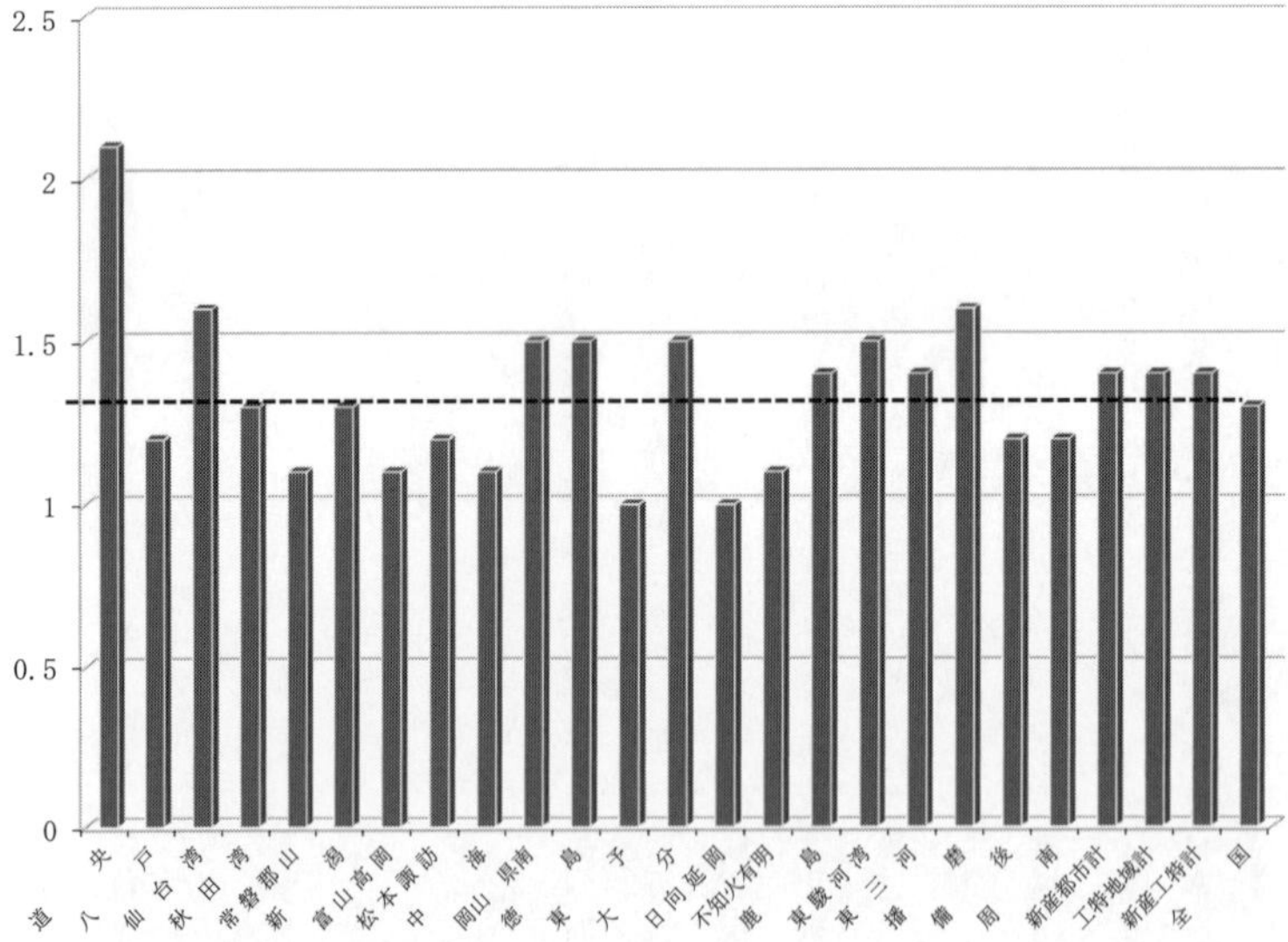

国土庁「地方産業振興に関する研究会」報告書　1999.3より作成

旨を軽視していたわけではない。道央、仙台湾、富山高岡、岡山県南、大分などは。地方都市の形成も十分に視野にいれていた。そこで、新産・工特地域の人口増加の状況についても考察してみたい。3―7、8図は、一九六四年から九五年の三〇年余の地域別の人口増加数と増加率を示している。人口増加数では、札幌を抱える道央が一二九万人から二七三万人と実に一四四万人も増えたのをダントツとして、仙台市を含む仙台湾が四六万人増、姫路市を核とする播磨が六五万人増、岡山・倉敷市を擁する岡山県南が四四万人、沼津・三島などの都市群が集積する東駿河湾が三六万人増、新潟、豊橋のある東三河、大分がいずれも二一万人増と七地区で二〇―四〇万人台の人口増加している。人口増加率でみても（3―8図）、三大都市圏周辺の鹿島、東駿河湾、東三河、播磨の工特地域は当然として、道央、仙台湾、岡山県南、徳島、大分など地方拠点都市を包摂する新産都市は、全国平均を上回る増加率を示している。新産・工特政策のなかで、住宅・上下水道・公園緑地などの生活関連施設や道路に対する公共投資が地方都市の人口増加に影響したとみられる。

このように、地域の工業出荷額だけでなく人口動向を考慮すれば、総じて、全総計画で言う大規模工業開発地区とともに大規模地方開発都市の育成にも一定の効果があったと評価できる。前者は、鹿島、東駿河湾、東三河、播磨、岡山県南、徳島、東予、備後、周南、大分と続くベルト地帯に特に顕著に、後者は札幌、仙台、新潟、富山高岡など北東日本と日本海岸の拠点都市の形成に少なからぬ効果を上げたと評価できる。なかんずく、「太平洋ベルト」地帯が三大都市圏を含む四大工業地帯と合体して「国土軸」を形成し、わが国の国土構造の背骨をつくりあげた意味は大きい。

③太平洋ベルト地帯と国土構造

新産・工特地域政策検証の最後に、太平洋ベルト地帯内部の工業地域間比較を行って、新しい国土軸形成の意味を

３－３表　大平洋ベルト・都府県別製造品出荷額推移　億円

	1960	1966	1971	1975	1980	80/60	1985	1990	1995	2000	00/80
茨 城 県	1,162	4,738	15,087	32,388	63,184	54.3	83,820	107,882	109,828	107,360	1.7
・千 葉 県	2,055	8,807	25,088	55,565	98,991	48.2	111,075	121,872	115,949	114,573	1.2
・東 京 都	24,158	46,979	80,099	112,232	168,563	7.0	189,779	228,463	196,792	179,590	1.1
・神奈川県	14,006	34,209	74,618	120,010	202,287	14.4	250,035	280,448	241,438	217,276	1.1
静 岡 県	5,993	15,050	30,064	51,630	93,900	15.7	125,045	162,652	161,630	166,108	1.8
・愛 知 県	13,894	19,430	67,649	114,561	203,820	14.7	279,957	366,195	336,413	343,361	1.7
・三 重 県	2,644	6,578	13,421	26,038	44,733	16.9	57,481	74,962	72,234	80,937	1.8
・和歌山県	1,792	4,469	9,183	18,093	25,662	14.3	26,131	25,014	22,560	22,654	0.9
・大 阪 府	20,722	41,289	79,442	120,870	187,562	9.1	220,421	245,527	208,887	180,197	1.0
・兵 庫 県	11,465	22,557	45,196	74,014	111,056	9.7	129,580	154,242	144,034	140,700	1.3
徳 島 県	524	1,205	3,109	5,730	9,069	17.3	11,701	14,553	14,653	15,052	1.7
香 川 県	802	1,961	5,220	10,736	19,352	24.1	20,636	24,260	23,872	21,459	1.1
岡 山 県	2,283	6,290	15,902	32,588	57,619	25.2	66,018	68,683	68,634	63,695	1.1
広 島 県	3,800	9.703	22,005	39,876	59,648	15.7	69,616	89,314	77,162	72,177	1.2
愛 媛 県	1,925	4,130	9,163	16,864	27,148	14.1	31,536	33,069	35,807	34,671	1.3
山 口 県	3,475	6,772	12,740	26,004	43,397	12.5	47,902	49,625	48,967	48,380	1.1
福 岡 県	5,378	10,529	20,081	35,213	57,892	10.8	65,115	77.107	78,162	73,679	1.3
大 分 県	803	1,729	3,693	9,319	20,960	26.1	21,261	25,987	27,423	30,875	1.5
・３大湾岸	90,736	184,318	394,696	642,383	1,042,674	11.5	1,264,459	1,496,723	1,338,307	1,279,288	1.2
同対全国比％	59.8	54.5	54.7	51.0	49.2		47.7	46.3	43.7	42.6	
太平洋ベルト	116,811	236,732	531,760	901,731	1,494,843	12.8	1,807,109	2,072,825	1,984,445	1,881,869	1.3
同対全国比％	76.9	69.9	73.7	71.6	70.5		68.1	64.1	64.8	62.6	
全　　国	151,820	338,440	721,716	1,258,409	2,121,243	13.8	2,653,206	3,233,726	3,060,296	3,004,776	1.4
冨 山 県	1,743	3,541	7,925	14,646	25,834	14.8	29,609	37,488	36,033	34,589	1.3

吟味してみたい。

3―3表と3―9図は、茨城から大分県までの関東・東海・近畿・瀬戸内臨海に位置する都府県別の一九六〇年から二〇〇〇年までの四〇年間の製造品出荷額の推移を示したものである。とくに、鉄鋼・石油・化学など輸入原料加工型の重化学工業が経済成長を主導した一九六〇年代から八〇年代前半までの四半世紀は、臨海工業地帯の役割は大きかった。表に掲載した一八都府県の一九六〇年から八〇年までの二〇年間の製造品出荷額の伸びは、全国一三・八倍に対し、一二・八倍とほぼ拮抗し、顕著な分散効果は認められない。この結果、ベルト地帯臨海部の比重は、六〇年七六・九%、七五年七一・六%、八五年六八・一%と七割前後をキープしてきた。その中にあって全総計画で「過密地域」としてされた東京、大阪、兵庫、福岡の四都府県は、七―一〇%台と

3－9図　「過密地域」と周辺の都府県別製造品出荷額推移

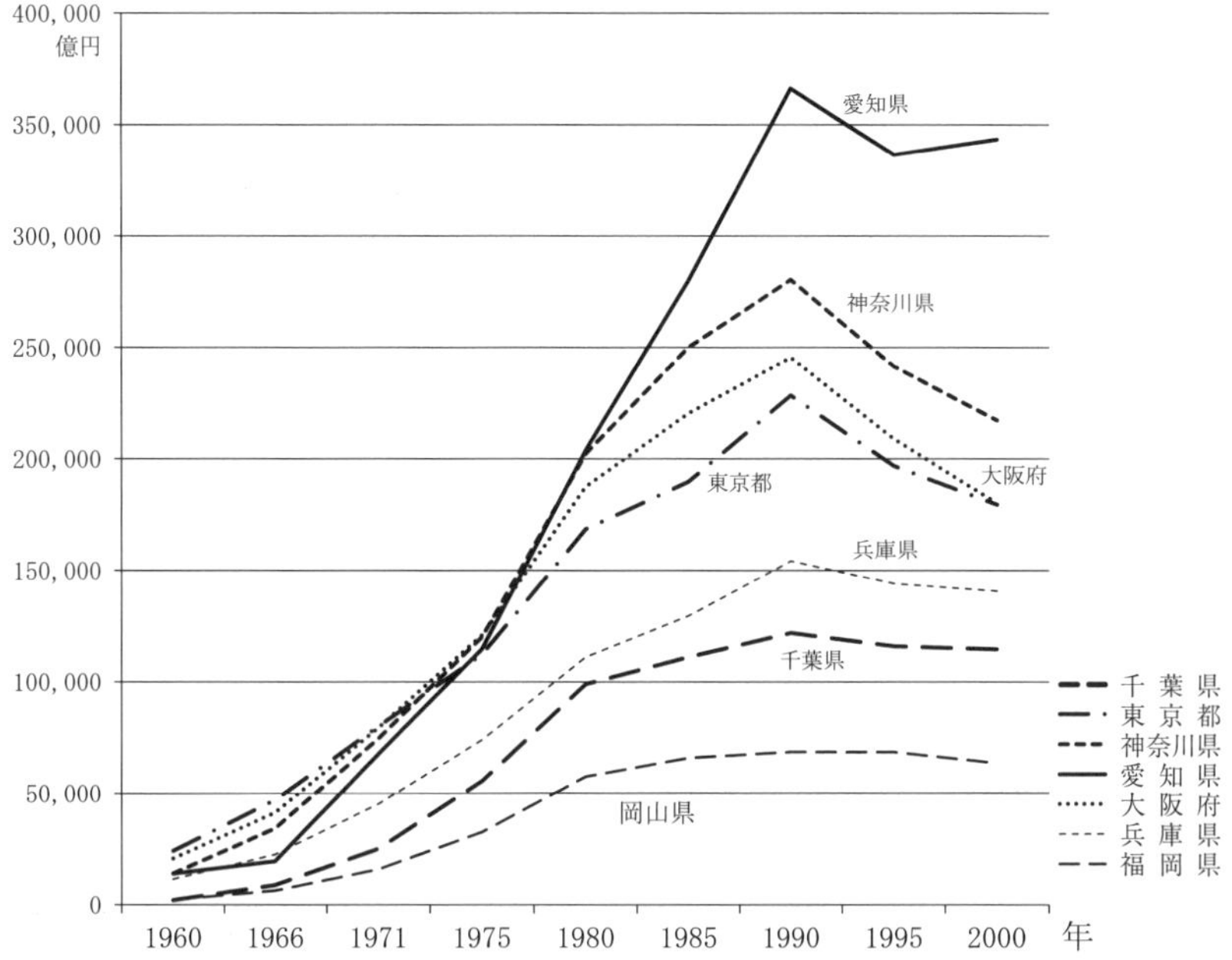

経産省『工業統計表』資料より作成

全国平均に比較して著しく低い増加にとどまった。神奈川は一四%台で全国平均をわずかに上回った。これに比し、新産都市の優等生を抱える岡山、大分の両県は二五―二六倍と高く、工特地域を有する茨城、静岡、愛知、広島の四県も全国平均を上回った。とくに、茨城県は農業県に鹿島コンビナートが立地した結果一挙に五四・三倍と驚異的な増加率を示した。注目すべきは、全総計画では、東京・神奈川とともに「過密地域」として工業立地の制限対象にされながら、倍増計画では茨城とともに「ベルト地帯」として既成工業地帯ではなく工業立地誘導的扱いを受けた千葉県は、二〇年間に四八・二倍の製造品出荷額の増加をみせたことである。これは、岡山、大分の新産都市県の倍近い伸びを示すものであり、新産・工特政策といった全総計画の支援を受けずに、市場原理による立地展開によって実現したものである。「過密地域」による立地抑制に対抗した市場原理に基づく立地

3－10図　京葉臨海地域と新産・工特地域群の製造品出荷額推移

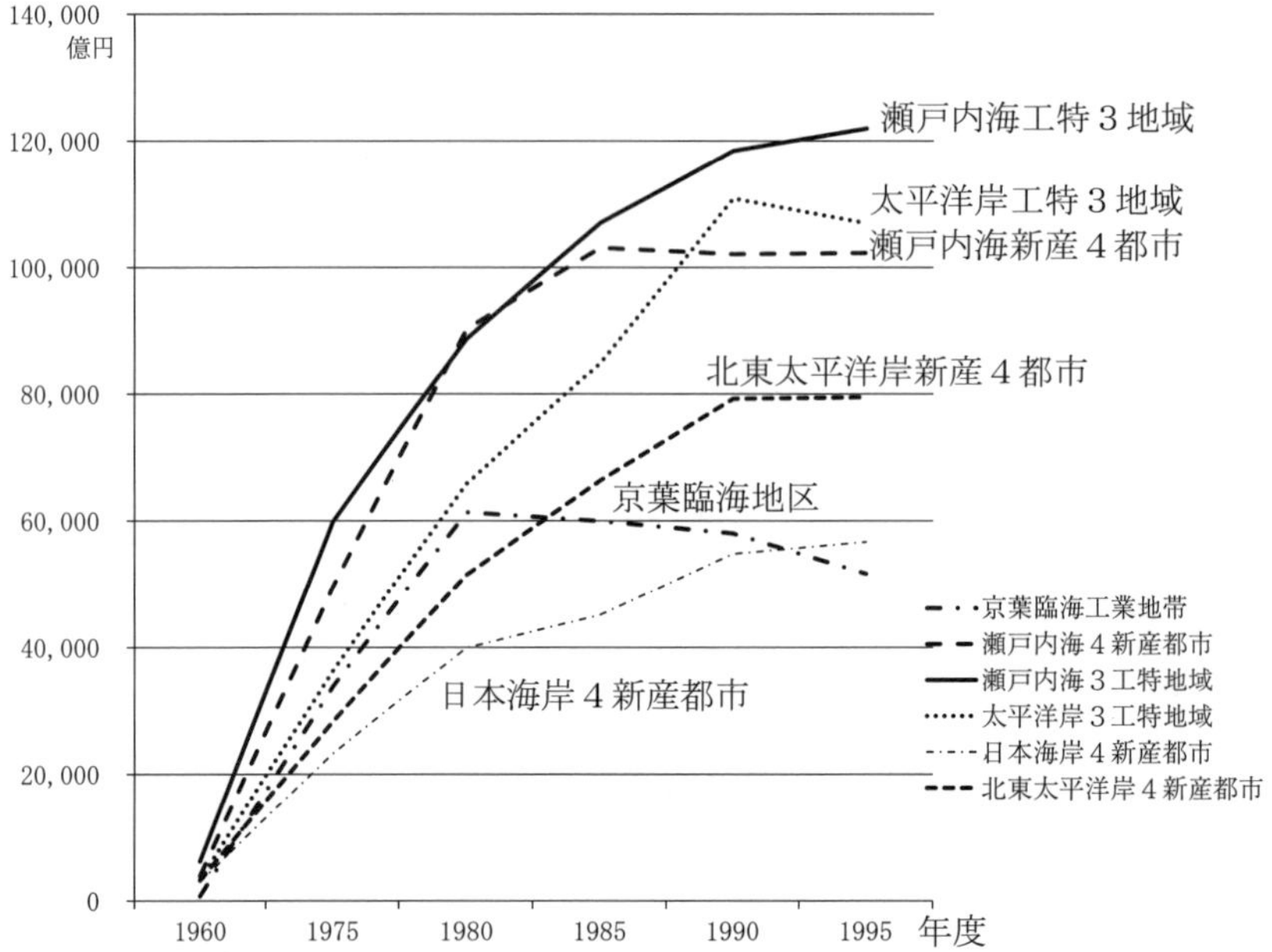

経産省『工業統計表』
国土庁『地方産業振興に関する研究会』報告書　1999

展開という動きは、神奈川県における京浜、愛知県における知多、三重県における四日市、大阪府における泉北・堺などのコンビナート形成にみられる。この点は第四章で企業の立地論理の側から考察する。しかし、いずれも、「府県」という自治体レベルでの全国平均を大幅に上回る出荷額増をもたらしたわけではない。千葉県、もっと言えば東京湾の千葉県臨海部、つまり京葉臨海工業地帯だけが「過密地域」のなかで、多数のコンビナート群を飲みこむ「ブラックホール」的役割を果たしたのである。京葉工業地帯と新産・工特地域のパフォーマンスをもう少し詳しく比較しよう。

3―10図は、新産・工特地域について、立地地域ごとにグループ化した製造品出荷額推移である。一九六〇年から八〇年に焦点を当てて考察すると、播磨・備後・周南の瀬戸内海の工特三地域と、岡山県南・徳島・東予・大分の瀬戸内海新産四都市群とが、ほぼ同じ経路の成長カ

3－11図　京葉臨海地域と新産・工特上位5地域の製造品出荷額推移

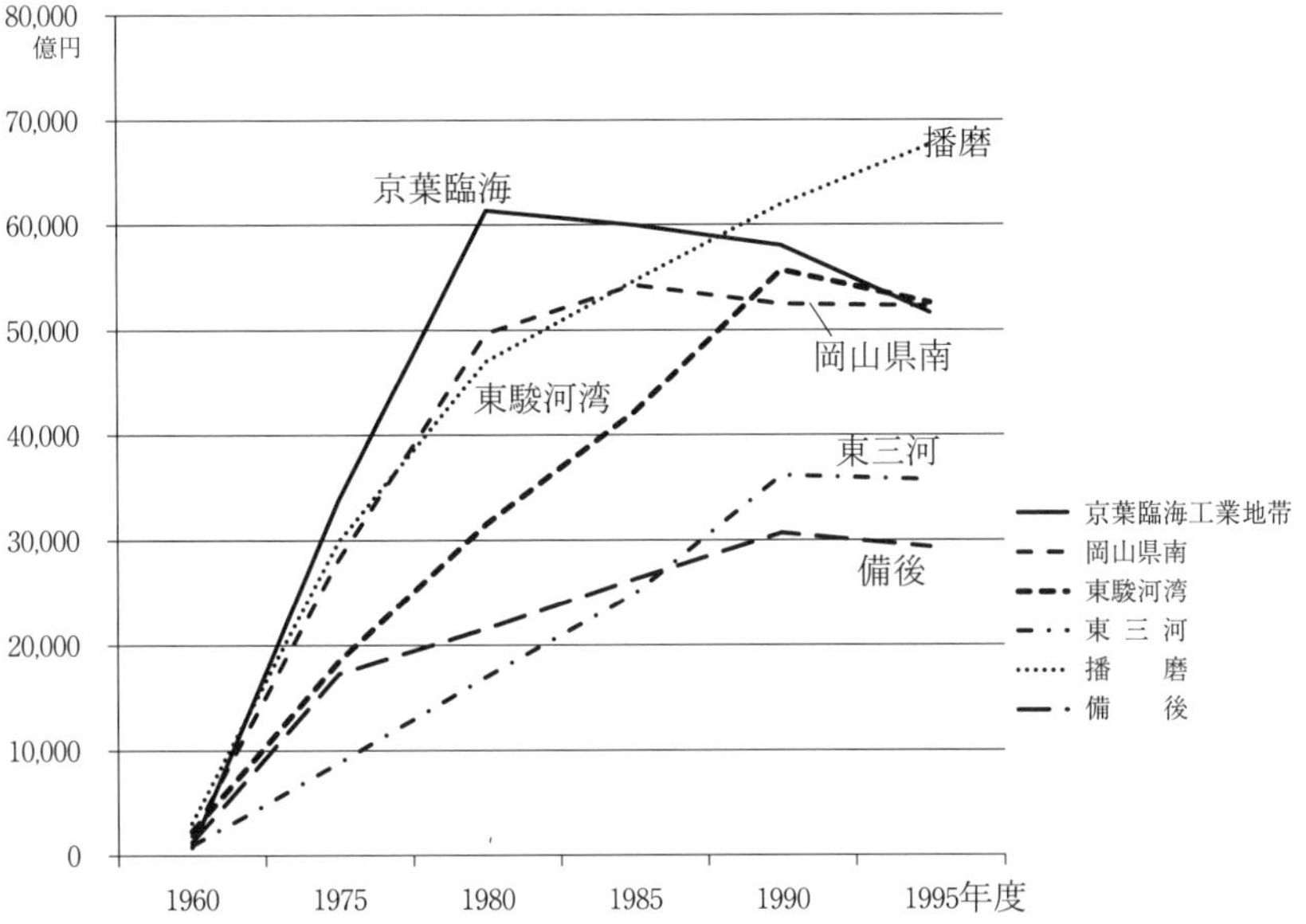

経産省『工業統計表』
国土庁『地方産業振興に関する研究会』報告書　1999

ーブを描き、それより少し遅れる形で鹿島・東駿河湾・東三河の関東・東海の太平洋岸の工特三地域が続いている。これに対し、道央・八戸・仙台湾・常盤郡山の北東太平洋岸の四新産都市群、秋田湾・新潟・富山高岡・中海の日本海岸の四新産都市群は、大きく引き離される軌道を描いている。新産・工特地域のベルト地帯とその他地域との格差は明らかである。このなかにあって全国総合開発計画の支援を受けなかった京葉臨海工業地域は、一九八〇年までは、関東・東海の工特地域群とほぼ同じ軌道を描いていた。工特地域三つ分の規模である。

さらに、新産・工特地域の製造品出荷額上位五地域と京葉臨海工業地域を比較すると（3―11図）、二度の石油危機によって素材型の重化学工業が低迷していった一九八〇年代半ばまでは、播磨、岡山県南、東駿河湾を上回って新設の臨海工業地域としては最大規模を誇っていたことがわかる。工業基盤整備によって、素材型の重化学工業主導の太平洋ベルト工業地帯形成にとって、京葉臨海工業域の役割は決定的であった。この京葉臨海工業地域については、第六章の個別地域の分析で改めて考察する。

3―3表および3―9、10、11図は、いずれも石油危機後の八〇年代後半から九〇年代半ばまでのデータをも表示している。産業構造が重厚長大から加工組立、さらに先端産業指向に移行する時代であり、京葉も含め、新産・工特地域の工業出荷額は殆んど頭打ちとなっている。そのなかで、自動車・電機などの組立加工型の機械工業を抱える愛知、静岡、三重、徳島、大分県などの伸び率が高くなっている。

(1) 国土庁『地方産業振興に関する研究会』報告書　一九九九年三月　五頁。
(2) 同右書　七頁　図表1―2。
(3) 総合政策研究会著　土屋清　大来佐武郎監修『日本の地域開発』ダイヤモンド社　一九六三年　二〇六―二一三頁。
(4) 佐藤竺『日本の地域開発』未来社　一九六五年。
(5) 同右書　一七八頁。
(6) 同右書　一七九頁。
(7) 同右書　一八一頁。
(8) 同右書　一八八―一八九頁。
(9) 同右書　一八九頁。
(10) 同右書　一九〇―一九一頁。
(11) 国土庁前掲報告書　三八頁。

第四章　企業の立地合理性とコンビナートの形成

一　企業の立地合理性と地域開発

佐藤竺氏は、名著『日本の地域開発』のなかで、次のようになが述べている。多少長いがそのまま転載してみよう。

「工業化による地域開発は、いうまでもなく、企業が来てくれなければその仕上げはできないわけである。誘致が成功しないかぎり、多大の犠牲をはらって捻出した公共投資も、それが資本としての役割を発揮しないからである。だが、企業も、いくら地方分散政策という国策に協力せよといわれても、まず採算性を度外視してまで不利な地点に立地するはずがない。こうして、企業合理性という障壁が厳然とたちはだかることになるのである。

ここにもまた、工業化による地域開発という原理の内在的矛盾が露呈する。すなわち、国の産業分散政策により地域開発をはかろうという考えかたが、最後のかんじんの総仕上げを、もっぱら採算性だけを判断材料とする民間企業の自主的意向にすっかりまかせてしまうことによって、結局は完全にくつがえされてしまう危険性を多分にもっているのである。（中略）

企業にとって、まず最初に問題となるのは、競争力の強化と市場の拡大であろう。立地のきめてはこれだけしかない。したがって、地域格差の解消などというのは看板にすぎず、それだからこそ、前節でのべたような種々の矛盾がうまれることになるわけだ。

（中略）出てくる結果は個別資本の要請でしかない。したがって、産業分散とはいいながら、結局、消費地立地ということで既成大都市の周辺にしか工場は立地しないことになる。しかも他方、今日の工業化の中核をなす臨海性装置産業の場合には、大型化の要求が強まる一方である(1)」。

政府の地域政策と企業の立地合理性の「関係」、「矛盾」（対立物の統一）を早い時点（一九六五年）で言い当てている。見事と言うしかない。しかし、「企業の立地合理性」を「消費地立地」と「巨大性」に適した立地の二つの説明だけでは、余りに一般的すぎる。この点でも、氏は一歩進んだ分析をしている。いわく、「新たな産業基盤候補地に、石油や鉄鋼等重化学工業化の基幹となる産業が、技術革新に対応する新鋭工場の建設にのりだし、その適地をめぐる激烈な争奪戦が展開されるにいたった。（中略）まず、鉄鋼は、昭和二六年川崎製鉄が京葉への進出を決定し、その工場地帯化の先鞭をつけたのをはじめ、富士製鉄が地元銀行資本と組んで名古屋に東海製鉄の大工場建設にのりだす。また、八幡製鉄は、戸畑工場を建設し、ついで大阪府の堺に立地してくる。さらに、川崎製鉄の岡山水島、富士製鉄の大分鶴崎、八幡製鉄の京葉木更津の基地建設も相ついで公表された。

他方、石油産業も、川崎や新居浜等の既成工業地帯への立地と相まって、新設に最も有利と思われた四日市、岩国、徳山といった旧軍施設の払い下げをめぐり、旧財閥系資本や新興資本がその背景に米英の巨大な国際資本を擁してまず激しい争奪戦をくりひろげた。次いで、京葉、堺、水島、大分等にも石油化学コンビナートの建設がはじめられるにいたる。

これらは、いずれも、新らしいシェアをもとめての適地への切り込みを意味し、国内市場再分割のための死闘であった。それだけに、この敵地争奪戦は、多くの政治家や国際資本までまきこむ激烈な争いに発展せざるをえなかったのである。[2]」

この著書の最後の扉に私の読了日が一九七一年一二月一六日というメモがある。ここの文章に目をふれたことは確かであるが、とくに気にも留めていなかった。しかし、改めて振り返ってみると、当時では石油業界などで一般的な理解ではあったものの、業界外にいて、しかも立地論の専門外の一研究者が、ここまでの認識に至っていたことは驚異でさえある。後述するように、筆者（矢田）は業界に身を置いていた先輩の指導のもとに、一九六七年にほぼ同じ視角から製油所立地の分析をしていただけに、一寸した「感激」を禁じ得ない。その意味では、佐藤氏の著作から半世紀を経た今でも氏の文章の優れた先見性は高く評価できる。

（1）　佐藤竺『日本の地域開発』未来社　一九六五年　二四八―二四九頁。
（2）　同右書　一五二―五三頁。

二　石油精製業の立地論理

筆者（矢田）自身、同じころ、設立当初の日本エネルギー経済研究所に研究員として勤務しており、向坂正男所長、武井満男、高垣節夫主任研究員の指導の下に、当時の石油業界で「旬のテーマ」であった製油所立地の動向を追っていた。ここでの分析視角は、当時の二人の主任研究員から示唆されたものであり、佐藤氏の視角と軌を一にしていた。石油業界での「常識」だった。この視角に基づいて研究所の資料を用い、実態を詳細に解明して論文を書いた(1)。この成果は、雑誌『人文地理』に投稿したが、立地論自体のサーベイがないということで書き直しをもとめられたものの、これに応じる蓄積がなかったので、論文を取り下げたことを覚えている。したがって、学術的には日の目を見ることがなかった。その後、『地域開発』(2)、『産業年報』(3)、北村嘉行氏との共編著『日本工業の地域構造』(4)などで、新しい資料を補強しながら論文を書いた。直近での執筆は、本著作集第二巻『地域構造論　下　分析編』（二〇一五年）であるので、要点だけをごく短く転載するにとどめよう。

「こうして、開発と増産を続ける中東の原油を擁する国際石油資本が、戦後復興と高度成長によって急増するエネルギー需要を狙って一九五〇年代から六〇年代にかけて、日本市場になだれ込むように進出してきた。そのため、メジャーズは、ペルシャ湾岸での原油公示価格を相次いで引き下げ、エネルギーの大半を石炭に依存し、コール・ベイスト・エコノミーと呼ばれていた西ヨーロッパ諸国と日本の石炭の競争力を喪失させ、産業の撤退に追い込んでいった。いわゆる『エネルギー革命』の進行である。

なかでも日本では、経済成長と『エネルギー革命』の相乗効果による石油市場の爆発的な成長を巡って、国際石油資本対民族資本、メジャーズ系対非メジャーズ系、メジャーズのなかでのエッソ・モービル、ソーカルなどのアメリカ系対ヨーロッパ系のシェルとの激しい市場競争が繰り広げられた。国際石油カルテル体制のもとでの市場競争は、価格引き下げよりも設備投資や販売競争、なかんずく一九六一年の石油業法の政府による設備認可制のもとでは製油所立地競争が中心的な手段となった[5]」。

「一九六〇年代には高度経済成長が本格化しつつあり、団塊世代の若者が大都市に大量に移動するなど大都市圏の人口増加が著しく、その伸びも地域的に不均等であった。そのため大都市園の石油市場の動向を見据えた製油所立地戦略がとられ、精製設備の大規模化、石油化学コンビナートへの参画機会の追求も合わせて熾烈な立地地点の選択競争となった。日本における製油所立地戦略もまた、国際石油資本の世界市場競争の重要な一角を占めていたのである[6]」。

「一九五九年当時は、日本石油―カルテックス系（室蘭、秋田、新潟、柏崎、横浜、下松、麻里布）を除く全ての企業は、東日本（中部以東）か西日本（近畿以西）のどちらか一方に偏って製油所を持ち、全国に供給していた。すなわち、東日本にのみ製油所を持っていた企業は、昭和石油―シェル系（平沢、新潟、川崎、四日市）、三菱石油（川崎）、日本鉱業（船川）、アジア石油（函館、横浜）、東亜石油（川崎）である。他方、西日本にのみ製油所を持っていた企業は、東亜燃料工業―エッソ・モービル系（和歌山）、出光興産（徳山）、丸善石油（下津、松山）、富士興産（海南）、太陽石油（菊間）である。ところが、その後の市場の著しい拡大に伴なって、各企業とも前述したような理由から新製油所の建設に迫られると、その新製油所の立地地点として、運賃を中心とする流通費用の節約をねらって、既存の製油所の立地地点を補完する場所を選んだ。すなわち、東日本に製油所を持つ企業は西日本に、西日本に製油所を持つ企業は東日本に、それぞれ新製油所を建設した。具体的には、三菱石油と日本鉱業は水島に新製油所を建設し、一九六〇年一一月に川崎に製油所を建設したゼネラル石油も一九六五年七月に堺に新たに製油所を建設した。また、昭和石油―シェル系も小野田に製油所を建設する予定の西部石油に資本参加していった。逆に、東亜燃料工業―エッソ・モービル系は川崎に、出光興産と丸善石油は千葉に、それぞれ新製油所を建設した。こうして、大協石油、アジア石油、東亜石油、富士興産、太陽石油を除く主要企業はこの期間に東西に製油所を持つようになった。すなわち、単一基地全国供給体制から東西二基地体制へ移行した訳である。その後、既に東西二基地体制を確立していた日本石油─カルテックス系と出光興産は、ともに京浜と瀬戸内海の西端に基地を持つために、第三の基地として阪神に製油所を建設しようとしている(興亜大阪、出光兵庫)。こうした動きは変則的東西二基地体制の修正、あるいは東西二基地から東・中・西三基地への移行とみられる」[7]。

「一九五九(昭和三四)年以降の石油市場の著しい拡大の期間に、主要企業は単一基地全国供給体制から東西二基地体制を確立する形で新製油所を建設していった。しかも、その立地地点が殆ど京浜、東海、阪神、瀬戸内の四地域に限られていたために、これらの地域、特に京浜への集中が著しくなった。この集中は、第一にこれらの四地域がそのまま地域別にみた場合の石油の大市場であったこと、第二に激しい市場競争、特に大市場での競争が京浜を中心とする特定地域での設備競争をもたらしたこと、以上の二つの原因によって生じた。

ところが、この特定地域への集中も、特定地域内部では必ずしも集中してはいない。これらの地域、特に東京湾、伊勢湾、大阪湾内の中心部には、多くの工場が密集して存在しているために、製油所立地にとっては著しく不利な地域となっている。すなわち、広大な敷地と深い港湾を必要とする製油所にとっては、用地の不足、既存の浅く狭い港湾は製油所の建設には適さない。その他、原油タンカーならびに製品輸送船の回転が、航路ならびに港湾の混雑によって、遅くなることも製油所建設に不利な材料となっている。火力発電所とコンビナートを結んだ場合の亜硫酸ガスによる大気汚染の影響もまた非常に大きい。そのため、一般に特定地域内部においては、中心地域よりもむしろ周辺部に製油所が立地する傾向がある。具体的に京浜に例をとれば、川崎や横浜よりも千葉県側に、あるいは鹿島に立地する傾向が強い。すなわち、全国的には製油所は特定地域への集中を強めているが、その内部では中心地域から逆に分散しつつある、というのが現在の立地の特徴である」(8)。

こうした日本における製油所立地原理は、一九六〇年代、そして七三年の第一次石油危機までを対象としたものであり、ピーク時ではエネルギー市場において石油が圧倒的地位を占め、原油輸入二・九億キロリットルを示した。その後石油危機をもたらした世界の石油情勢は構造的に大きな変化をみせ、日本の石油産業、そして製油所立地は大幅な再編を迫られた。それは二つに集約される。

一つは、原油生産と価格の主導権がメジャーズから産油国政府に移行したことである。一九七〇年代の二度にわたる石油危機は、中東油田の開発で「暴利」をむさぼっていた国際石油資本の独占体制に対するOPECなど産油国の「反乱」によって「国有化」を断行し、原油の生産と価格の決定権を掌握したことである。これによって、「需要の価格弾力性」効果が働き、世界的な石油需要は急速に落ち込み、天然ガスや原子力の地位が急上昇した。他方、国際石油資本は「上流部門」から後退し、「下流部門」を掌握し続けた。その過程でセブンシスターズのうち、エクソンとモービルの合併、そしてソーカルとガルフさらにテキサコが合併してシェブロンとなった。イギリスのBPもアメリカのアメリカのアモコと合併してBPアモコになり、その後二〇〇〇年にアルコを合併し、二〇〇一年BP plcに社名を変更した。これにイギリス・オランダのロイヤル・ダッチ・シェルを加えてメジャーズは四社に再編された。

もうひとつは、世界の石油供給体制の劇的変化を受けて、日本において、石油製品の生産、原油輸入ともが大幅に減少し、精製設備が過剰となり、石油業界の再編が行われ、製油所の廃止・縮小・集約がなされた。国際石油資本の再編によって、日本のエッソ石油とモービル石油が合併してエクソンモービルとなり、東亜燃料とゼネラル石油が東燃ゼネラル石油となって「エッソ・モービル・グループ」を形成し、昭和石油とシェル石油が合併して昭和シェル石油となった。国際石油資本傘下にあった日本石油は、カルテックスとの資本提携を解消し、三菱石油と合併して日石三菱石油となり、民族系資本に転じたのち、共同石油と日本鉱業の統合によるジャパンエナジーとも合併し、ＪＸ日鉱日石エネルギーという巨大会社となった。また、丸善石油も大協石油と合併し、コスモ石油となった。これに、こうした再編ラッシュと一線を画して民族系資本のリーダーを維持し続けてきた出光興産を加えると、日本の石油業界は五グループに集約された。国際石油資本系二と民族系三グループである。これも最近の新聞報道によれば、出光興産が昭和シェル石油を買収し、ヨーロッパ系メシャーが日本から撤退するものとみられている。さらに、二〇一五年一二月二日の日本経済新聞の報道によれば、ＪＸ日鉱日石エネルギー（ＪＸホールディングス）と東燃ゼネラル石油が経営統合する方針が固められたと言う。

一九六〇年代に世界市場戦略のなかで、高度成長下の日本のエネルギー市場に競って進出し、日本の石炭産業を壊滅させた国際石油資本の戦略は、半世紀を経て様変わりしている。石油の最大の市場である自動車用ガソリンは、ハイブリッドエンジンや電気自動車、水素自動車の出現・普及で市場が大幅に縮小する見通しとなり、もう一つの柱であった火力向け重油市場も、ＬＮＧや海外石炭、原子力、太陽光発電などの競合燃料に挟撃されて、これまた急速に衰退している。

メジャーズは、七〇年代の産油部門からの撤退に続いて二一世紀の日本において下流部門からも撤退しつつある。いまや、石油供給の主力は、ＪＸ日鉱日石、出光、コスモの民族系三資本に集約されようとしている。この過程で、日本海岸の新潟、秋田、北海道の函館などのベルト地帯以外の地域だけでなく、京浜、清水、下津、姫路、麻里布（岩国）、徳山、下松、松山などのベルト地帯の老朽製油所も廃止されていった。そのなかで、残る企業系列のうち、エクソン・モービルとＪＸ日鉱日石、昭和シェルと出光が統合すれば、ともに、東西二基地体制を維持したまま、前者で東京湾岸四製油所、大阪湾岸三製油所の再編が進み、後者で伊勢湾岸二製油所の統合が行われる可能性が高い。

（1）矢田俊文『日本における製油所立地の動向』日本エネルギー経済研究所　研究報告第二号　一九六七年（矢田俊文著作集第二巻『地域構造論　下　分析編』原書房　二〇一五年所収）。
（2）矢田俊文「石油産業の立地」『地域開発』四四号　一九六八年。
（3）矢田俊文「石油精製」『産業年報』二号　国民経済研究協会　一九七六年。
（4）矢田俊文「石油精製業」（北村嘉行・矢田俊文編著『日本工業の地域構造』大明堂　一九七七年）。
（5）矢田俊文「国際石油資本の地域戦略と製油所立地」（矢田俊文著作集第二巻『地域構造論　下　分析編』原書房　二〇一五年　二七九―二八〇頁）。
（6）同右書　二八〇頁。
（7）同右書　二八四―二八五頁。
（8）同右書　二九三頁。

三　石油化学工業の立地の論理

1　矢田の試論的考察――一九七〇年代＝地域市場分割型東西立地

石油化学工業は、石油精製の中で発生するナフサを原料とし、一般的に製油所からパイプで得ていたから、石油化学産業の立地も石油産業のそれと密接不可分の関係にある。そこで、その延長上に石油化学産業の立地の論理について、筆者は簡単なデッサン的考察をしたことがある。以下に転載しよう。

「日本の石油化学工業は、一九五五年の始業以来三期の計画に基づいて大規模な設備投資が行なわれ、現在に至っている。すなわち、第一期計画は一九五五年にたてられ、これに基づいて三井石油化学岩国、三菱油化四日市、住友化学新居浜、日石化学川崎の四コンビナートが建設され、操業を開始した。この先発コンビナートを主導したのは、三井、三菱、住友などで、そのもとに旧財閥系諸企業の結集がはかられた。第二期計画は五九年につくられ、これに基づいて東燃石油化学川崎、大協和石油化学四日市、丸善石油化学五井、化成水島、出光石油化学徳山の後発五コンビナートが登場した。これらの多くは、石油資本系が主導したものであって、『その周辺に、戦前期に華やかな発達をしたいわゆる新興財閥系の諸企業、または電気化学法を中心にして発達した諸企業が結合された』[1]のである。さらに、六五年以降の第三期計画によって、年産三〇万トン級の超大型エチレンセンターの新増設が進み、三井石油化学千葉、住友千葉化学千葉、大阪石油化学堺、鶴崎油化大分、三菱油化鹿島、山陽・水島エチレン水島の六コンビナートが加わった。こうして、石油化学工業は、化学工業の中核となるとともに、産業構造上欠くことのできない重要産業となった。では、五五年以来一五年間に一五のコンビナートをつくるほどの厖大な設備投資によって、石油化学工業はいかなる立地展開を示したのであろうか。（中略）

石油化学コンビナートを主導する資本には大きく二グループが存在する。一つは、三井、三菱、住友などの旧財閥系グループであり、コンビナートの中核のエチレンセンターを自己系列の石油化学企業が直営し、その周辺に旧財閥系の各種の化学企業群を結集し、ナフサの供給を受ける石油精製部門を既存の石油資本と共同出資した新設企業にゆだねるかたちでコンビナートをつくっている。他の一つは、日石、東燃、出光、丸善、大協など石油資本系列で、既存の製油所がナフサを供給し、これを受けて自己資本系列の石油化学企業がエチレンセンターを経営し、その周辺に戦前の新興財閥系、その他の化学企業群が系列を越えて結集するかたちでコンビナートを構成している。したがって、石油化学コンビナートの立地展開は、グループによって基本的に異なるとみることができる。なぜなら、前者は、石油化学自体の独自な立地展開がみられるのに対し、後者は明らかに既存の製油所立地に牽引されて石油化学が立地しているからである。製油所の立地展開は、すでに考察したから、問題は旧財閥系の立地展開の分析にしぼられてくる。

ところで、旧財閥系のコンビナートの立地展開をみると、そこに製油所の立地展開とほとんど同じパターンを見出すことができる。すなわち、資本系列別にみて全国一基地から東西二基地へ、さらには東中西三基地への展開が行なわれているのである。具体的には、三井岩国、三菱四日市、住友新居浜（出光徳山よりナフサ供給）といずれもが新規コンビナートを軍の燃料廠跡ないし周辺に建設するかたちで出発したが、その後の市場拡大とそれに対応した市場競争、設備競争の激化に伴って、各資本は競って既存のコンビナートを地域的に補完する場所に第二、第三のコンビナートを建設していった。すなわち、三井は三井石油化学千葉を東京湾に、さらに三和系と提携して大阪石油化学堺を大阪湾に、三菱は化成水島を瀬戸内海に、さらに三菱油化鹿島を茨城に、住友は住友千葉化学千葉を東京湾に、それぞれ建設していった。つまり、三井と三菱は全国一基地から東西二基地へ、さらに東中西三基地体制へと移行し、住友は東西二基地段階にとどまっている。いずれにしても、石油精製業同様、石油化学産業も独占資本間の激しい地域市場競争こそが立地展開を規定してきたとみることができよう。なお石油資本系はすべて全国一基地体制にあり、旧財閥系との間に明らかな格差を見出すことができる。

以上のような石油化学産業の立地展開の結果、大市場地域およびその周辺へのコンビナートの著しい集積・集中がもたらされた。すなわち、一九七二年七月現在エチレン生産能力の地域別比率は、鹿島を含む東京湾周辺が四七・六％、伊勢湾が一五・〇％、大阪湾が六・二％、瀬戸内海が三一・二％で、三湾一内海に事実上ほとんど集中し、しかも全体として関東への著しい傾斜がみられる。こうした石油化学コンビナートの特定地域集中こそが石油精製業とならんで公害激化の重要な要因となったのである(2)」。

「以上のように、高度成長期おける石油精製業および石油化学工業の地域的展開は、決して地方分散を基本方向としたのではなく、独占資本間の地域市場競争に規定されて、太平洋ベルト地帯なかんずく三湾一内海への著しい集積・集中を最大の特徴とするものであった(3)」。

本論文において筆者は、一九六〇年代から七〇年代前半までの高度経済成長期で石油化学産業が通産省の行政指導に基づいて、一九五五年認可の第一期先発四コンビナート（三井、三菱、住友の財閥系三と日石系）、五八年認可の第二期後発五コンビナートについての立地について考察した。ここでは、成長著しい市場に対応して、旧財閥系の三企業は、東西立地型の市場分割型立地、石油精製系の企業は、東西どちらかの単一工場立地となっていることを、大略的に指摘した。

2　富樫幸一氏の分析—一九八〇年代＝製品分担生産型複数工場立地

しかし、一九七〇年代の二度の石油危機による原油価格の急上昇によって、原料を石油に依存してきた日本の石油化学工業は、天然ガス依存のアメリカやカナダとの競争に著しく不利に作用した。つまり、「輸出の減少と輸入の増加、製品価格の低下と稼働率の低下、そして企業収益の悪化というかたち構造不況に陥った[4]」。そのなかで、政府は、一九八三年「特定産業構造改善臨時措置法」を施行し、石油化学工業の行政指導に乗り出し、石油化学企業は大幅な「設備処理と事業提携」を遂行した。富樫幸一氏は、こうした新しい状況の中で、「高度成長期の設備投資競争の結果として形成されたコンビナートの立地体系と構造不況、構造改善後のそれとの違いを考える必要がある[5]」との問題意識で一九七〇年代後半以降の石油化学工業の立地変動について詳細に分析している。

ここで、氏は、高度成長期のわが国の石油化学工業について、以下のように論じている。

「当初から一貫生産を行っていた（財閥系等の）石油化学専業企業に加えて、初期の生産規模が小さかった段階においては基礎製品生産を中心としていた石油系企業、誘導品部門に参加していた化学系企業がそれぞれ前方、後方統合を行い、一貫生産体制への展開をみせた[6]」としたうえで、一九八〇年代の「設備処理」にあたっては、東西二基地体制を確立していた石油化学専業企業は、エチレンプラントや汎用樹脂については小規模で古い第一立地コンビナート設備を処理・縮小し、第二コンビナートの新鋭・大型設備に集約し、「縮小した第一コンビナートは、高付加価値の特殊樹脂、ファインケミカルの他、合繊原料、化成品等に特化させた[7]」。また、石油系企業のコンビナートである「日本石油化学、東燃石油化学の川崎、丸善石油化学・千葉においては、単一立地内の小規模な設備の処理を行うとともに、合成樹脂企業への資本参加、誘導品部門の強化を行っている」とした。最後に、他企業のエチレンセンターに誘導品部門で参加し、その後、自社主導のセンターを持った、三菱化成、旭化成、三井東圧化学、東洋曹達の各企業は、設備の古い他のコンビナートの透導品生産から撤退し、自社主導のセンターへの集約化と強化をはかった。[8]

「以上のように、基礎製品と汎用誘導品の設備処理におけるエチレンセンター企業、及びそれに準ずる企業の行動をみると、単一立地の場合はその内部での処理となるが、複数工場体制を成長拡大期に形成してきた企業の場合には、より新しく拡張してきた第二立地コンビナート、自社主導コンビナートへの生産の集約化を進めるとともに複数工場体制期の企業内工場間での同種製品の地域市場分割は縮小または消滅し、工場間における異種製品間分担関係の性格を強めている」[9]と強調する。

そのほか、こうした「コンビナート間、工場間における設備処理の動向は、各企業内部における方針によって規定されるだけではなく、企業間の事業提携による生産の合理化政策によっても調整されている。また、流通の合理化をめざす共販会社の設立等の事業提携は、物流の合理化を通じて地域的な流通体系の性格を変化させて」[10]おり、幾つかの事例をあげて分析している。とまれ、氏の結論は以下のようである。

「第一に産業全体としての再編の性格としては、高度成長期の寡占間競争によって形成された大規模な生産能力が第二次石油危機後の構造不況のなかで過剰設備化し、その処理を必要とさせるとともに、グループ化等により、より協調的な企業間関係の強化による集中と調整の方式がとられることとなった。

第二に、過剰設備の処理はより新しい大型設備への生産の集約と古い小規模設備の処理によって行われたが、高度成長期の設備拡張に際して複数工場体制を展開していた企業においては、複数センター体制から一センターへの基礎製品、汎用樹脂の集約、中心センターへの誘導品の集約というように、高度成長期に新たに拡張していた立地への集中化として行われた。同時に、規模拡張期に形成された企業内市場分割型立地体系は縮小し、工場間での製品分担体制へと変化した」[11]。

こうして、高度成長期の石油化学企業の東西二基地体制構築の下で形成された東京・伊勢・大阪三湾と瀬戸内の一内海への集中は、第一コンビナートが多い京浜、四日市、新居浜（東予）、徳山（周南）などの縮小と第二コンビナート中心の鹿島、京葉、泉北・堺、水島などベルト地帯内の首都圏と関西圏への集中が強化されたのである。この結果、「全国的動向としては、基礎製品と汎用樹脂生産の大都市部への集中化傾向に対して、樹脂加工業では地方への分散化傾向がみられ、合繊原料の一部では西日本の系列工場の近接立地工場への集約化が行われている」[12]。

3　杉浦勝章氏の分析―一九九〇年代＝企業統合による地域市場分割型立地への回帰

富樫論文が明らかにした一九八〇年代の石油化学企業の立地論理は、日本経済のバブルの崩壊によって長期の「構造不況」となった一九九〇代に入って、再び大きく転換した。この論理を分析したのが、杉浦勝章氏の論文である[13]。ここで氏は結論的に言う。

「高度経済成長期に形成されたいわゆる『東西立地』体系が、九〇年代に産業再編を基軸としつつ、いかに変容しているかについてを検討を加えた。その結果、石油化学工業では、立地再編後においても東西立地型の工場配置を維持するために、相互に補完する形の工場配置を持つ企業同士の合併、事業統合が進められつつあることが明らかになった。すなわち、高度成長期に形成された東西立地の原則が、再編による集約を伴いながら産業の成熟局面においても貫徹しているのである」[14]。まさに、立地の論理の「否定の否定」、弁証法である。要約的に紹介しよう。
「八〇年代の産業再編は、産構法という法律に基づいて政府主導の形で進められてきた。その結果、相対的に小規模な企業が乱立することによる過剰設備の問題が解消されず、景気回復によって問題が先送りされた。バブル崩壊後、需要の低迷によって過剰処理の問題が再燃し、石油化学業界は抜本的な再編をせまられることになった。（中略）九〇年代の再編の第一の特徴は、（中略）生産、流通、販売等すべての面での合理性の追求を前提とするものである。（八〇年代の）共販会社時代には相対的に重視されなかった立地の問題は、流通・販売面での合理性の追求の結果として、ようやく重要となってきたのである。その結果、高度成長期に形成された東西立地型拠点配置が維持されながら再編されたことになる。そして第二に、企業戦略自体がそれまでの横並び的なものから、得意分野への特化、不採算分野の縮小など、差別化の方向へ向かっている。（中略）つまり、九〇年代の再編では選択と集中という差別化によって、競争の焦点を絞る企業戦略に転換しているのである」[15]。

杉浦氏は、九〇年代構造不況に直面した石油化学工業は、三菱油化と三菱化成の合併による三菱化学と、三井石油化学と三井東圧化学の合併による三井化学のように同一内企業同士の「企業統合」と、多様な製品のうちポリエチレンや塩化ビニル樹脂など構造不況化している分野の「事業統合」の二つのケースで対応していると指摘し、その内容を詳細に分析している。

三菱油化と三菱化成の合併では、油化が鹿島と四日市、化成が水島にエチレンセンターを有しているのを、東＝三菱化学鹿島、西＝三菱化学水島に集約し、四日市を大幅に縮小して、規模の経済と輸送費の節約を両立させる東西二基地体制を確立した。四日市での誘導品工場には、基礎原料であるエチレンを鹿島や東ソーなどからの供給に依存することにした。また、ポリエチレン、ポリプロピレンなど汎用樹脂については、東燃化学、旭化成、東亜合成などと「事業統合」をして東西立地型の拠点配置を構築した。

「このように、合併を行った三菱化学においても、製品ごとに最適なパートナーを選択して事業統合が進められている。（中略）事業統合を行う際に、閉鎖すべき工場が偏っていない、換言すれば再編後の工場配置が再編前と同様に地域的に偏っていない、東西立地型の工場配置を維持できるような企業同士の統合が模索されている。（中略）すなわち、事業統合を用いた再編は、一企業単独の立地再編では困難であった流通費用の節約と、生産集約による規模の経済の実現という、両方の効果を同時に得ることができるのである。同様の戦略として、企業間で事業の交換・譲渡という手法も増加している。（これは）設備を廃棄せずに事業撤退する手法であり、譲渡される企業にとってはシェアの拡大と物流コストの削減効果が期待できる」[16]。具体的には、昭和電工は大分、そして実質的に昭和電工が運営する水島にポリプロピレンの生産拠点を持っていた。他方、日本石油化学は川崎に拠点をもっており、この両社が一九九五年に事業統合により日本ポリオレフィンを設立し、東西二基地体制を確立した。杉浦氏は、このような具体的事例をいくつか紹介したのち、次のように結論付けている。構造不況のなかで、「一企業単独では東西立地を維持することが困難となりつつあり、（中略）合併や事業統合によって、閉鎖すべき工場の選択肢を増やしたうえで、立地再編を実施しているのである。その際には、立地再編後の工場配置が地域的に偏在せず合理的な配置となるような競争相手が、提携先として選択されている。そうすることによって、市場競争での優位性の確保と流通費用の節約という、東西立地のメリットを損なうことなく立地再編を進めることが可能となっている」[17]。

以上、わが国の石油化学工業の立地論理について、一九六〇―七〇年代を分析した矢田論文、八〇年代についての富樫論文、九〇年代以降の構造不況期の杉浦論文について、いずれも「実態」を反映し、それなりに整理したものであるが、立地パターンは「二転三転」している。これを大胆に模式化すれば、4―1図のようになる。市場分割型東西基地体制から東西基地体制を維持したままの工場間製品分業型への転換、そして、企業合併または企業間の事業統

4－1図　石油化学工業の立地類型変化―模式図

Ⅰ　1960，70年代＝高度成長期　矢田論文
財閥系企業　　東西２基地・市場分割型立地
東日本(東京湾・伊勢湾)　　西日本(大阪湾・瀬戸内海)　立地類型
A　企業　E・PabScd　　E・PabScd
(三井石油化学千葉)　　(三井石油化学岩国)
B　企業　E・PabScd　　E・PabScd
(住友化学千葉)　　(住友化学新居浜)

Ⅱ　1980　年代＝政策的調整期　富樫論文　企業内工場間製品分担型立地→製品ごとに１基地集中
A　企業　E・Pab ――→ Scd
(三井石油化学千葉)　(三井石油化学岩国)
B　企業　E・Scd ――→ Pa b ←―　エチレン/誘導品輸送
(住友化学千葉)　(住友化学新居浜)

Ⅲ　1990年代＝構造不況・規制緩和期　杉浦論文　企業統合による東西２基地・市場分割立地
AB企業(合併)　E・Pabcd　　E・Pabcd　三井化学、三菱化学
(三菱油化鹿島→三菱化学鹿島)　(三菱油化四日市縮小)　(三菱化成水島→三菱化学水島　)
(三井石油化学→三井化学千葉)　　(大阪石油化学堺＝三井東圧化学
→三井化学・堺)
CD事業統合
C　企業　E・Pab　　D　企業　E・Pab
(日本石油化学・川崎)　(昭和電工・水島・大分)
⬇
P　企業（CD系）　Pab　　Pa b
(日本ポリオレフィン―日本石油化学・昭和電工系)

凡例　A、B、AB、CD　企業、Eエチレンプラント、P汎用製品、S　abcd 誘導品工場
矢田作成

合の下での再び市場分割型の東西立地への回帰である。第一の型の形成は高度成長する全国市場に次々に参入する企業のシェア競争のなかで選択された立地原理であり、第二の型はエネルギー危機後の市場の縮小のなかで、政府の指導のもとで業界に対する「公平な生産調整」による政策的な立地原理であり、第三の型は構造不況が深化し、政府の規制緩和が本格化したもとで業界の自由な立地選択がなされた立地原理である。その意味では、第二期の立地原理はいわば「過渡期」とみてよいであろう。無理な政策コントロールは継続できなかった。

ところで、杉浦論文は、二つの課題を提起している。

一つは、「石油化学工業では、他の製造業と比較して、売上高に占める物流費の割合が高い。(中略)工場配置の地域的偏在は、物流コストの面で余分な負担を生み出すため、工場配置を考慮しない再編は、コスト競争力が低下する可能性を生じさせ

る」[17]、と石油化学工業の企業間競争における物流コストの重要性に着目し、そこから工場配置の原理を解いていることである。これは、石油化学製品の地域的市場が首都圏から中京圏、関西圏をへて北部九州圏に連なる太平洋ベルトという一軸に一直線状に連なり、製品輸送距離が長く、輸送負担が経営に重くのしかかっているという日本の特異な地域構造によるものである。石油化学製品そのものではないが、わが国の石油製品の輸送について分析した野尻亘氏は、わが国の石油製品に関する論文で、一九七〇年代末において重油やナフサなどの石油輸送全体のうち、内航の占めるトンキロ数は約九〇％、逆に日本の内航海運のうち石油製品輸送の占める割合は二七％と、石油輸送と内航海運の太い関係を指摘している。[18]それほど、石油及び石油化学工業にとって、製品の内航輸送は重要な「立地因子」となっている。

ここで思い出されるのは、均等に消費者が分布する直線市場に向けて、生産コストの差異のない二つの企業が、市場の確保を巡って工場立地競争をした場合、両企業の工場は同じ個所に集積することを解明したアメリカのH・ホテリングの理論[19]である。石油精製や石油化学工業の立地原理は、この「相互依存立地モデル」にかなり似通っている。しかし、ホテリングモデルの前提となる生産コストの差異がないこと、市場分布が直線状となっていることは近似しているものの、「規模の経済性」から全体市場向けに複数の工場が必要となること、また、幾つかの大都市圏が存在するなど市場が不均等分布を示すこと、以上の二つの条件を付加すると一企業がお互いに大都市圏など巨大市場に複数の工場を立地させるという原理が生じてくる。コンビナートの連産品のように市場規模や生産規模が多様となると立地原理はより複雑となり、多様な形態をとってくると考えるのが純理論的にも合理的であろう。矢田・富樫・杉浦の三見解とも、その合理性の範囲内にある。

杉浦論文の第二の提起は、「素材産業を中心として、産業組織の変化は立地再編と相互に影響しあう形で進められるケースが増加している。立地を考慮に入れない経営戦略論や産業組織論の研究の枠組みでは捉えられない産業再編が活発になっており、立地を考慮した新たなフレームワークを構築する必要性が生じている」[19]と指摘していることである。細分化した経済学や経営学が自己の思考の枠内で分析し、現実に足元で生じている事態に注目せず、先人や欧米発の枠組みにのみ依存し独自の論理を構築できず、「宿借り」的な日本の社会科学のあり方に警鐘を鳴らしている。

（1）渡辺徳二『石油化学工業—第二版』岩波新書　一一六頁。
（2）矢田俊文「石油精製および石油化学工業の地域的配置」（野原敏雄・森滝健一郎編『戦後日本資本主義の地域構造』汐文社　一九七五年）八〇頁。
（3）同右書　八三頁。
（4）富樫幸一「石油化学工業における構造不況後の再編とコンビナートの立地変動」経済地理学年報第三二巻第三号　一九八六年　五頁。
（5）同右論文　二頁。
（6）同右論文　三頁。
（7）同右論文　七頁。
（8）同右論文　九頁。
（9）同右論文　九頁。
（10）同右論文　九頁。
（11）同右論文　一七頁。
（12）同右論文　一七頁。
（13）杉浦勝章「一九九〇年代における石油化学工業の再編と立地再編」『経済地理学年報』第四七巻第一号　二〇〇一年
（13）同右論文　一頁。
（14）同右論文　九頁。
（15）同右論文　九—一〇頁。
（16）同右論文　一一—一二頁。

（17）同右論文　一四頁。
（18）野尻亘「近年における石油製品輸送手段の選択利用の変化」『経済地理学年報』第三三巻第一号　一九八七年。
（19）Hotelling, H (1929), "Stability — Competition", *Economic Journal* 39:41-57.
（19）杉浦前掲論文　二頁。

四　鉄鋼業の立地論理

新産都市や工特地域に進出してきた石油系のコンビナートと並ぶのは、鉄鋼系のコンビナートである。そこで、一九六〇年代以降のわが国における鉄鋼業の立地論理について考察しよう。この時期の鉄鋼業の立地動向については、村上雅康、山口不二雄、柳井雅人三氏の分析が参考となる。分析対象の時期、分析視角とも少しずつズレているが、鉄鋼業の中核である高炉メーカの立地を解明したものであり、石油精製、石油化学の立地論理に沿った形で紹介してみよう。

1　村上雅康氏の分析―一九六〇年代＝東西基地体制の確立

日本の近代鉄鋼業は、一九〇一年の銑鋼一貫製鉄所としての八幡製鉄所の完成により確立する。その後、国家の援助と保護のもとに日本の鉄鋼業は発展し、一九三四年に国策会社日本製鉄が設立され、銑鉄生産を殆んど独占するとともに、粗鋼生産も過半を占めた。しかし、終戦後は、傾斜生産方式のもとで、日本製鉄の八幡製鉄所に生産が集中する形で増産がなされた。しかし、一九五〇年に、「集中排除法」の対象となり、八幡製鉄と北日本製鉄（のち富士製鉄―輪西、釜石）に二分割された。五一年からの第一次合理化によって、ＬＤ転炉、ストリップミルなど製鋼・圧延過程の近代化投資が実施され、朝鮮戦争特需もあって生産は大幅に伸びた。

村上雅康氏は、その後の立地展開について次のように述べている。

「戦後の新規製鉄所建設には二つの時期がある。第一は、平炉製鋼資本が高炉建設にふみきり、銑鋼一貫体制を確立していく時期である、これらは、従来、旧日本製鉄系の八幡、富士鉄から銑鉄を供給されていたが、独立することによって銑鋼一貫製鉄所となったものである。具体的には、川崎製鉄、住友金属、神戸製鋼、日新製鋼、大阪製鋼がそれである。

第二は、確立された銑鋼一貫資本が生産品種の多角化をはかり、全国的な流通体制を整備して、生産配置上競争力の弱かった地域に新規高炉建設をして東西の二基地体制に移行した時期である。

まず、新日鉄は、すでに合併前の富士、八幡がそれぞれに基地となる工場配置を展開していた。すなわち、富士鉄は東日本に拠点をもつため、一九六四年に名古屋、一九七二年に九州の新産都市地域大分に大型高炉製鉄所を建設して中部及び九州地区に拠点を開発している。また、九州中心の八幡製鉄は一九六五年に堺、一九六八年には八幡製鉄所の東への大移動とまでいわれている君津に大型高炉を建設して、大阪および東日本への拠点を開発して東西三―四基地化を進めた。

他方、川崎製鉄は一九五三年に千葉に高炉建設をして銑鋼一貫体制を確立し、一九六七年に西日本の拠点として新産都市地域の水島に建設し東西二基地化を果たした。日本鋼管も戦前から川崎と鶴見で鉄鋼生産を行なっていたが、一九六二年に水江に高炉を新設して増産体制にはいり、一九六六年には西日本の拠点として福山に大型高炉を完成して東西二基地化を確立した。さらに、住友金属は、一九五三年に小倉製鋼を吸収合併して発展の基礎を築き、一九六一年には和歌山に高炉を新設して銑鋼一貫体制を固め、一九七一年には工業整備特別地域の鹿島に東日本の拠点として大型製鉄所を建設し、東西二基地体制を確立した。

これにたいし、神戸製鋼は、一九五九年に灘浜に高炉を新設して銑鋼一貫体制を確立し、一九六五年には尼崎製鉄を吸収合併してさらに拡大し、一九七〇年には加古川に大型高炉を建設して増産体制を確立しているが、この企業だけ東西二基地化を進めず、神戸周辺の西日本に拠点をもつにとどまった。

このように、神戸製鋼を除く四大鉄鋼メーカー（新日鉄を八幡と富士に分けると五大メーカーとなる）の工場配置が、東西にそれぞれ拠点をもつ二―三基地化を確立し、市場戦略には有効な立地運動を展開していったのである」[1]。（引用文の原文は、鉄鋼一貫製鉄所であるが、正確を期してここでは銑鋼一貫製鉄所とした。）

大変わかりやすい。石油精製、石油化学と同じく、業界をリードする企業は、自ら有する全国市場を相手に地域的に分割する形で拠点を配置している。川崎製鉄と日本鋼管は東西二基地に、住友金属は小倉・和歌山・鹿島と東・中・西三基地に、統合前の八幡製鉄は八幡・堺・君津、富士製鉄は、室蘭・釜石、名古屋、大分と各々拠点を置く体制を確立したと分析する。

続けて氏は、個々の企業の生産拠点と地域市場との鉄鋼の輸送経路の資料入手が困難なため、運輸省の『貨物地域流動調査』に基づいて、一九七一年度の鉄鋼の地域間移動量をマクロ的に吟味している。これによれば、鉄鋼の総移動量約二億五千万tのうち、発地域は京浜・京葉・鹿島を擁する関東（三二％）、堺・加古川を擁する近畿（二六％）の東西の二生産拠点に三分の二集中し、これに水島・福山を擁する中国・四国（一三％）、東海（一一％）、八幡・大分を擁する九州（四％）を加えるとベルト地帯が九〇％を占めている。

このうち、関東発、東海発、近畿発では八〇―九〇％が自地域内への自動車での輸送である。他方、中国・四国発と九州発は自地域着が五〇―七〇％にとどまり、残りの大半は関東、東海、近畿の三大都市圏への海運輸送となっている。自給率の高くない北海道・東北は関東から、北陸・東山は関東と近畿からの海運・鉄道輸送に依存している。東西二基地を拠点にする市場圏分割ができあがっている、と言うのである。

2　山口不二雄氏の分析―市場分割型配置と製品分担型配置の共存

ほぼ時を同じくして、山口不二雄氏は、日本の工業配置の諸類型について分析したなかで鉄鋼業の立地原理について次のように論じている。(2)

第一に、戦後日本資本主義における工業資本の領域区分と、第二に、工業の生産配置の類型設定をこころみたいとして、大資本領域の市場戦略的工業配置の事例に「高炉製鉄資本の市場戦略と生産配置」について分析する。まず、村上氏同様『地域間貨物流動調査』を用いて、基地所在地区への供給率の高さを確認する一方、『港湾統計』から鉄鋼製品について集約して製鉄所からの広域的な海運移動の分析を試みた。

ここから、「全国一基地態勢を各資本がとっていた一九五九年には、（中略）基地から離れた市場で決定的に弱いという弱点」を再確認するとともに、「二基地態勢が主となった一九七二年には、（中略）一見重複的な流動が各資本に拡大する。大消費地周辺立地の場合など基地所在地方向けが強い傾向は依然として貫ぬかれているが、なお かつ同一資本について、特に大消費地に各製鉄所からほほ同じだけの量の流動が観察される(3)」ことに着目する。この点について、「これらの特徴を生みだしたのは、鉄鋼需要の地域構造に対して、一つに基礎的で安定した大量需要の見込める品目に関しては、生産拠点の市場分割的配置で対処し、二つに少量生産品目や新規参入品目については、生産設備の集約化をはかり、需給の地域配慮より、集中した設備投資の経済を重視する、高炉製鉄資本の市場戦略・生産戦略であると考える(3)」との解釈をしている。

ここで、「品目別生産配置は、ほぼ全製鉄所で生産される製鋼用銑鉄、圧延用鋼塊、板鋼、帯鋼類などの普遍品目と、一部の製鉄所に生産が集約されているその他の品目（棒鋼、形鋼、鋼管、線材：筆者）に分けられる。（中略）前者は量産的であり、後者は製鉄所当たりでそれほど生産量がない。（中略）こうした二様の類型の製造品目の存在が、鉄鋼流動の基本的パターンを産む要因である[4]」。

「集約品目の生産配置は、一部は古い時期の生産態勢を継承し、また一部は新設製鉄所に特化することによって、現行の地域的需要に対応しない例が多く形成され、普遍品目の大規模新設地が需要地に対応しないケースとともに、鉄鋼流動の広域的部分を担うこととなる。一般に、新設製鉄所は普遍品目を大量生産し、集約品目の生産は創業の古い製鉄所にゆだねられる。新日鉄室蘭・釜石・八幡、日本鋼管京浜、住友金属小倉、神戸製鋼所神戸がこうした集約品目生産の好例である。さらに、既設製鉄所の品目構成は保守的であり、新規分野の集約品目が追加されることは少なく、新規参入品目生産は集約品目でも新設製鉄所に集中する傾向がある。新日本製鉄君津・堺、川崎製鉄水島、日本鋼管福山にその例がみられる。なお、集約品目の生産配置は、新日本製鉄のみ二―三基地型をとり、その他の資本は一基地型が普通である[5]」。普遍品目は企業内市場分割型工場配置、集約品目は企業内製品分担型工場配置というわけである。あくまで、規模の経済と輸送費との関連での立地型の選択であり、石油、石油化学のような「異種製品の連産」システムに共通している。

3　柳井雅人氏の分析―一九九〇年代＝域内企業・工場間製品分担

村上、山口両論文は、いずれも一九七〇年代半ばの執筆で高度経済成長期から石油危機前後までにでき上ったわが国鉄鋼業、とくに高炉メーカーの立地パターンを解明したものである。村上氏は、高炉の立地に焦点を当てた大局視点からの配置論であり、山口氏は、最終製品生産の配置にまで分析の対象にした配置論で、分析視角の違いである。

それから二度にわたる石油危機をへて、九〇年のバブルの崩壊、そして九〇年代からの長期の構造不況にあえぎ、企業合同や立地再編など厳しい産業再編に直面した。柳井雅人氏は、二〇〇一年に、二〇世紀末の日本の鉄鋼業の再編と立地動向について新たな見解を出した(6)。当時、冷戦体制が崩壊し、グロバリゼーションが本格化するなかで、世界的な鉄鋼業の再編が生じていた。氏によると、当時の鉄鋼業界は、世界的レベルで大型の合併と提携が進んでいた。

すなわち、「九七年にはドイツでテイッセンとクルップが鋼鈑部門で合併し、欧州最大の生産量を持つにいたった。これに対抗するように、九八年にフランスのユジノールが、ベルギーのコックリル社を買収して生産量を六七〇万tほど上積みした。ユジノールは、アルベッド（ルクセンブルク）、アセラリア（スペイン）との合併にも合意しており、新日鉄の生産量の一・六倍という企業になる予定である。またイギリスのプリテイッシュ・スチールは、オランダのホッホ・オーフェンス社と合併に合意し、九八年には一時ユジノールを抜いて、世界第三位の鉄鋼メーカーとなった。国際多国籍企業のイスパット・インターナショ ナルは、米国のインランド・スチールを九八年に買収し合併した。親会社のＬＮＭ（本社ロンドン）率いるインスパット・グループは、九八年に一躍五位にまで達することになった。

アジアにおいても上海宝山鋼鉄公司、冶金控股公司、梅山有限公司が統合され、上海宝鋼公司が一九位から、一挙に七位へとランクをあげている(7)」。

「今後、アジアでは新日鉄―浦項―上海―中国鋼鉄 と、川鉄―ＮＫＫ―現代の二つの軸が、鉄鋼業界の中で、鮮明になってくるであろう(8)。」との認識を示す。

その中で、日本の銑鉄の生産は七千万トンにまで落ち込み、過剰能力の整理が必然化し、企業間の提携の中で業界再編、高炉の整理が進む見通しを示す。産業再編は、お互いの工場立地を考慮し、ＮＫＫと川崎製鉄、新日本製鉄と住友金属の提携を軸とし、「東西立地」体制から一歩進んで「域内連携立地」体制となるだろうと展望している。具体的には、新日鉄は大型のＨ型鋼を堺製鉄所で製造し、小型を君津で製造し、大型を関西から関東へ、小型を関東から関西へ輸送している。住金は、これと全く逆に、鹿島で大型を製造し関西に輸送するとともに、和歌山で小型鋼を製造し、関東に輸送している。これを新日鉄の関東の大型鋼消費者に住金鹿島から、新日鉄の関西の小型鋼消費者に住金和歌山から輸送すれば、両社とも大幅に輸送コストが削減できる。こうしたスワップ協定を一九九九年に合意した。また、NKKと川崎製鉄も二〇〇〇年に、同様の物流だけでなく、補修、購買を含めた三分野の連携協定を結び、毎年約五十億円の削減を目指したという。

柳井氏は、こうした動きを紹介しつつ、今後の立地形態は、企業内の輸送効率化を目指した、「東西立地」から企業間の物流調整を実現する「域内連携立地」へ転換するとの見通しを明示した。鹿島を含む東京湾、和歌山・加古川を含む大阪湾、水島・福山が一体となった東瀬戸内、周南・光・小倉・戸畑・大分が一体となった西瀬戸内の四つの地域内での企業間物流連携による輸送費削減と非能率な高炉の廃棄が進む動きが一般化すると言うのである。一つの方向性である。

4　二一世紀＝企業統合と地域市場分割型複数基地体制への回帰

ただ、その後、二〇〇二年にNKKと川崎製鉄の合併によるJFEスチールの成立、東日本製鉄所（千葉・川崎）、西日本製鉄所（水島・福山）への再編、二〇一二年の新日鉄と住友金属の合併による新日鉄住金の成立、戸畑、小倉、大分、和歌山、東海、君津、鹿島製鉄所への再編という二つの大きな動きによって、企業間提携から統合へとドラスチックに転換した。この二社に神戸製鋼所を加えた三グループ内部で高炉の休止など設備の集約化が進んでいる。ここでも、一九九〇年代の企業間提携による「域内連携立地」（＝域内企業間製品分担型配置）は、あくまで企業統合によるより大きなスケールでの地域市場分割型工場配置への「過渡期」に過ぎない。その意味で、石油精製、石油化学、鉄鋼の臨海コンビナート型の重化学工業の立地形態は、半世紀のスパンで見れば同じ道を歩んでいる、と結論できる。

こうした二一世紀以降の日本の鉄鋼業界の立地再編について柳井氏は、最近の論文で次のように考察している。

「世界の粗鋼生産量（中略）二〇一四年に一六億七千万トンとなっている。二〇〇五年よりほぼ五億トン増加しているが、そのうちの多くを占めるのが中国である。中国はこの期間に四・六億トンほど増産しているのである。世界市場においては中国の生産量が需給関係に大きな影響力を持っているのである。近年の鋼材価格の低迷は中国での生産増と密接に関連があり、これを背景として各国、各メーカーは生産調整を余儀なくされてきた」[9]。

「韓国鉄鋼業との関係冷却化と中国鉄鋼業の供給圧力を背景として、日中韓の競合関係は今後もしばらく継続する模様であり、とくに東南アジアやインド、中南米などの新興国にて一層激化していくものと思われる。

日本の粗鋼生産量の推移をみると、（中略）全体としてほぼ一億トンのレベルで推移している。しかし、（中略）その内部では大きな変化が見られた。（中略）二〇〇五年以降、旧新日鉄、旧住友金属、神戸製鋼所が株式を相互取得、敵対的買収に対する共同防衛の覚書締結、相互出資の拡大などがあった。二〇〇七年には旧新日鉄が旧住友金属の筆頭株主になっていた。二〇一二年に両社は経営統合し、新日鉄住金が発足することとなった。

新体制の下、合併効果を狙って生産体制の再編が進んでいる。造船用厚板では旧住友金属の鹿島製鉄所から旧新日鉄の大分製鉄所に中国、九州など西日本地域の造船所向けの生産を移管した。また韓国向け造船厚板の一部は大分から鹿島に移した。自動車用の棒鋼・線材では、旧住友金属の小倉製鉄所は少量生産品中心に、旧新日鉄の室蘭製鉄所は大量生産品中心とした。自動車向け薄板については西日本向けに広畑（旧新日鉄）、東北向けは鹿島（旧住友金属）、東海は名古屋（旧新日鉄）から供給する体制を構築した。

（中略）新日鉄住金は二〇一三年に中期経営計画を発表し、その中で国内生産体制の再編と国際展開を明確に打ち出している。（中略）ＪＦＥも二〇一二年に第四次の中期計画を発表している[10]」。

「ＪＦＥや新日鉄住金の成立により、高度成長期以来、立地が継続されてきた製鉄所はその機能を明確化することが求められるとともに、合併によって近接した製鉄所間の役割分担をどうするのかという課題を突き付けられている。筆者が以前指摘した『域内連携立地』というあり方が、どのようなものであるかを議論する時期に来ているのである。

新日鉄住金は、二〇一四年から近接する生産拠点を一体運営することに乗り出している。組織統合で間接部門の人員削減につなげるというのである。具体的には、八幡、小倉の両製鉄所を統合して『八幡製鉄所』とし、堺製鉄所と和歌山製鉄所を統合して『和歌山製鉄所』に、東京製造所を君津製鉄所の一部門として統合した。この流れの中で、八幡製鉄所小倉地区の高炉を一基休止し、近接する八幡製鉄所戸畑地区の高炉の生産量を一〇％高めて小倉地区に供給することとなった。

ＪＦＥについては旧川崎製鉄と旧ＮＫＫの統合後に二基の高炉を休止するなど、大型の生産集約は困難な状況なので、むしろ設備投資の高度化とコスト削減を図っている。東日本製鉄所千葉地区と西日本製鉄所倉敷（水島）地区の設備を刷新し、エネルギー効率化や歩留まり向上を図っている。（いずれも）アジア地区での競合の激化と鋼材の過剰供給圧力が、国内生産体制の再編を促す結果となっているのである[11]」。

つまり、日本の鉄鋼メーカーは、とくに中国、韓国との東南アジアでの競争激化に直面し、企業統合と国内製鉄所の再編成によって効率化を追求する一方、ベトナムやインドネシアなど成長する市場への国際立地を強化している。その過程での国内立地再編は、特定地域内の複数企業の製鉄所間の製品製品分担など柳井氏のいう「域内連携立地」パターンが、新日鉄住金やＪＦＥなど、連携企業間の統合に発展し、結果的には、統合企業レベルでの普遍品目の地域市場分割型工場配置と集約品目の特定製鉄所間分担という立地構造が、よりスケールの大きな状況で回帰した。石油化学における杉浦論文と軌を一にしている。輸送費節約の市場分割と規模の経済指向の生産集中の対立物の統一である。

（1）村上雅康「鉄鋼業」（北村嘉行・矢田俊文編著『日本工業の地域構造』大明堂　一九七七年）五五―五六頁。
（2）山口不二雄「戦後日本資本主義における工業配置の諸類型について」『法政大学地理学集報』第六号　一九七七年。
（2）同右論文　一六頁。
（3）同右論文　一六頁。
（4）同右論文　一六頁。
（5）同右論文　一六―一七頁。
（6）柳井雅人「産業再編の連鎖と立地―鉄鋼業を軸として」『経済学研究』第六七巻第四・五号　二〇〇一年　九州大学経済学会。
（7）同右論文　七二頁。
（8）同右論文　六二頁。
（9）柳井雅人「日本鉄鋼業のグローバル化と国内再編」（伊東維年退官記念論文集所収　二〇一六年）一頁。
（10）同右論文　四―六頁。
（11）同右論文　九頁。

五　アルミニウム工業の立地論理

1　寺阪昭信氏の分析―一九七〇年代＝精錬・電解・加工工程の立地

「アルミニウム製錬工業（以下アルミ製錬工業と略す）は、金属としては鉄鋼業につぐ産業として急成長をなしとげた。その工場立地においては、鉄鋼一貫製鉄所、石油精製―石油化学コンビナートの立地が実現しなかった地方の中規模臨海工業開発拠点への立地がみられた」[1]。これは、後述する富樫幸一氏の論文の冒頭の一節である。ここでの地方の中規模臨海工業開発拠点とは、道央（苫小牧）、東駿河湾（清水・蒲原）、富山・高岡（新湊）、東予（新居浜）、不知火・有明・大牟田などの新産・工特地域が含まれている。そこで、石油、石油化学、鉄鋼に続いて、当時のアルミニウム工業の立地論理について考察する。

この分野の論文としては、一九七七年に書かれた寺阪昭信氏が先行している[2]。短くわかりやすく書いてあるので全文引用してもよいが、近年の統計を加えつつ要約的に紹介しよう。

アルミニウム製品は、地殻に分布するボーキサイトを採掘し、それを製錬して酸化アルミニウムであるアルミナを生産するアルミナ工場または精錬工場、このアルミナを電気分解によってアルミニウムの地金をつくるアルミニウム工場または電解工場、さらに地金から多様なアルミニウム製品をつくる加工工場の各段階を経てつくられる[2]。

世界のボーキサイトの生産は、二〇一一年二億六千万トンで、オーストラリア（二七％）、中国（一七％）、インドネシア（一四％）、ブラジル（一一％）、インド（七％）、ギニア（七％）、ジャマイカ（四％）など熱帯地域に集中している(3)。論文の書かれた一九七〇年代半ばでは、オーストラリア（コマコ鉱）、インドネシアのビンタン島、マレー半島からボーキサイトを輸入し、国内で精錬し、さらに電気分解によってアルミニウム地金を生産していた。

当時の統計をみると、わが国のアルミニウム地金の生産高一〇一万トンに対し、輸入三四万トンと国内生産が輸入の約三倍を示した（一九七五年）(4)。

「精錬企業は、ボーキサイトの開発に資本参加をして原料の確保につとめている。したがって、原料の輸入は精錬企業が直接行なうほかに、商社や外国企業の手をへるものがある。アルミナ製造原価の約半分がボーキサイト代であり、さらにその大部分が運賃となるので、各社は自家専用船を建造して、安く運ぶ努力をしている」(5)。しかし、その後の二度にわたる「石油危機」による火力発電依存の日本の電力価格の上昇によって、4―2図にみるようにアルミニウム地金の輸入依存度が急上昇するとともに、国内生産は一挙に縮小していった。寺阪論文は、縮小直前の一九七〇年代を対象にしたものである。寺阪氏は続ける。

「アルミナ工場の立地条件としては、ボーキサイトの輸入に便利な港湾が第一に重要である。（中略）このような条件のうえにアルミナ工場と電解工場とが接近していれば理想的である。(6)」当時アルミナ工場を経営していた三つの企業のうち、日本軽金属の清水は、蒲原の電解工場に近接し、昭和電工の横浜、住友の新居浜、日本軽金属の苫小牧も電解工場と隣接している。

他方、「アルミニウム工場（電解工場）は全国的に分散している。典型的な電力多消費産業であることから、この工業は電力の安い電源立地を行なってきた」(7)。戦後しばらくは、日軽金の蒲原、昭和電工の喜多方、住友化学の菊本の戦前からの工場三工場で生産が続けられていた。その後、一九五一年に昭和電工の大町、一九五八年に日軽金の新潟で工場が再開され、高度成長期にはいって新たな立地展開がみられた。「電源立地から消費地立地への変化である。

住友の名古屋は菊本での増設の限界と圧延加工業がある住友軽金属へ接近するためであり、昭電の千葉は製品市場と横浜のアルミナ工場に近づけて工場を建設した。（中略）一九六〇年代後半に住友の磯浦（一九六七年）、富山（一九六九年）、日軽金の苫小牧（一九六九年）、七〇年代にはいって三菱の坂出（一九七一年）、三井の新規参入による三池（一九七一年）、住友の東予（菊本の代替、一九七五年）がそれである。苫小牧のように二〇〇万㎡をこえる広い敷地の工場も出現した。(8)アルミニウム原価に占める電力費は高いため、「電力の構成が水力を主力としていた時期には電解工場は水力発電地帯に立地し、重油火力を主力とする時期には重油の入手に便利なコンビナート周辺に立地する。例外として、直江津は新潟の天然ガス、三池は石炭火力によって電力をえている」(9)。

二次加工と言われる「圧延工場」は、京浜、阪神に集中している。三次加工については、押出し品、機械用鋳物、ダイカスト、アルミ粉、アルミ箔、再生地金、アルミ線など製品は多様であり、これら工場は工業地帯に広域的に立地している。「電解工場と加工工場が隣接していれば、溶解地金をそのまま加工できるので、エネルギーおよび流通経費が節約できる。名古屋、千葉、富山、蒲原には、このようにして同一系列や系列外の企業が集まる傾向にあり、コンビナート化する動きも最近の動向の一つである」(10)。

こうして、寺阪論文が対象としていた一九七〇年代のアルミニウム工業は、アルミナ―アルミニウム―圧延・加工の三工程に大別されるなかで、最後の加工工場は、三大都市圏を核にした工業地帯に展開し、アルミナを生産するアルミナ工場は、ボーキサイトの輸入に適する港湾に立地する。その間にあって、アルミニウム工場（＝製錬、電解工場）は、市場（加工工場）に近接するか、原料（アルミナ工場、輸入港）に近接するか、あるいは水力・石炭または天然ガス火力など低価格の電力確保に有利な地点に分散的に立地していた。

2　富樫幸一氏の分析―一九八〇―九〇年代＝精錬・電解工場の撤退

この寺阪論文を受けて富樫幸一氏は、一九七〇年代の二度にわたる「石油危機」による電力コストの急上昇後のアルミニウム産業の立地転換について丁寧にフォローした論文[11]を書き、次のように分析している。ポイントとなる文章を抽出・引用しながら流れを追ってみよう。

「一九七三年の第一次石油危機、七九年の第二次石油危機による原油価格の上昇は、電解用電力で石油火力発電への依存度が高かった日本のアルミ製錬工業の生産費を大幅に上昇させた。さらに円高の影響が加わって、国内製錬工業は国際競争力を失い、輸入地金量が急増した。（中略）新地金の内需は景気変動に伴なって上下しながらも一六〇～一八〇万ｔの水準にあるのに対し、国内生産量は、最高時一六四万ｔ／年の国内製錬能力がありながら、七三年から八〇年まで一一〇万ｔ前後を推移したあと八一年から急速に低落し、国内生産量と輸入量の比重は逆転して、八二年には三〇万ｔ台へと落ち込んだ。[12]」（4―2図）。「このような状況に対し、各企業は製錬部門の別会社化、設備の休廃止、国内製錬事業からの撤退、加工部門の垂直統合、海外立地の推進などの対応をとった[13]」のである。

「国内における設備の休廃止は、工場の縮小・閉鎖というかたちの立地変動をひきおこした。この際、工場間の縮小・閉鎖にみられる差異は、各工場の使用電力の種類と生産設備の生産性の違いを反映したと考えられる[14]」。このうち電力については、「自家あるいは共同の石油火力発電を利用していた工場と、火主水従体制下にある電力会社からの購入電力に依存していた工場では、原油価格の上昇が発電原価の上昇や電力料金の値上げをとおしてコスト上昇につながった。国際競争力を失ったのはこれらの工場である。他方、自家水力発電を保有していた蒲原工場は、水力発電能

４－２図　日本のアルミ新地金の生産と輸入推移

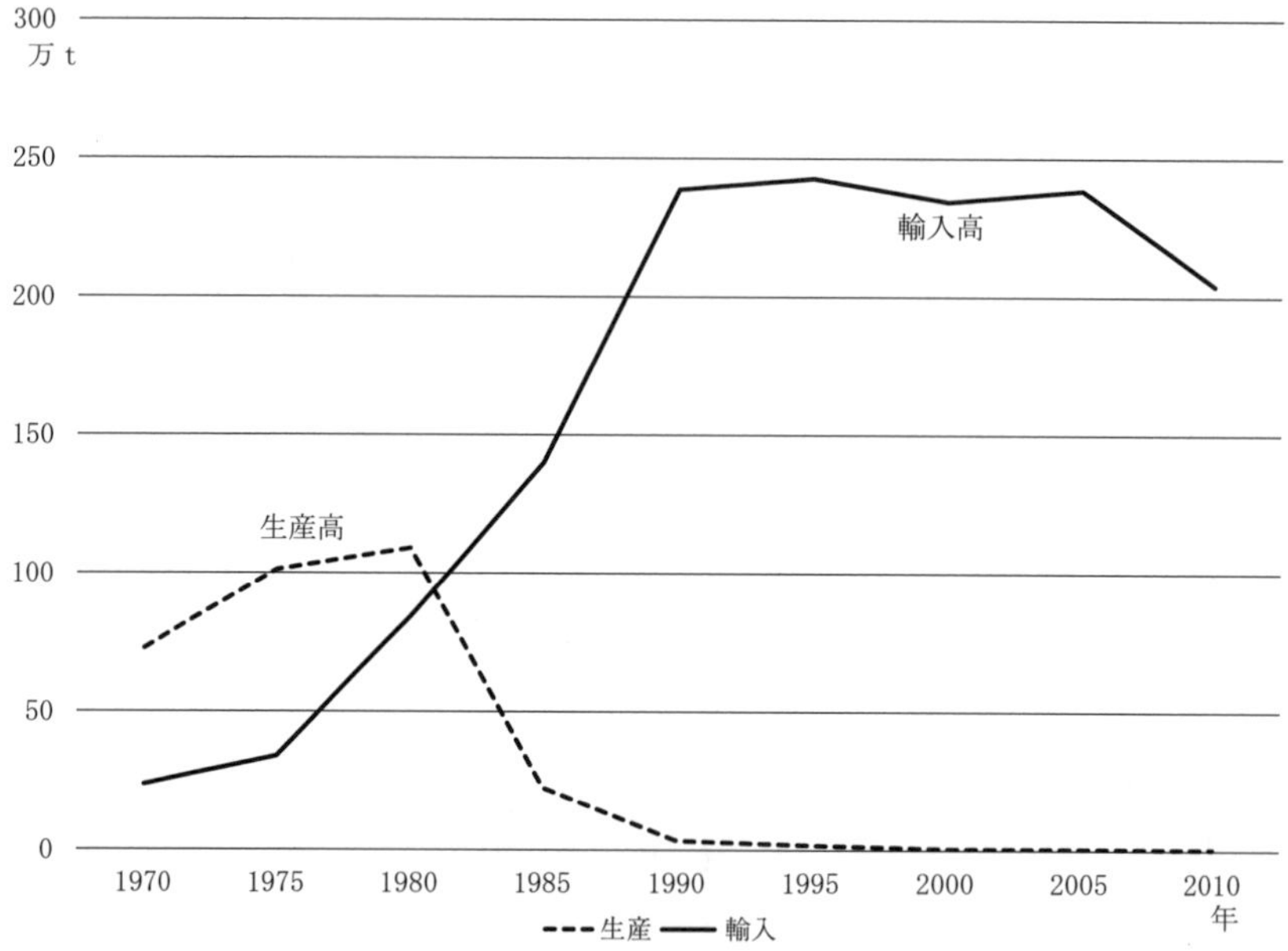

日本国勢図会『日本の100年』第６版（2013年）より矢田作成

力にみあった規模まで設備を縮小して生産を継続している。三池工場も、国際価格が急落していた時期には損失を出しているが、石炭火力を使用しているために電力費用は低く、一部設備を縮小して生産を続けている。自家・共同石油火力発電や購入電力に依存していた工場では、生産性の低い設備から休廃止においこまれた。（中略）不況下でまず休止されたのは経済復興から操業していた一〇〇kA未満の電解炉で、（住友化学）菊本、（昭和電工）大町、（同）喜多方の設備が止められた。（日軽金）蒲原のみは上記の電力面での有利さのため、縮小して残存している[15]」。

「第二次石油危機以降では、一九七九年に（住友化学）名古屋、八〇年に（日軽金）新潟、八一年に（三菱化成）直江津、八二年に（住友化学）磯浦、（昭和電工）大町、（同）喜多方、（住軽アルミ）酒田の各工場の製錬設備が生産をやめた。八二年で生産を継続しているのは（日軽金）蒲原、（三井アルミ）三池、（日軽金）苫小牧、（住友化学）東予、（昭和電工）

千葉、（住友化学）富山、（三菱化成）坂出の各工場である。前二者は電力面での有利性のためであるが、他の工場はいずれも低稼働の状態で、かろうじて生産を続けている」[16]。

こうして、「各社はそれぞれ生産を最も製造費用の低い工場に集中させている。蒲原、三池、一社一工場であった酒田を除けば、複数の電解工場のうち、より新しい、生産性の高い工場への生産集中となっている。（中略）昭和軽金属の場合には千葉へ、日本軽金属は蒲原、苫小牧へ、住友アルミニウム製錬は富山、東予へと集中している。（中略）したがって、各工場の依存電力と生産性の違いを反映して、既存の工場配置のなかで特定工場への生産の集中となり、大都市圏においても地方圏においても工場閉鎖が行なわれ、分散的な配置パターンは残っている」[17]。

「電解工場の縮小・休止は、雇用、関連産業への影響、地方税収の減少をもたらした。苫小枚、酒田、新居浜、大牟田は、他の構造不況業種の立地もあわせて、特定不況地域の指定を受けている。（中略）最低限、雇用を確保し、まだ残存施設を利用してゆく対策としては（中略）、輸入地金の再鋳造を行う鋳造部門の残存（酒田、喜多方、新潟、直江津）と加工工場の新増設（喜多方、直江津）がみられる」[18]（引用文中括弧は筆者）。なお、共同火力依存の酒田と富山は、石炭火力に転換した。

富樫論文は、一九八〇年代前半の立地動向を分析したものであるが、「エネルギーの海外依存度が高いわが国は、アルミニウムの精錬事業では圧倒的に不利である。現在、電解工場で新地金の精錬を行っているのは、富士川を利用した自家水力発電所を持つ日本軽金属蒲原製造所（静岡市）のみで、新地金需要の九九％以上を輸入に依存している。このため、日本のアルミ産業は、輸入した地金を圧延し、板材・押出材などの中間素材やサッシ、はく、缶といった最終製品を製造する加工専業となっている。[19]「電気の缶詰」と別称される日本のアルミニウム産業は、アルミナ工場はもちろん、アルミニウム（電解）工場自体もほぼ壊滅し、加工工場に特化している。

一九五〇年代後半から七〇年代前半までの日本における石油の低価格の侵入が「エネルギー革命」をもたらし、石炭産業と薪炭生産を壊滅させ、七〇年代の二度にわたる「石油危機」が石油価格の高騰をもたらし、日本の石油精製、石油化学、アルミニウム製錬工業の国際競争力の低下による縮小をもたらした。石油をめぐる世界レベルの政治と経済が、これらの産業の運命を半世紀にわたって振り回したのである。そして、これらの産業に依存してきた地域と住民の運命をも翻弄し続けてきた。過疎化、失業、地域の疲弊、公害、環境汚染等々である。

(1) 富樫幸一「戦後日本のアルミニウム製錬工業の立地変動と地域開発政策」『経済地理学年報』第三〇巻第一号　一九八四年　五二頁。
(2) 寺阪昭信「非鉄金属工業（アルミニウム工業）」（北村嘉行・矢田俊文編著『日本工業の地域構造』大明堂　一九七七年所収）。
(3) 矢野恒太記念会『日本国勢図会』二〇一四・一五年版。
(4) 『日本国勢図会長期統計版　数字でみる日本の１００年』第六版　二〇一三年。
(5) 寺阪前掲論文　六八頁。
(6) 同右論文　六八頁。
(7) 同右論文　六九頁。
(8) 同右論文　七〇頁。
(9) 同右論文　七一頁。
(10) 同右論文　七二頁。
(11) 富樫幸一「戦後日本のアルミニウム製錬工業の立地変動と地域開発政策」『経済地理学年報』第三〇巻　第一号　一九八四年。
(12) 同右論文　六二頁。
(13) 同右論文　六二頁。
(14) 同右論文　六三頁。

(15) 同右論文　六三頁。
(16) 同右論文　六四頁。
(17) 同右論文　六四頁。
(18) 同右論文　六四―六五頁。
(19) 『日本国勢図会』二〇一四／一五年版　二一四―二一五頁。

六　資本結合とコンビナートの形成

山田昭夫氏は、論文「戦後日本におけるコンビナート論の系譜」の中で、次のように興味ある指摘をしている。「戦後日本におけるコンビナート研究は三段階に区分できる。第一段階は、石油化学工業の確立した一九六〇年代である。そこでは、コンビナートとは何か、コンビナートと独占体との関連をどのように把握すべきか、つまりコンビナート規定が問題にされた。第二段階は、コンビナートと地域社会との関連が分析された一九七〇年代である。そこでは、コンビナート爆発＝災害、コンビナート公害、コンビナートによる拠点開発等の諸問題、つまり、コンビナート化に伴う社会的歪みが分析されたのである。第三段階にあたる一九八〇年代には、六〇―七〇年代のコンビナート論を基盤として新たな視点でコンビナート論が展開されねばならなかった。（中略）ところが、八〇年代に入ると、コンビナートはほとんど論じられなくなり、その研究は完全に停滞した。そして、現時点では、『コンビナート』という用語自体が死語になったかのようである(1)」。

これには、産業構造が「装置型」の化学産業から「組立型」の機械産業に軸心が移行したことが大きい。ところで、一九六〇年代のコンビナート論争は、百家争鳴の観があり、論者の問題意識によってコンビナート規定が多様であり収束されないままに終わっている。その中で、国土構造とくに工業地帯の形成の論理という筆者の問題意識からみれば、「生産の集中」や「資本の集中」という独占資本主義のなかでの歴史的位置づけに拘泥した議論よりも、「技術的統一性＝地域的統一性がコンビナートの本質的な特性であることを確認できればよい(2)」という野口雄一郎氏の見解が有効である。さらに、後述する坂本氏のように、単なる異部門間の地域的な「工場結合体」を巨大な生産単位としてコンビナートと称する見解もある。しかし、あくまで化学工業など「装置産業」における「工場結合体」に、「コンビナート」の呼称を限定するのが適当であろう。この点では、下谷政弘氏の見解が最も参考になる。関係する論者の見解を紹介しながら展開してみよう。

三戸公氏は、古典的名作となった「装置工業論序説―マタレ装置論批判―」[3][4]等において、次のように論を進める。

労働者と労働対象（原材料）の間にあって、労働対象そのものを変化させて労働生産物にするための労働手段を問題にする。そして、その労働手段は、一般的には人間の体躯の直接的延長た「道具」と単なる入れ物としての「容器」がある。マルクスが解明したように、「道具」は作業機・伝動機・動力が一体となった機械に発展し、さらに連続した生産工程の諸機械が一つとなって「機械体系」となる。これに対し、「容器」も、「労働対象の自己運動・自己変化を可能にし促進し助長せしめる労働手段」として「装置」となると独特の理論展開を行う。今から六〇年以上前の論文なので、言い回しが「漢語的」で分かりにくいが、「労働対象の自己運動・自己変化」とは、「労働対象が化学的変化を起こし、別の物質となること」と理解すべきであろう。三戸氏は、その例として窯業、金属精錬業、化学工業、醸造業をあげているから確かである。「分子の組成」の変化と言う自然科学の用語を使えば一目瞭然である。これを「助成行程」、道具を使うのを「製作行程」と呼称しているから一層わかりにくい。後者は、切削、鍛造、鋳造、組立など物質変化を伴わない加工と呼称すればよい。[4]

いずれにしても、化学式の異なる物質を生産するには、人為的に化学変化を起こすことが必要であり、労働対象を入れ化学反応を起こす「容器」が「装置」ということになる。鉄鋼・化学などが機械工業とともに重化学工業化をリードする段階になれば、「機械」と「装置」は対等に並列するほど重要な「労働手段」となる。ここに経済学的に光をあてたのが三戸氏の功績であろう。

下谷政弘氏は、三戸氏の「装置論」を継承・批判しつつ、理論を発展させる（注(5)―(10)）。

つまり、道具が機械に発展したのは、作業機・伝動機・動力が一体となったことに契機を見出すが、容器と装置を区別する契機は何かを問う。それは化学反応が生じるに不可欠な温度・圧力・触媒などの諸条件であり。こうした「条件付与機構にくみこまれた容器」こそが「装置」であると明言する。これによって、「道具と容器」から「機械と装置」に発展し、「この装置の発展形態は装置体系である。近代的な化学工業においては、労働対象は、複数の発達した装置を連続的に通過しながら、順次に部分的に条件を与えられて、目的の生産物となる。装置体系とは、この近代的な化学工業の中心的な労働手段であり、複数の発達した装置の分業原則により、各生産工程がたがいにその作業量が過不足ないように配置された、一つの結合体、体系である[7]」。さらに、「装置体系は他の装置体系と多角的に結合された結合装置体系を作り、その巨大化したものが、いわゆるコンビナートである。同様に、機械体系同士の結合から結合機械体系がつくられる。代表的な例が自動車工業など見られる。また、製鉄業などは、装置体系（高炉、転炉）と機械体系（圧延）が結合した装置・機械体系ということができる。[8]」と敷衍している。

世界史のなかでの、それぞれの国での呼称は横に置いておくとして、現代日本で使用され、本書が分析の対象としている「コンビナート」は、まさに下谷氏の指摘する「結合装置体系」ないし「装置・機械体系」とするのが適切である。この定義は、反応炉やタンク、これらをつなぐパイプ群の一体という「見慣れた景観」の「科学的表現」としては最適であろう。それは、坂本和一氏のように、「工場結合体」＝コンビナート[11]と拡大解釈せずに、あくまで生産過程の中軸に「化学変化」を伴う「結合装置体系」または「装置・機械体系」に限定している。もちろん坂本氏の主張する巨大な生産単位としての「工場結合体」の一形態であり、野口氏の言う「技術的統一性＝地域的統一性」を本質的な特性をも有している。ただ、野口氏はコンビナートの本質的な特性を指摘しただけであって、「定義」そのものを行ったわけではない。定義としては下谷氏の論が適正である。コンビナートが、こうした「結合装置体系」として一つの生産単位を形成する契機について、下谷氏は、多くの論者の見解を整理して、①原料加工の連続する諸過程の結合、②廃物の利用、③原料の総合的利用の三点を指摘している。[12]

この点に関して内田星美氏は、「ことなる産業の工場が原料依存関係における生産技術上の必然性から同一地区に隣接して建設されたような工場群をコンビナートと呼ぶことが、もっとも適当と考えられる」としたうえで、こうした考え方は、「経済学的説明よりも経済地理学的あるいは工場立地論的説明の方がより妥当である[13]」と指摘する。このことが、「コンビナートの原料供給者である石油および鉄鋼の化学に対する立地選定におけるリーダーシップは明瞭である。（中略）コンビナート内において石油および鉄鋼企業にとってガスおよびナフサは廃物ないし副産物にすぎないのに対し、化学工場にとってこれらは死活の鍵をにぎる主原料であるという差異が、立地決定のリーダーシップに反映しているといえよう。[14]」と論旨を展開している。石油化学ないし製鉄化学の配置は、原料供給者たる製油所や製鉄所が決定権を握っている、と主張する。

これは、本書で筆者が論じてきた石油精製や銑鋼一貫製鉄所の立地動向こそが石油化学ないし製鉄化学の配置を規定する、という見解と軌を一にする。

ところで、コンビナートを「結合装置体系」として一つの生産単位であり、装置産業における「生産の集中」の一形態とみるならば、これを構成する装置体系を担う企業ないし資本の集中をも必然化する。渡辺徳二氏は、以下のように指摘する。

「コンビナートの生産の集中がその外延としての資本の集中を生みだし、集中化された資本の中枢からの統一指令が巨大な生産コンプレックスを動かしていく。(中略)新らしい技術工業化を軸とする新らしいタイプの集団資本の成立がみられるだろう」[15]。

これに関連して葉山二郎氏は、石油化学コンビナートを例に、次のような見解を提示する。「原料供給者たる石油資本、石油化学の第一次中間物を生産するナフサ分解部門(エチレンセンター)、これらからの留分を重合・合成して第二次中間物を生産するいわゆる化学部門、そしてこれらの重合物を加工する部門、これらの四つの生産部門を担当する個別資本の結合したものが石油化学コンビナートといわれるものである」[16]と整理する。つまり、石油精製＝ナフサ生産、ナフサ分解＝エチレンセンター、中間留分(エチレン、プロピレン、C4留分等)の重合・合成の三段階と加工の四つ部門構成である。さらに氏は、「わが国では最後の加工部門を除いた三段階に異種資本が結集してコンビナートをなすのが一般的である」と指摘する。そのうえで、これらの三段階を担うプレーヤーとして、財閥系資本、(国際)石油資本、化学資本の三種の資本を登場させ、資本間結合について、「財閥系資本が石油資本ないし石油系コンビナートと新しい資本関係を誕生させつつあること、非財閥系資本が相互に化学部門を結集させつつあること、そして財閥系資本が誘導品部門で異種資本との結合を強めていること、この三つが大きな特徴となっている」[17]とする。

こうした葉山氏の資本結合形態の区分に対して、下谷政弘氏は、資本結合の形成過程を詳細に検討し、独自の分類を提起する。

そもそもわが国コンビナート論を主導した野口雄一郎氏や渡辺徳二氏の著作がだされたのは、一九六〇年代の前半で、財閥系など中心に第一期のコンビナートが発進した直後であり、かなり体系的に整理された葉山論文でさえ六〇年代の後半で石油精製系の第二期のコンビナートが稼働した直後で、コンビナートが盛んに建設されているのとほぼ並行している。これに対して下川氏が積極的に論陣を張ったのは、第三期の財閥系などの第二拠点投資が完了し、石油化学コンビナートがほぼ全体像を現し、かつその後の二度にわたる「石油危機」を迎える一九七〇年代である。史的事実を十分に取り入れることができたのであり、必然的に十分な説得力がある。氏の論点を紹介する。

「石油化学コンビナートにおける生産諸部門を大別すると、ナフサ分解部門、およびいくつかの誘導品合成部門となる。そしてわれわれが石油化学コンビナートを見ていく場合、まず注目すべきはナフサ分解を担当する企業（以下、ナフサセンター企業とよぶ）である。ナフサセンター企業は、各種の誘導品合成部門への原料の供給源というコンビナートの工業技術的中心であり、さらにコンビナート形成にあたって、各種の誘導品合成を担当する企業（以下、誘導品企業とよぶ）を集合させる中心でもあり、コンビナートの『主催者』である」[18]。葉山氏の言う四部門構成と比較すると、第一の石油精製＝ナフサ供給部門と第四の最終石油化学製品製造たる加工部門を省いて論じており、とくに異なるところはない。

そのうえで、ナフサセンター（エチレンセンター）企業合わせて一六企業の資本系列をみると、①財閥系七（三井石油化学岩国・大竹、同千葉、住友化学新居浜、住友千葉化学、三菱油化四日市、同鹿島、三菱化成水島）、②財閥系の共同出資一（大阪石油化学―三井東圧系と三和系）、③石油系三（日本石油化学川崎、東燃石油化学川崎、出光石油化学徳山）、④財閥系と化学系の共同出資一（水島エチレン―三菱化成と旭化成系）⑤財閥系と石油系の共同出資一（浮島石油化学川崎―三井と日石）、⑥石油系と化学系の共同出資三（鶴崎油化大分―九州石油と昭和電工系、丸善石油化学千葉―丸善とチッソ・宇部興産・日本曹達等化学連合、新大協和石油化学―大協石油と協和発酵等）となる。このうち、水島エチレン、浮島石油化学は、通産省の行政指導によってつくられたもので、複数のコンビナートの共同経営である。こうして、「ナフサセンター企業には、（1）旧三大財閥系の系列企業によって共同で設立されたもの（第一期）、（2）石油企業出身または化学企業出身、およびその両方の結合したもの（第二期以降）、の二つに大別できる」[19]と整理している。

さらに下谷氏は、誘導品企業群の資本系列を分析することによって、石油化学コンビナート類型化のもう一つの指標を提示した。それは、ナフサセンター企業と誘導品企業との資本系列の分析である。結論だけ言えば、誘導品企業がナフサセンター企業と同系列または合弁の企業か、独立した企業であるか、企業数を比較した。この結果、「旧三大財閥系のナフサセンター企業を中心とするコンビナートは、誘導品企業をも自己の資本系列の企業群で占め、コンビナート全体を同一資系列で握っている」[20]。この種のコンビナートは三井石油化学二、住友化学二、三菱油化二、三菱化成一の計七コンビナートがあり、これに、富士銀行グループが大半を握っている鶴崎油化、興銀グループのもとにある新大協和石油化学、大阪石油化学の三コンビナートを加えると、「同一資本系列コンビナート」は一〇となる。これに対して、「石油資本を中心とするコンビナートに典型を見た企業集団型コンビナートは、『異種資本系列コンビナート』と呼びうるであろう。[21]」とし、ここには日本石油化学、東燃石油化学、出光石油化学二、丸善石油化学、山陽石油化学、以上の六コンビナートが属する、としている。

(1) 山田昭夫「戦後日本におけるコンビナート論の系譜」(野口雄一郎・青野壽彦・水口和寿・賀村進一編『コンビナートと現代産業・地域』御茶ノ水書房　一九九七年所収)　八八頁。
(2) 野口雄一郎「コンビナートと生産の集中」(武田隆夫・遠藤湘吉・大内力編『資本論と帝国主義論下―帝国主義論の形成と展開』東大出版会　一九七一年所収)　一一八頁。
そのほか、野口氏のコンビナートについての理論的分析には、次のような論文がある・
野口雄一郎「コンビナート形成の背景とメリット」『エコノミスト別冊』一九六一年一〇月一〇日
野口雄一郎「転換期にたつコンビナート」『経済セミナー』一九六二年七月号。
野口雄一郎「コンビナートの現状と未来図」『東洋経済　臨時増刊』一九六三年七月。
(3) 三戸公「装置工業論序説―マタレ装置論批判―」『経済学研究』(九州大学)第一六巻第四号　一九五一年。
(4) 三戸公「装置の特異的性格―装置工業論序説(その二)」『経済学研究』(九州大学)第一八巻第一号　一九五三年一四八頁。

（5）下谷政弘「コンビナートの技術構造―わが国の石油化学工業の場合（1）」『経済論叢』（京都大学）第一〇八巻第六号一九七一年。
（6）下谷政弘「コンビナートの企業構造―わが国の石油化学工業の場合（2）」『経済論叢』（京都大学）第一〇九巻第四・五・六号　一九七二年。
（7）下谷政弘「装置論をめぐる理論的諸問題―三戸公『装置工業論序説』批判―」『経済論叢』（京都大学）第一一一巻第二号一九七四年　五九―六〇頁。
（8）同右論文　六四頁。
（9）下谷政弘「装置論争における二つの系譜―とくに『第二労働手段』説批判―」『大阪経大論集』第一一一号　一九七六年。
（10）下谷政弘「三井系化学企業と石炭化学コンビナート―わが国化学工業における独占形成―」『大阪経大論集』第一二三号一九七八年。
（11）坂本和一「巨大企業分析と『生産の集積』概念の展開」『立命館経済学』第二四巻八号　一九七五年
（12）下谷論文（5）　六六頁。
（13）内田星美「日本のコンビナートと工業立地」『経済評論』一九六一年一〇月号　一一頁。
（14）同右論文　一五頁。
（15）渡辺徳二「コンビナートと企業合同」『経済評論』一九六二年五月号　四八頁。
（16）葉山二郎「石油化学コンビナートの競争と結合―大型化のインパクト―」『経済評論』一九六八年一〇月号　六一頁。
（17）同右論文　六一頁。
（18）下谷論文（6）　六四頁。
（19）同右論文　六八頁。
（20）同右論文　七一―七二頁。
（21）そのほかコンビナート論の展開に強い影響を与えた堀江英一氏の以下のような結合企業論が参考になる。
堀江英一「巨大企業の生産構造（一）―序説―」『経済論叢』（京都大学）第一〇六巻第六号　一九六九年
堀江英一「結合企業の重層―巨大企業の生産構造（二）」『経済論叢』（京都大学）第一〇八巻第一号　一九七一年
堀江英一「産業コンツエルン―巨大企業の生産構造（三）」『経済論叢』（京都大学）第一一〇巻第五号　一九七三年
堀江英一「協力会社―巨大企業の生産構造（四）」『経済論叢』（京都大学）第一一〇巻第三号　一九七三年

ここまで、新産・工特地域の核となった石油精製、石油化学、鉄鋼、アルミ産業の立地動向について考察し、それらの産業がいずれも「装置産業」に属するがために、技術的・地域的に結合し、コンビナートを形成している実体を論じた、本節の最後に、コンビナートの配置と新産・工特地域の関係についてまとめてみたい。

4―1表は、結合装置体系ないし装置・機械体系として整理したコンビナート概念に適合するわが国の石油化学コンビナート、鉄鋼一貫製鉄所・製鉄化学コンビナートの配置一覧である。さらに中規模のコンビナートとしてアルミニュウム系と紙・パルプ系の装置体系についても付記した。ここで記載した企業名は、原則として一九七〇年代当時のもので、八幡製鉄と富士製鉄の合併による新日本製鉄、さらに住友金属との統合による社名の変更についてはあえて触れていない。三菱油化と三菱化成の統合による三菱化学、三井石油化学と三井東圧化学の統合による三井化学の成立などドラスチックな再編もまたしかりである。それぞれの産業の立地動向のところで記述してあるので参考にしていただければ幸いである。

七　コンビナートの配置と新産・工特地域

ところで、新産・工特政策をつき動かした大規模コンビナートたる鉄鋼一貫製鉄所・製鉄化学コンビナート、製油所・石油化学コンビナートの全体の配置を一瞥すると、京浜、中京、阪神、北九州の当時の四大工業地帯、倍増計画で言う「既成工業地帯」、全総計画で言う「過密地域」に多く立地していたことを再確認できる。さらに、全総計画時代においても、八幡製鉄堺、神戸製鋼加古川、富士製鉄名古屋、日石化学と東燃化学川崎、大阪石油化学泉北など六つのコンビナートが新規立地している。これらは、政府の「分散政策」にあえて抗して「過密地域」のど真ん中に立地している。まさに経済原理に忠実な立地選択であったと言える。このうち、姫路・加古川だけが工特地域内に立地し、ほとんどが

4－1表　コンビナート（製鉄、アルミ、石油化学、化学、紙パルプ）の分布と新産・工特地域

全総計画	過密地域	整備地域	開発地域		
倍増計画	既成工業地帯	ベルト地帯		開発地域	その他地域
北海道				富士製鉄室蘭（鉄化） 日本軽苫小牧（アルミ） 大昭和白老（紙パルプ） 王子苫小牧（紙パルプ）	
青　森					日東化学八戸（化学肥料） 東北砂鉄八戸（鉄鋼）
秋　田					帝石秋田（ガス化学） 東北紙秋田（紙パルプ）
岩　手					富士製鉄釜石（鉄鋼）
宮　城				十条石巻（紙パルプ）	
福　島					三菱いわき（化学）
新　潟					日本軽金新潟（アルミ） 帝石新潟（ガス化学）
茨　城		三菱油化鹿島（石化） 住友金属鹿島（鉄鋼）			
千　葉		川崎製鉄千葉（鉄鋼） 八幡製鉄君津（鉄鋼） 丸善石化千葉（石化） 三井石化千葉（石化） 出光石化千葉（石化） 住友化学千葉（石化）			
神奈川	日本鋼管川崎（鉄鋼） 日本石化川崎（石化） 東燃石化川崎（石化）				
富　山				住友化学新湊（アルミ）	
長　野					昭和電工大町（アルミ）
静　岡		日本軽金属蒲原（アルミ） 大昭和富士（紙パルプ） 旭化成富士（化学）			
愛　知	富士製鉄名古屋（鉄鋼）	（東三河）			
三　重		三菱油化四日市（石化） 新大協和四日市（石化）			
和歌山		住友金属和歌山（鉄鋼）			
大　阪	八幡製鉄堺（鉄鋼） 大阪石化泉北（石化）				
兵　庫	富士製鉄広畑（鉄鋼） 神戸製鋼加古川（鉄鋼）				
岡　山			川崎製鉄水島（鉄鋼） 三菱化成水島（石化） 山陽石化水島（石化）		
広　島			日本鋼管福山（鉄鋼）		
山　口			三井石化岩国（石化） 山陽国策（紙パルプ） 出光石化徳山（石化）		
愛　媛			住友化学新居浜（石化） 住友菊本（アルミ） 大王三島（紙パルプ）		
大　分			富士製鉄大分（鉄鋼） 鶴崎油化大分（石化）		
福　岡	住友金属小倉（鉄鋼） 八幡製鉄戸畑（鉄鋼） 八幡化学戸畑（製鉄化学）				三井大牟田（石炭ガス） 三井大牟田（アルミ）
熊　本					山陽八代（紙パルプ）
宮　崎					旭化成延岡（化学）

網掛けは、新産都市・工特地域

（資料）『日本のコンビナート』日本経済新聞社　1962

北村嘉行・矢田俊文編著『日本工業の地域構造』大明堂　1977

下谷政弘「コンビナートの技術構造」『経済論叢』VOL 108　No.6　1971

全総による支援の対象外となっている。

そして、「過密地域」に隣接した「整備地域」のなかでも東京湾の千葉県側、茨城県の鹿島、伊勢湾の三重県側に、川崎製鉄千葉、八幡製鉄君津、三井石油化学千葉、住友化学千葉、丸善石油化学千葉、出光石油化学千葉、住友金属鹿島、三菱油化鹿島、同四日市、大協和化学四日市の一〇のコンビナートが立地した。これ等の東京・伊勢・大阪の三湾・プラス（鹿島）のなかで鹿島の二コンビナートと播磨の一製鉄所のみが工特地域内に立地している。この三湾・プラス（鹿島）をコンビナート集中の第一地域とする。

大規模なコンビナートの新規立地が集中した第二の地域は、岡山から大分まで続く山陽・四国北部・九州東部の瀬戸内海沿岸である。水島に川崎製鉄、三菱化成、山陽石油化学の三つ、福山に日本鋼管、大竹・岩国に三井石油化学、徳山に出光石油化学、そして対岸四国側に住友化学新居浜、瀬戸内海の西端大分に富士製鉄と鶴崎油化の二つ、あわせて九つの製鉄所ないし石油化学コンビナートが新規に開設した。このうち、新産業都市の岡山県南、東予、大分、工特地域の播磨、備後、周南が指定され、すべてのコンビナートがこれらの地域内に立地している。これらは、京浜、中京、阪神、北九州の全総計画の「過密地域」でも「整備地域」でもなく、積極的に開発すべきとされる「開発地域」に位置づけられているものの、阪神と北九州の二つの過密地域を結ぶコンビナート立地にとって最も優れた立地条件のところであり、所得倍増計画では「ベルト地帯」の一角として重視してきた地域である。企業にとって経済原理に忠実な立地選択の対象となるべき重点地域でありながら、全総計画がこの地域を「開発地域」として地方振興、地域格差是正の戦略の対象に指定したのは、決して偶然ではない。一種の「トリック」であり、「欺瞞」でさえある。企業のコンビナート立地地点の自由な選択を政策的に支援するための「開発地域」指定なのである。

以上、高度経済成長期に新規に立地した一六の石油化学コンビナートのうち、「過密地域」三（川崎二、堺一）とこれにごく隣接する「整備地域」六（千葉四、四日市二）は全総計画の対象ではなく、残りの七は、「整備地域」一（鹿島）、「開発地域」六で、すべて新産都市四（水島二、東予一、大分一）または工特地域二（鹿島一、周南一）に立地している。全総対象率四四％である。他方、高度成長期以降の新設の銑鋼一貫製鉄所八のうち、「過密地域」三（名古屋、堺、加古川）、「整備地域」二（鹿島、千葉）、「開発地域」三（水島、福山、大分）で、新産都市立地三、工特地域立地二、計五が全総計画の対象で、その比率は六三％と高い。

これを全総の対象となった地域の側からみると、二一の新産・工特地域のうち、石油化学コンビナート、大型の銑鋼一貫製鉄所のどちらかまたは両方の新規立地地域となっているのは、石油化学のみ二（東予、周南）、鉄鋼のみ二（播磨、備後）、石油化学・鉄鋼とも三（鹿島、岡山県南、大分）、計七である。このうち播磨を除く六地域を「大型コンビナート型」として、新産・工特地域の第一類型とする。

第二類型は、三大都市圏という大消費市場にごく近くに隣接しながら、「過密地域」に分類されなかったため、大型コンビナートも含めて、加工組立工業の立地にも有利で、総合的な工業集積が推進された「東駿河湾」、「東三河」、「播磨」の三地域で、「近郊総合工業型」＝第二類型とする。札幌、仙台など人口増加著しい地方中枢都市を含んでおり、道路・港湾・工業用地などの産業基盤整備など先行投資によって「近郊総合工業型」ともなり得るもので、道央、仙台湾も第二類型に入れることができよう。

第三類型は、常磐郡山、松本諏訪など内陸の総合組立型工業の成長が期待される地域で、「石油危機」以降の主導産業の基礎素材工業から機械工業への転換によって、一九八〇年代以降工業出荷額の増加が顕著となった。富山高岡もアルミ加工を中心とした金属・機械産業の成長が著しく、この類型に加えて三地域となる。いずれも首都圏に隣接している。

残る新産・工特地域のうちは、地方資源型工業依存度の高い地域で、電力、石炭や天然ガスなどを基盤にした化学、紙・パルプなどの中小規模コンビナートが中心を担っている。八戸、秋田湾、新潟、中海、徳島、不知火有明大牟田、日向延岡など七地域をあげることができる。第四類型である。

こうした四類型の新産・工特地域について、一九六〇—九五年の三五年間について、高度成長期の六〇—七五年、低成長期の七五—九五年に時期区分しつつ製造品出荷額の推移をみると（3—4図）、第二類型の東駿河湾、東三河、播磨の大都市圏隣接型の総合工業三地域の伸びが特に高いAグループに属している。いずれも工特地域であり、伸び率は高度成長後期が高い。大規模コンビナート型では、新産都市の岡山県南のみがAグループで、高度成長前期の伸びの貢献度が大きい。このグループに次いで高い伸びを示したBグループは、新産都市東予、工特地域である備後、周南で、いずれも第一類型に属し、高度成長前期の成長が高い。また、第二類型の道央、第三類型の常磐郡山、松本諏訪、富山高岡の三地域は、いずれもBグループに属し、高度成長後期の伸びが貢献している。第三類型のなかで不知火有明大牟田のみがBグループである。

一九九五年の製造品出荷額で一から二兆円規模のCグループには、第一類型の工特地域鹿島、新産都市大分、第二類型の仙台湾、第四類型の新潟、中海、徳島がこれに属し、最後の製造品出荷額一兆円未満の小規模のDグループには、八戸、秋田湾、日向延岡の第四類型の三地域が属する。このDグループについては、工業集積による地域振興という新産・工特の趣旨からみて明らかに「失敗」との評価を受けている。Cグループの六地域のうち、三五年間の伸び率をみると、新産・工特地域全体約二四%に対し、鹿島五二〇%、大分四二%、仙台湾三〇%と高く、二一地域中、それぞれ第一位、三位、五位と著しく高く、「工業化」は急速に進捗したことは確かである。

以上から、新産・工特地域における工業成長は、第一類型の大規模コンビナート型と第二類型の大都市圏に近接した総合工業型、および第三類型の内陸の機械工業型で「成果」をあげ、第四類型の地方資源開発型では一部を除いて政策意図が達成できなかった、と結論付けることができよう。

第五章　工業基盤の整備と新産業都市の形成

高度経済成長期における新産業都市・工業整備特別地域等新しい工業地域の形成について触れた論文は多数あるが、特定の地域に焦点をあてて丁寧に分析した著作は、それほど多くない。その中から第五章では、第三章との関係で三つの新産業都市について、優れた研究成果を「紹介」しつつ検証してみたい。

一つは、第三章の七節で言及した「大規模なコンビナートの新規立地が集中した第二の地域」、つまり岡山から大分まで続く山陽、四国北部、九州東部の瀬戸内海沿岸のなかから、新産業都市の「優等生」・岡山県南＝水島である。

二つ目の例は、同じ瀬戸内海沿岸の西端に位置し、三大工業地帯から最も遠隔にありながら、それなりに「成果」をあげた新産業都市・大分である。

三つ目の例は、太平洋ベルトから大きく外れた日本海岸にありながら、首都圏に隣接している有利性を生かしつつ、もがき苦しみながらアルミ加工技術の集積を実現した新産業都市富山高岡である。

この三つに絞ったのは、高度成長期における工業基盤整備による新しい工業地域の形成のそれぞれのタイプを代表するものであるとともに、いずれも、複数の優れた研究成果が残されているからである。

一　新産業都市・岡山県南＝水島工業地帯

新産都市についての著作や論文の中で最も多く登場する割には、正面から地域分析が行われていないのが水島である。一世を風靡した宮本憲一氏の著書[1]でさえ、岡山県の発行した文書に依拠して財政のバランスシートに言及しているだけである。いわく、「自治体は工場誘致のため先行投資に四七二億円にのぼる地元負担をして、こんどは工場公害の後始末のために三七九億円の負担をするのである」[2]と批判する、にとどまっている。多くの工場が集積した故の経済効果については試算さえしていない。そのなかで、ひときわ異彩を放っているのが、水之江季彦氏と竹下昌三氏の共著『水島工業地帯の生成と発展』[3]である。

しばらくは、本書の内容をかいつまんで紹介しよう。

「はしがき」で両氏は、次のように研究姿勢と研究過程を述べている。

「事実に密着した資料（中略）。仮にこれを第一次資料と呼ぶならば、この第一次資料は断片的であり、かつ公表されていない。（中略）散在する第一次資料をなにびとかが収集・分類・整理し、若干の解釈を施して公表して始めて多くの研究者が利用し得るに至る。次に第一次資料を収集・分類・整理したものを、第二次資料と呼ぶならば、通常学術研究はこの第二次資料に基づいて行なわれる場合が多い。（中略）水島工業地帯の生成発展過程に関する限り、第一次資料は存在しても、第二次資料は、われわれの知る限り皆無なのである。それどころか第一次資料すら刻一刻滅失しつつあるのが現状である。

水島工業地帯は、われわれの研究室から約二六キロメートルの地点にある。つまりわれわれにとっては水島は眼前にある。そこでわれわれはあえて第一次資料を収集し之を検討し分類・整理したうえで若干の解釈を施して之を公表せんと志したのである。

われわれはかかる意図に基づき、昭和四二年以来、次の二点に重点をおいて、水島工業地帯の形成過程を調査してきた。

（一）水島に大企業を誘致し、水島を工業地帯にするために、岡山県及び倉敷市は工業地帯としての基盤を、どのようにして整備してきたか。

（二）誘致された企業は、いかなる考えで水島立地を決定したか。

この二点を中心として、誘致に関係した担当者にできる限り面接し、きき取り調査を行ない、資料を収集した。（中略）われわれが面接した方々は一〇〇名をはるかにこえている」[(4)]。

「工業化による後進地域の開発については、はやくから、地域住民の犠牲による巨大企業の利益への奉仕であるという批判があった。

われわれは特定のイデオロギーによりかかって、先に結論を用意しておいてから、調査研究を進めるという態度をとらず、まず事実を正確に把握する努力から始めたのである」[(5)]。

こうした研究姿勢は、当時の地域開発分析の流れのなかにあって、優れて真っ当であるにもかかわらず、大学の研究者側からみれば「稀有」と言ってもよいであろう。当時のそうした雰囲気を意識して両氏は、次のようにも述べている。

「われわれは今後ますます地域開発による工業化をおし進め生産力をより一層高めねばならない。もし公害のおそろしさを強調するあまり生産力の向上を一時おさえるならば、生活水準の低下をもたらし、公害以上の大きな社会不安を引き起こすであろう。国民の生活水準の向上を達成できないなら、いかなるイデオロギーもどんな政治体制も全くのナンセンスという他はない。われわれは今後も地域開発をおし進めなければならないが勿論その内容は今後は変えて行かねばならないであろう。日本人の意欲と英知と勤勉さがおそらく公害その他の現在の困難のいくつかを将来解決するであろう」(6)。

まさに至言である。一九六〇年代から八〇年代の工業化政策は日本の高度経済成長と所得向上をもたらすとともに、この間に発生した深刻な環境汚染に対して政府・企業・研究者・住民が一体となって克服に努め、「日本人の意欲と英知と勤勉さ」によって多くの公害を克服してきた。鉄鋼、化学コンビナートの街北九州では公害克服技術の蓄積によって世界的な環境都市にまで「変身」した。他方、四日市や川崎を含め、そこには住民や研究者の強烈な公害反対運動が大きな推進力になったことも否定すべきではない。

いずれにしても、両氏による一次資料に丁寧に当たっての「水島工業地帯の生成発展過程」の分析は、一級品である。筆者は、この成果を「二次資料」として活用し、「全国総合開発計画」の検証の一助としたい。

1　水島工業地帯形成前史

①三菱重工水島航空機製作所と専用鉄道の建設

水島工業地域形成の起源は、中国山地を水源として南下し、高梁市、総社市、倉敷市を経て瀬戸内海に注ぐ高梁川の河口にあった。かつて、河口には東西二つの高梁川が存在していたが、「明治の末から着工し、大正の末に完成した高梁川の改修工事によって東、西二つあった高梁川は、西高梁川一本となり、東高梁川は酒津で締め切られ、それ以南が廃川地となった。[7]」この旧東高梁川の河口地先の海面埋め立てによって、三菱重工業の水島航空機製作所と附属飛行場用地が建設され、廃川地は社宅、工員寮等の用地として買収された。両氏は、この間の経過を『岡山県政史』、『三菱重工業水島工場の建設記録』などの一次資料にあたり、次のように述べている。

日支事変後、「特に海軍は、航空兵力の増強に重点をおき、瀬戸内海沿岸の適地に、飛行場、飛行機工場をはじめとする連合艦隊の新しい補給基地を建設する必要にせまられていた。そして当時海軍御用の最大の航空機メーカーであった三菱重工は、航空機生産の根拠地であった名古屋の能力が限界に達し、拡充の余地がなかったのと、工場分散の必要上、名古屋から比較的近い地域に工場適地を求めなければならなかった。この海軍と三菱重工の要求と、当時の軍需工業の興隆を利用して急速に工業化を達成しようとした岡山県の工場誘致の努力が結び付いて、三菱重工の水島進出が実現したのである[8]」と結論付けている。

また、「旧東高梁川の川尻を利用すれば、既存の農耕地を潰す必要はなく、遠浅の海面のため求める形状の工場敷地を埋立によって容易に造成することが可能であり、海底が砂地のため、浚渫によって航路を掘り、機帆船による資材の搬入が可能であり、かつ地盤はマイナス約一四米に砂礫層が存する為に、重量物の建造が可能であるほかこの地に地震、台風の災害が殆んどなく、西高梁川に豊富な水量が存し、海面の埋立のため航空機の離陸に支障も無い等の優れた立也条件をそなえていた。しかしながら、当時の倉敷市以南は全くの処女地で、鉄道はなく道路は貧弱で、海面は水深一米程度の遠浅で、港は無く、電力、ガス、水道、通信の設備もまだ存在[9]」せず、インフラに難があった。

こうした中で、当時の県の主事の「手記」、土木技師、三菱重工社員などからの聞き取りから、「当時岡山県がいかに三菱重工の誘致に熱心であったか[10]」を傍証している。結果、昭和一六（一九四一）年四月二六日に、三菱重工の常務と名古屋航空機製作所長が横溝岡山県知事に岡山工場を高梁川川尻一帯に建設することを正式に通知し、これによって岡山県の水島臨海工業地帯の建設が開始されることになった。そのうえで、三菱重工作成の『岡山工場建設の経緯並現状』という資料から「工場は海軍が設備を建設しそれを三菱重工に貸付けて経営させる官設民営工場の形を」とった。[11]

工場建設は、昭和一九（一九四四）年末には全計画の九〇％を完成したものの、昭和二〇（一九四五）年四月一日、同二五日、六月二二日の三回にわたる空襲によって工場が被爆し潰滅するとともに、七月二四日の第四回の空襲で社宅まで被爆している。その後、工場は分散疎開に追われていったという。生産実績の記録は残されておらず、終戦まで五〇四機の「渡洋爆撃機」を作ったと第一工作部長聞き取りとして記されている。

なお、立地条件で重要な難点であった鉄道については、従業員、資材の輸送の必要から「岡山工場（昭和一八年九月一日に水島航空機製作所と改称）の建設と操業のために急遽専用鉄道が建設されたが、それは軌道が三菱重工の資金で施設されただけであって、機関車、客車、貨車は国鉄所有のものが使用され、その運転管理も国鉄職員によって行われ、（中略）国鉄列車の専用線乗り入れは終戦まで続いた」。[12]この専用鉄道は終戦後は（中略）水島工業都市開発株式会社が地方鉄道として運営し、さらに昭和二七年四月一日からは倉敷市が買収し、倉敷市交通局が発足し、交通局線の水島鉄道となりさらに昭和四五年四月一日からはからは水島臨海鉄道株式会社が新設され再び私営鉄道となった。専用鉄道時代の倉敷駅、福田駅、岡山工場駅に、新たに五軒家駅、水島港駅を加え、福田駅を弥生駅に、岡山工場駅を水島駅と改称して営業を開始した。また、水島駅から水島港に至る間を臨港側線として終端に貨物駅として水島港駅を設置した。さらに、その後水島・多度津間の定期船の旅客の便宜のために、昭和二五年二月二三日に水島港停車場を旅客貨物取扱駅に変更し、乗降場を仮設した。[13]

②水島工業都市株式会社の発足と鉄道経営、そして解散

連続した空爆と、終戦により三菱水島航空機製作所は、工場は大破し、生産は停止した。戦後平和産業への転換から、昭和二〇年一一月一五日に三菱重工業株式会社水島機器製作所として新発足するとともに、本社からの指令で「三輪車（オート三輪）の生産を開始した。

しかし、「民需品生産工場となった同製作所にとって厖大な厚生施設や専用鉄道の管理運営は、手に余る事業であったが、戦争被害の大きかった当時これだけの物的設備は貴重な存在であったから、この活用について、関係者の間で種々検討された。（中略）水島地区の三菱重工の一切の物的施設の管理は、三菱地所株式会社に委託され[14]」た。つまり、「終戦によって水島航空機製作所という巨大工場は解体し、水島機器製作所という小工場が誕生したのである。従って水島航空機製作所時代の工場建物及厚生施設等の厖大な不動産は遊休施設となった。その所有権は法律上国にあるとしても、当時水島には大蔵省の出先機関もなく、国には全く管理能力がなかった。管理者不在のままに此の厖大な不動産が終戦後の混乱期において放置されれば、どのような結果になるかを憂慮した三菱関係者が、水島工業都市株式会社の設立に努力し、その設立を前提として、三菱地所への管理を委託した[15]」と言うことになる。

こうして、水島工業都市株式会社（以下工都会社）は、昭和二二（一九四七）年四月日に設立されたが、占領軍の経済民主化、財閥解体政策のもとにあって、「三菱重工からも三菱地所からも資金を調達することができず、水島航空製作所の建設工事を担当した大林組と竹中工務店及び地元岡山の有力者の出資によって、資本金三〇〇万円で発足した[16]」。

その後、厖大な土地利用に関しては、三菱重工の工場及飛行場跡地約七七・八万坪の国有地のうち、約二割一六・六万坪を昭和三〇（一九五五）年七月に水島塩業株式会社が買収し、三菱を除く「水島最大の土地所有者」とな

るとともに、最初の立地企業として塩田化に着手した。また、立地条件の大きな難点の一つであった水深の浅い小規模港湾についても、昭和二一年一〇月水島港改修期成同盟が結成され、地元財界の大原総一郎氏が会長となった。その運動の甲斐あって、昭和二二（一九四七）年一二月に運輸省の指定港湾、二五（一九五〇）年に岡山県を管理者とする地方港湾になり、国庫補助のもとに、一九四七年から三年間維持工事、五一年度には災害復旧工事、五二年度には改修工事を施行した。その結果、航路延長三三六〇メートル、水深マイナス四―八メートルに整備された。

加えて、「戦時中に倉敷から三菱重工の岡山工場駅（現水島駅）まで敷設されていた三菱重工の専用鉄道が戦後水島工業都市開発株式会社の手で地方鉄道として発足した際、水島駅から水島港に至る間を臨港側線として延長し終端に貨物駅としての水島港駅を設置したため、これによって、水島港に出入する機帆船は水島鉄道と結びついて貨物輸送を行なうことが可能となった[17]」。

この工都会社は、かつての三菱重工水島航空機製作所の厚生施設および鉄道の管理運営を業務にしており、終戦処理の進展の中で国や三菱に返却され、鉄道も赤字で経営難に陥っていた。こうした状況を受けて、倉敷市は、「市勢振興の見地から水島への工場誘致と西阿知、福田、連島三カ町の吸収合併を構想し、その構想実現のために倉敷市と水島を結ぶ水島鉄道の買収を計画した。この倉敷市の計画と工都会社の経営難が結び付いて、倉敷市による水島工業都市開発株式会社の買収によって水島鉄道は市営鉄道として運営されることになり倉敷市交通局が昭和二七年四月一日に発足した[18]」。

③水島工業地帯推進リーダーの登場と条件整備

水之江・竹下両氏は、水島工業地帯形成における地元の動きを、以下の二つの文章で簡潔にまとめ、四人のメーンプレーヤーを登場させている。

「倉敷の経済界に強い影響力を持っていた倉敷レイヨン社長の大原総一郎は、終戦直後から水島を含めた倉敷地区全体の繁栄を考え、水島港を改修し、倉敷の外港として利用し、戦時中に水島に造成された工場用地と、戦災を受けず無傷で残った三菱の厚生地帯を利用して水島を工業地帯とし、倉敷を水島の背後地として、倉敷・水島を含めた地域全体の開発を構想していた。この構想を実現すべく大原総一郎は水島港湾改修期成同盟会を作り、自ら会長となり倉敷レイヨンから巽盛三を常任理事に送り込んだ。また倉敷レイヨン（当時は倉敷絹織株式会社）倉敷工場副工場長の高橋勇雄は昭和二二年四月倉敷市会議員に当選し、同年五月に議長となり、昭和二四年には倉敷市長になった。（中略）大原総一郎と高橋勇雄との中学生時代の親密な間柄は、高橋が倉敷市長になった後も変らず、少なくとも水島開発に関する限りは高橋は大原と一心同体となって行動したと思われる。大原は水島開発構想を倉敷市長高橋の市政によって実現し、高橋は大原の水島開発構想が、高橋の二・三男対策や、大倉敷市の誕生を約束することもあって強く共鳴し、この水島開発構想の実現のために、進歩的財界人、文化人として全国的に知られている大原の顔を工場誘致に際して利用するということから、大原と高橋は一心同体となったと思われる[19]」。

「昭和二六年五月四日に三木行治が岡山県知事となった。三木は岡山医大出身の医師でそれまで厚生省の局長であった。医師出身の知事の経済問題の指南役となったのが岡山県の財界人にとって天皇的存在であった倉敷レイヨン社長の大原総一郎と岡山市の天満屋デパート社長で商工会議所の会頭、県の工場誘致委員会の会長をしていた、伊原木伍郎であった。また大原と三木の橋渡しをしたのは倉敷市長の高橋であった。

（中略）大原や伊原木の指導よろしきを得て当時の三木は既に水島臨海工業地帯造成事業を県政の最重点事項にしていた。このような状況のもとでは、福田・連島両町が水島に工場を誘致するなら、県知事の三木、倉敷市長の高橋、中央財界にも影響力のある大原、地元財界のとりまとめ役の伊原木等の協力を求めねばならなかったのである。その上倉敷市長の高橋は『潰れかかったボロ鉄道をなぜ買うのか』との批判をおさえて工都会社を買収し倉敷と水島を結ぶ水島鉄道を昭和二七年四月一日から倉敷市交通局として発足させていた。合併に反対していた福田町長の中田三郎が倉敷市助役の保津速夫に『あれをやられたらもうおえん（水島鉄道をおさえられたらもう駄目だ）』といった程、水島鉄道の買収は町村合併の布石としての効果を挙げたのであった[20]」。

つまり、地元財界の大原総一郎氏と伊原木伍郎氏、それに三木行治岡山県知事と高橋勇雄倉敷市長のカルテットの連携のもとで鉄道・港湾・用地などの産業基盤整備と自治体合併による広域行政、この二つをテコに相次いで大企業の工場を誘致し、新産業都市水島の工業地帯をつくり上げていくのである。

このリーダー達のもとに、倉敷市営の水島鉄道の整備に続いて、西阿知町は、昭和二七（一九五二）年一一月二七日、福田町は翌二八年二月七日、連島町は、同じ年の三月一〇日、それぞれの議会で相次いで倉敷市との合併を議決した。

また、「戦時中に海面の埋立によって造成された七七万余坪に及ぶ旧三菱重工の工場及び飛行場跡地のうち二九万余坪を県は国から払下げを受けることによって、水島を臨海工業地帯として造成する最初の足掛りを得たわけである[21]」。

2　水島工業地帯の形成―基幹工場の誘致と基盤整備

①三菱石油・日本鉱業の誘致と港湾浚渫・埋立による用地造成

水島を核とする新産業都市岡山県南が、他の三地区（大分、日向延岡、徳島、東予）とともに新産業都市第一号として指定されたのが昭和三九（一九六四）年一月三〇日である。東京オリンピック開催、東海道新幹線開通など日本が高度経済成長に沸き立っていた時である。新産業都市・水島を形成してきた基幹工場群は、三菱石油水島製油所、日本鉱業水島製油所などの石油精製、中国電力の水島、玉島の二つの火力発電所、三菱化成、山陽エチレン、水島エチレンなどの石油化学工場、川崎製鉄の水島製鉄所などであり、これらの基幹工場の誘致とそのための港湾・用地整備は一九六〇年代前半に実施され、このことが新産都市指定を決定づけた。その意味では、この時期は新産都市岡山県南形成の助走期と位置付けられる。

水之江・竹下書は、第五と六章でこれらの基幹的工場の誘致の経過と用地整備や鉄道などの産業基盤整備について記載している。

まず、岡山県が三菱石油に誘致運動を始めたのは昭和二七年末である。こうした動きは、本書第一編第四章「企業の立地合理性とコンビナートの形成」の第二節「石油精製業の立地論理」で、筆者が指摘したように、川崎に第一製油所を有していた三菱石油が急成長する石油需要に対応して、西日本の臨海部に第二拠点を探したことを裏付けている。しかしながら、具体的な誘致協定書の調印は昭和三三年であり、この間五年も要した。ここでは、「タンカーの大型化によって、浚渫すべき水深が次第に深く成って行ったことと、川崎以外に第二製油所を建設することに三菱石油の出資者であるタイド・ウォーター石油会社が慎重であったことによる(22)」。

他方で、「水島を新しい工業地帯にして岡山県を農業県から工業県に脱皮させるには、岡山県は水島港を掘れる限り掘らねばならなかった。当時の岡山県知事三木行治は、水島港の浚渫に政治生命を賭けたのである。(23)」と両氏は記述している。

県と三菱石油との協定書には、最終的に航路と泊地とも一六メートルとすることになった。さらに、三菱水島航空機製作所の附属飛行場跡地約一三万坪を県が国から払下げを受け、この跡地の南側海面約二八万坪を埋立造成し、あわせて四一万坪の工場用地を確保した。

また、県が三菱石油の誘致に奔走しているなかで、秋田県の船川に第一製油所をもっていた日本鉱業も、西日本の太平洋側に第二拠点を検討していたことを知り、並行して誘致活動を行ってきた。こちらの方も三菱との契約の翌年の昭和三四（一九五九）年に県と立地契約を締結した。こちらは、水深一六メートルのほかに接岸線一四〇〇メートルルの確保、将来の石油化学工場の展開を考慮して約三一万坪の用地の確保を求めた。

この「日本鉱業の工場用地は、水島港を浚渫する際の排土の捨場としての利用と、航路の両側を工場用地として利用するという経済的見地から、水島港東側に埋立によって造成された。当時水島港東側は王島山南側の地先海面に農業用地の干拓工事が行なわれていた。この福田干拓地は農業用地として計画されたもので、これを工場用地に転用することは当時は不可能であったから、福田西干拓地の南側に県は日本鉱業の工場用地を埋立造成することになった。[24]」水深一六メートルの水島港の建設のための大規模な浚渫、ここで得られる大量の土砂を水島港の西と東の埋立に利用し、西側に三菱石油の製油所用地、東側に日本鉱業の製油所用地を造成する。しかも同時に工事をするという一石三鳥で、コストも大幅に節約された（5—2図）。

②東京製鉄・川崎製鉄の誘致と干拓地の転用

岡山県は、二つの製油所の誘致に続いて、東京製鉄と川崎製鉄の二つの製鉄所の誘致にも成功した。このうち東京製鉄は、銑鉄およびくず鉄を購入して平炉で粗鋼を生産するいわゆる平炉メーカーで、当時東京の千住工場を拠点にしていた。しかし、輸入銑鉄やスクラップに依存していたため輸入港湾に近い臨海部への進出を考えており、かつ生産の増強のためより広い土地を求めていた。その過程で、岡山県の誘致の話に乗り、一九六〇年一一月に岡山県および倉敷市との誘致協定書に調印することになった。他方、川崎製鉄は、一九五三年に千葉に高炉を建設し、銑鋼一貫メーカーとなり、高度成長期においては、八幡製鉄、富士製鉄、日本鋼管、住友金属、神戸製鋼とともに、わが国の鉄鋼業をになう独占企業の一角を有していた。このうち、本書第一編第四章「企業の立地合理性とコンビナートの形成」の第四節「鉄鋼業の立地論理」で述べたように、高度成長期の全国的な鉄鋼需要の急増に対応し、銑鋼一貫企業は新たな拠点工場の建設に動いていた。八幡製鉄は八幡から堺、君津へ、富士製鉄は室蘭・釜石から名古屋、大分へ、日本鋼管は京浜から福山へ、住友金属は小倉・和歌山から鹿島へと、東日本拠点型の富士、鋼管は西日本へ、西日本拠点型の八幡と住金は東日本へ第二、第三の製鉄所の建設を模索していた。いわゆる東西立地型の配置で全国市場体制の構築へ移行していた。千葉に一九五三年に自社初の銑鋼一貫製鉄所を稼働していた川崎製鉄も、早くも西日本に第二製鉄所の建設に向けて立地場所の選択に動いていた。

水之江・竹下書では、当時の川崎製鉄の西山弥太郎氏の論文を引用して、川崎製鉄は、土地の地盤、港湾の水深（最低一六メートル必要）、大量の冷却水などの条件を満たす瀬戸内海沿岸を探していた、と記載している、また、当時の川崎製鉄水島所長清水信雄氏への聞き取りで、水島立地の要因についてさらに詳しく明らかにしている。以下、社長の列記した立地因子に沿って引用しておこう。(25)

（地盤）「水島の地盤の問題だが工場埋め立て予定地は旧高梁川の河川敷に当るため埋立予定地の海面にはマイナス一三米～一六米のところから下に約三〇米位の厚さで上質砂礫層がありそれが殆ど工場の全域に亘っていた。このような支持層を持つことは製鉄所建設にとって非常に重要なことで、このことは水島に決めた大きな要因でもあった」。

（港湾の水深）「岡山県では既に誘致した三菱石油や日本鉱業との約束からもマイナス一六米まで航路を整備することになっていたのでわれわれは岡山県の整備計画と政治力を信頼して水島に決定した」

（水）「次に水の問題だが、（中略）山間部に行くと日本の平均よりはるかに多いし、高梁川には水量がある。高梁川に果してダムが可能かどうか、（中略）成羽ダムが第一順位になった。また一方県ではもし中電が成羽ダムをやらぬ時は県独自でもやるとまで三木さんはいってくれた」。

（電力）「水島には、三菱石油が来て、それから日本鉱業が相次いできた。そこで当然の如く水島火力発電所を中国電力が作り、電力も安くなって他地方に比べての地域格差も少なくなることがわかった」。

（教育）「特に学校が大事である。私どもは倉敷にはこういう高校があって、上級学校への入学はかくかくしかじかであるといって各工場で説明会をやり、なるべく水島へ転勤する気持になるように仕向けた。（中略）優秀なエンジニアを呼ほうと思うと学校の問題で苦労するのである」。

（信頼関係）「私どもが工場立地を決定する場合、何よりも大事なのは誘致を担当する人と企業との人間関係である。私どもの側からいうと、誘致を受けて調印するまではお客様みたいなものだが、いっぺん調印がすんで現地に行くと、全く私達だけではどうにもならないことが多く地元の方々にお願いして次々と問題を処理して行かねばならない。従って誘致を担当する人を信用できなかったら到底ついて行けるものではない。大変御苦労をおかけしたことではあるが三木知事さん始め県当局の方々が実に誠意をもってやって頂いたので私共にとっては大変幸であった」。

ここで、東京製鉄、川崎製鉄の工場用地として提供されたのは、県が進めていた埋立地のB地区と戦後の食糧増産第一主義のもとで農林省が推進していた干拓地である。東京製鉄は、県の造成したB地区に立地し、川崎製鉄は県の用意したC地区を断り、高梁川干拓地を選んだ。いわく、もともと高梁川流域では、「戦時中に埋立造成された三菱重工の工場、飛行場用地を挟んで東側水島港の対岸に福田干拓地が、西側高梁川沿いに高梁川干拓地の工事が行われていた[26]」。水島工業地帯の造成にからんで岡山県と農林省が交渉した結果、農林省が福田西干拓地六〇・三坪を一九六一年岡山県開発公社に払下げ、これを六四年までの四年間に中国電力、三菱化成、日本鉱業、旭化成、旭ダウに順次転売した。一方、「高梁川干拓地は高梁川を挟んで水島（連島地区）と玉島両地区で行われたが、川崎製鉄の工場用地へ転用されたのは連島地区の干拓地である[27]」。岡山県開発公社は、高梁川干拓地連島地区の約一二四万坪を取得し、このうち約一〇・五万坪を一九六一年に川崎製鉄に転売した。

③石油化学コンビナートの立地―三菱化成と旭化成の進出

水之江・竹下書には、次のような興味ある記述がある。

「岡山県及び倉敷市にとっては、地方財政上からも、また地域の繁栄を図る上からも、水島を臨海工業地帯として造成し、巨大企業を誘致する必要があった。このため、県、市ともに工場誘致には懸命の努力を払った。即ち用地造成、港湾浚渫、鉄道敷設等の面で、可能な限りの好条件で誘致に臨んだのである。ところがこのような努力によって、巨大企業の工場が水島に立地し、水島の臨海工業地帯としてのメリットが立証されてくると、県や市の熱心な勧誘によるというよりも、むしろ企業自体の自主的判断によって、水島進出を決定する企業が現われるようになってきた[28]」。

つまり、三菱石油や日本鉱業、川崎製鉄などの進出企業にとっては、成長する西日本市場とともに、港湾・用地・鉄道などの産業基盤が主要な立地因子であったのが、工場集積そのものが新たな立地因子として付加された。三菱化成グループや旭化成グループなどの石油化学コンビナートを構成する企業群は、「産業集積」それ自体に牽引されて相次いで立地したのである。

同書は続ける。

払下げられた福田西干拓地（B'地区）には、「三菱化成（化成水島）、旭化成・旭ダウが立地したのであるが、三菱化成の立地は岡山県の熱心な誘致の結果実現したものというよりも、むしろ三菱化成独自の考えによるものであった[29]」。「三菱化成は旧三菱合資会社のゴークス及びタール製品の製造部門として発足した石炭化学の企業であったが、石炭化学ではコスト高となることと、誘導品の多様性から石油化学の将来性が有望視されてきたことから、石炭化学から石油化学へ企業体質を改善する必要に迫られていた。（中略）また三菱化成としては石炭化学に止まって、既に石油化学に進出した三菱油化の業績をだまって眺めているわけにはいかなかった」[30]。という事情を抱えていた。

この、三菱グループ内の三菱化成と三菱油化の競合について、日本経済新聞社の『日本のコンビナート』では、より突っ込んだ見方をしている。

「三菱化成が水島地区に進出し、ナフサ分解を行なって石油化学コンビナートづくりに乗り出した動機は、一口に言って、四日市の三菱コンビナートで三菱油化に奪われたリーダーシップをなんとかここで取り戻したいという〝失地回復〟の意欲である。この意欲は、コンビナート構成にも現われている。

（中略）三菱化成は三菱石油からナフサ供給を受け、SW方式で各種ガスを分解するが、コンピナート内に占めるそのウェートは圧倒的なものである。すなわちエチレン、プロピレン、BB留分を分解するだけにとどまらず、アセトアルデヒド、アセトン、アクリロニトリルなど第二次加工まで手がけていることにそれが現れている。

三菱化成は三菱グループを結集し、四日市でシェル石油と組んで三菱油化を設立して石油化学に乗り出したが、子会社の三菱油化の高圧ポリエチレンが、驚異的な当たりをとり、四日市コンビナート内部で三菱油化の相対的ウエートが高まった。三菱化成自身は四日市ではオクタノール、イソブタノールを生産しているが、石油化学製品としてはポリエチレンのような飛躍的な将来性は望めない。そこで三菱化成が石油化学部門で勢力を確立するためには、どうしてもナフサ分解を担当し原料ガスの供給部門を握り、さらに、将来性のあるガス部門の加工分野を手がける必要がある。そのためには新しい地域に進出しなければならないという戦略的要請が出てくる。

しかし、このコンビナートでは、エチレンは、アセトアルデヒドに合成され酢酸や正ブタノールの原料として消費され、ポリエチレンには向けられない。これは他の石油化学コンビナートと比較するとき、きわ立った特徴であるが、これは三菱化成が三菱油化の製品と競合しないようにという、三菱グループ内の調整によるものであろう」[31]。

他方、旭化成は、アメリカのダウ・ケミカル・インターナショナルと提携し旭ダウを設立し、日本石油化学の川崎コンビナートに参加し、一九五七年川崎工場を建設した。ここで、スチレンモノマーを重合した「スタイロン」というプラスチックを製造していたが、新たに日本鉱業と業務提携して、水島工場を一九六五年に完成して、同じくスチレンモノマーの製造を開始した。原料のエチレンを三菱化成から供給を受けた。その後、原料自給体制に取り組むため日本鉱業と共同でナフサ分解設備の設置を通産省に申請した、三菱化成もエチレン製造規模拡大を申請した。当時、規模の経済を維持しつつ過剰投資を抑制するため、ナフサ分解センター新設について「石油化学協調協議会」が一九六七年には三〇万トン規模の基準を設定していた。

「水島で三菱化成と日鉱・旭化成の両者競願となったエチレン・プラントは通産省の行政指導により、いくらか輪番制を加味した共同設置となった。旭化成八〇パーセント日本鉱業二〇パーセントの出資で山陽石油化学が四三年七月に設立され、この山陽石油化学五〇パーセント、三菱化成五〇パーセントの出資により水島エチレンが四三年七月に、山陽エチレンが四四年一一月に設立された。このように水島エチレン、山陽エチレンはともに三菱化成と日鉱・旭化成の共同出資の企業であるが、プラント建設では水島エチレンが先発となり三菱化成の敷地内に建設され、三菱化成の社員に日鉱・旭化成の出向社員が加わって運営されている。後発の山陽エチレンは水島エチレンの敷地に隣接している旭化成内の敷地に建設され、日鉱・旭化成の社員に三菱化成の出向社員が加わることになっている。[32]」と「行政指導」特有の錯綜したものとなった。

要するに、三菱系、旭化成系ともに三〇万トン規模のエチレンセンター設置を許可するが、二つのセンターは三菱化成と旭化成の敷地に各々先行・後行して設立した。この動きについて、水口和寿氏は戦後日本の石油化学コンビナートの動きを詳細に分析した名著で、[33] 次のようにまとめている。

「かくして、水島地区では三菱化成（化成水島）のエチレンセンターと水島エチレン、山陽エチレンを加えた三つのエチレンセンターが分立することになり、三センターが相互にパイプで結ばれ、オレフィン融通を行うことによって、いわゆる『コンビネーテッド・コンビナート』の様相を深めていった[34]」。そのうえで、その操業について水口氏は、「山陽エチレンの三〇万トン／年エチレンプラント（実際能力は三五万トン／年）は一九七二年四月から本格稼動に入ったが、この山陽エチレンおよび先に完成した水島エチレンの三〇万トン／年プラント（実際能力は三二万四〇〇〇トン／年）の稼動に必要な原料ナフサは山陽石油化学（実際には三菱石油と日本鉱業）から半量ずつ提供されることになっており、エチレン、プロピレン、B―B留分などの中間基本製品は三菱化成と旭化成（山陽石油化学）グループによって折半して引き取られることになっていた」。（中略）また、旭化成（水島）コンビナートの場合は『少品種・大量生産型』の誘導品構成がとられた。同コンビナートの主力製品は旭ダウのスチレンモノマー（エチレン系製品）と旭化成のアクリロニトリル（プロピレン系製品）であった。（中略）その他、日本曹達、日本ゼオンが加わってコンビナートの誘導品構成を補強した[35]」。

これに、大阪曹達、日本ゼオンなども加わって、「日本鉱業―旭化成の水島コンビナートが形成され」、いわゆる「旧日本窒素系グループ」が結集した[36]」。

他方、三菱化成グループには、既述のように、三菱石油よりナフサの供給を受け、分解して得られたエチレンからアセトアルデヒド、プロピレンからアセトンやアクリロニトリルを工場内で生産し、さらに、日本合成がアセトアルデヒドの供給を得て酢酸等を、日本ポリマーがアセチレンを得てボバールを生産していた。その後、新潟で天然ガスを原料としてメタノール、アンモニア、尿素などを生産していた日本瓦斯化学が廃業となっていた水島塩業の用地を買収して水島に進出し、キシレン分離装置を設置し、オルソ、メタ、パラのキシレンを生産し、各種フタル酸の生産を経由して東洋紡績のポリエステル原料等として出荷されている。(37)

3　基幹工場の配置と産業基盤造成費用

①基幹工場の配置

5—1図は、国土地理院の二万五千分の一の地形図四枚、すなわち水島港（二〇〇三年）、玉島（二〇〇六年）、下津井（一九九六年）、茶屋町（一九九八年）を合成し、これをコピーで縮小して作成した「水島工業地帯」の地図である。また、5—2図は、水之江・竹下書二八九頁に掲載されている一九六〇年代末頃の水島工業地帯の工場配置図である。後者の地図は、ここまで述べてきた基幹工場が記載されている。この時点で、海面埋め立て、航路浚渫、水島港岸壁の整備、基幹工場の配置はほぼ完了していた。それから約三〇年後の前者の図と地形的には大きな変化は認められない。しかし。今まで述べてきた基幹工場は、本書第四章「企業の立地合理性とコンビナートの形成」でのべたように、石油精製、石油化学、鉄鋼業の合併・再編によって大きく異なった。前者の図は、再編後の工場名である。このことを考慮しながら、水島工業地帯の基幹工場の配置について整理しておこう。

水島工業地帯は、主として高梁川河口東側に展開している。この地域は、中央にある水島港の西側と東側に分かれている。工業地帯として先行したのは西側で、かつての三菱重工航空機工場と附属の滑走路があり、ここには三菱自動車の工場（5—2図⑩）が立地している。さらに、飛行場跡地には、日本ガス化学（5—2図⑥）と三菱石油（5—2図①）が立地し、不足分を埋め立てて工場用地とした。これがA地区である。三菱石油は、その後日本石油と統合して日石三菱石油へ（一九九九年）へ、日本鉱業も共同石油と合併しジャパンエナジーとなり（一九九二年）、両社が再統

5－1図　水島工業地帯現況図（295）

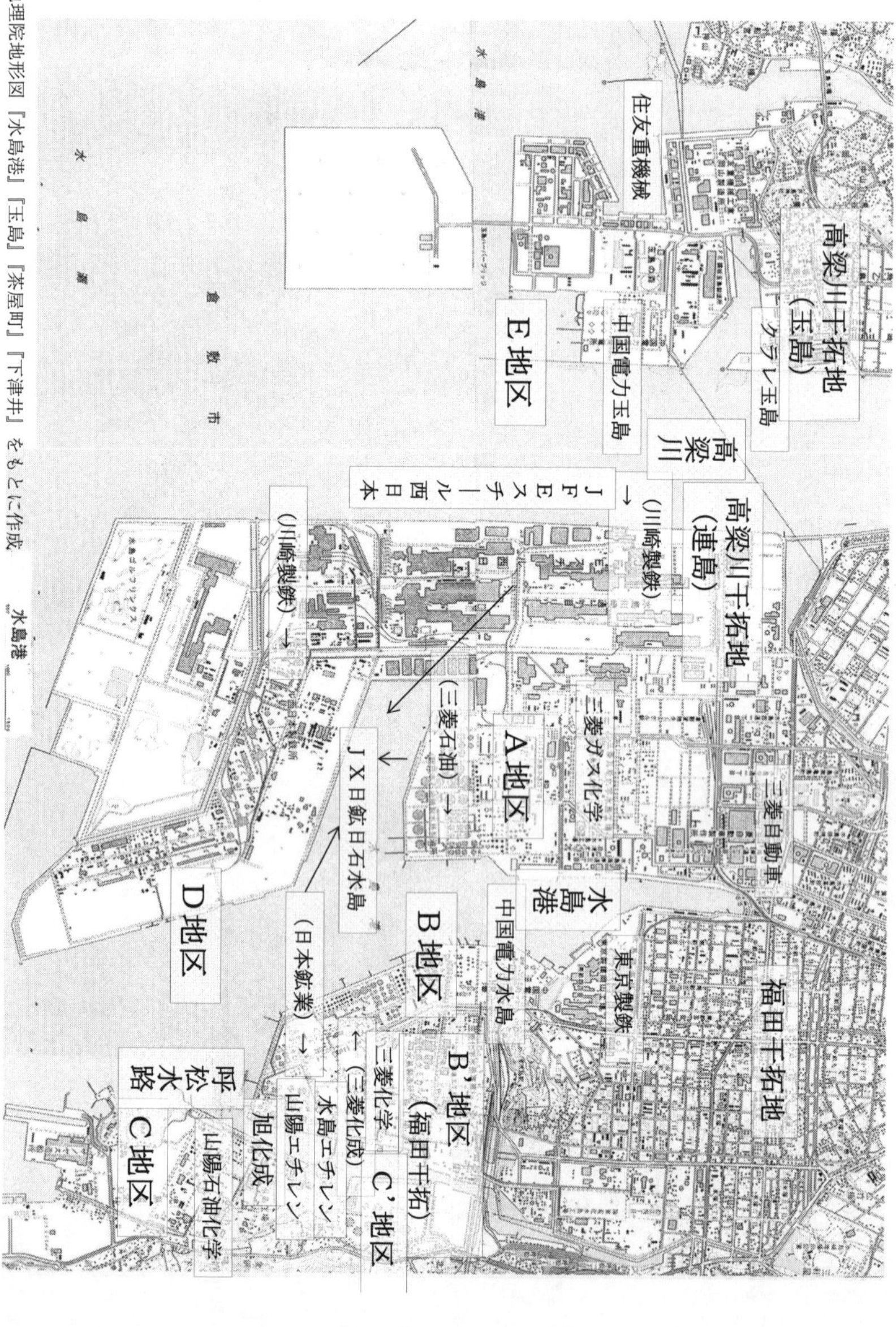

国土地理院地形図「水島港」「玉島」「茶屋町」「下津井」をもとに作成

合してＪＸ日鉱日石エネルギー（5—1図）という巨大会社となった（二〇一〇年）。他方、水島港東側の福田干拓地西工区の転用地のB'地区には中国電力（5—2図⑨）、三菱化成（5—2図④）、旭化成（5—2図⑤）が立地し、三菱化成敷地内に水島エチレン（5—1図）、旭化成敷地内には山陽エチレン（5—1図）のプラントがある。また、B'地区南の地先に埋立造成したB地区があり、ここに日本鉱業の製油所（5—2図②）が立地した。この日本鉱業もいまＪＸ日鉱日石エネルギー水島製油所（5—1図）として旧三菱とともに同じ企業となっている。三菱化成は、一九九四年三菱油化と合併して三菱化学（5—1図）となった。また、B、B'地区の東側、呼松水路を挟んだ対岸のC'地区は呼松漁港から天神鼻までの干潟に農林省が建設した福田干拓地東工区であり、C地区はC'地区の南端の天神鼻から高島までとさらに高島から旧児島市の通生（かよう）漁港北側の宮鼻までの埋立地である。このC地区の北半分天神鼻から高島までの間に旭化成、旭ダウ、日産化学及び関連企業が立地している。

高梁川河口に目を転じると、左岸（連島）の「高梁川干拓地」の転用地とその地先海面を埋立て造成した

5－2図　水島工業地帯図（1970）

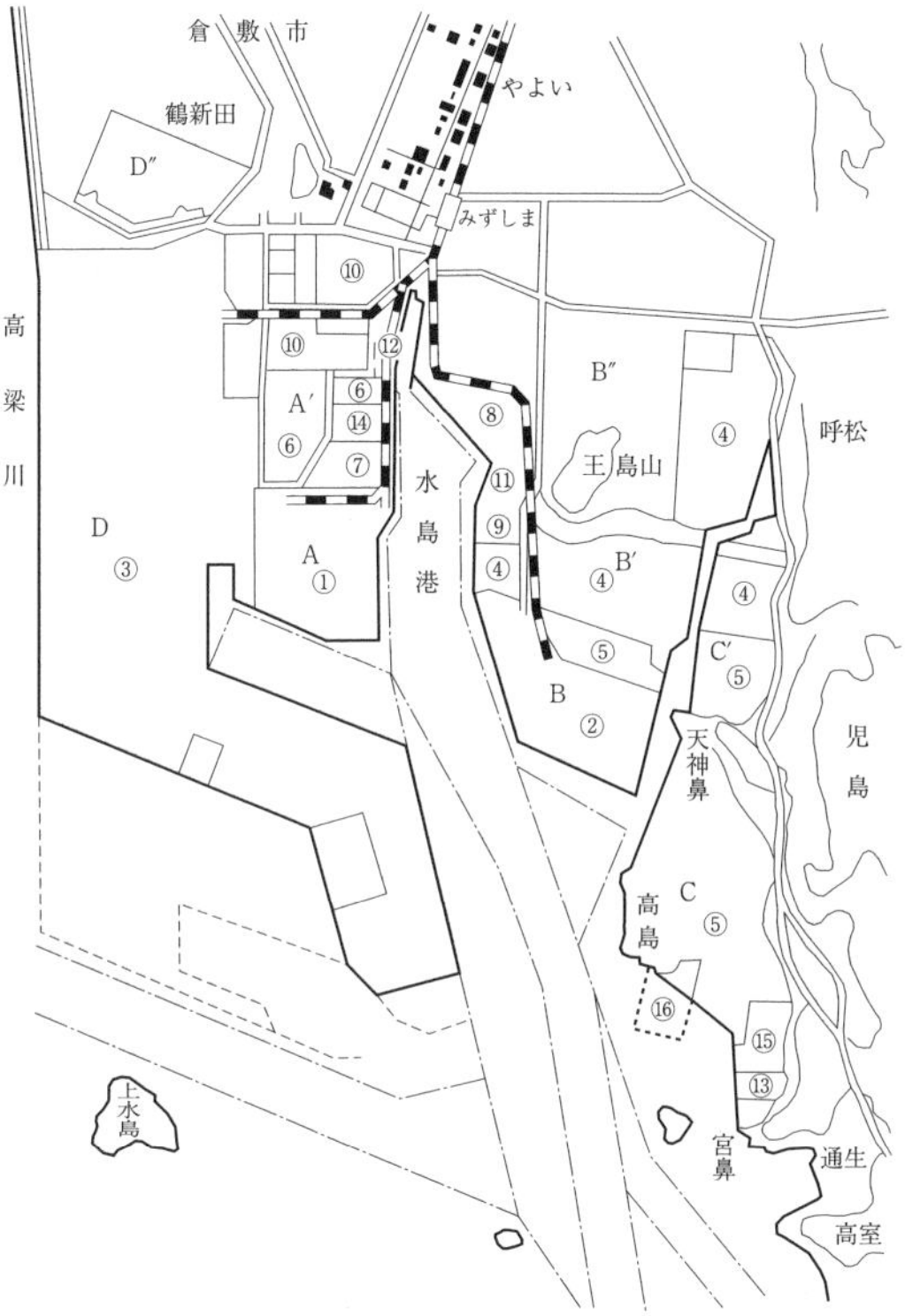

①三菱石油　②日本鉱業　③川崎製鉄　④三菱化成
⑤旭化成　⑥日本ガス化学　⑦日本興油　⑧東京製鉄
⑨中国電力　⑩三菱自動車　⑪徳山曹達　⑫三菱セメント
⑬宇部興産　⑭小野田レミコン　⑮三菱商事　⑯佐野安船渠
水之江、竹下書、p.289より

D地区には広大な面積に川崎製鉄が立地（5―2図③）した。

川崎製鉄は、二〇〇二年にNKK（旧日本鋼管）と統合し、JFEスチール西日本製鉄所（5―1図）となった。ちなみに、同製鉄所は福山と水島の二拠点で構成されている。さらに、高梁川の右岸（西側、玉島地区）はE地区としてクラレ玉島、中国電力玉島火力、住友重機械（5―1図）などの工場が立地している。

③港湾の浚渫・埋立の収支バランス

ところで、水島工業地帯の産業基盤である港湾の浚渫と埋立による用地造成の費用はおおよそどれくらい要したのであろうか。この点について、水之江・竹下書は、工事方法および工事費負担について、以下のように詳細に調べている。以下、要点となる部分を引用しよう。

「水島臨海工業地帯の造成は『水島港改修工事』と呼称されている泊地航路の浚渫工事と『水島臨海工業地帯造成事業』と呼称されている埋立工事によって行なわれた。

航路浚渫工事は国の補助事業の対象となるので、国庫補助金と県費及び地元負担金によって行なわれた。これが水島港改修工事であるが、この航路浚渫による排土を受け入れて旧三菱飛行場跡地地先海面の埋立を行なった。しかし、国庫補助の対象となる航路浚渫の土量だけでは不足する上に、水深もより深くする必要から、県費（起債）によって、さらに航路浚渫を行ない、その排土を投入して埋立造成が行われた。これが水島臨海工業地帯造成事業である。（中略）航路浚渫は埋立によって造成する工場用地の岸壁附近のみでは不充分で、瀬戸内海本航路から工場用地の岸壁までの航路を浚渫しなければならない。航路、泊地を浚深する場合は、排土を浚喋場所の附近に吹き上げる方が経済的であるため浚渫する航路泊地の範囲が拡大するに従って埋立造成地も拡大されることになる。

水島港の西側に航路浚渫の排土を吹き上げてA地区の埋立造成を行なったのであるが、浚渫する航路の水深が深くなり、航路の範囲が拡大するにつれて、浚渫排土をA地区とは航路を挟んだ反対側の東側海面にも吹き出させB地区を埋立造成することになった。このB地区は農林省福田西干拓地の南側海面で後に日本鉱業の工場用地となった。航路を浚渫しその排土を西側A地区（三菱石油用地）と東側B地区（日本鉱業用地）の両地区へ吹き上げて埋立造成を行なつた為に、航路の両側を工場用地として利用し航路の利用価値を高めることが出来たわけである(38)」。

既述のように、「水島港改修工事」、「水島臨海工業地帯造成工事」と名目は異なるが、航路浚渫と用地造成は一体のものであり、さらに、一九五九年の「特定港湾施設整備特別措置法」が成立し、翌六〇年度に水島港が指定されたこともあり、六〇年から「石油港湾受託事業」、六四年度から「鉄鋼港湾受託事業」の対象となって、工事の財源は多様となった。水之江・竹下書の二一二頁の表には、一九四八年度から二二年間にわたる「水島港改修工事」費用の推移が、二一二頁には五八年の成立による「港湾整備促進法」の成立による指定港湾となったために起債が可能となり、それに基づく「水島臨海工業地帯造成工事費」の推移が、出所を明示されないまま、生の数字が掲載されている。加えて、二一四頁には、「特定港湾法」に基づく「石油港湾受託事業費」の六〇年度から六六年度の推移と、「鉄鋼港湾受託事業費」の六四年度から六六年度の実績が掲載されている。

これらのデータをもとに、わかりやすく一枚の表に再構成・再計算したのが5―1、2表である。ここには漁業補償費や油濁処理施設費、遊水池買収費など「その他の費用」が含まれていないが、「水島港改修工事費」が二二年間に一七・六億円、年平均〇・八億円、「臨海工業地帯工事費」が五三年度より一七年間に六一億円、年平均四・六億円、「石油港湾受託事業費」が六〇年度から六六年度の一〇年間に三〇・七億円、年平均三・一億円、「鉄鋼港湾受託事業費」が六四年度から六九年度までの六年間に一五・七億円、年平均二・

5－1表　水島臨海工業地帯　港湾改修・工業地帯造成・港湾受託事業費推移

（千円）

年度	水島港改修工事費	水島臨海工業地帯造成工事費A地区	水島臨海工業地帯造成工事費B地区	水島臨海工業地帯造成工事費C地区	水島臨海工業地帯造成工事費　計	石油港湾受託事業費	鉄鋼港湾受託事業費	港湾受託事業費計
1948	2,342							
1949	8,000							
1950	11,998							
1951	13,049							
1952	23,140							
1953	33,622	39,450			39,450			
1954	36,289	34,125			34,125			
1955	42,115	16,772			16,772			
1956	34,571	59,657			59,657			
1957	49,783	203,693	6,754		210,447			
1958	49,259	194,389	282,986	41,461	518,836			
1959	64,674	17,152	526,839	79,661	623,652			
1960	15,674	46,860	763,440	261,674	1,071,974	176,892		176,892
1961	39,695		79,241	579,872	659,113	397,806		397,806
1962	101,080		3,323	1,805,278	1,608,601	664,372		664,372
1963	155,238			115,654	115,654	298,116		298,116
1964	179,195			187,567	187,567	200,353	593,718	794,071
1965	237,459			324,337	324,337	766,290	443,976	1,210,266
1966	179,863			301,877	301,877	561,598	137,834	699,432
1967	123,200			77,991	77,991		148,721	148,721
1968	158,603			199,443	199,443		148,912	148,912
1969	201,814			59,602	59,602		99,666	99,666
計	1,760,663	612,098	1,662,583	4,034,417	6,109,098	3,065,427	1,572,827	4,638,254

水之江季彦・竹下昌彦『水島工業地帯の生成と発展』　211、212、214、291頁表より作成

5－2表　水島港湾受託事業費推移（石油・鉄鋼別、負担者別）

（千円）

	石油港湾受託事業費				鉄鋼港湾受託事業			
年度	国	県	企　業	計	国	県	企　業	計
1948								
1949								
1950								
1951								
1952								
1953								
1954								
1955								
1956								
1957								
1958								
1959								
1960	47,318	41,127	88,446	176,892				
1961	106,413	92,490	198,903	397,806				
1962	177,719	154,466	332,186	664,372				
1963	62,604	56,642	178,869	298,116				
1964	42,475	37,666	120,212	200,353	157,335	139,523	296,859	593,718
1965	121,840	108,046	536,403	766,290	117,653	104,334	221,988	443,976
1966	88,451	80,027	393,119	561,598	28,945	26,188	82,700	137,834
1967					23,423	21,192	104,104	148,721
1968					30,378	29,186	89,347	148,912
1969					14,945	14,949	69,766	99,666
計	646,820	570,464	1,848,138	3,065,427	372,680	335,372	864,764	1,572,827

水之江季彦・竹下昌彦『水島工業地帯の生成と発展』　211、212、214頁表より作成

六億円が使われたことになる。四つの事業費の合計が二二年間に実に一一二五億円、年平均五・七億円にのぼった。国の補助金、県の起債による資金調達、それに進出企業の負担が財源である。このうち、企業負担の二七億円を除く九八億円は、国と県などの税金であり、航路・港湾・用地などの産業基盤投資の実に七八％を占めることになる。その他を加えトータルの支出は一一六・一億円と推定している。

もちろん、こうした投資は、主として進出企業の工場用地への「売却」によって回収されるが、水之江・竹下書では、三菱石油などのA地区六・二億円、日本鉱業などB地区一六・三億円、川崎製鉄などのC地区七三・七億円としており、利息の収支を含めて、全体で一一四・八億円の収入を見込み、収支残は一・二億円前後の赤字となる、としている。(39)

ところで、二一一―二一四頁に掲載された四つの表から、「水島港改修工事費」総額は、昭和二三―四四（一九四八―六九）年度の二二年間で一七・六億円、「水島臨海工業地帯造成工事費」総額は、A地区（二八万坪）、昭和二八―三五（一九五三―六〇）年度の八年間で六・一億円、B地区（三三万坪）、昭和三二―三七（一九五七―六二）年度の六年間で一六・六億円、「石油港湾受託事業」総額は、昭和三五―四一（一九六〇―六六）年度の七年間で三〇・七億円、「鉄鋼港湾受託事業」総額は、昭和三九―四一（一九六四―六六）年度の六年間で一五・七億円、四つの事業合わせて最大二二年間で八六・八億円となる。これに、起債に伴う「支払利息」、その他工事費、漁業補償費、遊水地の買収費等々を加えて、投下資金は合計約一一七億円と試算している。

このうち、「石油港湾受託事業」については、一八・五億円、「鉄鋼港湾受託事業」については八・六億円、合せて二七・一億円を立地企業が負担したから、残る五九・七億円は、国庫補助事業の公共工事であるので県が負担したことになる。

4　新産業都市・岡山県南の生産動向

最後に、水島工業地帯を核とする新産業都市岡山県南のその後の展開について、新産・工特制度の評価を行った国土庁地方産業振興局の『地方産業振興に関する研究会報告書』および通産省（のちの経産省）の『工業統計表』をもとに概括的に整理してみよう。

5―3表は、新産・工特地域全体、および本書で具体的対象として追跡した岡山県南、大分、富山高岡三地域の第一次（一九六四―七五年、年度）、第二次（一九七六―八〇年、年度）、第三次（一九八一―八五年、年度）、第四次（一九八六―九〇年、年度）、第五次（一九九一―九五年、年度）計画の製造品出荷額の目標値および実績値の一覧である。これによれば、一九六〇年度を基準年とした第一から五次終了までの三五年間の出荷額の伸びは、新産都市二三・二倍、工特地域二四・二倍で、全国一九・六倍をかなりの程度上回っている。これを、一九六〇―七五年度、七五―八五年度、八五―九五年度の三期に分けてみると、新産都市と工特地域とも第一期で各々一〇・四―一〇・一倍と、ともに全国平均の八・二倍を大幅に上回っている。これに比し、第二期は新産・工特ともに二・〇倍、第三期は一・二倍といずれも全国平均並みの伸びにとどまっている。つまり、新産・工特地域政策の成果は、三五年間の実施のうち、第一次の一九七五年までの一〇数年間に集中して現れたことになる。

さらに、本章の具体例としてあげた三地域に絞ってみると、第一期の出荷額の伸びは、岡山県南一四・九倍、大分一五・三倍とも新産都市平均を上回っているが、富山高岡は八・〇倍にとどまっている。なかでも、広域的に指定した新産都市のなかでも中核的な工業地帯が集中的に造成された倉敷市（水島）が七〇・三倍、大分市が四〇倍と驚異的な伸びを示している。いかなる業種がこの地域の成長を牽引したか、倉敷市で検証してみよう。

5－3表　新産都市　岡山県南（水島）、大分、富山―五次計画と製造品出荷額推移　　億円

		第一次計画		第二次計画		第三次計画		第四次計画		第五次計画		伸び率		
年度	1960	1975		1980		1985		1990		1995				
	実　績	目　標	実　績	目　標	実　績	目　標	実　績	目　標	実　績	目　標	実　績	75/60	85/75	95/85
岡山県南	1,891	14,210	28,196	36,535	49,708	52,100	54,277	65,284	52,486	64,219	52,283	14.9	1.8	1.0
達成率%			198		128		104		80		81			
倉敷市	287		20,171		37,125		37,087		33,876		33,946	70.3	1.8	0.9
同比率%	15.1		71.5		74.6		68.3		64.5		64.9			
（岡山県）	2,283		32,588		57,262		66,018		68,683		68,634	**14.3**	**2.0**	**1.0**
（県内比率%）	**82.8**		**86.5**		**86.8**		**82.2**		**76.4**		**76.2**			
大　分	420	5,250	6,423	13,696	16,011	16,900	14,962	21,171	17,069	22,972	17,614	15.3	2.5	1.2
達成率%			122		117		89		81		77			
大分市	136		5,452		13,136		12,456		14,109		14,003	40.0	2.3	1.1
同比率%	32.3		84.9		82.0		83.3		82.6		79.5			
（大分県）	825		9,319		20,960		21,261		25,875		27,423	**28.7**	**2.3**	**1.3**
（県内比率%）	**50.9**		**68.9**		**76.3**		**70.3**		**66.0**		**64.2**			
富山高岡	1,389	5,523	11,163	18,793	19,620	24,100	22,783	29,800	27,871	34,941	27,271	8.0	1.8	1.2
達成率%			202		104		95		93		78			
富山市	537		3,909		6,238		7,277		8,288		7,032	7.3	1.9	1.0
高岡市	448		3,469		6,080		6,446		8,376		6,980	7.4	1.9	1.1
新湊市	86		1,175		2,335		2,319		3,126		3,332	7.7	1.9	1.4
3市計	1,061		8,553		14,653		16,042		19,790		17,344	8.1	1.9	1.1
同比率%	76.3		76.5		74.7		70.4		71.0		63.6			
（富山県）	**1,743**		**14,646**		**25,834**		**29,609**		**37,488**		**36,033**	**8.4**	**2.0**	**1.2**
（県内比率%）	**79.7**		**76.2**		**75.9**		**76.9**		**74.3**		**75.6**			
新産都市	12,379	78,302	124,112	201,734	217,591	276,100	249,623	320,193	282,434	358,867	287,631	10.4	2.0	1.2
達成率%			159		108		90		88		80			
工特地域	9,478	64,312	96,196	153,529	154,674	206,600	192,012	271,333	229,326	298,994	228,929	10.1	2.0	1.2
達成率%			150		101		93		85		77			
全　国	155,786		1,274,329		2,146,998		2,653,206		3,270,931		3,060,296	8.2	2.1	1.2

県および市の実績は、年：経済産業省『工業統計表』より
新産・工特地域の目標・実績はは、年度：国土庁地方振興局『地方産業振興に関する研究会報告書』 1999年1月より

5－3図　岡山県、倉敷市、主要４業種　製造業出荷額推移

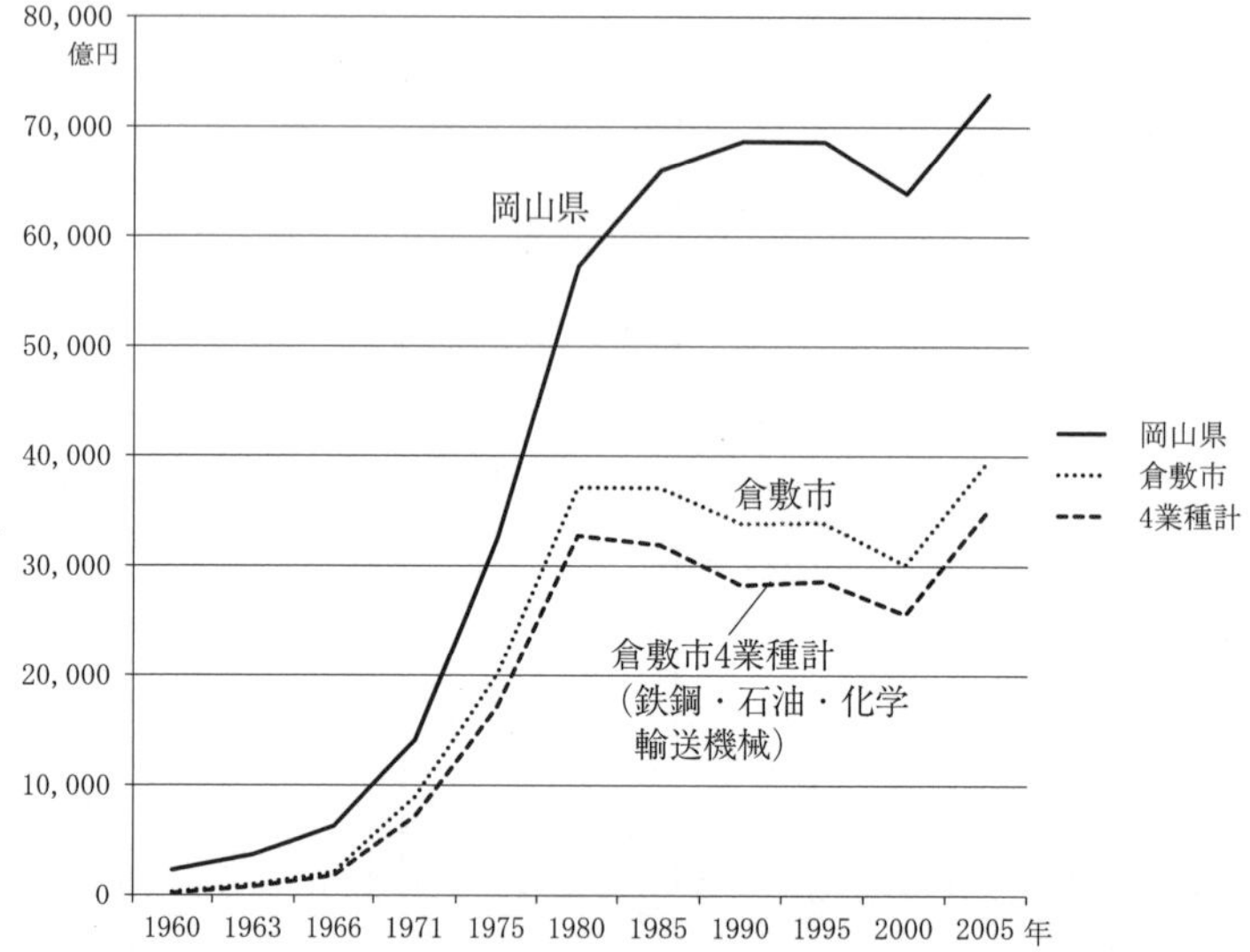

経済産業省『工業統計表』

5－4図　倉敷市業種別製造業出荷額推移

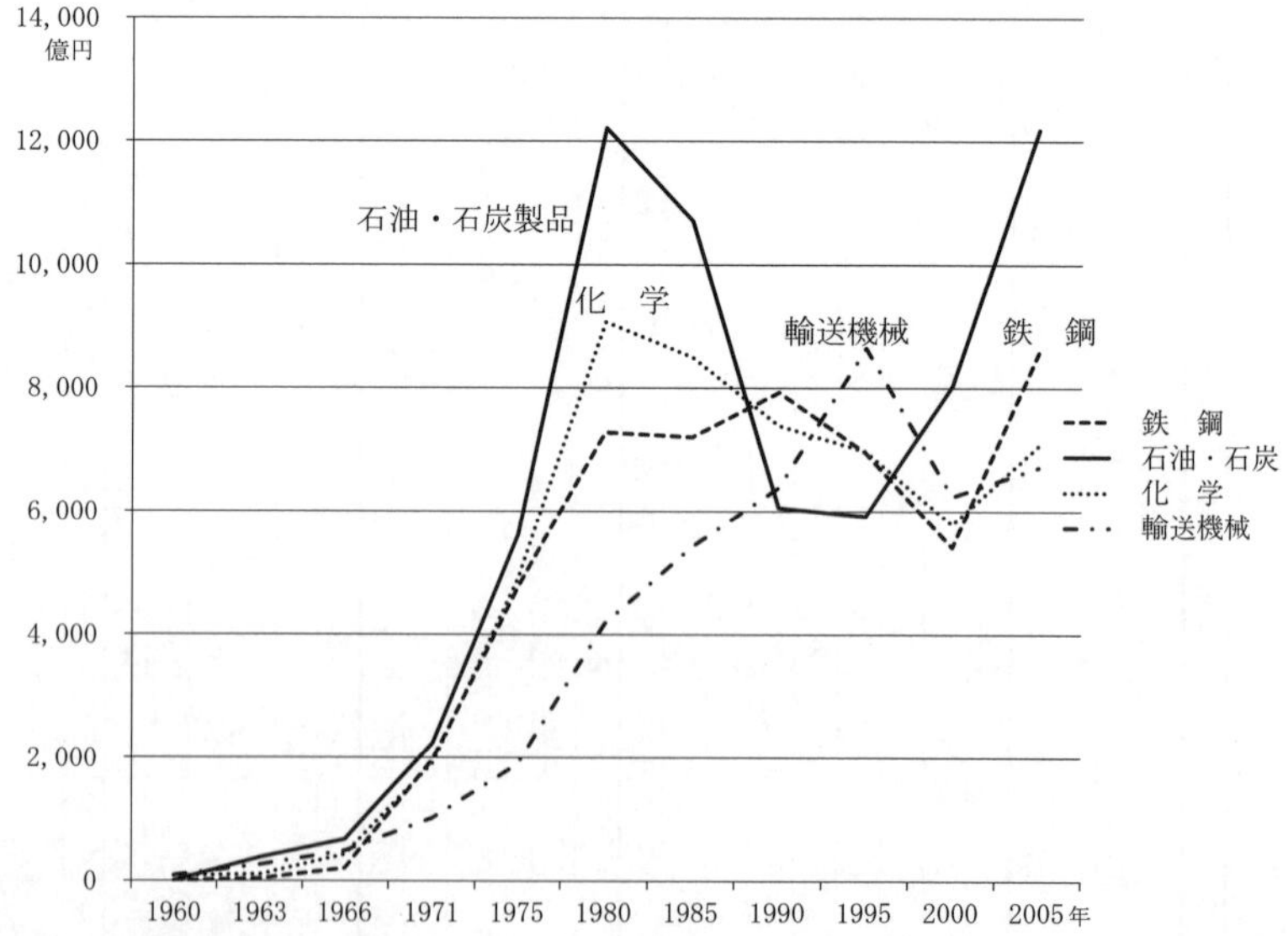

経済産業省『工業統計表』

5—4図は、水島工業地帯を形成している鉄鋼、石油、石油化学、及び輸送機械（自動車）の四業種を有する倉敷市の一九六〇年以降の製造品出荷額を示している。これによれば、鉄鋼、石油・石炭（石油精製）、化学（石油化学）のコンビナート系の三業種は一九六〇年代後半から生産が急増し、一五年後の一九八〇年にはピークに達している。なかでも、七〇年代の二度にわたる石油危機によって価格が急上昇した石油は最も急速な伸びを示している。輸送機械は、これら三業種よりは伸びは遅いものの、九〇年代半ばまで着実に増加を続けてきた。その後の八〇年代の日本経済の低成長と九〇年代の構造不況とともに生産は減少したが、二〇〇〇年には四業種とも六千から八千億円といずれも高い水準を維持している。四業種の構成でみても、各業種二〇—三〇％台でほぼ拮抗している。

他方、5—3図で、岡山県、倉敷市の四業種の製造品出荷額の推移をみると、一九六〇年代後半以降八〇年までの水島立地の四業種と倉敷市（全業種）の急上昇はほぼ並行している。あまつさえその上昇カーブは岡山県（全業種）の動きとほぼ同じ軌道を描いている。5—4表からも明らかなように、この間、倉敷市の製造品出荷額の八〇—九〇％は水島工業地帯に立地している鉄鋼・石油精製・石油化学・自動車の四業種の工場群である。さらに、岡山県の製造品出荷額の五〇

5－4表　倉敷市業種別製造品出荷額推移

年	鉄　鋼	石油・石炭	化　学	プラスチック	輸送機械	4業種計	同比率％	倉敷市	岡山県 億円	倉敷比率 %
1960	1	1	82		90	174	60.6	287	2,283	12.9
1963	38	381	107		263	789	79.4	994	3,688	27.0
1966	205	671	429		488	1,798	85.7	2,097	6,290	33.3
1971	1,973	2,240	1,914		1,020	7,147	80.0	8,929	14,119	63.2
1975	4,775	5,623	4,915		1,896	17,204	84.3	20,171	32,589	62.0
1980	7,280	12,211	9,065		4,181	32,737	88.2	37,125	57,262	64.8
1985	7,204	10,707	8,497	76	5,419	31,900	86.0	37,087	66,018	56.2
1990	7,930	6,059	7,391	471	6,386	28,257	83.4	33,876	68,683	49.3
1995	6,948	5,919	6,970	109	8,646	28,603	84.3	33,946	68,634	48.0
2000	5,412	8,036	5,784	182	6,241	25,605	85.0	30,095	63,895	47.1
2005	8,568	12,181	7,062	398	6,710	34,919	88.5	39,440	72,956	54.1

・1960-80年の化学はプラスチックを含む。
・4業種とは、鉄鋼、石油・石炭、化学（プラスチック含む）、輸送機械
経済産業省『工業統計表』

5－5図　倉敷市業種別製造品出荷額推移

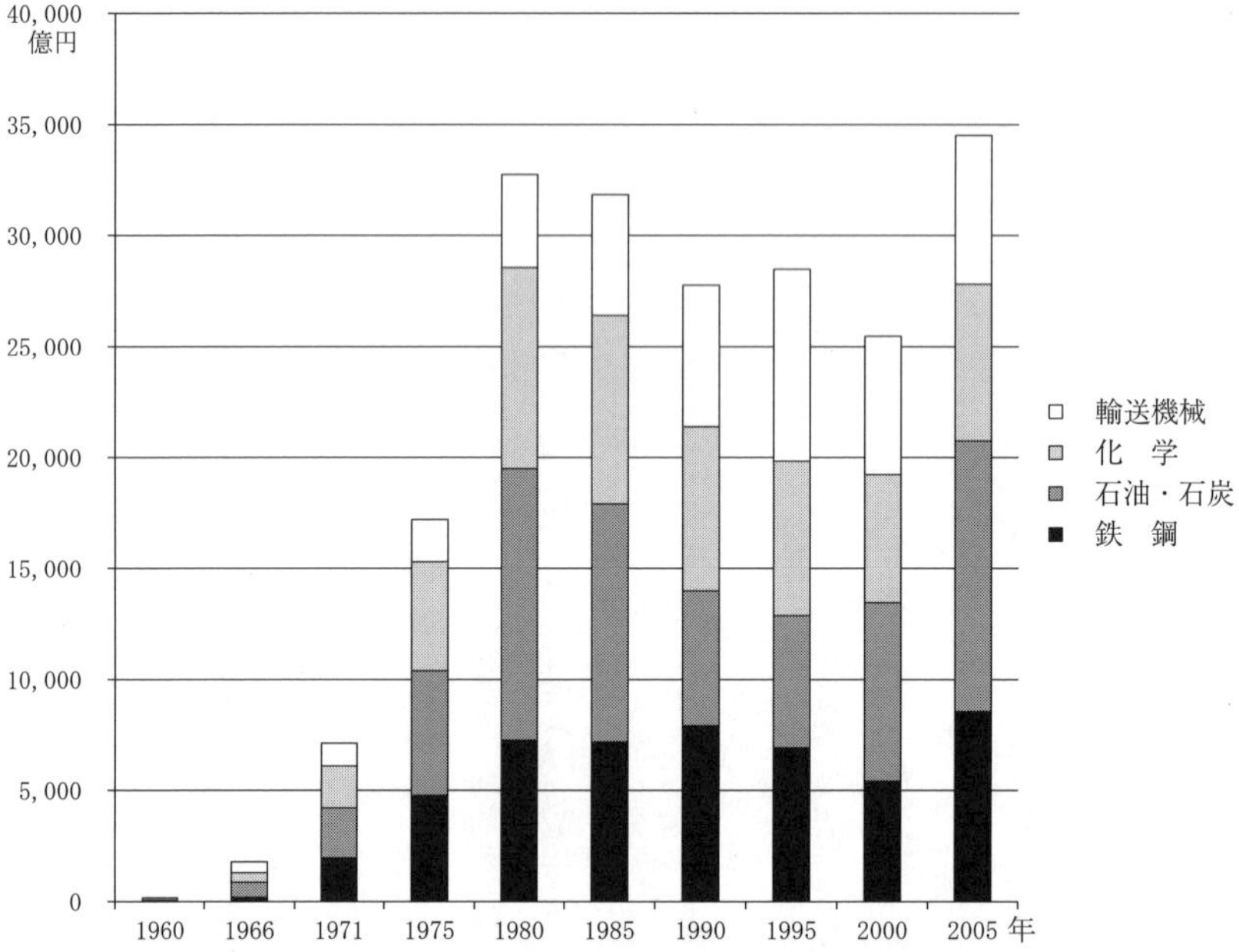

1985年以降の数字はプラスチックを含む
経済産業省『工業統計表』

—六〇％は倉敷市が占めていた。まさに、水島工業地帯の形成と生産活動が、倉敷市さらには岡山県の工業化を支えてきた。水島が新産業都市の「優等生」といわれるのは、「むべなるかな」である。

ただ、一九八〇年代半ば以降、岡山県と倉敷市の製造品出荷額のカーブは、右肩上がりから水平傾向になっている。八五年から九五年の一〇年間の伸びは、全国、新産・工特ともに一・二に対し、岡山県、岡山県南とも一・〇、倉敷市は〇・九と若干下回るまでに落ちている。その分、岡山県における倉敷市（＝水島工業地帯）の地位は、六〇年代前半の二〇—三〇％台から六〇年代後半から八〇年代前半の六〇％台をへて、今では五〇％前後にとどまるまでに低下している。しかし、依然として水島工業地帯におけるＪＦＥスチール西日本の鉄鋼、三菱自動車、ＪＸ日鉱日石の石油精製、三菱化学の石油化学の占める比重は大きなものがある。

ここまで、水島工業地帯を核とする新産都市岡山県南について、その成果について製造品出荷額を指標にみてきたが、他の諸指標も3―2表（本書三二四頁）を参考にしつつ簡単に考察しておこう。

ところで、一九六五年に成立した「新産業都市建設及び工業整備特別地域整備のための財政上の特別措置に関する法律（財特法）」では「地方税の不均一課税の伴う減収補填措置、税制上の特別措置、金融上の特別措置があるほか、新産等債券に係る利子の一部補給及び起債充当率の引き上げ、特定事業に係る国庫補助率のかさ上げ措置があり、さらに、地方財政法に基づく措置として市町村に対する重要港湾に係る建設費用の負担免除措置がある」[40]。この内訳は、全国でみると第一次―五次までの間、新産等債券発行額九、一七一億円、同利子補給額一、二七八億円、補助率かさ上げ額三、一一二億円、地方交付税減収補填額三六六億円、合せて一兆二、九二七億円の「財政上の特例措置」が講じられた。

岡山県南では、第五次計画終了時点の一九九五年度末で、造成済工場用地面積は一、五一〇ha（新産工特の六・六％）、このうち売却済比率、工場立地比率とも九七・九％と、新産・工特地域平均八〇・九％を大きく上回り、全二一地区中、造成面積で道央六、五七〇haを別格として、鹿島二、七七五ha、常磐郡山一、五四八haについで第四位、備後一、四八七ha、大分一、四四七ha、東三河一、三二四ha、新潟一〇八八haとともに、大規模な造成を行った。これら、一、〇〇〇haを上回る八地区中、工場立地比率は第一位であり、「無駄な」土地造成がなされず、高い効率性を誇っている。ちなみに、大規模造成八地区中道央は七〇・八％、全二一地区中播磨五〇・五％に次いで工場立地率が低かった。

また、一九六四年度から九五年度の三二年間の施設整備投資額は、一・七兆円で、道央四・四兆円、播磨二・五兆円、仙台湾二・〇兆円についで四番目に多く、不知火有明大牟田の一・五億円と続く。また、こうした基盤整備に要する資金確保のための新産・工特等の債券発行額でみると岡山県南は四四三億円で、二一地区中八位と中位に属している。この債券に対する政府の利子補給額も、岡山県南は累積額五七億円で第一位の播磨一一三億円、富山高岡の一一一億

5－6図　倉敷市・水島4業種製造品出荷額構成　2000年

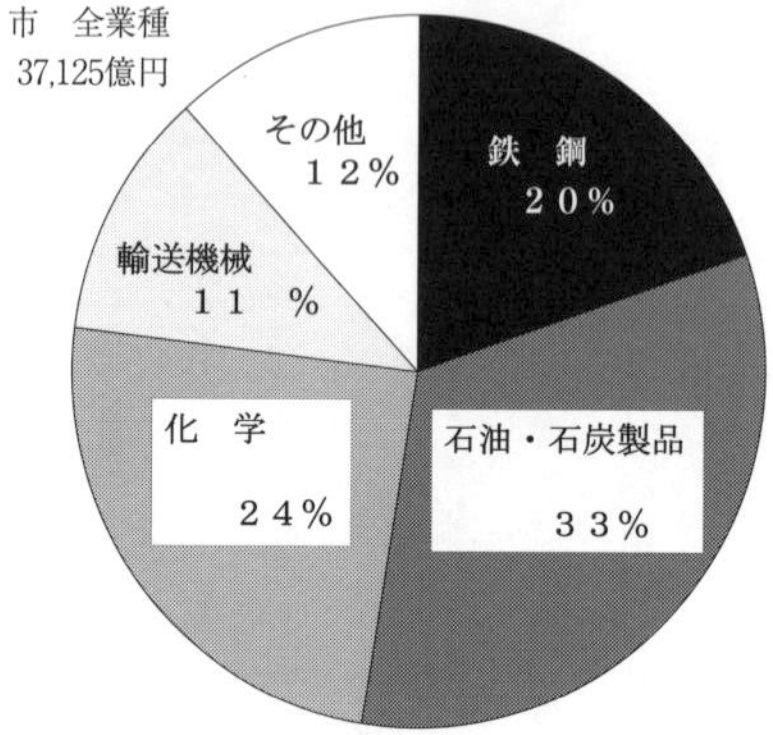

化学にはプラスチックを含む
経済産業省『工業統計表』より作成

5－7図　倉敷市・水島4業種製造品出荷額構成　1980年

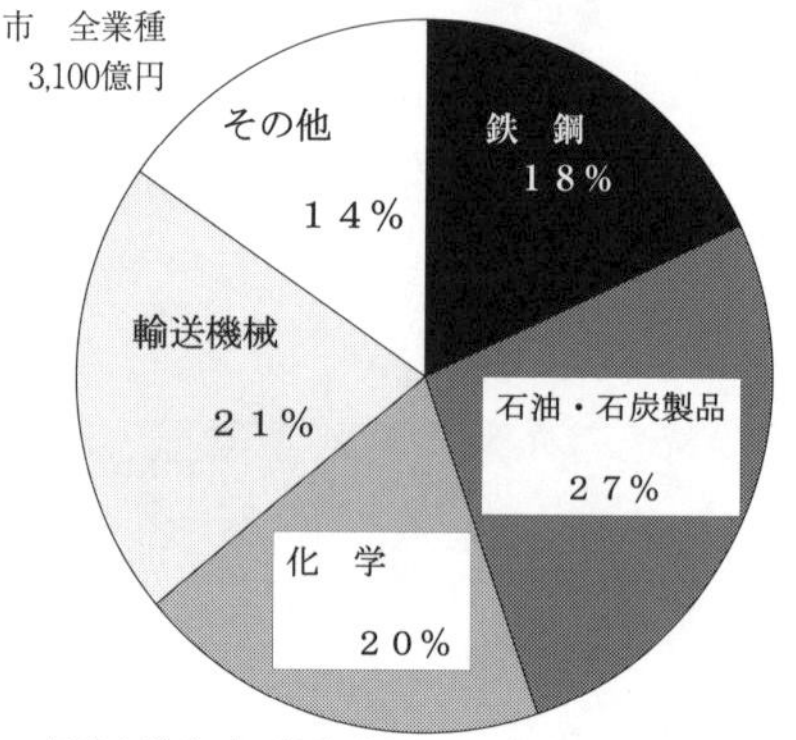

経済産業省『工業統計表』より作成

円の約半分で二一地区中同様に八位である。さらに、特定事業に係る国庫補助率のかさ上げ額は、第五次計画終了までの三二年間の累積一三八億円で、道央八五八億円、播磨二七二億円、不知火有明大牟田二四九億円、仙台湾二〇六億円、東予一八七億円についで第六位となっている。

全体としてみれば、用地造成、施設整備などの産業基盤規模では、道央、仙台湾、播磨、不知火有明大牟田とともにビッグファイブに属しているものの、債券発行額、同利子補給、国庫補助金かさ上げ額などの資金面では、常磐郡山、富山高岡より下回ることもあり、中位に属している。

他方、成果指標でみると傑出している。製造品出荷額でみると、第五次計画終了時点の一九九五年度で岡山県南は五・二兆円で播磨六・七兆円、東駿河湾五・三兆円に次いで三番目に多く、東三河三・六兆円、備後二・九兆円を上回っている。また、基準年を一九六〇年に置いた三五年間の製造品出荷額の増加分をみると、播磨六・四兆円についで岡山県南が五・〇兆円で第二位、東駿河湾も五・〇兆円、東三河三・五兆円、備後二・八兆円と工特地域が続く。工業地域形成を目的とする新産・工特地域の最大の成果指標である製造品出荷規模および増加額においては、新産都市で断トツ、かつ他の工特地域とならんで上位五位に属している。

工業地域形成のもう一つの成果指標である工業従業員数でみても、倉敷市で一九六〇年の一・三万人（従業員四人以上の工場）から九五年の五・八万人（前数）と約四倍の増加をみせている。

こうした岡山県南地区の新産都市の三〇年余の経過と成果について、国土庁による新産工特地域に関する研究会報告では、以下のように整理している。

「岡山県南地区は、優れた港湾である水島港を有していたこと、九州・中国・近畿に対するアクセスの良さから、新産地区指定以前から機械系及び装置系大企業が立地し、さらに指定後には水島港の機能拡充が行われるなかで水島臨海工業地帯を形成した。石油危機後においても、加工組立型等への業種の変換は見られないもの、有利な地理条件を背景に重厚長大産業を核に据えた集積が現在に至るまで続いており、岡山県内はもとより新産地区の中においても高い工業集積を誇っている。近年では、水島港は、国際コンテナ化の動向に対応して商港としての機能も併せ持ちつつあり、地区のポテンシャルを一層高いものとしている(41)」。

5　公害と環境汚染

本章第四節新産業都市・富山高岡の分析でたびたび引用する北日本新聞社の著書に次のような記述がある。

「水島コンビナートの北に伸びる市街地の真ん中に、倉敷市医療生協運営の水島協同病院がある。（中略）公害病の調査、治療を精力的に行っている病院だ。

公害病棟には公害患者約六十人が入院している。肺気腫やゼンソクの老人、主婦らが突然襲う発作を酸素吸入や点滴で和らげていた。

倉敷市では二百三十三人が公害病で死亡した。五十七年六月にも気管支ゼンソクの七十五歳の老人がセキ、タンで七転八倒の末、息を引き取った。

同市には国の公害健康被害補償法の認定患者が千九百三十人、市の特定気道疾病患者医療費給付条例の患者が三百四十四人（五十七年現在）いる[42]」。

「水島コンビナートの〝公害元年〟は三十六年だ。三菱石油、日本鉱業が相次いで操業を開始、硫黄酸化物やばい煙による大気汚染がひどくなった[43]」。

「三菱石油水島製油所の重油流出事故は一つのタンクが壊れて起きた。それだけで瀬戸内海半分に及ぶ深刻な漁業破壊をもたらし、コンビナートの危険性を見せつけた。

（昭和）四九年十二月十八日夜、三十六年から操業の三菱石油水島製油所の270号タンクの底部が裂け、約四万三千リットルのC重油が噴出した。

防油堤を壊して七千五百―九千五百リットルが水島港に流出した。

油は海流に乗り、瀬戸内海東部に拡散、岡山、香川など四県で養殖ノリ、ワカメ、ハマチなどに被害を与えた。約一六〇億円にのぼる。一企業による漁業補償としてはばく大だった[44]」。

水島工業地帯が本格的に動き出してから一〇―二〇年後の悲劇である。

新産都市・水島は瀬戸内工業地帯の「起点」であるとともに瀬戸内海の公害の「原点」でもあった。瀬戸内海沿岸には、徳島・東予・大分などの新産都市、播磨・備後・周南などの工特地域が相次いで稼働し、巨大な重化学工業基地となるとともに、大気汚染・海洋汚染のショーウィンドーともなった。わが国の高度経済成長、重化学工業化のもつ「矛盾」の「集積地」と化した。

ところで、公益財団法人水島地域環境再生財団（みずしま財団）研究員の塩飽敏史氏は、『瀬戸内オリーブ基金』で次のように語っている。

「その後、コンビナートでは、適切な環境対策がとられないまま工場の操業が進められました。水質汚濁が発生し、油臭い異臭漁や奇形漁がとれました。また、硫黄酸化物や窒素酸化物など、工場排煙による大気汚染では、人体への健康被害も生まれました。肺気腫・気管支ぜんそく・慢性気管支炎・ぜんそく性気管支炎といった公害健康被害補償法による認定患者が、約四千名おられました。一九八三年、公害患者たちがコンビナート主要企業八社を相手に裁判を起こしました。その後、一九九四年に勝訴。一九九六年に和解。この時の和解条項によって、水島の環境再生とまちづくりを行う『みずしま財団』が設立されました。（中略）財団設立当初の理事長、森滝健一郎（岡山大学名誉教授）は、地理学の専門家で、私の大学時代の恩師でもあります[45]」。

『みずしま財団』の作成した報告書『水島の再生のために—現状と課題—』（二〇〇六年）は、水島工業地帯の形成以降の環境問題と住民生活をより詳細に記述している。

「素材型重化学工業地帯の形成に伴って、水島地域では、大規模かつ深刻な公害が発生した。海域の汚染による異臭魚の問題が発生し、またイ草の先枯れが起きるなど大気汚染公害もみられるようになった。一九六四（昭和三九）年には、海洋汚染が深刻化し、漁民と企業の間に紛争も発生した。また同年には、呼松住民が化成水島に工場操業停止を求め押し掛けるという水島地域最初の公害反対住民運動といわれる『呼松エピソード』がおきている。その後、一九六〇年代後半にかけて、水島地域の大気汚染は激しくなり、地域内の住民に気管支炎、喘息など呼吸器系の病気が増えていくこととなる。
　こうした一連の公害の中で、（中略）一九六八（昭和四三）年、倉敷市は『ばい煙の排出の規制等に関する法律』（一九六二（昭和三七）年制定）による指定地域となる。その後、国では一九六七（昭和四二）年七月、『公害対策基本法』が成立し、（中略）また、公害対策基本法をうけ、一九六八（昭和四三）年六月に『大気汚染防止法』が成立し、（中略）倉敷市は一九六八（昭和四三）年一二月にこの指定地域となり、一九六九（昭和四四）年三月には大気汚染防止法に関わる政令市となった。しかしまだ、有害物質の排出規制でしかなかった。（中略）
　そうした中で、国は一九七三（昭和四八）年に医療費だけでなく生活補償費・遺族補償なども含む『公害健康被害補償法』を制定、翌一九七四（昭和四九）年九月一日から施行した。倉敷地域でも、この法の地域指定を求める大きな運動により、遅れて一九七五（昭和五〇）年一二月に、水島地域（児島本荘、郷内地区などを含む）などが『公害健康被害補償法』の地域指定を受けることとなった[46]」。
「倉敷市の公害患者は、一九七五（昭和五〇）年から一九八八（昭和六三）年の間に『公害健康被害補償法』によって、総数三、八三五人が認定された。一九八八（昭和六三）年に新規認定が打ち切られたので、その後の認定患者数は毎年減少している。資格喪失者を除く、現存認定患者は一九八八（昭和六三）年度末が最高で二、九一〇人であった。一九八八（昭和六三）年以後も公害患者は発生していると思われるが、的確な調査が行われていないので、その数は不明である[47]」。

　このように、新産業都市の優等生・岡山県南は、水島臨海重化学工業地帯を誕生させ、太平洋ベルトの西端の瀬戸内ベルトの中核におどりでるとともに、他方で大気汚染・海洋汚濁という工業地帯がもたらす公害集積を惹起した。政府が後手後手ではあるが、「公害対策基本法」など公害規制にのりだすのに呼応して、地域の住民運動の力もあって、ほとんどの対策の重点地域となってきた。戦後高度経済成長の牽引者であるとともに環境汚染対策の先陣を切ってきたことも確かである。

さらに、長年瀬戸内海の環境問題について取り組んでこられた松田治広島大学名誉教授は、論文や講演で次のように論じている。

「瀬戸内海は日本最大の閉鎖性海域であるが、一九六〇年代後半には『瀕死の海』と呼ばれるほど、あらゆる種類の環境汚染が進行したため、早くも一九七三年には全国に先駆けて瀬戸内海環境保全臨時措置法（通称『瀬戸内海法』、後に特別措置法として恒久化）が制定された。合わせて、瀬戸内海全域の環境保全関わる（社）瀬戸内海環境保全協会、瀬戸内海環境保全知事・市長会議、瀬戸内海研究会議などの組織や仕組みがかなり早い時期に整備された。環境省の現「閉鎖性海域対策室」の前身は、環境庁の「瀬戸内海環境保全室」であった。さらに、閉鎖性海域の問題を国際的に捉えてその問題解決とネットワークづくりを進める（財）国際エメックスセンターも、瀬戸内海を中心に活動を進めてきた。このような経緯は、瀬戸内海が、ある意味で閉鎖性海域環境管理のトップランナー的な役割を果たしてきたともいえるものである。

最近では一般にもかなり知られるようになった里海に関する論議も、瀬戸内海では早い時期に始まった。これを反映して二〇〇五年には瀬戸内環境保全知事・市長会議が、里海の考え方に基づいた『瀬戸内海の環境保全と再生に関する特別要望』を決議し、その後も『生物多様性の確保と水産資源の回復（豊かな里海）』と『美しい自然とふれあう機会の提供（美しい里海）』の実現を目指した運動を進めている[48]」。

つまり、松田氏の「ＮＰＯ法人有明海再生機構　再生道筋検討部会」での、二〇一二年八月一八日の講演でのことばを借りれば、「瀬戸内海環境管理の大きな流れは、『瀬戸内法』の約四〇年間に『規制行政としての公害対策』から

『環境保全』へ、そして「自然再生、豊かな海を取り戻す」方向に次第に移りつつある。「極端な汚染問題は沈静化し水質も改善傾向にある。ただし、生態系、生物多様性と生物資源は劣化しており、「取り組みは緒についたばかりで具体的な施策は未整備で、いかにして実体化するかが課題である。里海はアプローチの一つである」(49)ということになる。

こうして一九六〇年代から約四半世紀かけて実施された新産都市・工特地域を核とする瀬戸内工業地帯形成の「厳しい裏面」とその克服への住民・自治体・研究者のたゆみない努力が続けられている。

話は変わるが、水島で環境再生活動を担っている「みずしま財団」設立当初の理事長、森滝健一郎岡山大学名誉教授の葬儀が先日（二〇一六年七月一九日）岡山市駅前の葬儀場で、親族と近しい友人が出席して行われた。

本書の第一編でもたびたび引用された森滝氏は東京大学教養学科人文地理分科の私の先輩で、私が一九六二年に人文地理分科に「進学」したとき、森滝氏は神奈川の県立高校をやめ大学院博士課程に入学してきた。私より九歳ほど歳上であったが、研究室では年令の差を感ぜずに親しくしていただいた。大学の野外巡検で森滝氏の修士論文の調査地である愛知用水に私の同期の六人とともに出かけた。そこで、造成中の「水島工業地帯」を調査しようということになり、四年生の夏休み一週間ほどかけて水島の役所や農家・漁家を訪問調査した。福田、連島などの地名も懐かしく思い出される。約半世紀前の出会いである。経済地理学の没社会科学性批判や調査法など、沢山のことを学び、進路に迷っていた私の大学院進学を決断させる機会ともなった。森滝氏は、その後は博士論文を執筆し、拓殖大学、明治大学で教員生活を送った。私は博士課程を経て法政大学に職を得た。水島調査から一〇年後の夏、『戦後日本資本主義の地域構造』の編集で、私の荻窪の自宅で激論を交わしながら作業に集中したことを記憶している。その後、森滝氏は岡山大学に、私は九州大学に転じ、すっかりご無沙汰してしまった。半世紀前にともに調査した岡山・水島は、二人の学問の開始を動機付けた地であり、最後のお別れの地ともなった。最後まで、水と環境にこだわって生きた氏らしい一生であった。敬意をもって合掌したい。

(1) 宮本憲一『地域開発はこれでよいか』岩波新書 一九七三年。
(2) 同右書 四二頁。
(3) 水之江季彦・竹下昌三共著『水島工業地帯の生成と発展』風間書房 一九七一年。
(4) 同右書 二―三頁。
(5) 同右書 三頁。
(6) 同右書 四頁。
(7) 同右書 四頁。
(8) 同右書 一二頁。
(9) 同右書 一三頁。
(10) 同右書 一七頁。
(11) 同右書 二一頁。
(12) 同右書 五〇頁。
(13) 同右書 四一―四二頁。
(14) 同右書 六〇―六一頁。
(15) 同右書 八一頁。
(16) 同右書 九三頁。
(17) 同右書 一〇八頁。
(18) 同右書 一六〇頁。
(19) 同右書 一七三頁。

(20) 同右書　一七八頁。
(21) 同右書　一八二頁。
(22) 同右書　一九八頁。
(23) 同右書　二〇〇頁。
(24) 同右書　二〇九頁。
(25) 同右書　二三一―二三三頁。
(26) 同右書　二一九頁。
(27) 同右書　二二四頁。
(28) 同右書　二四九頁。
(29) 同右書　二七七頁。
(30) 同右書　二七八頁。
(31) 日本経済新聞社経済研究室『日本のコンビナート』一九六二年　一八二―一九八三頁。
(32) 水之江季彦・竹下昌三前掲書　二八七頁。
(33) 水口和寿『日本における石化コンビナートの展開』愛媛大学経済学研究叢書　一九九九年。
(34) 同右書　一七四頁。
(35) 同右書　一七九頁。
(36) 同右書　一八〇頁。
(37) 同右書　一八〇頁。
(38) 同右書　二一〇―二一一頁。
(39) 同右書　二一六頁。
(40) 国土庁地方振興課『地方産業振興に関する研究会』報告書一九九九年　五頁。
(41) 同右書一五頁。
(42) 北日本新聞社編集局編『幻の繁栄新産都市二十年の決算　富山高岡の場合』勁草書房　二五二頁。
(43) 同右書　二五三頁。
(44) 同右書　二五五頁。

(45) 塩飽敏史「一番大切なことは、海や海底ごみ問題について、関心を持ってもらうこと」『瀬戸内オリーブ基金　インタービュー記事』二〇一三年八月。
(46) 水島地域環境再生財団『水島地域の再生のために―現状と課題―』二〇〇六年　一二頁。
(47) 同右書　六二頁。
(48) 松田治「沿岸環境管理の今後の在り方について―整理された瀬戸内海の課題」『アクアネット』二〇一一年五月号　六五頁。
(49) 松田治「瀬戸内海の将来像と再生の道筋～大きな曲がり角にある管理制度～」『ＮＰＯ法人有明海再生機構　再生道筋検討部会・公開部会講演資料』二〇一二年八月一八日　佐賀大学理工学部。

二　新産業都市・大分

1　新産業都市のプロトタイプ岡山県南（＝水島）と相似

新産業都市岡山県南が水島工業地帯に集中立地した鉄鋼・石油精製・石油化学・自動車の特定業種が牽引して高い成果をあげたことと、ほぼ同様の現象が新産業都市大分にも生じた。

5―3、4図と5―8、9図を比較すると、倉敷市と大分市の一九六〇年から八〇年までの二〇年間の製造品出荷額の右肩上がりのカーブは、ほぼ相似形である。それを牽引する業種も、倉敷市では鉄鋼・石油・化学・輸送機械の四業種で、大分市は鉄鋼・石油・化学の三業種である。三業種いずれも、コンビナートを形成する素材産業である。伸び率も、倉敷市では一二九倍、大分市も九七倍と一〇〇倍前後と驚異的である。さらに、倉敷市での伸びが岡山県の、大分市の伸びが大分県の製造品出荷額の伸びを牽引し、両県とも二〇年間に二五倍の増加をもたらしている。伸びきった一九八〇年でみると、倉敷市の製造品出荷額が岡山県のそれの六五％、大分市は大分県の六二％とともにほぼ六割強を占めている。しかも、5―4表と5―5表を比較すると、倉敷市での特定四業種の出荷額に占める比率は、同年で八八％、大分市での特定三業種の占める比率も八二％で八割台と、ともに著しく高い。ただ、全製造業の出荷額では、倉敷市三・七兆円に対し、大分市一・三兆円と大分が倉敷の約三分の一の規模である。業種別にみても、鉄鋼で大分が倉敷の約三分の二、石油が約四分の一、化学が約三割の生産規模であり、加えて大分には自動車を欠いている。その意味では、大分のコンビナートは、水島のそれとは規模の面で同格とは言い難く、まさにほぼ「相似形」と

5－8図　大分県・大分市・新産都大分製造品出荷額推移
（大分市の素材三業種・資源三業種製造品出荷額推移）

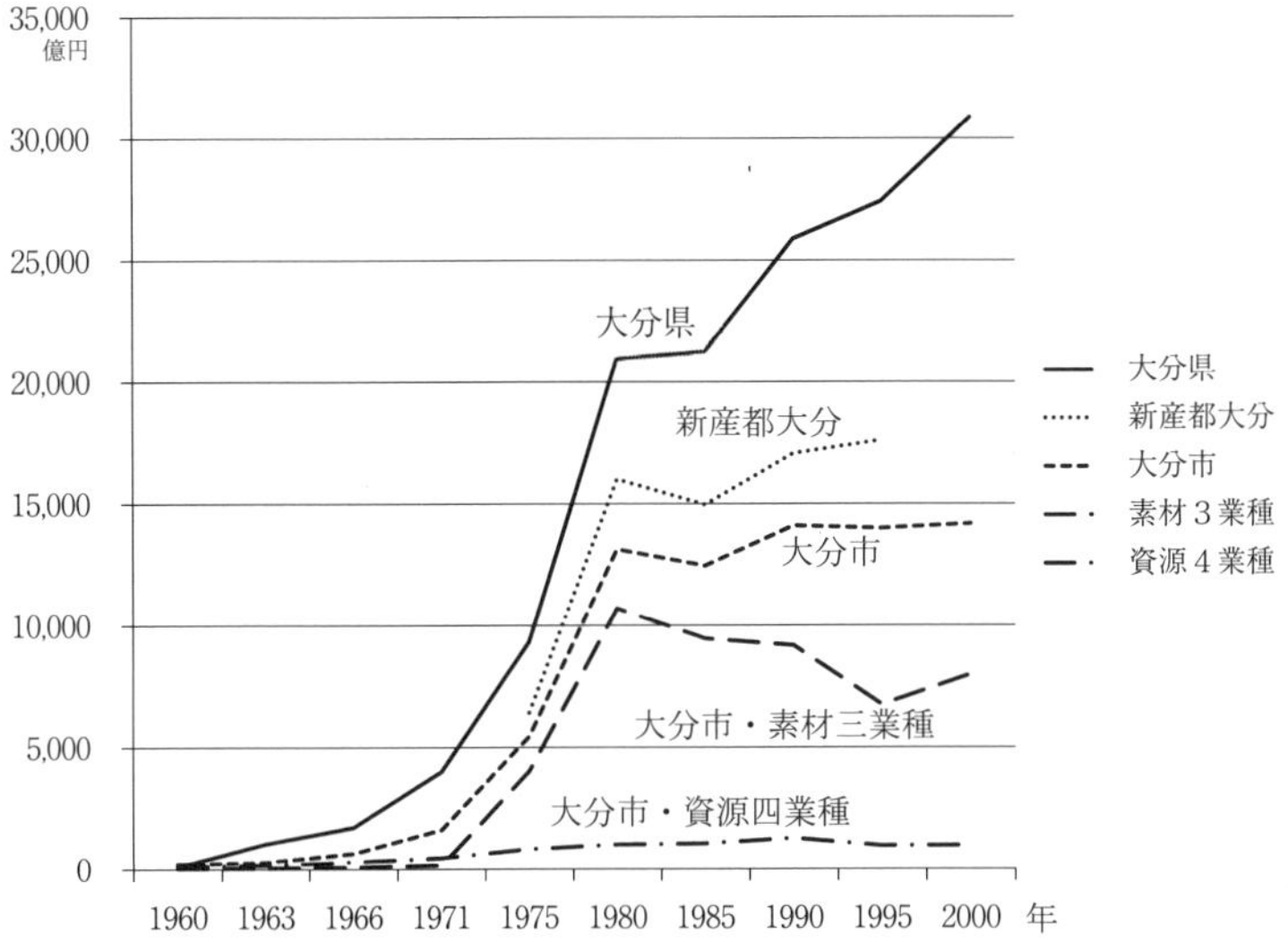

経済産業省『工業統計表』

5－9図　大分市の素材三業種製造品出荷額推移

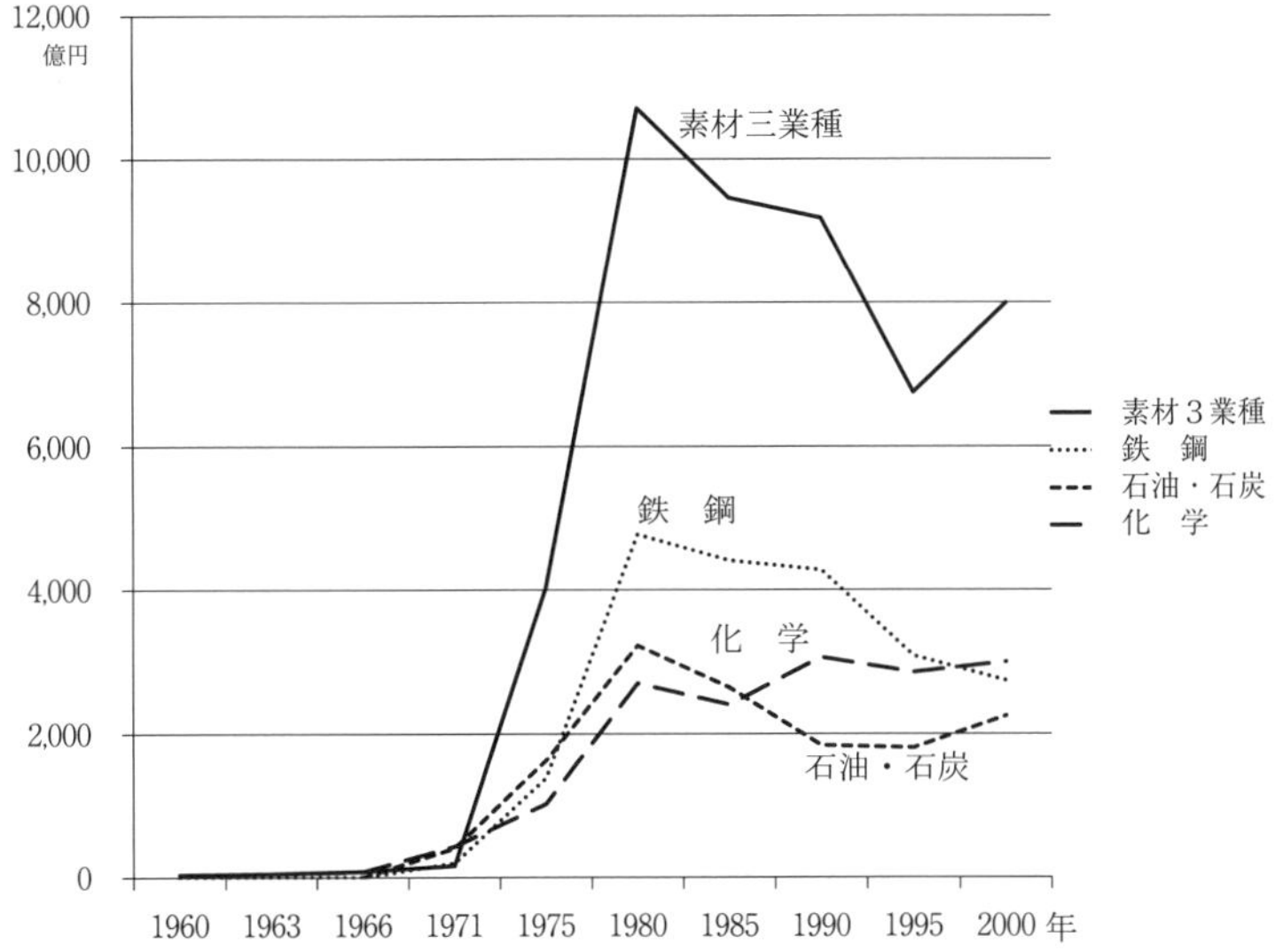

経済産業省『工業統計表』

5－5表　大分市業種別製造品出荷額推移

	鉄　鋼	石油・石炭	化　学	３業種計	同比率 %	大分市 億円	大分県	大分市比率 %
1960	1	0.4	37	37	18.0	206	803	25.7
1963	1		51	52	17.2	302	1,054	28.7
1966	2		78	81	12.3	656	1,728	38.0
1971	200	407	431	1,038	63.6	1,631	4,000	40.8
1975	1,381	1,626	1,022	4,029	73.9	5,451	9,319	58.5
1980	4,770	3,227	2,703	10,705	81.5	13,136	20,960	62.3
1985	4,408	2,645	2,408	9,461	76.0	12,456	21,261	58.6
1990	4,276	1,842	3,066	9,184	65.1	14,109	25,875	54.5
1995	3,087	1,809	2,857	7,753	55.4	14,003	27,423	51.1
2000	2,739	2,251	2,999	7,989	56.3	14,185	30,875	45.9

経済産業省『工業統計表』

表現することが適当であろう。

2　大分工業地帯の形成

次に、大分工業地帯形成の経過とその要因について概括してみよう。

鉄鋼・石油化学コンビナートとしての大分工業地帯の形成過程について分析した研究書は入手できなかったが、幾つかの優れた研究論文が存在する。これらの成果から学ぶと、当該工業地帯の形成は、大きく三つの要因の「交叉面」で生じたとみることができる。一つは、大分県や大分市などの地元自治体の地域開発計画の動きであり、第二は、戦後復興が一段落し本格的な高度成長期を迎えた巨大企業、とくに一九六〇年代の産業構造を主導した鉄鋼、石油、化学、電力などの設備投資行動である。これは新鋭工場の立地選択行動として具現化していった。そして第三は、新産業都市や工業整備特別地域政策としての政府の産業基盤整備促進政策である。この三つの動きが一つにマッチングしたときに工業地帯の新設がなされる。大分は倉敷同様、まさに一つの「交叉面」を形成した。幾つかの文献を紹介しつつ、それぞれの要因について分析しよう。

大分工業地域形成の第一の要因である大分県の開発計画の動向については、石井晋氏の優れた論文が参考になる。(1) 一九六四年一月三〇日に岡山県南、日向延岡、徳島、東予の四地区とともに、大分地区が新産業都市第一号として指定されるまでの県の計画について、本論文から概括的に紹介しよう。

一九五五年から七一年までの四期一六年にわたって県知事を務めた木下郁氏は、従来から県庁内に構想されていた「大分・鶴崎臨海工業地帯開発計画」を本格的にとりあげた。すでに行なわれていた各種の外部機関への委託調査をベースにして、一九六〇年九月に大分県によって『瀬戸内海沿岸総合開発調査　工業を中心とする開発計画』が策定された。これによれば、大野川および大分川河口の埋立によって工業用地を造成し、大野川上流部から工業用水道を建設して用水を確保し、さらに、鶴崎港の浚渫、埋立、岸壁等の整備、大分港の改修、国道に並行する幹線道路の新設など、基本的な産業基盤の整備を図る、というものである。

このうち工業用地は、大野川河口左岸からと大分川河口右岸に挟まれた海岸の地先を埋め立て、一（約一一・四万平方メートル—以下同じ）、二（約一五・五万）、三（約四一・三万）号地を、大分川河口左岸の地先埋立てで四（約一〇・五万）、五（約七・七万）号地を造成するものである（5—14図）。これに、大在工業団地（約四九・五万）、住宅団地（一八・五万）を加えて、合計一五四・三万平方メートルとなる。[2] 用地造成に要する事業費の見積もりは、工場用地約一七三億円、住宅用地約一四億円、計約一八七億円、用水開発費は工場用水約四五億円、上水約一・五億円も含めて計約四七億円、道路整備約三六一億円、鉄道整備約七・五億円、港湾整備約一一七億円で、用地・用水・港湾・鉄道・道路等の産業基盤整備費は七六五億円と見込んでいる。これに、工場建設、住宅建設を加えると総事業費は二、二六五億円と算出している。[3] この点について石井氏は、「当時としては極めて壮大な工業地帯造成計画であった。莫大な投資によって埋立地造成、用水開発などを行い、それによって良質な港湾を備えた工場用地を建設するというこの計画は、以前に想定されていた大分県の特色を生かして県内既存産業との有機的発展を図るという発想からすれば、かなり飛躍したものであった。また、漁業資源を破壊して工場を誘致するという点に着目するならば、従来の県経済の姿とは劇的な断絶があった。[4]」と厳しい評価を下している。木下知事の退任八年後の七九年に知事に就任し、六期二四年間努めた平松守彦氏の「一村一品運動」など「内発的開発」政策と比較すれば、確かに「大きな飛躍」である。それだけに、政府の新産業都市政策の「流れ」にのるには、「県内既存産業との有機的発展を図るという発想」では不可能であったのである。この点では、全国レベルでの戦後復興と高度成長の「断絶」、換言すれば国内資源依存から海外資源依存への成長戦略の断絶は、全国の「地域」レベルまで及んでいたとみるべきであろう。

ちなみに大分市を含む大分県全体の製造品出荷額について一九六〇年、八〇年、二〇〇〇年の二〇年間隔で比較すると、産業構造のドラス

5－10図　大分市素材三業種製造業出荷額推移

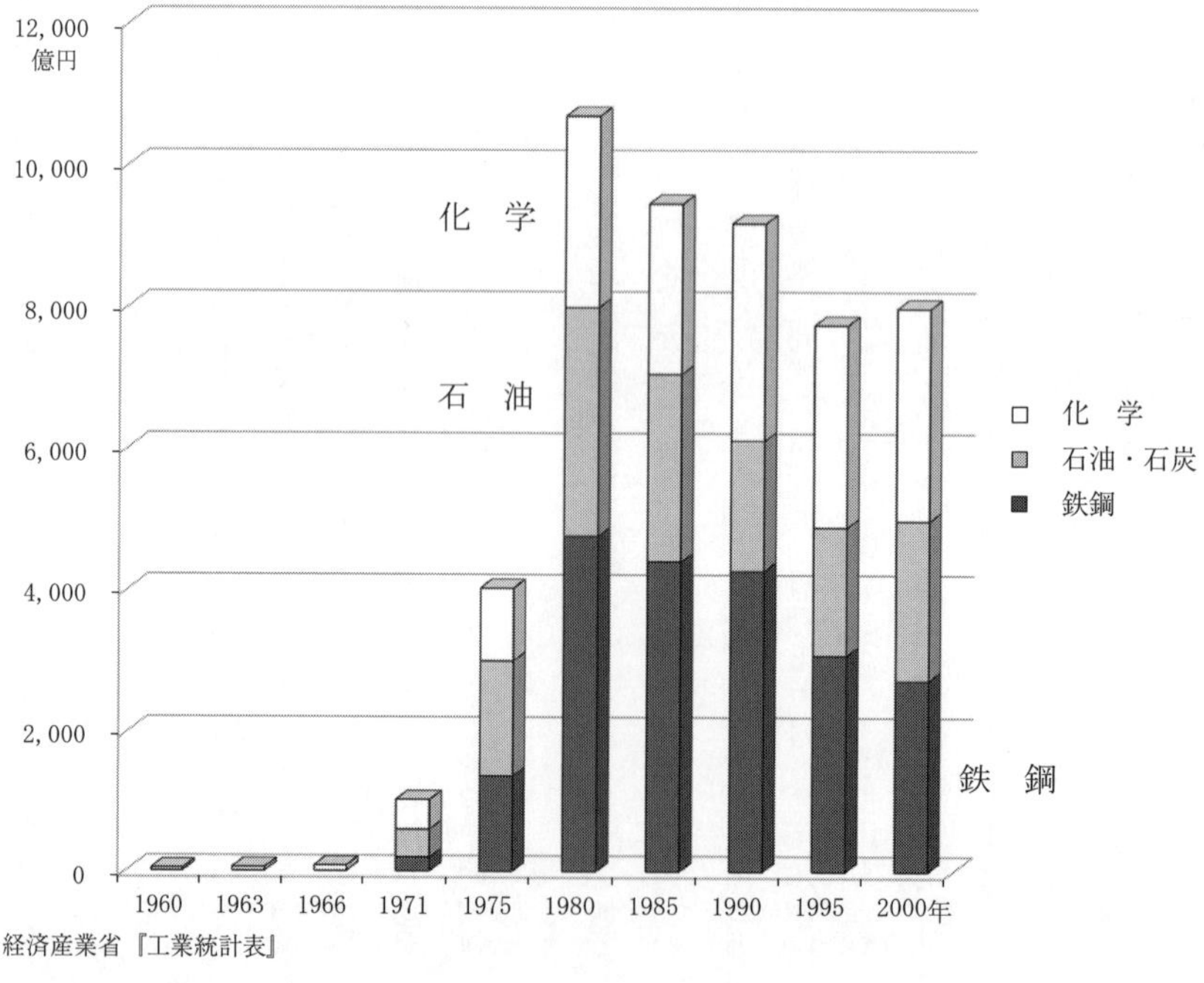

経済産業省『工業統計表』

5－11図　大分県製造品出荷額業種別構成　1960年

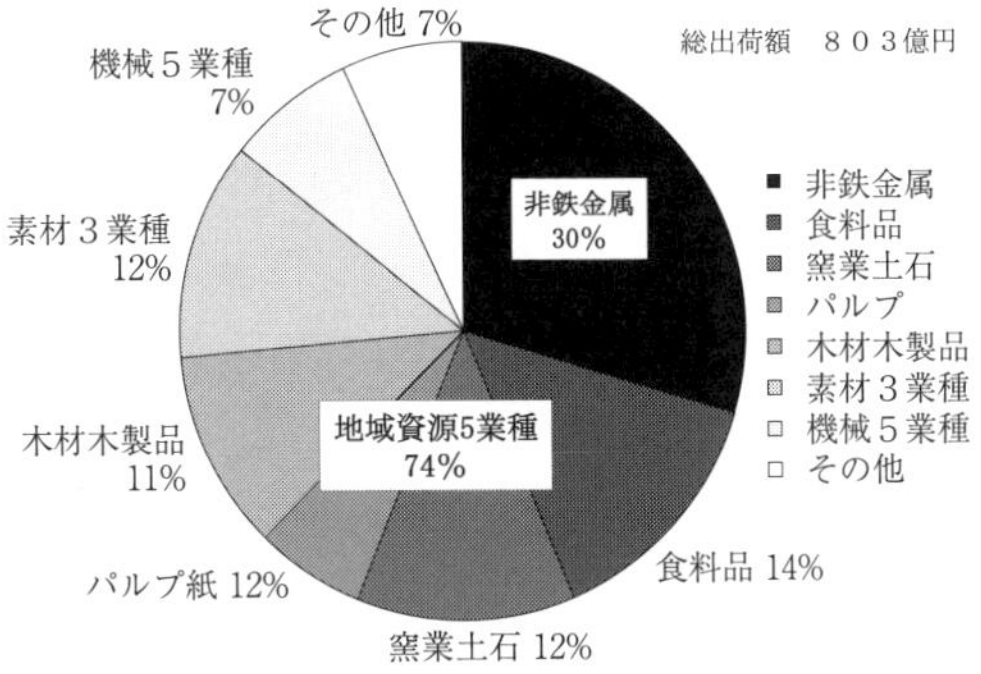

経済産業省『工業統計表』

5－12図　大分県製造品出荷額業種別構成　1980年

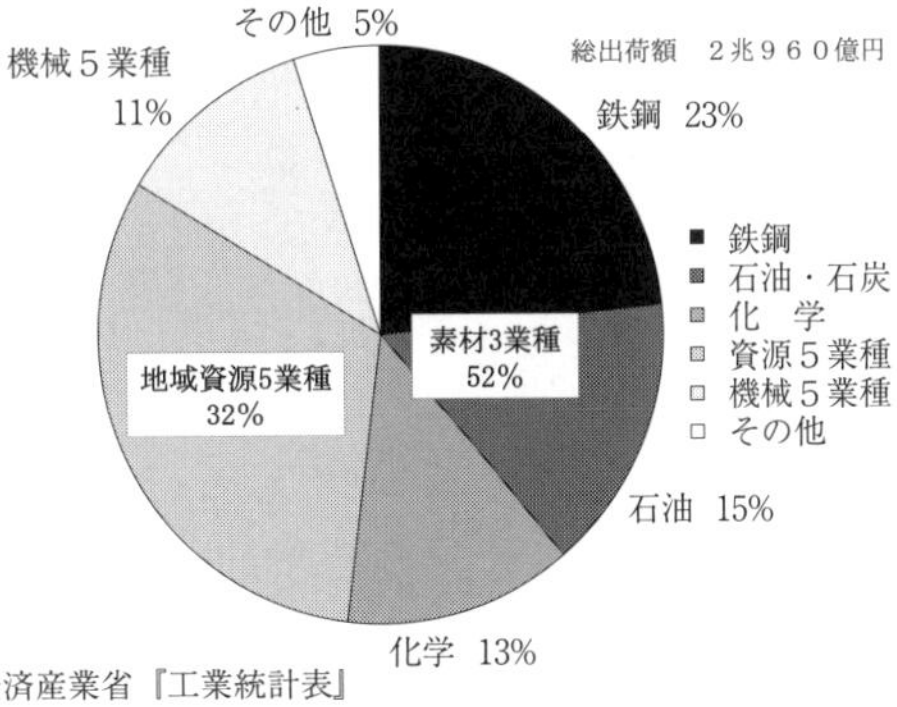

経済産業省『工業統計表』

5－13図　大分県製造品出荷額業種別構成　2000年

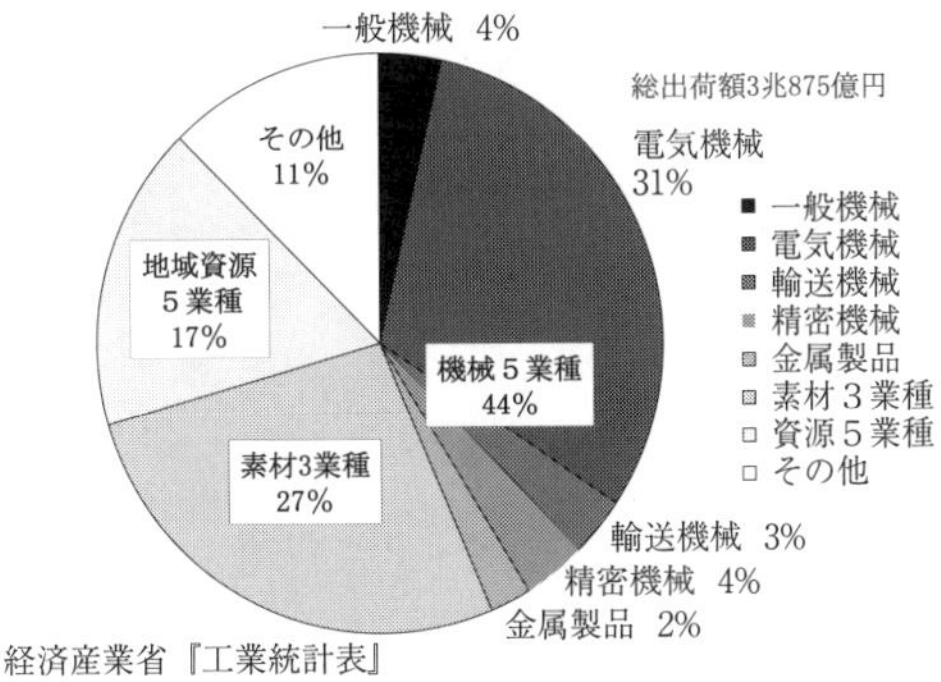

経済産業省『工業統計表』

チックな転換を看取することができる（5―10、11、12、13図）。戦後復興が終わり高度成長直前とも言える六〇年には、農林水産物、鉱産物（石灰石、銅鉱）をベースとした食料品、木材木製品、パルプ、セメント、非鉄金属の地域資源依存の五業種が七四％と極めて高い比率を示していたが、二〇年後の一九八〇年には鉄鋼、石油、化学という大分市立地のコンビナート三業種が一二％から一挙に五二％と過半を占めるまでになった。新産業都市効果である。さらに、二〇年経過した二〇〇〇年には、電気機械の三一％を核に金属・機械の五業種が八〇年の一一％から一挙に四四％と中枢に躍り出た。テクノポリス効果である。わずか半世紀の間に、地域資源工業から臨海性コンビナート工業へ、そしてハイテク機械工業へとみごとに転換している。この間の日本経済の産業構造転換、その下での国土政策に反応した地方公共団体のしたたかさを見ることができる。

ところで、大分工業地帯形成の第二の要因は、高度経済成長の流れに乗って積極的に新規の設備投資地点を探索している企業、とくに鉄鋼、石油、化学などの大企業の立地行動である。このなかで、本編第四章四「鉄鋼業の立地論理」で分析したように、北九州に拠点を置いていた八幡製鉄が大阪の堺、千葉の君津に新たな製鉄所の立地を選択したのに対し、日本製鉄の分割によってできたもう一つの富士製鉄が大型高炉の拠点を西日本に求めていた。同じように、東日本に拠点を置いていた高炉メーカーで西日本への拠点建設を指向していた川崎製鉄が水島を、日本鋼管が福山に立地選択したのに対し、大分県のトップは、富士製鉄に果敢に接触し、強力な地耐力、大型船接岸可能な港湾建設、豊富な用水の確保など大分・鶴崎地区の工業立地条件の「適正」を強調した。この間の大分県幹部と富士製鉄幹部との折衝過程については、石井論文で具体的に記述されている(6)。

こうして、「一九六〇年一〇月末には、富士製鉄の大分への進出がほぼ決定した。翌一九六一年二月に工場建設に関する協定書の調印式が行われた(5)」。

また、当時大分大学に在籍していた伊藤喜栄氏も論文で、以下のように述べている。

「大分県の県庁所在地とはいうものの、人口一〇万程度の一地方都市にすぎなかった大分が、地域開発の拠点として注目を集めるようになったのはもちろん昭和三九年の新産都指定によってであるが、その前提となったのは昭和三三年の通産省による大分鶴崎地域に対する工業適地調査である。その結果これらの臨海部が『沖合二キロメートルまで非常にゆるやかな遠浅で、そこから急に水深を増してマイナス一五ないし二〇メートルの棚となっているため迅速、容易にしかも低廉に用地の造成ができ、その上大型の渡洋船も自由に横付けすることが可能で、また地耐力に富む地質等と相まって埋立工事に最適の条件を有している』から工業開発の有望なことが指摘された。この地区、とくに大野川河口附近の鶴崎地区には戦前（昭和一四年）からの住友化学をはじめ鶴崎パルプ（昭和三二年）、三善製紙（同三四年）等用水型の化学工業、製紙パルプ工業が進出していたが、このような立地条件、とくに埋立地造成についての有利性に着目しての工業基地建設の動きは昭和三五年の九州石油、三六年の富士製鉄（現新日鉄）の誘致決定後のことである。ことに後者の持つ意義は大きく、大分地区の新産都指定をほとんど決定づけたとみてよい。このような動向の中で昭和三八年三月臨海工業地帯建設に当っての行政の円滑化を図るために大分市、鶴崎市、大分町、大南町、坂ノ市町、大在村の六市町村が合併、続いて三九年一月この新大分市を中核とする別府市、杵築市、日出町、湯布院町、挾間町、庄内町、野津原町、犬飼町、佐賀関町の三市七町が新産業都市に指定されたのである。かくしてこの地区は単に大分県あるいは東九州の拠点というにとどまらず、瀬戸内海西端の一大重化学工業基地として開発整備されることが決定した」[6]。政府の工業適地調査、これに着目した富士製鉄の立地決定、大分市の広域合併、新産都市の指定という一連の過程について「簡にして要を得た」記述である。

これを受けて一九六三年から三号埋立地の造成が始まり、途中、「当初の協定からレイアウトも変更され、三号地と四号地を接続して利用されること」[7]になり、完成とともに一九六九年一二月工場建設が着工され、「一九七二年四月、第一高炉の火入れが行われ、大分製鉄所の操業が開始された」[8]。

工事着工の三か月後の一九七〇年三月には、富士製鉄と八幡製鉄が合併したため、新製鉄所は、新日本製鉄大分製鉄所として出発した。新日鉄は、北海道から九州までに配置された八製鉄所間の分業を、君津、名古屋、八幡、大分の四製鉄所を基幹製鉄所として高炉による銑鉄生産および鋼塊・板塊・帯塊などの普遍品目の大量生産拠点とし、室蘭、釜石、堺、広畑の四製鉄所を棒鋼・形鋼・鋼管・線材などの集約品目に各々特化した製鉄所としている。さらに、二〇一二年には住友金属と統合して新日鉄住金となるとともに、鹿島が基幹製鉄所に和歌山と小倉が特化製鉄所に位置づけられている。さらに、二〇一四年に堺製鉄所が和歌山製鉄所に、小倉製鉄所が八幡製鉄所に統合され、新日鉄住金は室蘭、釜石、鹿島、君津、名古屋、和歌山、広畑、八幡、大分の九製鉄所に再編された。このうち、大分製鉄所は一貫して基幹製鉄所の地位にあり、高炉による銑鉄の生産とともに、自動車用の熱延鋼板および船舶や橋梁用の厚鋼板の社内最大の供給拠点としての役割を担ってきた。

三、四号埋立地に立地した新日鉄大分製鉄所が大分工業地域の一つの柱とすれば、一、二号地には石油精製の九州石油、火力発電所の九州電力、それに石油化学の昭和電工が立地した。これがもう一つの柱となった。このうち、九州石油は、一九六〇年一二月に「八幡製鉄、八幡化学、九州電力、大洋漁業、西鉄などによって資本金一〇億円で設立[9]」された。当時の株主構成は、後述する水口和寿氏の著作によると八幡化学三〇%、木下産商二七・九%、八幡製鉄二〇%、九州電力、大洋漁業各九・九%であった。下関・北九州・福岡の主力企業である。九州で石油精製業皆無であった状況を打破するための動きである。これを受けて、第一号埋立地の造成が行われ、六一年八月に完成し、六四年に操業を開始した。この製油所から重油の供給を受ける九州電力の大分火力発電所も九州石油の南に隣接して六九年七月に稼動した（5—14図）。課題は、隣接する二号地への石油化学工場の立地であった。この経過については、水口和寿氏の著書に詳しい記述がある。少し錯綜するが以下に引用する。

昭和電工は、一九五六年に通産省に石油化学事業への進出を表明したが、通産省の行政指導により「ナフサ分解からの一貫生産計画を諦め、日本石油化学の川崎コンビナートにオレフィンユーザーの一員として参加することになった。かくして、昭和電工の石油化学事業は専ら誘導品分野に限られること[10]」になったが、その企業化にあたり、「新会社の設立が妥当であるという結論に達し、一九五七年六月、丸紅飯田、富士銀行、富国生命、日立製作所、味の素、日本冶金工業、日清紡績との共同出資（昭和電工の出資比率五一%）により、昭和油化を設立し[11]」、「昭和電工の誘導品構成は一段と多彩になっていった。（中略）かくして、誘導品構成が多彩になればなる程、また川崎と徳山が分散的に発達すればする程、昭和電工としてはどこか一カ所に集中し、独自のエチレンセンターを設置することが悲願となり、それが現実味をおびてきた。しかし、川崎地区でそれを実現することは立地上不可能であった。そこで新立地探しが行われ、まず最初に考えられたのが静岡県三島・沼津地区であった。（中略）しかし、当地区への進出は地元住民のコンビナート反対運動の高揚により不可能となり、三島・沼津地区への進出を断念する。そして、次に考えられたのが大分県鶴崎地区への進出であった」[12]。木下郁大分県知事らの昭和電工に対する熱心な勧誘もあって、一九六三年九月頃より昭和電工グループと八幡グループが急接近し、「昭和電工は九州石油に資本参加することになり（一九六四年一〇月、昭和電工は九州石油に二〇％資本参加）、八幡化学の総合石油化学計画を肩代わりすることになった。そして、八幡製鉄および九州石油との共同出資でナフサ分解会社を設立する構想を固め、一九六四年一一月に新会社によるエチレン一〇万トン／年計画を立て、通産省に提出。一九六六年七月にその認可を受け、一九六七年五月に昭和電工七〇％、八幡製鉄、九州石油各々一〇％の共同出資により、ナフサ分解会社鶴崎油化を設立。一九六七年八月からコンビナートの建設工事に取り掛かった」[13]。鶴崎油化のエチレン製造設備は一九六九年三月に完成し、これに関連して日本オレフィン化学のポリエチレン、ポリプロピレン設備、昭和アセチル化学のアセトアルデヒドと酢酸製造設備、ＡＡケミカルの合成ゴム設備も完成し、一九六九年六月には大分・鶴崎コンビナートの竣工祝賀式が挙行された。その後、八幡化学の芳香族設備、スチレンモノマー設備、日油化学のポリブデン、高分子化学の合成樹脂・エチレン酢ビエルマルジョン、日昭化薬のアクリル酸エステル、日本エラストマーの合成ゴムも加わって、「昭和電工＝昭和油化コンビナートの発展の基礎が固められた。また、九州石油の石油精製能力は一九六四年の四万バーレル／日から一九六九年に一〇万バーレル／日、更に、一九七二年には一七万バーレル／日へと高められた」[14]。その後、一九七四年一月に、鶴崎油化は昭和油化に吸収合併され、さらに昭和油化に対する昭和電工の持ち株比率は八〇％に増え、「昭和油化＝

鶴崎油化に対する昭和電工の支配は決定的なものになった[15]」。この昭和油化も一九七九年に対等合併し、昭和電工として再スタートした。

以上のような複雑な経過を経て、大分工業地帯のもう一つの柱である昭和電工グループの石油化学コンビナートが二号埋立地に出そろった。ちなみに、一号埋立地に立地する九州石油の株主構成は、一九八〇年時点で新日本製鉄二四・〇五%、新日鉄化学一一・九二%、昭和電工一〇%、日本石油、丸紅、三井物産の各社一〇%、九州電力七・一四%、伊藤忠商事五%であった[16]。設立当時に比較すると木下産商は撤退し、新日鉄グループと九州電力は減少し、代わってナフサ供給を受ける昭和電工、ガソリン等の石油製品の販売に係る日本石油や原油の調達に係る三井物産などの商社が参加している。また、大野川河口右岸の六号埋立地には輸入天然ガスを燃料とする九州電力の新大分発電所が立地し、一九九〇年に稼動を開始し、一九九八年には最大出力二二九・五万KWと九電で最大の火力発電所となった。

3　新産業都市政策と大分工業地帯―政策の効果

大分工業地帯の形成要因の第三は、言うまでもなく新産業都市政策による産業基盤整備促進策である。3―2表（本書二二四頁）は、新産・工特政策が実施された一九六四年度から第五次計画の終了する一九九五年度までの各種の支援策に係る実績を示している。

この間の新産都市大分の工業用地造成面積（A）は、一、四四七haで、道央、鹿島を別格として、常磐郡山、岡山県南、東三河、備後と並んで一、五〇〇ha規模の大規模プロジェクトである。工場立地率も九〇%弱と、造成地のほとんどに工場立地が進んだ。この用地に約三〇年間に八千億円規模の施設整備（B）がなされ、製造品出荷額は、一九六〇

5－14図　大分工業地帯＝新産都市大分

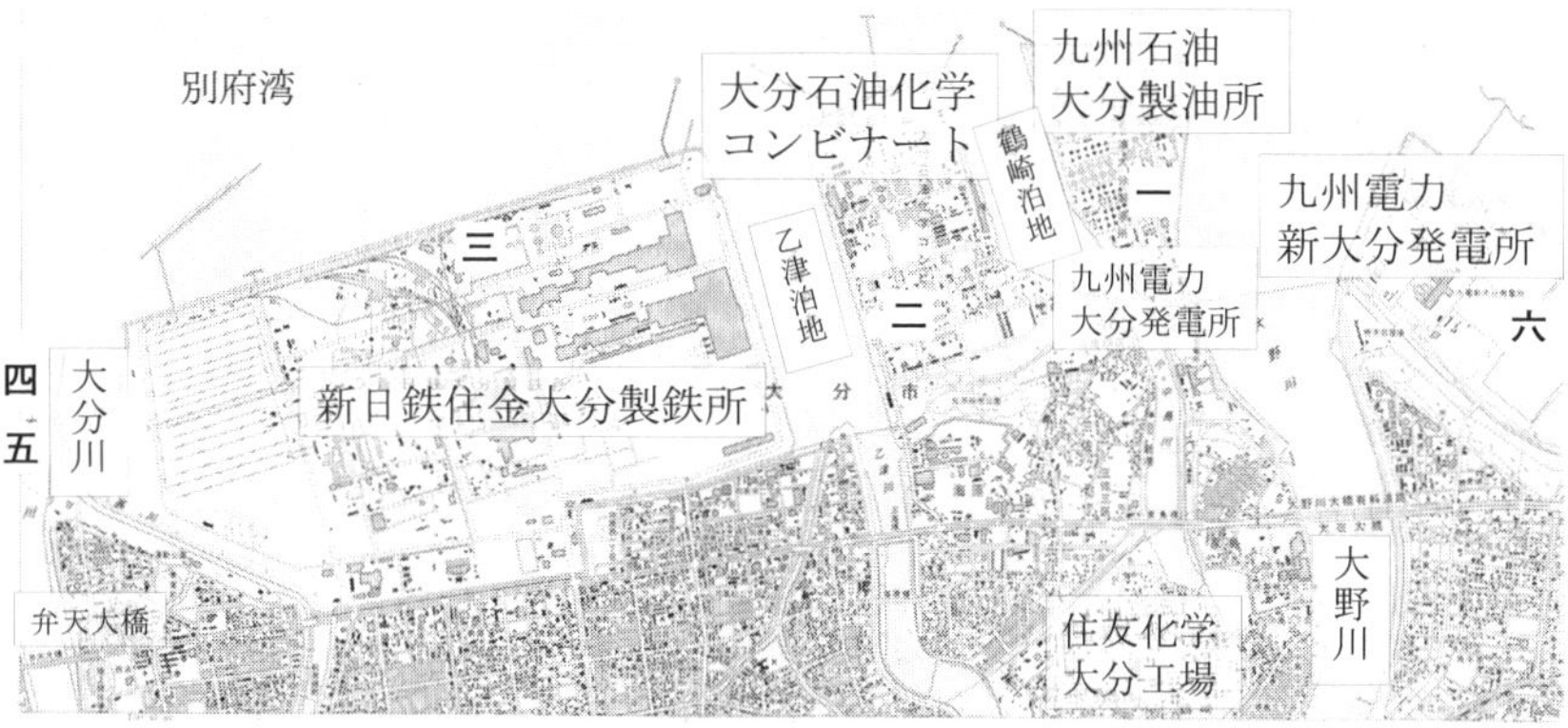

国土地理院　2万5千分の1地形図『家島』（2005年）をベースに作図　1km

5－15図　大分市業種別製造品出荷額構成　1980年

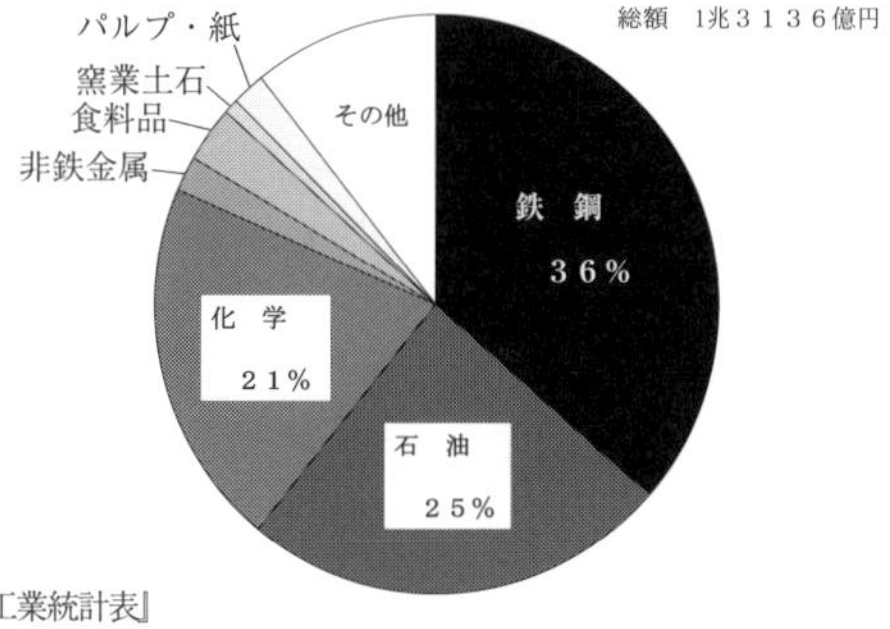

『工業統計表』

年の四二〇億円（G）から九五年の一・八兆円（I）に増加し、増加率は四一・九倍（L）と著しい伸びを示した。増加額の規模では新産・工特二一地域のなかで中位クラスであるが、増加率では、もともとゼロから出発した鹿島を別にすれば、常磐郡山に次いで第二位となっており、新産都市のモデルと評される岡山県南の二七・六倍を大きく上回り、短期間での高い成長を実現したと言える。

ただ、こうした出荷額の急成長を支える用地造成、港湾整備、道路建設の資金源となった自治体の新産都市債券の発行三九四・一億円（E①）と、これに対する国の利子補給六五・五億円（E②）、これに国庫補助率のかさ上げ総額一〇四・二億円（D）これらを合わせると五六三・八億円（C＋E）である。一連の政策資金は、新産都市で最大の出荷額増を誇る岡山県南と遜色ない額であり、それだけ政策コストのかかった工業地帯建設であったと言えよう。施設整備投資額当たり出荷額増（政策効果1、M＝J／B）でみると岡山県南三・〇、工特地域三・四と高いのに対し、大分は二・二で、全般的に投資効果が低く、新産都市計の一・五によ り近い値を示している。中央・地方政府資金投資からみて、中位のパフォーマンス地域に位置づけることができるであろう。

最後に、『研究会報告書』では、新産都市大分地区について、以下のようにまとめている。

「大分地区の工業集積は、新産地区指定以前はあまり進んでいなかった。しかしながら、指定前から整備の進んでいた臨海部の大規模に埋め立て地に、指定直後に石油精製、石油化学、鉄鋼など相次いで基礎素材型産業を誘致することに成功し、石油危機までにかなりの集積を達成している。一方で石油危機前から域内の内陸部にICの大型工場が立地するなど、先端技術産業の誘致にも積極的であったため、石油危機後も産業構造の変換にうまく対応したこと、高度成長期最後の生産性の高い新鋭プラントの存在により、基礎素材型産業の拠点性も失わなかったことなどから、新産地区内において極めて高い水準の工業集積を達成することに成功している[17]」。

4　大分市の人口増加と宅地開発

ところで、新産業都市大分の工業地帯が本格的に稼働してから、大分市の人口は着実に増加していった。一九六三年三月に鶴崎市、大分町、大南町、大在村、坂ノ市の一市三町一村と合併してから、二〇〇五年の平成の合併で佐賀関町と野津原町の二町を編入するまで約四〇年間、行政区域に変化がなかったものの、5―16図にみるように人口は着実に増加していった。五市町村合併直後の一九六五年の二三・四万人は、八五年には四一・四万人と二〇年間に一八万人、約一・八倍に増えた。大分県に占める県庁所在都市のシェアーは、六五年の約二〇％から、八五年の

5－16図　大分県、大分市、別府市人口推移

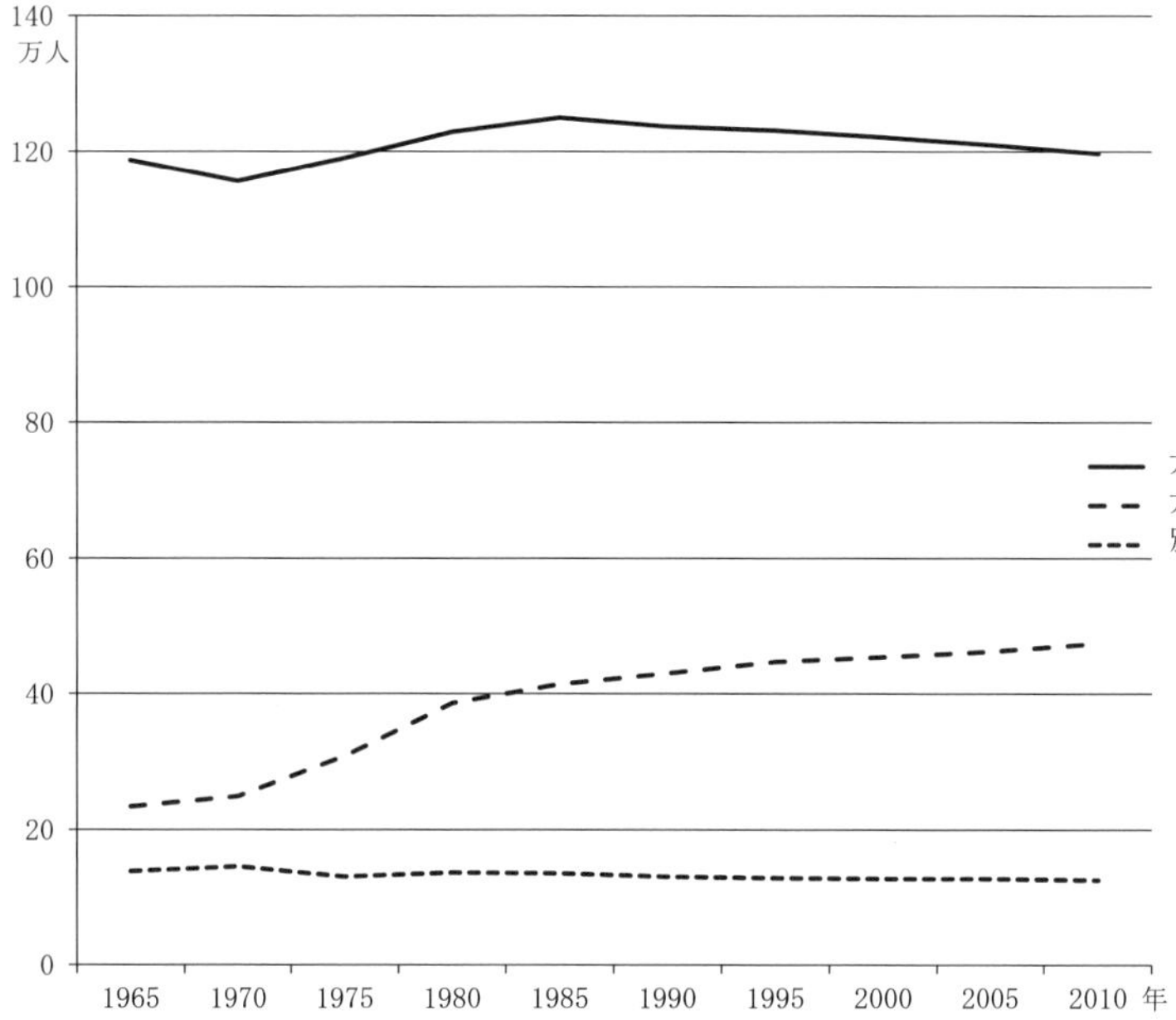

東洋経済新報社『地域経済総覧』各年版
（1965、70、75は住民基本台帳、1980、85、90、2000、05および2010は国勢調査）

約三三％へ、直近の二〇一〇年には二町統合もあって約四割を占めるまでになった。半世紀の間にシェアーは二割から四割に倍増し、二位の別府以下の中核都市を大きく引き離した。

ところで、先に引用した伊藤喜栄氏の論文には、地理学者らしく、新産都市大分の形成の不可欠の部分として、「大分市の都市化」に関する次のような記述がある。

「市街地部分の商業機能を中心とした充実と近代化に加え、周辺部分での住宅開発もかなり活発である。新産都第一期事業が本格化する昭和四三（一九六八）年、四四（六九）年頃から農地転用がきわ立って多くなり、しかも宅地として利用されるものが急速に増加してきている。新産都建設事業の一環として県が手がけた城南、明野、敷戸の三大団地のほか、民間ディベロッパーの手になる住宅開発がきわめて活発で、これが農地を蚕食して土地利

用に混乱をもたらしているのである」[18]。宅地開発は、大分市の都心から南西および南東の久大線と豊肥線沿線の丘陵地及び沖積地に広がるように開発された。

宅地開発からほぼ半世紀経過した二〇一六年七月二三日、経済地理学会西南支部例会で、大分大学経済学研究科博士後期課程の院生で、大分市役所から社会人として在学している安部敏和氏による「郊外型住宅団地の再生―大分市ふるさと団地の元気創造推進事業を例として―」という研究発表が県立広島大学で行われた。発表の内容は、「大分市が特定団地において住民と協働で行った再生方法を研究対象」としたもので、大変注目すべき成果であった。そのエッセンスは、安部氏の研究誌への掲載を待つが、新産都市大分に関わって、発表時の資料から一部引用すれば、新産都市の建設に伴う市の人口急増に対応して、一九六二年から八一年までの間に二〇ヘクタール以上の大規模開発団地の造成は二二団地にのぼり、その居住人口は二〇一五年三月時点で約七・五万人に達したこと、これらの団地では高齢化率が二九・二%にまで急速に上昇し、大分市の平均二三・九%を大きく上回っていること、などのデータが報告された。報告の中心は、大団地の一つ富士見が丘団地での「空き地活用による住み替え支援」、「子育て世帯に焦点を当てた住み替え支援」、「高齢者世帯対策」など多様な取り組みを行政と住民が協働で行い、大きな成果をあげている実例を具体的に報告したものである。全国モデルともなりうる興味ある報告であった。筆者自身が後期高齢者なりたてで、「終活」を真剣に考えているという個人的視点とともに、たまたま本書執筆中の新産都市大分の半世紀後の姿をみることができて、大いに感銘した。

（1）　石井晋「研究ノート：大分の石油・鉄鋼コンビナート建設をめぐって」『学習院大学経済論集』第三八巻　第一号　二〇〇一年。
（2）　同右論文　表一　五八頁。

（3）同右論文　表三　五九頁。
（4）同右論文　五九頁。
（5）同右論文　六一―六二頁。
（6）伊藤喜栄「日本資本主義と地域開発」（大内秀明・鎌倉孝夫・新田俊三編著『講座　現代資本主義⑤　戦後日本の基本構造（下）』所収）、同右論文　一七一―一七二頁。
（7）石井前掲論文　六三頁。
（8）同右論文　六三頁。
（9）北九州市『北九州産業史』一九九八年　一七三頁
（10）水口和寿『日本における石油化学コンビナートの展開』愛媛大学経済学研究叢書　一〇　一九九九年　一六六頁。
（11）同右書　一六七頁。
（12）同右書　一六八頁。
（13）同右書　一七〇頁。
（14）同右書　一七二頁。
（15）同右書　一七一頁。
（16）通産省・資源エネルギー庁石油部監修『平成四年石油資料』一九九一年。
（17）国土庁『地域産業振興に関する研究会報告書』一九九九年　一六頁。
（18）伊藤喜栄前掲論文　一七七頁。

三　新産業都市・富山高岡

1　前方産業連関・広域展開型の新産業都市

岡山県南、大分の二つの新産業都市が、ともに瀬戸内海沿岸に位置し、鉄鋼・石油・石油化学などコンビナート産業の埋立地への「集積」による、言わば「特定業種・限定地域集積型」の新産業都市として特徴づけることができる。これに対し、日本海岸に位置する新産業都市・富山高岡は、これとは対照的に「前方産業連関・広域展開型」とも言うべき特徴を有している。換言すれば、アルミ精錬などの非鉄金属から出発し、アルミ加工などの金属製品、さらには多様な一般機械や電気機械など組立産業の集積を実現し、かつ、新湊、高岡、富山の三つの核都市から、黒部、砺波・南砺、八尾・婦中など県の東部、中南部まで広域展開し、「テクノポリス」へとみごとな「変態」を遂げていった。この過程を統計資料によって跡付けてみよう。

5―17図は、富山県の業種別製造品出荷額の推移を示している。新産業都市政策が本格化した一九六〇年代後半からアルミなどの非鉄金属が断トツで成長し、続く八〇年代には、二度の石油危機のあおりを受けて非鉄金属が減衰し、代わって金属製品と化学が急成長するとともに、テクノポリス政策の核となった一般機械と電気機械がこれに続き、四産業が県産業を牽引している。まさに、素材から加工へ、さらに組立へという産業構造の前方連関への展開が行われてきた。他方、5―18図によって、製造業出荷額の地域別動向をみると、新産都市政策の下で富山、高岡、新湊三市の成長が一九六〇年代後半以降八〇年代後半まで二〇年以上にわたって続いた。三都市の県内集中度も六〇年六一

5－17図　富山県業種別製造品出荷額推移

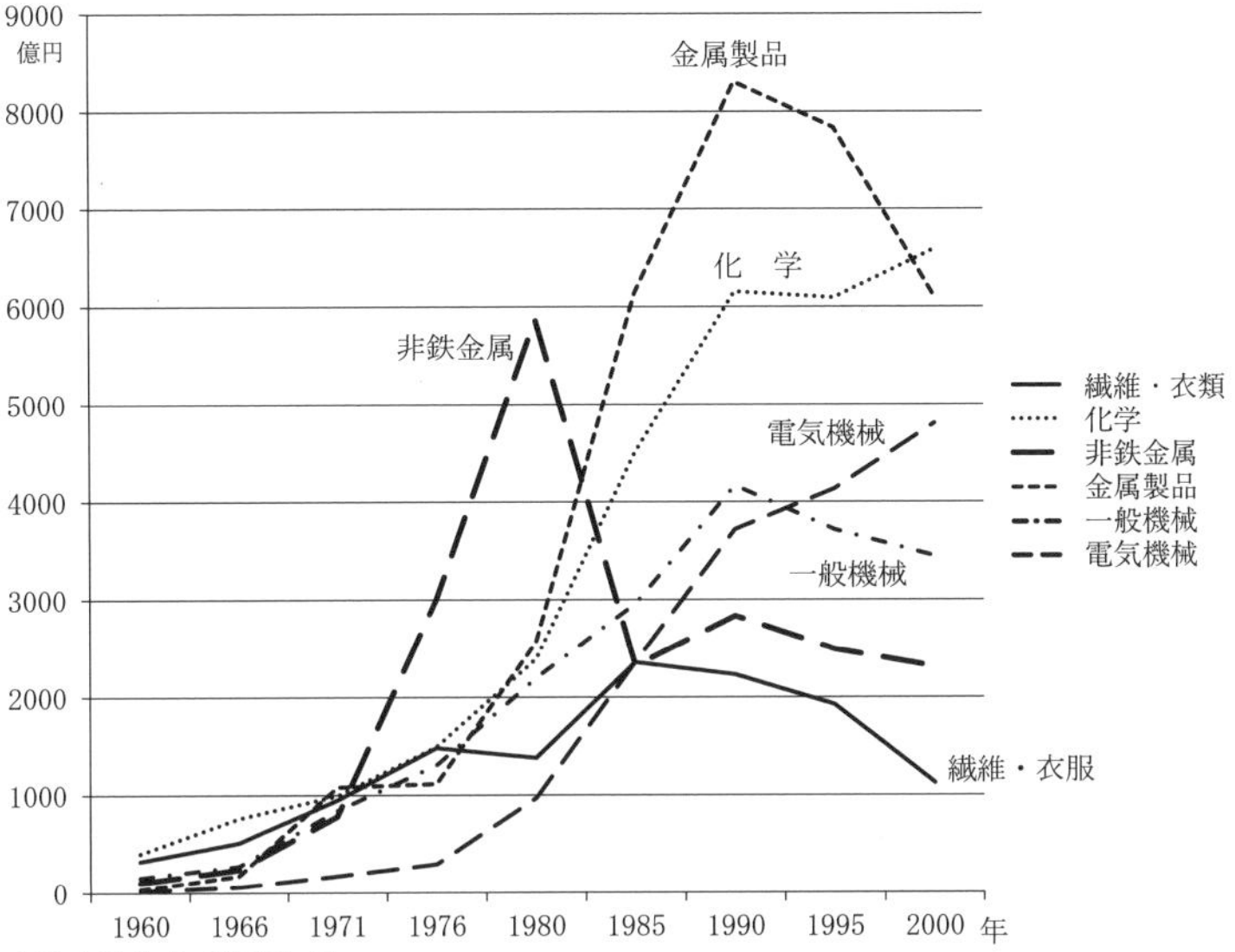

経済産業省『工業統計表』

5－18図　富山県、主要都市の製造品出荷額推移

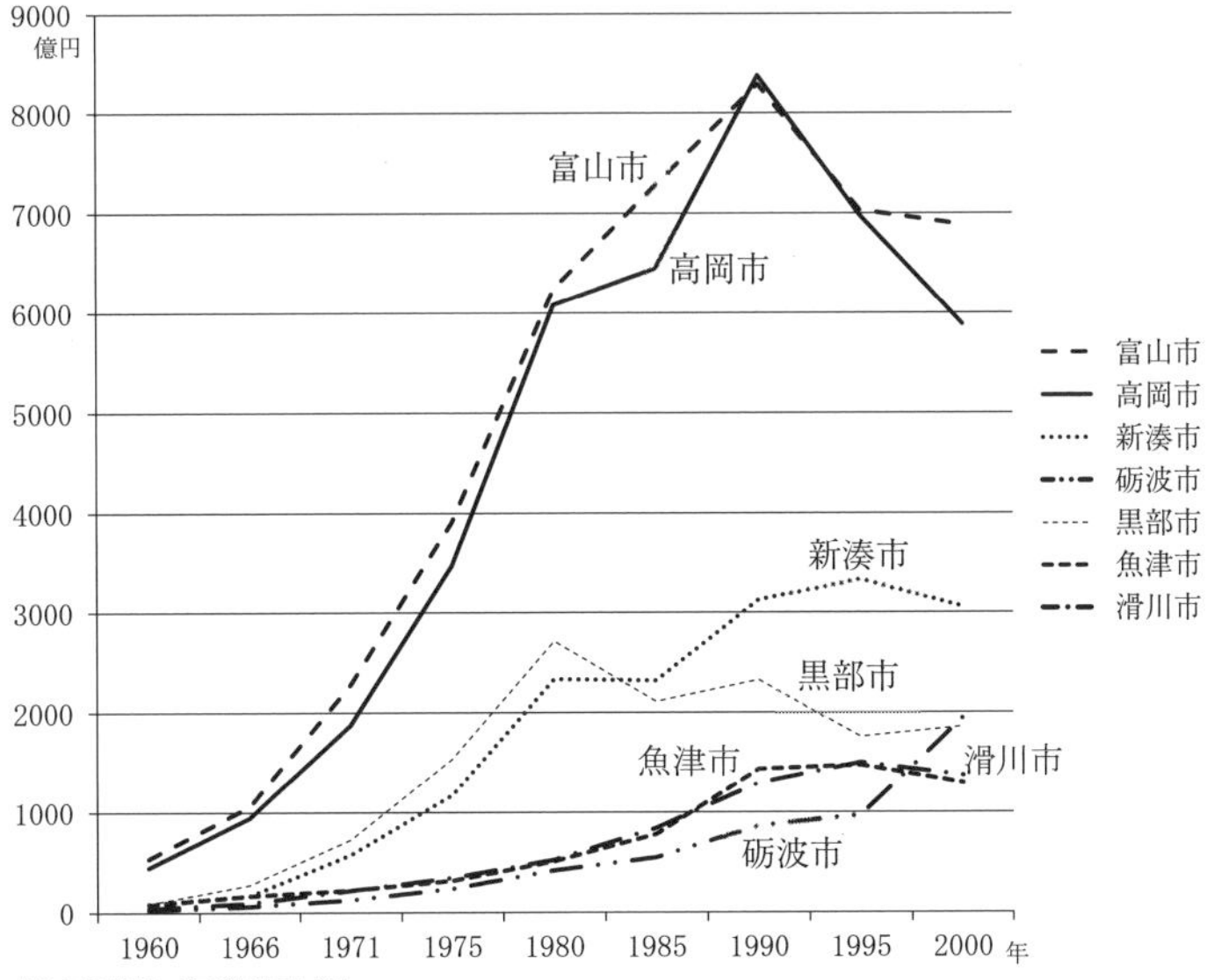

経済産業省『工業統計表』

%、八〇年五七%と高い比率を維持してきた。三市の製造業出荷額も、九〇年をピークに頭打ちとなり、とくに富山・高岡の生産の減少が顕著にみられる。しかし、これは、両市の経済の停滞の停滞というよりも八〇年代後半以降の富山テクノポリス政策に伴う郊外の工業団地の形成による広域化が強く影響したものとみてよい。事実、富山・高岡・新湊三都市の比率は、九〇年五三%、二〇〇〇年四六%となったものの、5—19図にみるように、二〇〇五年に郊外町村を広域合併した（新）富山市、（新）高岡市、射水市（新湊市＋郊外四町村）三市への集中度は、二〇〇〇年六一%と依然高い水準を維持している。三都市を核とする集積から三都市、さらには黒部、砺波、南砺など県東部、中南部への広域展開とみることができる。

2　「プレ新産業都市」段階の富山県の産業構造

5—20図は、新産業都市政策が稼働する直前、一九六〇年の富山県の工業構成を示したものである。これによれば、繊維・衣服、パルプ・紙、化学、鉄鋼の四業種で六三%と過半を占めている。繊維は、砺波平野から庄川沿いに展開する農山村での養蚕と絹糸の生産である。化学は、豊富な水力による低廉な電力をベースにした昭和電工富山工場がカーバイトを、高岡地区では日本曹達や東亜合成が電解法によるカセイソーダの生産が行われ、さらに硫安、石灰窒素等の化成肥料が生産されていた。加えて、富山地区での十条製紙や中越パルプ、高岡地区の興国人絹パルプ工場は、これらの電気化学工場で生産される化成ソーダを利用する「原料連関」として立地していた。さらに、新湊では、日本鋼管の富山電気製鉄所と日本高周波鋼業富山工場が立地していた。わかりやすくまとめれば、北アルプスを水源とし、富山湾に流れる庄川、神通川、常願寺川、黒部川などの急流河川が富山県を日本有数の水力発電地域とし、ここから得られる安価で豊富な電力を活用した電気化学工業と電気製鉄所の立地をもたらした。他方でこれ等の河川がつ

5－19図　富山・高岡・新湊3市製造品出荷額推移

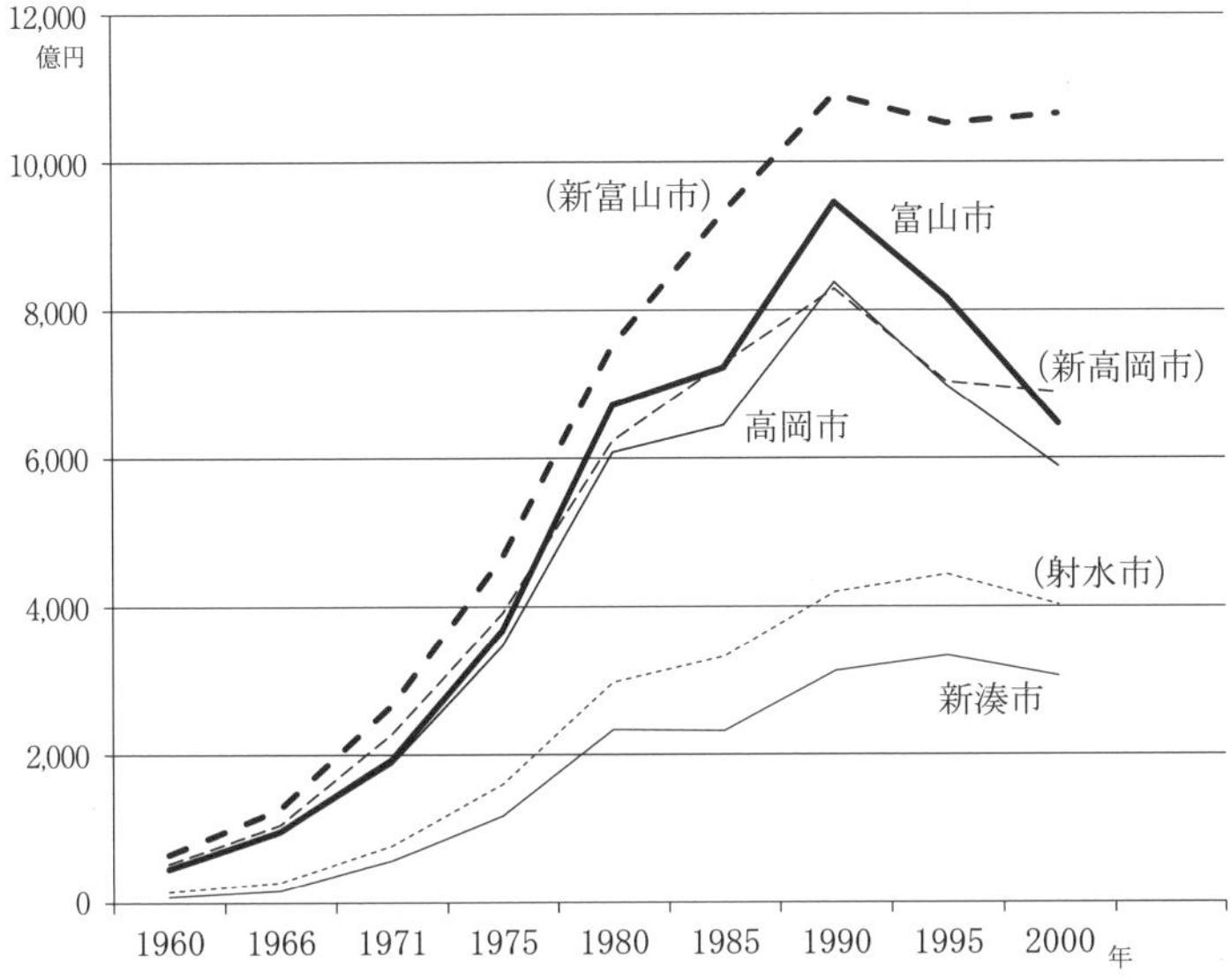

点線は、2005年合併の領域で計算
経済産業省『工業統計表』

5－20図　富山県業種別製造品出荷額　1960年

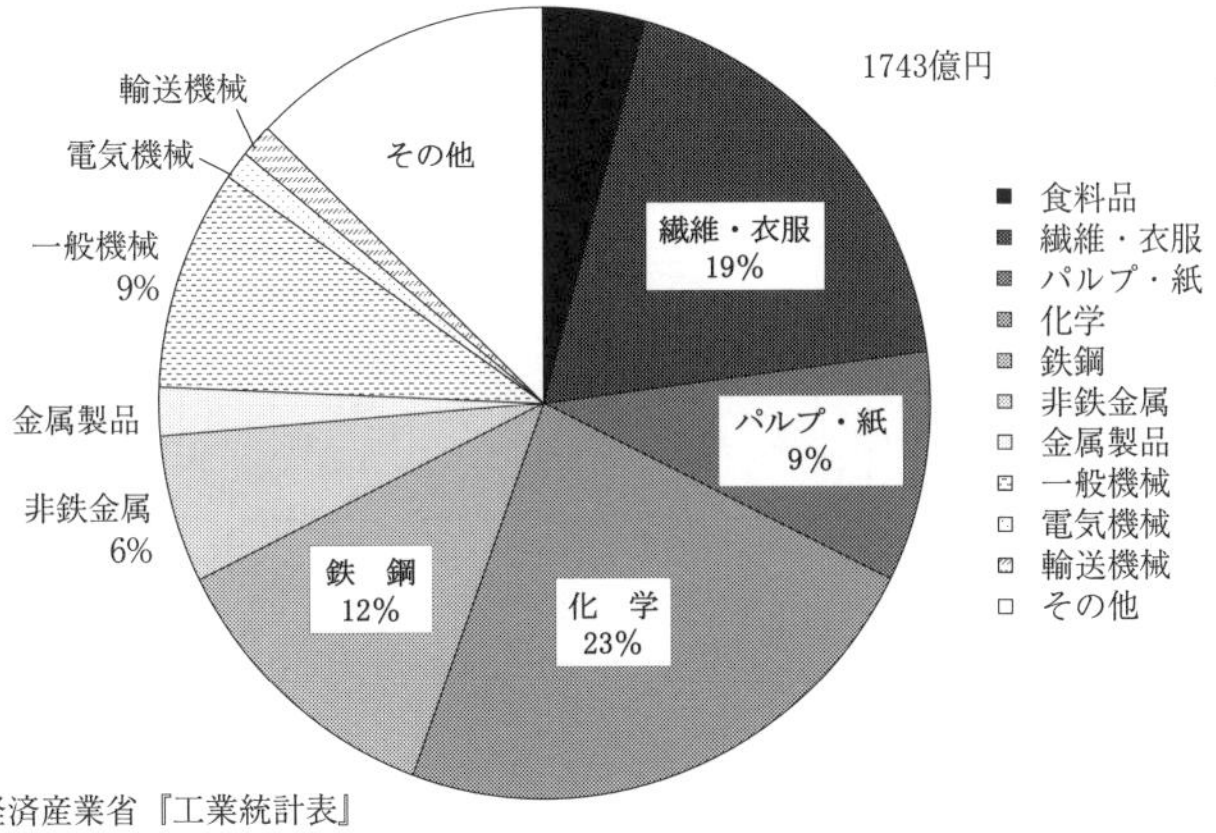

経済産業省『工業統計表』

くった扇状地や沖積平野に展開する農山村での養蚕業をベースに繊維工業が行われていた、ということができる。水力発電を利用した当時の富山・高岡地区におけるこうした「産業連関」について、日本経済新聞社の『日本のコンビナート』において次のように記述している[1]。

「富山・高岡地区は北陸の豊富な電源（水力）にめぐまれていたため、電解・電炉工業が立地した。つまり、富山地区には、昭和電工のカーバイド工場、高岡地区には電解法ソーダの日本曹達、東亜合成がそれぞれ工場をもっている。そして昭和電工には倉敷レーヨン、日本曹達、東亜合成には日本ゼオン、十条製紙、中越パルプが原料関係をもって集団立地をしている。

七大河川による豊富低廉な電力と工業用水を背景とした電解・電炉─化学・パルプの集団立地といえる。その関係を示せば5─21図のようになる。

この集団立地をコンビナートと定義することが、妥当かどうかは意見の分かれるところである。パイ

5－21図　富山・高岡地区のコンビナートのフローシート(新産都市指定前)

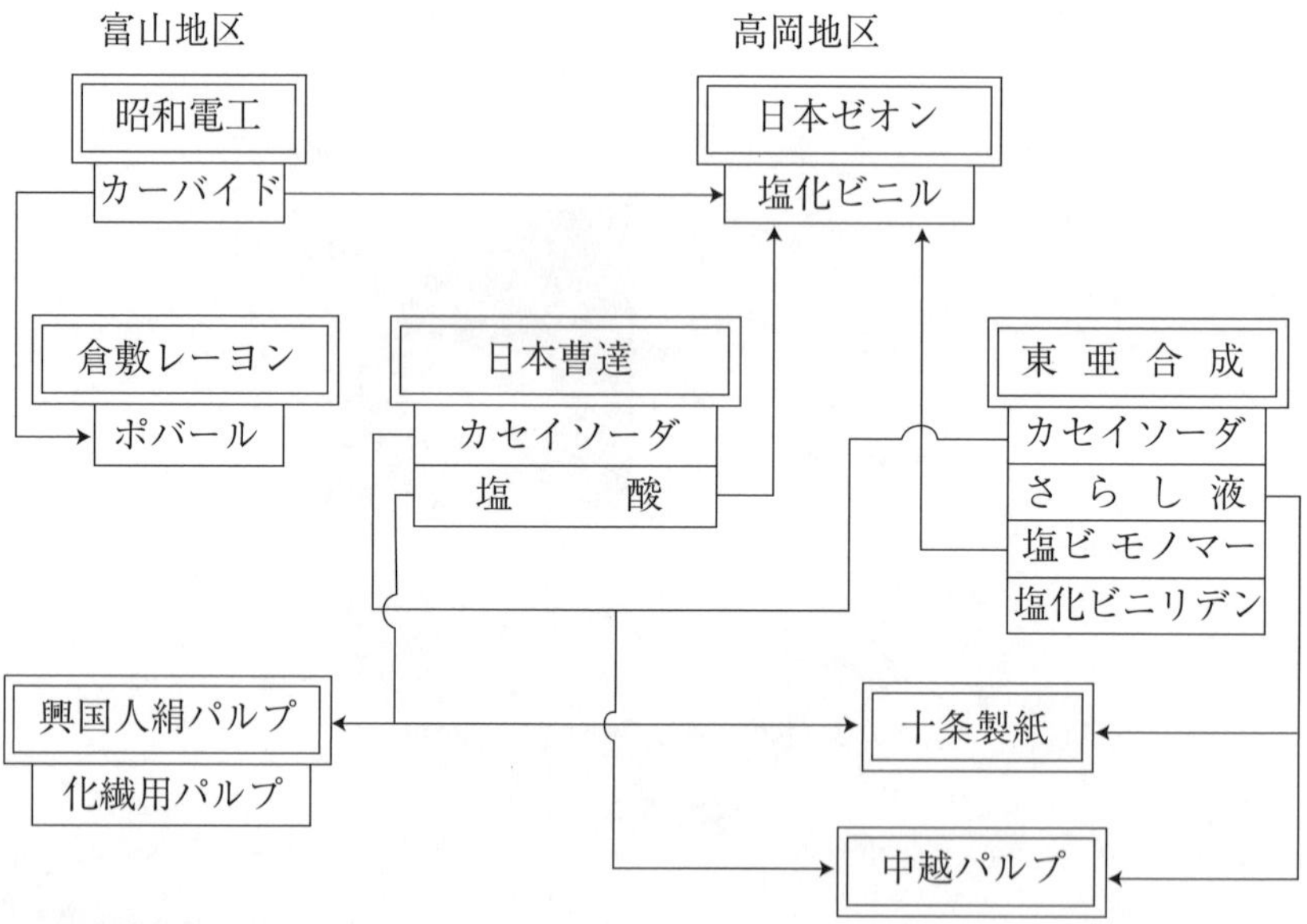

日本経済新聞社編『日本のコンビナート』p.285

プで原料供給が行なわれているのはごくわずかである。（中略）そこで、原料受給で多少なりとも関係をもつ集団立地を広くコンビナートと定義すればかろうじてあてはまるケースであろう」[2]。

本書第四章六で分析したように、こうした結合を「コンビナート」と定義することは適当ではないものの、特定地域内の密接な産業連関が存在することは確かである。

3　新産業都市・富山高岡の指定

「新産業都市・富山高岡」は、こうした富山県において実在していた産業連関をベースに、県選出代議士の構想と新産都市のプロトタイプの擦りあわせのなかで「計画」が練り上げられていったと言える。この過程を福武直編の著書[3]の分析を紹介しつつ追ってみよう。

これによれば、「昭和三〇年頃を背景にして、この裏日本から、この国土の総合開発と大都市の過大都市化阻止を結びつける方策としての、地方ブロック別にセンターをなす大都市建設の構想が提唱された」[4]と言う。その発信者は、一九五七（昭和三二）年一月の富山地方鉄道会長、衆議院議員の佐伯宗義氏であり、一九六〇（昭和三五）年二月の読売新聞社主、衆議院議員正力松太郎氏である。佐伯氏は、「百万都街郷構想」を、正力氏は、「百万都市建設構想」を国土、とくに大都市圏以外の地方ブロックに均等に配置することを提起した。これは、ともに近接する富山市と高岡市の一体化による構想を意識したものであり、三大都市圏だけでなく、金沢や新潟などと対抗して北陸の拠点都市形成を狙う富山発の国土構想でもあった、とみることができる。

松原治郎氏は、「これらアィデアの系譜がこの富山・高岡地区の開発にいかに反映したかを考えると、まさに反映したがゆえに開発構想の雄大性をもたらしたし、そのゆえに富山・高岡両市の真中の射水水田地帯にまったく新しい工業開発を想定せしめることになったのである。しかしそのことは（中略）、この『地域一体化の構想』に場を提供するというだけで、地元新湊市をはじめとする射水平野の町村がいかに振りまわされるかにつながることでもあった」(5)。県の二大都市富山と高岡の中間に位置しているだけで、さしたる工業集積もなく農漁業を主な生業としてきた中小都市が新産業都市建設の焦点地域に浮上することになった。倉敷市の水島には軍事工場跡地があり、県都大分には遠浅海岸に埋立構想があったのと比較すれば、明らかに寝耳に水であり、二人の政治家の「偉大な構想の犠牲者」でもある。

その具体化は、一九六一（昭和三六）年一月策定の「県勢総合計画」となって公式に登場する。その中身について松原氏は、以下のように紹介する。

「総花式の計画ではあるが、発想の根底にあるのはやはり冒頭に強調されている『地域一本化促進の構想』だといってよい。そして具体的には、一本化の前提として、射水地区に新港と後背地の石油・発電・化学・鉄鋼などの新しいタイプのコンビナートを作り、これを近代的基幹工業地帯として、両側に隣接する富山・高岡工業地帯と関連させて大工業地帯をつくる。さらに県内はもちろん近隣地域に第二次、第三次の関連加工工業が各地域に分散して立地され、相互に結びつく地方工業圏とする」(6)。

「これら一体化の達成のためには交通網の整備と水資源の総合利用ならびに行政地域の一体化が必要である。（中略）この一体化のためにはなにをさておいても、富山と高岡の中間の空白を埋める仕事、いいかえれば射水地域の総合開発を進行させなければならない。したがって焦点は、かかって射水平野にあわされるわけである。曰く、富山新港の建設とこれをめぐる臨海工業地帯の造成、曰く、庄川水系和田川の総合開発、曰く、射水地域の乾田化」(7)。

「全体として富山県の（一九六一年の）構想が今回の新産業都市建設の国家的構想の方向に、まさに即応したのはいうまでもない。したがって、地域的範囲を政治的思惑がかかりつつ策定したというだけで、あとはそっくりそのまま指定申請の構想におきかえられた。（中略）新産地域の範囲は、まったくの伸縮自在で、最初申請当時の区域は、富山・高岡市を中心にそれをはさんだ射水地域の三市・四町・二村、面積四二四平方粁、人口四四万九千人であったものが、正式指定の時には実に六市・一二町・五村、面積二、三三四平方粁、人口七五万というおどろくべき膨張ぶりになってしまった[8]」。当初の富山、高岡、新湊三市と射水郡四町村および呉羽町に加え、氷見・砺波・小矢部の隣接する三市、これらの七つの都市に挟まれた福岡・中田・戸出三町、さらに富山市の南および東に隣接する婦負郡五町村、上新川郡二町、中新川郡三町村が含まれた。「面積にして全県の五五％、人口にして七二・六％を占めるにいたったのである[9]」。新潟県側の黒部、魚津、滑川の三市と周辺四町村と南部の城端を中心とする八町村が外れただけである。

一九六二（昭和三七）年の新産業都市申請時の構想についても、福武編書は、5—22図のように紹介している。

5－22図　富山・高岡新産業都市建設の構想関連図

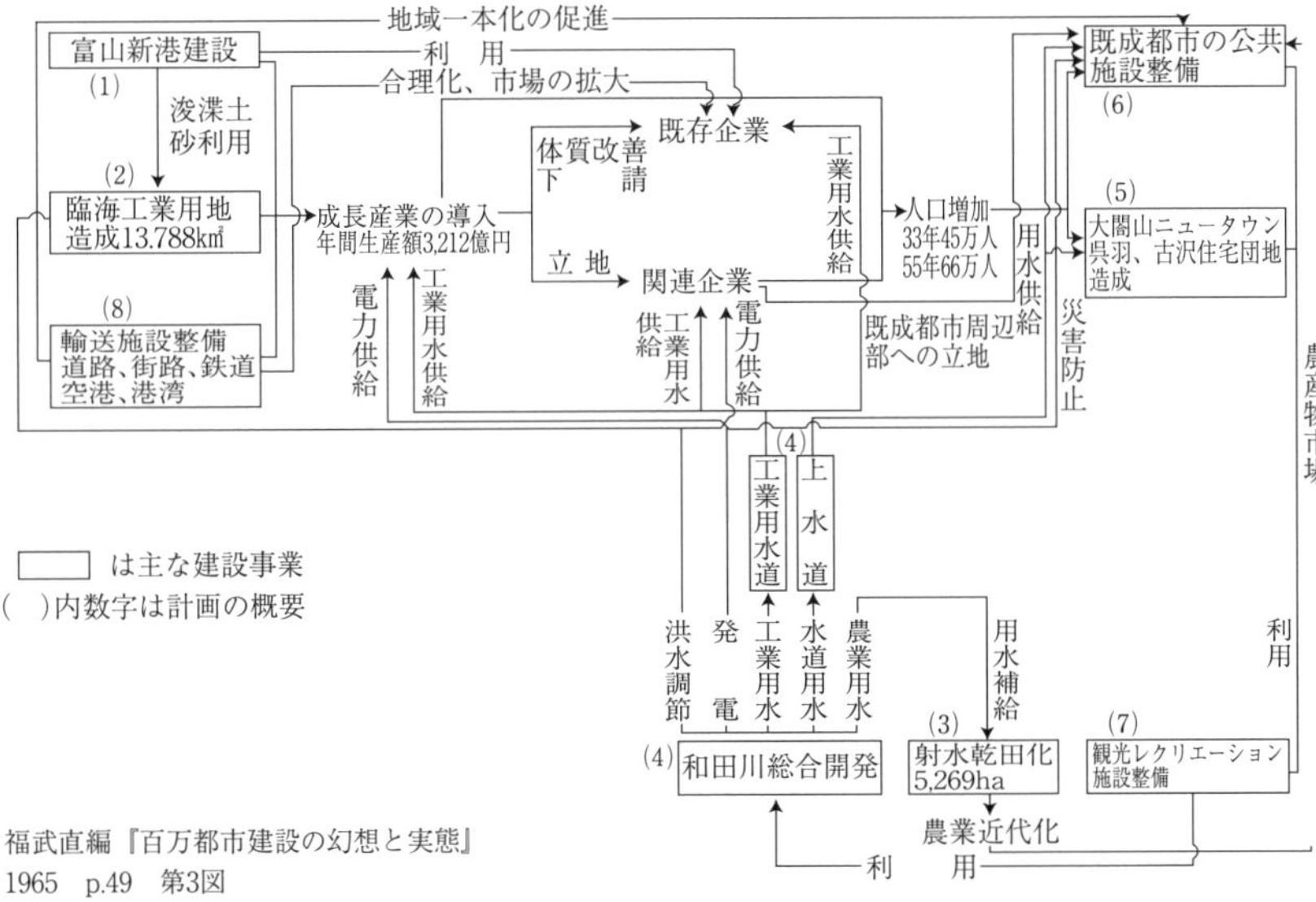

福武直編『百万都市建設の幻想と実態』
1965　p.49　第3図

すなわち、(1)射水平野の北端新湊市放生津潟等に富山新港を築造、(2)浚渫土砂で背後の湿地田を埋立て臨海工業用地（一三・七八平方キロメートル）を造成、ここに石油、鉄鋼、火力発電を中心とするコンビナートを建設、(3)浚渫土砂を利用した射水湿田地帯の乾田化、(4)庄川支流和田川上流に多目的ダムを築造、工業・農業・上水道用水の確保、(5)太閤山丘陵にニュータウン建設、(6)富山・高岡両市の中核都市形成、(7)射水丘陵・呉羽山に観光・レクリエーション施設建設、(8)国道整備、北陸本線複線化、富山空港完成、北陸自動車道着工等交通輸送施設整備、以上のプロジェクトである。[10]

「要するに、富山新港ならびに臨海工業地帯の造成、射水湿田地帯の乾田化、和田川総合開発計画を支柱にして、太閤山ニュウータウンの建設、既成市街地の整備等々をむすびつけた一体化構想以外のなにものでもない」[11]。また、工業出荷額も一九六〇（昭和三五）年から一九七五（昭和五〇）年までに「三倍から四倍にする予定」（中略）これが実現するかしないかは、いつに新港とその後背地の臨海工業地帯の開発にかかっている」[12]、というのである。しかも、放生津潟での新港建設は、申請一年前、指定決定三年前の一九六一（昭和三六）年度から「突貫工事の着工に入った」[13]。指定に有利なように地元自治体が早くから既成事実を積み重ねて「熱意」を示すやり方は、岡山県南（水島）、大分とも同様である。しかし、後述するように、水島や大分と異なり、新港建設と工業用地の造成、コンビナート工場の立地には、大きな壁が立ちはだかり続けた。政治家的発想特有の「中央目線」、「読みの甘さ」が早くから現実化したのである。

この富山高岡地区の計画は、一九六四（昭和三九）年四月に、第四次で、しかも一五地区中、道央、不知火有明大牟田とともに一一番目とほとんど最後に滑り込む形で新産都市に指定されたものの大幅に変更された。福武編書によると、指定決定前の一九六三（昭和三八）年一二月時点での計画では、一九七〇（昭和四五）年の工業出荷額は四、四八七億円、内訳は鉄鋼・非鉄・機械系四二%、石油・化学系二五%で重化学工業が約三分の二を占めていた。しかし、正式に決定された一九六四（昭和三九）年六月計画では、総額が約二八〇億円減らされて四、二〇八億円となり、内訳では鉄鋼六九三億円から五六七億円と減らされ、石油にいたっては一三七億円から一三億円と特に大幅に減り、代わって非鉄金属が一六三億円から二三五億円と大幅に増やされた[14]。「かくして富山・高岡地区の新産計画は、少なくとも昭和四五年までは、石油の新規工場はゼロ、鉄鋼も前の計画よりはかなりの縮小、火力発電も半分という形になって、一応おさまったのである」[15]。この点では、北日本新聞社の著作も同様の指摘をしている。「結局富山・高岡地区の計画も通産省や経企庁から再三見直しを迫られ、最終的な基本計画（三九年一二月）では石油・鉄鋼コンビナートの文字は消えた」[16]。

4　新産業都市計画の実施

①富山新港の建設

福武直氏らの著作は、一九六五年六月の出版で、新産都市指定後の富山高岡地区の産業基盤整備や工業立地の進行については、ほとんど記されていない。以後の展開は、新産都市指定二〇年後に出版された北日本新聞社の著作に譲ることにする。ただ、福武編書は、富山新港とその浚渫土を埋立てた湿田の乾田化についても触れている。ここでは、まず、富山新港建設が非常に大きな負担として新湊市にかかってくると前置きした後、次のように記述している。福武編書にある一九六〇年代の5―23図と最新の5―24図の二つの国土地理院の地形図を比較しながら検討してみよう。

「問題は放生津潟利用といっても、まず潟と海岸とを結ぶ新湊市堀岡の堀切門を撤去しなければならない。第一に、それはとうぜん塩水が浸入することであって、ひとつには従来この内水面を利用していた『しじみ』『うなぎ』などの養殖業の補償問題を生むし、いまひとつには潟背後地の水田の塩害に対する措置をとらなければならない。さらに

5－23図　新産都市富山高岡　富山新港開鑿全図（旧新湊市放生津潟）

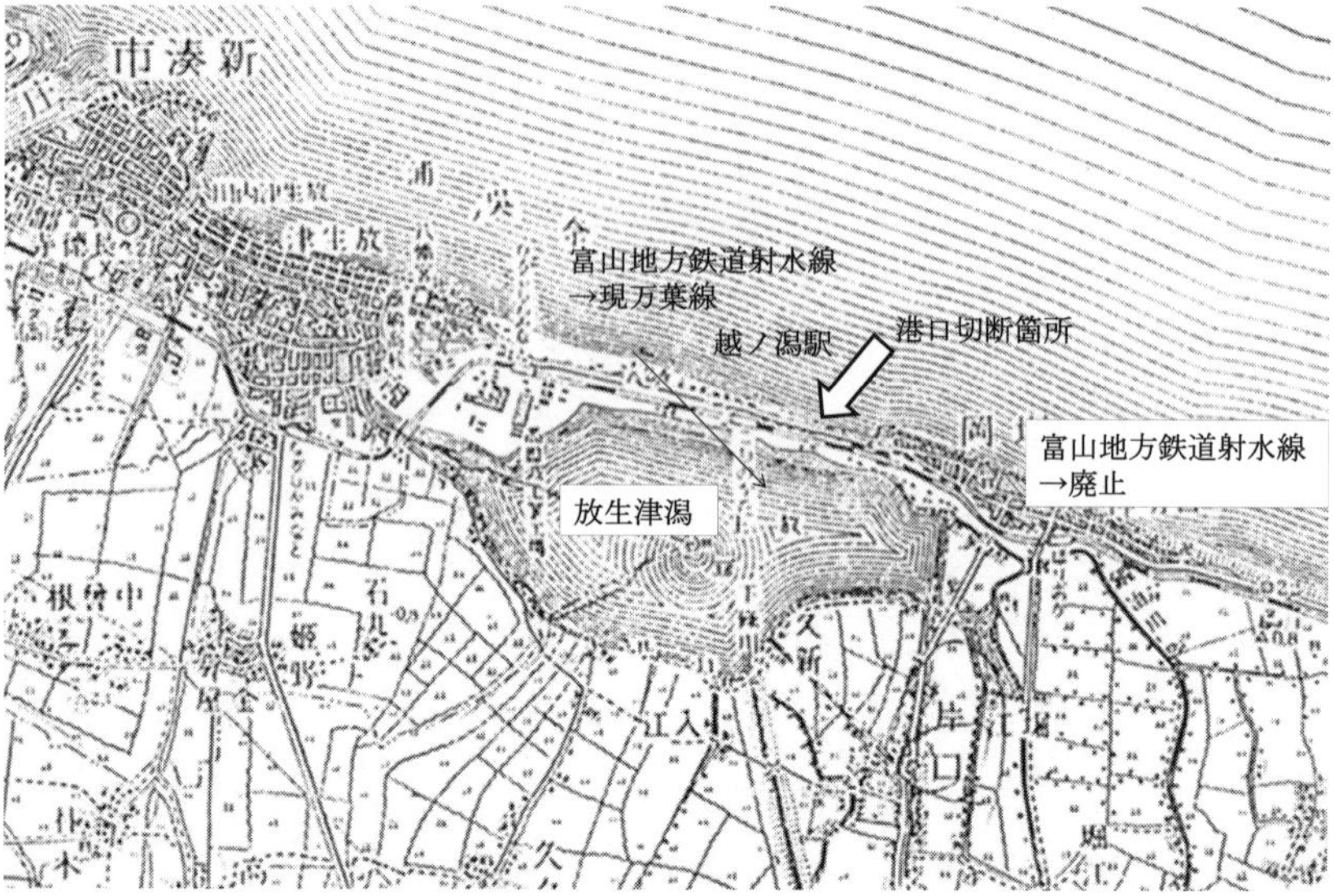

福武直編『百万都市建設の構想と実態』東京大学出版会（1964）　第1図　p.31

5－24図　新湊・臨海工業地区（射水市）

国土地理院２万5千分の１地形図『伏木』（2005）、『富山港』（2011）をもとに作成

第二に、これまで潟と海との間を地方鉄道射水線と県道が走っており、これを切ることは地鉄への補償がいるばかりでなく、新湊市自体が市街地と片口・海老江・本江・七美などの堀切以東地区とに完全に二分されることになり、後者は、まったくの陸の孤島化してしまうことになる。（中略）そして第三に、従来、放生津潟を利用して、伏木港に着く北洋材を内川を通して ここに貯木させていた新湊市の木材・製材業者の問題がある。県は当初から新港計画の一環として、公共埠頭の西側の奥に掘り込みの貯木場を新設する構想を提示しているが、それが手狭だとする業者と、さらにその場所が高岡市牧野地区の水田地帯にあたっているために、その犠牲となることを拒否する牧野の農民の反対を生む恐れがあったのである。

ともかくも港口を切断しなければ浚渫船を入れることができない。（中略）浚渫を開始するには貯木してある木材を移しておかなければならない。それの前提には新貯木場を作らなければならない。そして浚渫がはじまらなければ、後背地の強湿田地帯を土盛りして工業団地に造成することができない[17]」。

一九六一（昭和三六）年「着工の富山新港は、開港予定翌年の四十一年に入っても東防波堤と西防波堤の一部ができただけだった。浚渫船を入れるため、放生津潟にかかる地鉄射水線や主要地方道・魚津氷見線の仮切断をこれ以上遅らせては新港の実現が危うくなる、と県はあせった[18]」。

地元の一二自治会で構成する富山新港対策堀岡振興会や労組などの切断対策共闘会議との交渉は難航していたが、新湊市議会において二月に総合開発特別委員会、三月に全員協議会で県の交通対策案が「強行採決」され、四月二〇日に県と地元との正式な覚書調印がなされた、と北日本新聞社編集局編書に記述されている[19]。

この著作の第三部では、「住民の抵抗と挫折」と題して、新港建設をめぐる多様なトラブルについて生々しい筆致で描かれている。「港口切断」、「漁場破壊」、「農地つぶし」、「貯木場紛争」、「波乱の第二貯木場」、「水争い」、「分水の余波」、「水に沈む山里」等々である。いくつかポイントだけ転載しておこう。

漁場破壊―「富山新港の建設でこのうち港の泊地、公共ふ頭などの内水面共同漁業権と航路に当たる二つの定置網漁業権が完全に消える。砂場の共同漁業権も東西防波堤のために一部がなくなる。（中略）富山新港着工二日前の三十六年九月十三日、補償金総額一億二千八百九十一万円で放生津、新湊、堀岡の三漁協が県と調印[20]」。

農地つぶし―「工業用地と新港に必要な土地は六百七十ヘクタール、（中略）県の計画はこの土地を農地の買収で賄おうというものだった。農民の生活基盤を根底から揺さぶった。用地買収交渉が本格的に始まったのは三七年秋である[21]」。

「用地買収が完了したのは四十七年十月である。買収面積は新湊が六百七・九ヘクタール、高岡五十ヘクタール、小杉十・五ヘクタール、下村一・九ヘクタール。新湊では市内農地の三分の一が工業用地としてつぶされ、全農地一括買収を条件に同意した堀岡からは田んぼが消えた。（中略）移転家屋は百六十六戸、（中略）被買収者は約千百人にのぼる。九割以上が農家で約三百九十戸が離農した[22]」。

貯木場紛争―「伏木港と放生津潟の自然の恵みを受けて、新湊、伏木一帯は北陸最大の製材基地に育った。対ソ貿易の拡大を期待する富山新港には、潟に代わる貯木場が欠かせない。新港計画の国の承認に先立ち、県は港の西側奥に四十三万平方メートルの新貯木場建設を予定した。だが地権者の大半を占める高岡市牧野地区の住民が、この計画の反対に回った[23]」。「五年越しの紛糾は四十年秋に決着する。貯木場は結局、十六万四千平方メートルと予定の約四割に縮小された。位置も公共ふ頭に一部食い込む形で東へ大きくずれた。農林省も排水路を東へ約七百メートル平行移動させ、住民は訴訟を取り下げる。（中略）貯木場はその後、土地買収価格をめぐっても交渉が難航し、最終的には十三万平方メートル（内川の一部含む）にまで縮小してしまう[24]」。

②アルミ電解工場の立地—後方連関戦略の挫折

北日本新聞社編の著作は明言する。

「工場誘致の県の青写真・石油と鉄の大コンビナートは、既に破綻している。これに代わる中核産業、キーインダストリーを何にするか—」[25]

新産都市富山高岡の目玉が決まっていない、このことが最大の課題である。

「この時期、建材部門に進出していたアルミ加工は、産地化していた高岡市で、十年前の九・三倍と大きく飛躍していた。黒部の吉田工業を加えた県内大手七社によるアルミ地金の年間使用量は約四万トン、工業出荷額も二百億円を超える勢いであった。なべ、かまの日常用品から成長産業へと躍進するアルミへと県が動き出す」[26]。

新産都市富山高岡という「だるま」の目玉は、アルミの電解工場の立地であった。この戦略は、「的を得たもの」であったと筆者（矢田）は評価している。

本書第一編第三章五「アルミニュウム工業の立地論理」で分析したように、アルミニュウム生産には、ボーキサイトの採掘（鉱業）、これを製錬してアルミナを生産するアルミナ（製錬）工場、アルミナを電気分解によって地金をつくるアルミニュウム（電解）工場、地金から多様な製品をつくる加工工場の四工程からなる。日本ではボーキサイト資源が殆んどないので、これをオーストラリアなどから輸入し、新居浜（住友化学）、清水・苫小牧（日本軽金属）、横浜（昭和電工）、北九州（三井アルミ）などでアルミナ工場が立地していたが、円高に伴うボーキサイト輸送費の上昇や赤泥など大量の廃棄物の処理などの課題が多く、ほぼ壊滅した。他方、アルミ製品が多様化・拡大した高度成長期以降、アルミ加工工場は、消費市場に近い三大都市圏に集中してきた。問題は、アルミナを輸入してこれを電気分解によって地金を作る「電解工場」の立地であった。立地の基礎理論を持ち出すまでもなく、電解工場には、原料たるアルミナの輸入港湾、電気分解に必要な安価・安定・大量の電力の確保、そして製品であるアルミ地金の加工工場との近接性の三つの立地要因がある。電解工場の原料であるアルミナの入手しやすかった新居浜、清水・苫小牧・横浜、大牟田のほか、喜多方、大町、新潟、直江津など水力発電地帯にも立地していた。第二次大戦前には、富山（昭和電工）、高岡（日本曹達）にも電解工場が立地していた。アルミ加工が富山・高岡で発生・存続してきたのは、これとの関連と思われる。高度経済成長とともに生産を増大させてきた地元の財界が、再び電解工場を誘致し、加工原料であるアルミ地金の生産に動くのは理の当然である。「後方産業連関工場」を立地させることによる「アルミ・コンビナート」の形成戦略である。北日本新聞社の前掲書には次のような記述がある。

「住友化学工業（本社、大阪市東区）の長谷川周重社長＝現会長＝が富山県を訪れた。開港したばかりの富山新港を視察後、吉田 実知事とともに県庁で記者会見、『両者の間で土地提供、その他計画推進のために必要な事項について合意に達した』と発表する。四十三年九月二日のことだ。臨海用地での工場誘致第一号である。

計画では、同社の菊本製造所（愛媛県新居浜市）から原料のアルミナを運び、四十五年春、年産二万八千トンでスタート、四十六年二月には倍の五万六千トンのアルミニゥムを生産する。同席した小林謙副知事は終始ニコニコ顔だった。小林さんはこの一年三ヵ月前の四十二年六月、県総務部長を経て副知事になった。『最大の課題は、富山新港周辺の工場誘致だった』と言う。『万一工場が来なくて、ペンペン草でも生えることになったら、県としてはまさに破産状態になる』との危機感もあった[27]」。

「住友化学は、臨海工業用地A地区で約四百万平方メートル（五十三年にB地区で四万六千平方メートルを追加）を取得する。時価一万五千円（三・三平方メートル）を七千円で、八千円（総額九億七千万円）も割り込む出血サービスだった。『世界でも珍しい製錬（電解：筆者）、加工一体のアルミコンビナート』（橘高平治住友アル製錬所長）は四十五年二月、生産を始めた。（中略）設備能力十八万トンの工場六棟は、四十八年までに完成した。投資総額は三百七十億円だった[28]」。

電解工場は、文字通りアルミナを電気分解してアルミニュウム地金を生するので電気を大量に必要とする。埋立地の東端堀岡地区に住友化学と北陸電力とで富山共同火力発電所一号機が一九七一年九月に営業運転を開始する。日本石油（六六％）、北陸電力（一九％）、富山共同火力（九％）の株主構成で一九六七年に設立されていた日本海石油も、富山市四方の簡易製油所から新湊まで約七・七粁のパイプラインで富山新港共同火力発電所に燃料の重油を輸送する。

この結果、5―17図にみるように、一九七〇（昭和四五）年から富山県の非鉄金属の生産は急カーブで増加した。生産がピークに達した一九八〇年の県の業種別製造品出荷額をみると5―25図のように、非鉄金属が総額の一三％と断トツの地位にあった。北日本新聞社編書は、その後のアルミ産業の集積の過程を以下のように述べている。

「（昭和）四十（一九六五）年、県の工業出荷額のわずか二・七パーセントに過ぎなかった県内アルミ産業は、一五年後には一二パーセントを占め、金額で五十九倍に膨らんだ。同期間のアルミを除いた全業種の伸び率が五・八倍だから、アルミ産菜はその十倍以上のスピードで急成長した。

この原動力となったのが原料メーカー住友アルミ富山製造所だった。『ユーザー（加工業界）のメリットは輸送費軽減、在庫金利の負担ゼロ、廃材の有効利用など幅広い。進出は非常に意義深いものだった』と三協アルミの小林謙常務（当時副知事）は言う。

関連企業の誘致にも、住友は威力を発揮する。四四年から八年にかけ、臨海工業地帯にはアルミ電線の日本線材、住友電工、自動車部品のアイシン軽金属、スズキ軽合金、サッシ形材の富山軽金属など県内外から七社が進出した。アルミ電線やダイカスト（鋳物）による自動車部品製造にはホットアルミ（溶けたままのアルミ）が必要で、住友誘致によって初めて進出が可能になったものだ。コンビナート機関車として、住友は生産量を着実に伸ばす。順風満帆だった(29)」。

「昭和五十五（一九八〇）年度の出荷額五千七百五十二億円、全国アルミ産業の一五パーセントのシェアを持ち、品目別ではサッシ、ドアが全国生産量のざっと四〇パーセント、台所・食卓用品が二五パーセントを占める今日の富山県アルミ産業の姿だ[30]」。

アルミ電解―二次加工（圧延）―三次加工―石油火力発電、新湊、高岡、富山、さらにＹＫＫのある黒部を加えると日本有数のアルミ産業集積地が形成されたと言ってよい。電解工場が立地した新湊の臨海工業地域はその核となった。

③電解工場の撤退と前方産業連関戦略

５―18図にみるように、住友の電解工場が生産開始した一九七〇年から新湊市の製造品出荷額は八〇年までに急上昇し、二次、三次加工を担当する工場が立地している高岡市と黒部市の出荷額もほぼ同じペースで伸びている。しかし、八〇年以降カーブは鈍化するとともに、増減のペースも大きな地域差を伴うものになる。この変化をもたらした最大の要因は、電解工場が生産するアルミ地金の国際競争力の喪失である。一九七三年と七九年の二回にわたった「石油危機」によって原油価格が急騰し、石油火力依存の電力価格も急上昇する。加えて一九八五年のプラザ合意によって一気に円高が進行し、国産のアルミ地金は、輸入品に対し競争力を決定的に失う。もはや国内電解工場の存続の余地を完全に失った。この間の事情について、北日本新聞社編書は、以下のように記述している。

「石油ショック以後、情勢は一変する。（昭和）五十七年四月から設備能力（年産十八万トン）の一〇パーセントにも満たない一万二千トンの〝ちょろちょろ操業〟に入った富山製造所をめぐって、休止説が絶えない[31]」。

「県内のアルミ地金消費量は、（昭和）四十年代初めの四万トン台から五十年は十一万五千トンになり、最近は約二十万トンに伸びた（高岡アルミニウム懇話会推計）。だが富山製造所の県内供給量は五十年以降、ほぼ七万トン台と変わらない。加工業界の住友依存率は年々低下する。しかも供給量の中には海外合弁企業からの開発輸入地金も含まれる。五十六年夏からの急激な減産で、製造所独自の供給能力はピーク時の十分の一以下になった。

減産に追い打ちをかけたのは、海外安値地金の輸入攻勢だ。輸入地金は現在一トン当たり三十万円そこそこであって、国産地金の販売価格との差が十数万円もある状態では『輸送費軽減のメリット』も何もあったものではない。（中略）県内消費地金の六〇パーセントが既に輸入ものなので、住友離れはますます進む勢いだ。富山製造所の将来について、いま県内業界の視線が集まる」[32]。

『日本国勢図会』一九八九年版によると、住友アルミニウム製錬の地金生産高は、一九八七年でゼロになっている。前年の八六年に国内生産を停止したことがわかる。この跡地は、富山市の鉄鋼の電炉メーカーである大谷製鉄が買収し、一九八八年一二月に新湊工場を完成し、ここに富山工場から「全面移転」した。また、その東南にはアルミの加工メーカーで高岡市に本社のある三協立山の工場群が林立している。「原料であるアルミニウム地金を溶解し添加金属を配合・調整したものを、鋳造機で円形ピレットに仕上げる」『鋳造』、「これをさまざまの形状の金型（ダイス）を高圧力で押し出す」『押出加工』、「耐食性を高め、意匠性耐摩耗性等を付与するための」『皮膜』、さらに、さまざまな分野に使われるサッシやドアなどのビルや住宅用の建材、フェンスやテラスなどのエクステリア用製品、自動車や精密機械部品など三次加工品として生産されている[33]。兄弟が別々に創業した三協アルミ工業と立山アルミ工業が二〇〇六年に統合し、高岡、新湊に工場展開している中でのアルミ・コンビナートの拠点工場となっている。また、三協アルミの工場群の西には軽量化と低燃費化する自動車部品に不可欠なアルミ部品を供給するアイシン軽金属が一九七〇年に新湊（現射水市）に設立され、臨海工場群の一角を形成している。[34]

これに加えて富山県の東端の黒部市に拠点を置く、ファスナーでは世界一の生産量を誇るＹＫＫの工場群が市内の鋳造を中心に集積し、アルミ鋳造、押出、合金工程など後方連関を強めるとともに、建材、各種機械部品に製品分野に拡大してわが国有数のアルミメーカーとなり、滑川、魚津、水橋（現小山市）など近隣に工場を展開している。[35]

このように、素材・エネルギー部門傾斜・特定地域集中型の岡山県南、大分などプロトタイプ型の戦略が挫折し、結果的に前方産業連関・組み立て加工指向、かつ広域的な工場展開となった富山高岡の新産都市の姿は、5―19（三四九頁）、25、26図で大局的に把握できる。すなわち、富山県の業種別の製造品出荷額推移をみると、新産業都市政策が本格的に動きだした一九七〇年にアルミの電解工場に牽引されて非鉄金属が断トツに伸びたが、二度にわたる石油危機とプラザ合意以降の急速な円高の進行によって、アルミ電解工場の撤退で八〇年代に一気に失速した。しかし、ビルや住宅、自動車や鉄道などの建設・輸送分野の軽量化の動きに乗って、アルミ製品の需要は安定的に増加し、生産技術の革新も手伝って高付加価値化の波が襲った。アルミや合金などの金属製品、一般機械、電気機械産業の富山県での成長であり、地域的には富山、高岡、新湊三市の停滞と比較しての周辺都市の成長である。二〇〇五年の平成の大合併で富山、高岡、射水市に組み込まれた地域をいれた出荷額の伸びをさかのぼってみると、新富山市、射水市は増加し続けた。主力工場を新湊の臨海工業地帯に移転した影響で高岡市が新高岡市となっても減少傾向に歯止めがかかっていない。また、ＹＫＫの拠点工場のある黒部市も一九九〇年以降減少しているものの、新工場増設の影響で魚津と滑川市は増産傾向にある。とくに、新富山市と旧富山市との差は、テクノポリスの中核となった八尾、婦中町の増加によるものである。先端技術産業の導入と地元企業の技術高度をうたった富山テクノポリスが指定されたのは、一九八四年三月、新産都市計画の後方産業連関から前方産業連関への戦略転換によって、アルミの高度加工を核とする先端技術指向がはじまった時期と一致する。

国土庁の『地方産業振興に関する研究会』報告書は、新産業都市・富山高岡地区について、以下のように整理している

「富山高岡地区には、新産地区指定前から豊富で低廉な電力を背景に アルミなどの非鉄精錬や化学肥料などの工場が立地しており、全国水準には届かないものの、相応の工業集積が存在していた。新産地区への指定後は、伏木富山港新湊地区の整備と工業用地の造成によって、アルミの精錬・加工立地が一層進捗した。石油危機以降、アルミ精錬は撤退を余儀なくされるが、川下のアルミサッシは一大産地を形成するまでに成長し、また、化学や電気機械工業の

5－25図　富山県業種別製造品出荷額構成　1980年

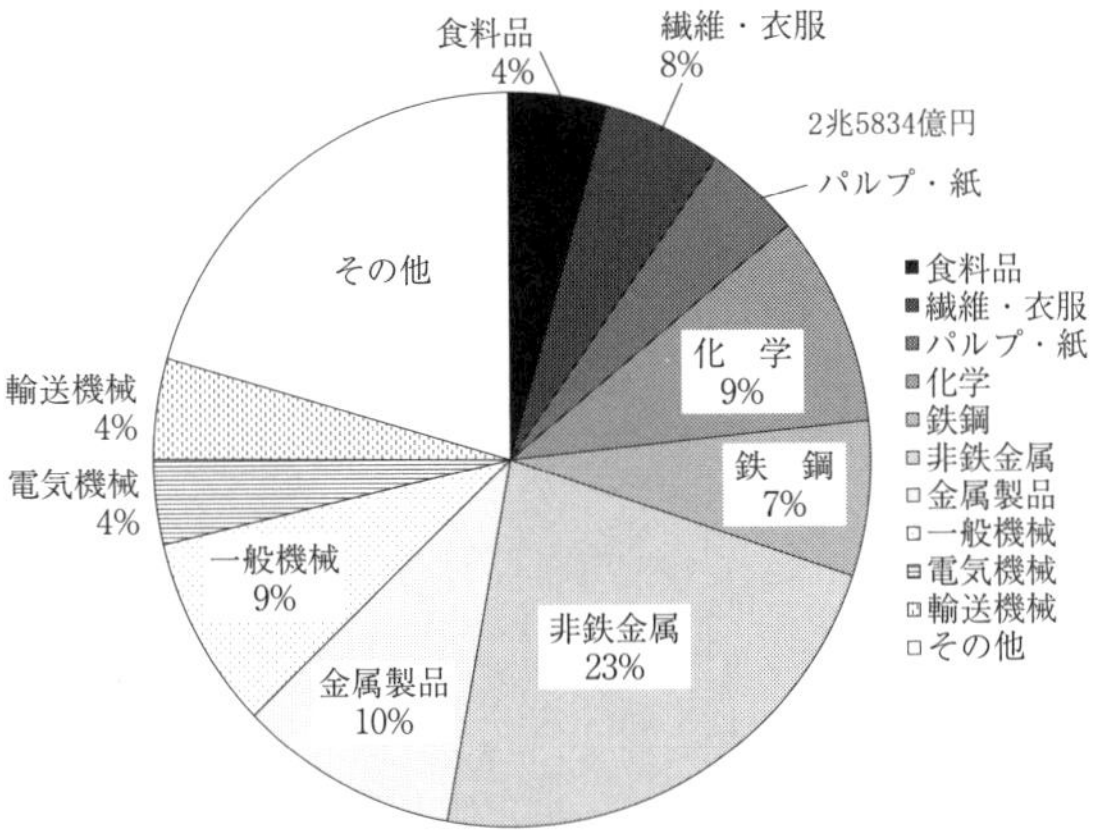

経済産業省『工業統計表』

5－26図　富山県業種別製造品出荷額構成　2000年

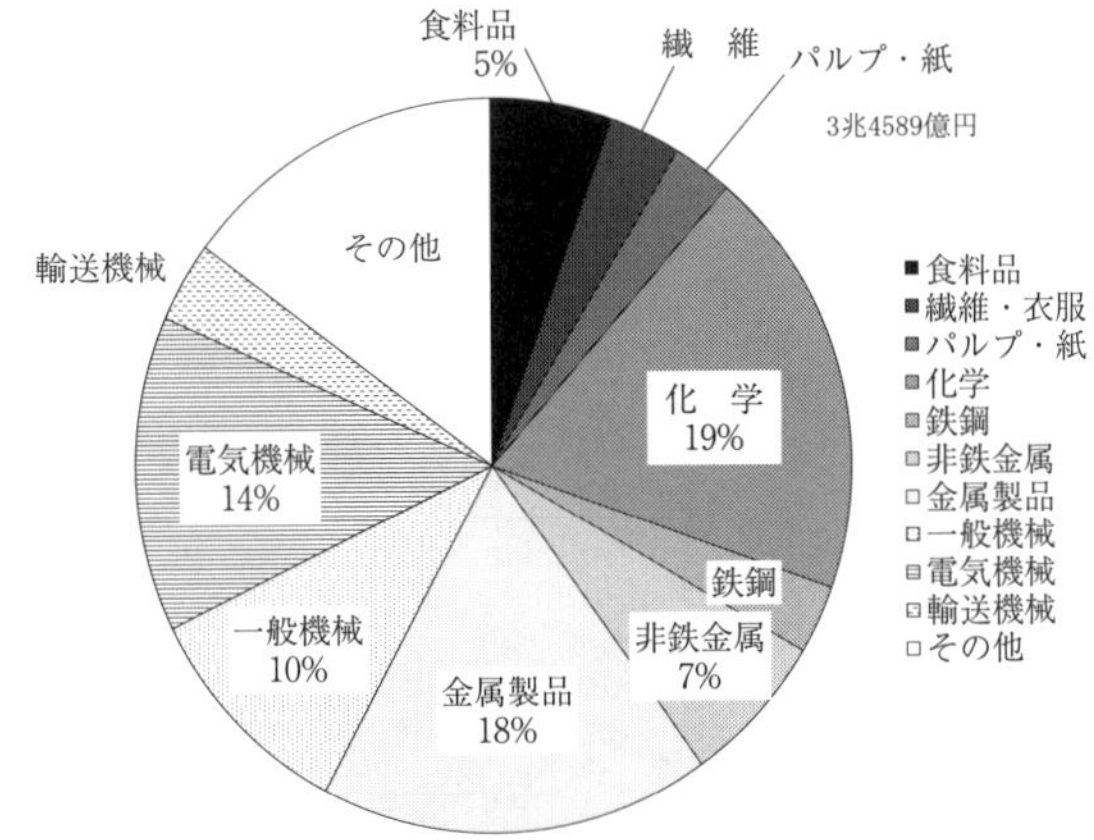

経済産業省『工業統計表』

立地も進んだ。このように、当地区においては、経済環境の変化に対応した地域経済の構造転換が行われた結果、高い工業集積が実現されている。[36]」

伏木富山港新湊地区の整備と工業用地の造成、アルミの精錬・加工の立地、石油危機後のアルミ精錬の撤退、川下のアルミサッシ一大産地の形成という劇的な変化を巧みに表現しつつ、「経済環境の変化に対応した地域経済の構造転換が行われた結果、高い工業集積が実現されている」と高い評価をくだしている。隣接して同様な条件にあった新潟地区について、「新産地区指定後、新潟東港地区に輸入原料を念頭においた素材型産業の集積を図ったが不十分なものと終わり、石油危機以降も、電気機械等の立地を地区外内陸部に奪われるなど、十分な工業集積は達成されていない[37]」という厳しい評価とは対照的である。

4　新産業都市・富山高岡の負の効果

北日本新聞社編書は、新産都市富山高岡が、地域住民に多くの犠牲を強いただけでなく計画通り進捗せず地域経済の振興になんら貢献しなかったという「批判的」トーンで貫かれている。いわく、「新産のプラスもマイナスも、総合的に検証し、住民に報告することが住民から信託を受けた行政の執るべき態度ではないのか。（中略）計画、実行それぞれの当事者、関係者の証言を軸にすえた。評価をマイナス、プラス両面から科学的に分析し、トータルな姿を浮かびあがらせた。結果は、地域開発の目標であるはずの『地域格差の是正』にはほど遠く、『住民福祉の向上』とは無縁だった。火力発電所の大気汚染が、少女をゼンソクで苦しめ、生命までも奪った。『地方自治の発展』とは、むしろ逆方向を示した[38]」。

これが本書のモテーフともなっている。戦後国土政策の検証をテーマとしている筆者としては、「新産のプラスもマイナスも、総合的に検証」する姿勢に共感をもっており、「負の効果」を結論とする立場には立てない。政治的な動きのなかで、県行政が立案した計画が国の大幅に変更を余儀なくされながら新産都市計画に「昇華」され、なお実行途中に「石油危機」と「プラザ合意」など国際情勢に翻弄されて戦略を大幅に変更しつつ、アルミ加工をベースとした金属加工、機械部品へと県の産業構造の高度化を着実に進めたことは確かである。こうした政策の軸となった新産都市・富山高岡の「正の効果」も評価すべきではないだろうか。計画を遂行する行政は、「正の効果」を強調し、「反権力」にこだわるマスコミの多くは「負の効果」に固執しがちであるが、物事には「盾の両面」が存在することは否定できない。その意味では、研究者こそが「マイナス、プラス両面から科学的に分析」できる恵まれた立場にある。歴史的な流れという時間軸、国際関係や国内の地域構造という空間軸のなかで国土の編成、地域の振興をテーマとする筆者も、新産都市・富山高岡政策の「正の効果」と「負の効果」に真正面から向き合う義務ある。臨海工業地帯の造成、電解工場の立地と撤退、輸入アルミ地金の圧延から多様な高度金属製品、そして一般、電機、輸送機械への軸心の移動といった、前方産業連関、広域展開型の産業構造と産業配置の実現は、明らかに新産都市の「正の効果」である。他方、北日本新聞社編の書が取り上げた「負の効果」についても、筆者は目をつぶるわけにはいかない。北日本新聞社の編書第四部「破たんした開発計画」のⅡ「公害とのたたかい」、Ⅲ「地元の衰退」で「負の効果」に鋭く迫っている。幾つか紹介しよう

ここでは、地元の記者による地域住民への聞き取りによるレポートが中心で具体的でわかりやすい。その内容は大きく三つに整理される。一つは、工場や発電所のだす排煙や排水による農業・漁業被害、住民の健康被害などいわゆる「公害」。二つには、港湾建設や臨海工業地帯造成に伴う農地買収や漁業権放棄がもたらす農漁業への影響。第三に、放生津湾の港口切断による交通困難や移転先ニュータウンでの工事ミスによる家屋の沈下など日常生活での困難。具

体的内容は、北日本新聞社編書に譲るが、代表的なものを紹介する。

第一の公害については、アルミナの電解による地金の生産工程で「アルミナを溶かすために使う氷晶石分解、フッ素化合物ガスとして工場建屋や煙突から外部に漏れ出、周辺を汚染する」(39)被害である。新湊市久々湊住民が野菜、樹木の葉枯れを訴えている。また、富山火力、富山共同火力、富山新港共同火力の三つの発電所の操業によって、富山市草島や新湊市堀岡で気管支炎の被害が発生し一一歳の少女がゼンソクの発作で死亡した、と報告している。

第二の農漁業の衰退については、次のような指摘がある。

「排水不良の強湿田を抱えていた新湊市は水稲単作地帯で利用率も低く、けっして恵まれた農業地帯ではなかった。家庭薬配置業や日雇い労働による兼業の進行も早かった。それでも四十年当時、市内全世帯の二〇パーセントが農家で、その過半数が農業を主体に生計を立てていた。

臨海工業地帯の用地買収（新湊、六百八ヘクタール）は四十一年から四十七年にかけて進む。この結果、農地の約三分の一が新港の水路や工場用地に取られた。四十二年から四十七年までに農家は三百六十五戸（一九パーセント）も減り、一戸当たり面積も九十アールから七十アールに、専業農家も百二戸から三分の一の三十戸に減った。新湊周辺の農業始まって以来の激変期だった(40)」。

「富山新港と臨海工業用地の造成で、転業を迫られた農家は、約三九〇戸にのぼる。移転家屋は、新湊市片口百六戸、堀岡三十二戸、高岡市牧野五戸など計百六十六戸に及んだ(41)」。

乾田化事業も排水計画の誤算もあって、「たん水は治まらない(42)」。

「新港の航路、東西防波提建設、四十九年からの国による西部海岸埋め立て（七十万平方メートル）で二度にわたって定置漁業権や共同漁業権を切り売りさせられた。

工場排水で海は汚れた。火力発電の温排水が心配だ。油も流れた。外国船などに定置網を切られた。漁網の被害は開港翌年の四十四年から五十三年までの十年間に伏木港、新港周辺で四十四件、一億円以上の損害（修理分のみ）だった。夜中の場合が多く、ほとんど泣き寝入りさせられる」[43]。

第三の生活上の支障については、富山新港の港口建設のために放生津潟沿岸を切断したことによる新湊市堀岡地区の「飛び地」化である。地鉄射水線や主要地方道魚津・氷見線、など三〇〇メートルにわたって切断したため、堀岡地区の住民は市街地から切り離され近くの越ノ潟渡船場から県営のフェリーで対岸へ渡る。

「港口切断は道路、鉄道で結ばれていた同じ住民同士を分断した。代替のフェリーは地下道要求が認められなかった住民たちがやむを得ず受け入れたものだ。

このフェリー、新湊市（高岡市牧野地区も一部含む）在住者は無料（市外の大人二十円、小人十円）である。西側の越の潟では加越能鉄道新湊港線（越の潟―新高岡）と、東側の堀岡では射水線（五十五年三月末廃止）の代替バスと接続する」[44]。

「フェリーは歩行者のほか自転車、バイクが対象だ。定時に動かないときもある。マイカーの場合はう回道路（国道四一五号）を大回りしなければならず、二十分ほどかかる」[45]。

それから半世紀後の二〇一五年一〇月二五日経済地理学会金沢大会の後、新湊に土地勘がないのでこの地をはじめて訪れた。かつての加越能鉄道新湊港線は、路面電車の「万葉線」となり、高岡より越の潟まで運行している。そこから一五分間隔のフェリーに乗って堀岡までわたり、堀岡古明神まで街路を散策し、富山新港火力発電所の周囲を歩いてみた。日曜日なのか、堀岡では人と出会うことはなかった。堀岡以東には射水線はなく、線路あとの細い道路だけが残っていた。帰りは、完成して間もない「新湊大橋」という巨大な鉄の橋を徒歩で渡った。新湊側は、埋立地に「海王丸パーク」があり、海の祭展が行われ、天皇ご夫妻が訪れる日のせいかにぎわっていた。

それにしても「新湊大橋」には圧倒された。一九六七年湾口部切断、翌年開港、それから三二年後の二〇〇〇年着工、二〇一二年に完成した。越ノ潟と堀岡間の陸上交通が遮断されてから約半世紀である。交通遮断の対策としては「遅すぎる」。全延長約三、六〇〇メートル、主橋梁部六〇〇メートル、総工費四八五億円は、代替施設には「巨大すぎる」、「費用が多額すぎる」。これが住民の強い抵抗をはねのけて新設した「富山新港」の「政治的回答」なのか。「企業の立地合理性」を軽視して、大物政治家に従ったゆえに鉄鋼・石油化学コンビナート構想が失敗し、その「ツケ」が回りまわって「対岸貿易のゲートウェイ」戦略に転換したことが、新たな巨額投資を呼び込んだとしか思えない。その限りでは全総＝「土木国家」政策の批判は当たっている。

もうひとつの住民の生活に係る問題は、新産都計画の七つのプロジェクトの中の太閤山丘陵の大規模ニュータウン建設である。これは、北陸本線富山駅と高岡駅の中間小杉駅の南約二キロに位置するなだらかな丘陵地が対象である。新産都指定前の一九六一（昭和三六）から用地買収を開始し、翌年から建設を開始した。用地買収を開始してから二〇年、約三千世帯。一万人が住むまでになったが「六百五十三戸（低層二百五十五戸、三階から五階の中層三百九十八戸）分の宅地など約一九ヘクタールが売れ残っている」[46]という。何回か需要見込みを下方修正してきたが、売れ残りは深刻である。「臨海工業地帯に進出するベッドタウンを狙った、企業が来ず、当てが外れた」[47]。臨海工業用地は、それなりに売却されても、県外からの立地よりも、富山や高岡の工場のリプレイスが主で、新規の追加労働者は見込みほどではなかったと思われる。また、県民の持ち家志向（持ち家率八五％、全国一）も強く。中層共同住宅が敬遠されたことも大きい、と同書はみている。丘陵地に挟まれた旧水田の上の宅地は工法の失敗から住宅の「沈下」に直面し一部の住宅に深刻な被害をもたらした。

ただ、二〇〇五年の平成の大合併で、太閤山ニュータウンのある小杉町は新湊市と合併して射水市となり、新市役所は小杉駅とニュウータウンの中間に立地し、ニュウータウンのなかに一九九〇年に「技術立県の新たな拠点」として、富山県立大学が設立された。筆者は、公立大学協会会長経験者であったことから県立大学の「法人化」委員会に参画し、二年間ほど富山県庁での会議に参加した。県立大学は、研究・教育の面で、富山大学工学部と匹敵する優れた公立大学でもあり、テクノポリスの中核として重要な役割を果たしている。ニュータウンのすぐ南に北陸自動車道小杉インターができるなど新射水市の中核的位置、富山・高岡二大都市をつなぐ重要な役割を果たしつつある。北部九州の中枢都市福岡と環境都市北九州の中間に位置する住宅都市宗像に近似した都市でもある。

5　新産業都市・富山高岡の政策効果

①第一・二次の新湊・臨海工業地帯造成の決算書

北日本新聞社編書の二〇七頁に掲載されている表は、三〇年後の現時点では大変貴重な資料で、再構成して5―7表として転載した。(48)

そもそも、新産業都市・工特地域政策は、一九六四年に対象地域が指定され、二〇〇一年に法律が廃止されるまで、第一次（一九六四―七五年度）、第二次（七六―八〇年度）、第三次（八一―八五年度）、第四次（八六―九〇年度）、第五次（九一―九五年度）、第六次（九六―二〇〇〇年度）の六次、三六年間の長期にわたって実施された（5―6表）。5―7表では、政策が集中的に実施された第一、二次の新産業都市富山・高岡地域の中核・新湊市における基盤投資のプロジェクト別、国・県・市の財源負担別の投資額を示したものである。富山県や新湊市、北陸農政局等の関係組織から新聞社の記者が収集したもので、新産業都市のプロジェクトを国・県・市がどのように財源を負担して工事を実施したかが手に取るようにわかる。

ここでは、臨海工業地帯に構築にかかわる富山新港、臨海工業用地、周辺道路、工業用水道の整備、射水平野の

5－6表　新産業都市・富山高岡の建設・整備の進捗状況

		第一次計画		第二次計画		第三次計画		第四次計画		第五次計画		一次－五次
	1960	1964－1975		1976－1980		1981－1985		1986－1990		1991-1995		1964－1995
	実績	目標	実績	目標	実績	目標	実績	目標	実績	目標	実績	累計額
人　口　万人	75	92	80	86	83	85	85	85	85	86	86	
目標達成率　%			87		97		100		100		100	
工業出荷額　億円	1,389	5,523	11,163	18,793	19,620	24,100	22,789	29,800	27,871	34,941	27,271	
同　増加分			9,834		8,457		3,169		1,929		-600	
目標達成率　%			202		104		95		94		78	
造成済工場用地　ha							508		547		718	
同　増加分									39		171	
売却済工場用地							425		538		686	
売却率　%							83.7		98.3		95.5	
立地済工場用地							369		476		642	
立地率　%							72.6		87.1		89.4	
施設整備投資額　億円		3,240	4,094	5,349	5,718	8,146	7,699	7,814	8,657	10,475	12,386	
同　新規分				1,255	1,624	2,423	1,981	115	918	1,528	3,729	
目標達成率　%			94.3		98.5		96.1		108.5		120.1	
補助かさ上げ額　億円			7.4		41.2		19.9		8.5		10.7	87.6
新産都債発行額　億円			99.8		115.0		170.7		173.7		343.7	902.9
同　利子補給額			9.7		19.8		37.0		11.9		13.0	112.0

施設整備投資額達成率については計算と一致しないが、理由は不明

国土庁『地方産業振興に関する研究会』報告書　1999　より

乾田化の五大プロジェクトについて、一九六四年から八〇年までの一五年間に約九五七億円の基盤投資がなされた工事の明細表である。具体的には、①富山新港約二四〇億円（二五%）、臨海工業用地造成約四〇〇億円（四二%）、道路整備約二三〇億円（二四%）、工業用水設備約二八億（三%）、乾田化約六億（六%）で新港、工業用地、道路整備の三つに大半の財源が投資されたこと、②工業用地はほとんど県が、道路整備は大半を国が負担し、港湾建設は国と県が折半して負担していたこと、③トータルでは、国三〇%、県六八%、新湊市等基礎自治体が二%負担したこと、さらに、④臨海工業用地の造成のための漁業補償や農地買収などに合計約一七〇億円（用地造成の四二%）要したこと、⑤これらの大半が起債に依存していた上に、新港に係る起債事項（二五億円）、用地や用水に要した中での利子（二四億円）もあり、借入金依存の度合いがかなり高かったことなどがわかる。

ところで、一九六〇年の新産都市富山高岡の面積は、二三三四平方キロ、人口七五万人に対し、臨海

5－7表　富山新港臨海工業地帯への基盤設備投資額
第一、二次分（1964－80年度）　百万円

施　設	事　業	国	県	新湊市等	計	事業別割合
富　山　新　港		10,433	12,575	786	23,764	%
百万円	直轄事業	7,438	6,874	564	14,876	62.6
	補助事業	2,960	2,960	564	5,920	24.9
	産業関連	35	35	70	140	0.6
	起債事業		2,478		2,478	10.4
	県単事業		228	152	380	1.6
%	負担割合	43.9	52.9	3.3		100.0
臨海工業用地		176	39,616		39,792	%
百万円	補　償	176	8,248		8,424	21.1
	買　収		8,668		8,688	21.8
	造　成		7,145		7,145	18.0
	事　務		1,144		1,144	2.9
	利　子		14,391		14,391	36.2
%	負担割合	0.4	99.6	0		100.0
道　路		14,154	8,965	33	23,152	
百万円	新湊婦中	1,733	834	33	2,600	11.2
	臨港東路	600	300		900	3.9
	う回路		1,920		1,920	8.3
	国道８号	11,821	5,911		17,732	76.6
%	負担割合	61.1	38.7	0.1		100.0
工　業　用　水		538	2,268	0	2,806	%
百万円	工　事	538	898		1,536	54.7
	利　子		1,270		1,270	45.3
%	負担割合	19.2	80.8			100.0
乾　田　化						
百万円	幹線排水	3,588	1,547	1,052	6,187	
%	負担割合	58.0	25.0	17.0		100.0
５施設整備計	百万円	28,889	64,971	1,871	95,731	
%	負担割合	30.2	67.9	2.0		100.0

北日本新聞社編『幻の繁栄—新産都市二十年の決算《富山・高岡の場合》』 p.207より作成

工業地域の核となる新湊市の面積は三三平方キロ、人口は四・八万人で、面積にして一・四%、人口にして六・四%とごく一角にすぎない。工業出荷額でみても、新産都市地域で一、三八九億円に対し、新湊市のそれは一〇五億円で七・六%である。時間的にも新産工特の期間が三六年に比し、ここでの実績は第一、二次の一六年経過した数字である。

ひるがえって、新産都市・富山高岡全体の全期間の動きについては、一九六四年から九五年、つまり第一次から五次までの建設・整備の進捗状況を5―8表であらわした。ここで、第一次、二次計画の一五年間の施設整備投資額だけをとってみると、五、七一八億円で、さきの新湊市に限定した施設整備投資額の九五七億円と比較すれば、計画地区全体の約一七%、六分の一が詳細に把握されていたことになる。つまり、北日本新聞社が明らかにしたデータは、新産都市・富山高岡の中核プロジェクトの「旬の時期」の決算書である。

②新産業都・市富山高岡の決算書

新産都市・富山高岡は、一九八五年の三次計画終了時まで約二〇年間かけて、放生津潟を切り開き、航路を浚渫して富山新港を開港し、その浚渫土で潟や周辺の湿田を埋立て工業用地を造成した。一九八五年度末での工場用地の造成面積は五〇八ヘクタールで、九五年度末造成面積の七割強ができあがった。うち約七三％に工場が張り付いていた。これに関係道路の整備、工業用水道の建設等の施設整備が行われ、ここまでに約七、七〇〇億円が投資された。その後の一〇年間を経た九五年度末までには工場用地七一八ヘクタール、施設整備費用約一兆二、四〇〇億円にのぼった。

5－8表

施設別新産等債発行額

	新産等債発行額 第一次―第五次累計	
	億円	%
1．公営住宅	1,268.30	13.8
2．道路	1,215.40	13.3
3．港湾	2,393.00	26.1
4．空港	489.7	5.3
5．漁港	94.7	1.0
6．河川	900.7	9.8
7．海岸	324.4	3.5
8．砂防	645.1	7.0
9．森林	85.1	0.9
10．地すべり	336.8	3.7
11．都市公園	812.3	8.9
合　計	9,170.70	100

施設別補助かさ上げ額

	補助かさ上げ額 第一次―第五次累計	
	億円	%
1．公営住宅	406.2	13.0
2．道路	658.8	21.2
3．港湾	21.9	0.7
4．下水道	1,246.0	40.0
5．教育施設	565.2	18.2
6．厚生施設	64.7	2.1
7．河川	7.3	0.2
8．海岸	5.9	0.2
9．都市公園	99.1	3.2
10．卸売市場	38.1	1.2
合　計	3,112.90	100

新産工特21地域分
国土庁『地方産業振興に関する研究会報告書』1999　より

　これらの費用は、先の初期の新湊での工事明細から推定すると、主として県税で賄われ、国が直轄工事だけでなく、県の工事に補助金をだし、補助率も法律に基づいて「かさ上げ」された。さらに、債券を発行し金融機関から大量の資金調達がなされた。一九九五年度末までに、補助金のかさ上げ分だけでも約九〇億円、債券発行額はその一〇倍の約九〇〇億、利子は約一一〇億、あわせて借金は約一千億円に達している。第五期までの三〇年間の設備投資額のうち、新産都債券の発行額と支払利子を加えた借入金総額から「借入金依存率」を計算してみると八・三％で新産・工特二一地域中最も高くなっている（本書二二四頁、3―2表F欄）。ちなみに、日向延岡も八・三％で同率一位のほか、八戸七・三％、大分七・一％、鹿島六・八％、徳島六・二％、中海六・一％、常磐郡山六・〇％が上位にある。新産都平均三・三％、工特地域平均三・四％に比較すれば相当高い。債券と利子を合せた「合計」(3―2表E欄)では、富山高岡のみが一千億円を越し、常磐郡山の約七七〇億円、道央約七五〇億円、仙台湾約七三〇億円の北東三地域をも大きく引き離している。

他方、これらの「投資」の成果でもある「製造品出荷額」の増加をみると、第三期終了までの約二〇年間に(3―2表K＝H／G)一四・一倍で、新産都平均一七・五倍、工特平均一六・三倍に大きく劣っているわけではない。ちなみに、同じ日本海岸の秋田湾一〇・九倍、新潟一二・六倍、中海一三・八倍のなかでトップであり、瀬戸内海沿岸の徳島一五・九倍、東予の一四・七倍、播磨一五倍、備後一七倍、周南一一・三倍とほぼ肩を並べている。さきに本書で分析の対象とした岡山県南の二六・三倍、大分の三八・一倍には遠く及ばないものの、日本海岸に立地する工業地域としては健闘しているとみてよいであろう。

さらに、時間を伸ばして第五期の終了時一九九五年度末までの出荷額増加率(L)をみると、富山高岡は、二〇・四倍である。これは、もともと最初の工業集積が小さく計算上伸び率が高くなる鹿島を別にすれば、常磐郡山四五・四倍、大分四一・九倍には及ばないものの、工特地域平均二四・二倍、新産都市平均二三・二倍と平均並みである。増加量(J)でみても、富山高岡は、二・五兆円と、播磨、東駿河湾と岡山県南の五、六兆円規模の上位三地域に次いで、備後、道央、東三河、常磐郡山、周南、松本諏訪、不知火有明大牟田とともに二兆円台となっている。これと対極にあるのは、秋田湾、八戸、日向・延岡の三地域で一兆円を下回っている。

さらに踏み込んで、三〇年間の製造品出荷額の増加と施設整備投資額の累計の比率(M)、及び利子支払額を含む新産都等債発行額との比率(N)で政策効果指数を算出してみよう。前者は、中央政府と地方公共団体の財政支出総額、後者は地方公共団体の借入金総額と新産・工特政策の成果である製造品出荷増の関係を指数化し、政策効果を表すものである。

まず、財政支出効果である施設整備投資額指数(M)をみると、工特地域平均三・三五(倍)に対し新産都市平均一・

四六と工特地域での財政投資効率はかなり高い。なかでも、東三河六・七、鹿島六・三、東駿河湾四・二と高く、太平洋沿岸の工特地域での投資効率がトップグループを形成している。次いで、周南四・〇、岡山県南三・〇、東予三・〇、備後二・七、播磨二・六、大分二・二、徳島一・八倍など瀬戸内沿岸の新産・工特地域が続く。これに比し、M値が一を下回っている、つまり財政投資分だけ製造品出荷額増を実現できなかったのは、道央〇・六、秋田湾〇・七、仙台湾〇・九の北東三地域で、一・五倍を下回っているのは、新潟一・〇、日向延岡一・二、八戸一・二、中海一・三、不知火有明大牟田一・四と日本海岸と九州の五地域が登場する。いわゆる、国土の縁辺部への財政投資で工業立地を促進しようとした八地域では、「枕を並べて討ち死」の観は否定できない。このなかにあって、常磐郡山一・九、松本諏訪二・〇、富山高岡二・一と内陸型二地域と日本海岸の富山高岡は、不利な条件のなかでの「健闘」と評価できるであろう。

次に、利子支払額を含む新産等債発行額対製造品出荷額増加分の比率を示す数値（N）から、借入金の政策効果を評価してみよう。新産都市平均では三三・五、工特地域平均では九八・二を示している。もともと、新産都市債は、財政資金不足を補うものであるから、新産・工特地域施設整備費総額二五・四兆円に対し新産都債券（利子を含む）総額一・〇兆円は二五分の一に過ぎない。被除数が同じであるから当然Nの値はMの値の約二五倍となる。それだけ効果は高くでてしまう。民間資金は財政資金投入より高い効果を求めるとも言える。このことを考慮しつつN値を比較しよう。

N値が一〇〇前後と高い値を示す、東三河一一二、東駿河湾一〇二、岡山県南一〇一、播磨一〇〇、東予九七、備後九六、鹿島九二の七地域、これに周南七一、松本諏訪五九が続く、工特地域六地域すべて、新産都市は岡山県南と東予、松本諏訪三地域、計九地域である。これに対し一〇から二〇ポイント台と低い値を示すのが、秋田湾と日向延岡一四、八戸一六、新潟一九、中海二一、富山高岡二五、仙台湾二六、徳島二九、不知火有明大牟田三〇、常磐郡山三一、道央三六、大分三七で、両極端に分かれている。殆んど連続性はない。債券発行を通じた民間資金の調達は、一層「市場メカニズム」が貫徹している。ここでは、鹿島から山口に至る太平洋・瀬戸内沿岸地域で民間資金の調達が活発かつ効率的で、北海道・東北、日本海岸。さらに九州に至る地域での資金調達は容易でなく、その分、工場立地や出荷額増にハンディを背負ったことになる。こうしたなかにあって、富山高岡のN値は、二五・三で工特平均九八・二はもちろん、新産都平均三三・五にも遠く及ばない。秋田湾一三・六、日向延岡一三・八、八戸一六・三、新潟一九・〇、中海二〇・五など東北、日本海岸、南九州の諸地域についで下から六番目にある。財政資金投入効果であるM値では「健闘」しても、民間資金導入効果であるN値では「低迷」している。新産都債は、民間資金ではあっても、これは自治体の負債となり、結局は長期的には財政資金によって返還義務が生じる。その意味でN値が小さいことは、時間をかけて迂回的にM値の低下につながることになる。

以上、新産都市・富山高岡の三〇年間は、石油化学・鉄鋼指向からアルミの電解重点へ、さらに電解放棄からアルミ加工傾斜へと政策の方向が「一転、三転」、「右往左往」し、大量の財政資金と民間資金を投入しつつ、工業構造の「前方連関」、工業配置の「広域展開」を一歩一歩すすめ、かなりの工業生産をあげた、と総合的に評価できるであろう。高度経済成長期の成長産業の立地合理性に適した鹿島から四日市の太平洋岸、堺から大分の瀬戸内沿岸のいわゆる「太平洋ベルト」に比較して不利な地理的条件の北東・日本海岸ベルトにあって、ひとり「健闘」したと評価できるのは甘いであろうか。非「太平洋岸ベルト」のなかで、製造品出荷額でみる限り常磐郡山、松本諏訪も「健闘」しており、これらは成長の「極」首都圏に近接する「好位置」にあったとみることも可能で、今後の議論を待ちたい。

（1）日本経済新聞社経済研究室編『日本のコンビナート』日本経済新聞社　一九六二年　二八四頁。
（2）同右書　二八四―二八五。
（3）福武直編『地域開発の構想と現実Ⅰ　百万都市建設の幻想と実態』東京大学出版会　一九六四年。
（4）松原治郎「地域開発計画とその展開」（同右書所収）四三頁。
（5）同右書　四五頁。

（6）同右書　四六頁。
（7）同右書　四七頁。
（8）同右書　四七頁
（9）同右書　四七頁。
（10）同右書　四八―四九頁。
（11）同右書　五〇頁。
（12）同右書　五一頁。
（13）同右書　五二頁。
（14）同右書　第一一表　六二―六三頁。
（15）同右書　六二頁。
（16）北日本新聞社編集局編『幻の繁栄　新産都市二十年の決算　富山・高岡の場合』勁草書房　一九八四年　三四頁。
（17）松原前掲論文　五四―五五頁。
（18）北日本新聞社編集局編前掲書　四五頁。
（19）同右書　四五―四六頁。
（20）同右書　五三―五四頁。
（21）同右書　五六―五七頁。
（22）同右書　五八―五九頁。
（23）同右書　六三頁。
（24）同右書　六五―六六頁。
（25）同右書　八七頁。
（26）同右書　八八頁。
（27）同右書　八七頁。
（28）同右書　八九―九〇頁。
（29）同右書　九一頁。
（30）同右書　九〇頁。

(31) 同右書　九一頁。
(32) 同右書　九二頁。
(33) http://material.st.-grp.co.jp/technology/aluminium/process/casting.html　2016/5/23閲覧
http://material.st.-grp.co.jp/technology/aluminium/process/extrusion.html　2016/5/23閲覧
http://material.st.-grp.co.jp/technology/aluminium/process/alumite.html　2016/5/23閲覧
(34) http：//www.aisin-ak.co.jp/company/profile.html 2016/5/16閲覧
(35) http：//www.ykk.co.jp　This is YKK 2015-2016会社概要
(36) 国土庁『地域産業振興に関する研究会報告書』一九九九年　一四頁。
(37) 同右書　一三―一四頁。
(38) 北日本新聞社前掲書　序論かえて　iv.
(39) 同右書　一〇八頁。
(40) 同右書　一四一頁。
(41) 同右書　一四八頁。
(42) 同右書　一四五頁。
(43) 同右書　一五二頁。
(44) 同右書　一五八頁。
(45) 同右書　一六〇頁。
(46) 同右書　二二一頁。
(47) 同右書　二二二頁。
(48) 同右書　二〇七頁。

第六章　首都圏の新しい臨海工業地帯・京葉コンビナート

一　京葉臨海工業地帯の形成

1　太平洋ベルトと京葉臨海工業地帯

6―1表は、一九六〇年から二〇〇〇年までの太平洋ベルト工業地帯の都府県別製造品出荷額推移で、6―1図は、それを図化したものである。これによれば、高度成長期の六〇年から八〇年までの二〇年間に製造品出荷額が全国で約一四倍になった。これに対し、八〇年から二〇〇〇年の二〇年間は一・四倍と一転して伸び率が一〇分の一と低成長となっている。五年間隔で見ると、七五年から八〇年六九%増、八〇年から八五年二五%増、八五年から九〇年二一%増、九〇年から九五年五%減、九五年から二〇〇〇年二%減と九〇年代に入って急ブレーキがかかっている。八〇年までの急成長、八〇年代の低成長、九〇年代のマイナス成長である。

これを都府県別にみると、一九六〇年時点では、東京・大阪・神奈川・愛知・兵庫の三大都市圏五都府県がトップレベルで他県を大きく引き離していた。二〇年後の一九八〇年には、愛知・神奈川・大阪・東京・兵庫の五都府県が

6－1表　大平洋ベルト・都府県別製造品出荷額推移（億円・4人以上の事業所）

	1960	1966	1971	1975	1980	80/60	1985	1990	1995	2000	00/80
茨城県	1,162	4,738	15,087	32,388	63,184	54.3	83,820	107,882	109,828	107,360	1.7
・千葉県	2,055	8,807	25,088	55,565	98,991	48.2	111,075	121,872	115,949	114,573	1.2
・東京都	24,158	46,979	80,099	112,232	168,563	7.0	189,779	228,463	196,792	179,590	1.1
・神奈川県	14,006	34,209	74,618	120,010	202,287	14.4	250,035	280,448	241,438	217,276	1.1
静岡県	5,993	15,050	30,064	51,630	93,900	15.7	125,045	162,652	161,630	166,108	1.8
・愛知県	13,894	19,430	67,649	114,561	203,820	14.7	279,957	366,195	336,413	343,361	1.7
・三重県	2,644	6,578	13,421	26,038	44,733	16.9	57,481	74,962	72,234	80,937	1.8
・和歌山県	1,792	4,469	9,183	18,093	25,662	14.3	26,131	25,014	22,560	22,654	0.9
・大阪府	20,722	41,289	79,442	120,870	187,562	9.1	220,421	245,527	208,887	180,197	1.0
・兵庫県	11,465	22,557	45,196	74,014	111,056	9.7	129,580	154,242	144,034	140,700	1.3
徳島県	524	1,205	3,109	5,730	9,069	17.3	11,701	14,553	14,653	15,052	1.7
香川県	802	1,961	5,220	10,736	19,352	24.1	20,636	24,260	23,872	21,459	1.1
岡山県	2,283	6,290	15,902	32,588	57,619	25.2	66,018	68,683	68,634	63,695	1.1
広島県	3,800	9.703	22,005	39,876	59,648	15.7	69,616	89,314	77,162	72,177	1.2
愛媛県	1,925	4,130	9,163	16,864	27,148	14.1	31,536	33,069	35,807	34,671	1.3
山口県	3,475	6,772	12,740	26,004	43,397	12.5	47,902	49,625	48,967	48,380	1.1
福岡県	5,378	10,529	20,081	35,213	57,892	10.8	65,115	77.107	78,162	73,679	1.3
大分県	803	1,729	3,693	9,319	20,960	26.1	21,261	25,987	27,423	30,875	1.5
・３大湾岸	90,736	184,318	394,696	642,383	1,042,674	11.5	1,264,459	1,496,723	1,338,307	1,279,288	1.2
同対全国比％	59.8	54.5	54.7	51.0	49.2		47.7	46.3	43.7	42.6	
太平洋ベルト	116,811	236,732	531,760	901,731	1,494,843	12.8	1,807,109	2,072,825	1,984,445	1,881,869	1.3
同対全国比％	76.9	69.9	73.7	71.6	70.5		68.1	64.1	64.8	62.6	
全国	151,820	338,440	721,716	1,258,409	2,121,243	13.8	2,653,206	3,233,726	3,060,296	3,004,776	1.4
富山県	1,743	3,541	7,925	14,646	25,834	14.8	29,609	37,488	36,033	34,589	1.3

経済産業省『工業統計表』2016.6.25入手

6－1図　「過密地域」と周辺の都府県別製造品出荷額推移

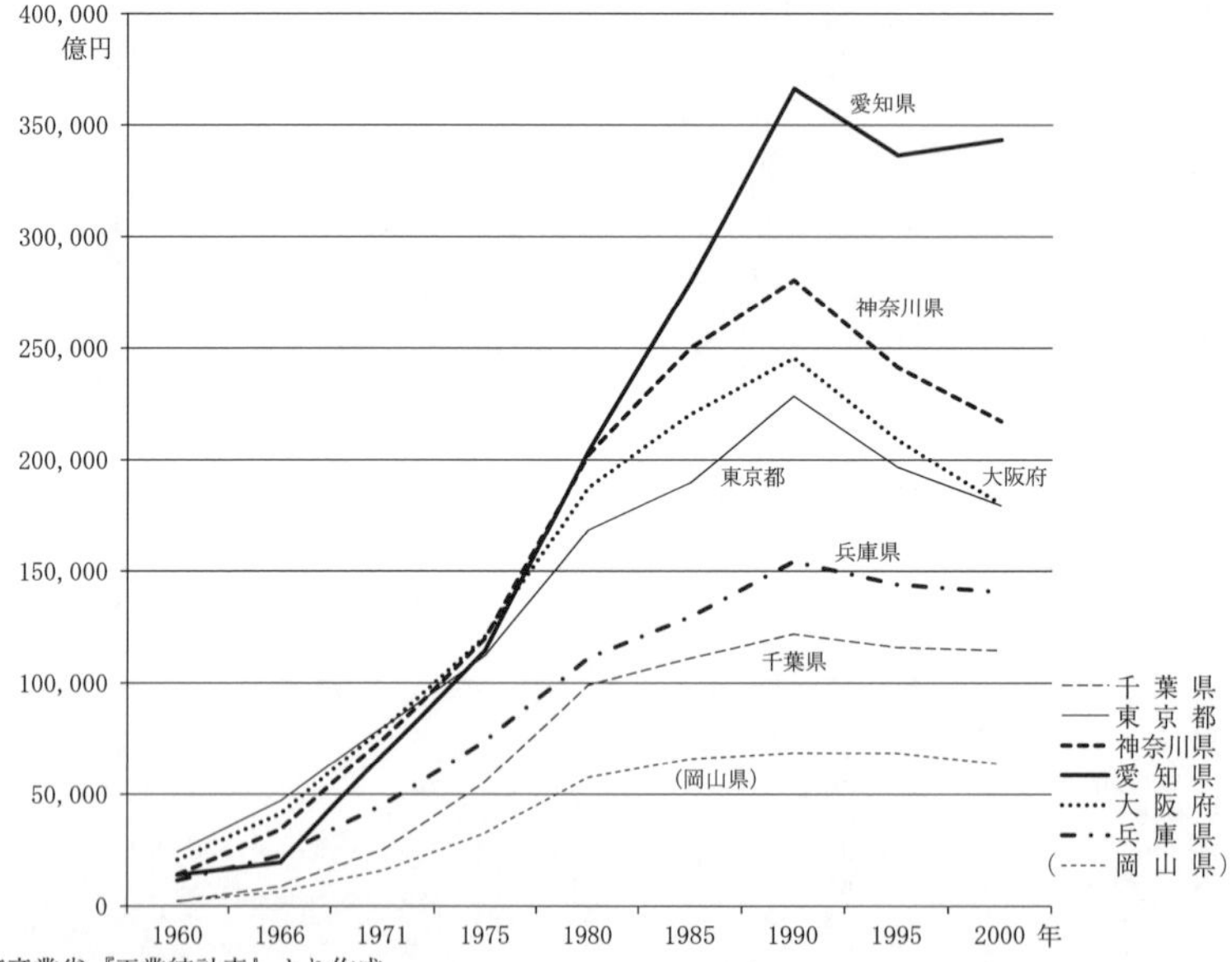

経済産業省『工業統計表』より作成

相変わらずトップグループを形成している。しかし、六〇年から八〇年までの二〇年間の出荷額の伸びをみると、茨城県五四・三倍、千葉県四八・二倍、静岡県一五・七倍の首都圏外縁部三県および、岡山県二五・二倍、広島県一五・七倍、香川県二四・一倍、大分県二六・一倍と瀬戸内各県は高い伸びを示している。とくに、千葉県と静岡県は一〇兆円近くに達し、五位兵庫県に肉薄している。

この二〇年間の全国の製造品出荷額増は一九七兆円、うち中国・四国・九州の環瀬戸内海八県は二八兆円増、増加寄与率一四％、茨城・千葉・静岡の首都圏縁辺三県は二五兆円増、増加寄与率一三％とほぼ互角である。ちなみに東京・神奈川の京浜三三兆円増、一七％、愛知・三重の二三兆円、一二％、大阪・兵庫・和歌山の阪神二九兆円、一五％で、二三から三三兆円増と横並びである。つまるところ、三大都市圏の増加寄与率は四四％、首都圏縁辺臨海部と瀬戸内圏は合わせて二七％、太平洋ベルトの増加寄与率は七二％と一軸集中構造は殆んど変化ない。このなかで、首都圏縁辺三県と京浜二県、阪神三県と瀬戸内八県の工業出荷額増が拮抗していることは注目される。東日本では、京浜から縁辺三県に、西日本では阪神三県から瀬戸内八県に臨海重化学工業の拠点が拡大したことを意味する。これは、それぞれの中核地域から周辺地域への「拡散」または「滲出」と短絡的に理解されがちであるが、本書の第四章で分析したように、京浜に拠点工場を置いた大企業が瀬戸内海沿岸に西日本の拠点工場を立地し、京阪神に拠点工場を置いた大企業が千葉・茨城に東日本の拠点工場を立地した結果である。東の中核地域から西の縁辺地域へ、西の中核地域から東の縁辺地域への「相互乗り入れ」という特徴的な立地運動を見逃すわけにはいかない。

つまり、東から西への進出や西の拠点の拡張などの立地行動の拠点となった、岡山県南（水島）、東予（新居浜）、備後（福山）、周南（徳山）の新産業都市や工特地域として政府の手厚い支援の対象になった。しかし、東日本の新興臨海工業地域は、鹿島（茨城）と東駿河湾（静岡）が工特地域として政策対象となったものの、京葉（千葉）は対象から外れた。にもかかわらず、京葉臨海が臨海性重化学コンビナートの最大の集積拠点となった。そこで次に、「京葉工

6－2図　京葉臨海工業地帯と新産・工特上位５地域の製造品出荷額推移

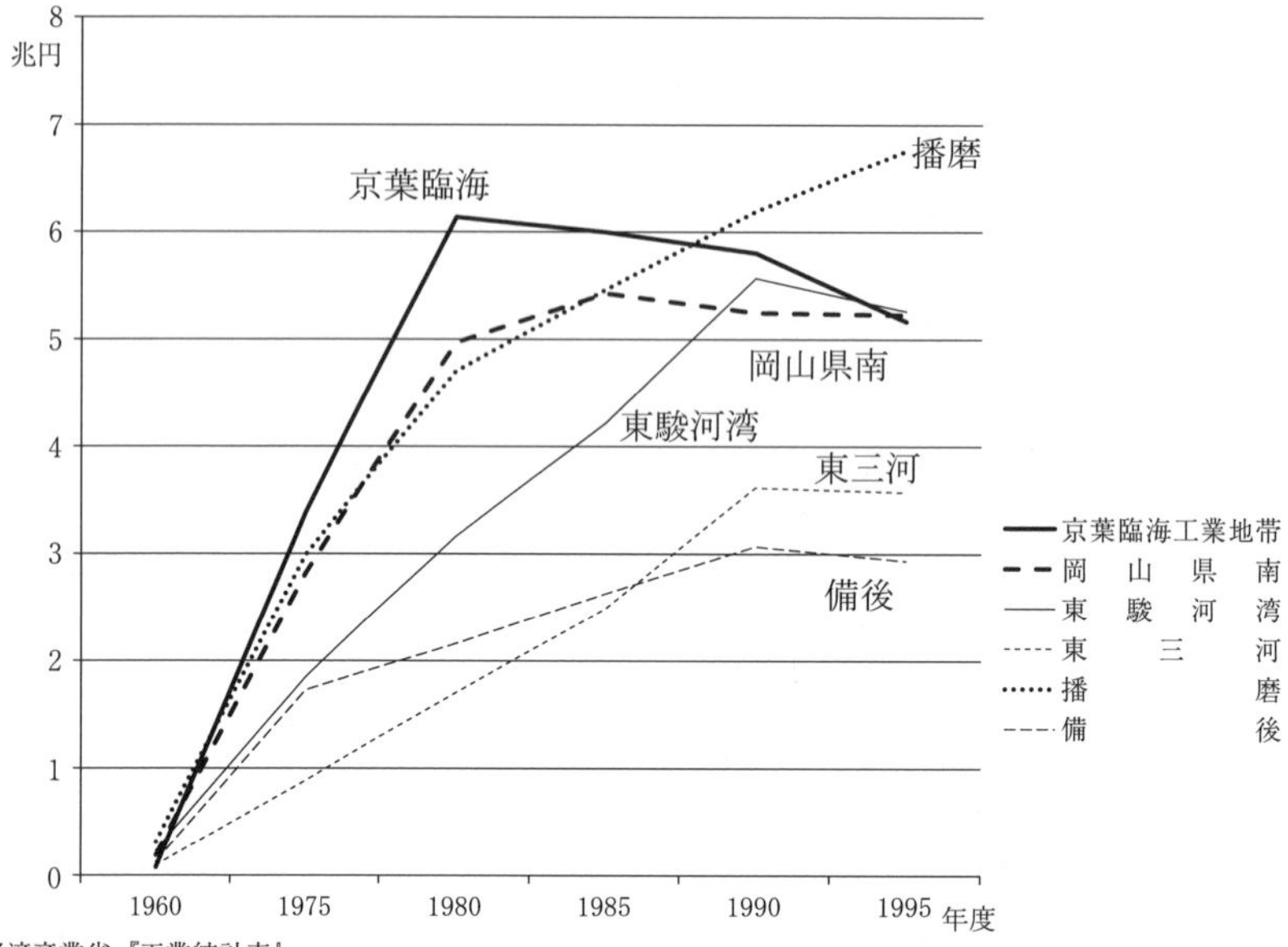

経済産業省『工業統計表』
国土庁『地方産業振興に関する研究会報告書』1999

業地帯」＝千葉県とは別に、千葉市から市原市、木更津市をへて富津市にいたる東京湾岸東部を「京葉臨海工業地帯」としてより詳細に検討しよう。

6―2図は、規模の大きい五つの新産・工特地域と京葉臨海工業地帯の製造品出荷額推移である。素材型の重化学工業が高度成長を牽引していた一九六〇から八〇年の二〇年間では、規模においても成長率においても京葉臨海が他を圧倒していた。八〇年度で六、〇〇〇億円規模で、岡山県南の五、〇〇〇億円を大きく引き離していた。とは言っても、岡山県南・東伊予・徳島・大分の瀬戸内海新産四地域、播磨・備後・周南の瀬戸内海工特三地域、鹿島・東駿河湾・東三河の太平洋岸工特三地域の合計を下回る程度であった（6―3図）。

ついでに、時間を二〇年のばして一九八〇年から二〇〇〇年までの二〇年間をみると、京葉臨海の成長にブレーキがかかり、一九九五年度には単独で岡山県南、東駿河湾と同規模にまで落ち込んでいる。鉄鋼・石油・化学など素材系依存度が高かったこと

６－３図　京葉臨海工業地帯と新産・工特地域群の製造品出荷額推移

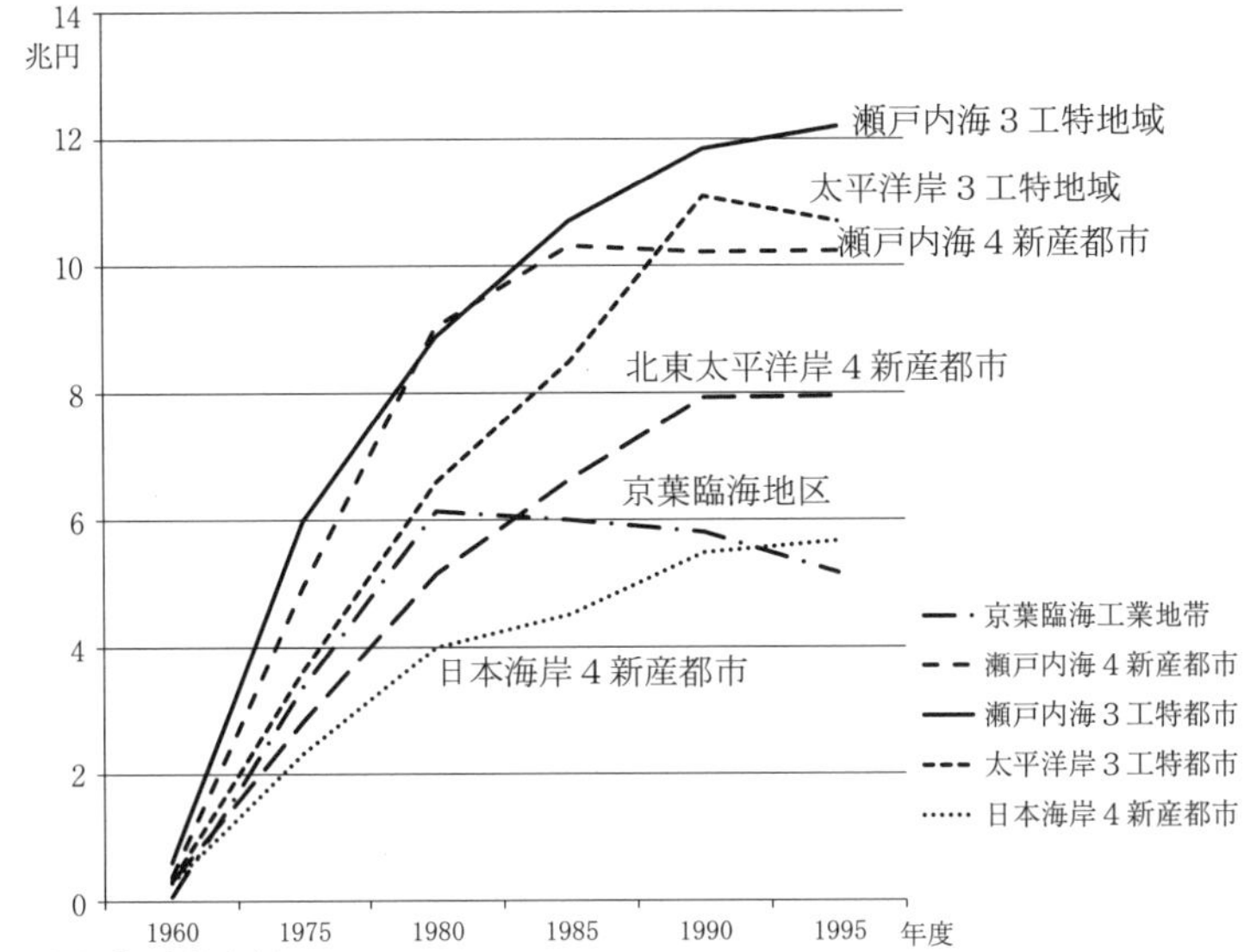

経済産業省『工業統計表』
国土庁『地方産業振興に関する研究会報告書』1999

６－４図　京葉工業地帯（千葉県）業種別製造品出荷額推移

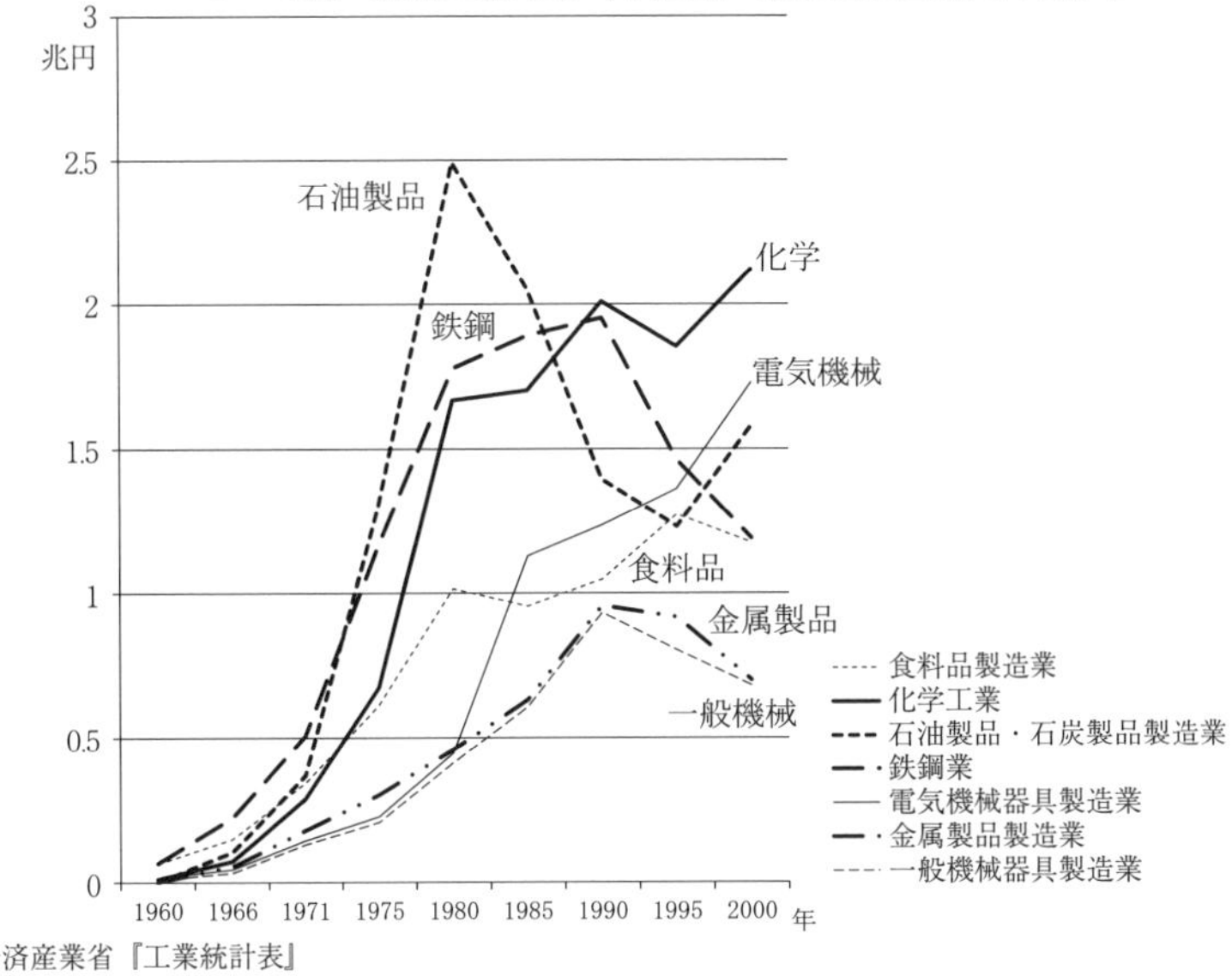

経済産業省『工業統計表』

による。ちなみに、統計の関係で千葉県を単位として業種別で見ると、六〇から八〇年は、石油・鉄鋼・化学が中心で、その後二度にわたる石油危機で石油が急落し、八〇年以降、鉄鋼・化学と成長著しい電気機械と食料品など内陸型工業中心となっている。九〇年代には鉄鋼も低落傾向にあり、その分臨海工業地帯の比重は大きく落ち込んでいる（6―4図）。

高度成長期の京葉工業地帯について分析した力作は、東京大学社会科学研究所調査報告第6集『京葉地帯における工業化と都市化』（一九六五年）[1]（以下『東大社研報告書』という）、大原光憲・横山桂次編著『産業社会と政治過程―京葉工業地帯―』（一九六五年）[2]、舘逸雄編『巨大企業の進出と住民生活』（一九八一年）[3]の三冊ある。前二冊は、千葉・市原・袖ケ浦の工業地帯北部の開発、後者は木更津南部・君津に焦点をあてたもので、三冊を紹介すれば、京葉臨海工業地帯の開発の全体がつかめる。順次考察していこう。

2　京葉臨海工業地帯の端緒――千葉地区への川鉄と東電の立地

東大社研報告書の引用から入る。

「昭和二五（一九五〇）年という比較的早い時期に川崎製鉄の誘致という形で最初の成果をあげることができたのは、なんといっても工業用地として直ちに利用できる一九八haという広大な旧軍需工場の敷地が千葉市地先に存在していたことによるものであった。（中略）補償問題なしに一括提供することによって、製鉄工場の建設に不可欠の広大な敷地を求めていた川崎製鉄の誘致に成功したのであった。この意味において、京葉工業地帯の開発は、他の戦後地域開発のケースと同様、過去において行われた軍（需）施設という形の〝工業化〟の遺産を活用するところから出発し、それを基礎として発展したといってもあえて過言ではないであろう(4)」。

「川崎製鉄自体が、当の昭和二五年に川崎重工から分離して新発足したばかりの、まだ単独の平炉施設しか持ち合わせぬ、鉄鋼業界のアウトサイダーにすぎなかった。千葉工場の建設資金も世銀からの借入金によってようやく賄われたほどである。(中略)県執行部が、川崎製鉄の誘致にかように熱心であったのは、一つには余剰農村労働人口の圧力の増大―県上層部のある職員は、県が臨海工業地帯の造成に乗り出した最も直接的な動機は、当時深刻化しつつあった『農村二三男対策』にあったと率直に語っている―、財政事情の窮迫等に迫られて工業振興策の早急な具体化を必要としていたこと、もう一つには、川崎製鉄が、千葉以外の地域にも工場建設候補地を見つけており、買手市場の有利な立場に立っていたことによる。このため、川崎製鉄は、千葉への進出を決定するに際して、著しく自己に有利な条件を県・市側にのませることに成功した。既存埋立地は、三・三㎡当五三円、それに接続する一三二haの埋立権は無償で提供すること、千葉港の拡張整備(防波堤の補強・延長、航路の掘さく等)を県・市の負担で実施すること、県民税・事業税・市民税・固定資産税を工場完成後五ヵ年間免除すること、といった誘致条件がそれである。そして、これを実行するため、昭和二七年に、千葉県は、企業誘致条例を施行し、川崎製鉄に適用した。かように県・市の負担において企業に有利な条件を提供し、それと引きかえに企業を誘致する方針がとられたところに、この段階における一つの特色を見ることができる(5)」。

「川崎製鉄は、二六年二月から工場の建設に着手し、二八年六月第一熔鉱炉の火入式を行い、操業を開始した。煙突から吐き出される煙は、京葉部の一角に押し寄せた工業開発の大波が、今まさに息吹き始めたことを物語るものであった。(中略)以後、工業開発はこの実績に支えられて軌道に乗り、規模を拡大して行くが、この発展の過程で東京電力千葉火力発電所の建設と千葉港の補修整備工事とが担った中継ランナー的な役割を見逃してはならないであろう。前者は、既存埋立地に余力が残されていなかったから、新たに敷地を造成することを必要とした。このため、県は、漁業協同組合の反対を説得し、補償問題を曲りなりにも解決した上で二九年から三〇年にかけて川崎製鉄に隣接する海面の埋立を実施した。企業の進出が決定した後、県が主体となって埋立工事を実施し、工場用地を造成するという、その後において見られる臨海工業地帯開発の基本方式は、いわばここにその素朴な出発点を見出すことができるのである。他方、千葉港の補修整備工事は、川崎製鉄、東京電力の新工場建設とともに進められ、かつて『寒川港』という名称で漁業用の船だまりとして用いられるにすぎなかった同港は、次第に整備された工業港に変貌して行き、三二年には国の重要港湾の指定を受けるまでになる。これが、大規模港湾施設を必要とする重化学コンビナートを誘引する魅力として働き、京葉臨海部の工業化を支える基盤となることはいうまでもない[6]」。

ここまでの経過は、本書第五章一節の新産都市・岡山県南の工業地帯の形成と相似している。軍用地の転換、川崎製鉄の誘致、火力発電所の建設、県による工業港の建設等である。ただし、水島では軍用地の転換は三菱重工の自動車工場であり、川崎製鉄は三菱石油や日本鉱業の製油所の立地の後である。しかも、川崎製鉄水島製鉄所の操業開始は、一九五三（昭和二八）年の千葉製鉄所の操業開始に遅れること一四年の一九六七年である。高度成長期の新工業地帯の形成の契機となった東の拠点京葉と西の拠点水島に先鞭をつけたといっても、時間差は一〇年余もある。

3　市原・五井地区――「千葉方式」での開発

東大社研報告書『京葉工業地帯』報告は続く。

「技術革新と立地条件の変化（生産地立地から消費地立地への転換等）に支えられて、狭隘化した既成四大工業地帯を離れ、新しい地域に工業用地を求める企業の動きが顕著化するにつれて、巨大な消費市場東京に隣接し、良港と広大な埋立適地および後背地を持ち、かつ相対的に豊富な労働力と各種資源に恵まれている京葉臨海部が企業の注目を集めるに至ったのは当然のことであった。他方、千葉県の側も、累積する財政の赤字（中略）に悩み、これの改善をめざして工業振興策に一層本腰を入れることになった。（中略）こうして、企業と県、両者の要求が合致して、京葉臨海部の工業開発は新しい発展の段階を迎えることになる」(7)。

千葉市から南東方向の市原・五井地区の埋め立てと工業用地の造成であり、「千葉方式」と呼ばれる工場誘致である。必要に応じて引用を交えながら要点を述べよう。

新産・工特地域では、県が国の補助を得て工業用地を造成し、そこに立地企業を誘致する。造成前に誘致企業が決まっているか否かは問題ではない。財政資金で埋め立てをして用地を造成する。造成後に立地企業に土地を売却する。必要な水深を有する水路の掘削も県の責任で実施する。埋め立ての場合は漁業補償も県が責任をもって実施する。あわせて、工業地域周辺の道路・鉄道、上下水道などインフラ整備も県や市町村の責任で行う。進出企業は用地を買収したのち、岸壁や工場等施設の建設は企業の責任で実施する。これが一般的である。新産都市、岡山県南、大分、富山高岡で考察した通りである。

これに対し千葉方式では、「県は、埋立予定地に進出を希望する企業の決定を待って、納付金を徴収し、それを用地造成の資金に充てることにした。（中略）この方式は、積極的には用地造成を進出企業の負担において実施すると同時に、消極的には埋立地への企業の進出を事前に確保することによって、埋立を行ったにもかかわらず企業が進出せずに終るといった危険を予防するという二重の目的を有していた。（中略）すなわち、付帯設備を埋立本工事とは別建にして土地造成費を低く抑え（中略）、工事工程に応じて企業が納付し、最後に工事終了の段階で生産する、というやり方である。

この結果、この地区に進出希望を申し出た企業は二十数社、工場敷地面積にして延一、四〇〇ha、つまり埋立計画面積の二倍以上にのぼった。この中から三井造船、丸善石油以下の一一社（市原地区で七社、五井地区で四社）を選定し、敷地割その他を決定した上で埋立工事が開始されたのが三二（一九五七）年、完成したのが三五（一九六〇）年であった。こうして、この段階における企業誘致は、誘致条例の適用なしに、また主要経費を企業が負担することを条件として行われており、その意味では前段階に比して企業側により辛い条件のものになっている」(8)。

新産業都市建設促進法が施行されたのが一九六二年五月、岡山県南や大分など第一次の五地域が指定されたのが一九六四年一月であるから、全総計画による新工業地帯づくりがはじまる四年前には市原・五井地区の土地造成が完成していたのである。市場メカニズムによる新工業地帯の形成は東京湾の東岸で急ピッチに進行していたことになる。

さらに、「大規模工業用地の埋立は、それ自体計画の要素を内在させていたが、加えてここでは、埋立は企業の納付金をもって賄われることになっていたから、企業を納得させるに足る計画性と効率性とを示すことが強く求められた。技術的、経済的に見て、最も合理的と考えられる地形の上に、進出企業の工場建設計画を盛った敷地割（中略）が用意され、かつ具体的な工事工程が組まれた。しかも、（中略）これまでほとんどなんらの工業的、都市的な施設をもち持たずにきた農漁村地域に、一挙に重化学工業の工場群をつくり出すことを意味していたから、それを支える各種関連施設の建設整備が不可欠であった。そこから、重要港湾指定ずみの千葉港の港域をさらに拡大して、この地区まで含めさせる港湾計画、埋立地区を外部に結びつける臨海道路および交通量の増大に対処するための新産業道路の建設計画、養老川を取水源とする工業用水計画、二三、〇〇〇人と予定される新設工場従業員を収容する辰巳ヶ原住宅団地の造成計画等がつくられ、臨海部を中心に、その後背地まで含む広範な地域にわたって各種のフィジカル・プランニングが用意されることになる」(9)。

つまり、個々の工場の造成計画とインフラを含んだ地区全体の開発計画がはじめから策定され、無駄が大いに省かれることになる。事態はさらに展開する。

「大規模臨海工業用地の造成は、（所得倍増計画の）時期にはいるとさらにその触手を南に伸ばし、隣接する五井（南部）・姉崎・袖ヶ浦地区にまで広がって行く。合計一、四六〇ha、一単位としては日本最大の規模を持つといわれるこの地区には、丸善石油を中心とする非財閥系（『千葉石油化学連合』）と三井物産のリードのもとに集まった三井系の二つの石油化学コンビナート、および出光石油、東京電力が進出し、巨大な石油化学基地の建設を計画しつつある。これに加えて、木更津地区には八幡製鉄の進出が決定し、県の委託による同社の埋立事業も開始されている。（中略）西は浦安・市川から千葉を経て東は木更津・富津に至る東京湾沿いの巨大な人工アーチ、京葉臨海工業地帯の造成計画が、ここにようやくその全貌をあらわすのである」(10)と記述されている。6―5図にみる如くである。

そのうえに五井（南部）・姉崎・袖ヶ浦地区の造成段階においては次のように納付金の算定方法が変わる。

「企業納付金は見積り価格を基礎にして納入されるが、工事終了後あらためて清算されるという、（原価）清算主義が廃棄され、代わって県が決定した確定納付金額にもとづいて納入が行われるという確定価額主義が採用されている（中略）。県は、五井（南部）・姉崎・袖ヶ浦地区においては、土地造成費の他に、㋑漁業補償費、㋺付帯施設費（航路・泊地、防波堤、道路等の工事費）、および㋩関連施設整備負担金（俗にプラスαとよばれる関連公共事業費の企業負担分）の三

6－5図　京葉臨海工業地帯概略図

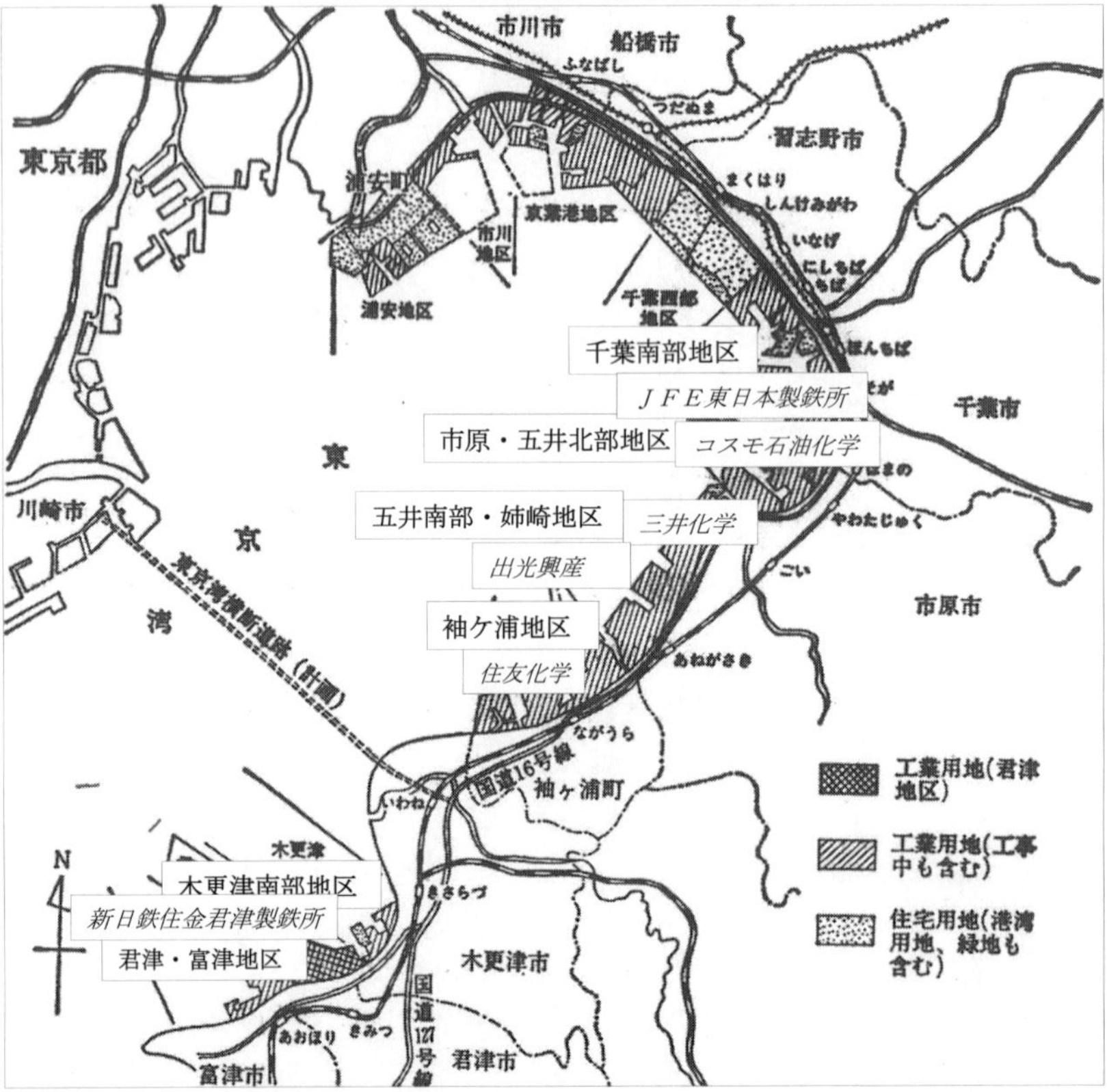

舘逸雄『巨大企業の進出と住民生活』p.148等より作成

つを加え、これらの合計額をもって企業納付金としたのである。（中略）つまりまず『妥当』と考えられる親金額が決定され、そこから土地造成費、漁業補償費および付帯施設費が除かれて、残った額が関連施設費に充当されるという逆立ちした計算が行われたのである」[11]。もっとわかりやすく言えば、「用地造成とそれに伴う付帯施設建設事業の経費の他に、「『工業地帯造成整備上必要な臨海鉄道、産業道路、その他の交通運輸施設、港湾施設、文教施設、上水道その他の衛生施設等関連諸施設の建設整備』……に要する費用の一部、すなわち前述のプラスαの名をもってよばれる関連施設（公共施設―矢田注）整備負担金を企業に負担させることを狙いとしていた[12]」のである。

こうしたいわゆる「千葉方式」の部分修正の背景について、東大社会科学研究所の『京葉工業地帯における工業化と都市化』は、次のように述べ、長期計画の策定を重視している。

「この経費は、あらためて断わるまでもなく、隣接後背地をも含む広義の埋立関連地域―それは横に広がる場合には京葉工業地帯の全域にわたることになる―の全体的見通の下で考え出されたものであり、これが登場した背後には、それを支える各種公共施設整備計画の発展を指摘することができた。

（中略）この段階で始めて臨海工業地帯造成計画が県行政の長期的展望と関連づけられるに至ったという事実である。昭和三七年五月に発表された『千葉県長期計画書（基本計画）』は、国の所得倍増計画のコースに沿って、県行政の向うべき方向を明示したものであるが、これは、立県の基本構想にかかわり、県の命運を支配するだけの比重を持つまでに成長した、臨海工業地帯造成事業を、県行政の長期的展望の中に取り入れることを、不可避の課題としていた。県行政の長期的展望は、臨海工業地帯の造成事業を無視しては、もはや成り立ちえなくなっていたのであるが、他方、臨海工業地帯の造成事業も県長期計画と結びつくことによって県行財政の全般にわたる、より広い基盤の上で、自己を支える総合的な計画を獲得し、事業全体の展望を得ることが可能になったのである。こうして生み出されたのが、昭和五〇（一九七五）年を目標にして葛南・千葉・木更津の三ブロックに総計一一、三二四haの土地造成を行い（うち九、四五三haを工業用地、残りは緑地住宅用地にあてる）、そこに重化学工業とその関連企業を誘致し、昭和六〇（一九八五）年すでに京浜工業地帯を上回る大『インダストリアル・パーク』を建設するという青写真であった[13]」と指摘している。

いままで、アド・ホックに臨海工業地帯を造成していたのが、この段階で県の長期の基本計画の策定のなかで、決定的に重要な役割に位置付けられ、そのもとでの臨海工業地帯造成計画であり、それを支える各種公共施設整備計画となったのである。では、県の長期の基本計画とそこでの京葉臨海工業地帯造成計画を国の所得倍増計画、全国総合開発計画との関連で、東大社研の報告書はどのように展望していたのだろうか。次のような文章がある。

「（千葉）県の飛躍的な工業化の根底にあって、それを支えてきた基本的要因が京葉臨海部の持つ恵まれた工業立地条件にあった―むろん高度成長経済下における企業間のシェア拡大競争と政府の所得倍増政策という一般的要因の存在をも無視してはならないが―ことは、あらためて断わるまでもないであろう。大型船舶向の港湾施設を建設しうる条件を備え、広大な埋立適地と後背地を持ち、かつ比較的豊富な労働力に恵まれている京葉臨海部は、それだけで全国まれに見るすぐれた工業適地となっているのであるが、それらに加えて、この地域は、さらにわが国最大の消費市場に隣接しているという、他域においては見出しがたい決定的な利点さえ有している」(14)。

「あらかじめ『関連施設整備負担費（プラス・α）』を含む用地造成原価額を設定し、進出企業の決定、納入金確保の見通しをつけておいた上で、県が用地造成とその関連事業を一貫して実施するところにあるが、こうした（千葉）方式があみ出されたのも、京葉臨海部にそれを可能ならしめるだけの恵まれた条件が内在されていて、企業誘致をめぐる県と企業との間の関係が、県に有利なそれに傾いていたからであるといえよう」(15)。

「わが国最大の消費市場は、取りも直さずわが国最大の過密地域にほかならず、したがってこの条件は、裏から見れば、都市人口と宅地開発の急増をもたらし、それと牴触する場合には工業開発を規制する必要さえ生じさせる条件でもあったといえるからである。いいかえれば、千葉県にとっての外部経済が、首都圏にとっては内部不経済であるという矛盾が強まってきたのであるといえよう。首都圏整備委員会が、東京との接続ないし近接という条件をあげて、京葉臨海部の工業開発にブレーキをかける方針を打ち出したのはこのためである」(16)。

「三七年一一月千葉県は、長期計画を下敷にして、『マスタープランにもとづく計画的・合理的な事業の実施』と『きれいなインダストリアル・パーク』の建設とを基本方針に掲げた『千葉・木更津地区新産業都市建設計画』を作成して、国に提出した。これによって、千葉県もまた船橋・市川地区を除く京葉臨海部を候補地にあげて、地域開発ブームに結びついて『史上最大の陳情合戦』を繰りひろげた新産業都市指定獲得レースに参加したのである。[16]（中略）そして、千葉・木更津地区の新産業都市指定もれという結果が出たことは、各種の国の公共投資資金が過密地帯周辺部を飛び越えて、他の開発拠点地域に流れ込むように方向づけられて」いた。[17]

この一連の抜き書きをつなげて読むと大変面白い。しかし、事態はそれほど単純ではない。新しい工業地帯は、二つの力の合成によって形成される。

一つは、基幹産業の立地圧力である。高度成長期は、鉄鋼、石油、石油化学、火力などの臨海性の重化学工業が最大の立地圧力であった。これらの産業は、消費地指向で、首都圏をはじめ、名古屋圏、関西圏に向いていた。それを受け止めてきたのが東京湾東側の京葉臨海工業地帯、堺・泉北などの大阪湾岸、四日市・知多半島などの伊勢湾岸であった。この強い需要圧力のなかで売り手市場となった地方自治体は、企業にあらかじめ「納付金」を求める「千葉方式」を編み出すことができた。それでもこれら三湾沿岸は、これ以上受け止める余地がないまでに満杯になった。企業は、三大都市圏の近隣に新たな拠点を求めるほかない。財界はそのように認識していたと思われる。

もう一つの力は、地域振興を切望する三大都市圏以外の「地方」であり、その担い手たる地方財界、地方自治体、そしてここを地盤とする政治家である。基幹産業の立地合理性の「限界」を無視して中央政府に「過密地域からの分散」という圧力を強める。

この二つの力の合成物が「地域開発政策」であり、「国土政策」である。その政策対象になる地域は、大都市圏だけでなく政治的圧力をかけてくる全地域である。そこで編み出されたのが新産・工特地域政策である。新産都市で指定されたのは、三大都市圏を大きく外れたほかの地域である。

(1) 東京大学社会科学研究所調査報告第6集『京葉地帯における工業化と都市化』東京大学出版会　一九六五年。
(2) 大原光憲・横山桂次編著『産業社会と政治過程—京葉工業地帯—』日本評論社　一九六五年。
(3) 舘逸雄編『巨大企業の進出と住民生活』東京大学出版会　一九八一年。
(4) 遠藤湘吉「総論」(東京大学社会科学研究所調査報告所収) 六頁。
(5) 同右論文　六—七頁。
(6) 同右論文　七－八頁。
(7) 同右論文　八頁。
(8) 同右論文　九－一〇頁。
(9) 同右論文　一〇頁。
(10) 同右論文　一一頁。
(11) 同右論文　一一—一二頁。
(12) 同右論文　一三頁。
(13) 同右論文　一三頁。
(14) 同右論文　二〇頁。
(15) 同右論文　二一頁。
(16) 同右論文　二二頁。
(17) 同右論文　二三頁。

二　土地造成と工場配置

千葉市南部から君津にいたる東京湾東部沿岸の埋立てによって形成された千葉臨海工業地帯は、6―5図にみるように土地造成の段階によって、大きく千葉南部地区、市原・五井北部地区、五井南部・姉崎地区、袖ケ浦地区、木更津南部地区、君津・富津地区の六つに区分される。各地区での土地造成と企業進出・工場配置について概観しておこう。

1　千葉市南部地区

『東大社研報告書』は、千葉南部地区について以下のように記述している。

「当時、千葉市南部には、戦時中に日立航空機会社のために埋立てた遊休地約六〇万坪（市有地四三万四、六六三坪、官有地一五万七、〇〇〇坪）があったので、県・市当局はまずここに企業を誘致することを企図したのである。これに応じて二五年（中略）一一月になってようやく県・市は、東京通産局の斡旋によって川崎製鉄会社と誘致協定を結ぶことができた。

川崎製鉄会社は、財閥解体の一環として旧川崎重工業の鉄鋼部門を分離・継承して二五年六月に設立されたばかりの関西系の会社であり、薄板を中心とした平炉メーカーであった」(1)。

「同社がとくに千葉を選んだのは、政治経済の中心地である東京に近いという一般的な理由のほか、東日本では製品需要が大きい割に製鉄量が少いこと、候補地が広大な遊休地であるため、各種工場施設を合理的に配置できること、海岸が砂地・遠浅であるため、既成地につづく埋立地造成が容易であること、などの理由によるといわれている。（中略）そして川鉄が地元側に出した要望事項は大別してつぎの三種類からなっていた。第一に、工業用地については、既成の埋立地約六〇万坪を無償で会社に譲渡し、またこれに接続する三〇万坪をさらに埋立てうるように漁業権その他の障害を県があらかじめ排除しておくこと、第二に、いわゆる社会資本については、外航船用の港湾・水路・防波堤の築造、印旛沼からの疏水路の建設等による工業用水の確保、松戸からの高圧線敷設による電力の確保などを県・市が自己の責任で行うこと、第三に、地方税については、全工場完成後五年間、県は事業税（当時の付加価値税）を、市は固定資産税をそれぞれ免除すること[2]」、これであった。

いくつかの立地候補をちらつかせて自治体との交渉にあたり、有利な条件を飲ませるという当時の西山弥太郎川鉄社長の一見「買い手優位」のやり方は、水島進出において威力を発揮したことはすでに述べた。ただ水島ではその後も「買い手優位」で誘致が進んだが、千葉では立地圧力が強く、その後逆に工業用地の売り手優位に転換し、『千葉方式』が採用されることになる。「川鉄についで二八年に東京電力会社も千葉市南部に誘致された。（中略）東京電力は、新鋭の大火力発電所の建設を計画し、その候補地を探し求めていた[3]」。

「そして千葉県当局は、工業開発のため県内に発電所をつくることを強く希望していたので、早速東電と交渉し、その進出が具体化したのである。そして当初、東電は川鉄用地九〇万坪のうちの未利用地の使用を予定していたが、川鉄側の承諾がえられなかったので、その南部に埋立地を造成することにし（中略）、県と漁協のあいだには一年近くにわたって対立と交渉がつづき、二九年一〇月にようやく妥結が成立した。これによって進出企業は補償金一億九、四〇〇万円を漁協に直接支払うことになった[3]」。

今時代は二一世紀、川崎製鉄という名の製鉄所は存在しない。二〇〇二年に川崎製鉄はＮＫＫと合併してＪＦＥと名称を変え、千葉製鉄所は旧ＮＫＫの川崎製鉄所と一体となって東日本製鉄所の一部として操業している。

2　市原・五井北部地区

「五井・市原地区の土地造成計画は一応つぎのようなものに落ちつき、(昭和)三二年九月および一〇月の県議会で議決されるにいたった。まず造成地の総面積は、道路その他を含めて一九五万坪であるが、このうち市原町前面の三〇万坪は、県が住宅公団からの受託事業として埋立てることになったので、県直営事業は、残りの部分に縮小された。この後者の内訳をみると、埋立地は市原地区の公団地先の約九〇万坪と五井地区の約六五万坪前後とからなり、このほかに五井埋立地に接続する『背後地』一〇万坪があり、ここでは開拓地を買収して土盛りをすることによって工場用地が造成されることとなった。またこれらの事業費総額は、公団土地の一二億円を含めて八二億円の予定であるが、このうち埋立工事費は約半分にすぎず、港湾施設費(航路・泊地・防波堤)および道路の建設などの付帯工事費を含めても六割ほどであって、総額の約三分の一は、漁業権や土地所有権にたいする補償費で占められていた(4)」。

「他方、進出企業の選択・決定にも種々の問題があった。当初、五井・市原地区に進出を希望した企業は二〇数社にのぼり、その希望用地は合計四二〇万坪にたっして、県の計画面積の二倍をこえるほどであった。そこで県は各企業との数字にわたる折衝を通じて、進出企業をしぼり、結局、五井地区には東京電力など四社を、市原地区には三井造船など七社を誘致することに内定した(5)」。

進出企業の一覧とその地区別配置の地図が東大社研の報告書の九二、九三頁に掲載されている。進出企業一覧については6―2表に簡略にまとめ、地図については6―6図として掲載した。両者は、一対のものである。ここでみるように、五井地区では石油化学コンビナート、市原地区では造船・電機などの機械系企業が立地している。本書の

6−2表　京葉臨海工業地帯五井・市原地区進出企業

地区・進出企業	工場用地面積　坪	工場着工→操業開始
五　井　地　区	724,109	
埋　立　地	622,109	
①東京電力	101,774	1960.12 → 63.6
②丸善石油	255,489	1960　→ 63.1
③新日本窒素	123,384	1961.4　→ 63.4
④旭硝子	161,460	1959.3　→ 59.11
背　後　地	102,000	
市　原　地　区	1,163,698	
埋立地（県）	860,864	
⑤三井造船	280,175	1960　→ 61.5
⑥古河鉱業	65,265	
⑦古河電気	199,970	1960　→ 61.4
⑧昭和電工	105,547	1960　→ 61.3
⑨富士電機	130,387	1960　→ 61.8
⑩大日本インキ	9,020	1960　→ 61.9
⑪千葉県	71,000	
埋立地（公団）	302,834	

東大社研『京葉地帯の工業化と都市化』（1965）p.92
表Ⅱ-1-2より修正

6−6図　京葉臨海工業地帯・市原・
五井北部地区企業配置

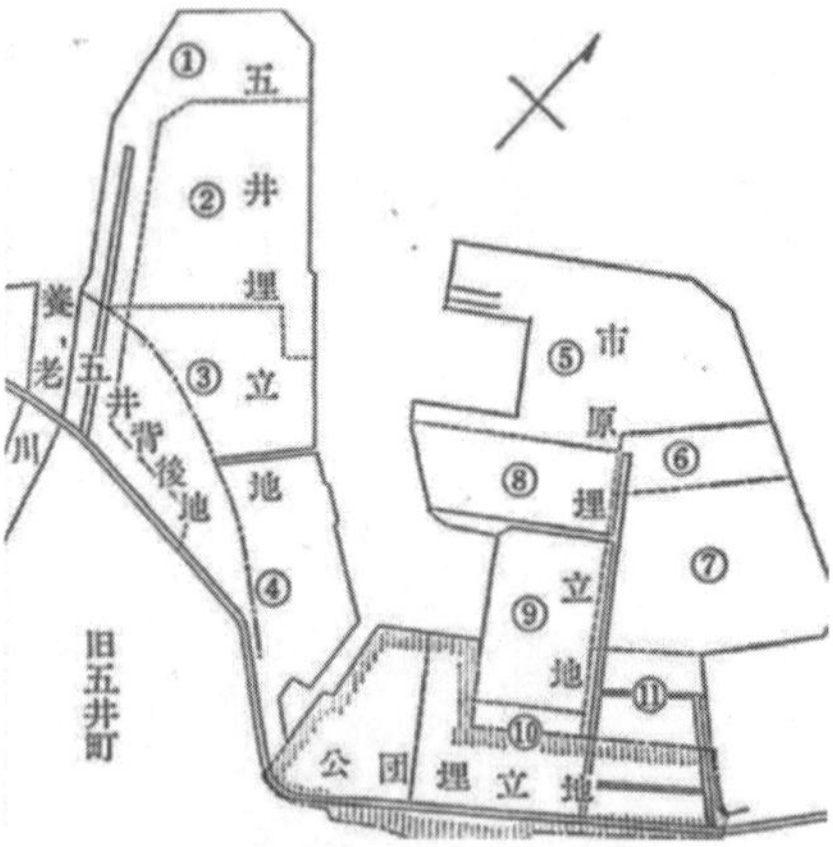

番号は6−2表の会社所有地
東京大学社会科学研究所『京葉地帯ーにおける工業化と都市化』93頁

4—1表（二八五頁）および6—5表（四五三頁）にあるように、コンビナート拠点として京葉臨海工業地帯をみれば、鉄鋼の川崎製鉄（のちのJFEスチール）、八幡製鉄（のちの新日本製鉄）、石油化学の丸善石油化学、三井石油化学、出光石油化学、住友化学の六コンビナートが立地した。

丸善グループ—「千葉石油化学連合」

ここで石油化学のトップを切った丸善石油化学の立地について水口和寿氏の著作から考察する。

下津（和歌山県）と松山（愛媛県）に製油所を有していた丸善石油は、松山を拠点に一九五九年七月に芳香族製品

6－7図　千葉南部、市原・五井北部地区工場配置図

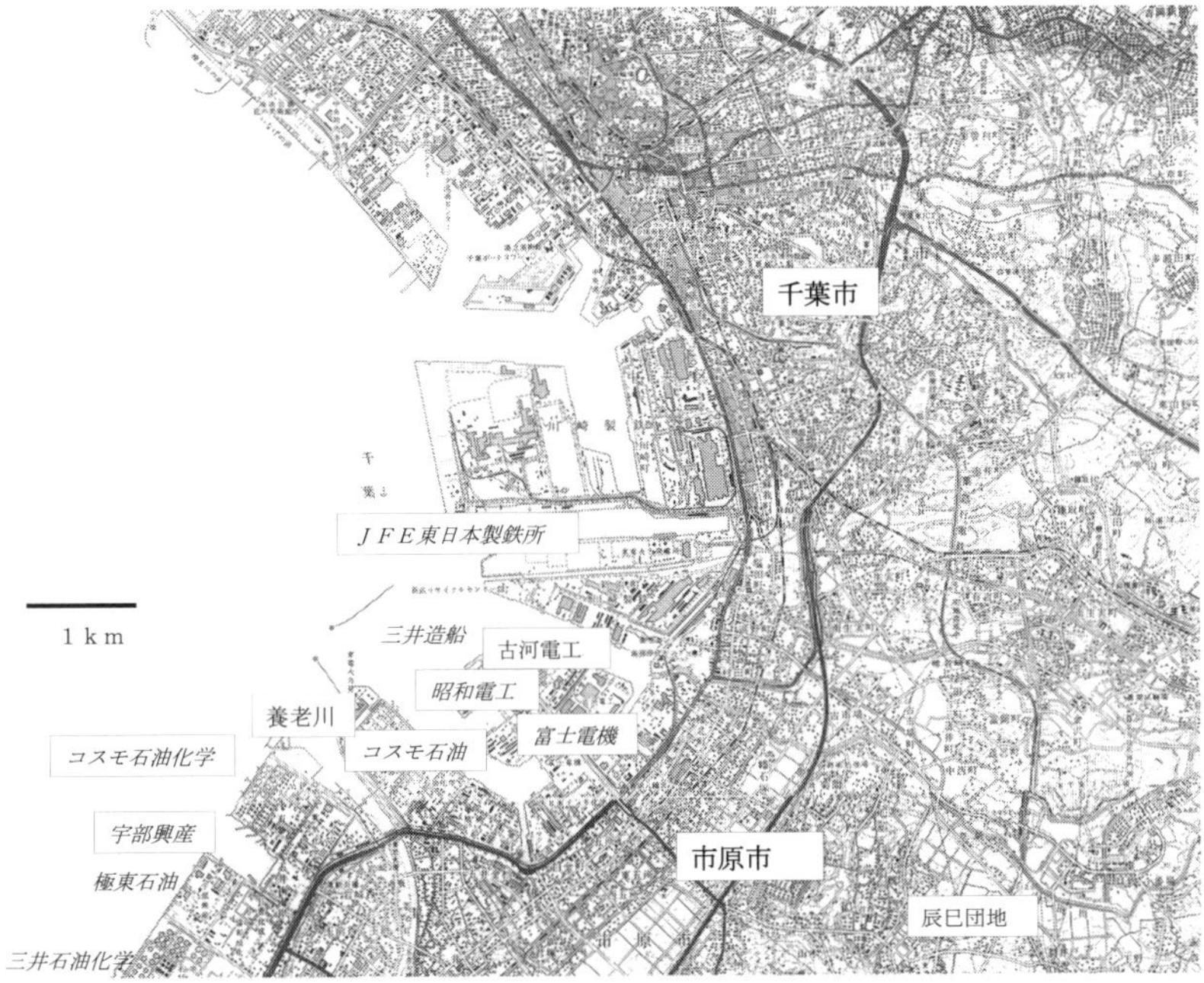

国土地理院５万分の１地形図『千葉』（2000年）をもとに作成

を中心とした石油化学企業化計画を立案した。しかし、国際競争力という観点から規模が小さいということで通産省は難色を示し、計画は挫折した。その後、「丸善石油は一九六一年暮頃から関東進出の構想を固め、京葉臨海工業地帯に新製油所を建設する計画を持っていた。従来、丸善石油の製油所は西日本に偏っており、逆に販売量は東日本が増えていたからである。一九五七年初頭に丸善石油は『千葉県下に新製油所の建設方針を立て、まずその用地として約一〇〇万平方メートル（約三〇万坪）の埋立て地を確保すべく所要の手続きを行っている』と社内発表するのであるが、それは当時、東京湾岸一帯の重化学工業化を目論み、市原、五井、更に姉崎地区の埋立て工事を開始していた千葉県から丸善石油に対し企業誘致の声がかかったからであった。そして『一九五八年二月千葉県との問に協定が締結され、総面積約七七万七、〇〇〇平方メー

トル（約二三万五、〇〇〇坪）、価格約九億円の新製油所用地買収の決定をみた』のである。丸善石油は新製油所建設を同社の将来の浮沈にかかわる重要なものと考え、『ほかのすべての会社施策に最優先し、万難を排してその完成に邁進することになった』[6]」その間、丸善石油は、「成長部門を次々に関連会社として独立させ、丸善グループを形成する経営戦略をとっていたが、一九五九年一〇月、資本金二五億円をもって丸善石油化学を独立させ（丸善石油の一〇〇％出資）、石油化学事業を同社に委ねた[7]」。

他方、九州の水俣に主力工場を有していた新日本窒素は石油化学方式に転換し、同時に関東地区への進出を図ろうとして、「丸善石油と提携し、三和銀行の協力のもとに千葉県五井北部地区の埋立て地確保に成功していた。（中略）かくして丸善石油＝丸善石油化学と新日本窒素の間で千葉計画が具体化していった。（中略）一九六〇年七月、最初の千葉計画（第一期計画）が当局に提出されたが、（中略）通産省の行政指導もあって、その後、日本曹達、宇部興産、電気化学の五井南部区進出が決まり、三社が丸善石油、丸善石油化学、新日本窒素グループに参加することになった、（中略）一九六一年一月にはこの六社によって『千葉石油化学連合』なる企業連合組織が結成された[8]」。

こうした「連合」の形成について水口氏は、「各社がコンビナートを形成するに至った動機は少しずつ違ってはいるが、その背景はいずれも在来化学方式から石油化学方式への転換をせまられていた化学メーカーであった点では共通していたわけである。[9]」と説明している。

加えて、筆者（矢田）は、松山拠点の石油精製・丸善、水俣拠点の水力電気化学・新日本窒素、宇部拠点の石炭化学・宇部興産、北陸拠点の水力電気化学・日本曹達、これらの四国、九州、山口、北陸といった地方拠点の石油精製・電気または石炭化学企業が、石油化学への転換を機に首都圏に進出し、連携して京葉臨海工業地帯に立地したことに注目したい。「過密地域」からの分散などではなく、地方拠点企業の「上京」連合なのである。だからこそ、弱い紐帯を補強するため目的および競合回避・相互補完・共同運営等の基本原則を内容とする「基本綱領」、最高委員会・幹事会・協議会・専門委員会からなる運営機関について定めざるをえなかったのである。(10)

東大社研報告書では、戸原四郎氏が、五井・市原地区で実施された「千葉方式」の財政分析を詳細に行っている。説明がかなり入り組んで十分に理解できないところがあるが、大局的には以下のようである。

土地造成については、一九七二年度決算レベルで、市原地区の公団用地三〇万坪、一三・四億円、県直営事業一六五万坪、三七・一億円、合計五〇・五億円であった。後者の内訳は、背後地一〇万坪、造成費五・二億円、埋立地一五五万坪、二六・四億円となっている。ちなみに、全体の費用五〇・五億円のうち、漁業権等の地元への補償費は各工事あわせて一〇・九億円、二一・五％であった。また、千葉方式での企業の納付金は三五・二億円、住宅公団からの納付金は一三・五億円、合計四八・七億円となっている。金銭については一般会計からの繰り入れ、地方債の発行など複雑な出し入れを伴ったが、収支バランスでは、一九五七年度から六二年度までの五年間の土地造成と販売で、一・八億円のマイナスですんだ。(11)こうしたギリギリの収支バランスについて、社研報告書は次のように記述している。「財政力のなお弱い千葉県が、（中略）個々の大企業のために金融的負担を負いながらも大規模な土地造成事業を遂行できたのは、（住宅公団が介在したことで）国の財政投融資による支えがあったからであるといえよう(12)」。

ところで、その後丸善石油化学は、市原・五井北部地区で隣接する三井化学と住友化学と共同出資（丸善五五％、三井、住友各二二・五％）で一九九一年九月「京葉エチレン株式会社」を設立し、それぞれのエチレンプラントとは別にエチレンプラントを増設した。その後、二〇一三年二月に三井化学が離脱し、その分住友化学が引き取り枠を増加し、住友化学は二〇一五年五月に自社のエチレンプラントを停止した。これによって、京葉臨海工業地帯のエチレンプラントは、丸善石油化学の自社プラント、三井化学の自社プラント、丸善石油化学・住友化学共同のプラント、そして出光興産の自社プラントの四つが稼働している。[12]

3　五井南部・姉崎、袖ケ浦地区

「『五井・姉崎・袖ヶ浦地区土地造成事業』は、千葉県市原郡五井町、姉崎町および君津郡袖ヶ浦町地先の海面一、四二九万二、〇〇〇㎡（四三二万五、〇〇〇坪）（当初計画では一、四六五万㎡、四四三万坪）を埋立て、そこに主として石油化学コンビナート用の工業用地を造成するものである。造成地面積の利用目的別内訳は、（中略）大工場用地が一、二〇〇万一、〇〇〇㎡（三六三万二、〇〇〇坪）、八四％と大部分をしめるが、そのほかに住宅および中小企業用地、公共施設用地が若干さかれている。大工場用地に進出を決定ないし予定されている企業は、昭和三八年度末現在で6―3表のごとくであって、三井・丸善の両石油化学グループを中心に、出光興産の石油製精所、東京電力、住友金属、日本板硝子、吾妻製鋼と、わが国重化学工業の超一流ないし一流企業が顔をならべているのである[13]」。

6－3表　京葉臨海工業地帯
五井・姉崎・袖ケ浦土地面積

	埋立面積		
	千㎡	万坪	%
大工場用地	12,001	363.2	83.9
丸善グループ	4,010	91.0	20.5
丸善石油	800	24.2	5.5
電化石油化学	635	19.2	4.3
宇部興産	635	19.2	4.3
日本曹達	443	13.4	3.0
日産化学	357	10.8	2.4
共有地	140	4.2	0.9
三井グループ	3,300	100.0	22.6
三井物産	990	30.0	6.8
三井石油化学	2,310	70.0	15.8
出光興産	3,300	100.0	22.6
東京電力	1,451	43.8	9.9
住友金属工業	298	9.0	2.0
日本板硝子	353	10.7	2.4
吾妻製鋼所	194	5.9	1.3
所属未定地	95	2.9	0.7
住宅・中小企業用地	683	20.6	4.9
公共施設用地	1,608	48.7	11.2
合計	14,650	443.0	100.0

東大社研『京葉地帯の工業化と都市化』(1965)
表Ⅱ-1-7、1-8を合成 p.99

ここで、この地区での石油化学コンビナート

6－8図　五井南部・姉崎・袖ケ浦地区工場配置図

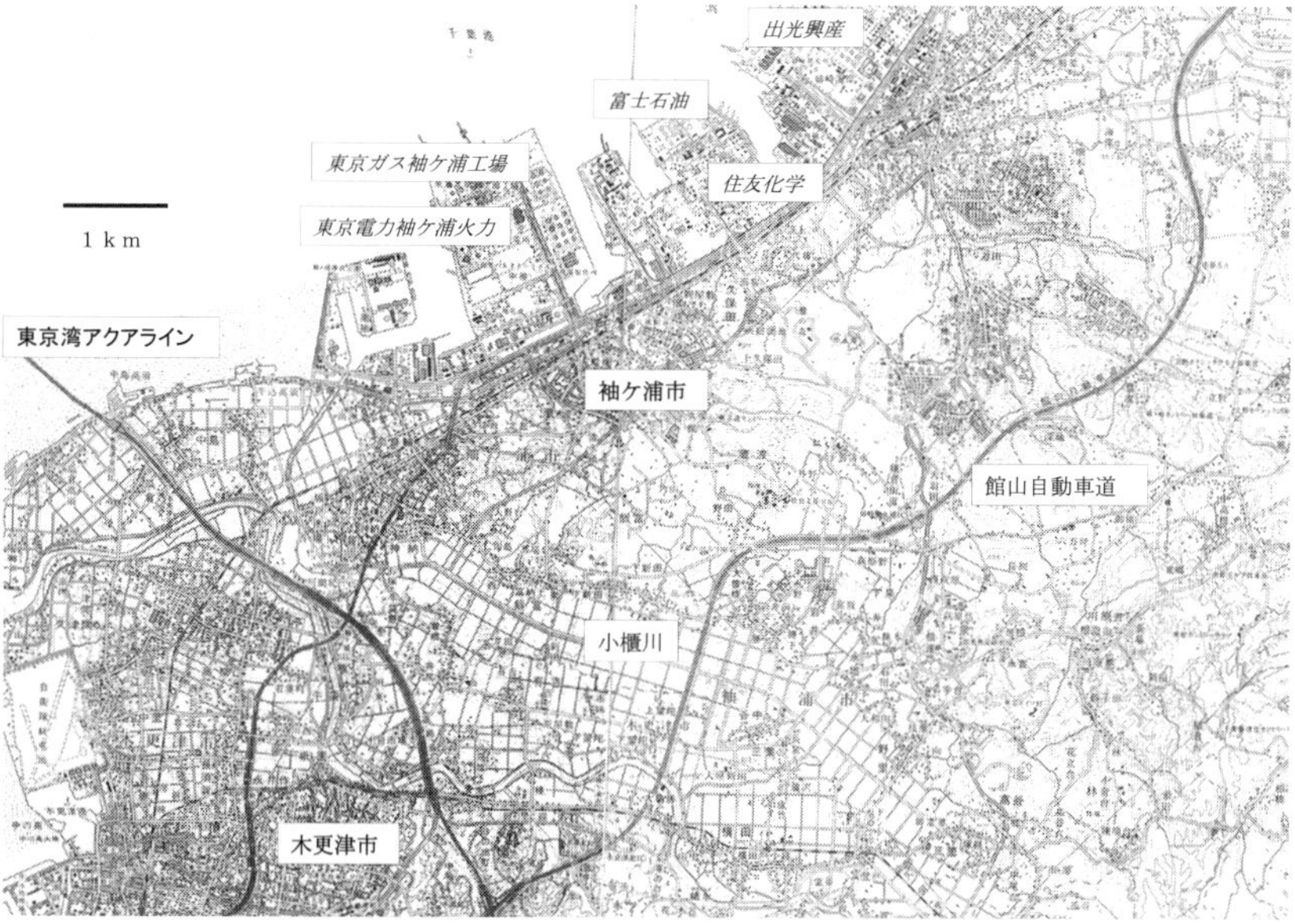

国土地理院５万分の１地形図『千葉』(2000年)、『姉崎』(2007年)、『木更津』(2000年) をもとに作成

の立地について、先の水口氏の著書によると、6―3表にみるように五井・姉崎・袖ケ浦地区には、丸善グループ、三井グループ、出光グループ、住友グループの四つの石油化学コンビナートが立地している。順次考察しよう。6―7図でみるように、丸善（コスモ）グループについては、五井地区北部だけでなく、五井地区南部まで用地を確保し、一体となってコンビナートを形成している。すでに、市原・五井北部地区で紹介済みである。

三井グループ―三井石油化学・千葉コンビナート

「三井石油化学は、一九五五年七月に三井化学、三池合成、東洋高圧、東洋レーヨン、三井鉱山、三井金属鉱業、三井銀行の七社と興亜石油の共同出資（資本金二億五、〇〇〇万円、授権資本一〇億円）によって設立された。同社設立の目的が、旧岩国燃料廠の払下げを有利に進めるためと、新会社設立をテコに占領下の財閥解体政策によって分割されていた三井系資本の再結集を図ることにあったことは言うまでもないが、それにもまして重要なことは、石油化学工業が全く新しい産業であり、巨大な資本投下を必要とするため、一社単独で行うには余りにもリスクが大きすぎることが、新会社設立の理由であった[14]」。「一九五八年中にともかくも一応コンビナートとしての生産体系を整え、操業段階に入った[15]」。その後、順調に成長し、工場も県境の小瀬川を超えて広島県大竹市に立地し、「広域地域企業集団」岩国・大竹コンビナートとなった。「発展を続ける三井石油化学にとって、岩国・大竹地区の立地的限界は目にみえていた。また、市場面からも関東市場への進出が必要になっていた。(中略)三井石油化学が千葉進出構想をもったのは一九六一年のことであった[16]」。

「その後、三井石油化学の設立母体であった三井化学、東洋高圧、三池合成が千葉計画から脱落し、ゼネラル石油(一九五八年一一月、ゼネラル物産とエッソ・スタンダード石油の合弁で設立)と組んで、堺・泉北地区に新しいコンビナートを作ることになったので、三井石油化学は三井物産、東洋レーヨン等との結びつきを強め、モービル石油に急接近し、一九六三年六月にモービル石油五〇％、三井物産三六％、残り一四％を三井石油化学、東洋レーヨン等三井系八社で保有する形で極東石油を設立。三井化学、東洋高圧と別れて千葉計画を遂行することになった[17]。」加えて、「一九六八年四月には日本合成ゴムのブタジエン抽出プラント(五万トン／年)、同年一〇月には極東石油の石油精製プラント(六万バーレル／日)も完成して、ここに三井石油化学を中心とする千葉コンビナートの完成をみたのであった。かくして、千葉工場の完成によって、三井石油化学は岩国・大竹工場と合せて『東西二工場体制』を確立する[18]」。

ところで、その後半世紀を経過し、一九七三年、七八年の二度にわたる石油危機、さらにエネルギー分野における脱石油構造、アジアの途上国の石油化学基礎製品や中間製品の追い上げなど日本の石油化学をめぐる経済環境が大幅に変化し、業界の再編成が行われた。三井石油化学は一九九七年三井東圧化学と合併し、三井化学となるとともに、二〇〇〇年に大阪石油化学を株式交換で一〇〇％子会社化して過剰なエチレンプラントの統廃合を進めた。統合後の三井化学のエチレンプラントは市原工場と泉北の大阪工場の二基地体制となり、岩国・大竹地区に誘導品コンビナートが存続している。

出光石油化学

「一九五五年八月の閣議決定で徳山燃料廠の払い下げに成功し、この地に日産一四万バーレルという当時としては日本最大の原油処理能力を有する製油所を建設する計画を立てた出光興産は、一九五六年五月に同廠払い下げの手続きを済ますと直ちに第一期工事の建設に着手し、一九五七年五月には早くもその第一期工事分四万五、〇〇〇バーレル／日の建設工事を完了した。（中略）一九五九年度から始まった徳山製油所の第二期工事が一九六〇年五月に完工し、同製油所の原油処理能力が一挙に一〇万バーレル／日に増大したことによって、廃ガス発生量が経済単位に達し、過剰ナフサ問題が表面化してきた。そのため、それまでナフサを住友化学の新居浜工場に海上輸送していた出光興産としてもその過剰ナフサを自家消費するために早期に一定規模の石油化学センター（ナフサセンター）を建設する必要がでてきた。しかし、石油精製事業を始めたばかりの出光興産がいきなり石油化学へ進出することは技術的に困難でもあったので、石油化学の範囲をナフサ分解までとし、化学メーカーに各種オレフィンを供給する方針を固め[19]」た。

この出光興産のナフサセンター計画は、一九六二年八月正式に通産省に認可されるとともに、誘導品会社として、「一九六二年五月、日本瓦斯化学、昭和電工、三楽オーシャンの三社で共同子会社徳山石油化学が設立され、アセトアルデヒド系製品を集中生産することになった。（中略）また、一九六四年九月にはかねてから競争関係にあった徳山曹連と東洋曹達が折半出資によって共同子会社・周南石油化学を設立したが、（中略）徳山製油所（約二〇万坪）の隣接地である櫛ケ浜海岸約一六万坪の埋立てを開始し、一九六三年四月からエチレン製造設備の建設に着手し、一九六四年一〇月に完成した。そして、その直前の一九六四年九月に子会社・出光石油化学（一〇〇％出資）を設立し、石油化学事業を同社に継承して、出光石油化学はわが国で九番目のナフサセンターとなった[20]」。

その後、一九六〇年代後半には「徳山工場における生産能力を第一・第二プラント合計で三〇万トン／年とした。（中略）、ともかくも極めて短期間のうちに一工場三〇万トン／年体制を確立した出光石油化学の技術力と拡張・発展力は大いに注目されるところであった。（中略）ところが、一九七一年に入ると徳山コンビナートの発展に大きなかげりが見えてきた[21]。」一つは、コンビナート内の主力企業が新立地に転出する動きが出てきて結合にゆるみが生じたことであり、第二は塩ビ不況がコンビナートに打撃を与えた。そして、「一九七三年七月には出光石油化学の徳山工場が大規模な爆発事故を起こして、徳山コンビナートは完全に機能麻痺に陥った[22]」。かくして、出光石油化学は、千葉地区における第二立地構想（隣接する姉ヶ崎地区の出光興産千葉製油所から原料ナフサの供給を受けてエチレン三〇―五〇万トン／年を建設するという計画）を進めることになる。「この出光石油化学（千葉）コンビナートに三〇万トン／年エチレンプラントが完成するのは一九八五年六月のことであった[23]」。

しかし、二度にわたる石油危機の中でわが国の石油化学の国際競争力が大きく減退し、各社とも設備能力の縮小に迫られ、「新しく千葉でエチレン生産を開始して、徳山と合わせて二つのセンターを持つことになった出光石油化学もこれまで基礎製品の生産を中心としていた徳山では化成品への進出を中心とし、千葉では合成樹脂を強化して全体としては千葉にシフトするという分担関係を形成している[24]」。

その後、二〇〇四年に出光石油化学は、出光興産と統合し、石油精製と石油化学の両部門を一体として経営している。千葉では、製油所と石油化学工場のほか先進技術など三研究所が併存し、徳山では二〇一四年に製油所を廃止し石油化学に特化している。そのほかに、苫小牧に北海道製油所、愛知県知多市に愛知製油所を操業している。

住友化学・千葉コンピナート

「住友化学の新居浜コンビート（中略）、その歴史はかなり古い。すなわち、住友総本店が別子銅山の廃ガスを利用して硫酸をつくり、これから煙害対策の一環として、過リン酸石灰をつくるために新居浜に肥料製造所を建設した（新居浜製造所）のは一九一三年のことであった。その後、この肥料製造所は一九二五年に住友総本店の直営事業から独立して、住友肥料製造所となり、更に、一九三四年にはこれが住友化学工業と改称されて今日に至っている。住友化学は一九三四～一九三七年の間にアンモニア系肥料や工業薬品の製造を手がけ、一九四九年には住友アルミ製錬を合併してアルミ設備を譲り受け（菊本製造所）、また、一九五七年には石油化学企業化のために大江製造所を建設。この三工場を結合して、企業内で石油化学コンビナートを完成している」[25]。「しかし、エチレン規模が増大し、コンビナートの結合が複雑化するにつれ、新居浜コンビナートは次第に立地的限界に近づいていく。この問題を解決するため、住友化学は、（中略）一九六三年になって、今度は静岡県東部地区の静ケ浦への進出を計画する。しかし、これも地元の反対にあって失敗し、結局、一九六五年に千葉県姉ヶ崎と袖ヶ浦両区へ進出することによって、ようやく立地問題の解決をみるのである。それ以降、住友化学の石油化学コンビナートの拠点は新居浜から千葉臨海工業地帯へと移っていく」[26]。

「沼津・三島地区から撤退することを決めた住友化学は、一九六五年四月、今度は千葉県姉ヶ崎・袖ヶ浦地区に進出すると発表した。既に千葉県姉ケ崎地区には住友金属が工場用地（九〇万坪）を確保していたので、その一部（二〇万坪）を借り受けることにし、更に、千葉県当局によって埋立、分譲されることが決った隣接の袖ヶ浦地区の一部（六〇万坪）を購入する目途がついたからであった。また、袖ヶ浦地区への富士石油の進出も決ったので、住友化学は改めてエチレン一〇万トン／年規模の認可申請を行い、一九六五年一一月には全額出資の子会社・住友千葉化学を設立して、第二センター建設の準備を始めた。（中略）かくして、千葉計画はスタートした[27]」。

この説明では、住友化学は、姉ヶ崎地区で確保していた住友金属の工場用地を一部借り受けることになっているが、東大社研報告では、6―3表のように住友金属の用地はわずか九万坪で、一ケタ違っている。地図から見ても後者のほうが正しいと思われる。住友化学の拠点は続いて造成された袖ヶ浦地区で確保した六〇万坪であると推量される。

「ところで、住友千葉化学のエチレン製造設備（Ｓ＆Ｗ法一〇万トン／年）および高圧法ポリエチレン製造設備（ＩＣＩ法五万四、〇〇〇トン／年）は一九六七年五月に完成した。なお、原料ナフサについては富士石油が操業に入るまでの間（一九六九年四月操業開始）、隣接する出光興産千葉製油所から供給を受け、住友化学＝住友千葉化学の姉ヶ崎・袖ヶ浦（エチレン設備は姉ケ崎地区にあり、主な誘導品設備は袖ケ浦地区にある）コンビナートがスタートするのであった[28]」。

ここで、ナフサを供給する富士石油は、アラビア石油、大協石油、日本鉱業などいわゆる「民族系」石油会社と東京電力、住友化学が組んで設立されたもので、当初の沼津の三島地区＝静浦地区進出予定から「富士石油」という名がつけられた。千葉計画のスタート後各種の誘導品の工場が相次いで立地した。

「かくして、住友千葉化学の姉ケ崎・袖ケ浦コンビナート（簡単に住友化学・千葉コンピナートとも袖ケ浦コンビナートともいわれる）の誘導品構成は次第に豊富化し、その展開過程において、（中略）企業内コンビナートの展開を追求してきた住友化学が経営方針を転換し、積極的に他社との提携および合弁方式を採用するに至った[29]」。

この住友千葉化学工業ＫＫは、第一次石油危機直後の一九七五年住友化学工業ＫＫに統合されとともに、第二次石油危機後西日本の拠点の愛媛工場（新居浜）のエチレンプラントを廃止し、千葉工場に生産を集中した。さらに、二一世紀に入りサウジアラビアのプラント稼働など海外展開を積極化し、「千葉工場は、そうしたグローバルな事業展開を、生産技術や人材の面で支える『マザー工場』であるとともに、研究開発部門と連携しながら新規開発品を世に送り出すという重要な使命を負っているのだ。（中略）千葉工場は、『姉崎地区』、『袖ケ浦第Ⅰ地区』、『袖ケ浦第Ⅱ地区』で構成される。エチレンプラントのある姉崎地区では、基礎原料であるエチレンや、ポリエチレンなどを生産。袖ケ浦Ⅰ地区は合成ゴムや芳香族、スチレンモノマーなどのプラントが立地する。同Ⅱ地区には、単産法プロピレンオキサイドや、気相法ポリエチレン・ポリプロピレンといった住友化学の独自製法の設備が並ぶのが特徴である」[30]。

なお、このうち姉崎地区のエチレンプラントは二〇一五年五月に操業を停止し、エチレンを丸善石油化学と合弁で設立した京葉エチレンから確保している[31]。

4　木更津南部地区、君津・富津地区

千葉南部地区、市原・五井北部地区、五井南部・姉崎地区、袖ケ浦地区については、東大社研報告、大原光憲・横山桂次編著および水口和寿著の三つの著作に依存して考察したが、これらの著作には南端の八幡製鉄君津製鉄所が立地した木更津南部地区、君津・富津地区についての言及は殆んどない。特に前二作は、この地区の開発が着手される以前の発行であるから当然である。しかし、幸いなことに、この地区の研究には、優れた成果がある。舘逸雄編『巨大企業の進出と住民生活―君津市における地域開発の展開』[32]である。これは、昭和四八（一九七三）年に明治学院大学社会学部附属研究所が行った共同調査研究の成果であり、総勢二六名の教員・研究員・大学院生が執筆に加わっている。ここでの問題意識は、「『地域開発に対する国、県、市における行政の論理と巨大企業における経営の論理がからみあう中で、住民における生活の論理がいかに展開しているか、また、この展開が住民の福祉にいかなる影響を与えているか、さらに、開発と福祉の接点を模索する田園工業都市構想がいかなる形で今後具体化していくか』などを『ねらい』とし、（中略）アプローチの焦点は、巨大工場の進出と産業・労働の変化、自治体の対応と行財政の展開、

6－9図　木更津南部、君津・富津地区工場配置図

国土地理院５万分の１地形図『木更津』（2000年）『富津』（2000年）をもとに作成

地域開発と地域住民の動向、地域社会の変動と住民福祉といった四つの側面にしぼられたが、とくに住民の生活と福祉の動きを的確に把握することに力をそそいだ[33]」ことにある。

ただ、筆者（矢田）の本書のモチーフは、産業立地の展開と立地地点における産業活動（産業配置論）、土地造成、用水の確保（国土利用論）、地域経済や地方財政の動向（地域経済論）および国と地方自治体の開発政策（国土政策論）にあるので、舘編書の問題意識と多少のズレがあるが、筆者の視点に関わる論文に焦点を当てて考察してみたい。この点からみると、まず数多くの論文の中で、合田邦雄氏の「Y製鉄の君津進出とK製鉄所の形成過程」が君津製鉄所の立地の背景と鉄鋼生産の特徴および全社の中での役割を八幡製鉄KKの経営の視点から掘り下げており、大変参考になる。

政府の所得倍増計画に対応して一九六〇年

秋に鉄鋼連盟が鉄鋼需要予測「四八〇〇万t案」をだしたが、「Y製鉄はこの案をベースとして（中略）（昭和）三六（一九六一）年二月に最終的な合理化案を発表するに至った。Y製鉄はこの合理化案の中で関東と中部の二つの地区に新たな製鉄所の建設を予定していたが、そのうち関東に計画されていたものが千葉県君津市にある現在のK製鉄所であり、他の一つは三重県四日市市に計画されていたものである。ここで初めてK製鉄所の建設構想が姿を現わしたのである[34]」。

「こうした新規立地計画の具体化は、Y製鉄の主力工場が大需要地から遠く離れており、他社に比べて不利な状況のもとにあったところから、輸送コストの面からのみならず、需要家のニーズを正確にとらえ、それに即応しうる体制をつくるためにも必要とされていた。しかし、その中で四日市は、千葉県よりも先に三重県が誘致の申し入れをしていたこともあって有力視されていたが、立地調査の結果、地盤が予想外に悪く用地造成上問題があったため、結局三五（一九六〇）年一一月の常務会で進出検討を地耐力、埋立水深、用地造成などの点で優れていた君津に絞ることを決め、ここに君津への進出が正式に決定されるにいたったものである。（中略）こうして君津がS（堺）地区に続く次期進出予定地となったのである[35]」。

その後、昭和三六年に君津製鉄所の基本構想が公にされ、君津および青堀漁業協同組合との補償交渉を経て「三七年一月から約四八万四、〇〇〇㎡の第一期埋立を開始した。ところが同年九月になって、三三三万㎡の埋立てを終っただけで工事は中断され、さらに着工が予定されていたスキンパスミル工場の建設延期、銑鋼一貫化構想についても計画の全面的な繰延べが千葉県との間で申し合わされた。こうして基本構想が公にされてわずか一年半ばかりのうちに、実質的には白紙に戻されたのも同然の状態となった[36]」。

高度経済成長前半の神武景気・岩戸景気が一段落し、本格的な景気調整、そして不況が訪れたことによる景気調整的不況が一段落すると八幡製鉄ＫＫは、一九六四年から再び積極的な設備投資を開始し、先行する堺製鉄所の銑鋼一貫工場の竣工ののち、君津製鉄所の建設に力を入れた。

すなわち、「四一（一九六六）年一月には千葉県との間で、『K製鉄所建設に関する基本協定』が結ばれ、（中略）同年一〇月の常務会で消費地立地として有利なK製鉄所の銑鋼一貫化を先行することが決定されたのである。翌四二年初めには本社に君津推進本部が設置され、銑鋼一貫化計画の基本構想がまとめられたが、その基本的な考え方は、（中略）生産設備、操業、技術、組織、運営管理等を含めた全体システムの総合的な最適化を行なう」というところにおかれ、「これまでY製鉄の他の製鉄所で開発蓄積された技術的成果のうえにたって、今日におけるK製鉄所の著しい特徴をなすオール・オンライン・リアルタイム方式による受注から生産・材料計画、作業指示、プロセス制御、実績処理、出荷に至るまでの一貫した生産管理情報処理システムが開発・導入された」[37]。

その後第一期と第二期に分かれて工事が進み、一九七二年四月までに五年あまりで三つの高炉と二つの転炉、分塊、熱間および冷間圧延、厚板、鋼管、メッキ大形鋼などの工場が建設され、粗鋼一、〇〇〇万tの生産体制が実現した。この間、「昭和四五（一九七〇）年三月にY（八幡）製鉄はF（富士）製鉄と合併し、S（新日本）製鉄となったのである。続いて計画されていた第四高炉の建設は、新会社の中における設備投資の見直し、調整によってその具体化はかなり遅れ、五〇（一九七五）年一〇月になって火入れされている」[38]。

こうして、「昭和四二（一九六七）年に開始された製鉄所の銑鋼一貫化は五〇（一九七五）年一〇月の第四高炉の火入れをもって、予定された全部の計画を完了し、三五（一九六〇）年一一月の君津への進出決定以来一五年を経て一応の完成をみたが、この間に二度にわたる大きな転機を迎えることになった。その一つは昭和四五（一九七〇）年三月におけるY（八幡）製鉄とF（富士）製鉄の合併によるS（新日本）製鉄の新発足であり、その二つは四八（一九七三）

年秋におけるオイルショックを契機とする環境の変化である」[39]

この大きな環境変化は日本の鉄鋼生産力の過剰化をもたらし、これに対応して新日鉄は、昭和五三（一九七八）年に全社的な生産体制の見直しによる合理化案を発表した。このなかで、「全従業員の約一〇％にあたる七、五〇〇人を削減するとともに、生産能力が過剰となっているコークス炉、大形鋼、厚板、線材、ピーリングなどについて在来製鉄所の五工場、四設備を休止させ、O（大分）地区やK（君津）地区の生産効率の高い製鉄所に集中をはかるというものである」[40]。

これを受けて君津製鉄所では、「エネルギーの有効利用による生産原単位の低減」と「歩留まりの向上によるコスト低減」の二つを柱とする「中期総合計画」を策定した。その中核となる「連続鋳造化が推進され、第一連鋳に加えて第二連鋳が五五年四月から稼動し、第三連鋳の新設も計画されている。この連鋳化は、従来の造塊・分塊圧延工程を省くことによって製造工程の簡略化を行なうものであるが、歩留りの向上、省エネルギー化、設備費の削減、労務費の削減などのコスト低減につながるものであるとともに、製品の品質向上、作業環境の改善などのメリットをもっている。」[41]この結果、粗鋼生産も持ち直し、「オイルショック以降の長期的な不況によってK製鉄所がこれまでに受けた影響は、他の在来製鉄所に比較すれば期間も短く、その程度もそれほど大きいものではなかったといえよう。」[42]と述べている。

さらに、合田氏は、同じ論文で木更津南部地区と君津・富津地区の用地造成について貴重な情報を次のように提供している。紹介しよう。

「ところで、この間における海面埋立は、君津市から木更津市南部にわたって行なわれたが、君津地区におけるそれが埋立工事を進出企業に委託する自社埋立方式をとった点において、木更津南部地区とは異なっているにしても、造成地を予約分譲し、用地造成事業費と産業基盤整備費の全額および後背地整備費の一部負担金を工事の進渉に応じて前納させるという予納方式に基づき、埋立が行なわれたことは両地区とも変りがない。君津地区では、四二年以前の先行埋立工事分を含めて昭和五〇年までに七六四万二、〇五七㎡が竣工し、S製鉄（旧Y製鉄）はそのうち公共用地を除く七三七万七一㎡の分譲を受けており、木更津地区では、五三年までに四五四万七、九五七㎡（既成土地および国有地を除く）が竣工し、そのうちの一九三万八、七四五㎡がS製鉄に分譲されている。その他にS製鉄は、昭和五一年一一月に千葉県から君津地区における九四万二、二三一㎡（その後七万三、八八五㎡が追加された）の埋立権譲渡を受けて自社埋立を行ない、五四年八月までに二三万九四三㎡を竣工させている。したがって、S製鉄が埋立を始めた三七年一月から五四年八月までに用地造成を行ない、あるいは分譲を受けた埋立面積は合計九五三万九、七五九㎡（約二八九万坪）にのぼることになる（千葉県企業庁『京葉臨海地域開発要覧』に基づき算出）。S製鉄が造成用地の取得に要した費用は、君津地区における分については用地分譲価格が三六年度から五一年度までの開発総事業費二三〇億二、四九八万円、同地区の埋立権譲渡に関わる費用が三一億三、七六九万円で合計二六一億六、二六七万円と推定されるが、木更津南部地区は現在分譲価格について交渉・検討中でありまだ確定していない。この地区の埋立開発に要した五三年度までの総事業費は全体計画額の七二%にあたる二五六億六、四九万円であるが、（推定価格は）総額六二〇億三、九八四万円となり、（中略）これは、精算方法が従来の原価精算主義から、周辺地域の時価に近づけた値段でもって分譲価格の決定を行なう方向に千葉県の姿勢が変りつつあることを反映するものである」[43]。

　そのほか、木更津・君津地区のインフラ整備に関連して工業用水の確保について、合田邦雄氏は、以下のように考察している。

「予定された水源が周辺の小糸、小櫃、湊の中小三河川だけであったので、計画当初からその確保が重要な問題であったといえよう。まず、第一期拡充計画では原水所要量を一一万五、二四〇 m³／日と想定し、そのため小糸川自家用水利権三万二四〇 m³／日と県営工業用水事業による開発水量八万五、〇〇〇 m²／日でもってその確保にあたることを予定していた。さらに第二期拡充計画では原水所要量二六万六、〇〇〇 m³／日が想定され、これに対して郡ダム、小櫃川多目的ダム、小糸川河口湖等の建設によって必要水量を確保されることが計画されていたが、最終的には第四高炉完成後に約三五万 m³／日を必要とするものと考えられ、それに対応する用水計画をどのように実現するかが問題とされた。このような用水需要の大きさに対して水源が不足気味であることに対処するため、当初から工業用水の循環利用を考慮して、一工場一戻水場方式を取り入れるとともに、アメリカのハイドロテクニック社から技術導入を行なうことによって、カスケード方式による戻水装置を設置し、戻水回収率（目標値九三％）の向上がはかられている。（中略）しかし、水資源開発事業のうちで実際に実現されたのは、昭和四四年四月から給水を開始した小糸川水系の豊英ダム（有効貯水量四二〇万m³、給水量八万五、〇〇〇 m³／日）と四七年一〇月から給水を開始した湊川水系の郡ダム（有効貯水量三八八万m³、給水量一〇万m³／日）だけである。これらは、いずれも県営木更津南部地区工業用水道事業によるもので、（中略）このうちS製鉄に関しては一五万m³／日が、他の四社には三万五、〇〇〇 m³／日がそれぞれあてられている。したがって、現在のS製鉄は関連企業の分とともに、自家用水利権を含めて約二一万五、〇〇〇 m³／日の工業用水を確保していることになる。（中略）三五万 m³／日の原水所要量を大幅に下回るものであるが、意図した戻水回収率の向上が達成されたことによって工業用水の循環利用が進んだこと、オイルショック後の低経済成長への移行に伴い、四高炉が揃って完全操業にはいる体制が実現しなかったことなどによるものであろう(44)」。

この点について、羽田新氏は、同じ書で、次のように一九七九年三月のデータを掲載している。

「そのうち水について見ると、河口ですぐ近くにある小糸川からの取水をはじめ、小糸川と富津市に注ぐ湊川からの水を水源とする県の木更津南部地区工業用水道事業からの供給に依存している。取水可能量は一日当り二一万五、〇〇〇㎥であるが、戻水回収率が九四%と非常に高く戻水場能力は一日当り三五〇万㎥にものぼる。昭和五四年（一九七九）三月実績では、原水七万五、八〇〇㎥、浄水二万八、二〇〇㎥、戻水一八一万七、〇〇〇㎥、計一九二万一、〇〇〇㎥で、このほか海水使用量が三六万㎥あった」(45)。

長い引用でわかりにくくなったが、要するに水資源開発が順調にいかなかったものの、水の再生利用技術の導入と回収率の飛躍的上昇により、水問題は解決していったのである。ここで確立した新日鉄の水の大規模な循環利用技術は、長崎のハウステンポス、九州大学の伊都キャンパスなどで活躍している。

この書のなかで、羽田新氏は、君津製鉄所の生産体制について特に優れた論文を書いている。以下、要点を紹介しよう。

「S（新日本）製鉄の中でのK（君津）製鉄所の比重はきわめて大きく、O（大分）製鉄所と並んでもっとも生産性の高い製鉄所であり、生産能力もずば抜けて大きい（中略）どの設備も世界最大級かつ最高能率のものである。（中略）製品の種類はバラエティに富んでおり、大形、線材、厚板、熱延、冷延、メッキ、大径管、小径管の各工場によって多様な製品を生産し、土木・建築、造船、自動車、電機、エネルギー、輸送、発電等の広い分野の需要に応じている。この点、厚板製造に特化した前記のO（大分）製鉄所とは対照的である。製品のうち三分の二が国内向け、残り三分の一が輸出である。五三年の国内の地域別出荷先は関東が七七・三%と圧倒的に多く、次いで東海六・九%、近畿六・八%と続き、大半が関東中心の東日本に限られている。Y（八幡）製鉄時代の市場戦略の目的は達成されていると言ってよいだろう」(46)。

「組織機構という点からみると、（中略）各工場がライン部門を構成し、管理業務や関連業務に携わる各部門がスタッフとしてこれをサポートするといういわゆるライン・スタッフ組織の形態がとられている。（中略）これらのスタッフ部門の一つであるシステム開発室がK製鉄所のいわば神経中枢に匹敵するようなきわめて重要な地位にあるということである。それは、ライン部門の各工場がコンピューターシステムによって管理されているためで、その総元締にあたるのがシステム開発室であるからである。そこでAOLシステムと呼ばれる（ALL—ON—LINEシステムの略名、KIIS＝Kimitsu Integrated Infomation Systemとも呼ばれる）[47]」「そして工場のレイアウトについても、この製造工程に即したきわめて合理的な流れの構成となっており、海面埋立造成による新設製鉄所のメリットが遺憾なく発揮されている[48]」。

「この結果、製鉄所業務は合理化され、きわめて生産性の高いものとなったが、従来のような旧式の製鉄所にはみられない変化が生じた。すなわち、新鋭製鉄所ではオートメーション化された巨大な装置がコンピューター・システムによってコントロールされて二四時間稼働する体制となるため、各生産現場では基本的には交代制による監視労働という性格をもつことになる。また、このような一貫生産システムになじまない業務や付帯業務が数多く存するため、効率性の見地からこれらを直営人員のそれからはずしてそれぞれの分野の専門業者に委託して実施させる、すなわち外注、下請に出すことになる。（中略）これらの会社があわせて一〇〇社を越え、構内作業者だけでもあわせて約九、〇〇〇人と直営人員を上回っている[49]」。

「外注化の範囲については、外注企業に専門性があると考えられる場合には従来よりも技術的に高度で、しかも生産への影響度の大きい作業にまで拡大した。外注企業の自主管理を徹底させ、作業遂行に必要な管理はすべて外注企業にまかせることとした。（中略）業者選定に当っては実力第一主義、適性配置主義、一業種一社主義を徹底し、（中略）さらに外注管理体制については、自主管理の原則から、K製鉄所自身の外注作業への管理はスペックの提示と契約を通しての管理にとどめることにして、管理体制の大幅な簡素化をはかった。（中略）K製鉄所では これらの企業を、関連・協力会社と呼んでいる。関連会社とは、発電、コークス、カラートタン・アートボンドの製造等で、一応構内に立地してはいるがK製鉄所から独立した形で操業しているもので、これに対して協力会社とは文字通り一貫工程の中に位置付けられてそれとの密接な関わりにおいて作業を行なっているもので狭義の作業外注である。これら協力会社（中略）、業種的には関連作業、二次加工、各種整備、輸送、ビジネスサービス関連等で第三次産業に属するものも多い[50]。

「K製鉄所が取引している外注企業は、一〇〇社前後であるが、中心となるのはその半数に当る約五〇社であり、さらにそのうちの二〇数社が外注額や外注人員で大半を占めている[51]」。

本論文の表1―3―5に掲げられいる企業には、鉄鋼ラインに関わる太平工業、吉川工業、三島光産、鉄原、岡崎工業、荷役運搬の山九運輸、製鉄運輸、機械整備の高田工業所、築炉作業の黒崎築炉などの北九州市ではおなじみの中堅企業である。

君津製鉄所が本格的操業を開始してから約四〇年八幡製鉄が新日本製鉄になり、二〇一二年には住友金属と合併し新日鉄住金と社名が変更した。二〇一四年には近接製鉄所の一体運営をする趣旨で、八幡・（旧住金）小倉製鉄所を統合して「八幡製鉄所」、堺製鉄所と（旧住金）和歌山製鉄所を統合して「和歌山製鉄所」に、そして、君津製鉄所は（旧住金）鹿島製鉄所と統合して新日鉄住金の「君津製鉄所」となった。

5　「千葉方式」の形成・展開・変質

東大社研報告の最大の成果は、臨海工業地帯造成における「千葉方式」の発掘と分析である。それは、総論、第Ⅱ

編第一章、第二章に集約されている。すでに総論と第Ⅱ編第一章については考察済みなので、ここでは、「千葉方式」の特色を整理した第Ⅱ編第二章を追ってみよう。執筆者の高柳信一氏は、その特色として次の五つをあげている。

「千葉方式の第一の眼目は、県において公有水面埋立法による埋立権を取得し、漁業補償及び埋立工事を実施し、さらに誘致企業の決定権を留保するという点に存する。この建前は千葉方式のその他の諸要因、諸特色がそこから導き出される基本的出発点をなしている」[52]。

「千葉方式の第二の特色は、進出企業による土地造成事業費の予納制度である。（中略）東電千葉火力建設に当って、千葉県は、進出企業に『工事の進捗実績に応じ』事業費を納入させる方式（物件費は一月毎の出来高払、人件費は一月毎の前払）をとったのであるが、市原地区における各四半期毎の納入の制度を経て、五井・姉崎・袖ヶ浦地区においては、各四半期毎に、企業が予め納入する経費にみあう工事だけを県が実施するという徹底した予納方式に到達したのであった。つまり、県は、建前においては、自己資金（一般県費）を一切用いないで、進出企業の提供する資金により、土地造成事業を実施しうることになる。（中略）しかし、それが可能であったのは、京葉地帯が京浜の大工業地帯および大市場に近く、企業立地上有利な位置に位しているというめぐまれた外的条件があったからであり、したがって景気の変動にもとづく進出企業側の財政状況の悪化という外的条件の変化があると、企業の予納は滞ってこの制度はたちまち蹉跌し、県に重大な金融的負担を課することになるのである。（中略）県は、この金融的負担を地元金融機関からの借入によって処理しようとし、それが一方において県―したがってまた、地方納税者―に重い金利負担を背負わすことになり、他方において地元資金を圧迫して困難を惹起し、両者あいまって千葉方式の再検討を強いることになった。」[53]後述するように、木更津地区、君津・富津地区開発を機会に「県営主義」は変質し、見直されることになったのである。

「第三の特色は買手つきの土地造成であるということ、換言すれば、企業誘致が土地造成に先行するということである。これは、第二の事業費の予納制度と密接に関連し、その前提をなしている。造成すべき土地について買手がきまり、そこに進出すべき企業が予め決定されているから、土地造成事業費をこの進出予定企業に納入させることができるからである。（中略）これまた、県にとってはきわめて有利な原則である。他の道府県の行っている工業地帯造成事業においては、この原則を貫きうる場合は稀である[54]」。

「第四に、工業地帯整備負担金の制度が注意される。付帯施設を進出企業の負担において建設整備することは、すでに東電千葉火力方式以来とられて来たところであるが、関連施設を進出企業の負担において建設整備するべきであるとする思想は、千葉方式においても、第四段階たる五井・姉崎・袖ヶ浦地区の造成において、はじめて、登場したものであった。付帯施設と関連施設の相違区別は、厳密には、必ずしも明瞭でないが、ごくおおざっぱにいえば、前者は、直接当該工場の運営に必要な造成工場用地内に存する公共施設をいい、後者は、特定工場用地の範囲を越える、したがって後背地に及ぶ地域における公共施設をいうと解して大過ないであろう。（中略）単に狭い範囲の工場敷地だけでなく、後背地における公共施設をも同時に総合的に建設整備するものでなければならないが、わが国の地域開発においては、これがしばしば看過され、或いは資金難の故に実行されないことが多かった。この見地において、進出企業の負担金によってこれを賄おうという千葉方式の意図は、その限りで、高く評価されるに値する[55]」。

「第五の特色として、千葉県が臨海地域土地造成事業を、地方公営企業法の一部適用を受ける事業として実施していることが挙げられる。これも、第四段階の五井・姉崎・袖ヶ浦地区造成事業以来初めて採用されるに到ったものであるが（中略）元来、地方公共団体の経営する水道事業、軌道事業、自動車運送事業等を対象として予定する地方公営企業法を土地造成事業に適用（一部にせよ）するについては若干の疑点が感ぜられ、他の類例は甚だ稀である。[56]」千葉県はその理由として、「企業会計予算は簡単弾力的である」こと、「金融機関との関係がスムーズになること」などの合理性をあげているが、（中略）しかしこれによって、本来住民の福祉を全体的に向上させることを目的とし、それ故に一層強く住民の意思を反映し、また、一層強いポピュラ・コントロールの下にあってしかるべきはずの開発行政が、かえって議会の統制から外されて、独走し、しかも他方、系列化した企業―金融機関のシステムと結びつく危険をはらまないとはいえないであろう[(57)]」。

以上のように、高柳氏は、「千葉方式」の特色を、①県による漁業補償と埋立工事、誘致企業の決定、②土地造成事業費の進出企業による予納制、③土地造成に先行する進出企業決定、④付帯施設全部と関連施設の一部の進出企業負担、⑤土地造成事業への地方公営企業法の適用、の五点に整理し、それぞれの持つ「効用」と「危うさ」を指摘している。この五点をマイル・ストーン（里程標）として「千葉方式」の形成・展開・変質の過程を追ってみたのが6―4表で、京葉臨海工業地帯造成は、前史、形成、確立、変質の四段階に分けられる。前史は、川崎製鉄千葉製鉄所が立地する一九五〇年代前半で、財政難に悩む千葉県の誘致熱のほうが強く、既存埋立地の無償譲渡や地方税の五年間免除など進出企業に対する全面的とも言える譲歩をした段階である。高度経済成長の下での臨海性重化学工業の首都圏への立地圧力が強まるにつれて、企業対県当局の力関係は逆転し、埋立工事・漁業補償・誘致企業の選択などでの県の優位性が増すにつれ、第一の特色である「県営主義」が採用され、免税措置の撤廃や土地造成費用の予納制や付帯施設の進出企業負担など第二、三、四の特色も現実化した。東京電力千葉や五井・市原地区の造成である。この段階で「千葉方式」がほぼ形成された。さらに、一九六〇年代に入ると、土地造成費用や岸壁などの付帯施設、さらに関連施設の一部についての前納性が強化されるとともに、その価格も事業実施後の精算主義ではなく、あらかじめ予納額や負担金が確定する「確定価格」と「非精算主義」となる。さらに、土地造成事業を「企業会計」で処理するまでになる。こうした県の立場が最も強くなるのが五井・姉崎・袖ケ浦地区の造成事業であり、千葉方式の「確立」期となる。しかし、新日本製鉄の木更津地区および君津・富津地区進出が確定する六〇年代半ばになると、埋立て事業

6－4表　京葉臨海工業地帯造成の「千葉方式」の形成・展開・変質過程

	5つの特色 造成地区	①　県営主義 埋立権・工事・補償 誘致企業の決定	②進出企業の予納 土地造成費用	③買い手付土地 造成	④進出企業負担 付帯施設全部 関連施設の一部	⑤公営企業法適用	免税措置
前史	1. 川崎製鉄千葉 1951・3 1952・7	×（既存埋立地無償譲渡） △　漁業権等処理斡旋			×（付帯施設＝防波堤・水路等県・市負担） ×（関連施設企業負担無）		×（地方税5年間免税）
形成	2. 東京電力千葉 1954・10	◎　適用	◎　適用、4半期ごと	◎　適用	○　航路、泊地、防波堤 ×（関連施設企業負担無）		免税措置なし
	3. 五井・市原地区 1956・1957	◎　適用 △（一部住宅公団より委託）	◎　適用 五井―年2-5回 市原―年4回	◎　適用	○　航路、泊地、防波堤 △　工業用水道、動力、輸送、通信施設―県努力義務		免税措置なし
展開	4. 五井・姉崎・袖ケ浦地区 1960―	◎　適用	◎　適用（確定価格）非精算主義 -4半期ごと 漁業補償負担金明定 雇用に関する覚書	◎　適用	◎　適用（確定価格）付帯施設整備負担金（防波堤・道路・橋梁・鉄道・護岸・緑地)非精算主義	◎　企業会計処理	免税措置なし
変質	5. 八幡製鉄木更津地区 1961・8	△（埋立工事八幡製鉄委託） 埋立権・県保持 進出企業自社埋立方式へ	○　八幡製鉄→用地・護岸施設代金県に納入	○　工事終了後、委託額を県が八幡製鉄に交付	○　護岸工事についても土地造成と同じ扱い	◎　企業会計処理	免税措置なし

東京大学社会科学研究所報告『京葉工業地帯における工業化と都市化』第Ⅱ編第2章論文より筆者作成

を新日鉄に委託する「進出企業自社埋立方式」に転換し、「県営主義」が変質する。

東大社研報告は、以下のように論じている。

「さて、以上のようにして、千葉方式は、もはや本来の姿のままではこれを維持しえず、状況に応じたいくつかの修正を蒙ることになった。それをもたらしたものは、主としては資金問題であった。買手つきの土地造成であること、しかも買手（進出企業）による土地造成費前払いの原則（予納金制度）をとることを特色とする千葉方式は、本来、資金問題をもたないはずであったが、景気変動のテンポが著しく早くなった戦後日本経済の過程において、たちまち破綻を来すことになった。事業主体（県）の財政的脆弱性が、民間資本の介入を惹起したのである。（中略）進出企業に工事を委託する場合も、基本的には、ほぼ同様である。これらは、まさに、民間企業との協働であるが、そこになんら問題はない。ところが、県の造成事業に資金計画上の困難があって民間企業に援助を求めるということになると、埋立権を県が留保する等、形の上の同一性が保持されても、実質的には大きな相違がはらまれる[58]」。

（1）戸原四郎「臨海部における土地造成の経済的諸問題」（東京大学社会科学研究所調査報告第6集『京葉地帯における工業化と都市化』東京大学出版会　一九六五年所収）八五頁。
（2）同右論文　八六頁。
（3）同右論文　八七―八八頁。
（4）同右論文　九一頁。
（5）同右論文　九〇頁。
（6）水口和寿『日本における石油化学コンビナートの展開』愛媛大学経済学研究叢書一〇　一九九九年　八六頁。
（7）同右書　八七頁。
（8）同右書　八七―八八頁。
（9）同右書　八八頁。

(10)同右書　八九頁。
(10)戸原前掲論文　表Ⅱ―1―5　九六―九七頁。
(11)同右論文　九七頁。
(12)『今がわかる未来がわかる業界地図二〇一六―一七年版』成美堂出版　五四頁。
(13)戸原前掲論文　九九頁。
(14)水口前掲書　四四頁。
(15)同右書　四六頁。
(16)同右書　一二一頁。
(17)同右書　一二二―一二三頁。
(18)同右書　一二三頁。
(19)同右書　九五頁。
(20)同右書　九七頁。
(21)同右書　二〇七―二〇八頁。
(22)同右書　二〇九頁。
(23)同右書　二〇九頁。
(24)富樫幸一「石油化学工業における構造不況後の再編とコンビナートの立地変動」『経済地理学年報』第三二巻第三号　一九八六年　七頁。
(25)水口前掲書　四七―四八頁。
(26)同右書　五〇頁。
(27)同右書　一三二―一三三頁。
(28)同右書　一三三頁。
(29)同右書　一三四頁。
(30)日刊工業新聞特別取材班編『図解住友化学』日刊工業新聞社　二〇〇九年　一三〇頁。
(31)『今がわかる未来がわかる業界地図二〇一六―一七年版』成美堂出版　五四頁。
(32)舘逸雄『巨大企業の進出と住民生活―君津市における地域開発の展開』東京大学出版会　一九八一年。

(33) 同右書　はしがき　i、ii。
(34) 合田邦雄「Y製鉄の君津進出とK製鉄所の形成過程」（舘逸雄『巨大企業の進出と住民生活—君津市における地域開発の展開』東京大学出版会　一九八一年　所収）二三頁。
(35) 同右論文　二五—二六頁。
(36) 同右論文　二六頁。
(38) 同右論文　二九—三〇頁。
(39) 同右論文　三三頁。
(40) 同右論文　三六頁。
(41) 同右論文　三七—三九頁。
(42) 同右論文　三七頁。
(43) 同右論文　三〇—三一頁。
(44) 同右論文　三一頁。
(45) 羽田新「新鋭製鉄所の組織と運営」（舘逸雄『巨大企業の進出と住民生活—君津市における地域開発の展開　東京大学出版会　一九八一年　所収）。六一頁。
(46) 同右論文　五九—六一頁
(47) 同右論文　六三頁。
(48) 同右論文　六三頁。
(49) 同右論文　六五頁。
(50) 同右論文　六七—六九頁。
(51) 同右論文　六九—七〇頁。
(52) 高柳信一「企業誘致土地造成事業の法的構造」東京大学社会科学研究所調査報告『京葉地帯における工業化と都市化』東京大学出版会　一九六五年所収）一二一頁。
(53) 同右論文　一二四頁。
(54) 同右論文　一二四頁。
(55) 同右論文　一二五頁。

(56)　同右論文　一二六頁。
(57)　同右論文　一二六頁。
(58)　同右論文　一五二―一五三頁。

三　地域の変容

1　漁業補償と漁民の生活変容

京葉臨海工業地帯の主役は、高度経済成長を牽引し、この地域に立地を求めた重化学工業系企業、これを地域浮揚の機会ととらえ「千葉方式」を編み出し巨大な用地造成に奔走した千葉県当局、そして突然用地造成によって生産と生活の場を失った漁民である。

内湾は、近年「『海の農業』とよばれる浅海養殖が著しく発展した。ノリと貝類の養殖は、日本一である。最高の生産といわれる昭和二九年のノリ生産は、六億二、〇〇〇万枚、金額にして二九億七、〇〇〇万円にのぼり、同年の貝類生産は一、四〇〇万貫、金額にして五億二、〇〇〇万円に達している。

内湾東岸の浦安から富津までの沿岸八〇キロメートルのあいだに四二の漁業協同組合があって、それぞれの漁場を管理していた。これらの漁協の組合員の約六〇％はノリ養殖に従い、約九〇％は貝類養殖に従事していた。このように、大部分の組合員がノリと貝の養殖に依存していたことが内湾漁業の特色であって、内湾の漁業補償もまたこのノリと貝類が主要な対象となるわけである。

内湾漁業のうち、貝類養殖とオゴノリ採取は、共同漁業権による漁業である。内湾の貝類漁場は、約三、〇〇〇万坪であって、ここに約一万三、〇〇〇世帯が養殖をしていた。貝は、アサリ、ハマグリを主とし、バカガイ、シオフキ、トリガイ、アカガイなどである。オゴノリは、寒天原料として需要が多く、内湾の生産額は、毎年平均三〇万貫で、金額にして約一億円である。

ノリ養殖は、内湾西岸の大森、品川に始まったが、幕末に富津、木更津にひろがり、明治時代に袖ヶ浦町、千葉市、五井町と湾奥の浦安町、行徳町で行われるようになった。幕張から船橋までの地区にノリ養殖が始まったのは終戦後のことである。ノリ養殖は、区画漁業権にもとづいて行われているが、埋立前の内湾東岸のノリ養殖業者は約一万一、〇〇〇戸、ヒビ柵数は約一四万七、〇〇〇柵に達していた。一柵当りの生産額は約二万円で、これは房総半島の水田一反歩の平均粗収益に近い。ノリ養殖業者の多くは、田畑三～四反歩をもつ零細農であるが、海には水田一町三反歩に匹敵するノリ柵をもつ海の農業者であることも注意しなければならない」[1]。

続いて「京葉地帯の漁村は、つぎの三つの類型に分けることができる。」とし、A型（ノリ養殖と浮魚漁獲型）、B型（ノリ養殖と農業型）、C型（ノリ養殖を主体とする型）をあげ、埋立ての対象となった千葉、木更津、富津をA型に、五井、姉ヶ崎をB型に、君津をC型に分類している。[2]

潮見俊隆氏のこの文章は、埋立て前の東京湾東岸の漁業の姿を簡潔に表現していて大変わかりやすい。ここに、一九五〇年代後半から六〇年代の「京葉臨海工業地帯」造成の嵐が襲いかかったのである。その過程と結果についは、利谷信義氏の次の文章がある。

「京葉臨海工業地帯造成について、千葉県は、漁業権の全面放棄を原則に、電源開発補償算出方式に準じて漁業補償金の算出を行ない、関係漁業協同組合と交渉して、逐次補償協定を締結してきた。昭和三九年三月現在、のべ二七の漁業協同組合の組合員一一、八四一人に対する、見舞金を含む補償金総額は二六九億円、漁業権放棄面積は一、九七三万五、〇〇〇坪にのぼる。造成工事は、これまで七五〇万坪の埋立がおわり、二五〇万坪が工事中、五五〇万坪が計画中である。全計画も従来の三、四〇〇万坪から四、〇〇〇万坪に拡大されている。

このように漁場を失った漁民は、わずかに残された農地をもつ者でも、それだけでは生活できず、結局は転業しなければならない。千葉県職業安定課、補償課の調査によると、転業を希望して登録したもの三、一八二名（就職希望二、四二六名、自営業希望七五六名）中、昭和三九年三月末現在、転業済の者は、就職一、九二六名、自営業五六九名であり、これは希望者の七八・四％を占める。登録をしなかった者については、どのような情況にあるかは詳らかでない」[3]。

漁民への漁業補償費の支払いについて、潮見俊隆氏は五井・姉崎、袖ケ浦地区を事例に分析している。これによれば、「県は工業用地造成のために漁業権およびその他の漁業を、県の責任において補償して消滅させ、その補償費は、進出企業が漁業補償費負担金として負担することになっている。このほか、漁業補償に関連して、県と進出企業は、『雇傭に関する覚書』をとりかわし、漁業権を放棄した漁業協同組合の組合員または子弟等で、進出会社に就職を希望する者について、県が推選する一定数の者を進出会社が従業員として雇用すべきことをとりきめている」[4]。

五井・市原地区以来採用された漁業補償におけるこの「千葉県方式」とも呼ばれる方法は、具体的には、①県開発部から漁業協同組合への埋立計画の説明と協力申しいれ→②漁協・組合総代会または総会開催・基本方針決定→（県との交渉）→③漁業権放棄・埋立協力の仮協定書（補償額金額留保）→補償金交渉→④交渉妥結→4漁協組合総会、漁業権放棄決議、県知事と漁協で正式の協定書→⑤補償金受領について全組合員から組合長に委任状提出・県が漁協に一括支払い、というステップでおこなわれた[5]。

ここで、「補償金を個々の組合員にいかに配分するかについて、県は、協定調印のさいに配分書を組合に提出させているが、じっさいにそのとおりに配分されたかどうかは保証のかぎりではない。というよりも、しばしば配分書に反する分配がなされ、紛争の起った例が少くない[6]」と言う。本家と分家、組合員経験年数、魚加工業者・船大工などへ考慮、など配分率が組合によって多様なことが起因していると言う。

東大社研の報告書は、漁業補償金取得後の旧漁民の対応についても詳細に分析している。主な結果を紹介するにとどめたい。

「補償金の使途状況と埋立前後の所得、生活程度の比較については、昭和三八（一九六三）年六月末日現在で行われた君津漁協の興味ある調査がある。この調査は、三三人の抽出調査であり、（中略）預貯金や自営業資金などの運用金に六九％、家屋新築・調度品購入などの消費金に三一％という使途状況が示されている[7]」。

この点について報告書は、「埋立の比較的早かった五井市原地区においては、千葉あたりのキャバレー、バーで派手に遊ぶものが少くなく、補償金を懐に豪遊する人たちは、『五井さま』とよばれて、大いにもてたものだそうである。青柳地区では、補償金が入ってから、三二～三三の銀行、証券会社がおしかけてきて、顧客獲得に狂奔した。家の改築に費った金も相当な額にのぼる。今津朝山では、二八〇戸のうち大半が昭和三六～三七年に家の新築、増改築を行っており、この地区を訪れたわたくしたちは、家の立派さにおどろいたものである[8]」とリアルに記述している。個々の漁民、家族にとっては大きなドラマであったろう。しかし、半世紀以上前のことである。

『昭和三八年一二月現在で千葉県の集計した『京葉工業地帯造成に伴う漁民等の就業状況』（によると）、調査対象者一〇、七九一名は、土地造成にともなって、漁業権を全面放棄した漁業従事者世帯中一六歳から六〇歳までの生産従事可能者とみとめられる者全員であって（男女比ほぼ半々）、（中略）補償前に就職および自営業に従事しているものは一、一二三名で全体の一〇・四％にあたる。補償後の就職および自営業従事者は、三、三三五名で、三〇・九％となっている。

残りの六、三三三名は、農業に従事している者および学生、家事従事者である。補償後の転業については、転業希望者数、三、八四一名（新規学卒を含む）にたいし、転業した者三、三三五名で転業割合は、八六・八％という数字がでてくる。（中略）そのほか農業等に従事するものの数六、三〇六名中には、今後転業を希望する者五〇六名が含まれていることも注意を要する。というは現在にいたるまでの未転業者のなかにこそ、じつは漁民の転業問題のむずかしさが存在するからである。[9]」として、中高年層の時間的に拘束される工場や会社勤務を嫌う傾向と農地の宅地への転換による地価の値上がり期待などの対応を未就職の理由として挙げている。

他方、漁民の就職先をみると、「世帯主およびその子弟で会社等に就職しているものは、二、七六六名であるが、これには新規学卒者も含まれている。このうち、誘致進出企業に就職しているものは、六五八名で全体の二三・八％、その他の会社、官公庁、および準官公庁等に就職しているものは、二、一〇八名で七六・二％となっている。また進出会社に就職しているもののうち、進出の早かった川崎製鉄に就職したものが圧倒的に多く、三〇四名で四六・二％、つぎに富士電機の八一名で一二・三％となっている。[10]」漁業補償協定のなかでの「雇用確保条項」が一定の役割を果たしている。

他方、八幡製鉄が進出した木更津南部・君津地区における漁業補償については、原田勝弘氏が論文「進出企業の地域政策の展開と問題点」で次のように簡単に記載している。

「S（新日本）製鉄（当時Y＝八幡製鉄）は昭和三六（一九六一）年八月、漁民との間の漁業権譲渡交渉の妥結により、地先海面の埋立地における工場用地を確保し、さらに翌年には背後地の大和田、人見地区などの山林三〇町歩をはじめとする従業員の住宅用地の獲得にこぎつける。このように異例ともいうべきスピードで企業進出の基盤を固めることができた背景には、『千葉方式』にもとづく県行政当局の開発政策の強力な支援に負うところが大きく、さらに進出企業の開発要求に充分に対抗しえなかった地元当事者側の交渉能力の脆弱さを指摘することもできよう。（中略）そして、この間の対地域住民の対策の基調は漁業権放棄後の『転業漁民対策』に向けられたといえよう。漁業権放棄に際して、漁業組合が県と結んだ協定書にもりこまれている『進出企業に対して一戸一名以上の就職を斡旋する』（協定書第九条）といった転業対策上の内容は、当時のK（君津）製鉄所の地域政策の方向を大きく規定するものであった、企業が転業漁民とその子弟に対して、『地元雇用の優先』をスローガンにかかげることで、かれらを含めて地元住民の不安と緊張を一時的にせよ慰撫することを期待することはできたのである。（中略）転業漁民とその子弟の雇用が部分的に吸収されたのは下請関連企業を窓口とする外注人員が主力であり、また直営人員の場合には初期の少数のケースを除けば、女子の採用に限定されていた[11]」。

2　転入労働者と住宅造成

転入と新規採用で急増する労働者

東京湾東岸の主役は、一九五〇年代後半から六〇年代の一〇余年の間に漁民から工場労働者に短期間のうちに交代していった。では新しい主役は、どこから来たのであろうか。東大社研報告では、一九六三年七月末現在において「産業と教育に関する調査票」を作成している。この資料をもとに、伊藤三次氏は、論文「臨海部進出企業の労働問題」で丁寧に考察を加えている。ポイントに絞って紹介しよう。まず、市原・五井地区九工場についてみる。

「まず、九工場総数をみると、総数三、九三三名中配転者は二、二〇八名（五六・一％）、新規採用者一、七二五名（四三・八％）である。このうち、男子においては、総数三、四四九名中、配転者二、一六三名（六二・七％）、新規採用者

一、二八六名（三七・三％）で、配転者の比率が高い。これに反し女子においては、総数四八四名中、配転者はわずかに四五名（九・三％）、新規採用者四三九名（九〇・七％）であるから、新規採用者の比率は圧倒的に高い。しかし、このことも、企業が進出する場合の基幹従業員編成は男子従業員を主とするのであるから、女子従業員は当然現地採用を予定しているものであり、とりたてて問題にすることはない。（中略）ただ業種という観点からみれば、F電機の捲線職場のように、女子労働者に依存する職場をもつ工場の進出が労働需要という点で意味をもつといえる。男子従業員について（中略）職員・労務者別に整理し直してみれば、（中略）職員の一、六三九名中配転者一、一四七名（六九・九％）、新規採用者四九二名（三〇・一％）であるが、労務者においては、総数一、八一〇中配転者一、〇一六名（五六・一％）、新規採用者七九四名（四三・九％）である。すなわち、職員においては配転者の比率はかなり高いが、労務者においてはそれほどでもない結果となる[12]」。

さらに、伊藤氏は、新規採用か中途採用か、また学歴別についても考察し、次のような特徴を指摘している。

「以上を要約すれば、進出企業は、配転者中心とし、新規採用者については高校卒業者五一・二％、中学卒業者四一・九％の比率（中略）を示している。高校卒については男女ともに約四分の三が新規学校卒業者の採用であるが、中学卒業者については、男女ともに中途採用者の比率が高い。（中略）その原因は、三交替労働制をとるところでは、深夜労働が禁止されていること、三交替制がとられていないところでも、時間外労働が禁止されていることである。（中略）進出企業に関するかぎり、高校以上は、新規学校卒業者の採用が中心であるが、中学校卒業者については、養成工を別とすれば、中途採用が中心となっているといえる[13]」。

次に千葉（市）南部地区で、労働集約的でかつ大量の労働者を雇用する川崎製鉄千葉製鉄所の労働力確保について触れている。

「K製鉄千葉の昭和三四年三月以降三八年七月までの採用者を学歴別・新規・中途別に整理すれば（中略）、総人員七、四三二名のうち中学卒業者が六、三三二名（八五・一％）、高校卒業者八〇〇名（一〇・八％）、大学卒業者二二五名（三・〇％）、短大卒業者八五名（一・一％）である。（中略）（全体の九四％を占める）男子のみについてみれば、総人員六、九七六名中、中学校卒業者は六、一三〇名（八七・九％）であり、高校卒業者が五三六名（七・七％）、大学卒業者二二五名（三・二％）である。したがって中学校卒業者が圧倒的に多い。男子労働者を新規学卒と中途採用者別にみれば、中学卒業者六、一三〇名のうち中途採用者は五、八一九名（九四・九％）であるが、新規学卒者は三一一名（五・一％）にすぎない。高等学校卒業者は五三六名であるが新規学校卒業者は四三五名（八一・二％）であるのに対し、中途採用者は一〇一名（一八・八％）である。大学・短大卒業者はすべて新規卒業者である[14]」。これによって、「K製鉄の労働力構成は必ずしも五井・市原地区に進出してきた工場の将来を示すとはいえないことがわかる。それは業種の相異によるものである。（中略）すなわち、工場進出の最初には、配転による基幹労働者が多いから、新規雇用は少いが、この少数の新規雇用の構造そのものは、時の経過と共に増加する雇用の内容を示すものと考えられる。具体的にいえば、女子労働者は新規学卒（高等学校の普通課程）を中心として行われ、男子労働者については、高等学校（工業課程と普通課程）の新規学卒に重点をおいて採用し、中学校卒業者については、新規学卒者は養成工として少数採用する以外は、中途採用者を以てあるということである。時の経過と共に配転人員の比率は低くなり、新工場での採用者比率は高くなるが、その内部構造はかくの如きものであると推定しうる[15]」。

ひるがえって京葉臨海工業地帯全体でみれば、新規の工場立地時点では、配転者中心であるが、工員については地元採用が増加し、地域の労働市場に与える影響は大きいと分析している。とくに、製鉄、造船、電機など鉄鋼・機械工業の場合はインパクトが大きい。

転勤者のための住宅確保—辰巳団地＝社宅団地の建設

「一大工業地帯を建設するにさいして、これにともなう産業人口をどこに収容するかということで、住宅建設の問題が考えられた。（中略）とくに新規に工場を建設するに当っては、熟練労働者を配置転換というかたちでもってこなければならず、そのためにはそうした者のための住宅は不可欠であるといってよい。（中略）こういう状況の下に、昭和三二（一九五七）年には、大規模な住宅団地を建設することにより、産業人口を収容しようという方針が決定された。

埋立面積から、一〇年間に約五〇万坪、人口二万五、〇〇〇人の規模の宅地を必要とするという推定の下に、山林を主体にした五〇万坪内外の団地を選定することになった。

臨海工業地帯の建設される五井・市原地区は、千葉市の東南に隣接し、その後背地は海岸沿いに幅約二キロの水田地帯をなし、この平野を国道一六号線と国鉄房総西線が縦貫し、この国道に沿って市街地が帯状に分布している。この市街地は、国道に沿った商店とその裏側に分布する住宅（ほとんどが農家、漁家）とからなっている。したがってこの既成市街地周辺に数万の工業人口ならびにこれにともなって増加する第三次産業人口を収容することは都市の混乱を招くばかりである。（中略）ところがこの帯状の水田地帯の後背地に、標高二〇—四〇メートルの緩傾斜の丘陵地帯があり、そのほとんどが山林でおおわれていた。この山林を開発すれば農地の改廃もほとんどなく生活環境、地価、通勤距離等すべての点から絶好の条件を具備しているということで、この一帯通称辰巳ヶ原（四一万坪）が住宅用地として選定された。

（中略）当時千葉県は、財政再建団体、いわゆる赤字県であり、買収資金（約三億円）の調達は不可能であった。そこで、県は民間資金の応援を求めることとし、三井不動産と京成電鉄によびかけた。三井不動産は、進出企業には三井系の会社が多いのでその代表として、京成電鉄は地元の交通機関の代表として、両社に対してよびかけが行われた。二社はこのよびかけに応ずることにしたので、県はこの二社と協議のうえ、県を交えた三者により特別の法人（財団法人千葉県辰巳団地建設協会）を設立することにした」[16]。

「県は買収にあたり、いわゆる還元地方式を採用することにした。これは、造成後の宅地から被買収面積の一定の割合を売主に還元（売却）する方式である。[17]」地主側としては、先祖伝来の土地への執着、子供等への財産分与、近隣の土地の値上り期待等の理由で、これを好意的に受け止めることを考慮して考え出された。

「この還元地方式の採用は、土地買収にあたってきわめて有効であったといわれているが、とにかく予定どおりの用地買収を終了した。還元した面積は四万二、一〇六坪である[18]」。ちなみに、これは買収用地全体の実面積四七万一、五五〇坪の約九％にあたる。

「造成事業は昭和三五（一九六〇）年に開始された。（中略）三八年三月末をもって終了した。団地建設事業とともに、団地への道路（市原辰巳台線）も建設された。[19]」ちなみに、地形図でみると造船・機械工場の立地する市原地区入り口から約四ｋｍ東南東の丘陵地に辰巳団地の入り口が位置する。ここに北北西からほぼ一直線に道路が整備された（本書6―7図）。（中略）三八年七月現在、団地には三、七七二人が住んでいる。会社別では、昭和電工一、〇六六人、三井造船七八〇人をはじめ、富士電機四三一人、古河電工四五九人、東京電力三八四人、大日本インキ二五六人など立地企業による「六社」で計三、三六六人、約九割を占めていた（表Ⅴ―4―3）[19]。最後に著者は言う。「なお、社宅ばかりの団地という構想は全国に例がないといわれ、そうした団地が一つのコミュニティーとしてどのようなものとなっていくかは、それなりに一つの興味ある問題である[20]」。

木更津南部、君津地区においては、松島浄氏が、論文「地域開発と地元住民の対応」で、人見山の大和田と八重原団地の造成について次のように紹介している。

「昭和三七（一九六二）年からはじまる人見山の山林開発がある。もともと大和田地区を中心としたこの地域の地形は、東京湾に接するように丘陵が東西に走っており、人家はこの丘陵によって北風をさえぎられるかたちで点在していた。この約七〇m程度の丘陵の上層二五mをカットし、その土砂をすぐ下の海面埋立に当てようという計画が出され、大和田地区は、三〇〇坪五万円の土砂取り契約を結ぶのである。その後、昭和三九（一九六四）年よりその跡地を進出企業の社宅地造成用地として買収交渉がはじまることになる。この時進出企業は、大和田地区の二名を代表名義人に指名し、個別契約ではなく、地区全体のとりまとめをした上で、結局三〇〇坪九〇万円で、約五万坪を買収したのである。（中略）ところで進出企業は、この大和田団地の造成とほぼ併行して他にも大型団地の用地買収をすすめていた。それが大和田団地より幾分早く開発が始まった八重原団地である。この用地買収については当時の町長の協力もあって、町の所有地三、〇〇〇坪を含む六万坪を坪二、〇〇〇―二、五〇〇円で買っている。このような一連の団地造成や社宅のための用地買収過程をみていくと、（中略）漁業権譲渡から土地区画整理事業へと展開していく君津地区の地域開発が、（中略）県↕町といった行政の指導を先取りするかたちで、進出企業による地権者への直接交渉がなされ、企業の経済合理主義がほとんど抵抗なく実現している」[21]。

「そうしたなかで、大和田地区は、昭和三八（一九六三）年で五二世帯二九一人、人見地区が九三世帯で五四二人であった。それが一〇年後の昭和四八（一九七三）年では大和田が三〇七世帯、一、〇八八人（三・七倍）、人見地区が三五三世帯、一、三四七人（二・五倍）であり、それに両地区にまたがる大和田団地に、二、八二三世帯八、七二一人が新たに来住していたのである」[22]。

このうち、大和田地区の人口増加率が高いのは、進出企業がいち早く漁業権補償した漁民を対象に「貸家経営」を持ち掛け、漁民が補償金や農協からの借り入れを中心にして「富士見住宅」を建設して企業労働者家族に提供したことが大きく影響している。「土地区画整理組合」の発足、農協からの一括借入、企業による家賃の一括支払いと管理などが有利に作用した。その後、社員増の停滞、社員の持ち家志向、S製鉄の契約破棄などで地元の貸家需要の減少によって、空き家が目立ってきた。という。[23]

八幡製鉄の「民族大移動」と地域への定住

「小さな田舎町にすぎなかった君津の地に巨大鉄鋼資本であるY（八幡）製鉄が進出し、最新鋭工場であるK（君津）製鉄所を発足させて以来すでに一〇余年の歳月が経過した。その間、ジャーナリズムが『民族大移動』と形容したように、配置転換に伴う転勤者たち（生産工程従事者を主力とする）が北九州のY製鉄所を中心とする他事業所から大挙してこの町に移動、赴任し、新しい住民として住みつくに至る。AOLシステムによる自動化された新鋭モデル工場であるK製鉄所が本格稼動に入ったのは昭和四三（一九六八）年であるが、その前年から稼動生産の最盛期を迎える昭和四六（一九七一）年までの五年間に直営人員が四六六人から六、〇〇〇人へとふくれ上がり、これに加えて関連・協力企業の外注人員も二五〇人から八、一〇八人と急増する。両者を併せて約一万四、七〇〇人、その家族員を含めるとほぼ三万人に近い新住民が君津市とその周辺地域に参入したのである。

（中略）地元民と新住民が地域生活の場で共棲し、接触することによって形成されていく両者の社会関係も、当初から様々な緊張や摩擦の問題をかかえていかざるを得なかった。比較的に都市化が進み、それなりに生活便益の整備された北九州の前住地から移動してきた大企業常用労働者と、小規模な農漁業を主体に生活を営む地元民との間には、生活水準や生活習慣、生活様式の上で少なからざる相違が存在した。そのような生活慣行上の差異にもとづく誤解や違和の感情は、両者の間でその後の混住や通婚など地域生活上での交流が実質的に促されることによって少なくとも緩和することはできたであろう。しかし、K製鉄所が当初から配転に伴う多数の従業員を受入れるために設計した八重原・大和田地区に代表される大規模社宅団地の町づくりは、結果として社宅居住者を柵内集団としての閉鎖的性格によって枠づけ、地元民との交流と相互理解を阻害してきた。（中略）しかし、他方では新住民の側で持家化の動きが徐々に進行し、いわゆる持家層の登場と拡大に伴ってそれぞれの居住地域で新たな地縁意識を育てる可能性が芽ばえようとしている。企業側もまた、従業員に地域社会への積極的な参加と交流をよびかける姿勢を最近来打ちだしてきている[23]」。

これは、八幡製鉄君津製鉄所の労働者確保についての原田勝弘氏の論文の書き出しである。明治政府の下で、大陸と筑豊の資源を指向して立地した官営八幡製鉄所が、第二次大戦後民間経営に移行するとともに、資源をアジア・太平洋地域に求めるという新しい環境の中で新たな拠点を首都圏市場立地に転換し、九州から関東に移った象徴的な出来事を生き生きと表現した文章である。本論文は、こうした問題意識のもとに昭和五一（一九七六）年二月に君津製鉄所男子従業員を対象とした質問書調査を行い、転勤労働者層の労働力構成上の位置や属性、赴任時―赴任後の「転勤」生活について分析したもので、興味深い内容となっている。ここでは、特徴的結果について紹介しよう。

調査に当たっては、「K製鉄所の従業員を主として次の二つのタイプに区分している。第一は、K製鉄所の千葉県君津地区での工場発足に伴って、配置転換により九州Y製鉄所など他事業所より大挙して移動してきた『転勤者層』（中略）であり、第二はK製鉄所を最初の就労先として勤務する『非転勤者層』である。（中略）この場合、以上の二タイプは各々職場内で従事する職種内容と結びついた系列区分（生産工程従事者の現場作業系列に属する『技術職』従業員と事務管理部門従事者の系列の属する『主務職』従業員）に対応して、さらに四つタイプにに区分することができる。すなわち、転勤者の『技術職』従業員（1『転勤者・技術職』）および『主務職』従業員（2『転勤者・主務職』）、ならびに非転勤者の『技術職』従業員（3『非転勤者・技術職』）および『主務職』従業員（4『非転勤者・主務職』）などである。[25]」

原田論文の表（表1―4―2　八五頁）によれば、当時、転勤者・技術職五五・四％、転勤者・主務職一九・四％、非転勤者・技術職二〇・二％。非転勤者・事務職一・四％であった。転勤・非転勤別では、転勤者比率七四・八％、技術・主務別で技術職比率は七五・六％であった。年齢別では三〇代と四〇代を併せて六四％を占め、中高年層への集中がみられた。

「転勤者の技術職についてみると、出身地は圧倒的に九州地区に集中しており、とりわけ福岡県出身者が四三％とずばぬけて多い。福岡県以外では熊本および大分の両県出身者がともに一割近くを占め、その他の隣接県を含めて九州地区に出身地のあるものは、技術職の四人のうち三人（七五％）となっている。他方、主務職の場合も福岡県出身者の三九％を中心に九州地区だけで六五％を占めている。非転勤者に目を転ずると、ここでも九州出身者が技術職で四三％、主務職の四八％とかなりの比重を占めている[26]」。

「以上のように、転勤者の九割はS（新日本）製鉄の他事業所・工場から現在の職場に赴任してきているが。具体的にはどの事業所から移動してきたのであろうか。圧倒的に多いのが北九州のY（八幡）製鉄所から移動してきた人たちで、技術職の六七％、主務職では六五％を占めている。残りの部分は、その他の各事業所に分散してバラツキが大きく、まさにY製鉄所からの配転者が転勤者の主力部分を構成しているといえる[27]」。

最後に、君津製鉄所関連の従業員の住宅確保政策について整理する。

具体的には「大量の転勤者や新規採用者を収容するための社宅、独身寮の建設であったが、地元住民の住宅地から隔離した場所に大規模な中高層住宅団地として建設したところに特徴がある。君津市を中心に木更津市さらに富津市にもわたっている[28]」と指摘し、掲げられた表によれば、そのうち社宅は、既述の大和田地区に約一〇万坪に鉄筋二四棟、一、八五八戸、八重原地区約八万坪に四一棟、一、四五六戸の二拠点を核に、畑沢、清見台、定見坊の三地区を加えて五地区合計で約二二万坪の敷地が供給された。そのほか、八重原、君津、木更津、若潮の四地区に独身寮、一、二一六人収容の独身寮が建設された。「ところが、昭和四〇年代後半から持家化が進んできたために空室が続出している現状で、現在では有世帯社員の過半数が持家者である。持家化はS（新日本）製鉄が先行投資して取得した土地に用意された三六タイプから選んだ家屋を建設する特別分譲制度と、土地・家屋とも自主選択し、会社からの融資や財形貯蓄、その他の公的融資を利用する方式が見られる[28]」。至れり尽くせりである。

3　「企業進出」と地方行政・地域経済

同じく「京葉工業地帯」の形成を対象にした研究書として、大原光憲・横山桂次編著の『産業社会と政治過程―京葉工業地帯』がある。これは東大社研の報告書とだいぶ分析視角が異なっている。本書の問題意識は、次の文章に集約されている。

「昭和三〇年以降、地域開発をおし進め、わが国を高度産業社会に変えようとする財界や自民党政府の政策が、もっとも直接的に展開される場が県レベルにある（中略）つまり、県レベルの政治・行政過程に照明をあてることによって、下から現代国家の構造・機能に迫るとともに、さらに、地方都市政治の実態がはじめて、総合的・体系的に明らかにされる[29]」。

つまり、「地域開発にともなう政治・行政過程の実証的研究」への強い関心で京葉工業地帯の形成を解明しようというものである。しかも、その視角は、かなり「図式的」と言ってよい。それを端的に表す記述を紹介しよう。

「戦後、吉田内閣時代に、財界調整的実力や政界にたいする顔によって、財政界のヘゲモニーをにぎった財界四天皇（小林中―開銀総裁、永野重雄―東京商工会議所、水野成夫―国策パルプ、桜田武―日経連）が、昭和二九年ごろより、しだいに発言力を弱め、逆に、旧財閥系企業を背景とする財界正統派が、その比重を増したといわれるうらには、こうした高度経済成長による旧財閥系企業の地位の安定と自由化に直面した外からの脅威にたいする『総資本的』立場の行動があったのである。もはや、巨大企業は、個別的に政界と結びついて利益を得るような行動様式を排し、独自の財政界へゲモニーを確立したといえる。

旧財閥系企業リーダーを頂点とする政界幹部・高級官僚の一体化現象は、昭和三五（一九六〇）年以降の政治体制における国家レベルの特色となった。

われわれが調査対象地域として、近く日本最大の臨海性装置工業（電力・鉄鋼・石油精製・石油化学・製鉄化学）基地となる京葉工業地帯を選んだのは、ここが三井グループを中心とする開発センター＝京葉地帯経済協議会がその開発過程において、一方では、地方自治体行政ならびに政治を従属化させ、他方では、中央政府の開発政策決定に大きな影響を与えた開発モデル地域だったからである[30]」。

「進出大企業の開発政策に従属して、京葉工業地帯の開発を遂行してきた県行政機構もいちだんと合理化された。（中略）まず、人的には建設省・自治省・通産省など各省官僚が、県行政部課長あるいは市の総合企画室長として派遣され行政機構の合理化が進められた[31]」。

本書の問題設定を簡単に要約すると、戦後日本の混乱を経て、旧財閥系企業を背景とする財界正統派のへゲモニーの確立→臨海性重化学工業を軸とする高度成長政策の推進→最大の拠点としての京葉工業地帯の開発、そのための「経済協議会」の設立→開発計画の策定→計画遂行のための国・県への働きかけ→県の行政機構の再編と従属化→開発に不可欠な用地・用水・道路等のインフラの整備、という図式を描いている。以下、具体的に、①協議会の設立、②自治体開発行政の従属化、③協議会最大の懸案であった印旛沼干拓の縮小と工業用水の確保、などについて順を追って考察しよう。

開発センター＝京葉地帯経済協議会の設立

「五井・市原の臨海工業地帯造成工事は、昭和三三（一九五八）年春にはじまった。それを契機に、進出を決定したビッグ・ビジネス・リーダーたちは、従来弱体であった組織を解消し、国と県と進出企業が一体となって京葉工業地帯を造成するための強力な協議会をつくろうと考えた。東京ガス副社長・安西浩、川崎製鉄社長・西山弥太郎、三井不動産社長・江戸英雄は、その準備委員となって、東京通産局長、知事とともに数次にわたる懇談を行ない、会設立に関する構想を練った。

（中略）『京葉地帯経済協議会』（以下協議会とよぶ）創立総会は、昭和三四年八月一一日、東京三井クラブで行なわれた。その『設立趣意書』は、国際的水準をめざす産業の合理的発展のために、（中略）新工業地帯開発整備の必要を説く。ビッグ・ビジネス・リーダーたちの協議会設立の意図は、この『設立趣意書』より明らかである。それは、まず第一に、これまで千葉県の行なってきた工業開発計画は、『独り千葉県の産業経済の問題ではなく、東京湾地域全般に関連する』、いわば、東京湾総合開発の一環である。したがって、第二に、東京湾を中心とし、『首都の領域を拡大して、その生活環境の改善を図る』ために、京葉臨海工業地帯は、重要な首都圏の一部を構成する。この計画達成のため、第三に、『用地造成、工業用水、道路、鉄道、港湾の整備ならびに後背地の開発』が必要であり、その『所要資金を確保』しなければならない。しかもそれには『国の適切な施策』が必要である。それゆえ、協議会は、第四として、『自発的に諸問題を討議』し、『政府および関係団体に建策』してその実現をはかる。

かかる意図をもって設立された協議会は、会長・東京ガス副社長安西浩、副会長・川崎製鉄社長西山弥太郎、同三井不動産社長江戸英雄を選出し、常務理事に東京通産局推薦の高山末四長、事務局長に知事推薦の伊丹省知を任命した」[32]。

自治体開発行政の従属化

京葉地帯経済協議会は、「ただちに、進出予定地の産業基盤育成の体制をかためた。協議会は、会設立の直接目的となった⑴工業用水の確保　⑵鉄道・道路の整備　⑶埋立地造成ならびに港湾・航路の建設を推進する総務委員会を会長の諮問機関として設置し（昭和三四年一二月）、さらに、その内部に調査・研究機関としての専門部会を設けた。進出企業中堅幹部―重役・部課長―ならびに県開発部長・市第二助役など一二名の委員をメンバーとする総務委員会は、（中略）産業基盤育成のために総合的な審議研究ならびに企画を行ない、さらに内部に、工業用水、鉄道・道路・港湾・埋立地問題を取り扱う専門部会を設けて、その具体案を作成させた」[33]。

「ビッグ・ビジネス・リーダーを中心とする開発センターが、このように整備されるにつれて、県開発行政機構もまた、大きく変化していった。

（中略）第一に、県開発部は、京葉工業地帯造成事業およびこれにともなう事業を包括的に行なうために、統一的な事務処理態勢を確立し、別館を増築して、管理課・企画課・建設課を統合した。この開発部機構は、工業地帯造成の進展に応じて整備された。翌三五年には、補償課・内陸工業開発室の二課が増設され、昭和三六年四月には、開発部次長制が設けられ、新たに用地課・経理課が新設されるとともに内陸工業開発室は独立の課に昇格した。千葉県開発部は、このように大幅な機構改革を行ない、八課・四出先機関・職員二四四名の大部局をもち、漁業権補償・海面埋立・工業用水その他一連の業務を単一部局内で処理するようになっていった。県予算二六二億円の千葉県財政（昭和三六年）のなかで、特別企業会計によって処理された開発部の支出総額は一五二億円であった。しかも、この開発現業機関は、土地造成・附帯施設の建設を主とし、それらを進出企業に譲渡することによってえた収益をもって経費を支弁するために、他の一般部局とは異なり、『経済性』＝『収益性』の原則にもとづき議会のコントロールをうけない一つの企業体ないし事業体的存在となったのである(34)」。

印旛沼干拓計画の変更と工業用水確保

京葉地帯経済協議会が最も真剣に取り組んだのは、印旛沼干拓計画の大幅な変更による京葉臨海工業地帯のための工業用水の確保戦略である。東大社研報告の渡辺洋三氏論文から引用しよう。

「印旛沼の干拓は、さかのぼれば、徳川時代以来からの沿岸農民のねがいであった。戦前でも、たとえば、昭和一三年から一六年にかけての大水害で、四、〇〇〇haの田が被害を蒙り、地元市町村長が、農林省へ熱心に陳情をしたことなどもあったが、結局、実現しなかった。

このような地元農民の要望は、戦後の国家政策と結びついて、はじめて実現することになった。すなわち、昭和二〇年一一月九日の閣議決定により、印旛沼干拓事業は、緊急開拓事業の一環としてとりあげられ、二一年八月、総工費二億一、五〇〇万円で発足した。その当初の狙いは、食糧増産と、周辺地の排水とを目的とするものであった。工事の要点は、沼の水を排水路によって直接に東京湾に放流することにして、三、〇一三haの干拓田を造成し、遊水池として四四〇haを残し、さらに周辺既耕地六、五六四haの土地改良を行う、ということであった(35)」

干拓率八七％、ごく一部を除いて、沼のほとんどを埋立てるというものである。しかし、二億円があまりに過重であったことから八年後に大幅な改定を余儀なくされた。すなわち、「昭和二八年一〇月に発表された第一次改訂計画によると、干拓面積が一、六〇〇haと、一挙に当初計画の約半分に縮小し、逆に遊水池面積は、六八〇haと約一・五倍に拡がった。土地改良面積は、五、二七九haと、これまたかなり大幅に減少した。このように、遊水池をひろげて干拓面積を減らしたことと結びついて、排水の計画を根本的にあらためため、当初計画で予定した疏水路による直接放流方式をやめ、印旛排水機を強化することによって利根川と疏水路との両方に二分して排水するという計画に変更した。そして、その総費用は、六三億八、〇〇〇万円と、ふくれあがった。このような干拓計画の縮小の背景には、すでにもう農業と工業用水との競合・対立問題が頭をもたげている。川鉄水利権問題がそれである」[36]。

その後の経過をみると、川崎製鉄千葉製鉄所の誘致で千葉県は、工業用水の確保を約束し、「昭和二五年から、印旛沼の水を川鉄にまわせるかどうかの検討が県内部でおこなわれていた。川鉄は、当初、四㎥／秒の水利権を要望していたが、(中略)しかし、県のレベルでは解決がつかないので、昭和二九年から、通産、農林、建設三省の事務当局交渉が開始され、(中略)、その結果、昭和二九年一〇月に、各省間の妥協が成立し、三局長および知事の名による覚書がつくられ、それにもとづいて、一・八㎥／秒の川鉄水利権が許可されることになった」[37]。

「印旛沼開拓事業の第二次改訂計画は、昭和三七年一二月に発表された。これによると、干拓面積は、さらに大幅に、すなわち一、七〇〇haも減少して、結局、九三六・一haとされてしまった。これは当初計画の三分の一にすぎない。他方、調整池の方は、これとまったく逆に一躍倍増して、六八〇haから一、三一〇haとなったが、この面積は、当初計画の三倍に相当する。(中略)周辺土地改良面積は若干増大して、ほほ当初計画の線にかえった。そして、これらの総工費は、一五一億八、〇〇〇万円と計上されている」[38]。

干拓造成における田の面積比率は、当初の八七％から第一次改訂の七一％を経て第二次改訂には四一％へ縮小し、調整池面積比率は、逆に一三％から第一次改訂二九％、第二次改訂五九％と推移し、水面の比率が六割近くになった。この間、食糧増産の緊急性がなくなったこともあるが、京葉臨海工業地帯の出現による工業用水需要の増大が大きく影響し、一九六一年三月の京葉地帯経済協議会における安西会長、西山・江戸両副会長名の「利根川水系(印旛沼、江戸川を含む)の総合開発の促進と工業用水の確保」に関する陳情書の提出が大きな役割を果したことは間違いない。

「新しい計画によって、工業用水分として確保される水利権が、五㎥/秒と予定されたので、千葉県が、事業費を一部分担（一五〇億円中三二億円）して、五㎥/秒の水利権を取得し、その水を進出企業に供給するということになった(39)」。

以上、印旛沼干拓をめぐる工業用水の確保の動きを、相次ぐ「開発計画」の改訂を通じて考察してきたが、この過程について、登場するプレイヤーの関係に焦点をあて、ざっくりと評価したのが金原左門氏である。氏は言う。

「工業用水のような重要な争点については、問題は『京葉地帯経済協議会』対県当局のレベルにとどまらないで、すでに国家レベルの懸案事項ともなっているので、資本に忠誠をしめさないかぎり、県当局はいきおい中央から統制を加えられる。(中略) このころ、『協議会』は工業用水の確保のため、中央所轄官庁―農林省、通産省、建設省など―自民党に積極的に政策立案の陳情を行ない、印旛沼利水をめぐり農民代表に説得を試みていた。進出企業の資本代表の『協議会』の積極的なたちふるまいに、地元利益をある程度考慮して、工業用水と農業利水の均衡をたもち、第一次産業の発展をはかろうとする柴田知事ら行政のトップ・リーダーへの風あたりは、中央の行政レベルからもはげしくなる。(中略)『協議会』および通産省筋からのこのような県行政への圧力、自民党政調会からのつきあげにより、県の開発行政は『協議会』の意図・政策をうけ入れざるをえなくなる(40)」。

そのほか、石油化学向けの五井・市原地区については東京湾の東側に流入する河川で最大の養老川水系に山倉ダムを設置し、日量一二万トンの工業用水を確保した。具体的には、以下のようである。

「水源として、養老川の河口九キロの西広地先からホンプで水をあげて、（山倉貯水池にため—矢田）その地点から下流に工業用水として常時一二万トンの水を流し、さらに、そのほかに、ダムに六万トンの水をおくるという計画で、そのため全体として一八万トンの水（毎秒二トン）をこの地点でとることになる。（中略）水（これだと灌漑期に農業用水）だけでも不足するので（中略）非灌漑期には、工場に一日一二万トンの水を送るほかに、六万トンの水をダムに送り、約三ヵ月ちかくで四四〇万トンの水をためる。この時期には、農業用水はいらないから、工業用水に一八万トンとっても支障を来さない。そして四四〇万トンの水を放流すれば、一日一二万トンとし、約三六日間もつという計算となる。七月、八月の旱ばつの時期に三六日間、ポンプを停止するという状況を予想しておけば、従来の経験で、大体農業用水には支障をあたえないですむ。もし、かりに三六日を上回るような旱ばつのときには、企業の方で一—二割節水をしてもらい、この点で企業の了解を求めることにする」[41]というものである。工事は、一九五九年に着工し、五年かけて一九六四年に完成した。総貯水量五一〇万トン、有効貯水量四五〇万トンのアース型ダムである。

ここでの評価トーンは、既述した「旧財閥系企業を背景とする財界正統派のヘゲモニーの確立→臨海性重化学工業を軸とする高度成長政策の推進→最大の拠点としての京葉工業地帯の開発・そのための「経済協議会」の設立→開発計画の策定→計画遂行のための国・県への働きかけ→県の行政機構の再編と従属化→開発に不可欠な用地・用水・道路等の整備という図式」とみごとに一致している。

しかし、このあまりにシンプルな図式に筆者はいくつかの疑問を有している。大きく三点に集約される。

一つは、京葉臨海工業地帯が財閥系企業の戦略拠点として構築されたという論点である。進出企業をこのように性格づけるよりも、大都市圏外のいわゆる地方に拠点を置いてきた「地方企業」の首都圏進出として性格づけるのがふさわしいと言える。松山・下津に製油所を置いてきた丸善、徳山に製油所を有していた出光など石油精製系企業、新居浜を起源とする住友化学、岩国・大竹に拠点を置いてきた三井石油化学などの石油化学系企業、さらにこれらの石油化学コンビナート形成にはせ参じた、山口炭田起源の宇部興産（石炭化学）、九州・水俣起源の新日本窒素などの電気化学、これらは地方資源立地型企業である。あえて言えば日本をリードする大企業である八幡製鉄も長い間九州に拠点をおいてきた。石油・化学・鉄鋼など京葉に進出した企業は、決して首都東京からの「進出」や「浸出」などではなく、地方資源立地の石油、化学、鉄鋼企業の首都圏立地戦略の一環なのである。三井・住友系など財閥系云々も電気化学、石炭化学から石油化学に転換する拠点を京葉臨海に求めたのである。財閥系ビジネス・リーダー主導論は、型にはまりすぎた視角であろう。

第二の論点は、旧財閥系企業による開発センター＝京葉地帯経済協議会による「県の行政機構の再編と従属化」論である。確かに、協議会と県当局による「総務委員会」や各種部会の設置と開発政策の実行は、実行過程での調整と課題解決への連携は不可欠のことであり、それをもって、「癒着」とか「従属」とか単純に性格規定できない。印旛沼干拓の相次ぐ計画変更と工業用水の確保は、進出企業のイニシアティブのもとでの行政機構の「従属」的側面を看取することができる。他方、企業間の立地競争・立地圧力を巧みに利用した、誘致企業決定権の留保、土地造成費の予納、工業地帯整備負担金制度などの「千葉方式」は、地方公共団体のイニシアティブで実施されたものであり、到底進出企業への「従属」として性格づけるべきものではない。イデオロギー先行の観を免れない。

三つめは、いわゆる資本の要求に基づいて印旛沼干拓を大幅に縮小し、川崎製鉄向けの工業用水の確保を図ったことへの批判である。この利根川水系の水資源の農業用から工業用への転換は、経済成長に伴う産業構造の転換に対応したものであり、知多半島の農業向け灌漑用水確保として計画された愛知用水が中京工業地帯や名古屋都市圏の工業用水・市民向けの上水に転換していったことと同様それ自体批判されるべきことではない。一度決定した計画をいつまでも墨守して予算を投下し続けることが必ずしも正しいわけではない。コメ余り現象の中で諫早の干拓が粛々と続いたことが水門工事の強行をもたらし、有明海の汚染の一要因となったことからも明らかである。川鉄の要求と一部負担によって実現した工業用水の確保は、ミクロ的には特定企業の要求に「屈した」ことになるが、京葉地域の産業構造転換というマクロ視点に立てば、評価はおのずと変わってくる。

4　「企業進出」と地域経済

最後に巨大企業の進出と地域経済の変容について、まとめてみよう。

土地造成とコンビナートの立地

6―5表は、京葉臨海工業地帯の千葉南部地区より南の各地区の、造成面積、造成（工事）主体、造成期間、造成費用、漁業補償額等を一覧にまとめたものである。造成は一九五二年から始まって、七九年に完了するまでおよそ四半世紀かけて行われた。造成面積は、四地区合計で約三、六五〇ha、造成費用は、物価調整しないで約三〇〇億円にのぼった。そのほか、膨大な漁業補償費が漁民に支払われ、その額は、確定した数値不明の木更津南部・君津地区を除いて一四〇億円に達した。

造成主体は、千葉南部地区の進出企業川崎製鉄を除いて、いわゆる「千葉方式」によって、進出企業の前納金をもとに千葉県が実施した。ただ、最後の木更津南部、君津・富津地区については漁業補償、埋立権は千葉県の責任のもとで、工事自体は進出企業の八幡（新日本）製鉄が行った。

千葉南部地区は、一九五〇年代に造成され川崎製鉄千葉製鉄所が、五井北部・市原地区は、五〇年代後半から六〇年代前半にかけて造成され、ここに三井造船、古河電工、昭和電工、富士電機、大日本インキなど主に機械系企業

6－5表　京葉臨海工業地帯地区別工業用地造成一覧

造成地区	造成面積 ha	造成主体	造成期間	造成費用 万円	漁業補償費 万円	主な立地企業
1. 千葉南部地区	350			47,853	19,400	
	200	無償譲渡				川崎製鉄千葉
	100	千葉県	1952-53	4,500		川崎製鉄千葉
	50	千葉県	1954-55	43,353	19,400	東京電力千葉
2. 五井北部・市原地区	628			505,300		
市原地区	384	千葉県		134,194	37,182	三井造船、古河G
五井北部地区	239	千葉県		371,106	67,268	丸善石油G
3. 五井南部・姉崎	1,429	千葉県	1960-	703,752	1,277,846	丸善G
・袖ケ浦地区		千葉県				三井G，出光興産
4. 木更津南部・君津地区	1,243	うち八幡分	954ha	2,560,649		
木更津南部地区	455	八幡製鉄	1962-78			八幡製鉄君津
君津・富津地区　a	764	八幡製鉄	1967-75			八幡製鉄君津
b	24	新日本製鉄	1976-79			新日本製鉄君津

参考　1　東京電力千葉は1958年度末実績
　　　2　五井・市原地区は1962年度末実績
　　　3　五井・姉崎・袖ケ浦地区は1963年度末実績
　　　4　木更津南部地区は1978年完成までの実績
　　　5　君津地区ａは1975年完成までの実績
　　　6　君津地区ｂは1979年4月完成までの実績

出所　東京大学社会科学研究所『京葉地帯における工業化と都市化』東大出版会　1965　表Ⅱ-1-1.　1-3,　1-5　p.89,　94,　95,　96,　97
　　　舘逸雄編『巨大企業の進出と住民生活』東大出版会　1981　pp.30－31の記述

がそれぞれ立地した。さらに、埋立地は南に伸び、六〇年代には五井南部・姉崎・袖ケ浦地区が造成され、丸善石油を軸にチッソ化学、電気化学、宇部興産、日本曹達、協和発酵など国内資源に依拠していた地方の化学系企業が石油化学への転換を機に首都圏進出を狙いいわゆる「千葉連合」を結成して、コンビナートを形成した。同様に、大牟田、岩国・大竹に拠点を有していた三井系の石油化学、徳山を本拠にしていた出光石油化学、四国の新居浜起源の住友系の化学も首都圏進出の場として東日本進出を果たした。三井・住友など中央財閥を含むものの、いずれも地方資源立地型の企業で「上京型」の進出である。ここに、京葉臨海工業地帯の本質がある。

この点では、最南端で最後の造成地区となった木更津南部、君津・富津地区も同様であり、北九州から出発した八幡製鉄が東日本の拠点君津製鉄所の立地のため、一九六〇年代から七〇年代には一、二四〇haという膨大な埋立地を造成した。こうして高度経済成長期を牽引した鉄鋼・石油・化学・火力などの素材・エネルギー系企業が、首都圏市場を指向して、次々にいわゆる「コンビナート」を集積していった。

生産活動と人口増加

こうした工業集積のもとで京葉臨海工業地帯において活発な生産活動が行われた。6―6表は、経済産業省の『工業統計表』によって、京葉臨海工業地帯の(1)製造品出荷額、(2)工業従業員数、(3)有形固定資産額の推移を市町村別に見たものである。対象とした一九六〇年から二〇〇〇年までに表の注にあるように活発な市町村合併が行われ、一九七一年以降は、市原、袖ヶ浦、木更津、君津、富津の五市に集約された。表での網掛けは、周辺市町村との合併前の母都市の数字である。6―7、6―8表は、合併市域の市町村の人口、製造業従業者数を計算し、その推移を表したものである。

それによれば、市原・袖ヶ浦・木更津・君津・富津の五つの新市領域の製造品出荷額は、一九六〇年のわずか六一・八億円が八〇年には四兆九、一八七億円と二〇年間に実に約八〇〇倍に増加している。まさに無から出発し、日本の重化学工業拠点に一挙にのし上がり、これをピークにして、九〇年代もほぼ四兆円台の工業生産を維持してきた。6―4図（三八五頁）、6―10図で千葉県全体の業種別製造品出荷額でみると、一九八〇年までの二〇年間は、石油製品・化学・鉄鋼の三業種のみが突出して伸びてきた。つまり、京葉臨海部に立地集積した素材型の重化学工業が広義の京葉工業地帯（千葉県全域）を圧倒的にリードしてきたのである。しかし、二度にわたる石油危機の後、石油産業は八〇年代に生産を一気に減らし、鉄鋼も九〇年をピークに減少していった。松戸・柏・茂原の電機、化学など内陸工業の成長が著しい。

他方、臨海工業地帯の工業生産を地域別にみると、6―11図のように、増加著しい一九六〇年から八〇年までの二〇年間は、造船や石油・化学コンビナートが集積している市原市の伸びが特に高く、川崎製鉄千葉製鉄所の立地した千葉市が続いている。この二地域が初期の工業化を牽引したといえる。七〇年代には、五井南部・姉崎・袖ケ浦地区の三井・出光・住友の三つの石油化学コンビナートが本格的に稼働し、市原・千葉に続いて袖ヶ浦市が増産傾向に入った。しかし、一九八〇年をピークに市原・袖ケ浦市の生産活動は減衰傾向になり、八〇年代・九〇年代は低迷状態を示している。八幡製鉄君津製鉄所の完成後の七〇年代・八〇年代と木更津・君津・富津三市が生産増加を示したが、九〇年代以降の日本経済の長期不況のなかで、減産・低迷傾向にある。

工業生産が軌道に乗るとともに雇用も増加した。6―6表(2)、6―8表(1)(2)、6―12図から都市別の工業従業者数と人口の推移をみると、合併前の町村を含む五市全体で、一九六〇年の二、三三六人から八〇年には四万七、〇三一人と二〇年間に一挙に二〇倍に増加した。都市別では、市原市二五倍、袖ケ浦市四二倍、君津市二一倍と軒並み大幅増を示した。他方、工場立地が少ない木更津市や、統計上の単位となる事業所の少ない富津市の従業員増は二倍前後と前三市と一桁異なるほど微増にとどまった。しかし、従業員の急増した三市も、その勢いは八〇年代以降一転して増加が止み、三市計で四万人台後半を維持したままで、八〇年から二〇〇〇年までの増減は一割にとどまっている。都市別でも大きな地域差はなく、君津の三割減から袖ケ浦の二割増の間にある。

大量の工場が立地すれば、工業生産に関連した輸送、電気・ガス、補修・修理など生産関連サービスも集積し、さらに五万人規模の雇用増と付随した家族の増加、これらの消費活動にともなって卸・小売などの商業活動、医療・教育・福祉・文化などの消費関連サービスも集積していく。こうした産業連関効果により地域の人口もまた乗数効果的に増えていく。六〇年代から七〇年代はまさにそうした様相を呈した。産業関連効果の発生に多少時間を要することを考慮して、6―8表で都市別の従業員増と人口増の時点を五年ずらして、前者(1)を一九六〇―八〇年、八〇―二〇〇〇年、後者(2)を一九六五―八五年、八五―二〇〇五年の増加を比較してみた。これによれば、一九六〇―八〇年の時期は、従業員増は四二倍から二倍と極端なばらつきが見られたが、人口増は富津市の一・一倍から木更津市の二・一倍と

６－６表　京葉臨海工業地帯都市別工業従業者数、製造品出荷額、有形固定資産推移

⑴製造品出荷額　千万円

	1960	1966	1971	1975	1980	1985	1990	1995	2000
市原市	207	17,159	61,803	169,251	340,184	325,220	289,280	262,852	313,331
五井町	43								
姉崎町	10								
三和町	5								
市津村	4								
袖ケ浦市	6	17	7,126	x	69,944	56,783	62,711	56,030	62,704
平川町	13	30							
木更津市	133	342	1,546	3,411	5,867	12,235	14,799	21,650	26,129
君津市	30	720	22,499	57,286	73,866	74,211	78,698	63,452	49,550
小糸町	9	23							
清和村	1	5							
上総町	30	60							
富津市	51	66	666	989	2,005	2,286	3,284	5,634	5,385
大佐和町	62	229							
天羽町	18	61							
5 市 計	618	18,712	93,640	230,937	491,866	470,735	448,772	409,618	457,099

⑵従業員数　人

	1960	1966	1971	1975	1980	1985	1990	1995	2000
市原市	562	12,469	26,495	29,510	25,688	25,845	25,418	25,934	22,549
五井町	346								
姉崎町	72								
三和町	49								
市津村	56								
袖ケ浦市	85	108	2,232	x	3,948	3,884	4,828	5,122	4,897
平川町	19	215							
木更津市	1,323	1,823	3,164	3,330	3,754	4,938	4,734	4,314	3,687
君津市	198	602	9,422	11,588	11,393	12,758	12,244	10,945	8,522
小糸町	99	167							
清和村	10	64							
上総町	225	476							
富津市	352	408	2,272	1,767	2,248	2,127	1,944	2,363	2,102
大佐和町	634	1,223							
天羽町	171	409							
5 市 計	2,336	17,964	43,585	46,195	47,031	49,552	49,168	48,678	41,757

(3)有形固定資産　10人以上　千万円

	1960	1966	1971	1975	1980	1985	1990	1995	2000
市原市	—	3,038	38,520	48,816	56,873	60,270	71,531	100,558	97,945
五井町	—								
姉崎町	—								
三和町	—								
市津村	—								
袖ケ浦市	x	x	5,848	x	16,948	18,471	19,611	25,404	20,601
平川町	—	x							
木更津市	—	100	1,987	1,247	1,789	2,780	3,090	3,044	3,502
君津市	—	533	27,072	33,223	31,351	36,539	34,486	40,631	33,293
小糸町	—	x							
清和村	—	—							
上総町	—	24							
富津市	—	2	181	161	251	485	674	5,690	4,567
大佐和町	—	12							
天羽町	—	18							
5市計	—	3,673	73,608	83,447	107,212	118,545	129,392	175,327	159,908

1963年　五井町、姉崎町、三和町、市原町、市津村合併→市原市に　1960年は市原町の数字
1970年　君津町、小糸町、清和村、上総村合併→君津市に　1960、66年は君津町の数字
1971年　富津町，大佐和町、天羽町合併→富津市に　1960、66年は富津町の数字
1971年　袖ケ浦町、平川町合併→袖ケ浦町→1971袖ケ浦市に　1960、66年は袖ケ浦町の数字
経済産業省『工業統計表』

6－7表　京葉臨海工業地帯都市別人口推移　(国勢調査)

	1965	1970	1975	1980	1985	1990	1995	2000	2005	2010
市原市	110,647	150,300	190,925	216,394	237,617	257,716	277,061	278,218	280,255	280,416
袖ケ浦市	25,560	14,774	31,043	38,837	46,400	52,818	57,575	58,593	59,108	60,355
木更津市	56,081	69,168	95,424	110,711	120,201	123,433	123,499	122,768	122,234	129,312
君津市	43,773	60,811	76,309	77,286	84,310	89,242	93,216	92,076	90,977	89,168
富津市	49,950	51,912	57,575	56,102	56,777	54,876	54,273	52,839	50,162	48,073
館山市	56,674	55,681	56,953	56,257	56,035	54,575	52,880	51,542	50,527	49,290
茂原市	44,345	49,418	64,593	71,521	76,929	83,437	91,664	93,779	93,260	93,015
銚子市	93,835	92,129	93,648	89,416	87,883	85,138	82,180	78,697	75,020	70,210

1975まで住民基本台帳
1980以降国勢調査
東洋経済新報社『地域経済総覧』各年版

6－8表　京葉臨海工業地帯都市別従業員数・人口推移（新市領域）

(1)工業従業員

	1960	1980	80/60	2000	00/80
市原市	1,029	25,688	25.0	22,549	0.9
袖ケ浦市	94	3,948	42.0	4,897	1.2
木更津市	1,323	3,754	2.8	3,687	1.0
君津市	532	11,393	21.4	8,522	0.7
富津市	1,157	2,248	1.9	2,102	0.9
5市計	2,336	47,031	20.1	41,757	0.9

6－6表より作成

(2)都市人口

	1965	1985	85/65	2005	05/85
市原市	110,647	237,617	2.1	280,255	1.2
袖ケ浦市	25,560	46,400	1.8	59,108	1.3
木更津市	56,081	120,201	2.1	122,234	1.0
君津市	43,773	84,310	1.9	90,977	1.1
富津市	49,950	56,777	1.1	50,162	0.9
5市計	286,011	545,305	1.9	602,736	1.1

6－7表より作成

6－10図　京葉工業地帯（千葉県）
業種別製造品出荷額構成　1960年

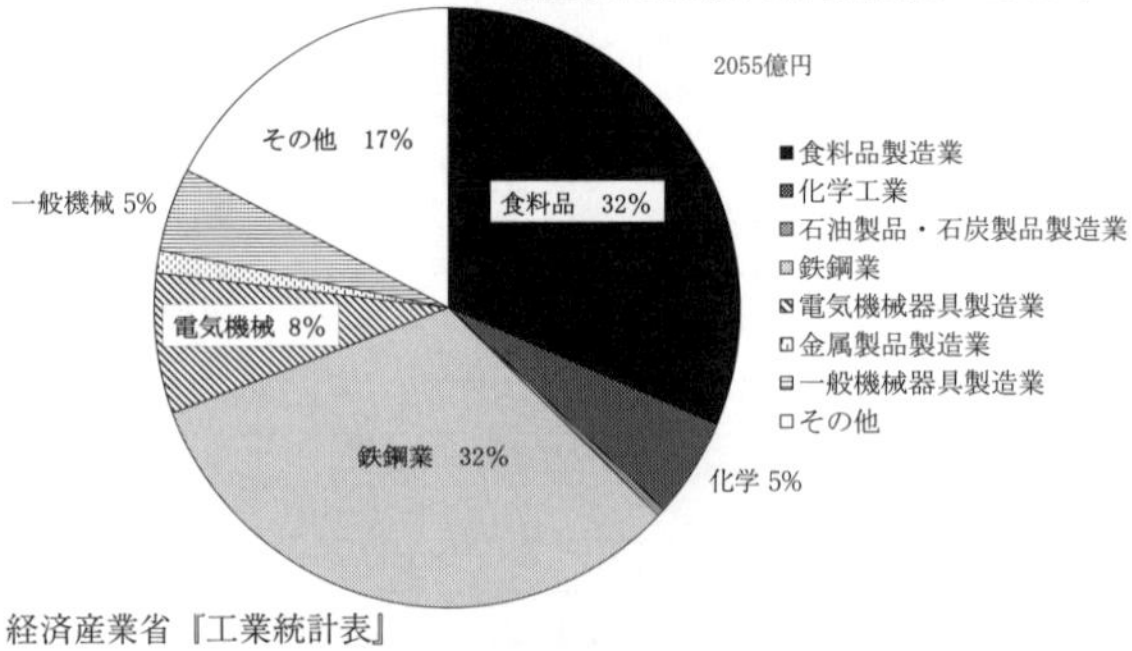

経済産業省『工業統計表』

京葉工業地帯（千葉県）
業種別製造品出荷額構成　1980年

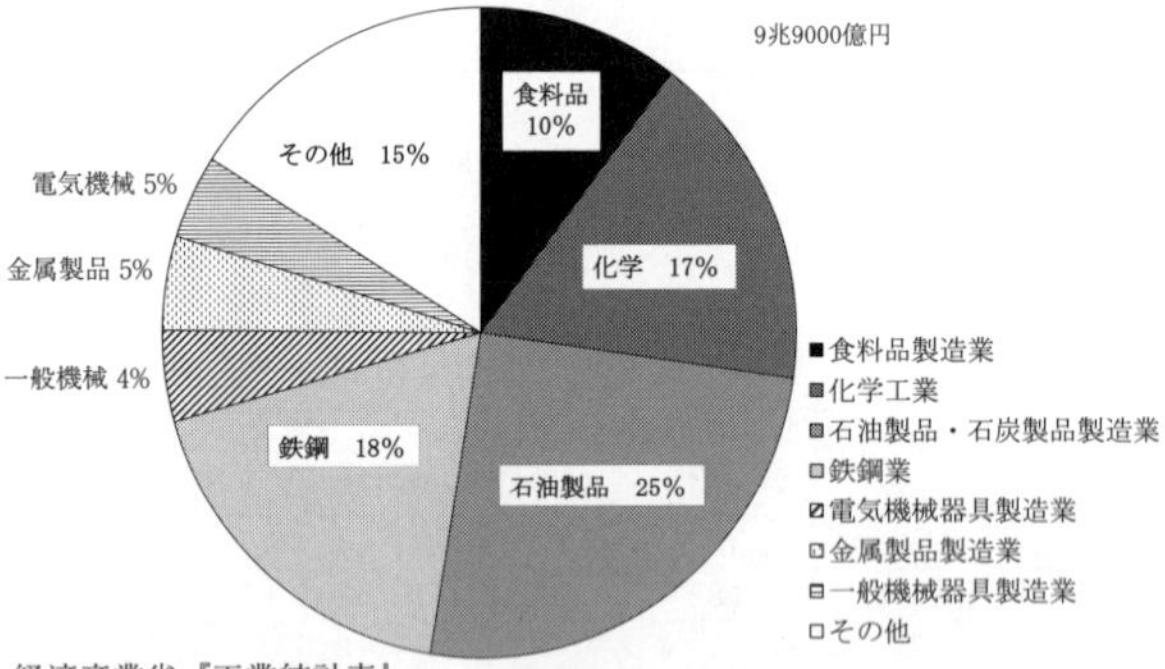

経済産業省『工業統計表』

京葉工業地帯（千葉県）
業種別製造品出荷額構成　2000年

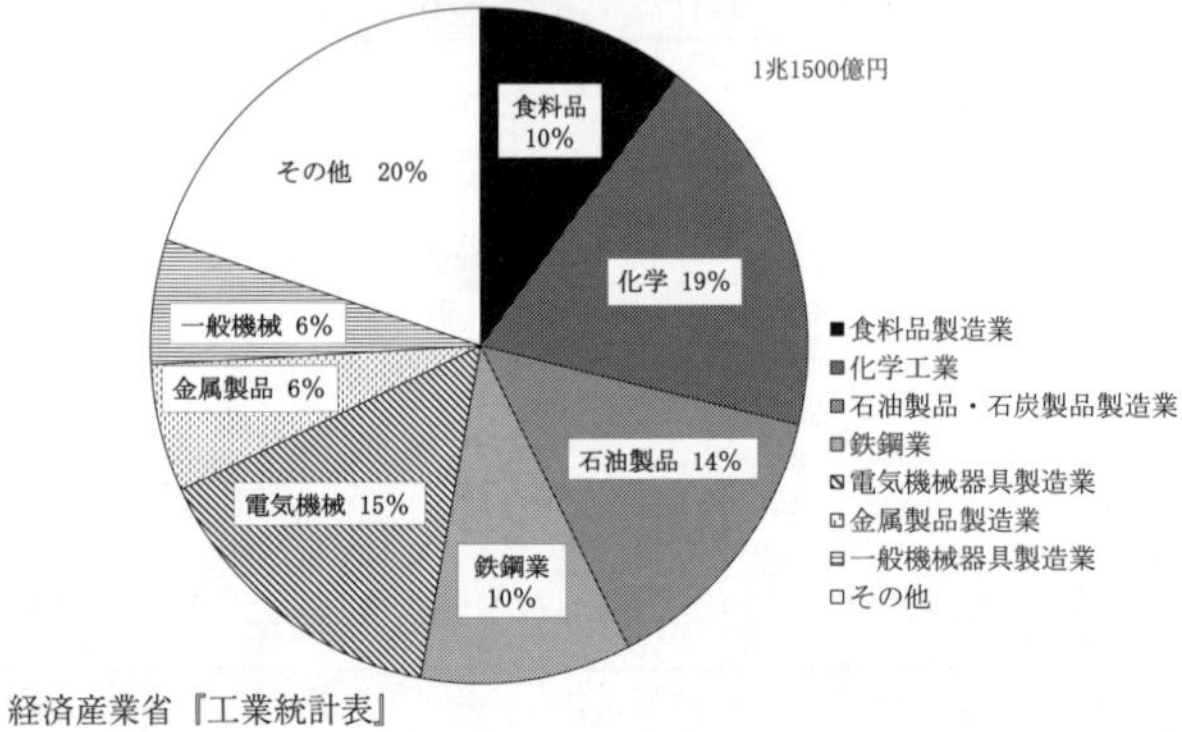

経済産業省『工業統計表』

狭い範囲に集中し、かつ最大の伸びは北の中核・市原と南の中核・木更津の両都市が二・一倍と最も高い人口の増加を示した。工場立地の地域的効果は、工場集積の規模に比例せず、五つの市が広域的に受け止めたこと、とくに消費拠点の二市への経済効果が高いことを示している。一九八五―二〇〇五年の二〇年間においてもその傾向は同様で五市の従業員増減は、〇・七から一・二の間に多少ばらついたものの、人口増減は〇・九から一・二とばらつきはより小さくなり、しかも、市原、木更津の両中核都市は増加を維持している。

6－11図　京葉臨海工業地帯地域別製造品出荷額推移

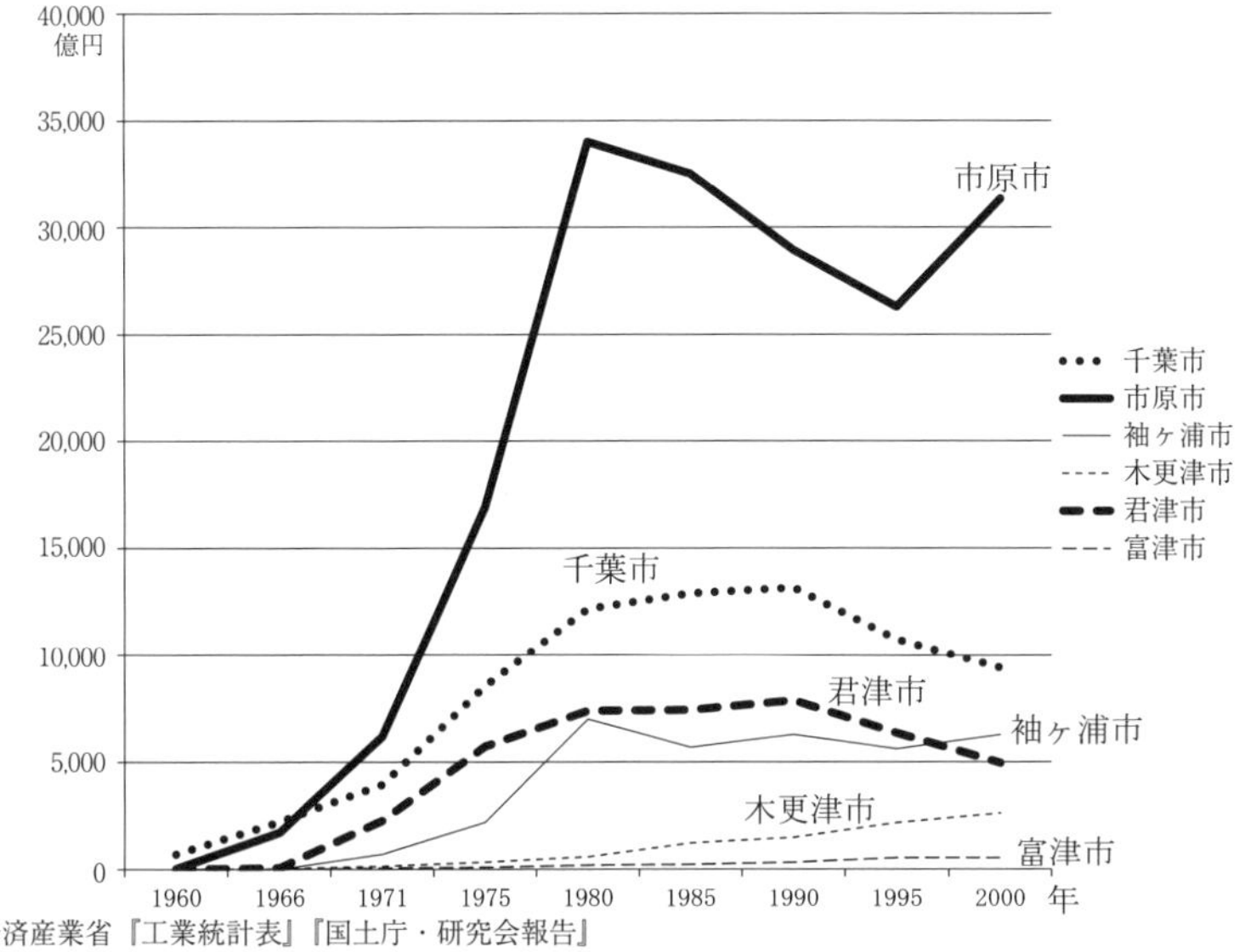

経済産業省『工業統計表』『国土庁・研究会報告』

6－12図　京葉臨海工業地帯都市別人口推移
（県内主要地方都市との比較）

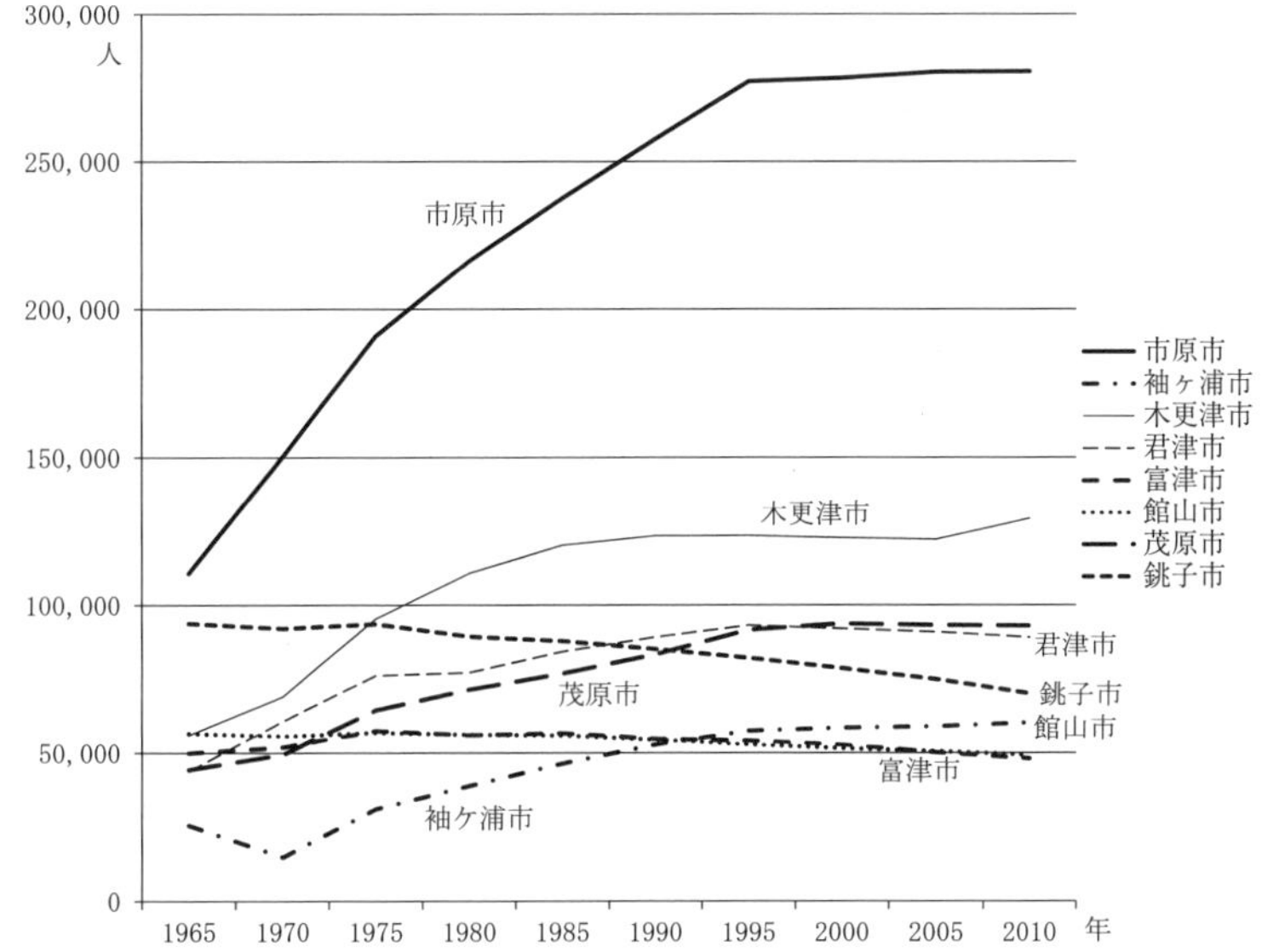

『国勢調査』

資金の地域循環

ところで、一九五〇年代から七〇年代末まで約三〇年間にわたる巨大な臨海工業地帯の形成にあたっては、漁業補償費、埋立造成費、用水・道路・鉄道・住宅・学校など周辺インフラ整備のための公共投資、そして工場や装置・機械などの設備投資に巨額な費用が支出された。6―6表(3)は、民間設備投資を反映する有形固定資産の推移を示している。これによれば、一九六六年の約三七〇億円から一九九五年の一兆七五〇〇億円と四七倍の伸びを示している。こうした費用に必要な資金の調達に関して、加藤俊彦氏は、地域金融の動きについて以下のように分析している。

「千葉県へ進出した大企業はその資金調達にさいし、長期資金については主として政府金融機関、外資、信託銀行、都市銀行に、短期資金については主として民間銀行に依存していたのであるが、そのさい、千葉県地元資金にほとんど依存していないことは注目するに値しよう。もっとも以上はたんに借入金についてみただけであり、このほか企業としては自己資金（株式）や社債などに頼ったわけであろうが、それらも千葉県内で調達されたものは、いうに足りないものであったろう。（中略）千葉県進出企業がもともと県内金融機関とは無縁の中央に基盤をもつ大企業であり、それの必要とする資金が地元金融機関の資金調達能力とはケタ違いに巨額であったためであろう。この意味で千葉県の重化学工業を中心とする工業化は資金的な面からいえば、中央と全く直結したものであって、千葉県金融界とはほとんど無縁であったといっていいであろう」[42]。

「しかし他方において工業化の進展とともに同県には巨額の資金が散布されたことは疑いをいれない。そのうち一番はっきりしているのは工業地帯造成にともなう補償金であろうが（中略）、そのおおよその金額は（中略）一九〇億円をこえている。さらに、臨海工業地帯の後背地、および内陸部の開発にさいし、多くの土地代金が支払われたものと思われるが、それはだいたい五五億円程度と推算されている。そのほか雇用も若干増大したであろうし、（中略）

県内の流通資金の増大を結果したものと思われる。こうした資金はいったいどの方面に吸収されたのであろうか。（中略）まず、補償金の行方をみると一九〇億円のうち約一〇〇億円は金融機関に、七〇億円が証券会社に、そして残りの二〇億円が消費されている。このうち証券会社に向った部分は明らかに県内金融機関を経由しないで県外に流出してしまったものと思われる。また金融機関に向かった部分は地元金融機関と中央の金融機関に分れるわけであるが、（中略）『この補償金をめぐる各金融機関の預金獲得競争は激烈をきわめ当初は地元農協、漁協、信用組合、信用金庫、相互銀行、地方銀行、市中銀行の地方支店の間で争われていたのであるが、この絶好の預金源は忽ち中央の金融機関の着目するところとなり、漸次市中銀行、信託銀行の直接進出をみた。』そして『その預金獲得額も当初は地元銀行が地盤にものをいわせて断然たる強味を示したが、中央の諸機関がその巨大な力を傾けて人力と物力を投入するにおよび地元の獲得率は目にみえて低下してきている』と。（中略）（県域に散布された）資金の一部は再び直接に中央の市場へ還流してしまったのをここにみるのである」[43]。

地域開発資金の中央・地方間の地域的循環を見事に描いてみせている。

地方行・財政の動き

大工業地帯が形成され、巨大企業が進出すると、学校・道路・上下水道など急増する人口のための生活インフラの整備に地元市町村の財政的負担が重くなり、それに対応する自治体の財政力が求められる。また、進出企業や国・県の関係機関との交渉力の強化、都市計画などのまちづくり戦略の策定のための人材の確保など、小規模市町村では人材力などで対応できなくなる。そこで、歴史的・文化的に異なる隣接する市町村間の対立を乗り越え一気に合併の動きが活発となる。新しい都市の名前、市役所の位置など深刻な課題の克服を経て、京葉臨海工業地帯では、相次いで新しい「市」が登場し、最終的に五市となった。本書で参考にした三つの著作では、それぞれの問題意識から市町村の統合について分析している。いくつか紹介しよう。

市原市の市町村合併については、三重野桂子氏の詳細な論文がある。要点を引用しよう。

「そもそも、この市原郡北部地域において町村合併が問題となったのは、二九年の町村合併促進法にもとづく第一次合併が一段落してまもない三二年一一月であった。これはまた、通産省と千葉県とによって作成された五井・市原地先約一〇〇万坪の埋立地造成工事の青写真が完成した時期でもある。三二年一一月一九日、千葉県当局は、地方課長の発起により、自治会館に五井・市原・三和・姉崎の各町・議長を招き、五井市原地先埋立の青写真説明会を開いた。その際、企業誘致にさきだち産業基盤整備のために、自治体の行財政力を強化しておくことの必要性をとき、合併による市制施行の勧告を行った。

（中略）こうして、三二年一月以降、県当局は、市制施行についての啓発文書を作成し、関係町村の議員並びに住民を対象に説明会を行なうなど積極的な行政指導をはじめた。しかし、県当局が、地元に合併問題を提起して以来、三八年五月、市原町・五井町・姉崎町・三和町・市津町の五町合併による『市原市』の誕生をみるまでには、七年近い歳月が必要であった。この間、県当局の町村合併に関する指導方針は、地元からの要望、あるいは三七年の新産業都市建設促進法の制定などを考慮しつつ、五町合併案から全郡一市案（市原郡には、ほかに南総町・加茂村がある）、さらに、千葉市合併案と、しだいに一〇〇万広域都市建設の方向に進んでいく。

このような県当局の動きにたいし、当該地元の中核をなす市原町は五町合併賛成、五井町は合併反対の態度を示した。県当局が全郡一市案を提示してからは、市原町は、五町合併反対、全郡一市案賛成の態度をとり、五井町は、五町合併賛成、全郡一市案絶対反対の態度をうち出した。さらに、県当局の千葉市合併案にたいしては、双方とも積極的な反応を示さなかった。こうした県当局と地元との、あるいは地元相互の対立とギャップによって、県提案の町村合併は遅々として進展をみなかったのである。

昭和三七年から三八年にかけて、つぎつぎと稼動しはじめた進出企業は、このような事態にしびれをきらし、にわかに町村合併問題について積極的な態度を示してきた。

（中略）進出企業が、新しい都市づくりに自らの手を下そうとしたこの時期には、企業自体が、自治体にたいして早急に解を要求していた問題が、集中的に顕在化しつつあった。すなわち、工場の稼働とともに、多数の労働者が五井・市原地区に移住し、そのために用水・道路・住宅・学校・衛生など生活環境・社会環境の整備は焦眉の急務となっていた。これらの問題解決のため、また工場の円滑な操業のためには、ぜひとも町村合併による行政圏の拡大と、自治体の財政力の強化を図らなければならなかった。（中略）こうした進出企業の要請を反映して、五井・市原地区の合併は、とりあえず資本側の必要性を満たす最小限度の規模として五町合併に落ち着いたのである(44)」。

こうして、新・市原市の人口は、一九六三年の合併時には一挙に一〇万人を超え、その後七〇年代に急増して八〇年に二一・六万人、直近の二〇一〇年には二八万人と膨張していった。

もう一つの広域合併である君津市の形成については、羽田新・山下道子氏の論文で詳述されている。

「明治二二年施行の町村制によって誕生した「一二町村、すなわち八重原、周西、周南、貞元、中、小糸、秋元、三島、小櫃、松丘、亀山の一一村と久留里町が、今日の君津市を形成している。(45)」この地域の「臨海部は東南部の清澄系連山と中央部の平野を自然の後背地としてもち、小糸、小櫃の両河川の流域は古く律令の昔から交通の要路として開発されていた(46)」。

一町一一村のうち、第二次大戦中の昭和一八年に周西村と八重原村が合併して君津町となり、久留里・君津二町と九村で戦後を迎えた。その後昭和二九、三〇年の昭和の大合併で、君津町（君津・貞元・周南一町二村）、小糸町（中・小糸二村）、清和村（三島・秋元二村）上総町（久留里・松丘・亀山一町二村）、そして小櫃村の三町二村となった。「このうち国鉄久留里線沿線の上総町と小櫃村は小櫃川水系の旧望陀郡に属して昔から木更津との関係が深く、小糸川水系で旧周淮郡に属した君津町、小糸町、清和村とはかなり異なる条件を有している」[47]。

「昭和三五年、知事から『木更津、君津地先海面埋立について』の通達をうけ、両地区約三〇〇万坪の重工業用地造成事業計画が前進し、昭和三六年年八月一〇日、君津漁業協同組合の漁業権譲渡をもって君津地先の海面埋立工事にはじまる君津地区の地域開発がその緒についたのであった」[48]。「昭和四〇年から四五年にかけて、Y製鉄及び関連企業の従業員の流入によって、旧君津町の人口は二一九・三％という高い増加率を示すが、他の地区はほとんど変化を示していない。この増加率は昭和四五年から五〇年にかけて八・二％に落ちているとはいえ、これは同期間中の君津全市の人口増の六二％を占めている」[49]。

しかし、「Y製鉄は誘致したものの企業の納める巨額の固定資産税は、人口規模が小さいために、そのほとんどが県に吸収されていた。この事態を改善するために、広域行政を実現し、税収を町が確保し、地域住民に還元しようとして、昭和四四年六月、君津郡市広域行政連絡協議会で審議した結果、君津町、小糸町、清和村、小櫃村、上総町の合体合併が翌四五年九月に実現し、次いで翌四六年九月一日、市制施行の運びとなったのである」[50]。

6―12図は、京葉臨海工業地帯の諸都市の人口推移について、県内の他の主要都市と比較したものである。ここでみるように、君津市の人口は、その後着実に増え、一九七〇年代の七万人台から八〇年代の八〇万人台へ、さらに九五年には九万三千人にまで増加した。しかし、北に隣接するものの、製鉄所が立地しなかった木更津市も、他都市のように周辺町村を併合したわけでもないのに、人口が着実に増加し、その伸びは君津市を上回り、人口規模は八〇年には一〇万人を超え、いまでは一三万人に達しようとしている。ちなみに、一九七五―八五年の伸び率をみると、君津一〇％増に対して、木更津二六％増と大きな差がある。これは、木更津市が「周辺都市、とくに君津市からの顧客を吸引して、隠然たる商業勢力圏を誇っている」(51)ことと無関係ではない。

固定資産税の確保、生活関連インフラの整備など財政力の強化、都市計画や関係機関との交渉など行政力の強化のために他の市町村も広域合併を行った。袖ケ浦町と平川町は一九七一年に合併して袖ケ浦市となり、同じ年、富津と大佐和、天羽の二つの町が統合して富津市となった。こうして一九七一年には、京葉臨海工業地帯は、市原、袖ケ浦、木更津、君津、富津の五市体制となった。

最後に、京葉臨海工業帯形成が個別の地方自治体財政に与えた影響について考察しよう。この点では、北部の市原市と南部の君津市についての分析がある。それぞれの論文に依拠して紹介する。

工場群進出に伴う旧市原町の財政については、加藤栄一氏の論文が参考になる。五井北部・市原地区の土地造成は一九五七年度から六二年度まで五年を要し、関係五町合併による市原市の成立は一九六三年であるから、工場立地の地方財政への影響分析は、一九六〇年前後の町の歳出・歳入を考察するのが適当である。論文は、工場進出が活発となる直前の一九五九年度と市制移行の前年である六一年度の町の会計の変化に焦点を当てている。

「ここではさしあたり昭和三四（一九五九）年度と三六（一九六一）年度の財政を比較する。三四年度までは、市原町財政はほとんど土地造成や企業進出の影響をうけておらず、他町村と比較してもそれほど特殊な動きはみせていないからである。（中略）、工業化にともなう財政の決定的変貌が明確になるのは三六年度からである。（昭和）三四年度から三六年度に至る歳出総額の伸びをみると、（中略）市原町は六、六〇〇万円から一億　八、〇〇〇万円へと一七二%増となっており、(中略) 異常な伸び率を示している。この増加は、(中略) もっぱら土木費と教育費によるものであった。三四年度を一〇〇とした両経費の増加指数はそれぞれ七二六と三五〇であり、(中略) 土木費と教育費が普通会計に占める構成比はいちじるしく高まり、両経費は全経費の六三%を占めるにいたっている。(中略) 土木費四、五五三万円のうち、四、〇二六万円は道路橋梁費で、教育費の大部分が学校建築費であった。したがって、これを性質別経費の支出からみると、建設事業の著増ということになるのである」[52]。

「かつてはほぼ典型的な半農半漁の町として、一般行政費と教育費が歳出の圧倒的な部分をしめていた市原町の財政は、いまや急速な工業進出にともなって　社会的間接資本の整備拡充と急激な人口増加に対応する学校建築の要請に応じなければならなくなったのである。(中略) 市原町の歳出における急激な変化はこういった至上命令によるものにほかならないわけである」[53]。

他方、「町税をみると、その伸び率は、歳入総額の伸び率より低く、指数は一八二にすぎない。(中略) 町民税は七九一万円から一、九〇五万円へ、つまり一四一%増と著しく伸びている　これはむろん工場進出による伸びであって、町民税のうち個人分七三%増にすぎないのに対して、法人分は一挙に七・五倍になっており、法人分が町民税に占める割合は一二%から三六%へ高まっている。こうして、町民税については、経費の膨張率に比べればなお低いとはいえ、かなり著しい増大がみられたのである。問題は固定資産税である。

固定資産税の伸びは、一〇〇—二四八にすぎず、(中略) このため、固定資産税が町税に占める割合は、(中略) 市原では四九%から三七%へと逆に低下しているのである。これは、造成された土地については譲渡がまだ完了していないということで、固定資産税を徴収できずに、一部分は寄付金という形をとっていることによるのである。

だが三七(一九六二)年度においては、譲渡完了分が出てきたため。固定資産税は五、五三八万円と、一挙に前年の二倍以上にふくれ上り、町税中の構成比も四二%となった。のみならず、これに『寄附金』中に含まれている固定資産税振替分一、六六九万円を加えれば、実質的には固定資産税は七、〇二七万円となり、構成比は五五％にも達することになろう。

（中略）こうして三七年ないし三八年度になると、自主財源は急速に増大するのであるが、しかしそれまでのプロセスでは、工場進出にともなう経費の増大に対して自主財源たる町税の増加がおくれていたため、町財政の収入構造には大きなゆがみが生じていた。すなわち、こうした中心的自主財源の不振を補うものとして、国、県の支出金と町債あるいは寄附金が増大せざるをえなかったのである」(54)。

「以上のような市原町財政についての簡単な考察からも、工場進出にともなう同町財政の顕著な変化と特殊な姿は一目瞭然である。かつては一般行政費と教育費とによってその経費の大きな部分をしめられていた千葉県の平凡な一農漁村財政は、いまや急速な工業化と急激な人口増加に対応して、その重点を社会的間接資本の拡充と学校建築に移さざるをえなくなったのであり、それによって経費は異常に膨張したのである。

（中略）もっとも、こうした形は、とくに三五―三六年度につよくあらわれたのであって、三七―三八年度になれば、住民税、固定資産税を中心として税収は急激にのび、したがって上部団体への依存も低くなってくる。この傾向は、おそらく今後簡単に逆転するようなことはあるまいと思われる」(55)。

他方、新日鉄の立地と君津市の財政については、渡辺栄氏の論文「君津市財政をめぐる問題」で詳細に分析している。

「さて、君津市の財政の特徴は何かといえば、何よりもＳ製鉄からもたらされる巨額の税収入にあるといってよい。（中略）これによってきわめ豊かな財政力に恵まれた都市となったものである。財政力指数でみれば、市制施行前の昭和四五（一九七〇）年は〇・八八六であったが、翌四六年には一・三五四へと高まっており、四八年には二・〇四七という驚くべき指数となっている。（中略）昭和五二年の一・六三の数値は、豊田市の一・七二に次ぐものであり、市原市と共に全国第二位の高さとなっている」[56]。

ここに、高度経済成長の中で生じた工業都市の姿が京葉臨海工業地帯で見られたのである。「企業の納入する巨額の税収入が自治体財政をうるおし、それが諸種の建設投資事業となって地域社会を変化させる。君津のばあいはまさにその典型であった」[57]。

歳入構造の特徴の「第一は地方税収入の比率が高いこと、第二は、地方交付税がすくない、第三は国・県支出金もまた少ないということである。これらはいずれも相互に関連し合った内容のもので、市の財政上の特徴をよく表している。

いうまでもなく、地方税収入は自治体にとって基本的な収入源であって、自主財源でありかつ一般財源でもあるから、自治体にとって最も好ましい強化されるべき財源である。君津のばあいは昭和五三年度で五二・八％の構成比を示していた。これは市町村の平均がおよそ三〇％程度であることを考えると異常な高さであり、財政力指数の高さもこれによるものであった」[58]。

ここで肝心の地方税については、「まず市税中に占める固定資産税の割合がきめて高いという点である。（中略）S（新日本）製鉄をかかえる当市として当然の姿であるが、五一（一九七六）年度で市民税一七・六％に対し固定資産税は六五・五％となっている。これは同年における市町村平均が市町村民税四六・七％、固定資産税三五・五％の構成比となっていたから、君津市の特異性をうかがうことができよう。この固定資産税の大部分は大規模償却資産税であり、そのほとんどがS製鉄分であることはいうまでもない。（中略）市民税の中では個人、法人ともにS製鉄分が含まれるが、前者で二八・二％、後者ではではわずか一〇・三％にすぎない（昭和五一年）。これは例えば、四八年で四六％を占めていたから、法人市民税中のS製鉄分が急激に減少していることがわかる。すなわち、個人市民税は一般もS製鉄分もともに増勢を保っているが、法人分は五〇年以降に急減しており、中でもS製鉄分の落込みが激しい。個人市民税の中のS製鉄分が順調に伸びていることはその従業員数ないしは所得の伸びを示すとみてよい。ちなみに、（中略）オイルショックを機に君津への投資計画が後退したとはいうものの、従業員自体はあまり減少したわけでなかった。なお、固定資産税ではその七四・五％がS製鉄分で占められており、とくに大規模償却税ではその八二・五％を占めている。（中略）ところで、市税の中では上記二税の外に都市計画税と電気ガス税とがあり、いずれもS製鉄と無関係でない。都市計画税は都市計画区域内の固定資産に課税され、電気ガス税はその使用量に対して課税されるものであるからそれぞれS製鉄分が大きな部分を占めることになる。五一年度で前者は七二％、後者は六八・六％がS製鉄分であったから、この面でのS製鉄の占める役割は大きい。以上はS製鉄のみの納入する市税であるが、これに関連会社を加えてみると、（中略）昭和五二—五四年度の資産税関係、市民税、その他についてみたものであるが、これによると市税収入中実に七割をS製鉄関係が占めることになる。金額で五〇—六三億にも達するものであるから、市の財政がいかにS製鉄関係に依存しているか、その体質を理解することができる」[59]。

他方、「歳出を目的別・性質別の両面から分析した結果からみると、目的別では総務費と土木費が多く、性質別では投資的経費が圧倒的に多かった。（中略）昭和四五年から五三年までの投資的経費の総額は実に四九八億五、一四八万円の巨額に達する。（中略）ここで目立つのは何といっても一九一億に達する土木費であり、次いで教育費、総務費、農林水産費等での支出が多いことである。（中略）土木関係は、（中略）内容的には道路整備が多く、さらに土地区画整理関係が多い。これに対して、総務費の中では五〇—五二年度にかけての庁舎建築が際立っている。総工費四〇億といわれる十二階建てのデラックスな庁舎はまことに目を見はるものがある。（中略）総じて、これらはいずれも合併条件として旧町村からの要求に基づくものが多く、市は忠実にこれを履行してきたといってよい。教育および土木関係の建設投資は、旧町村部の小・中学の校舎改築、プール・体育館・公民館の建設等、あるいは道路の整備・舗装等に用いられ、こうした要求ないし市内の格差是正にかなり努力して来たことが知られる。そして市中心部においては、土地区画整理、都市基盤整備、庁舎建築等が主な内容となっているといってよい」[60]。

渡辺栄氏は、以上のように君津市の歳入・歳出の特徴を析出したのち、その課題について次のように締めくくっている。

「市税収入中にS製鉄とその関係会社分の占める割合が七割に達し、税額にして毎年五〇―六〇億を超える税収を持つことに示されるように、一社依存の特異な財政構造がある。これは自治体財政として好ましい姿ではない。企業の経営状況がそのまま自治体財政に影響を与えるし、また、企業側にとっては容易に自治体の運営に関与しうる隠然たる力を保持していることになるからである。市税収入は自主財源であるが、一社依存のばあいはそれはむしろ依存財源といわなければならず、そうすると君津の収入構造は一転して自主財源が少なくなることを知らねばならない」[61]。

簡潔にして要を得た指摘である。地域振興を成長産業の工場を誘致することによって「大きな成功」を得た実例であり、こうした願いがかなわなかった多くの地域にとって「垂涎の的」であった。しかし、君津だけでなく京葉臨海工業帯の形成自体が「地域の自主性」を失い、マクロ経済の産業構造転換、企業の立地戦略の変更のあおりをまともに受けることになる。その意味で、国土政策、地域政策、地方創生への正解はないとも言える。

（1）　潮見俊隆「漁業補償」（東京大学社会科学研究所調査報告『京葉地帯における工業化と都市化』東京大学出版会一九六五年所収）二四八頁。

（2）　同右論文　二四九頁。

（3）利谷信義「農漁業家族に対する工業化の影響―漁業補償分配要求と準禁治産事件を中心として―」（東京大学社会科学研究所調査報告『京葉地帯における工業化と都市化』東京大学出版会　一九六五年所収）二七〇頁。
（4）潮見俊隆前掲論文　二五〇頁。
（5）同右論文　二五〇―二五四頁。
（6）同右論文　二五三頁。
（7）同右論文　二六六頁。
（8）同右論文　二六五―二六六頁。
（9）同右論文　二六六―二六八頁。
（10）同右論文　二六九頁。
（11）原田勝弘「進出企業の地域政策の展開と問題点」（舘逸雄編『巨大企業の進出と住民生活―君津市における地域政策の展開』東京大学出版会　一九八一年所収）一三四―一三五頁。
（12）伊藤三次「臨海部進出企業の労働問題」（東京大学社会科学研究所調査報告『京葉地帯における工業化と都市化』東京大学出版会　一九六五年所収）三七六―三七七頁。
（13）同右論文　三八二頁。
（14）同右論文　三八三―三八四頁。
（15）同右論文　三八四頁
（16）山田卓生「辰巳団地」（東京大学社会科学研究所調査報告『京葉地帯における工業化と都市化』東京大学出版会　一九六五年所収）四五八―四五九頁。
（17）同右論文　四六〇頁。
（18）同右論文　四六〇頁。
（19）同右論文　四六二頁。
（20）同右論文　四六二頁。
（21）松島浄「地域開発と地元住民の対応」舘逸雄編『巨大企業の進出と住民生活―君津市における地域開発の展開』東京大学出版会　一九八一年　所収）二四九頁。
（22）同右論文　二五〇頁。

(23) 同右論文　二五〇―二五一頁。
(24) 原田勝弘「進出企業の労働者の性格と生活意識」（舘逸雄編『巨大企業の進出と住民生活―君津市における地域開発の展開』東京大学出版会　一九八一年　所収）七八頁。
(25) 同右論文　八一頁。
(26) 同右論文　八五―八六頁。
(27) 同右論文　八八頁。
(28) 羽田新「新鋭製鉄所の組織と運営」（舘逸雄編前掲書所収）　七六頁。
(29) 横山桂次・大原正憲編著『産業社会と政治過程―京葉工業地帯』日本評論社　一九六五年　はしがき
(30) 大原光憲「ビッグ・ビジネスの『地域開発』過程」（横山桂次・大原正憲編著前掲書所収）六―七頁。
(31) 同右論文　九―一〇頁。
(32) 同右論文　二八―二九頁。
(33) 同右論文　三一頁。
(34) 同右論文　三二頁。
(35) 渡辺洋三「印旛沼の開発事業と用水問題」（東京大学社会科学研究所『京葉工業地帯における工業化と都市化』東京大学出版会一九六五年　所収）一七八頁。
(36) 同右論文　一七八頁。
(37) 同右論文　一七八―一七九頁。
(38) 同右論文　一八一頁。
(39) 同右論文　一八四頁。
(40) 金原左門「工業化をめぐる開発行政過程」（横山桂次・大原正憲編著『産業社会と政治過程―京葉工業地帯』日本評論社　一九六五年　所収）七五頁。
(41) 渡辺洋三前掲論文　一九一―一九二頁。
(42) 加藤俊彦「工業化と千葉県金融」（東京大学社会科学研究所『京葉工業地帯における工業化と都市化』東京大学出版会　一九六五年　所収）七六頁。
(43) 同右論文　七九頁。

(44) 三重野桂子「工業化と住民の対応・地域開発と町村合併」横山桂次・大原正憲編著『産業社会と政治過程―京葉工業地帯』日本評論社　一九六五年　所収）一五五―一五七頁。
(45) 羽田新・山下道子「問題の所在」（舘逸雄編『巨大企業の進出と住民生活―君津市における地域開発の展開』東京大学出版会　一九八一年　所収）九頁。
(46) 同右論文　九頁。
(47) 同右論文　図2　九頁。
(48) 同右論文　一二頁。
(49) 同右論文　九頁。
(50) 同右論文　一二頁。
(51) 水谷史男「製鉄関連企業と一般企業の動向」（舘逸雄編『巨大企業の進出と住民生活―君津市における地域開発の展開』東京大学出版会　一九八一年　所収）一二八頁。
(52) 加藤栄一「旧市原町の財政」（東京大学社会科学研究所『京葉工業地帯における工業化と都市化』東京大学出版会　一九六五年　所収）五八―六〇頁。
(53) 同右論文　六一頁。
(54) 同右論文　六四―六六頁。
(55) 同右論文　六八頁。
(56) 渡辺栄「君津市の財政をめぐる諸問題」（舘逸雄編『巨大企業の進出と住民生活―君津市における地域の政策の展開』東京大学出版会　一九八一年　所収）一八三頁。
(57) 同右論文　一八四頁。
(58) 同右論文　一八六頁。
(59) 同右論文　一八八―一九〇頁。
(60) 同右論文　一九六頁。
(61) 同右論文　二〇三頁。

解題

山本　健兒

『国土政策論〈上〉産業基盤整備期』と題された本書の内容については、著者である矢田さんが「まえがき」で簡潔に述べているので、このテーマを解き明かす必要はないように思われる。にも拘わらず、著者以外の人間が本書の「解題」を書くとすれば、「国土政策」なるものを考えるにあたって、著者自身の文章だけからでは読み取ることのできない「何か」を本書の読者に伝えることが求められる。

矢田さんと議論を交わし、かつ酒席などで四方山話をしたことのある人ならばほぼすべての人がいだく矢田さんの人物印象は、巧みな「喩え」を駆使し、説得力ある議論を展開する人であり、かつ座談を楽しく盛り上げる人、というものであろう。他方において、仮に議論の経験しかない人であれば、他者に対する論駁を好む怖い人、という印象を抱くかもしれない。私が最初にいだいた矢田さんの印象は、実は後者であった。ただし、私自身が矢田さんと議論したわけではない。東京大学理学部二号館二階にあった地理学教室の講義室で一九七〇年代半ば頃に開催された日本地理学会例会での、矢田さんより年上のある若手研究者の報告に対して、その方法に対する鋭い質問を矢田さんが発した時に抱いた印象である。矢田さんの質問を受けて、その報告者が回答できずに沈黙して佇んでいた光景が今でも想い起される。大学院に進学して間もなかった当時の私は、その時、矢田さんに怖い人という印象を抱いたのである。

しかし、私が修士課程一年生の六月から博士課程一年生終わりころまでの約三年間にわたって、地理学教室の院生有志で行った『資本論』読書会に、矢田さんがチューターを務めてくださり、矢田さんと親しく接する機会が増えた。矢田さんがそれを引き受けてくださったのは、当時、地理学専門課程博士課程二年生だった山川充夫さんが依頼してくださったからである。この読書会は、隔週あるいは三〜四週間に一回、土曜日の午前十時から二時間、地理学教室の会議室兼演習室で続けられた。読書会の後、しばしば本郷三丁目交差点近くの喫茶店で、矢田さんを囲んで昼食をとり歓談したものである。怖い人と思っていた矢田さんが、案に相違して茶目っ気のあるお兄さんに変貌した。言うまでもなく、変わったのは矢田さんではなく、山本が持っていたイメージである。それにしても、今にして思えば、貴重な研究時間あるいは家庭サービスの時間を犠牲にして、将来どうなるか分からない院生たちに対して、辛抱強く、『資本論』の読み方をよくぞ導いてくださったものだと思う。それも無給で、である。それゆえ、矢田さんは私にとって恩師の一人であるが、私が学部時代に学んだ大学では、師のことを「〜先生」ではなく「〜さん」と呼ぶ慣わしが当時あったので、今に至るまで先生筋を私は「〜さん」と呼ぶ癖がある。英語でならば、「〜先生」という呼びかけをミスターあるいはミズという敬称をつけるからであり、これを日本語に訳せば「〜さん」になる、と誰かに学部時代教わった記憶がある。

閑話休題。上記の読書会のみならず、一九七五年に発足した「地域構造研究会」による八王子にある大学セミナーハウスでの幾度かにわたる研究会合宿の際にも、報告とそれを巡る討論を終えて夜には、全国から集まった当時の若手教員や院生による歓談の輪の中に、矢田さんは必ずいた。というのは、在京の三十代半ば前後以降の若手教員数名がその研究会の世話役をしており、矢田さんはその一人として合宿会計や会員への連絡、つまり庶務係の役割を務めていたからである。つまり、矢田さんは細々とした仕事を恐らく苦にせず、まめにこなす人なのである。それでいて、大局的な観点から、同僚たちの議論の応酬の最後に、本質を突くまとめを簡潔に呈示できる人でもある。それゆえであろう、たまたま私は法政大学経済学部でも九州大学経済学研究院でも、時折、「矢田さんが〜を取りまとめた」という趣旨の追憶的発言を、矢田さんが去った数年後になっても各教授会で聞いたことがある。

矢田さんの私なりの人物紹介はこの程度にして、本書それ自体の解説に移ろう。「まえがき」で矢田さん自身が、分かりやすい「喩え」で本書の特徴を表現している。すなわち、「国土政策」に関わる諸先学や、矢田さん自身と同じ世代あるいは相前後する世代の研究者による地道な実態調査に基づく地域研究の成果を「具」として、すなわち具体的な材料として、これを矢田さん自身が得意とする大局的把握、すなわち長いタイムスパンを貫くとともに個別の地域の違いを超えて全体に共通する「なにものか」を包括的に捉えるマクロ的視点を適用することによって、第二次世界大戦後以降の日本の国土政策の功罪を解き明かしたのが本書である。急いで付け加えるならば、地道な実態調査に基づく地域研究もまた矢田さんは得意としていた。その成果が、本著作集の第一巻『石炭産業論』に収録されている。

矢田さん得意の「喩え」は、『経済地理学年報』第四九巻第五号に収録されている経済地理学会五十周年記念大会での会長講演「戦後日本の経済地理学の潮流―経済地理学会50周年によせて―」に表れている。第一に日本や世界での地域格差や環境問題などへの強い関心、第二に地誌への強い拘りとそれゆえの小スケール地域での徹底的な調査を重視する日本の地理学の伝統、第三に次から次へと新展開する欧米経済地理学の動向、そして第四にその背景にある経済学の基礎理論に関する研究動向、以上の四つをプレートテクニクス論のプレートにたとえて、それらプレートのせめぎあいが、日本での経済地理学の多様な研究動向を作り出してきた、とみごとに描いてみせたのである。ちなみに、学問動向の把握に巧みな「喩え」を駆使するだけでなく、酒席での座談でも、その場にいる人たちが共通に知る同時代の大物研究者たちの特徴を、ソ連の政治家等にたとえて描いていたことを記憶している。もちろん、その場にいた人たちはあまりにみごとな喩えだったので大笑いしたことがある。

ところで、矢田さんが「国土政策」を論じることができる背景に、矢田さん自身が経験した政策形成の場でのさまざまな人たちとのディスカッションがあったことも、本書の読者には知っておいていただきたい。矢田さんは一九八二年四月に、それまで十年間勤務した法政大学経済学部から九州大学経済学部に移籍した。それは、後者で新設された「経済工学科」の実験講座「産業計画」の教授として招聘されたからである。九州大学経済学会は、還暦を迎える教授の功績を称えるべく、二〇〇〇年代初めまで機関誌『經濟學研究』を活用して『還暦記念論文集』を発行してきた。矢田さんの場合には、奥付に従えば二〇〇一年五月発行になる第六七巻第四・五合併号があてられた。これの三六二―三六七頁に、「兼業・併任」という項目名で、矢田さんの「国土政策」形成実践現場での委員就任が記録されている。これによると、矢田さんが初めてそうした場で活動したのは、一九八四年四月から一年間の任期で就任した国土庁の「地方中枢都市機能等整備策定調査委員会」委員としてであった。一九八七年には通商産業省の「ニュービジネス振興委員会」委員に、翌八八年には国土庁の「国土審議会」の政策部会における特別委員だけでなく経済企画庁の「産業空洞化と地域経済研究会」委員に就任した。これ以降、矢田さんは継続的に国土庁、経済企画庁、通商産業省ないしその管轄下にある資源エネルギー庁で、何らかの委員会委員として活動してきた。特に、本書のテーマとの関わりでは、国土庁あるいは国土交通省の「国土審議会」専門委員や委員としての活動を継続してきたことが特筆されよう。

言うまでもなく容易に推測できるように、そのような委員に就任すれば一般人には入手しがたい整理された資料を豊富に素早く得ることができる。また、人によっては中央省庁の官僚が目指す方向での政策を是認しがちになる可能性がある。ところが矢田さんは、どうやらそのような場にあっても、自己の学問的信念に基づいた政策を主張してきたと推測できる。その傍証は、『経済地理学年報』第四二巻第四号（一九九六年三月発行）二五六―二七六頁に掲載された「アジアの時代における日本の国土政策―次期全国総合開発計画の策定をめぐって―」である。「国土審議会」専門委員や特別委員としての活動を継続してきたからこそ、五十歳代半ばで上記専門委員会での議論の経緯と九五年末時点での結論を批判的に（あるいは自己批判的に）、しかし望ましい国土政策の方向付けを建設的に予示する論文を書くことができたのであろう。この論文には、第五次全国総合開発計画策定に影響力を持った人たちについても、固有名詞付きでメンションされている。その中には、中央省庁の御用学者的な色が濃いのではないかと思われる人たちもいる。面白いことに、矢田さんは大物委員に気に入られる議論を、しかし決して迎合的ではない議論を展開していたらしいのである。そのことを、私を含む経済地理学界の後輩たちに、問わず語りに語ったことがある。

上のような記述だけだと、あたかも矢田さんは中央省庁での活動を好む人、という印象を与える可能性がある。前記の「兼業・併任」記録によれば、中央省庁の各種委員会での活動と並行して、福岡市の「総合計画審議会」委員、北九州市の「響灘地区開発構想策定委員会」委員に、いずれも一九八六年に就任している。一九九〇年代からは福岡県の各種委員会委員にも就任しているし、九州スケールでの経済開発を目指す「九州・山口経済連合会」や「九州地域産業活性化センター」の各種委員会等の委員、さらには飯塚市や宗像市などの小都市からも委嘱されて地域の開発に関わる委員会の委員に就任してきた。つまり、そうしたローカルな場での活動を踏まえて矢田さんは、中央省庁の委員会での議論に「地方」の視点をぶつけてきたものと推測できる。そのバックグラウンドに経済地理学界での議論の歴史がある。

そうした背景を持つ矢田さんが、日本の「国土政策」の歴史を、政治的主張の如何によってではなく、地域の実態に関する深い調査と考察を成し遂げているか否かを基準に選択したアカデミズムやジャーナリズムでの研究成果を活かして、自身のライフワークの一つとして序章を除いて書き下ろしたのが本書である。この国の将来を、国土という具体的現実に即して、地に足の着いた議論を通して考え、提言したいと考える人たちが繙くべき書と言える。言うまでもなく、あとに続く者たちは、矢田さんの著作から学ぶのみならず、これに欠如している視点や論点があるとすればそれは何か、また、日本の「国土開発」の考察だけからではなく、「あるべき国土開発」、「あるべき地球の姿」、そしてそれらの構成要素としてのスケールを異にして入れ子状に存在している「諸地域のあるべき姿」を描くべく、諸外国の地理的現実に関する歴史をも研究することが求められるのではないだろうか。

その意味からすれば、第二次世界大戦後以降の日本の国土政策の手本となったアメリカ合衆国のテネシー河谷開発公社（Tennessee Valley Authority：ＴＶＡ）の理念が、一九五〇年に制定された国土総合開発法とその後の政策実践に活かされていたのか否かの再検討が必要となろう。矢田さんも参照しているその公社理事長として活躍したリリエンソールによる『ＴＶＡ―総合開発の歴史的実験―』について言えば、その第二版が一九五三年に出版され、この翻訳が一九七九年に岩波書店から出版されている。(1) この第二版翻訳版には、公社を離れたリリエンソールによる十二頁強にも上る長い序文と、訳者和田小六に翻訳を勧めたと思われる都留重人による「ＴＶＡその後」という論考も加えられている。都留は一九七〇年代に一橋大学学長を務めた高名な経済学者であり、経済安定本部に勤務したこともあり、ＴＶＡの思想を日本でも活かそうとしていたのだと推測される（最近、九州大学経済学部の学生の多くが、都留重人の名前を知らないことに気が付いたので、あえてその経歴を記しておく）。

リリエンソールの第二版序文と都留による解説を読めば、原題の副題（Democracy on the March）にある通り、「テネシー河谷総合開発」とはまさしく民主主義を大地の上で具現化させる試みだったことが分かるし、一九六〇年代初めには目覚ましい経済成果を達成していたことが分かる。また、この公社がアメリカ連邦政府によって設置されたとはいえ、決して中央集権化を指向するものではなく、分権を指向する開発政策だったことを知ることができる。その理念は、リリエンソールが公社役員在任中に具現化される方向に進んでいたのだろうが、一九六〇年代にはその逆方向へと公社の行動が変質したことも、我々は都留重人の解説から知ることができる。そうであれば、日本で実践された国土総合開発法とこれに基づく五次にわたる全国総合開発計画、そしてこれらの下でなされた具体的な政策が果たして民主主義の具現化であり、「河川と土地と住民とが一体となるというＴＶＡの一番重要なスローガン」（上記原書第二版の翻訳、xviii頁）を日本の国土で活かそうとしたか否か、すなわち自然と人間との調和を図ろうとするものだったか否かを、矢田さんによる日本の国土政策論の読者である我々は、改めて考えるべきであろう。

ところで、民主主義と分権化の理念を国土開発の場で活かそうと努めていたのだと力説するリリエンソールと現実のTVAとに対する批判を、地域開発論で名高いジョン・フリードマンが述べていることにも注意する必要がある。フリードマンは、ベネズエラを事例とする地域開発論を一九六六年に著わし、(2)一九八〇年代にいち早く「世界都市論」に関する記念碑的論文を著した、(3)いうなれば「地域開発論」や「都市論」の泰斗であり、カリフォルニア大学ロサンゼルス校教授を務めた人物である。彼は次のような一国内地域間格差の変化の図式を、「空間組織における一連の諸段階」というタイトルの下で、一九六六年の著書三六頁で描いている。経済発展水準が低い国では、その国内が諸地域に分断されているために地域間格差は小さいが、国全体としての経済発展とともに中核と周辺とに二極分解し、それゆえ格差は拡大する。しかし、周辺のあちこちで一国内でのサブセンターとなる都市がいずれ発達し、これにともなって周辺的特質をもつ空間の範囲が狭まり、いずれ消滅する。つまり、一国内部の中核、周辺内に形成されるサブセンター、そしてそれらの周囲の農村部が空間的に統合されて、地域間に縦横無尽の機能（function）的な相互依存関係が形成される。その結果、地域間格差は解消方向に向かうという図式である。いうなれば、一九六二年に策定された全国総合開発計画に下河辺淳が託していた交通通信ネットワークの完成によるツリー型国土構造を、フリードマンもまた構想し、これによって地域間格差は縮小すると考えていたのである。

ともすれば、資本主義のチャンピオンであり、計画思想を排除する国というイメージが固定化しているアメリカ合衆国で、自然と人間とが調和する国土を創造するための地域計画を実行するには、領域（territory）への住民の帰属意識を重視する地域計画が重要であるという思想があったことをフリードマンが共著の中で描くとともに、現実のTVAは当初のその地域計画思想から変質したと批判しているのである。(4)

TVAの歴史について、筆者は専門的に研究したことがないので、リリエンソールの自負が正しいのか、フリードマンによる彼への批判が当たっているのか、判断できない。しかし、都留重人による解説も読めば、一九六〇年代以降、TVAは明らかに変質したと言わざるをえない。長期にわたる国土計画とその実践への評価は、かくも難しいのである。

アメリカ合衆国における地域開発計画はさておき、わが国の実情はどうだったのだろうか。このことを、国土計画の策定現場だけでなく地域計画策定現場でも識者として活躍した矢田さんの本書から、そして続く本書の下巻から我々は知ることができるだろう。中央集権の力で、いとも簡単に人々を移住させることができるかのような政策実行計画が策定される今日この頃、改めて、この矢田さんのライフワークの一つから学ぶとともに、日本の国土政策・計画を相対化すべく諸外国の歴史からも学び、あるべき国土政策を構想すべきではなかろうか。

その点で、例えばドイツで構想され、実践されてきた国土計画や地域整備計画にも学ぶべきものがある。この国は連邦制をとるがゆえに、国土全体にわたる計画を中央集権的に上から策定することはないと思われるが、それでも連邦省庁の一つに地域整備・国土計画（Raumordnung und Landesplanung）を担当するところがある。もちろん、連邦を構成する各州には独自の地域整備担当省庁があるし、ハンブルクのような都市で単独の州としての地位を持つ場合にもある。広域州を構成する各市郡にも地域整備を担当する独自の部署がある。それゆえであろう、連邦レベルでの地域整備・国土計画の決定のためには、補完性原理（principle of subsidiarity）、国土空間・地域空間（Raum）という資源との合理的な折り合いという原理、自然・経済・都市・景観などを担当する相異なる部署や各レベルの政府が立てる相異なる目標の比較衡量という原理などに基づいて、合意に至るシステムが必要となる、という。(5)このドイツにおける地域整備に関する認識の中で、特に重要なのは補完性原理ではなかろうか。これによって、より基礎的な地域の「自立」が可能となるのであり、民主主義的な意志決定システムのもとで全体的な計画策定が可能になると思うからである。

注

（1）リリエンソール著、和田小六・和田昭允訳『TVA―総合開発の歴史的実験〈原書第二版〉』岩波書店、一九七九年。

（2）Friedmann, John（1966）*Regional Development Policy: A Case Study of Venezuela.* Cambridge in Massachusetts and London: M.I.T. Press.

（3）Friedmann, John（1986）"The world city hypothesis." In: *Development and Change.* Vol.17, pp.69-83.

（4）Friedmann, John and Clyde Weaver（1979）*Territory and Function: The Evolution of Regional Planning.* London: Edward Arnold. この点については、筆者による書評で詳しく紹介したことがある。山本健兒（一九八四）「書評　Friedmann, J. and Weaver, C.: Territory and Function: The Evolution of Regional Planning. Edward Arnold, London, 1979, vi + 234 pages（フリードマン、ウィーバー：領域と機能―地域計画の展開）、所収：『経済地理学年報』第三〇巻第一号、七七―八二頁。

（5）この認識は、Göller, Josef-Thomas und Holger Platz（1995）*Raumplanung in Deutschland. Eine Einführung.* Erarbeitet im Auftrag des Bundesministeriums für Raumordnung, Bauwesen und Städtebau, auf der Grundlage einer ausführlicheren Darstellung von Dietrich Fürst, Eckart Güldenberg und Bernhard Müllerという文献の「序文」冒頭に記されている。上記書誌情報の最後に記されているDietrich Fürstらは、地域整備を担当する連邦省の依頼を受けて一九九四年に*Handbuch für Raumordnung in der Bundesrepublik Deutschland*という冊子を刊行したとのことであるが、筆者はこれを見ていない。

二〇一七年一月五日　擱筆

著作集刊行にあたって

矢田俊文氏は地域構造論の創始者であり、現代日本における経済地理学、地域経済学、地域政策学のいずれにおいても代表的な研究者の一人である。経済地理学会第六〇回記念大会（二〇一三年）の報告諸論文においては、他者を引き離して圧倒的な数で文中に引用されている。次点の日本人は川島哲郎氏であり、地域構造論を構築していくにあたりその土壌を生み出した先達である。この地域構造論を初めて体系的に提示した著作『産業配置と地域構造』は、経済地理学界における金字塔となっている。その所収論文は四〇年以上経過しながらも引用され続けているのである。

地域構造論は、柔軟性を持つフレームワークであると同時に、論理的整合性を求めて成長する生き物である。この枠組みをもとにしながら、著作集は全四巻構成となっており、その内容は『石炭産業論』『地域構造論』『国土政策論』『公立大学論』となっている。石炭産業論は、地質学と経済学の境界分野に焦点をあて、日本の石炭資源放棄の実証的分析を行っている。地域構造論は、産業配置論、地域経済論、国土利用論、地域政策論の四本柱について体系的に述べている。国土利用論や地域政策論は、経済の空間システムの解明と連動して、自然利用のあり方や空間政策として独自に位置づけられている。ミクロの立地運動から、産業立地、地域経済などマクロの空間構造へと、ダイナミックな論理展開が、地域構造論の最大の魅力であり、この魅力が、全国から人材を引き付ける磁力となり多くの研究者を輩出することとなった。

矢田俊文氏は、政策の現場でも理論の検証をはかる活動をなされてきた。理論の性格上、国土政策、社会の公器たる大学の運営への関与は必然であり、そこからの理論へのフィードバックが著作集に反映されることは、大変興味深い。これらの著作集は経済地理学会をはじめ、関連する諸学会にとって、非常に大きな財産となっていくと確信できるのである。

編纂委員（◎委員長）

◎柳井雅人　北九州市立大学副学長
山本健兒　九州大学大学院経済学研究院教授
鈴木洋太郎　大阪市立大学大学院社会科学研究院教授
松原宏　東京大学大学院総合文化研究科教授
外川健一　熊本大学法学部教授
田村大樹　北九州市立大学経済学部教授

著者紹介

矢田俊文（やだ・としふみ）、九州大学名誉教授、北九州市立大学名誉教授

1941年　新潟県に生まれる
1964年　東京大学教養学部教養学科卒業
1971年　東京大学大学院理学系研究科（地理学専門課程）博士課程修了
　　　　理学博士

法政大学経済学部（1970－81助手、講師、助教授、教授）
九州大学経済学部教授（1982－2004）
同　石炭研究資料センター長（1985－95）
同　副学長（1997-2001大学改革、キャンパス移転担当）
同　大学院経済学研究院長・学府長・学部長（2002－2004）
同　名誉教授（2004－）
北九州市立大学学長（2005－2011）
同　名誉教授（2011－）
公立大学協会会長（2009－2011）

経済地理学会会長（2000－2006）
産業学会会長（2000－2002）
国土審議会委員（1998－2008）
経済審議会臨時委員（1990－1994）
産業構造審議会臨時委員（1989－1997）
福岡県総合計画審議会副会長（1998－2008）
福岡市総合計画審議会委員（1986－1997）
北九州市基本構想審議会会長（2007－2008）

著書
『戦後日本の石炭産業』新評論（1975）
『産業配置と地域構造』大明堂（1982）
『地域構造の理論』（編著）ミネルヴァ書房（1990）
『国土構造の日韓比較研究』（共編著）九大出版会（1996）
『21世紀の国土構造と国土政策』大明堂（1999）
『現代経済地理学』（共編著）ミネルヴァ書房（2000）
『地域構造論の軌跡と展望』（編著）ミネルヴァ書房（2005）
『北九州市立大学改革物語』九大出版会（2010）
『石炭産業論』（著作集第一巻）原書房（2014）
『地域構造論』（著作集第二巻上　理論編）原書房（2015）
『地域構造論』（著作集第二巻下　分析編）原書房（2015）

矢田俊文著作集《やだとしふみちょさくしゅう》　第《だい》三巻《かん》
国土政策論《こくどせいさくろん》《上《じょう》》産業基盤整備編《さんぎょうきばんせいびへん》

2017年3月15日　第1刷

著者…………矢田俊文

発行者…………成瀬雅人

発行所…………株式会社原書房

〒160-0022 東京都新宿区新宿1-25-13
電話・代表 03 (3354) 0685
http://www.harashobo.co.jp
振替・00150-6-151594

印刷・製本…………株式会社明光社印刷所

ISBN978-4-562-09208-6, Printed in Japan